KB236390

파워 실전 바둑

파워 실전 바둑

④ 정석의 이해와 운영

– 정석의 급소와 정석 이후의 노림과 대책

삼호미디어
samho MEDIA

머리말

'정석'은 '행마와 맥(급소)의 집결체'라고 할 수 있습니다. 초 · 중급 시절에 정석을 외우라는 것은 정석 자체의 중요성은 물론, 그 과정에서 올바른 행마와 맥의 흐름을 자연스럽게 터득할 수 있음을 강조하는 말이기도 합니다.

"어! 이게 아닌데…." 실전에서 정석을 진행하다 흔히 나타나는 현상입니다. 출발은 분명히 정석이었는데, 중간에 한 수 삐끗하여 엉뚱한 결과로 나타나는 경우를 우리는 너무나 많이 경험합니다. 마치 숲속에서 한 걸음 잘못 디뎌 전혀 다른 샛길로 빠져들 듯이 말이지요. 무심코 손길 가는 대로 둔 속수가 정석을 파행으로 이끄는 경우도 비일비재합니다. 그런데 더 중요한 문제는 수순 착오로 '사이비 정석'을 만들어놓고도 과연 어디서 무엇을 잘못 두었기에 이렇게 됐는지, 또 얼마나 손해를 본 것인지를 모르는 데 있습니다.

'정석 이후의 노림과 대책'이 무엇인가도 중요한 테마입니다. 바둑에서의 노림은 뒷맛과 비슷하면서도 다른 의미가 있습니다. 허점은 있으나 쉽게 도전할 수 없는 잠재된 수단을 뒷맛이라고 하는데, 노림은 그런 뒷맛을 끄집어내어 언제든지 수단이나 맥으로 실현하려는 활동적인 상태라고 하면 정확한 풀이가 되겠습니다.

이 책은 바로 이와 같은 점에 착안하여 기획되었습니다. '정석의 이해' 편에서는 단순히 정석을 나열하거나 맹목적인 암기를 당부하는 데 그치지 않고 정석의 진행 과정에서 특히 유의해야 할 수순을 클로즈업하여, 그 '올바른 길'과 '엉뚱한 샛길'의 차이점을 극명히 대비시켜 이해력을 높이도록 구성했습니다. 따라서 정석의 키포인트가 되는 급소를 이해함과 더불어 행마의 기본을 익히는 데도 도움이 될 것이라고 감히 확신합니다.

'정석의 운영' 편에서는 소위 '정석 이후'에 대해 공부합니다. 정확히 표현하면 정석 이후의 공방입니다. 이 말은 사실 정석의 성격, 정석의 선택, 정석 후의 뒷맛 등과 같은 맥락으로 쓰일 때가 많은데, 하나의 술어가 이렇게 여러 가지 의미로 파생하는 데는 정석 자체가 그 범주를 일정한 수수나 시점으로 묶을 수 없기 때문입니다.

여기에서는 실전에서 많이 나오는 유형을 중심으로 아마추어가 꼭 알아야 할 정석 이후의 필수적인 지식을 정리했습니다. '이 정석은 이쪽의 모양이 엷다든가 맛이 많다든가' 하는 가벼운 진단으로 시작해, 이를 어떻게 활용하고 포석과 관련해서는 어떤 식으로 두는 것이 좋은지 판을 넓혀 생각해보게 했습니다. 그리고 좀 더 깊이 들어가 정석 이후 상대의 '노림'과 그 노림을 방어하는 '대책'은 무엇인지, 그리고 노림을 실현하기 위한 응수타진의 타이밍은 어떻게 잡는지 등을 주로 담았습니다. 이런 식으로 공부하면 전반부에서 배운 이해력을 바탕으로 실전력이 향상될 것입니다.

구체적으로 이 책은 다음과 같이 구성되었습니다.

1부 '정석의 이해'에서는 실전형 핵심정석 50가지를 '화점 편, 소목 편, 외목 · 고목 편'으로 나누어 집중 해부함으로써 중저급자 여러분의 충실한 정석가이드가 되고자 했습니다. 2부 '정석의 운영'에서는 실전 운영의 예제 43가지 유형을 크게 '화점 편과 소목 · 기타 편'으로 나누었으며, 주로 접바둑형을 포함한 화점 편에 비중을 두어 기본에 충실하도록 배려했습니다. 더불어 입체적인 학습을 위해 '부록'에서는 '정석 도중 10가지 테마'라 이름하고, 조금 복잡하지만 알아두면 도움이 될 기략이 담긴 10가지 정석을 재료로 삼아 그 수순에 담긴 의미와 급소를 배우도록 했습니다. 좀 더 세부적인 해설 방향은 '일러두기'를 참조하기 바랍니다.

'정석은 외우고 잊어버려라.'는 격언이 있지만, 정말 중요한 것은 정석의 단순한 지식보다는 정석을 이해한 후 실전에서 얼마나 효과적으로 운영할 것인지 아는 일이며, 이것이야말로 바둑 실력이 진정 강해지는 단계로 가는 징검다리가 될 것이라 믿습니다.

2 　정석의 급소(소목 편)

3 정석의 급소(외목 · 고목 편)

2·· 정석의 운영

1 정석 이후의 공방(화점 편)

2 정석 이후의 공방(소목·기타 편)

부록　**정석 도중 10가지 테마**

정석의 이해

1

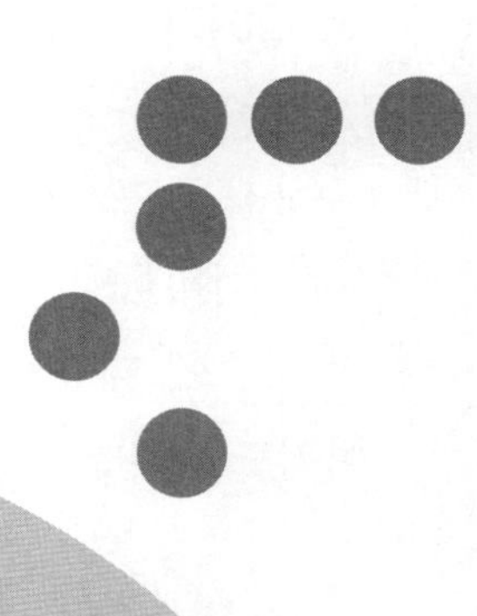

1장

정석의 급소
(화점 편)

　화점은 프로, 아마를 막론하고 가장 애용되는 현대 포석의 총아이다.
특히 접바둑에서 미리 돌을 놓을 자리로 쓰이고 있기 때문에 화점 정석
의 급소에 대해서는 중저급자들로서 집중적으로 연마해 두어야 할 종목
이기도 하다.

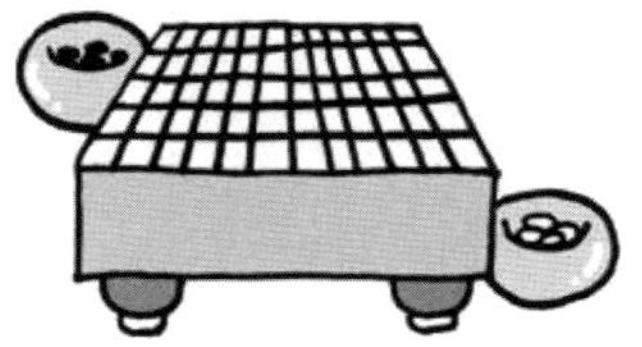

두점머리의 맹점

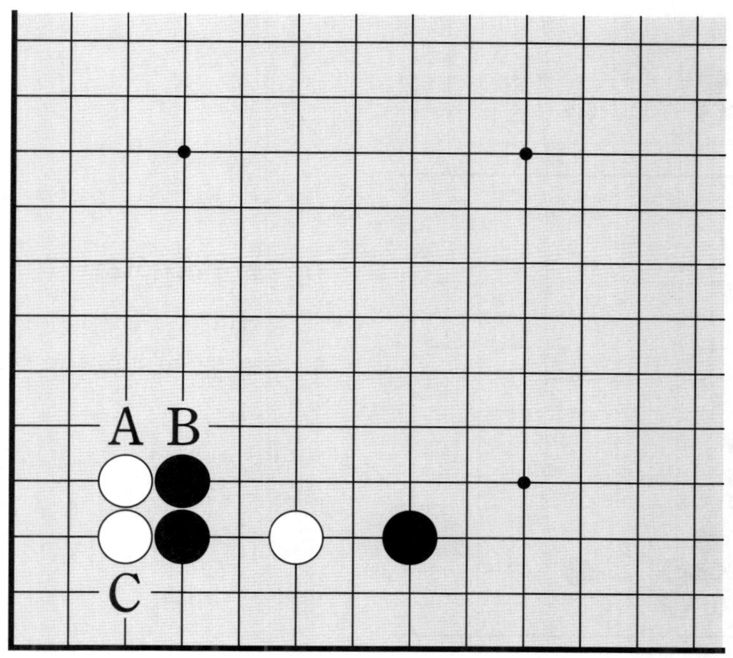

가장 애용되는 화점 정석의 과정이다. 그럼에도 수순의 필
연성을 확실히 알지 못해 손해를 보는 경우가 있다.
　흑의 다음 수는 A～C 가운데 어디가 좋을까?

경과도 (가장 흔한 정석)

흑2의 한칸협공에 백3의 3·三 침입은 가장 간명한 응수이다.

그런데 백5로 밀어왔을 때 흑이 실수하기 십상이다.

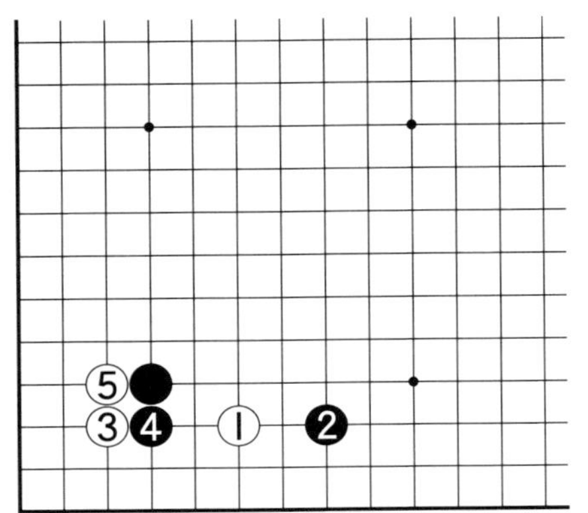

경과도

1도 (흑의 아전인수)

'두점머리는 두들겨라'는 격언만 믿고 흑1로 젖히고 싶은 분이 많을 것이다.

만약 백2, 4로 고분고분 응해준다면 흑5까지 두텁게 늘어 흑이 만족이다. 그러나 이것은 흑 혼자만의 생각이다.

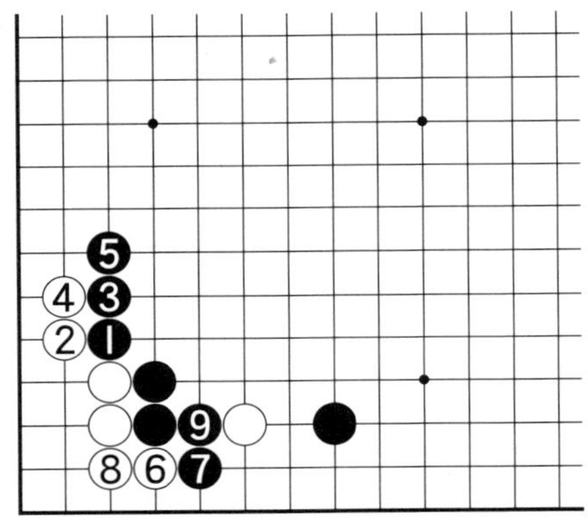

1도

2도 (0점/ 무리한 젖힘)

그러나 흑1의 젖힘은 과수. 백2로 가만히 내려서는 것이 흑의 무리를 응징하는 맥점이다.

다음 흑3에는 백4의 절단으로 간단히 흑이 안 된다. 계속해서~

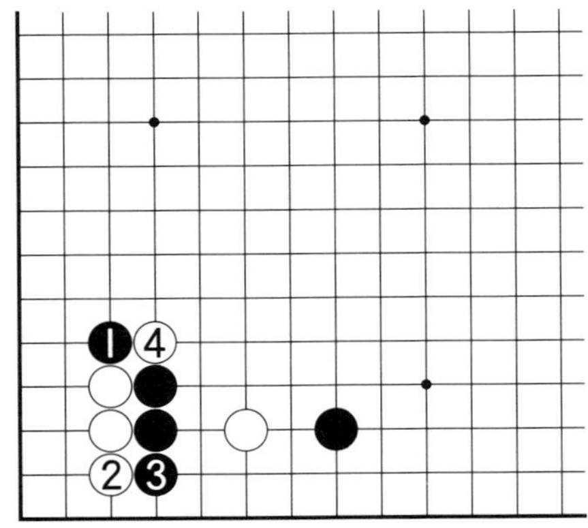

2도

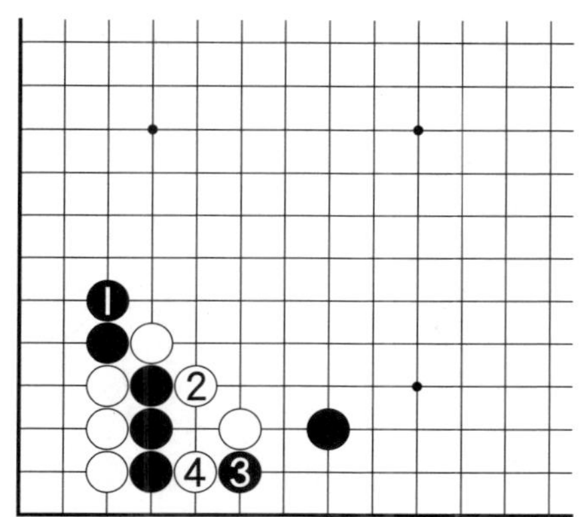

3도

3도 (기둥말이 죽다)

두점머리의 체면을 살리려면 흑1
로 뻗어 버텨야 하겠지만, 백2로
기둥말인 흑 석점이 잡힌다. 다음
흑3에는 백4로 그만.

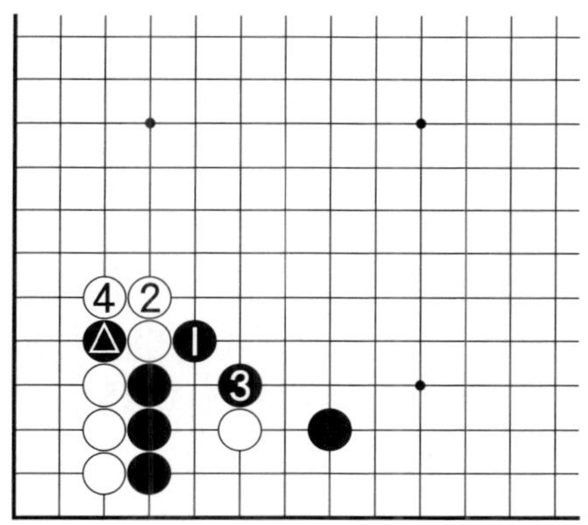

4도

4도 (흑, 큰 손실)

그렇다고 흑1, 3으로 수습을 서두
르면 그 사이에 흑△가 잡히며 치
명적인 손실을 입는다.

당초 호기롭게 두점머리를 두들
기던 흑△가 맥없이 잡혀 망한 꼴
이다.

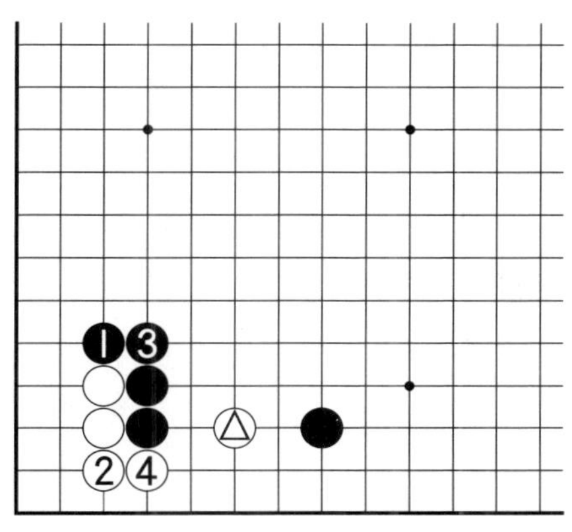

5도

5도 (흑, 헛손질)

따라서 백2에는 흑3으로 이을 수
밖에 없다.

그러나 백4로 넘어가고 나면 당
초 백△를 차단해 하변 쪽에 세력
을 쌓으려던 흑의 의도는 가볍게
무산되고 만다.

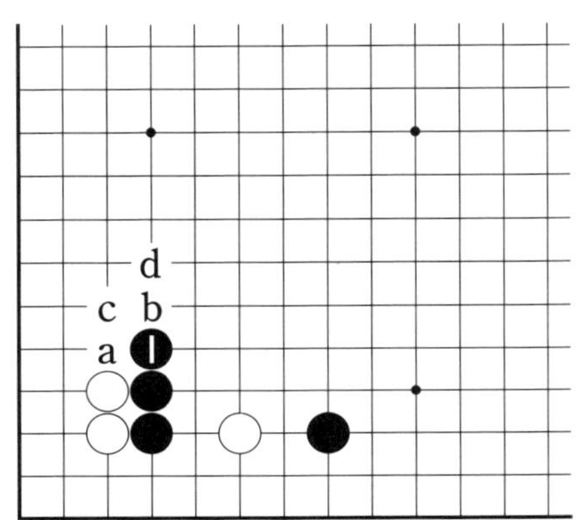

6도

6도 (100점/ 침착한 뻗음)

여기서는 흑1로 뻗는 것이 침착한 정수이다.

다음 만약 백이 a, c로 밀어오면 흑b, d로 계속 뻗어 흑의 대만족이다. 그러므로….

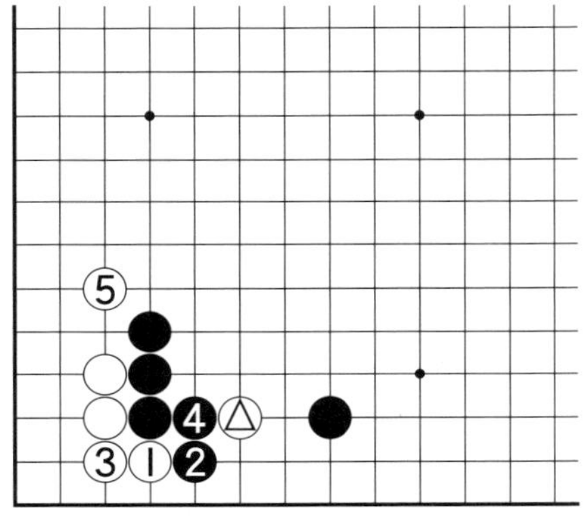

7도

7도 (실리 대 세력)

백1, 3으로 젖혀이은 다음 5로 뛰는 것이 최선이다. 여기까지 기본적인 화점 정석이기도 하다.

백은 귀를 도려내며 10집의 알뜰한 실리를 장만하여 만족이며, 흑도 백△를 제압하며 선수로 세력을 쌓아 불만이 없다.

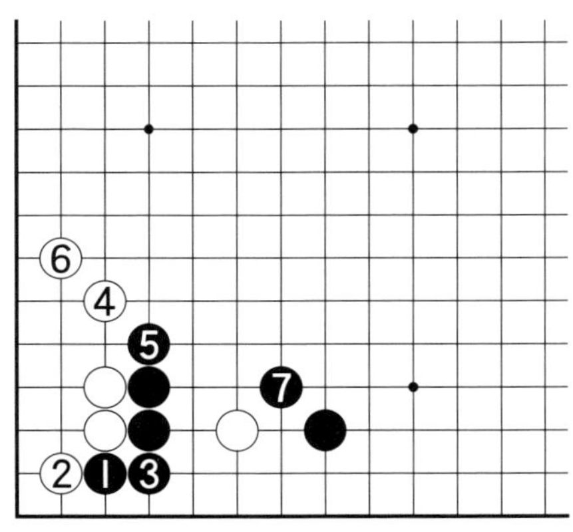

8도

8도 (50점/ 후수 정석)

흑1, 3으로 아래쪽을 젖혀 잇는 수도 가능은 하다.

그러나 결국 흑7의 가일수가 불가피하여 후수가 되는 것이 불만이다. 그래서 50점.

일관성과 소탐대실

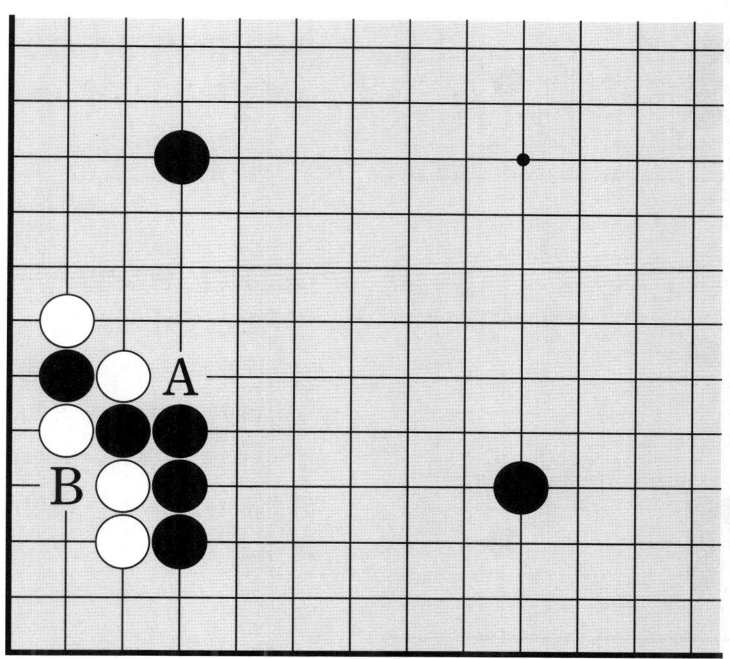

　　3연성이나 4연성 포진에서 자주 등장하는 형태이다. 흑의 단수 방향은 A가 옳을까, B가 옳을까?
　　주위 배석이 그 방향을 결정짓는다.

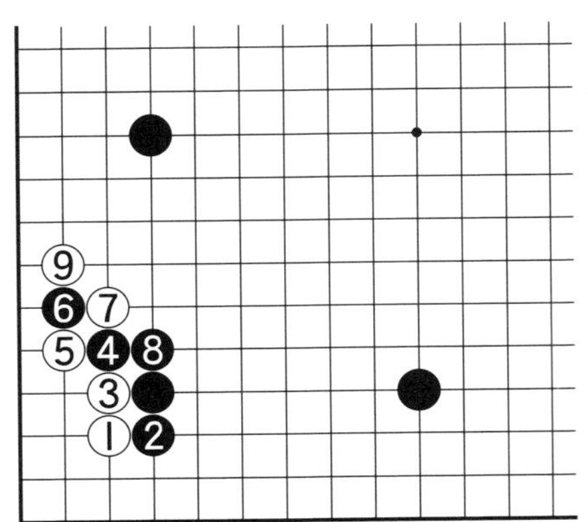

경과도

경과도 (3·三 침입 정석)

백1의 3·三 침입은 요처. 백5 때가 기로이다. 평범하게 늘 것인가, 이단젖힐 것인가.

그 선택에는 작전의 일관성이 바탕이 되어야 한다. 그렇지 않으면 맥점을 두고도 망하는 수가…

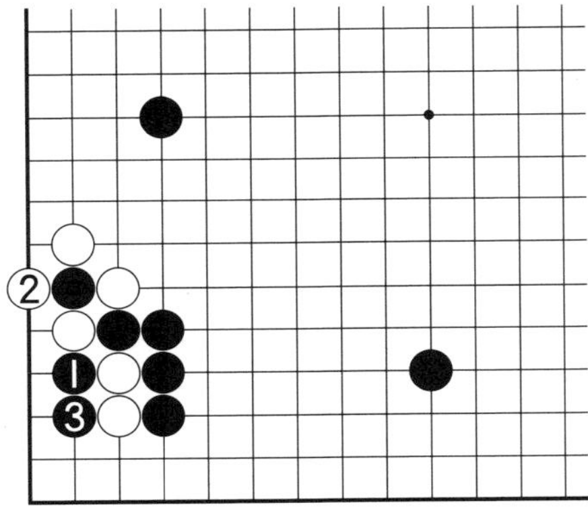

1도

1도 (30점/ 방향착오)

본론으로 들어가, 흑1로 단수치는 것은 대세관 결핍이 낳은 방향착오이다. 흑3까지 백 두점은 잡을 수 있으나 백에게 선수 빵때림을 허용해 대세를 잃는 것이다. 계속해서~

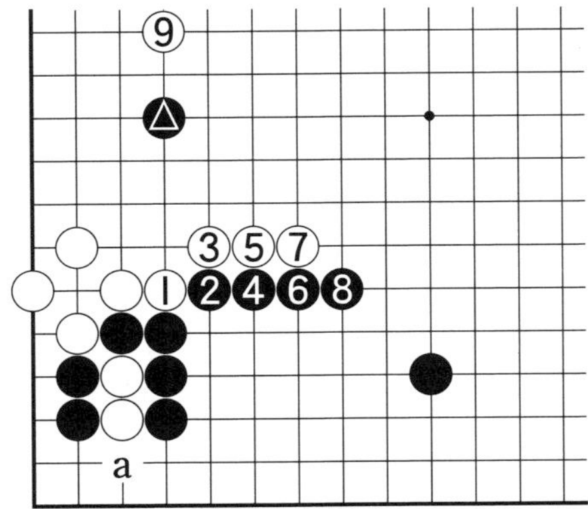

2도

2도 (흑, 소탐대실)

백1이 대세의 급소. 흑2로 맞서보아도 흑8까지 밀릴 수밖에 없다.

이래서는 당초의 대세력 구도가 허물어지며 흑△가 폐석이 되어 되로 받고 말로 준 격이다. 하변은 아직 a의 뒷맛을 노리는 수단이 남아 있다.

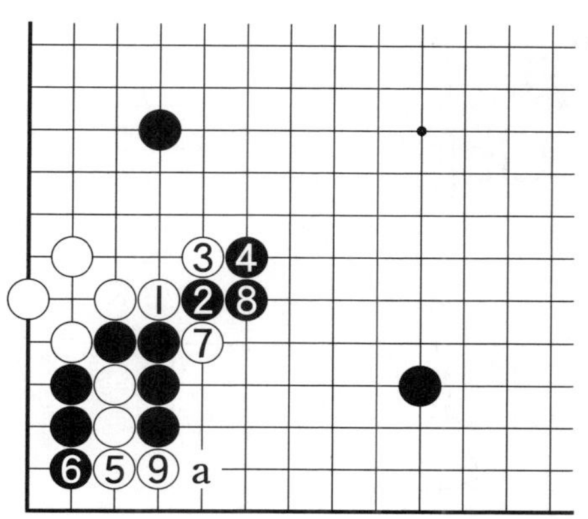

3도

3도 (흑, 파탄)

백1 때 흑2, 4로 버티는 것은 백9까지 알기 쉽게 망한다. 다음 a로 막을 수 없는 것이 흑의 비극. 그렇다고 흑6으로 9 자리에 막아 귀를 내주는 것도 어불성설이다.

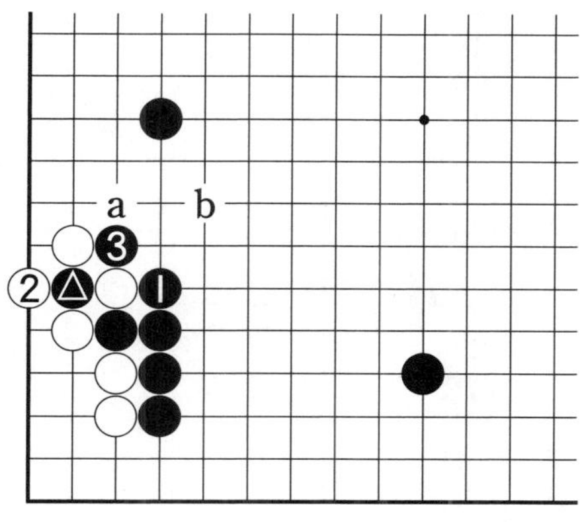

4도

④…△

4도 (100점/ 대승적 태도)

흑1로 모는 것이 대승적인 태도. 백4까지 결정짓고 선수를 뽑아 큰 곳에 선착한다.

　1도의 '후수 정석'을 '선수 정석'으로 만든 셈이다(다음 백a에는 흑b로 봉쇄가 가능).

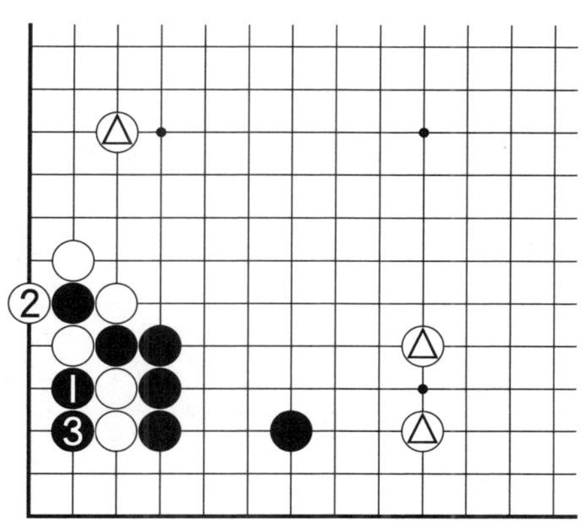

5도

5도 (상황에 따라)

1도의 선택이 맞을 때는 따로 있다. 이 그림처럼 주위에 백의 원군들(△)이 있을 때는 흑1, 3이 현명한 정수이다. 실리를 차지하며 서둘러 안정하자는 뜻이다.

젖힘과 끊음의 타이밍 (1)

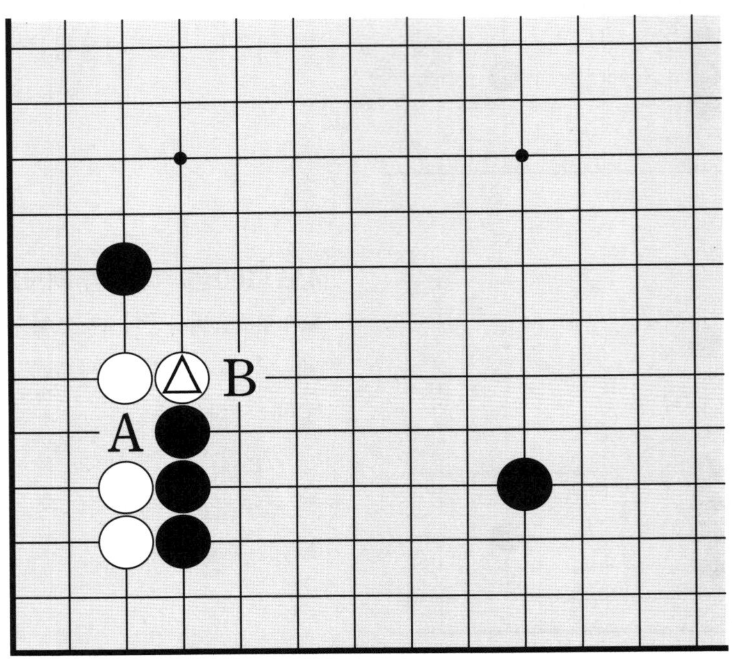

화점/ 한칸협공의 변형 정석에서 나오는 형태이다.

백△로 밀어 올린 장면. 흑의 다음 수는 A, B 중 어디가 좋을까?

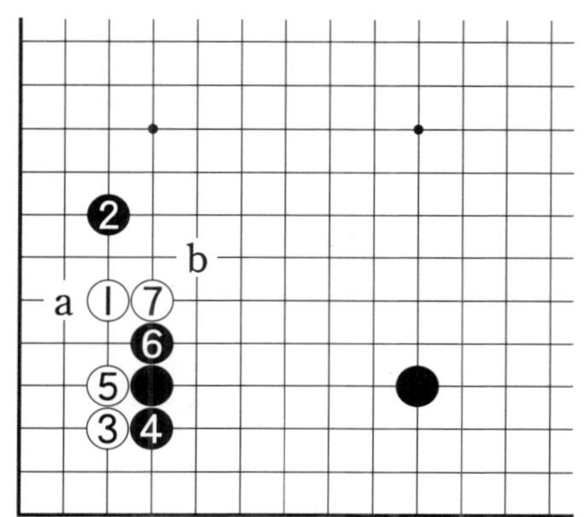

경과도

경과도 (한칸협공의 변형)

흑2의 한칸협공은 가장 유행하는 수법인데, 백7이 약간의 변화구이다(가장 보편적인 정석은 백a, 흑b). 중국의 왕년 1인자 녜웨이핑의 애용수법이기도 하다.

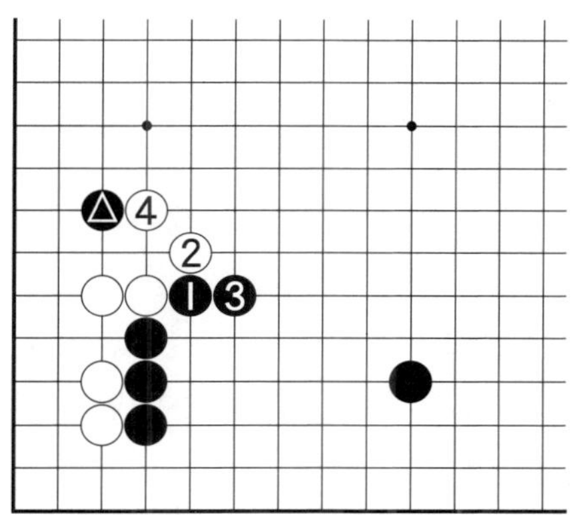

1도

1도 (50점/ 무책)

흑1로 젖히는 것은 백2로 맞젖혀 올 때 응수가 궁하다. 흑3으로 는다면 백4로 흑▲ 한점이 제압당해 흑이 당한 모습이다.

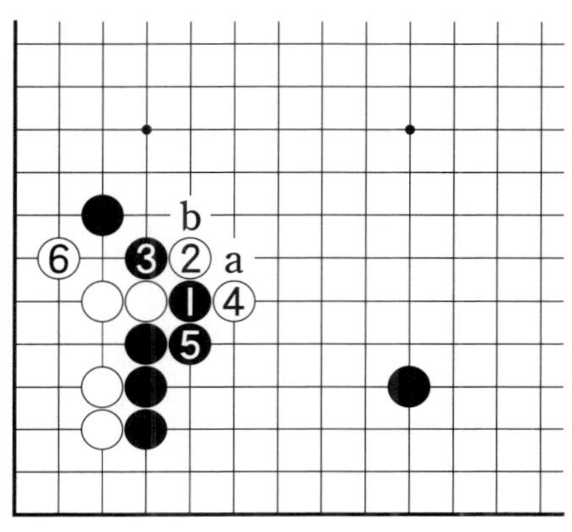

2도

2도 (30점/ 흑, 무리)

그렇다고 흑3으로 끊는 것은 무리. 백4로 머리를 얻어맞아 형태가 무너진다.

흑a로 끊자니 백b로 나가 좌변이 약해지며, 흑b로 몰고 나오자니 양쪽이 급해져 진퇴양난이다.

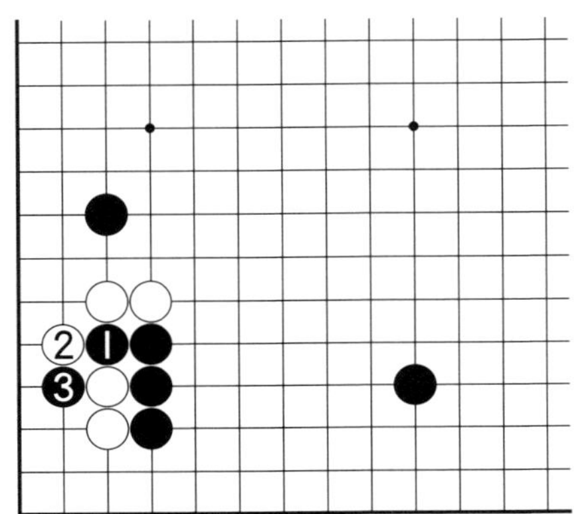

3도

3도 (100점/ 적시타)

일단 흑1, 3으로 나가 끊어야 한다. 이 정석의 핵심 포인트는 바로 이 끊는 타이밍에 있다. 계속해서~

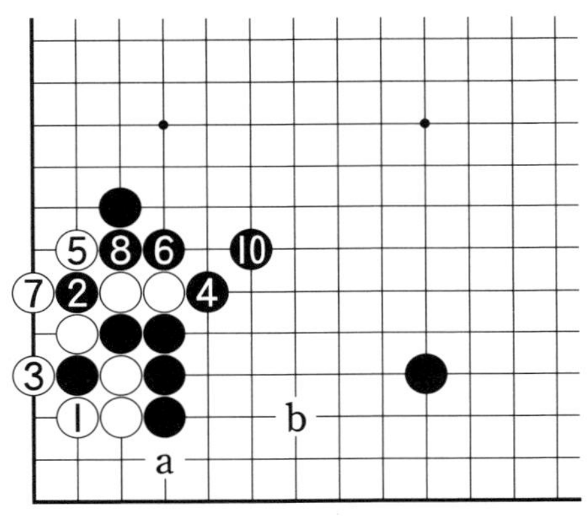

4도　　　⑨…❷

4도 (세력 대 실리)

백1, 3을 기다려 흑4로 두점머리를 두들기는 것이 정확한 수순이다. 이하 흑10까지가 정석의 완결이다(흑8은 생략하기도 한다).

백도 선수인 데다 a의 선수 끝내기, b의 침입수단 등이 남아 불만이 없다.

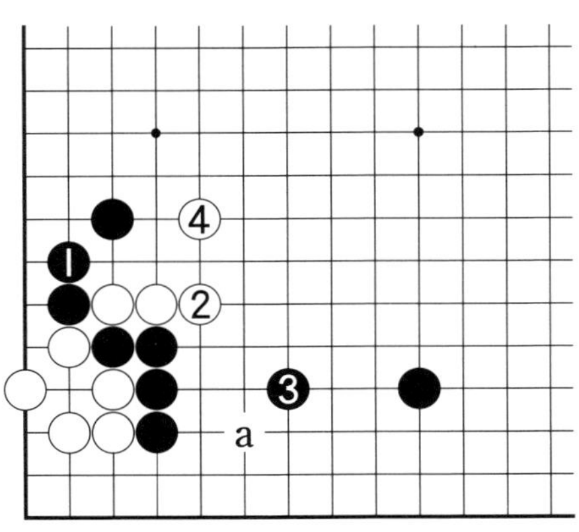

5도

5도 (70점/ 전투형)

4도의 흑4로 1에 느는 수도 강수이다. 그러나 백2로 뻗은 자세가 워낙 힘차 백이 불리하지 않은 싸움이다.

더욱이 하변 흑진에 a의 급소가 남아 있는 것도 흑의 부담이다.

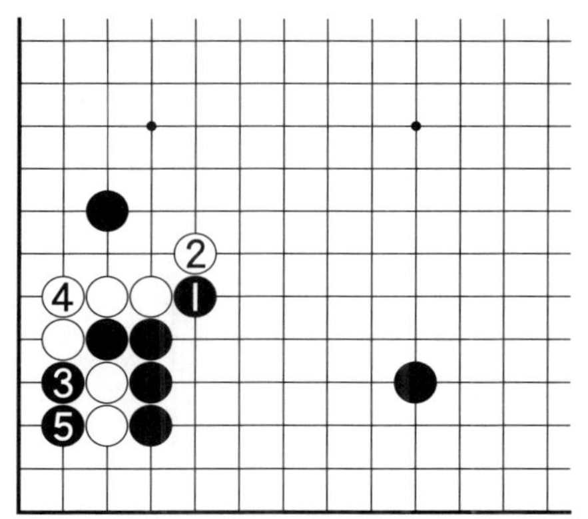

6도

6도(30점/ 수순착오)

흑의 유의사항은 끊음과 젖힘의 수순이 뒤바뀌면 안 된다는 것.

즉, 흑1로 먼저 젖히고 3으로 끊는 것은 백2, 4의 버팀수가 성립한다. 흑5로 잡아 흑이 좋은 것 같지만….

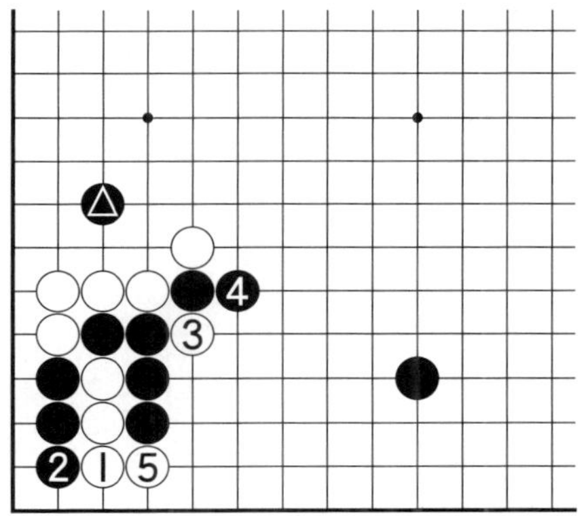

7도

7도 (흑, 파탄)

백1에 흑의 응수가 없는 것이다. 흑2로 버티다가는 백5까지 흑이 파탄이다. 흑▲도 저절로 폐석이 되고 말았다.

따라서 흑2로는 5에 막을 수밖에 없는데, 백2로 잡혀 손실이 막대하다.

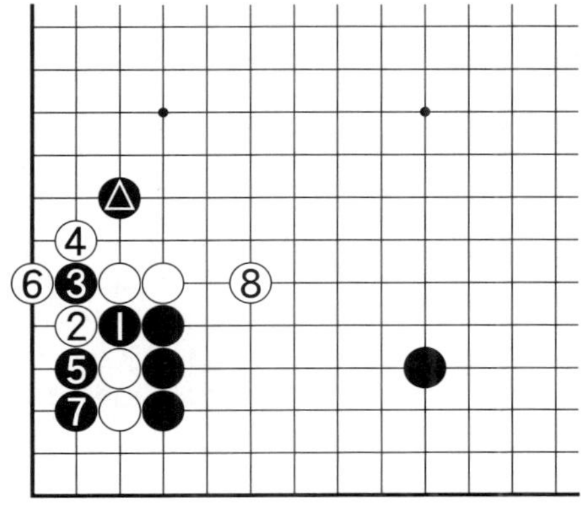

8도

8도 (30점/ 소탐대실)

주의할 일 또 한가지. 3도의 수순 중 바깥쪽(흑3)으로 끊어서는 안 된다는 것이다.

귀는 잡을 수 있지만, 흑의 세력구도는 온데간데없이 흑▲가 폐석화되어 소탐대실의 표본이다.

젖힘과 끊음의 타이밍 (2)

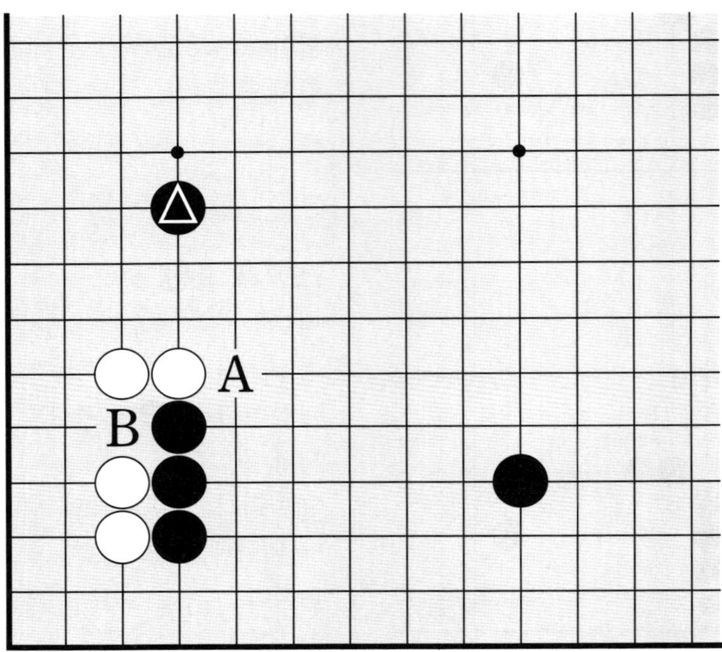

[3형]과 흡사한 형태인데, 흑▲의 위치가 약간 다르다. 이 정석에서도 역시 수순과 타이밍이 성패의 관건인데, [3형]에 비해 이후 수순이 훨씬 묘미 있다.

여기서는 흑A로 젖혀야 할까, B로 나가 끊어야 할까?

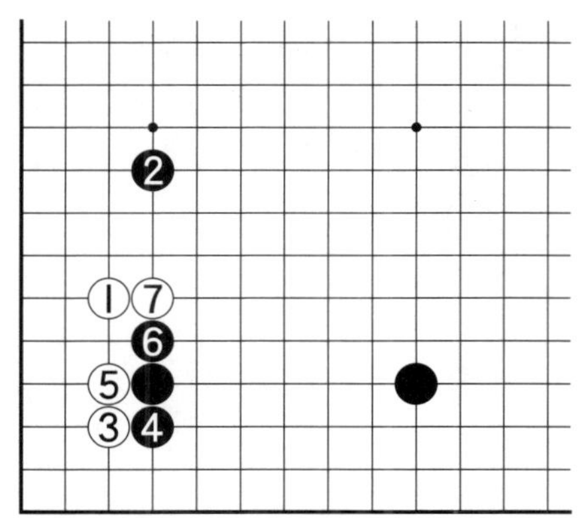

경과도

경과도 (두칸높은협공)

흑2의 두칸높은협공에 백3의 3·三 뛰어들기는 무난한 응수이다.

3연성을 살리는 뜻에서 흑4도 올바른 방향이다. 그런데 흑6에 백7이 강수이다.

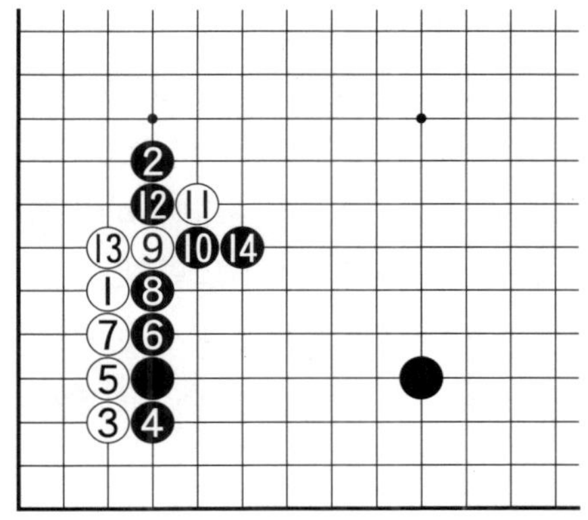

1도

1도 (간명한 호선정석)

흑6 때 백7로 받는 방법도 있다. 그러면 흑14까지 무난한 정석이다. 귀에서 선수 귀살이를 하여 백은 불만이 없다(흑8로는 10의 날일 자도 가능).

장면도는 '좀 더 복잡하게 가자'는 접바둑 정석이다.

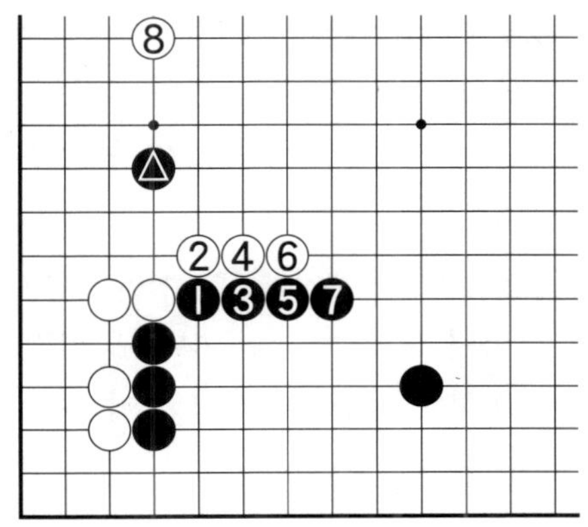

2도

2도 (0점/ 흑, 무책)

흑1로 젖히는 것은 무책. 흑7까지 하변 실리는 불어나지만, 흑◢가 고립되며 좌중앙 백의 모양이 웅대해져 흑의 실패가 역력하다.

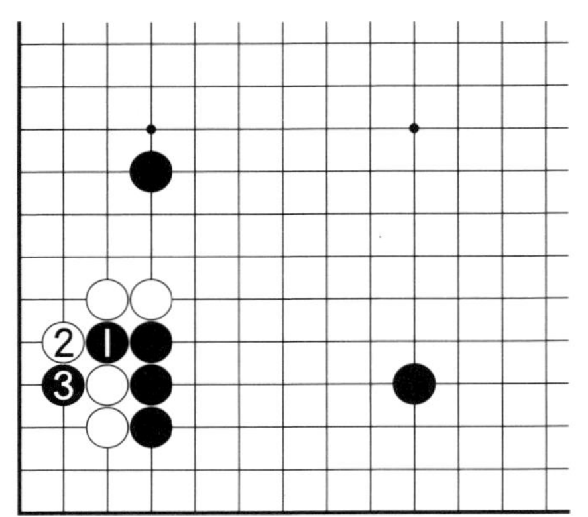

3도

3도 (100점/ 올바른 수순)

여기서도 흑1로 나간 다음 3쪽으로 끊는 것이 올바른 수순이다. 계속해서~

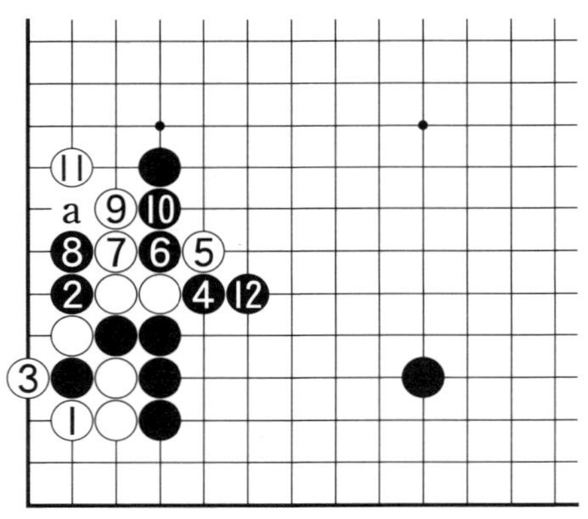

4도

4도 (행마의 요령)

백1, 3을 강요한 뒤 흑4로 젖히는 것이 수순이다. 그리고 흑6으로 끊고 8로 한번 더 나가는 것이 포인트이다. 흑12까지 일단락.

수순 중 백11로 a에 잡는 것은 흑11을 당해 꽁꽁 싸발리고 만다.

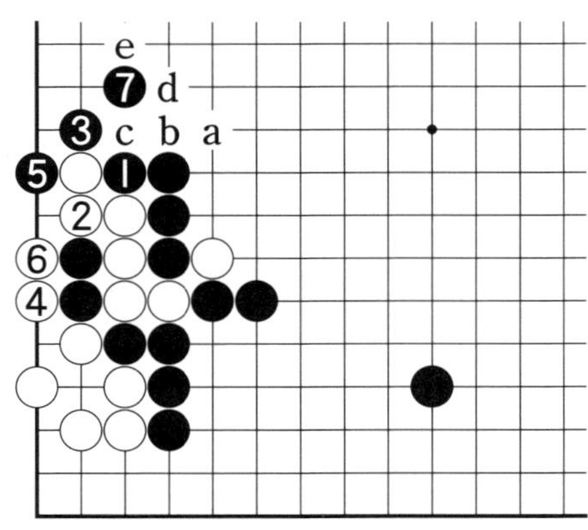

5도

5도 (흑의 후속수단)

4도의 정석에 이은 흑의 후속수단. 흑7까지 깨끗하게 싸바를 수 있다.

이 밖에도 흑1로는 a~e와 7의 곳까지 모조리 선수. 상황에 따라 적절히 활용할 수 있는 것이 흑의 즐거움이다.

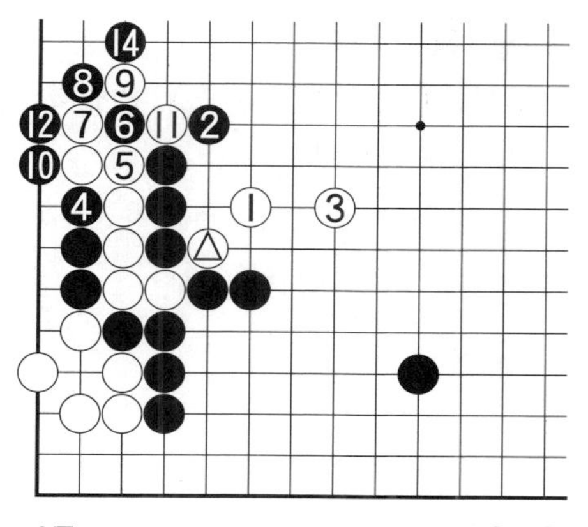

6도

⑬ … ❻

6도 (백, 무리)

예를 들어 백1 따위로 준동하려는 것은 흑2의 덫에 걸려 백이 안 된다. 백3에는 흑4, 6의 수단이 성립하여 백의 망조.

즉, 좌변의 이런 뒷맛 탓에 백△는 죽은 목숨이나 마찬가지인 것이다.

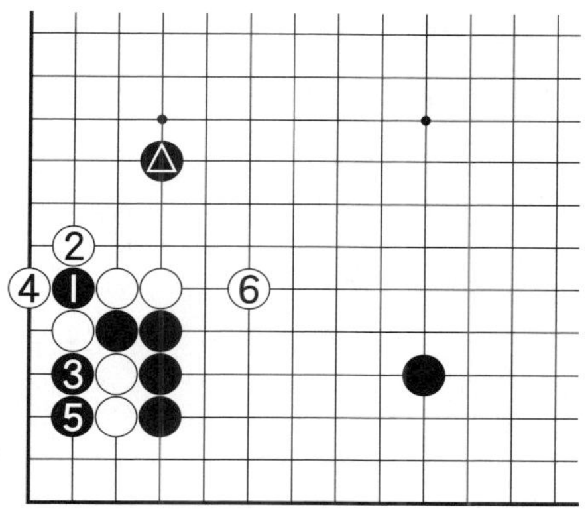

7도

7도 (30점/ 방향착오)

거슬러 올라가 흑1쪽을 먼저 끊는 것은 중대한 방향착오이다.

귀는 잡지만 백6까지 흑의 세력 구도가 무너지며 협공한 흑▲가 고립되어 흑의 소탐대실이다.

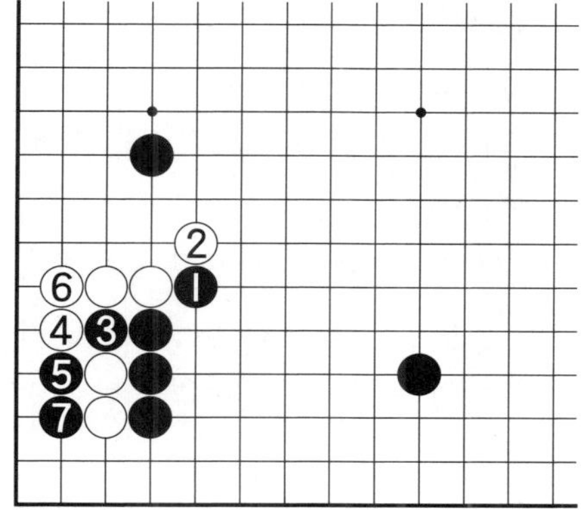

8도

8도 (30점/ 수순착오)

또 한가지, 젖힘과 끊음이 뒤바뀌어서도 안 된다.

즉, 흑1로 먼저 젖힌 다음 3, 5로 나가끊는 것은 백6으로 버티는 수가 있는 것이다. 계속해서~

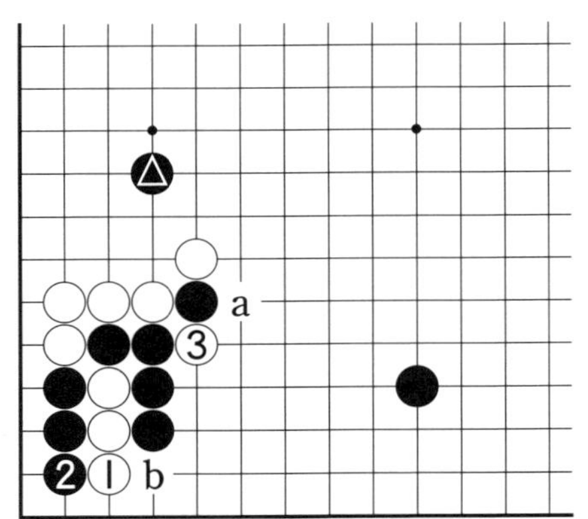

9도

9도 (흑, 망하다)

[3형]과 마찬가지로 백1, 3에 흑의 응수가 두절된다.

　a와 b가 맞보기. 흑◬가 이미 폐석화 되었음은 물론이다.

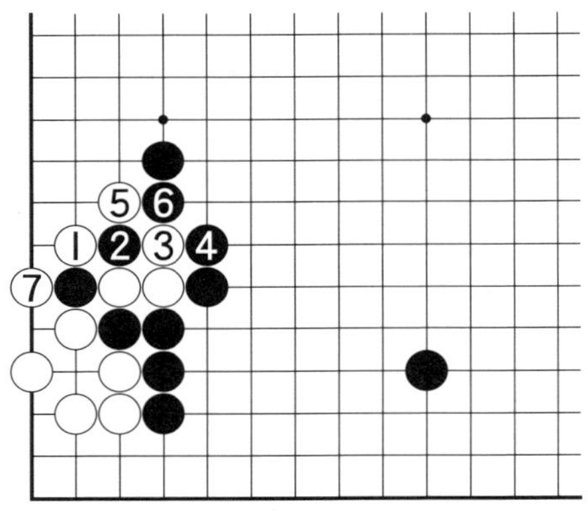

10도

10도 (백, 당하다)

4도의 수순 도중 백1로 그냥 잡는 것은 나약하다.

　흑4, 6의 회돌이를 당해 중앙이 선수로 막힌다.

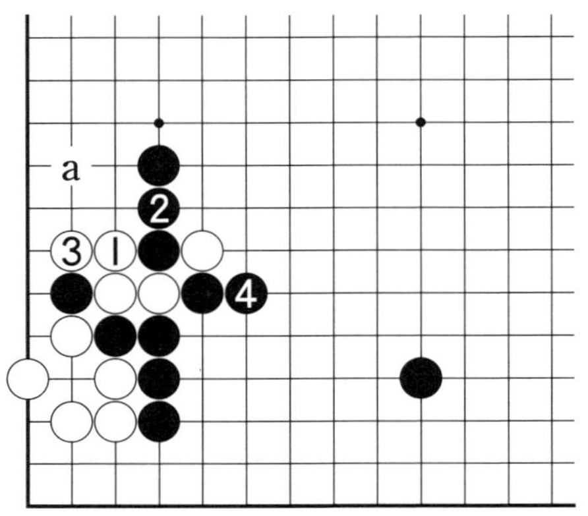

11도

11도 (50점/ 흑, 미흡)

백1 때도 흑은 유의해야 한다. 손 따라 흑2로 나가는 것은 백3을 허용해 미흡하다.

　4도는 좌변 쪽이 거의 봉쇄되어 있는 반면, 이 그림은 a쪽이 열려 있는 만큼 흑의 불만이다.

옆구리를 조심하라

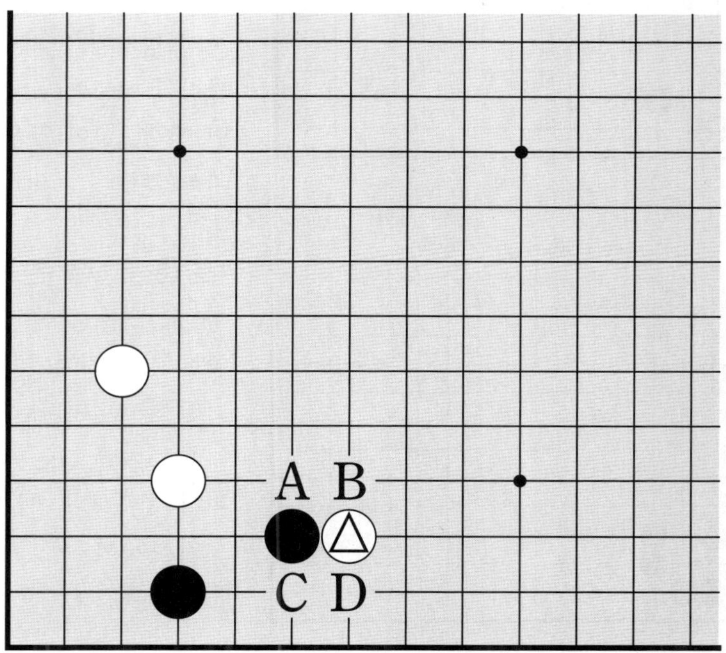

난데없이 옆구리에 붙여온 백△는 무슨 뜻이며, 또한 어떻게 받아야 할까? 흑의 응수방법은 A~D의 4가지.

이 정석에서는 부분적인 절충보다는 주변 상황이 더 중요하다.

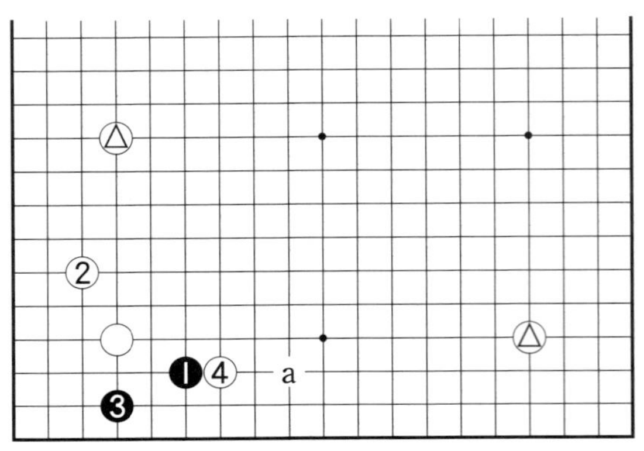

경과도

경과도 (한국형 정석)

유창혁 9단이 개발한 백4는 현재도 애용하는 '한국형 정석'의 하나이다.

이 수 때문에 흑3의 수로 그냥 a에 벌리는 수가 등장할 정도이다. 특히 주변 배경(△)이 있을 때 효과적이다.

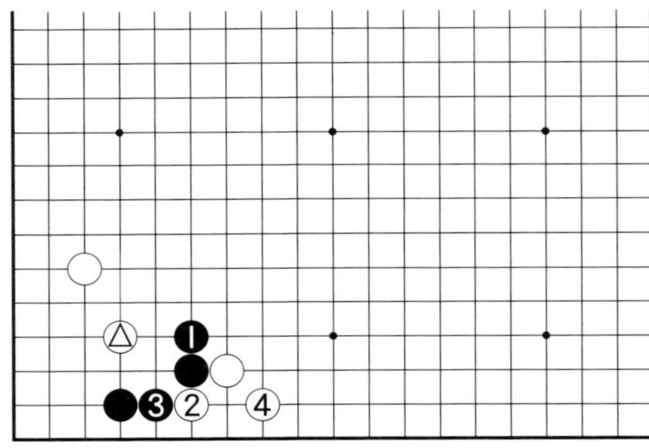

1도

1도 (0점/ 지나친 침착)

흑1로 느는 것이 일견 침착한 정수 같지만, 사실은 가장 낙제점이다.

백2, 4면 다음 흑의 행마가 궁색하다. 백△가 급소자리에서 웃고 있지 않은가.

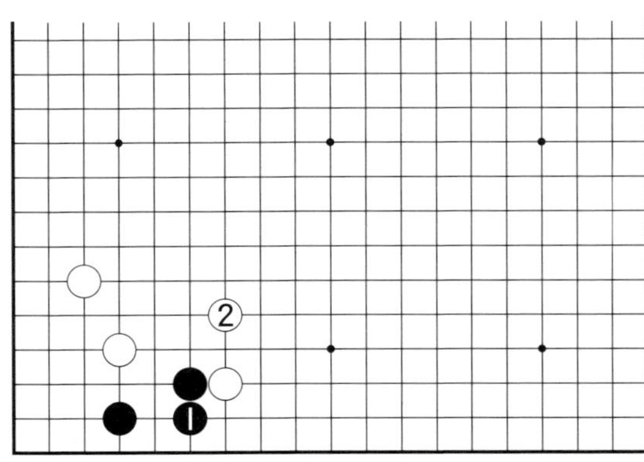

2도

2도 (50점/ 흑, 무력)

그렇다고 흑1로 아래로 느는 것은 너무 무기력하다.

백2 정도로만 두어도 영락없이 잽을 한방 먹은 꼴이다. 그러므로….

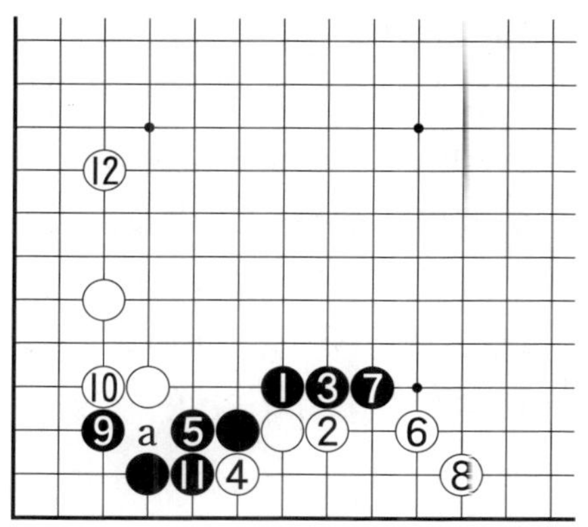

3도

3도 (100점/ 신형정석)

흑1로 젖히는 것이 패기 있는 응수이다. 백2에는 흑3으로 한번 더 밀어가는 것이 기세. 백12까지 신형정석의 완결이다.

흑11은 백a의 약점을 커버하는 효과적인 응수이다(백10과 흑11의 교환은 생략하기도 한다).

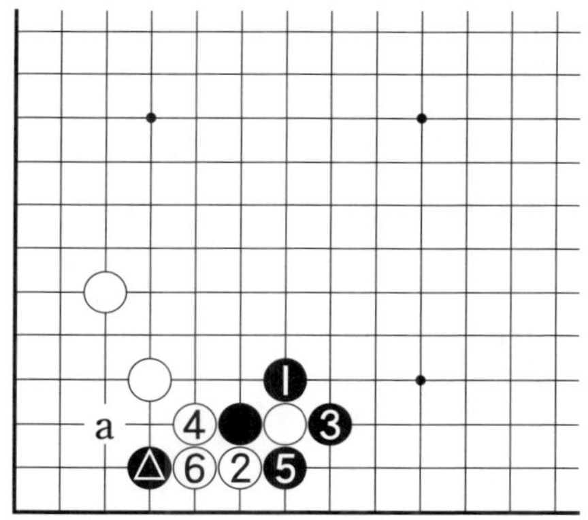

4도

4도 (백, 수순착오)

흑1에 그냥 백2로 되젖히는 것은 수순미스. 흑3에 응수가 궁해진다. 흑5의 빵때림을 허용, 큰 손실을 입는다.

흑▲를 싸안은 귀의 실리가 커 보이지만, 그곳은 흑a로 움직이는 뒷맛이 남아 완전치 않다.

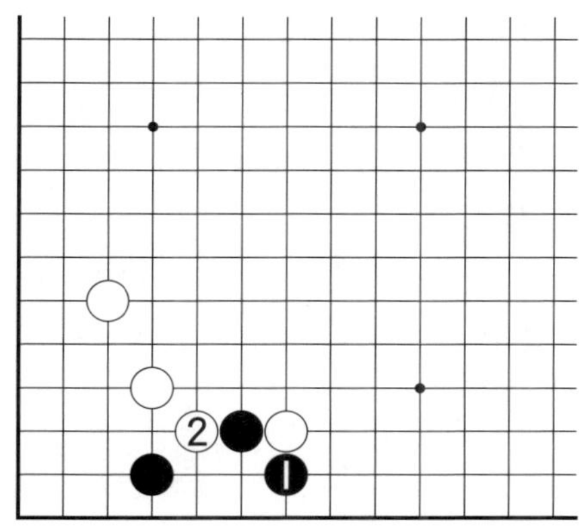

5도

5도 (95점/ 또 다른 응수)

아래쪽(흑1)으로 젖혀받는 수도 가능하다. 그러나 이 수는 상대에게 여러 가지 책략을 제공할 소지가 많아 95점으로 친다.

먼저 백2에 어떻게 응수하겠는가?

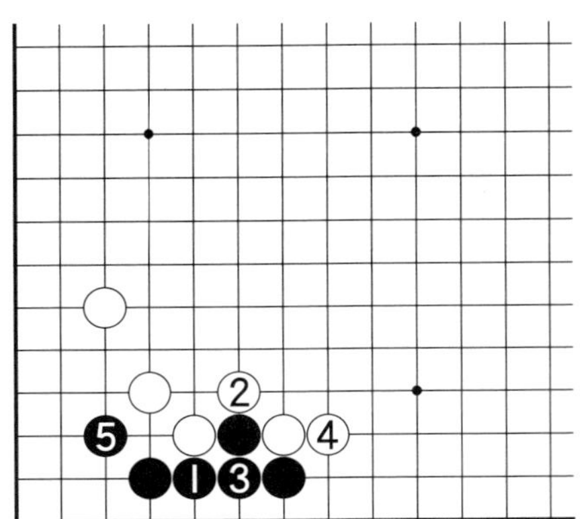

6도

6도 (0점/ 손따라 받기)

덥석 흑1로 받고 만다면 아래도 젖혀받을 자격이 없다. 백2의 단수 한방이 너무 아프지 않은가.

더구나 흑5의 후수 삶이 불가피. 초장에 2선을 4번이나 긴 형태이니 좋을 리가 없다.

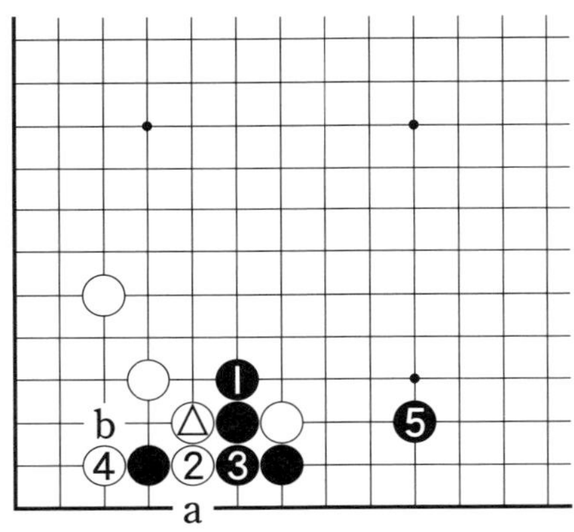

7도

7도 (100점/ 기세의 반발)

백△의 2중 옆구리 붙임에는 흑1로 올라서는 것이 기세의 한 수이다. 백2에는 흑3을 선수하고 5로 벌려 흑도 충분한 모습이다(백4로 a에 두는 것은 흑b로 움직이는 뒷맛이 고약하다).

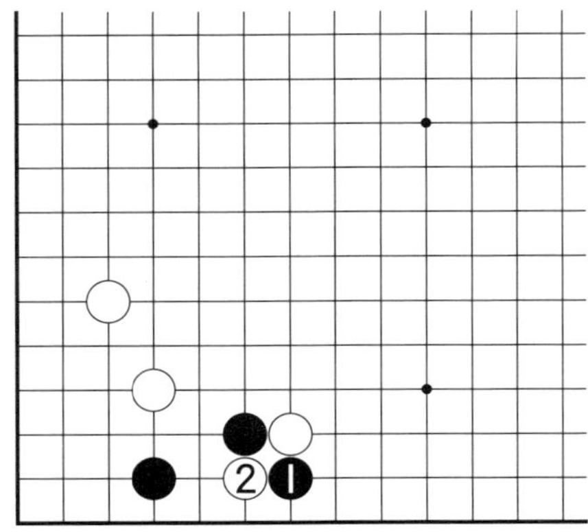

8도

8도 (또 다른 카드)

그런데 백에게는 또 다른 카드가 준비되어 있다. 백2로 맞끊는 수가 그것.

그래서 흑1의 아래쪽 젖힘은 어렵다는 것이다. 자, 어떻게 받아야 할까?

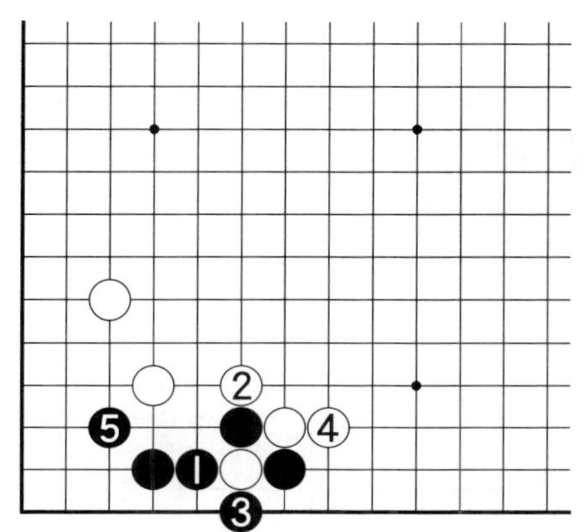

9도

9도 (백, 활발)

흑1로 잡는 것은 가장 쉬우면서도 안전한 응수이지만, 백2로 얻어맞는 것이 다소 아프다.

이 결과는 선수까지 잡은 백이 다소 활발하다는 것이 정설이다.

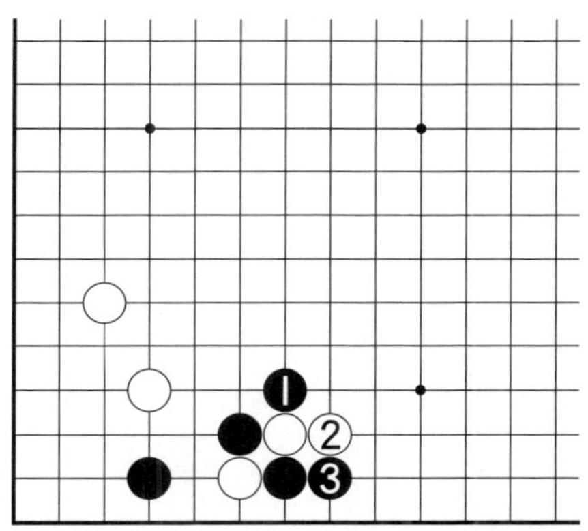

10도

10도 (100점/ 최강의 대응)

따라서 흑1로 몬 뒤 3으로 나가는 것이 최강의 대응이다. 계속해서~

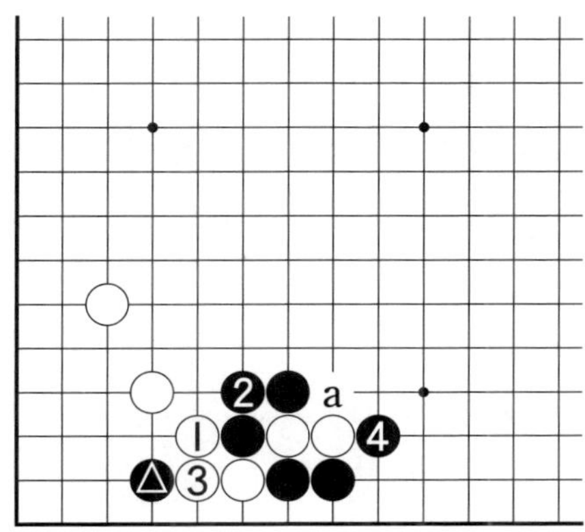

11도

11도 (축머리가 관건)

백1, 3으로 귀를 제압하고 흑4로 잡는 데까지 일단락이다. 이 결과는 흑도 두텁지만, 축머리를 이용당하는 약점이 있다(대신 흑▲는 아직 뒷맛이 있다).

즉, 이 정석을 택할 때 흑은 a의 '축 유리'가 전제되어야 한다.

맞끊음에 당황하지 마라

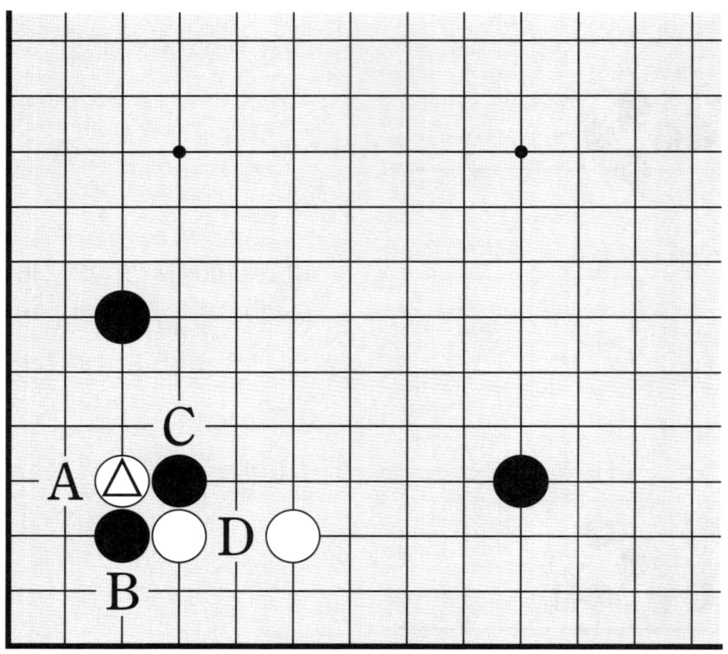

백△로 맞끊은 것은 일견 '상수의 교란작전'처럼 보이지만, 알고 보면 타개의 리듬을 구하기 위한 상용 수단에 불과하다.
흑은 어떻게 응수하는 것이 좋을까? A~D 가운데 생각해 보자.

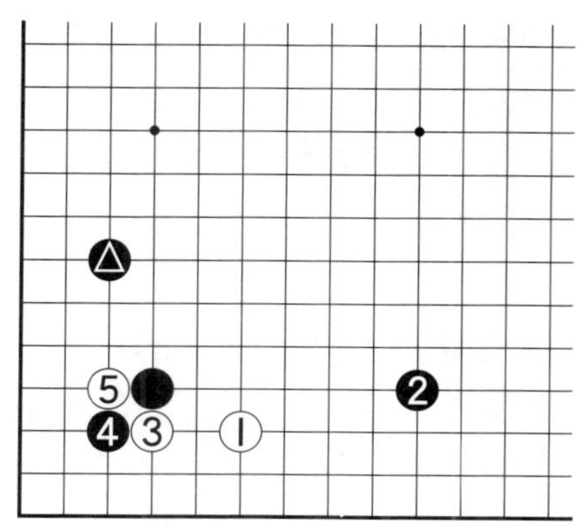

경과도

경과도 (타개의 정석)

흑▲의 눈목자굳힘에 백3, 5로 붙이고 맞끊는 수는 맞바둑에서도 흔히 쓰이는 타개의 상용수법이다. 흑에게 세력을 허용하지 않겠다는 뜻이다.

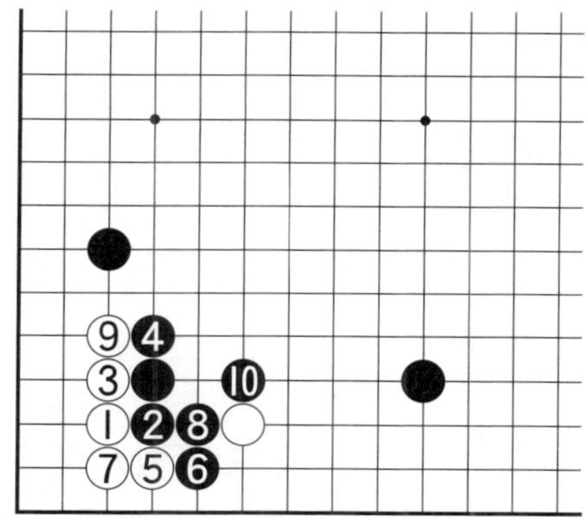

1도

1도 (흑의 주문)

경과도 백3으로는 백1의 3·三 침입이 무난하다. 그러면 흑10까지 간명한 정석.

　다만, 이렇게 흑을 두텁고 편하게 해주는 것이 꺼려질 때 취하는 방법이 경과도 백3, 5의 변화구이다.

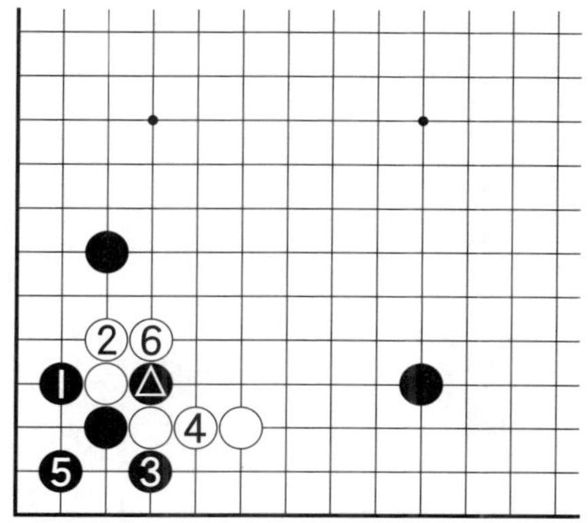

2도

2도 (0점/ 최악의 속수)

손길 가는 대로 흑1, 3으로 단수치는 것은 속수 중의 속수이다.

　흑5가 불가피할 때 백6으로 기둥말(흑▲)이 잡혀 흑이 망한 꼴이다.

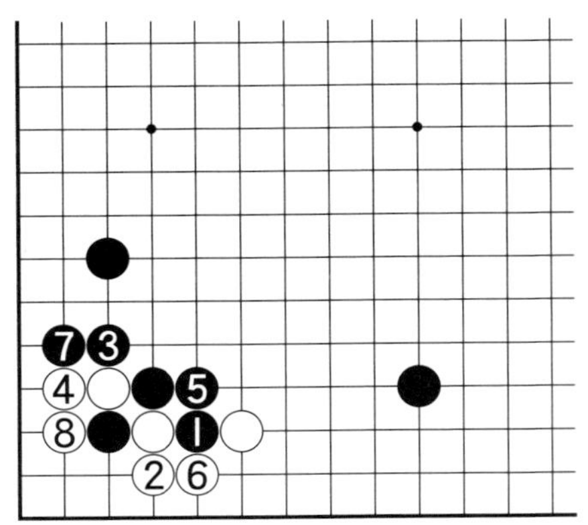

3도

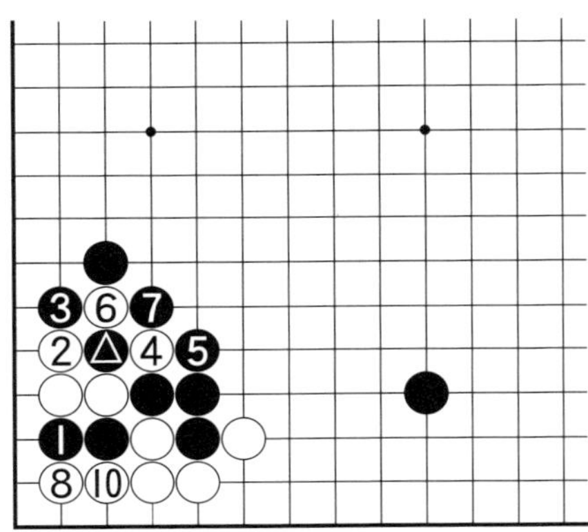

4도

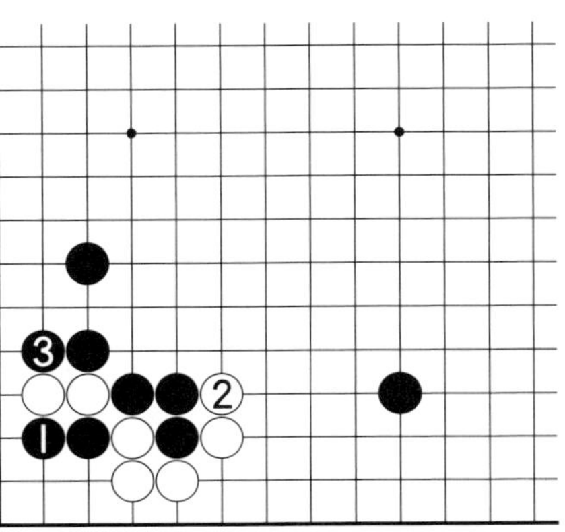

5도

3도 (30점/ 책략부족)

흑1, 3으로 단수치는 수도 별무신통. 특히 흑7은 무책의 속수이다. 백8까지 흑의 손해가 크다.

4도 (70점/ 백, 수습 성공)

3도 흑7로는 1에 막는 강수가 있기는 하다. 백2, 4에는 흑5, 7이 준비된 맥. 그러나 백10까지 백도 제법 큰 실리를 차지하며 안정해 불만이 없다.

5도 (백의 별책)

흑1에는 백2로 밀어 선수하는 방법도 있다. 역시 단수는 바람직하지 않다는 결론.

6도 (100점/ 맞끊으면 뻗어라)

'맞끊으면 뻗어라'. 흑1로 침착하게 뻗어두는 것이 백의 책략을 봉쇄하는 정수이다.

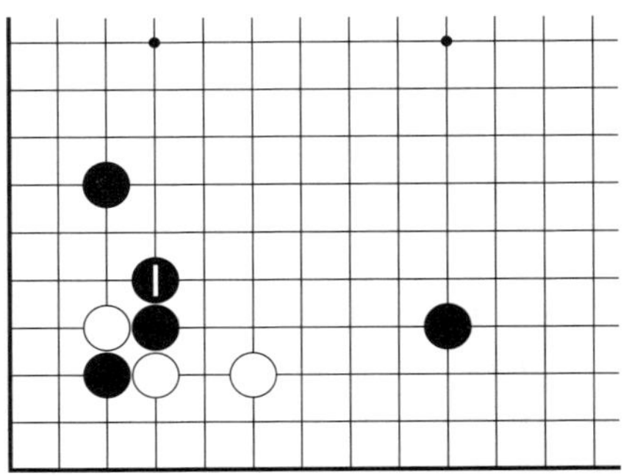

6도

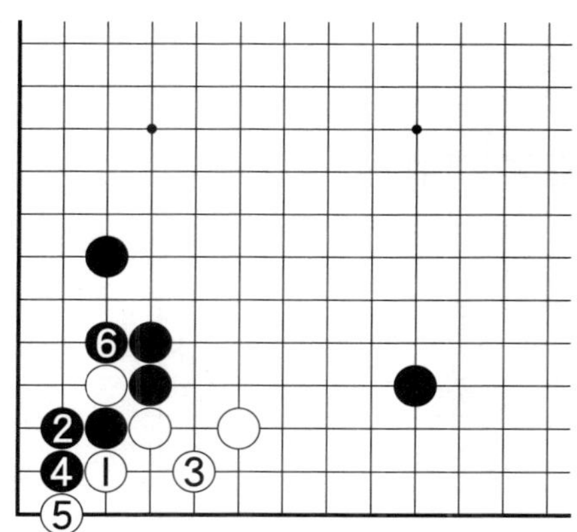

7도

7도 (상용의 정석)

백은 1, 3으로 형태를 정비하는 정도. 그러면 흑6까지 서로 무난한 정석이다.

흑으로서는 귀의 실리를 고스란히 지켜내며 후속공격을 노릴 수 있어 불만이 없다.

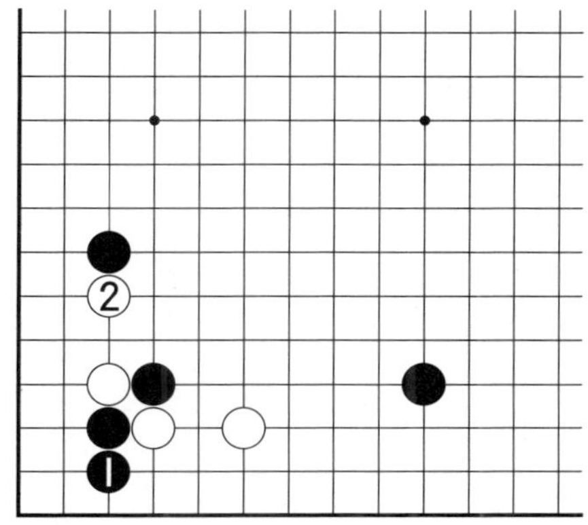

8도

8도 (백, 무리한 버팀)

그렇다고 백1로 버티는 것은 무리. 흑2, 4가 빈틈없는 수순으로 백이 안 된다.

흑4로는 흑5, 백4의 교환 뒤 흑a로 제압해 세력을 취하는 방법도 유력하다.

9도 (80점/ 흑의 별책)

같은 뻗음이라도 흑1은 다소 불안하다.

백2의 맥점이 기다리고 있기 때문. 응수가 매우 까다로워져 실수할 확률이 높다.

9도

참는 것이 최강의 대응책

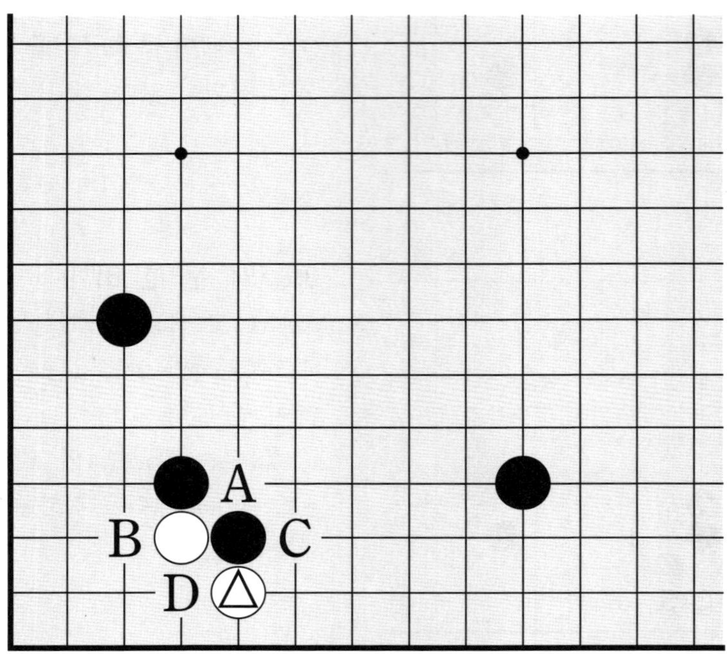

  맞바둑, 접바둑을 막론하고 화점바둑의 실전에서 약방의 감초처럼 등장하는 형태이다.

  백△로 되젖힌 장면에서 최선의 응수는 무엇일까? A∼D 가운데 생각해보자.

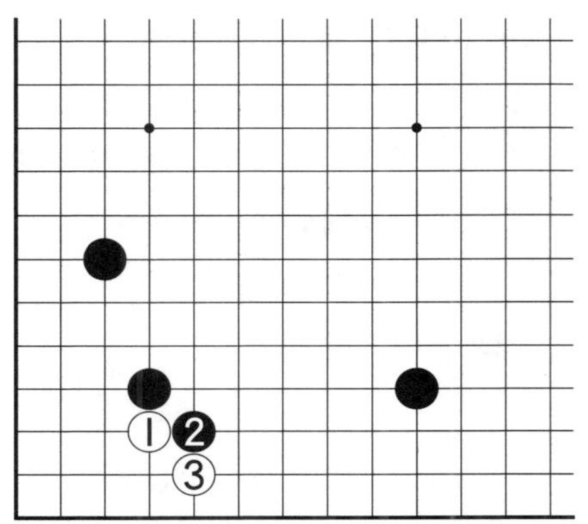

경과도

경과도 (굳힘 후의 정석)

눈목자굳힘에서 백1로 붙이는 것은 상용의 침투수법. 흑2는 세력 취향의 응수이고, 백3의 되젖힘이 좋은 맥이다.

이 수는 꼼수가 아니라 당연한 행마법이므로 흥분하거나 당황할 필요가 없다.

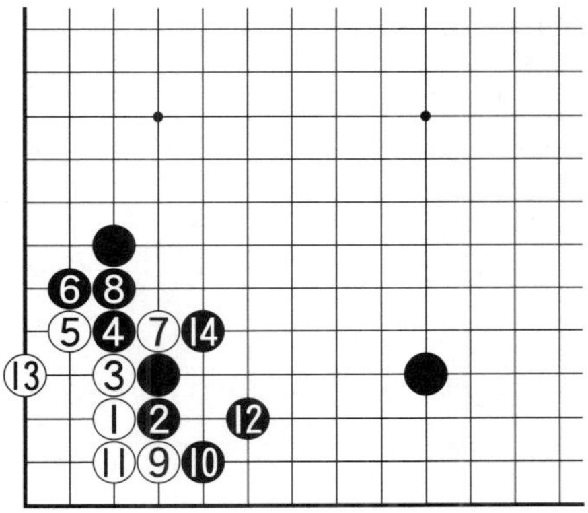

1도

1도 (간명한 귀살이)

경과도의 백1로 3·三에 들어가는 수도 있다. 그러면 흑14까지 백이 선수로 귀살이한다.

다만, 이 형태는 외곽의 흑을 완벽하게 해주므로 접바둑에서는 백의 입장에서 기피하는 경향이 있다.

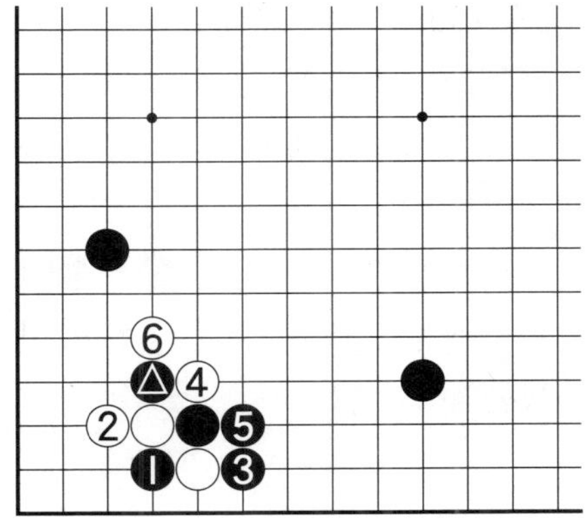

2도

2도 (0점/ 속수의 표본)

백의 되젖힘에 사정없이 흑1, 3으로 단수치는 것은 속수 중의 속수이다. 백6까지 사령관 흑▲가 잡히며 흑진이 관통당해 바둑도 끝장이다.

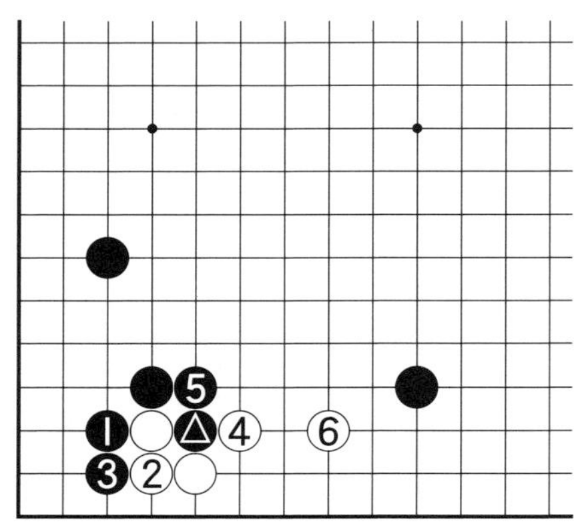

3도

3도 (30점/ 흑, 이율배반)

흑1로 몰고 3으로 막는 것은 귀를 차지할 수는 있지만 백4, 6으로 가뿐히 안정해 흑이 불만이다.

세력 지향으로 바깥쪽에서 젖힌 흑△와 이율배반 아닌가.

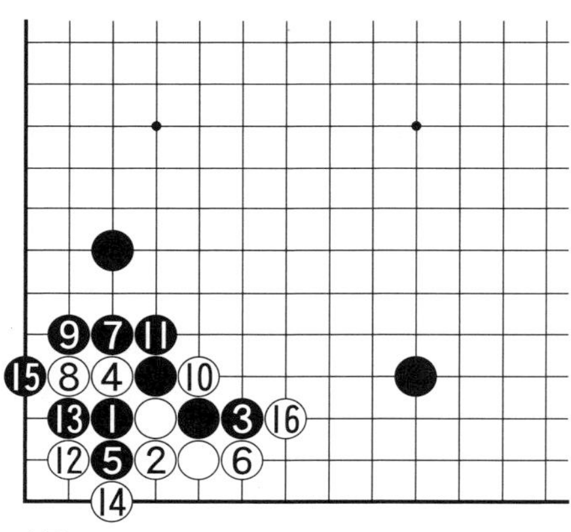

4도

4도 (30점/ 역시 속수)

그렇다면 흑1, 3은 어떨까? 그러나 백4로 끊겨 좋은 결과를 바랄 수 없다. 백12까지 볼일 다 본 다음 16으로 변을 크게 부수고 살아서는 흑의 실패이다.

역시 '일단 단수'는 낙제점이라는 결론이다.

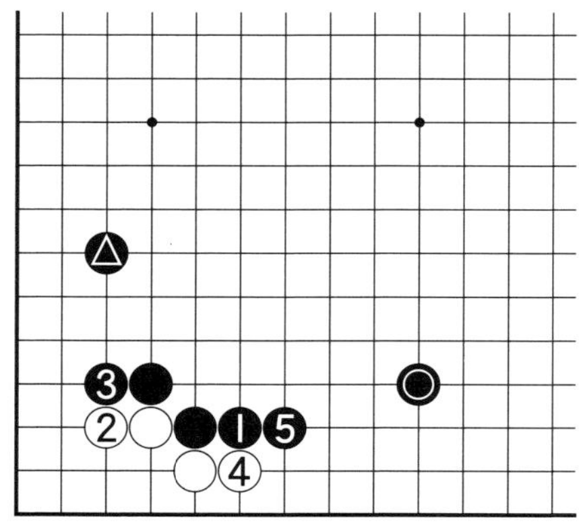

5도

5도 (50점/ 흑, 무책)

흑1로 느는 것도 무책. 백2, 4로 크게 살면 흑이 크게 당한 모습이다.

이렇게 되고 보니 흑△와 ◉의 위치가 좀 중복된 자리에 있어 비능률적이지 않은가.

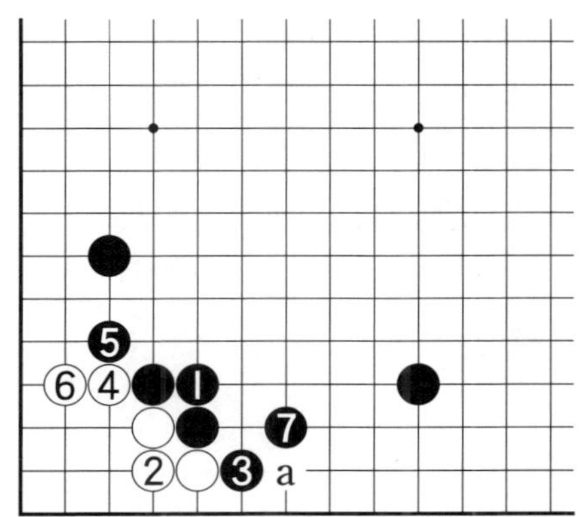

6도

6도 (100점/ '침착'이 정수)

흑1로 꽉 잇는 것이 백에게 책략의 여지를 주지 않는 정수이다.

　백4, 6으로 귀살이하고 흑7로 지키는 데까지가 정석의 일단락이다. 백a 때문에 흑7은 필수.

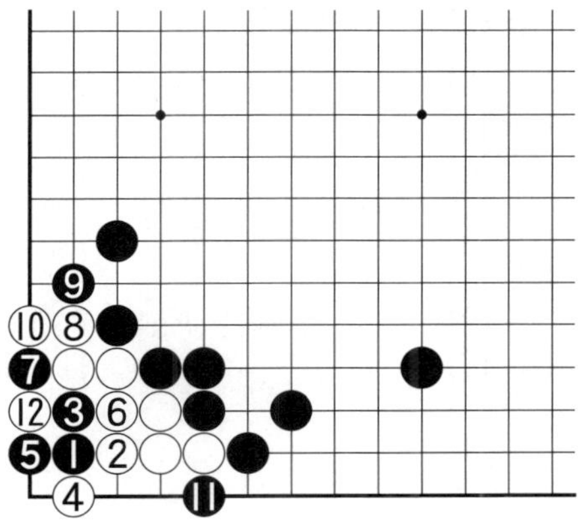

7도

7도 (정석의 뒷맛)

귀의 백은 아직 완생이 아니다. 흑1로 치중하면 백12까지 1수 늘어진 패의 뒷맛이 있는 것.

　다만 이 패는 늘어진 패여서 당장 결행하는 것은 무리이며 훗날 때를 기다리는 것이 순리이다.

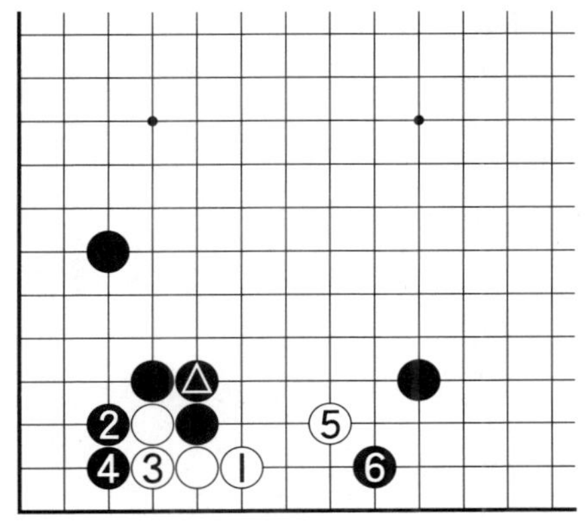

8도

8도 (백, 과욕)

흑▲로 이을 때 백1로 느는 것은 과욕이다.

　흑2, 4로 실리와 근거를 동시에 빼앗겨 백의 고전이다.

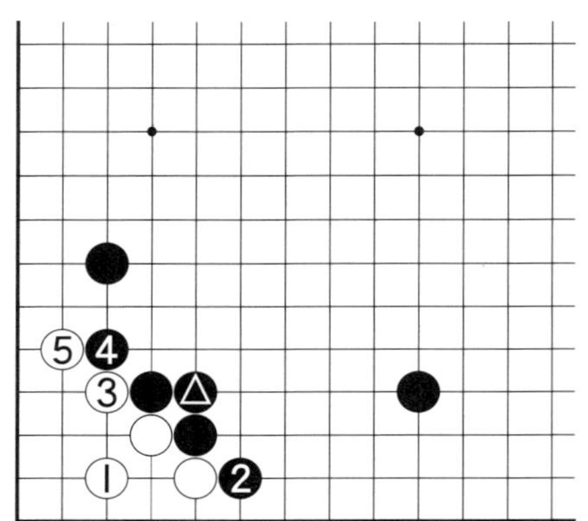

9도

9도 (백의 변화구)

여기서 잠깐! 유력한 백의 변화구가 있다는 것도 명심해야 한다.

흑●로 이을 때 백1로 호구치는 수가 그것. 백3, 5의 이단젖힘이 후속탄이다. 계속해서~

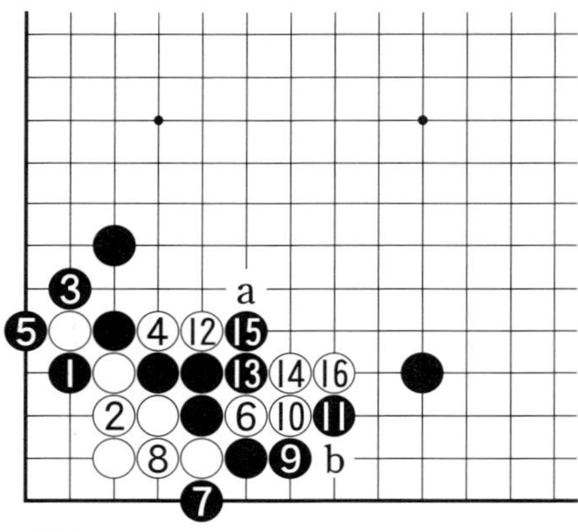

10도

10도 (흑, 파탄자초)

흑1, 3으로 잡다가는 사단이 발생한다. 백6의 절단이 성립하는 것. 백16까지 a와 b를 맞보아 흑의 파탄이다.

다만, 이런 수단은 백a의 축이 유리할 때만 가능하다.

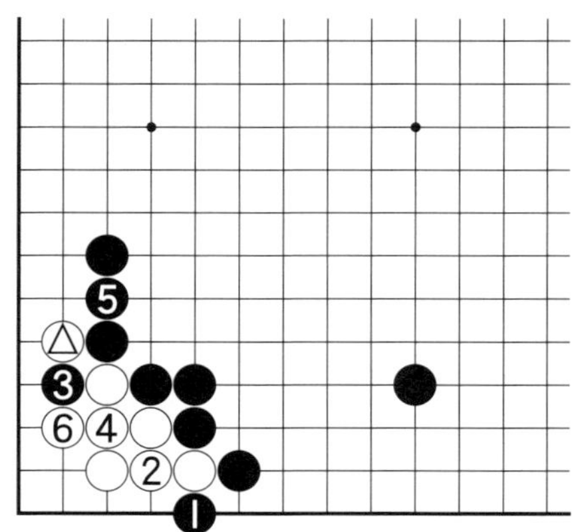

11도

11도 (변형 정석)

따라서 백△에 흑의 축이 불리하다면 5까지 처리할 수밖에 없다.

이 결과는 백이 완생함으로서 6도에 비해 약간 이득이라고 할 수 있다.

위축될수록 손해

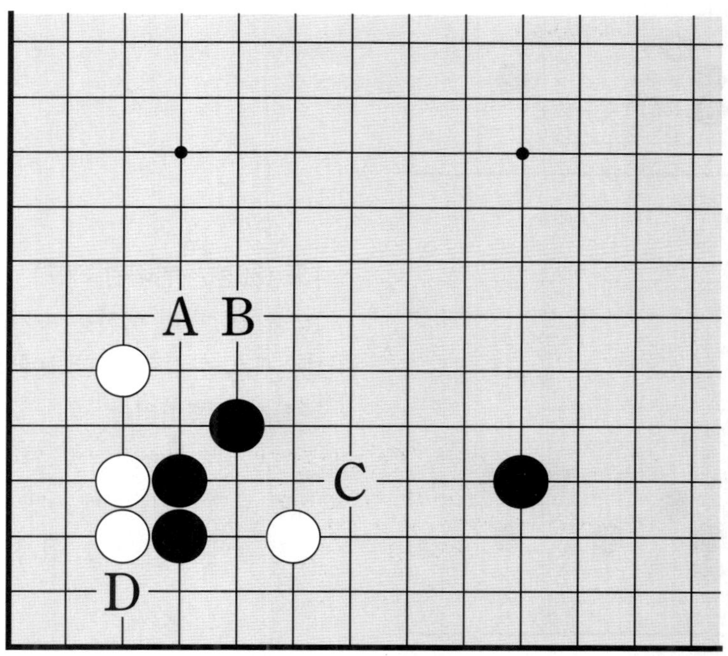

　이번에는 화점/ 양걸침 정석을 집중 탐구해 보자.
　양걸침 정석의 대표형으로 특히 접바둑에서는 매번 나타나는 형태이다. 정석을 마무리 짓는 흑의 다음 한 수는 A~D 중 어디일까?

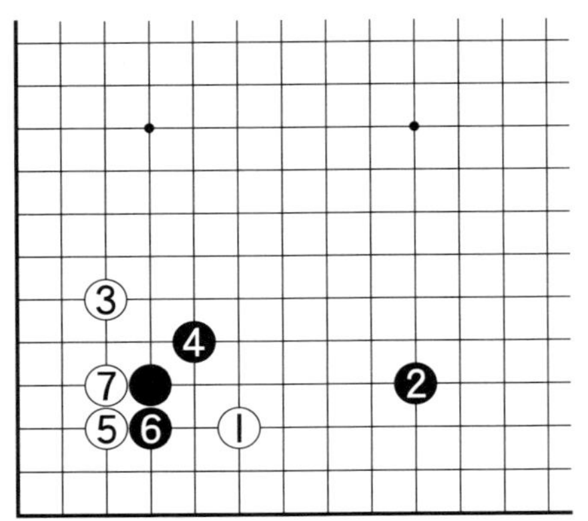

경과도

경과도 (양걸침 정석)

흑4는 가장 간명한 응수. 백5의 3·三 침입은 당연하며 흑6도 올바른 방향이다. 정작 문제는 그 다음이다.

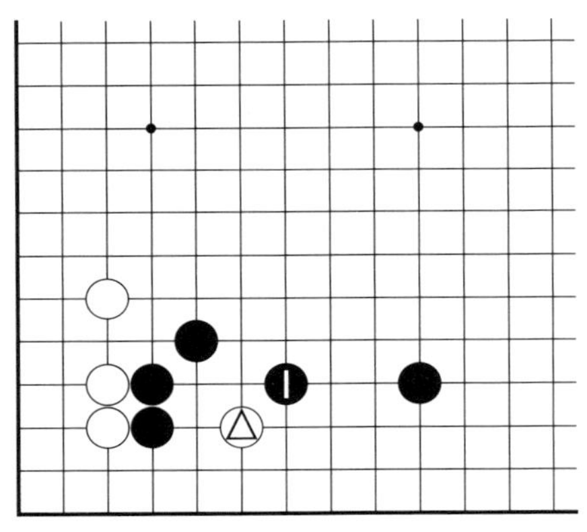

1도

1도 (30점/ 위축된 태도)

10명 중 7명이 택하는 수가 흑1이다. 백△ 한점을 제압하며 하변을 굳히자는 뜻이리라.

그러나 이는 화점의 위력을 스스로 위축시키는 '백스텝'이어서 30점 밖에는 받을 수 없다.

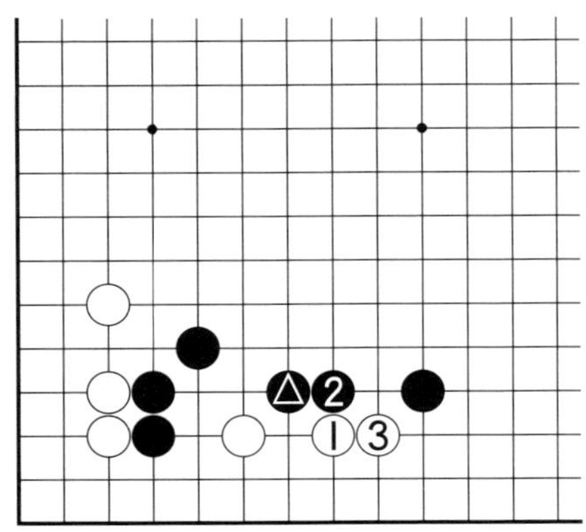

2도

2도 (고약한 뒷맛)

당장 백1, 3으로 움직여 가도 흑은 할 말이 없다.

안전하게 집으로 굳히려 했는데, 도리어 이처럼 손쉽게 수가 난다면 흑△의 체면이 말이 아니다.

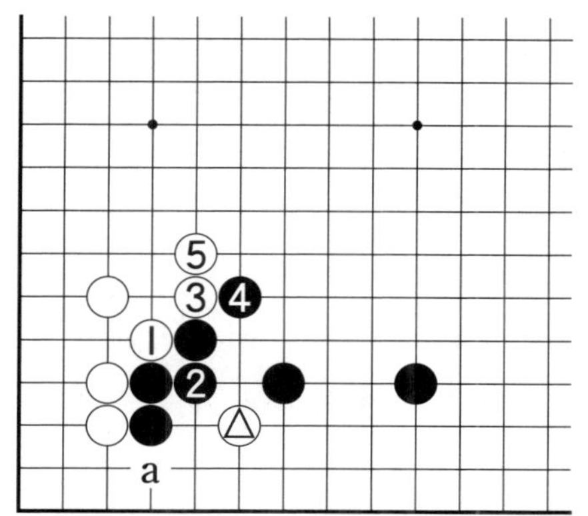

3도

3도 (최대한 이용)

백은 1~5로 밖에서 이득을 취하는 정도로도 충분하다.

a의 끝내기도 백의 권리인데다 아직 뒷맛도 남아 이 정도면 백 △의 '가치'를 최대한 뽑아낸 셈이다.

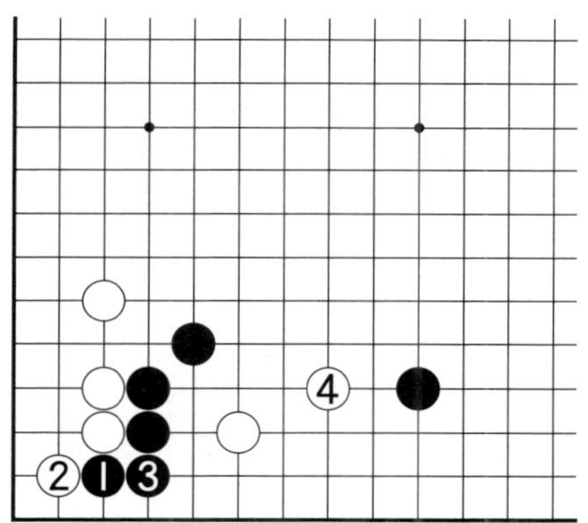

4도

4도 (0점/ 대세관 결핍)

흑1, 3으로 젖혀잇는 것은 국부적인 데 연연한 완착이다.

좌하 백은 거의 완생형이기 때문에 흑1, 3은 집도 안 되는 곳을 서두른 '헛수'라고 하겠다. 백4면 도대체 누가 곤마인지 모르는 상황이다.

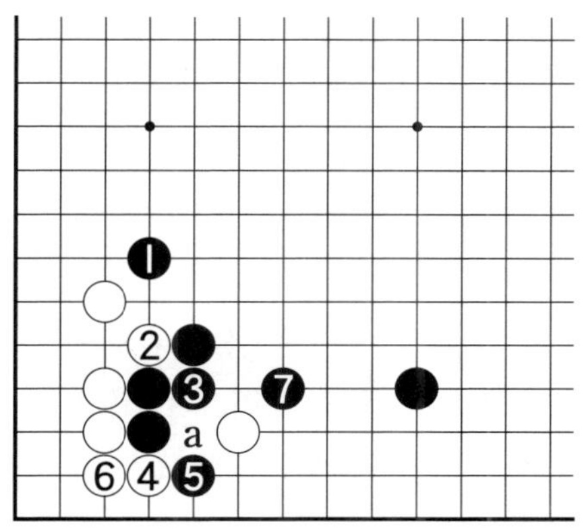

5도

5도 (100점/ 호방한 태도)

흑1로 씌워가는 것이 배석의 이점을 십분 살린 호방한 일착이다.

흑7(혹은 a)까지 화점의 위력이 살아나는 구도가 되었다.

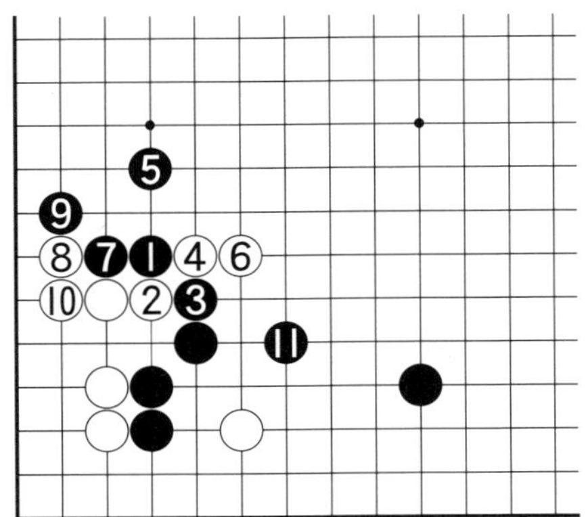

6도

6도 (흑, 유리한 전투)

신경 쓰이는 것은 백2, 4의 반발인데, 흑5로 맞서 전혀 두려울 것이 없다.

흑11까지 접전의 양상이지만, 양 갈래로 찢긴 백이 아무래도 피곤한 모습이다. 따라서 이 전투는 흑이 겁낼 필요가 없다.

7도 (95점/ 안전한 확장)

그래도 만약 6도와 같은 전투에 자신이 없다면 흑1로 한칸 뛰는 것이 유연한 태도이다.

백2에는 흑3으로 한껏 품을 넓히며 4와 5를 맞보아 충분한 모습이다.

7도

8도 (백, 생불여사)

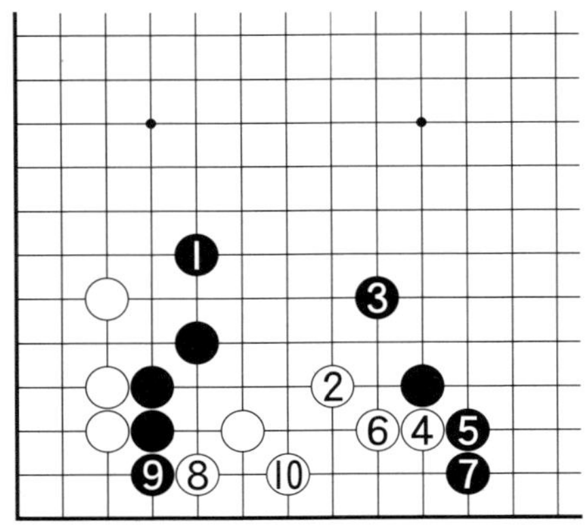

8도

품을 넓힐 때 신경 쓰이는 것은 백2 따위로 움직이는 것.

그러나 안에서 살더라도 그 대가로 외곽 흑세가 강해지고 백8 등의 이적수까지 불가피해 백의 생불여사이다. 그러므로 흑은 백의 준동을 두려워할 필요가 없다.

끼움이 피차의 급소

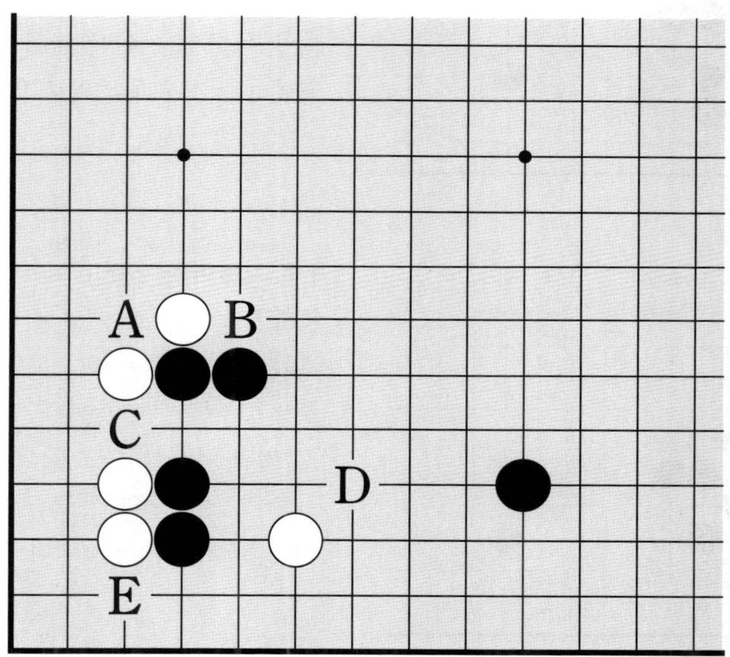

　　역시 접바둑용 양걸침 정석으로 매우 낯익은 모양이다.
　　재미있는 것은 이 형태에서는 쌍방의 급소가 서로 일치한
다는 사실이다. 그곳은 어디일까? A～E 가운데 생각해보자.

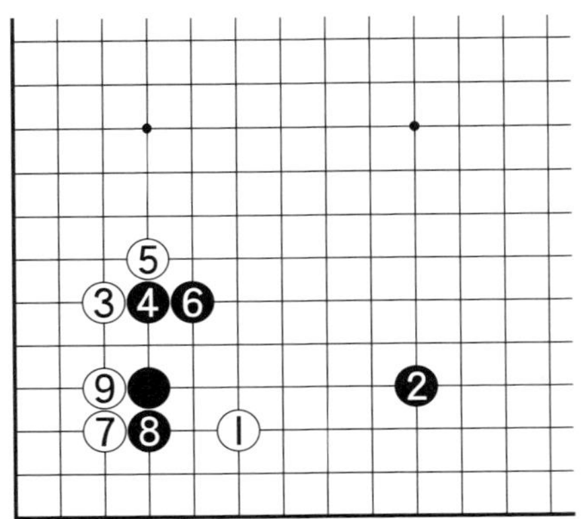

경과도

경과도 (접바둑용 정석)

흑4는 적극적인 응수이며 백5, 7
은 상용의 수법이다.

흑은 기착점(2)의 가치를 살리
고자 8로 막았는데, 백9로 넘어간
다음 어디로 두어야 할까를 놓고
고민하는 경우가 의외로 많다.

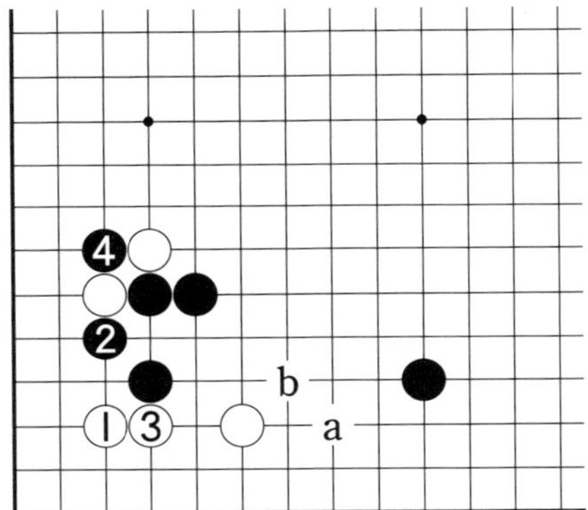

1도

1도 (맞바둑용 정석)

경과도의 흑8로는 사실 이 그림
흑2로 막는 것이 좋다. 그런 다음
훗날 흑a를 선수할 수도 있고, b
로 씌워 봉쇄할 수도 있다.

다만, 경과도의 흑8도 접바둑에
서는 일리 있는 선택이다.

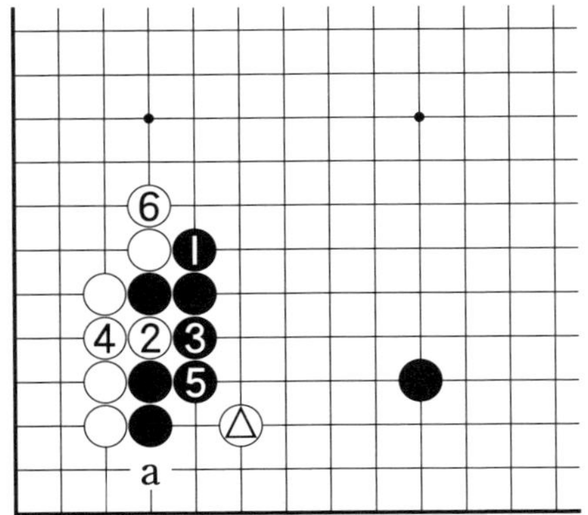

2도

2도 (0점/ 속수 행마)

흑1로 밀어가는 것은 속수. 백2,
4가 기민한 급소여서 흑이 곤란해
진다. 어느새 흑1이 4선을 밀어준
이적수가 되지 않았는가.

백a도 선수인 데다 아직 백△의
뒷맛도 크게 남아 흑은 실속이 전
혀 없다.

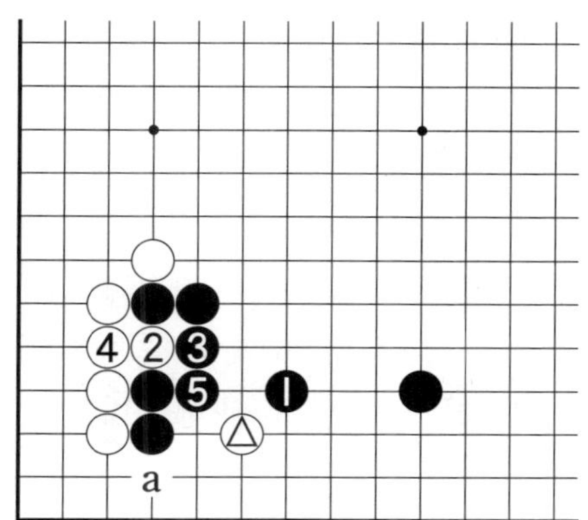

3도

3도 (30점/ 옹졸한 태도)

흑1은 안전하게 백 한점을 제압하자는 뜻이지만 너무 옹졸하여 정답과는 거리가 멀다.

백2, 4를 선수로 당하고 장차 백a까지 당하고 나면 백△를 잡더라도 흑이 남는 것이 없는 모습이다.

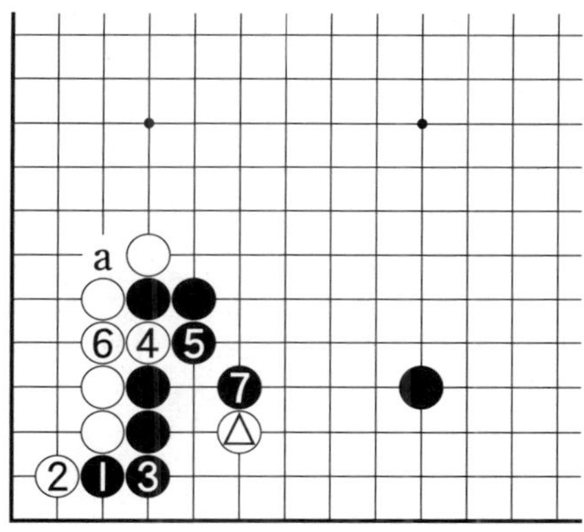

4도

4도 (30점/ 방향착오)

흑1, 3은 실리에 민감한 수법이지만, 부분에 집착한 완착이다. 역시 백4, 6을 선수로 당해 흑의 불만이다.

a쪽의 단점이 저절로 보강된 데다 아직 백△의 뒷맛이 살아있는 점도 흑의 불안요소이다.

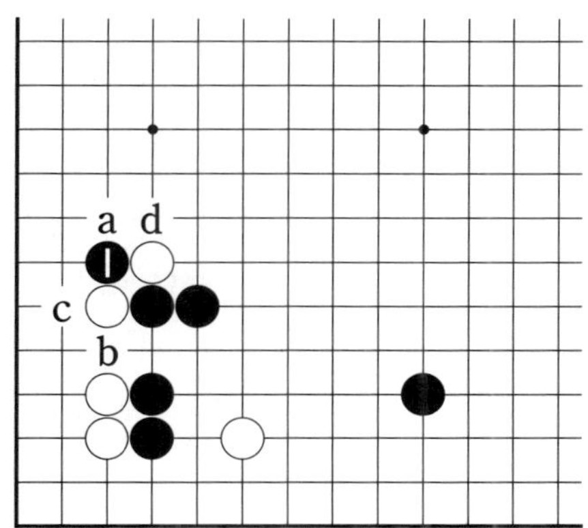

5도

5도 (흑, 아전인수)

흑1로 끊는 것은 어떨까? 다음 백a면 흑b로 돌파하고, 백c면 흑d로 잡는 것을 내다본 강수인데….

그러나 그것은 흑 혼자만의 환상에 불과함을 어쩌랴.

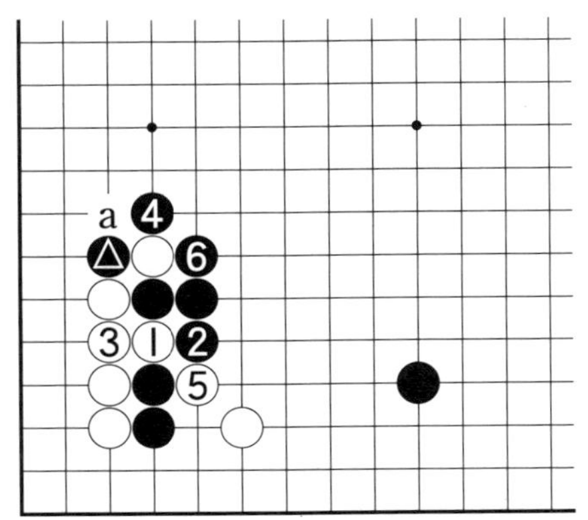

6도

6도 (결론은 30점)

백1이 흑의 꿈을 흔들어 깨우는 급소. 흑4가 어쩔 수 없을 때 백5로 끊겨 손실이 크다.

그렇다고 흑4로 5 자리에 잇는 것은 백a로 잡혀 흑▲가 헛수가 돼버리니 더욱 안 될 말이다.

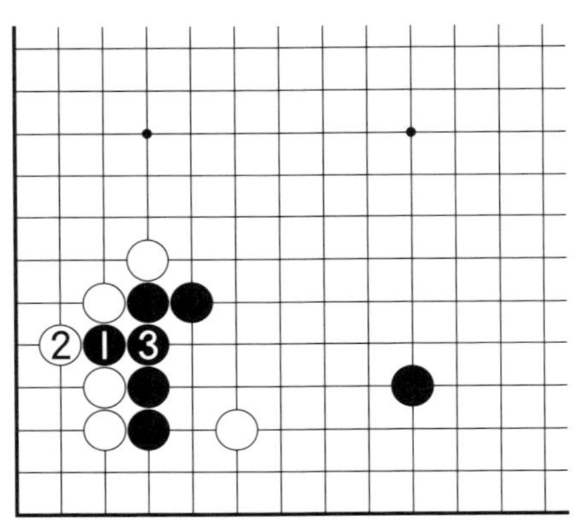

7도

7도 (100점/ 쌍방의 급소)

'적의 급소는 나의 급소'. 흑1, 3으로 먼저 끼워잇는 것이 급소이다.

이렇게 되면 흑은 견고한 연결 형태가 된 반면, 백에게는 여기저기 단점이 남는다. 계속해서~

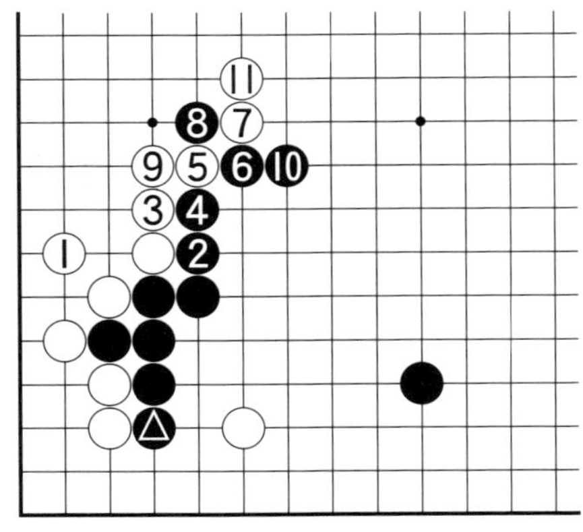

8도

8도 (입체화)

백1을 기다려 흑10까지 하변~중앙을 입체화시킬 수 있다.

이것이 당초 흑▲로 막은 취지를 십분 살리는 길이기도 하다.

지나가는 길에 끊어두라

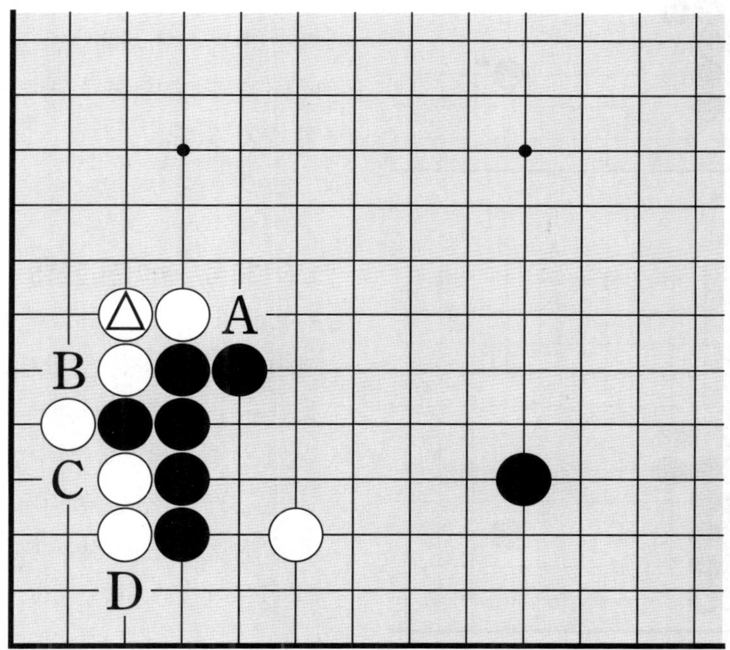

　[9형]에서 나타난 양걸침 정석의 변칙형이라 할 수 있는 형태이다.

　백△로 꽉 이은 수가 하수들을 현혹시키는 꼼수성 변화구. 쉽게 생각하다간 말려들어 헛스윙하기 십상이다.

　백의 변화구를 제대로 공략하는 수는 어디일까? A~D 가운데 생각해보자.

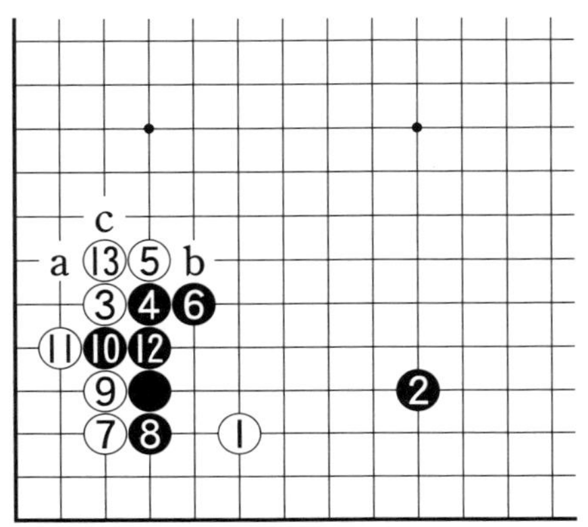

경과도

경과도 (꼼수성 변칙수)

흑10, 12 때 백의 정수는 a의 양호구. 그러면 흑b나 c를 선수당하는 것이 싫다는 발상에서 백13의 변칙수가 등장하게 되었다.

그러나 흑이 제대로만 응징하면 백13을 도리어 손해수로 전락시킬 수가 있다.

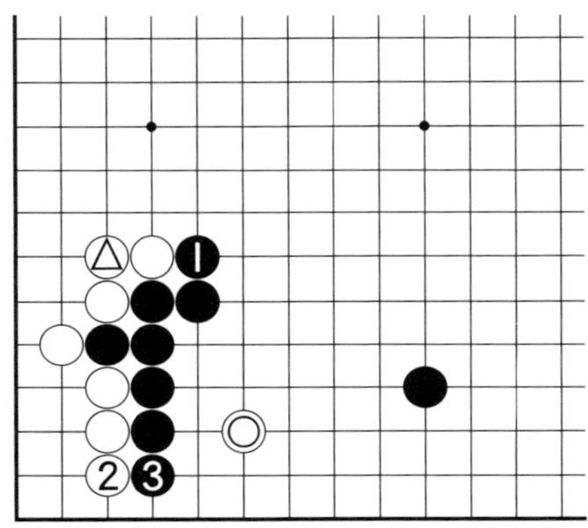

1도

1도 (30점/ 늘어진 완착)

흑1로 미는 것은 무심한 완착이다. 백에게 별다른 압박감을 주지 못한다.

백은 잽싸게 2를 선수한 뒤 다른 큰 곳으로 손을 돌리거나 ◎를 움직일 것이다. 이것이 바로 백△의 주문이기도 하다.

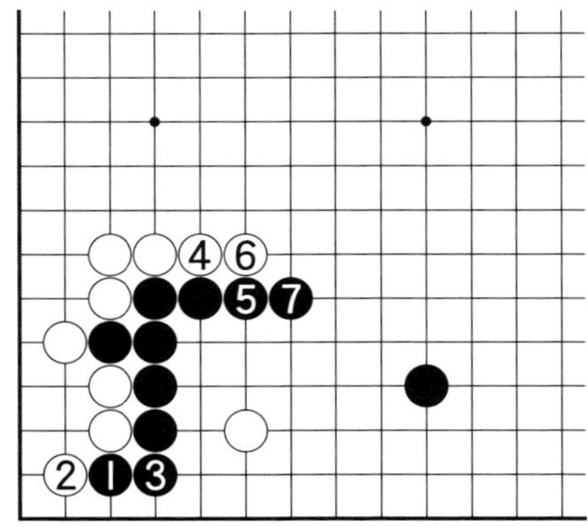

2도

2도 (0점/ 방향착오)

그렇다고 흑1, 3으로 젖혀잇는 것은 방향착오. 백4의 곳을 밀려 대세에 뒤진다.

흑으로서는 어떻게든 급소(4의 곳)를 효과적으로 둘 궁리를 해야 한다.

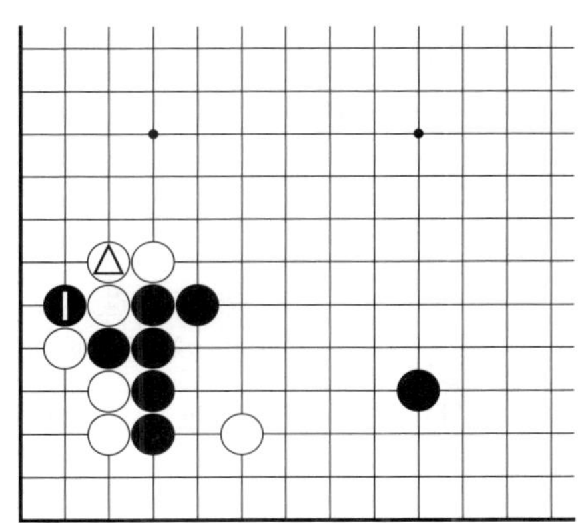

3도

3도 (100점/ 적시 타이밍)

흑1로 끊는 것이 멋진 응수타진으로 백△의 변화구를 정확히 공략하는 적시타다.

'지나가는 길에 끊어두어라'는 격언이 여실히 적용되는 장면이다. 계속해서~

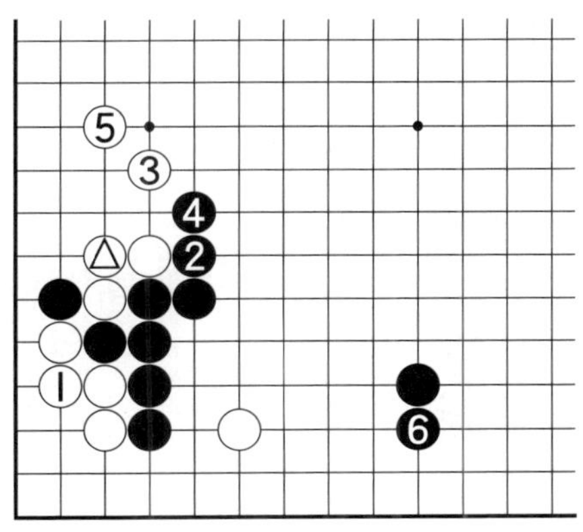

4도

4도(흑, 두터움)

백1을 기다려 흑2로 밀어가는 수가 두터운 급소이다.

흑4까지 선수도 들어 흑은 대모양을 구축할 수 있다. 이로써 백△의 변칙수는 실패로 돌아갔다.

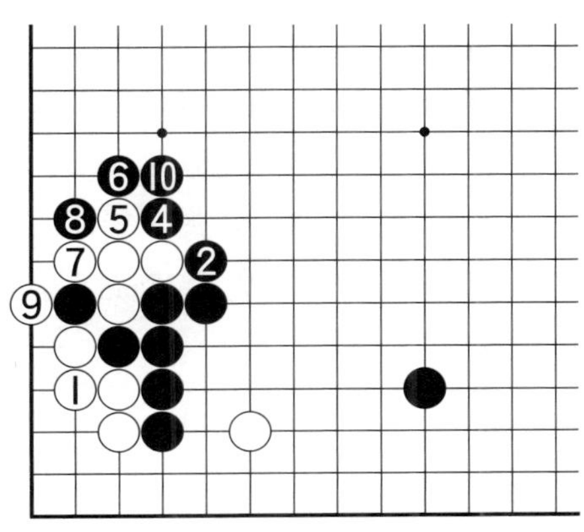

5도   ③…손뺌

5도 (철벽도배)

만약 4도 백3을 손빼다가는 흑4~10으로 꽉꽉 싸발려 백은 견딜 수 없는 지경이 되어 버린다.

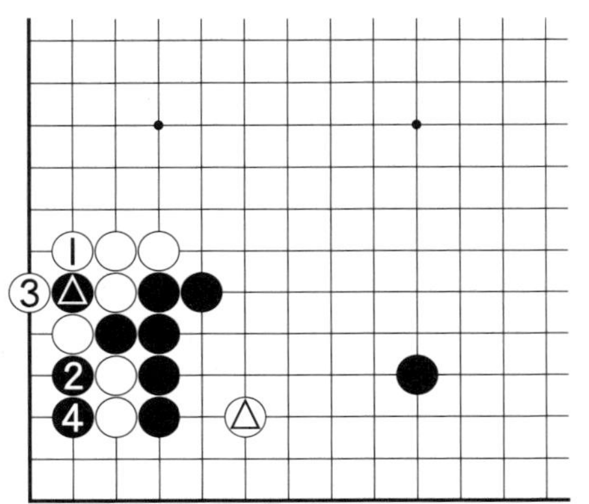

6도

6도 (백, 큰 손실)

그렇다고 흑▲ 때 백1로 잡는 것은 흑4까지 두점이 잡혀버려 백의 손실이 크다.

이렇게 되면 백△도 전혀 힘을 쓸 수 없는 폐석으로 전락하니 백으로서는 안 될 말이다.

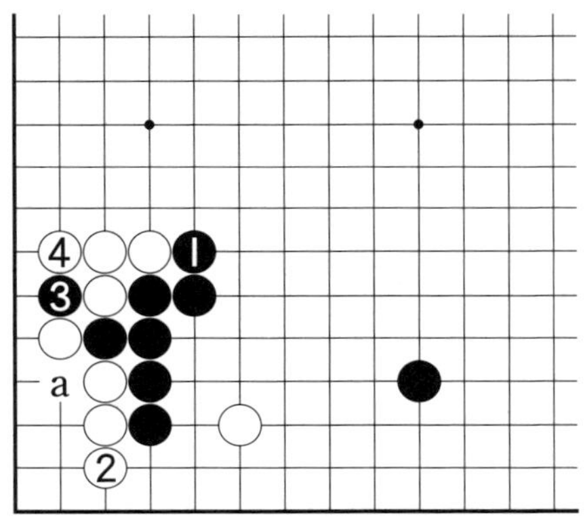

7도

7도 (흑, 뒷북을 치다)

그런데, 만약 1도처럼 흑1, 백2가 교환된 상황에서 흑3으로 끊는 것은 때가 늦다.

이제는 백a로 잇지 않고 백4로 잡아도 아무 일도 일어나지 않는 것이다. 수순의 중요성을 새삼 실감할 수 있는 장면이다.

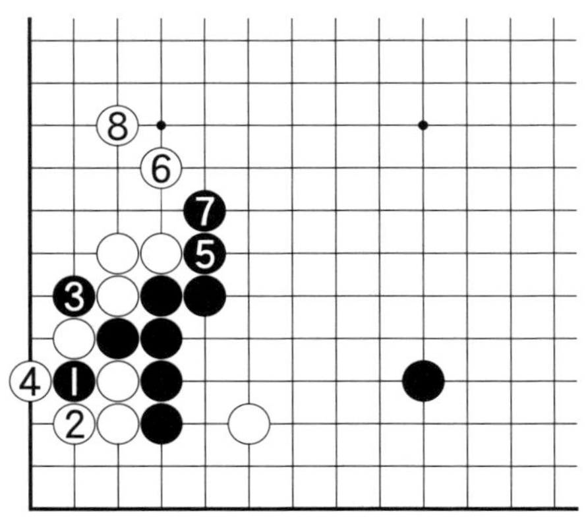

8도

8도 (50점/ 방향이 틀렸다)

흑1쪽으로 끊는 것은 착상은 맞았으되 방향이 틀린 격이다.

백8까지 4도와 비슷한 결과지만 흑1, 백2가 분명 손해 교환임을 알 수 있다.

11형

막는 방향이 생명

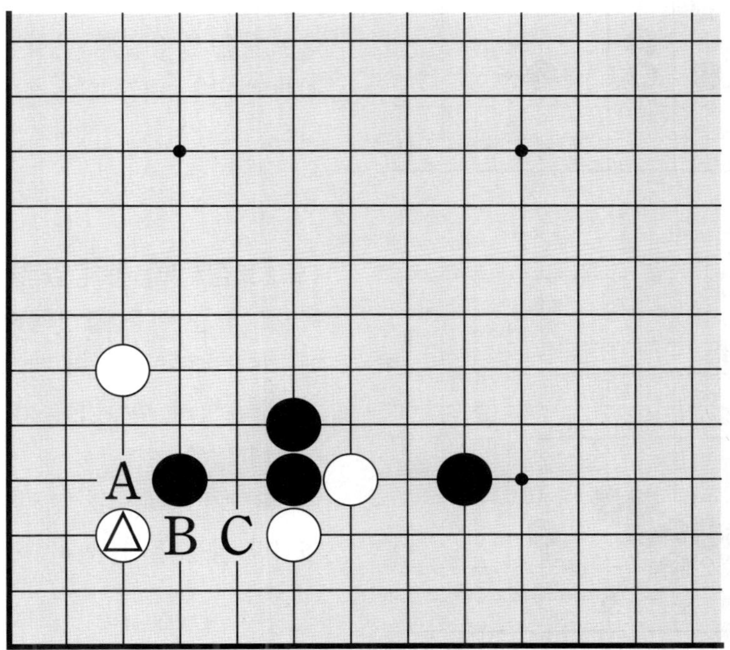

오래 전에 유행했던 낯익은 정석이다. 백△로 들어왔을 때
흑은 A～C 가운데 과연 어디로 막아야 하는가가 문제이다.
3·三 침입에 대응할 때는 바로 이 '막는 방향'이 생명이다.

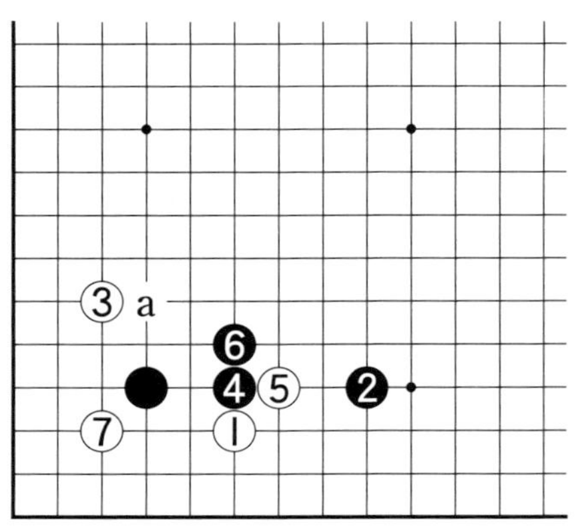

경과도

경과도 (두칸높은협공에 양걸침)

흑2의 두칸높은협공에 백3으로 양걸침한 것은 가장 적극적인 대응이다.

흑4, 6은 올바른 방향. 흑a로 붙여가는 것은 2의 기착점이 어정쩡해진다. 백7 때가 흑의 기로이다.

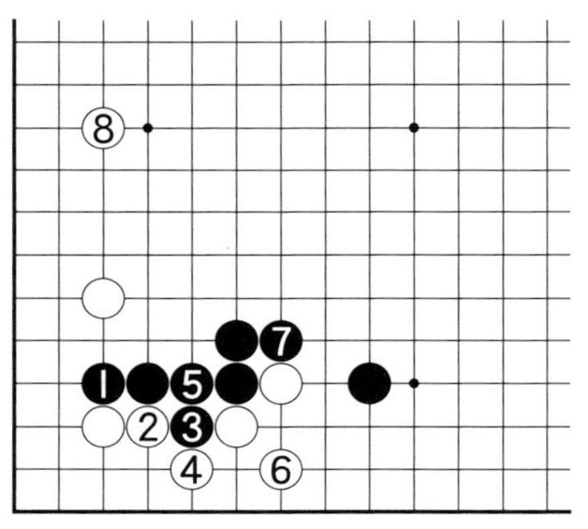

1도

1도 (30점/ 흑, 실속 없음)

흑1로 막는 것은 방향착오이다. 백6까지 백의 실리가 짭짤한 반면, 흑은 7의 후수가 불가피하여 실속이 없다.

백8까지 당하면 흑이 완전히 껍데기만 남은 꼴이다.

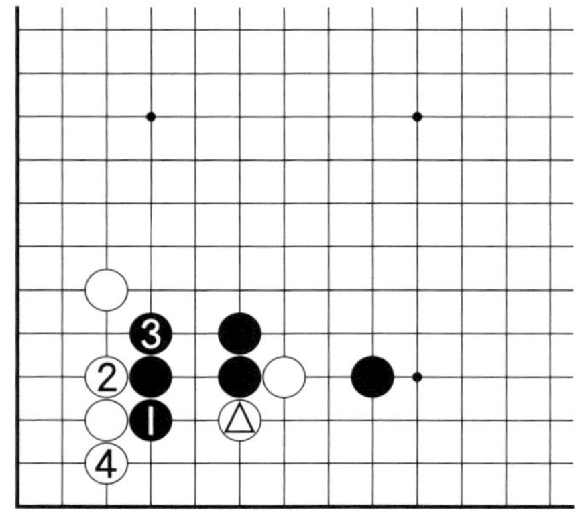

2도

2도 (0점/ 흑, 비능률)

그렇다면 오른쪽을 막아야겠는데…. 그러나 흑1은 방향만 맞았을 뿐 능률이 크게 떨어진다.

백4까지 백은 실속을 챙긴 데 비해 흑은 백△를 제압하지 못한 만큼 불리한 모습이다.

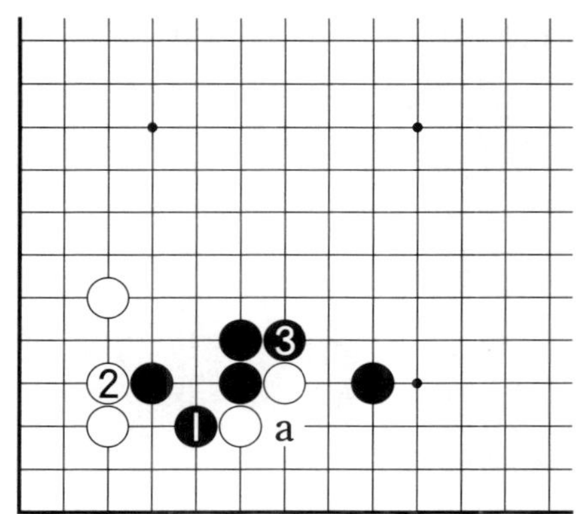

3도

3도 (90점/ 두터운 정석)

흑1의 호구막음이 능률적인 응수. 백2를 기다려 흑3으로 눌러막는 것이 두텁다.

그런데 이 형태는 차후 백a로 움직이는 뒷맛이 있다는 점이 다소 꺼림칙하다.

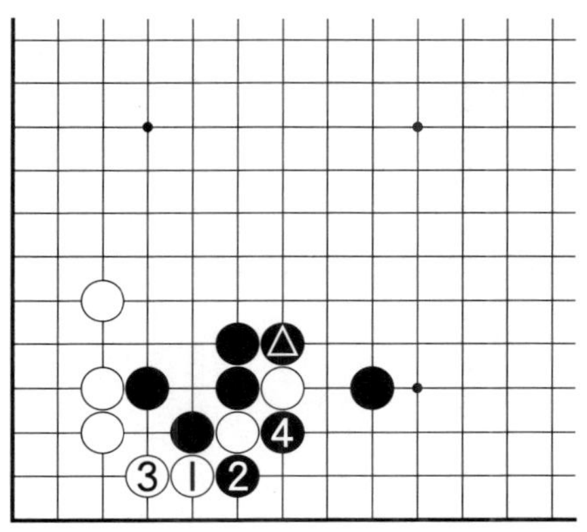

4도

4도 (백의 권리)

또한 백1, 3의 끝내기가 백의 권리로 남아있다. 이런 점들을 고려할 때 흑❷는 다소 실속이 떨어진다고 할 수 있다.

그래서 흑은 좀 더 효과적인 수를 강구하게 되었다.

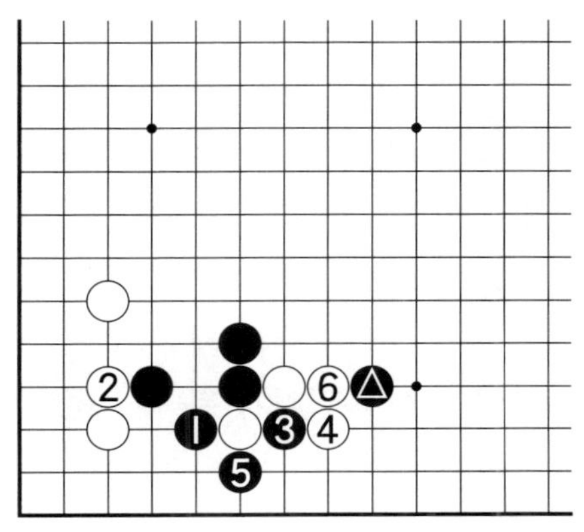

5도

5도 (30점/ 후속수 불발)

흑1로 막기는 잘 막았으나 다음 흑3으로 단수친다면 도루묵이다. 백4, 6으로 관통당하는 고약한 뒷맛이 남는 것이다.

이래서는 흑❷의 가치를 전혀 살리지 못한 셈이다.

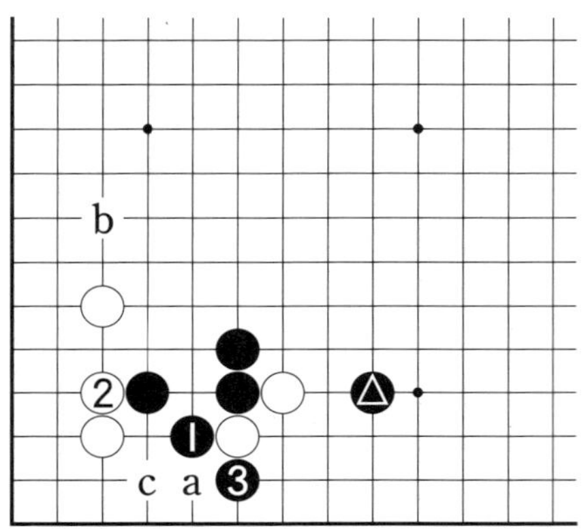

6도

6도 (100점/ 최신 수법)

흑3이 ◭의 배경을 십분 살린 능률적 행마이다.

이제는 백a의 권리가 사라진 반면, 흑b와 c의 선수활용 수단이 남아 3도보다 이득이다. 일본의 가토 9단이 개발하여 당시 최신정석으로 굳어졌다.

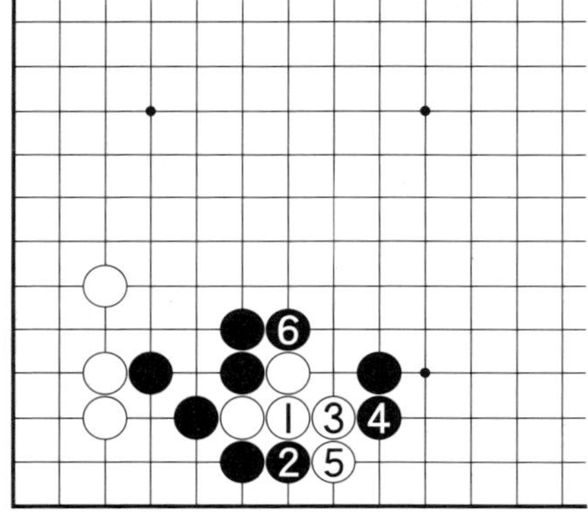

7도

7도 (백, 무리한 준동)

6도에 이어 곧바로 백1, 3으로 움직이는 것은 무리한 몸부림이다.

흑6까지 형태가 무너질 뿐 좋은 결과가 나올 수 없다.

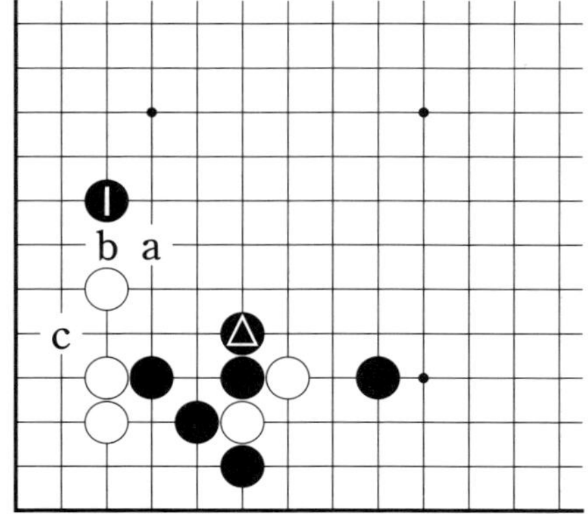

8도

8도 (흑의 보너스)

6도의 정석이 끝난 후 흑에게는 1로 육박하는 수가 선수라는 점이 뿌듯하다.

만약 백이 a나 b로 응수하지 않고 손을 뺀다면 흑c의 치중으로 백 전체가 시달리게 된다. 흑◭의 효과이다.

생략한 수순의 비밀

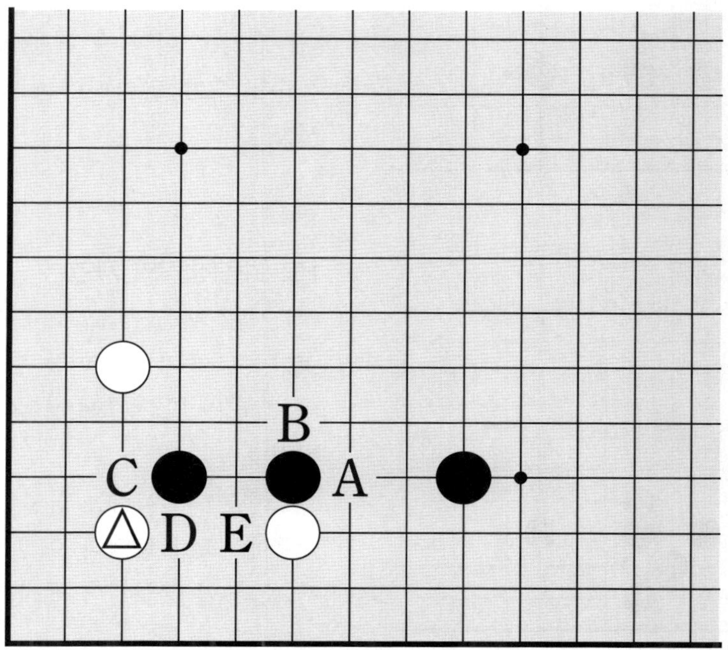

　백A, 흑B의 교환을 생략한 채 그냥 백△로 뛰어든 장면이다.

　수순을 생략한 비밀은 무엇이며, 흑은 C∼E 가운데 어디로 막아야 할까?

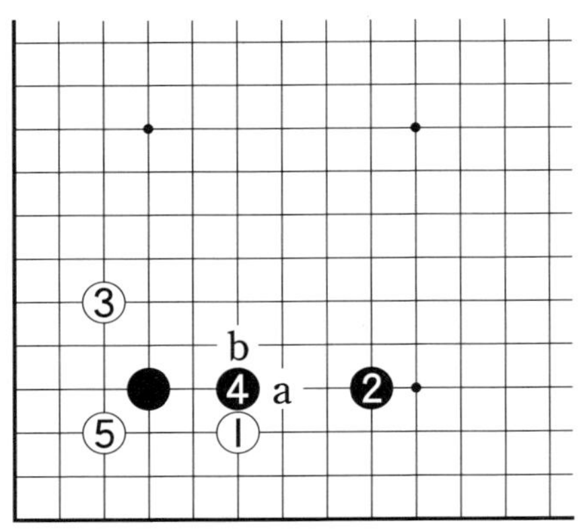

경과도

경과도 (정석의 버전업)

[11형]에서 파생된 신형정석의 과정이다.

초점은 백a, 흑b의 교환을 생략한 채 곧바로 백5에 뛰어든 데 있다. 그리고 이 변수 때문에 흑의 응수도 크게 달라진다는 데 주목하자.

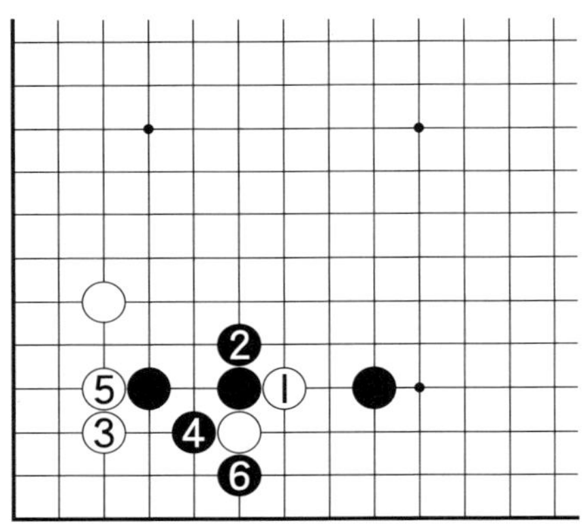

1도

1도 (수순생략의 사연)

백1, 흑2 다음 백3으로 뛰어드는 것이 종전까지는 당연한 수순이었다. 그러면 [11형]의 정석이 이루어진다.

그런데 흑6이라는 능률적 신수 때문에 '흑이 두텁다'고 판명되면서 백의 입장에서 이 형태를 기피하게 된 것이다.

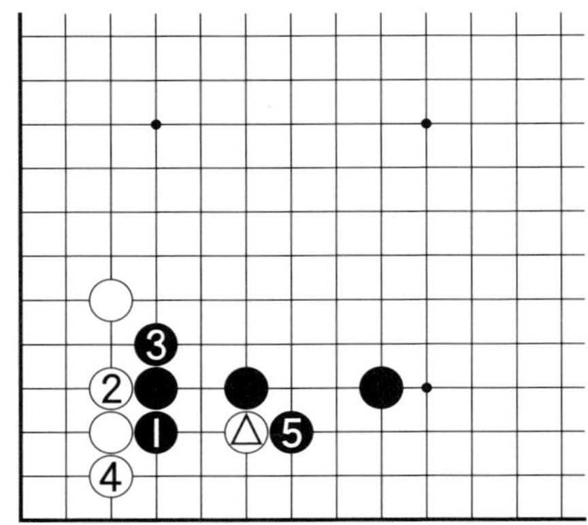

2도

2도 (0점/ 무책)

흑1로 막는 것은 최하책. 백4까지 되고 나면 흑의 응수가 궁하다.

흑5에도 불구하고 아직 백△가 완전히 제압되지 않아 흑은 실속이 크게 떨어진다.

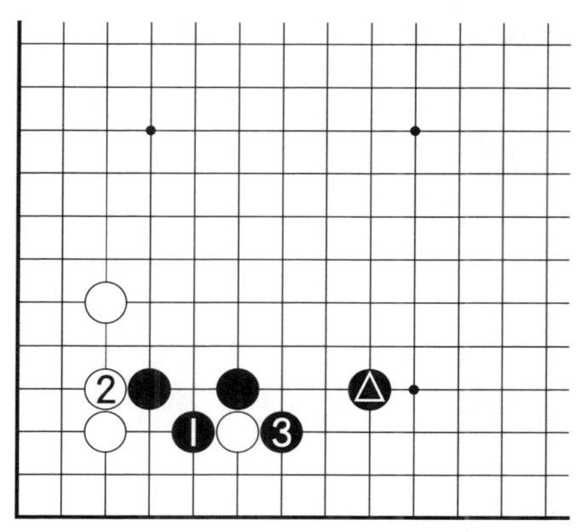

3도

3도 (30점/ 흑, 중복)

행마법에 밝은 분이라면 선뜻 흑1이 떠오를 것이다. 그러나 불행히도 여기서는 방향착오.

　백2 다음 흑3의 가일수가 불가피해서는 보통은 흑이 당한 모습이다. 흑▲가 너무 중복된 꼴 아닌가.

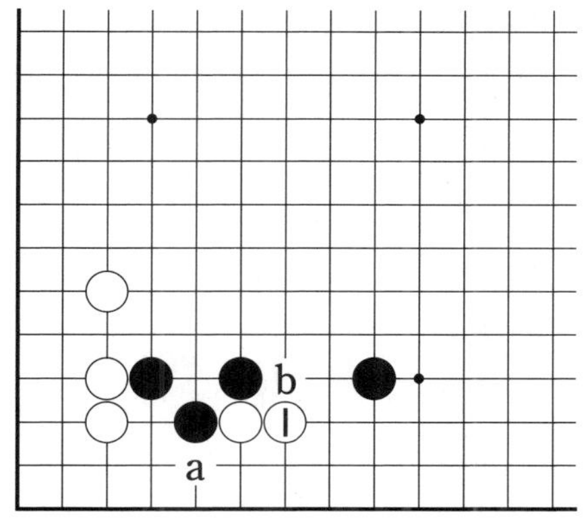

4도

4도 (통렬한 응징)

그렇다고 흑이 가일수를 생략하면 즉각 백1로 움직이는 수가 준엄하다. 다음 백a의 도강과 b의 돌파가 맞보기로 흑이 재미없다.

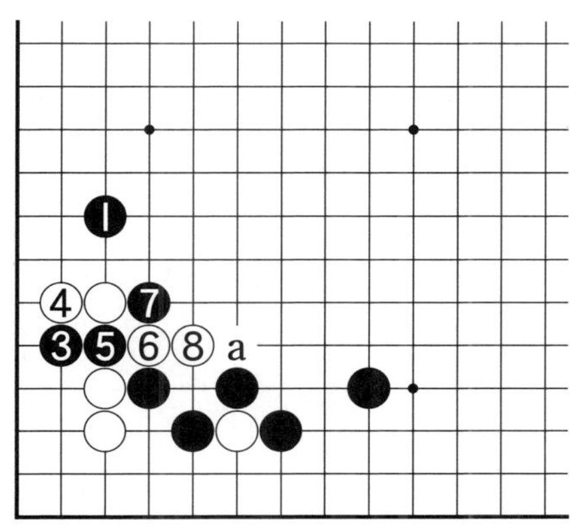

5도 (사라진 후속수단)

앞서 [11형]의 정석과는 달리 이제는 흑1이 선수가 되지 않는다는 것도 흑의 불만이다.

　즉, 흑3으로 치중해도 백4로 막아 그만. 흑돌이 a에 놓여있는 [11형]과는 큰 차이이다.

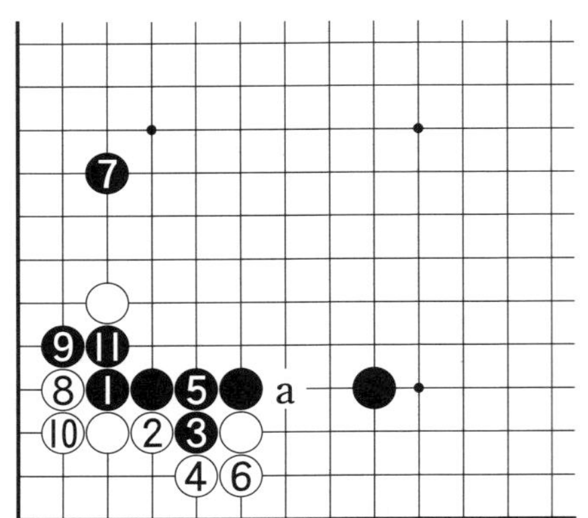

6도

6도 (100점/ 올바른 방향)

여기서는 흑1로 막는 것이 올바른 방향이다. 백2를 기다려 흑3, 5으로 끼워잇는 것이 좋은 수순. 흑11까지, 신형정석의 일단락이다.

　백8로 a에 젖혀 전투를 벌이는 취향도 유력하다.

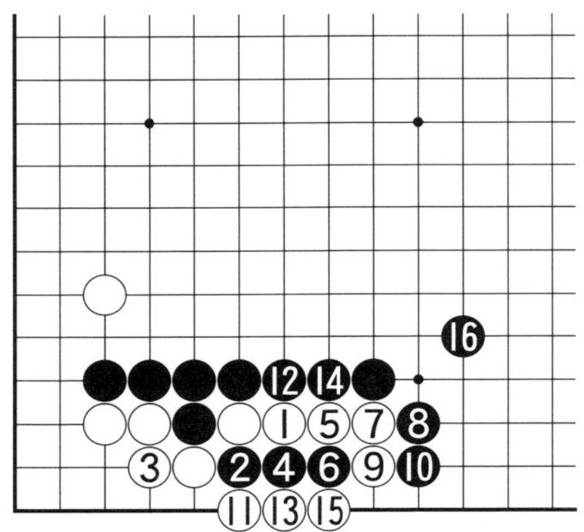

7도

7도 (백, 싸발리다)

참고로 6도 백6으로 이 그림 1에 느는 것은 속수이다.

　흑2로 끊어두는 것이 절호의 타이밍으로 이하 흑16까지 꽁꽁 싸발려 백이 크게 당한다.

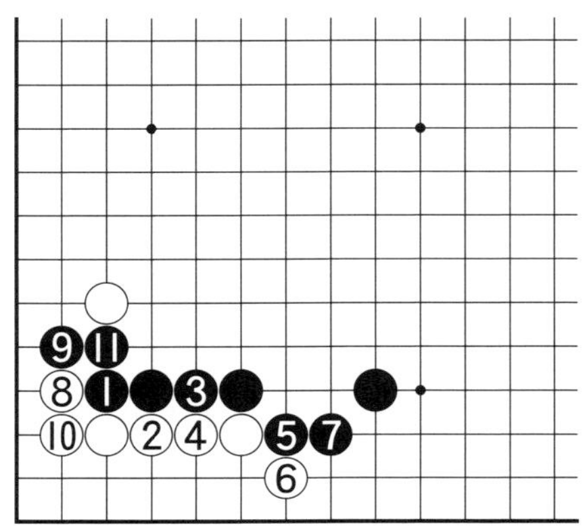

8도

8도 (개발된 정석)

자충을 피해 그냥 흑3으로 잇는 수도 있다. 백4로 연결하면 흑11까지 개발된 정석이다.

　백은 귀의 실리가 튼실하고, 그에 따라 흑은 더욱 두터워진다.

손따라 두는 것은 금물

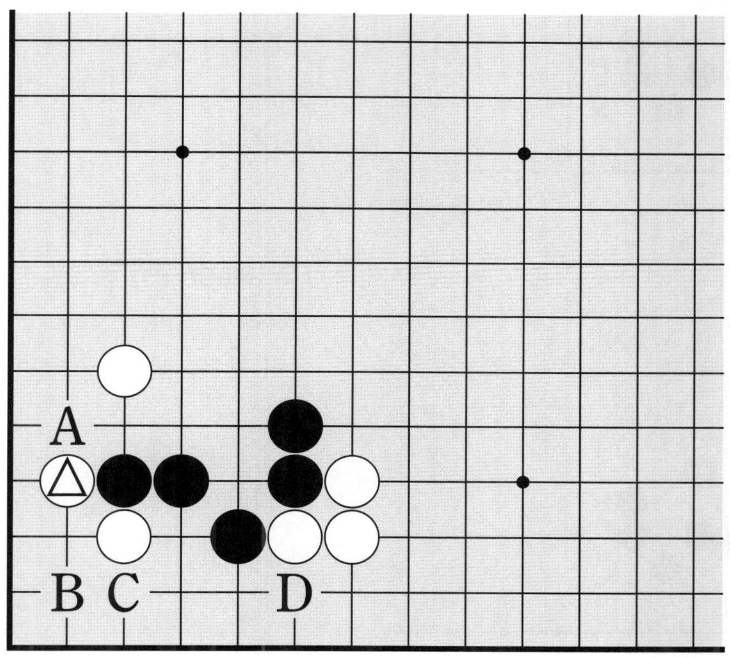

　이 형태도 하수가 상수에게 수시로 당하곤 하는 변형 정석의 하나이다. 백△로 젖혀온 장면.
　백의 주문을 거역하는 흑의 다음 한 수는 A～D 가운데 어디일까?

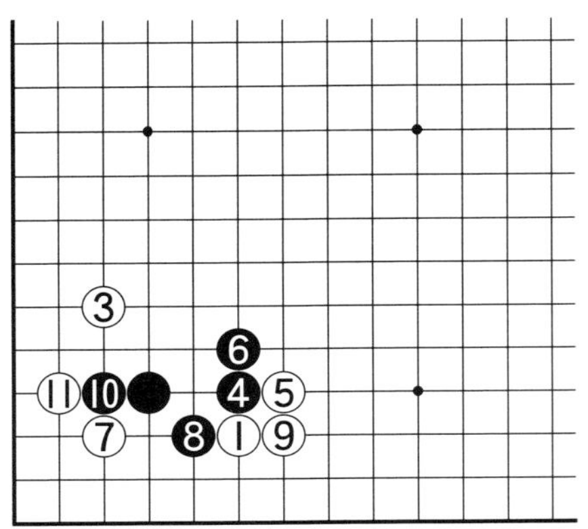

경과도

경과도 (꼼수성 응수타진)

양걸침 정석 도중 흑8에 10의 곳으로 넘지 않고 백9로 이은 수가 흑의 의표를 찌른 강수이다. 이어 백11이 연관된 변칙수법이다.

일종의 가벼운 꼼수인 셈. 그 타파법을 이번 기회에 확실히 익혀두자.

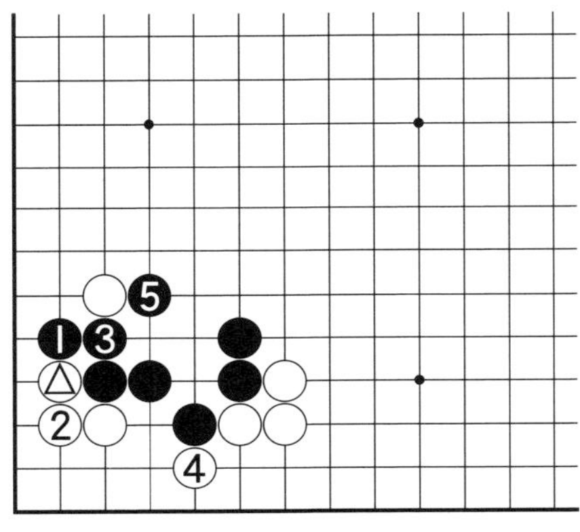

1도

1도 (30점/ 손따라 받다)

흑1로 젖혀 받는 것은 조건반사적인 무책. 백4까지 백의 실리가 크다.

더욱이 흑5의 후수 손질까지 하게 되면 백△의 주문에 그대로 말려든 셈이 된다.

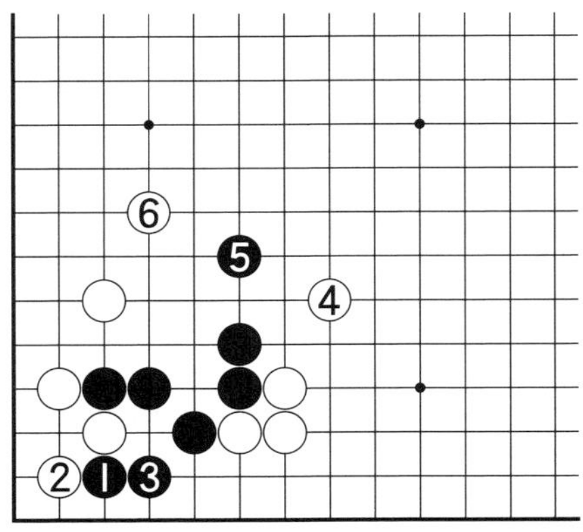

2도

2도 (0점/ 헛손질)

흑1로 붙이는 것이 일견 그럴듯해 보이지만, 백2로 받아 아무것도 안 된다. 이 그림은 흑말이 일방적으로 몰리게 되어 1도보다도 더 나쁘다.

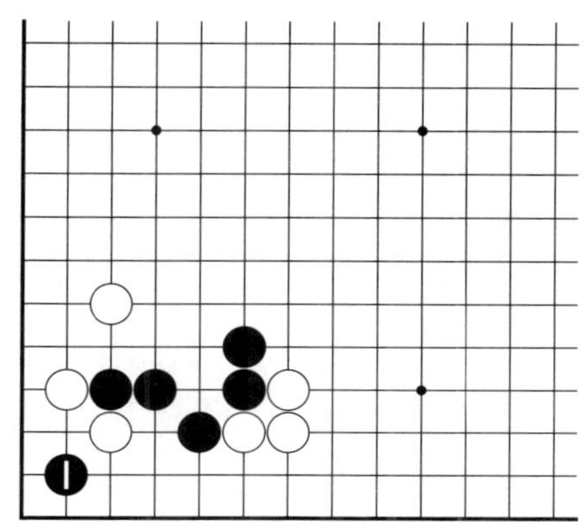

3도

3도 (100점/ 치중의 맥)

흑1의 치중이 백의 의도를 분쇄하는 멋진 맥점이다.

중급자의 실력으로 이런 수를 실전에서 찾아내기란 사실상 어려우니 외워두는 것이 편리하다. 계속해서~

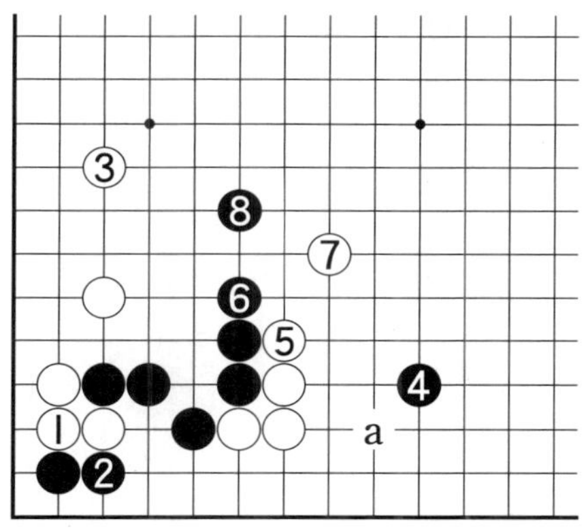

4도

4도 (전투형 정석)

백1을 기다려 흑2로 넘어가면 백3이 불가피하다. 이때 흑4로 협공하여 주도권을 잡아나간다(흑a도 선수).

흑은 근거가 확보된 데다 중앙쪽에도 안형이 풍부하여 걱정이 없다. 흑8까지 정석의 일종이다.

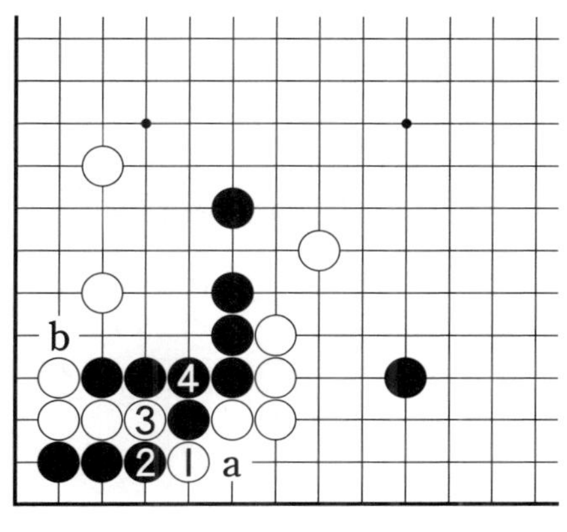

5도

5도 (차단 불가)

행여 백1로 차단당하는 것 아닐까 걱정하는 것은 기우에 불과하다. 흑4 다음 a와 b가 맞보기여서 오히려 백이 큰 손해이다.

흑3과 백b가 쌍방 선수로 듣는다는 사실에 유념해야 한다.

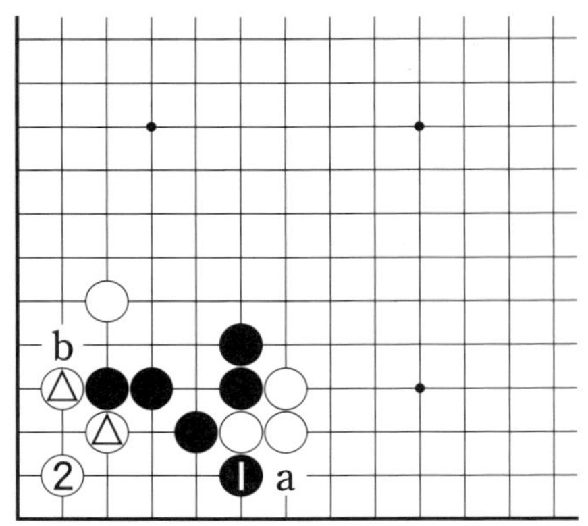

6도

6도 (120점/ 최강의 대응)

흑1의 젖힘도 유력한 대응. 이 수가 좋다는 인식 이후로 프로의 실전에서는 이 형태가 잘 나타나지 않는다.

다음 백a는 흑b로 백△들이 잡히므로 백2의 도강은 어쩔 수 없는데, 계속해서~

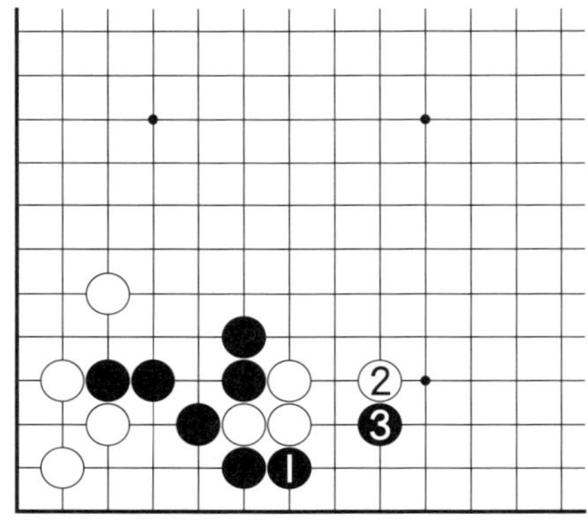

7도

7도 (백, 곤란)

흑1로 밀어가는 수가 의외로 강력하다.

다음 백2에는 흑3이 급소로 백의 응수가 궁해진다.

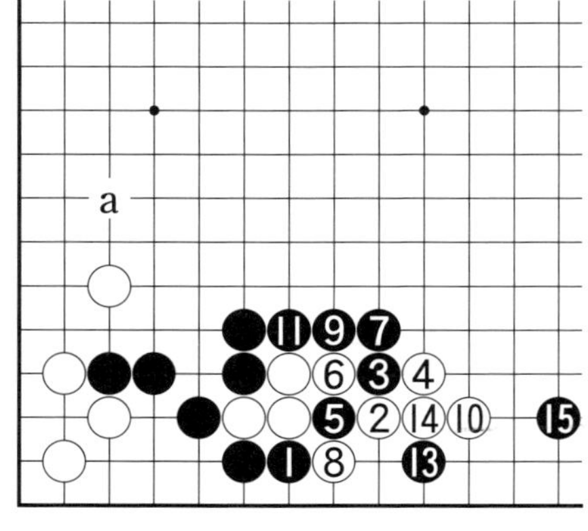

8도　　　　　　⑫…❺

8도 (흑, 충분)

백2로 받는다면 흑3이 급소. 이하 흑15까지 두터운 자세로 백을 공격해 좌하귀를 내준 대가를 충분히 뽑을 수 있다. 훗날 흑a의 육박도 통렬하다.

양걸침에 대한 반격

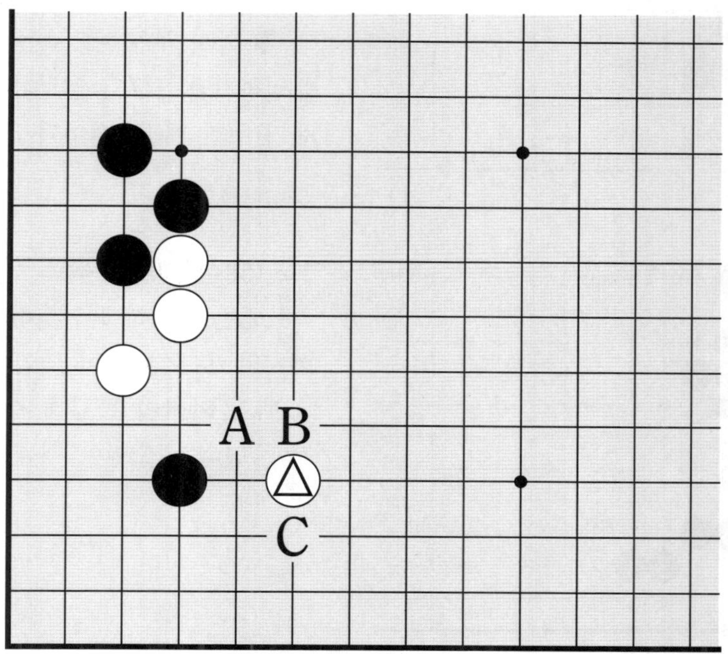

　백△로 양걸침해 온 장면인데, 그에 앞서 결정된 좌변의 형태가 낮익다. 어쨌든 백의 든든한 배경이 되고 있는 것만큼은 틀림없다.

　백의 권도(權道)에 맞서는 최선의 응수는 A～C 중에서 어디일까?

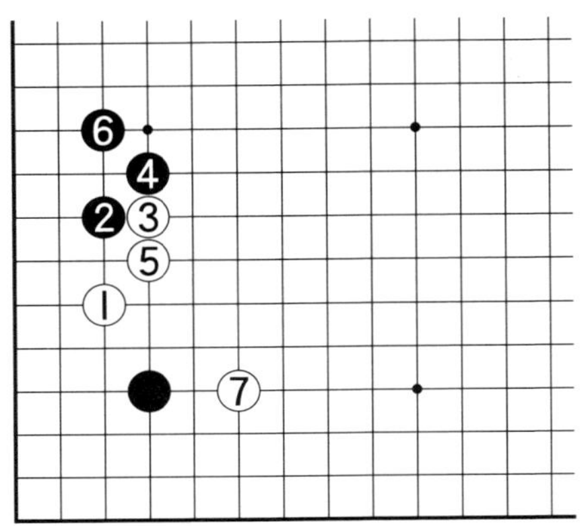

경과도

경과도 (유력한 반발)

흑2의 협공에 순순히 3·三에 뛰어들지 않고 백3, 5로 붙여끈 것이 흑의 세력작전을 방해하는 강수이다.

흑6까지 부분적으로는 손해가 분명하지만, 백7의 양걸침에 힘을 싣기 위한 배경조성이다.

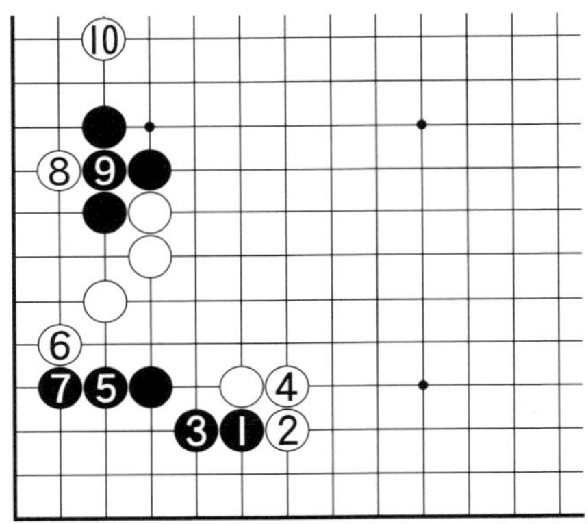

1도

1도 (50점/ 패기부족)

흑1, 3은 간명하게 안정하려는 뜻이지만, 다소 나약한 느낌이다.

백의 외곽이 두텁게 정비되면서 국면의 주도권이 백에게로 넘어간다.

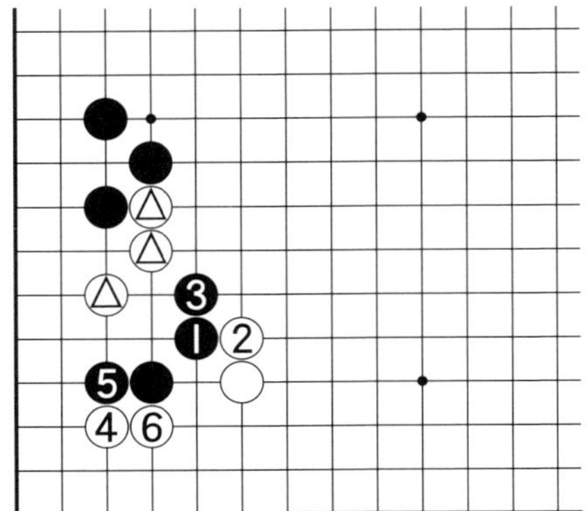

2도

2도 (30점/ 책략부족)

흑1의 마늘모는 중앙 진출의 제일감. 그러나 행마에 기백이 없다.

백2에 흑3의 굴복이 쓰라리며 백6까지 실리를 크게 내주고도 백△들을 확실하게 제압하지 못해 흑의 불만이다. 계속해서~

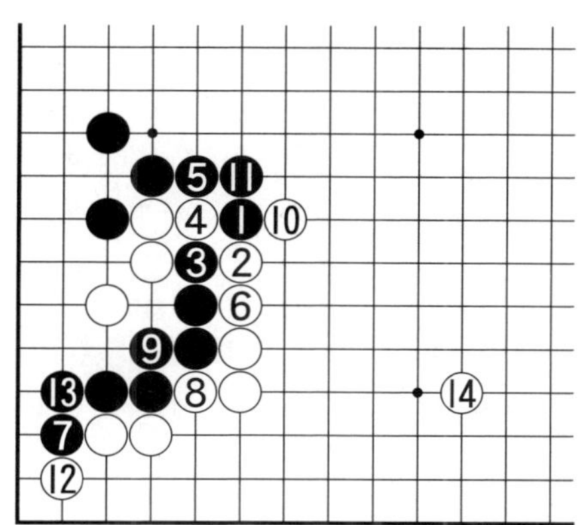

3도

3도 (백, 유리)

흑1로 씌우면 백을 잡을 수는 있지만 흑13까지 철저하게 이용당해 흑의 불만이다. 그렇다고 흑1로 6 자리에 미는 것은 백1을 허용해 역시 곤란하다.

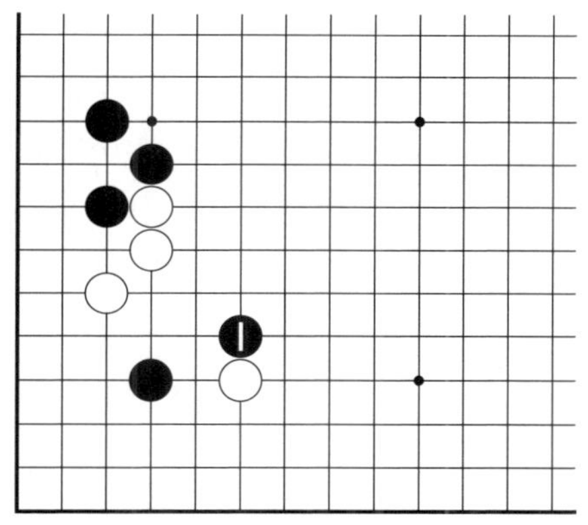

4도

4도 (100점/ 기세의 반격)

흑1로 붙여가는 것이 기백 넘치는 강수이자 최선이다.

일단 이렇게 백을 갈라놓아야 대세의 주도권을 잃지 않는다. 계속해서~

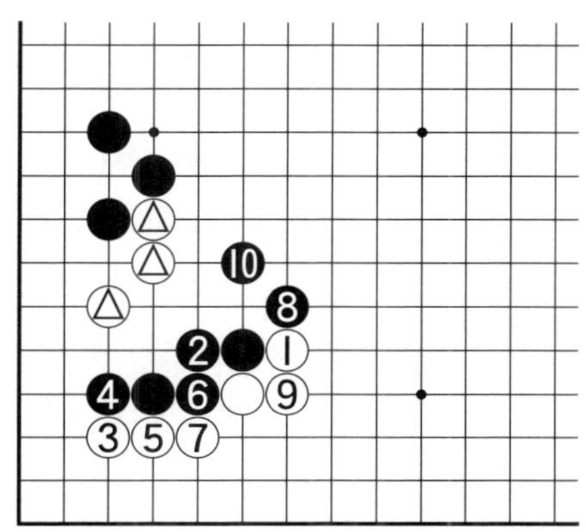

5도

5도 (호각의 정석)

백은 1, 3으로 뛰어드는 정도. 그러면 흑4로 막고 10까지가 정석이다.

귀와 하변을 차지한 백의 실리도 좋지만, 백△들을 잡은 자세가 두터워 흑도 불만이 없다.

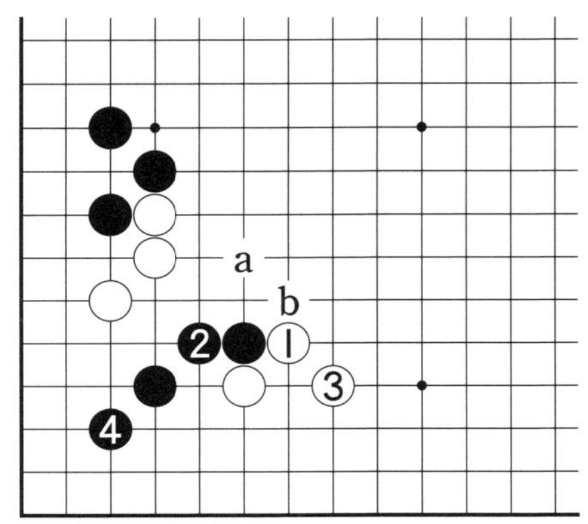

6도

6도 (흑, 유리한 전투)

백1, 3도 유력한 응수지만 흑4가 근거와 실리의 급소여서 백은 별 무신통이다.

흑은 살아있고, 백은 갈라져 있어 적어도 흑이 불리하지 않은 싸움이다. 다음 백a에는 흑b.

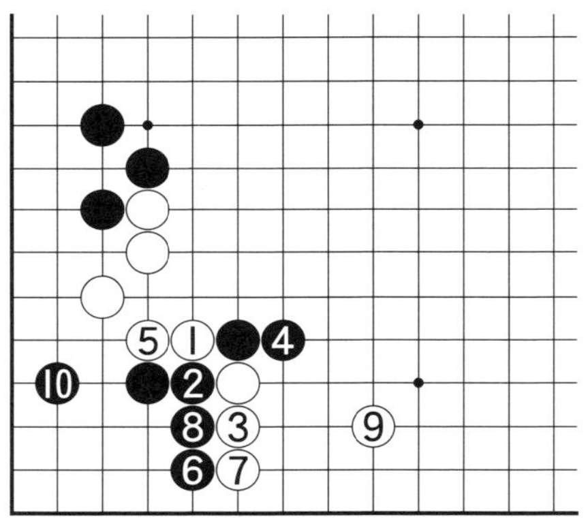

7도

7도 (백, 무리한 도발)

백1로 되감아 젖히는 것은 서너 점 하수한테나 통할 무리수이다.

흑4로 힘차게 뻗고 10까지 살아두면 오히려 양 갈래로 찢긴 백의 고전이 뚜렷하다.

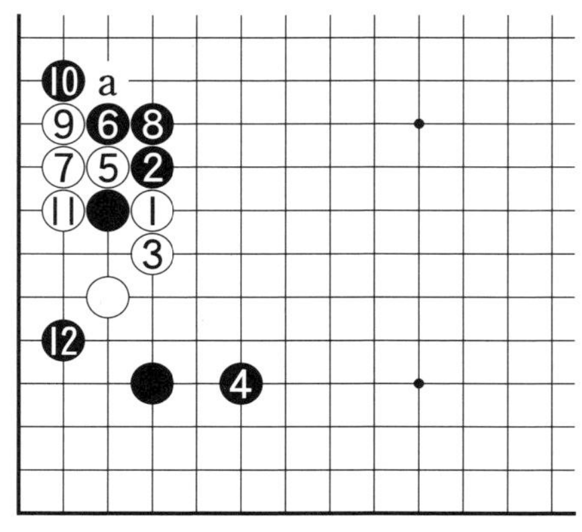

8도

8도 (간명한 처리)

애당초 흑은 간명하게 처리하는 방법도 있다. 백1, 3 때 흑4로 돌아서는 것. 백5에는 흑10까지 처리하고 다시 12로 지킨다.

흑은 양쪽을 두며 귀를 지켜 만족이고, 백은 두텁게 안정한 데다 a의 단점도 노려 불만이 없다.

'보리선수' 하나 때문에…

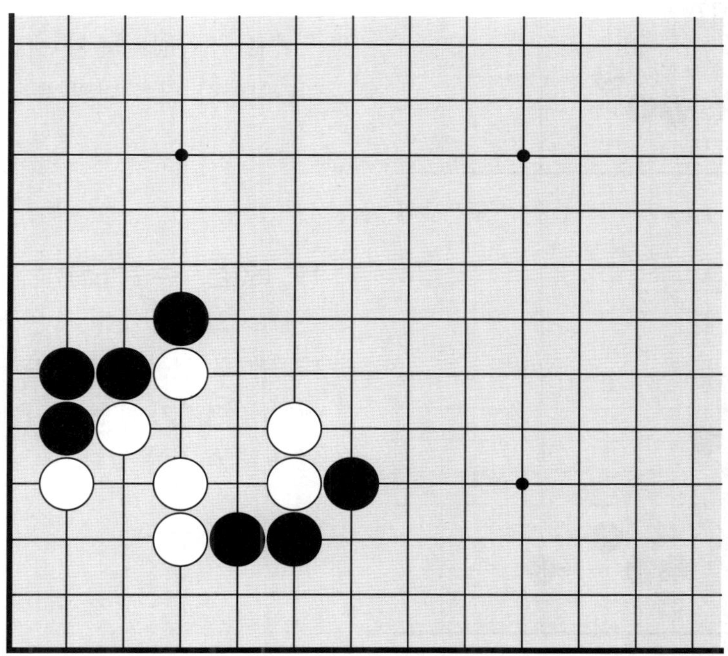

접바둑, 맞바둑을 막론하고 가장 많이 등장하는 양걸침 정석의 과정이다.

그런데 이 대목이 흑의 입장에서는 매우 중요하다. 다음 흑의 올바른 수순은?

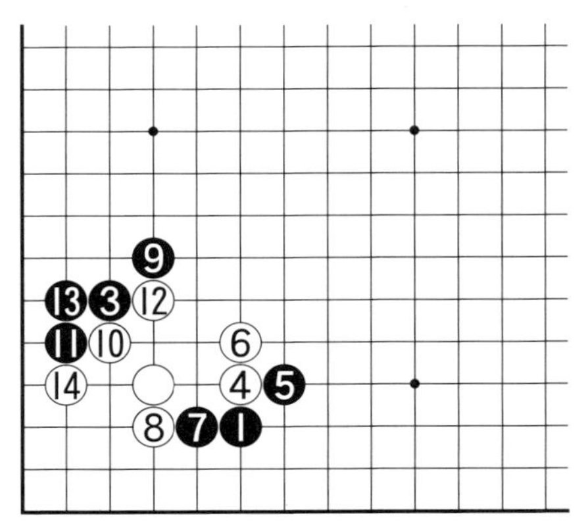

경과도

②…손뺌

경과도 (양걸침정석 1호)

백4, 6은 상용수법인데, 흑7이 전투형 취향. 그러나 다음 수순이 정형화돼 있어 그다지 복잡할 것은 없다.

수순 가운데 흑9와 백12가 눈여겨보아야 할 행마의 요령이다.

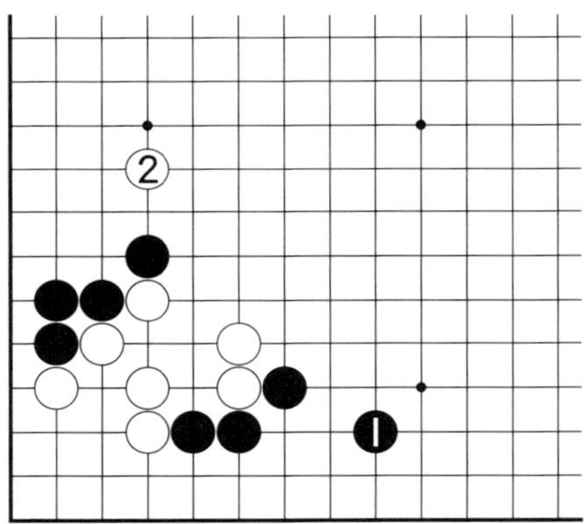

1도

1도 (50점/ 수순미스)

흑1로 그냥 지키는 것은 무책이다. 백2로 선공 당해 주도권이 백에게 넘어가기 때문. 흑1에 앞서 먼저 해둘 것이 있다.

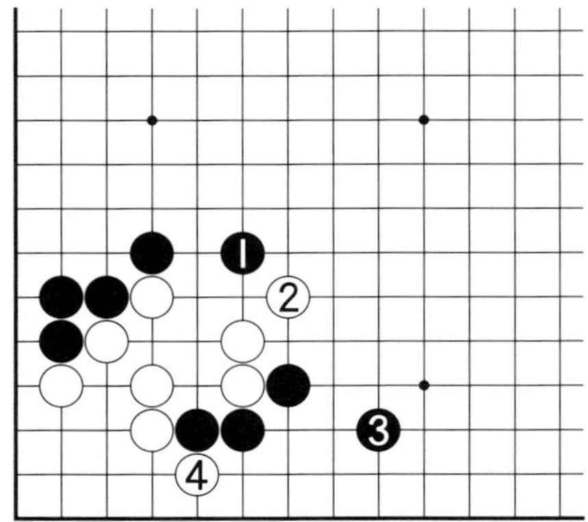

2도

2도 (100점/ 수순의 묘)

먼저 흑1로 한칸 뛰는 것이 올바른 수순이다. 백2를 기다려 그때 흑3. 그러면 백은 4의 보강을 생략할 수 없다.

그 이유는 잠시 후에 보기로 하고….

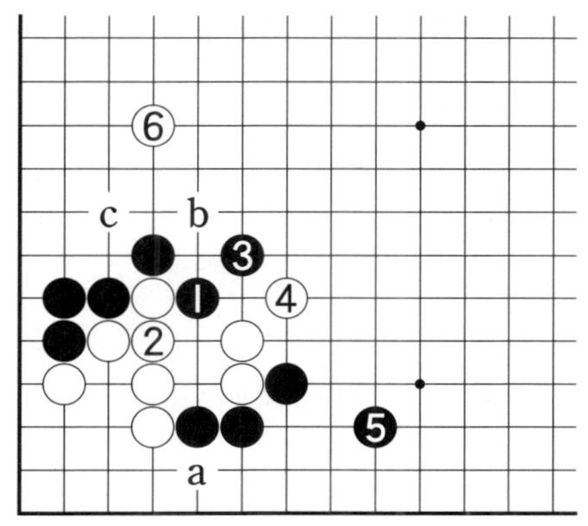

3도

3도(0점/ 보리선수)

흑1의 단수는 대악수이자 '보리선수'의 표본! 이제는 2도처럼 백a로 손질할 필요가 없어지기 때문이다.

따라서 백6으로 협공하면 백이 기선을 제압한 형국이다. 백b, c가 선수이므로 흑말은 생각보다 허약하다.

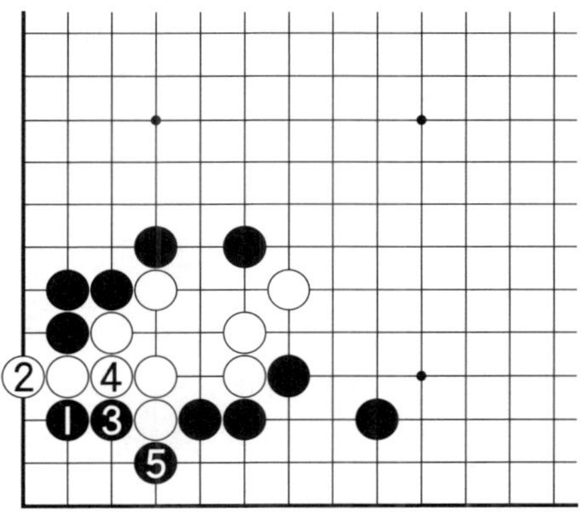

4도

4도 (통렬한 응징)

2도 백4를 생략하면 흑1이 통렬한 맥점이 되어 백이 견딜 수 없다.

백2에는 흑3, 5로 넘어가 졸지에 백이 실리와 근거를 모두 박탈당한 채 일방적으로 몰리는 신세가 된다.

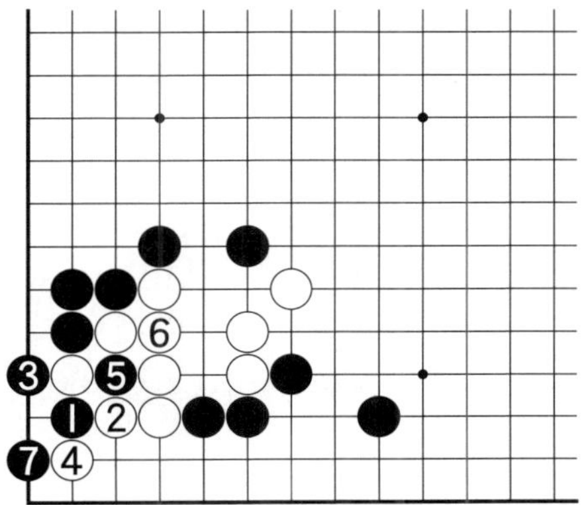

5도

5도 (역시 백 곤란)

그렇다고 백2로 후퇴하는 것도 흑7까지 당해 역시 백이 궁색해진다.

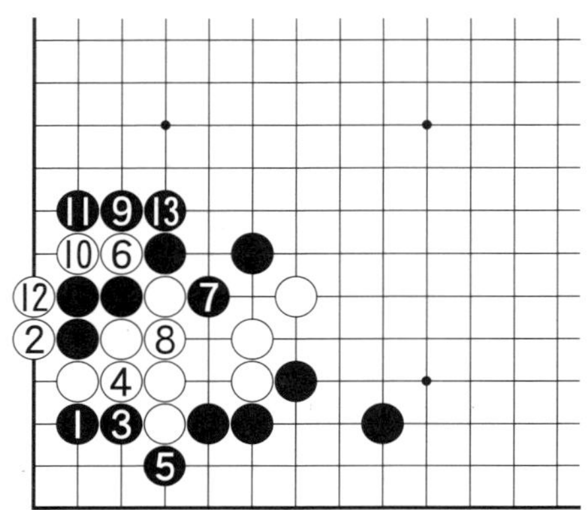

6도

6도 (백, 크게 당하다)

백2의 비상수단이 있기는 하다. 흑3, 5에 백6으로 끊는 것. 그러나 흑13까지 호되게 당해서는 역시 백이 망한 꼴이다.

어느새 흑은 두터운 세력이 된 반면, 백은 아직도 미생마 아닌가.

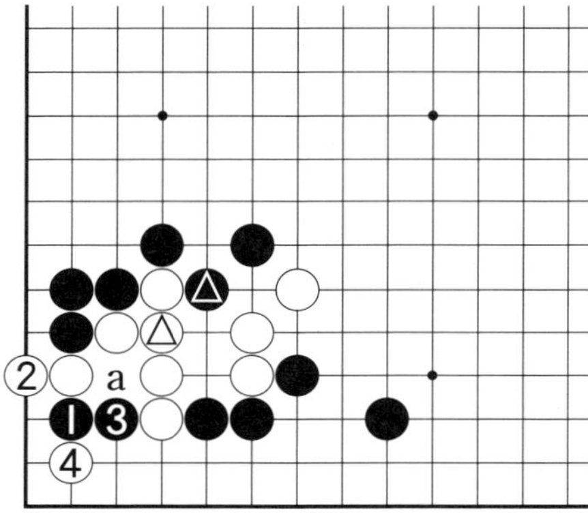

7도

7도 (배붙임의 묘수)

그런데 3도처럼 흑▲와 백△가 교환되어 있다면, 흑1이 성립하지 않는다. 흑3에 백4의 맥점이 가능하기 때문.

백△가 없다면 흑a로 끊는 것이 선수가 되지만, 이제는 후수가 되는 것이다.

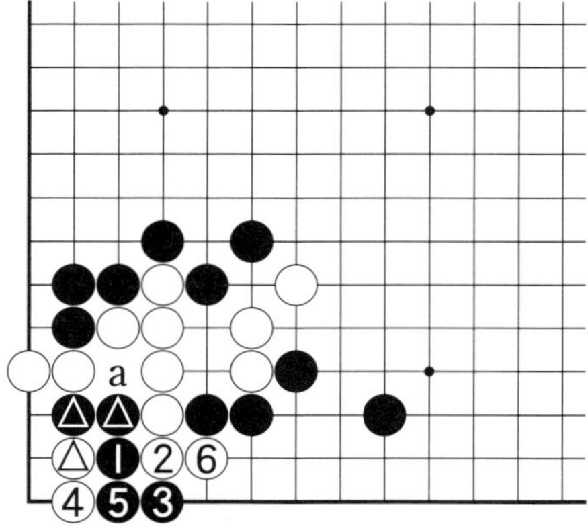

8도

8도 (보리선수와 후유증)

백△의 묘수에 의해 흑▲들은 살아갈 길이 없다. 흑1, 3이 최강의 버팀이나 백2~6으로 그만. 흑은 영원히 a에 끊을 수 없다.

무심한 보리선수 하나가 정석을 파행으로 이끈 대표적 케이스이다.

무쏘를 잡는 사이드스텝

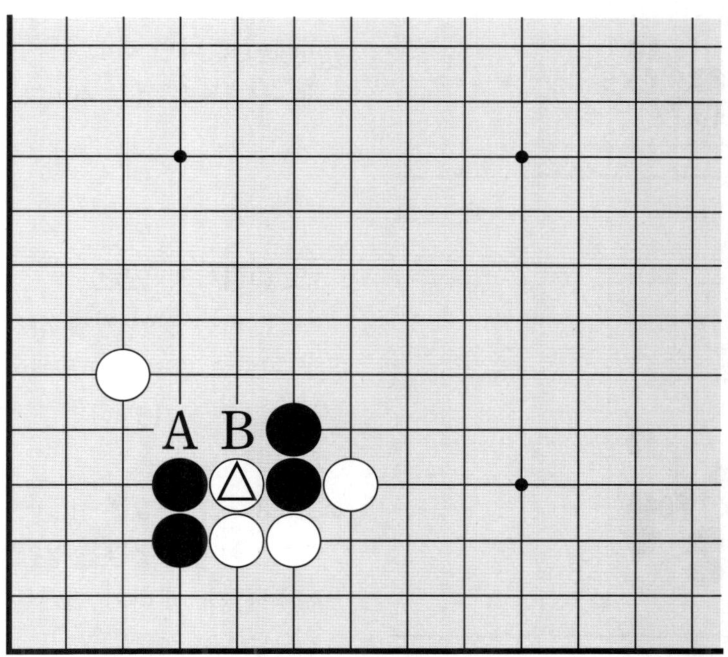

양걸침 정석의 진행 도중 백△로 뚫고 나온 것이 예상 밖의 기습! 그러나 사실은 무리수에 가깝다.

자, 이 '무쏘의 돌진'을 제대로 다스리려면 A와 B 중 어디가 좋을까?

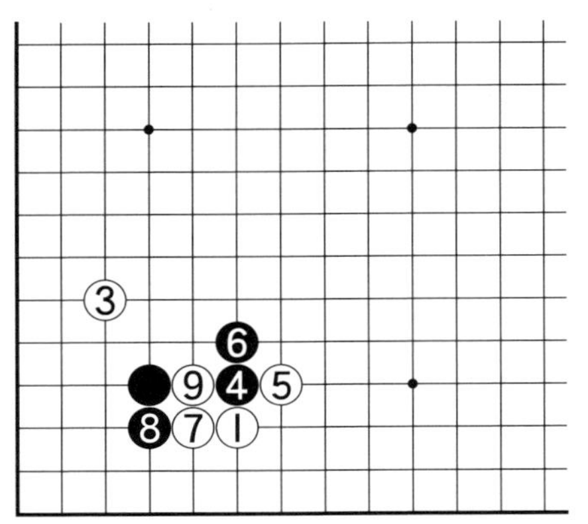

경과도

❷‥손뺌

경과도 (속임수 정석)

흑4, 6에 백7, 9로 돌진해 오는 것이 불의의 강습이다.

접바둑에서 상수가 종종 써먹는 속임수의 일종인데, 이에 대한 대비책이 없다면 흑4, 6을 자신 있게 구사할 수 없을 것이다.

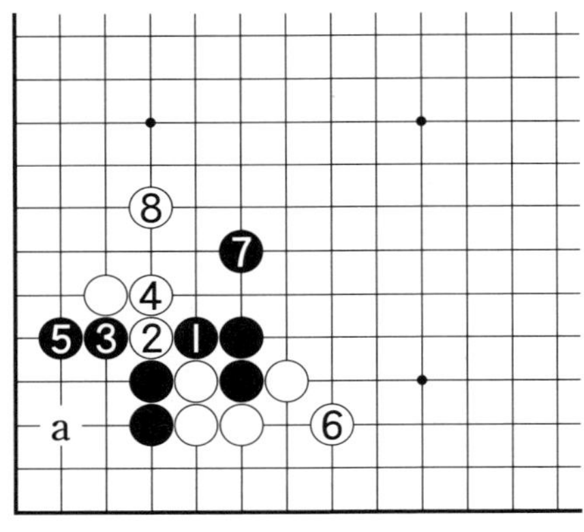

1도

1도 (0점/ 흑, 곤란)

흑1로 막는 것이 기세 같지만, 백의 권도에 말려드는 무책이다. 막상 백2로 끊기고 나면 흑이 곤란하다.

흑3, 5로 수습을 서둘러야 하는데, 그 사이 제공권을 장악당해 흑이 괴롭다. 게다가 귀에는 백a의 추궁도 남아 있다.

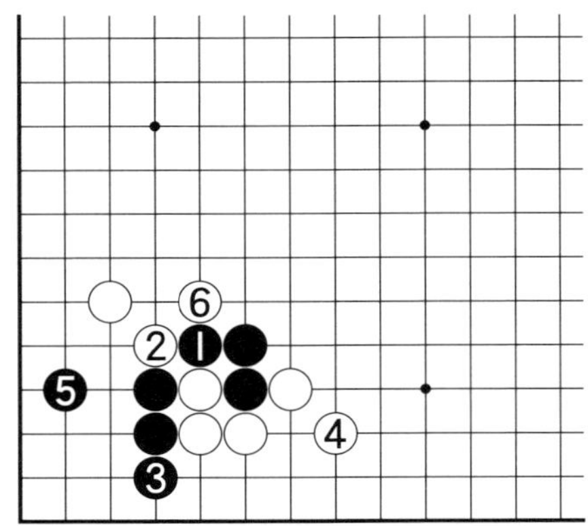

2도

2도 (역시 흑 고전)

귀쪽만을 생각할 때는 흑3, 5가 좋은 응수이다.

그러나 그 사품에 백4가 놓이게 됨으로써 중앙 쪽이 더욱 약해진다. 이래서는 흑의 고전이 명백하다.

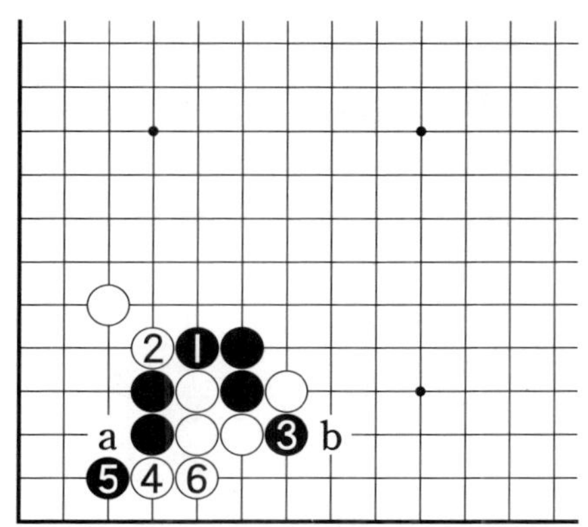

3도

3도 (반격도 불발)

흑3으로 끊는 수가 성립하면 좋겠지만 백4, 6으로 젖혀잇는 수가 있어 흑이 안 된다.

다음 백a와 b가 맞보기이다. 역시 대책 없이 막은 흑1에 '원죄'가 있다.

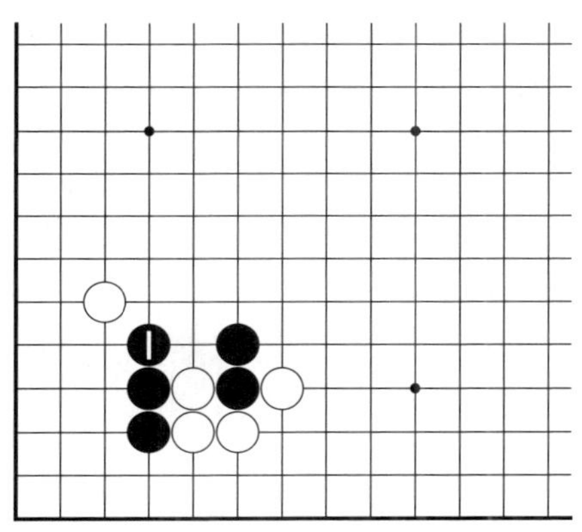

4도

4도 (100점/ 사이드스텝)

'무쏘의 돌진'에 정면으로 맞서는 것은 무모하다.

이때는 흑1로 살짝 비껴서는 수가 의외로 현명한 응징책이 된다. 계속해서~

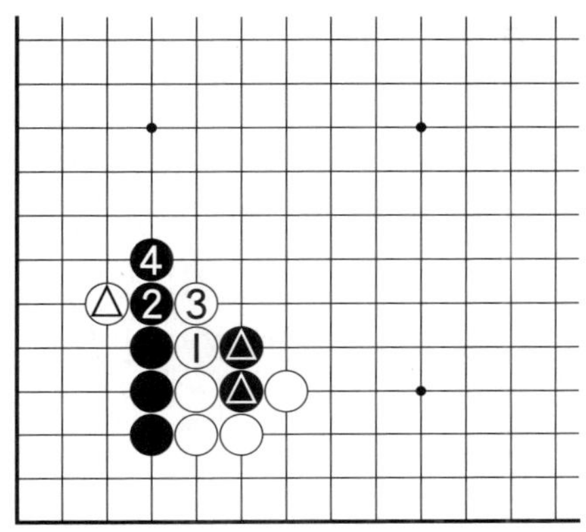

5도

5도 (벽에 부딪친 무쏘)

백1, 3은 기세인데, 못이기는 척하며 흑2, 4로 슬슬 늘어 그만이다. 흑▲와 백△의 교환은 당연히 백의 큰 손해.

결과적으로 백은 5선을 죽죽 밀다 손해를 자초한 셈이 된다.

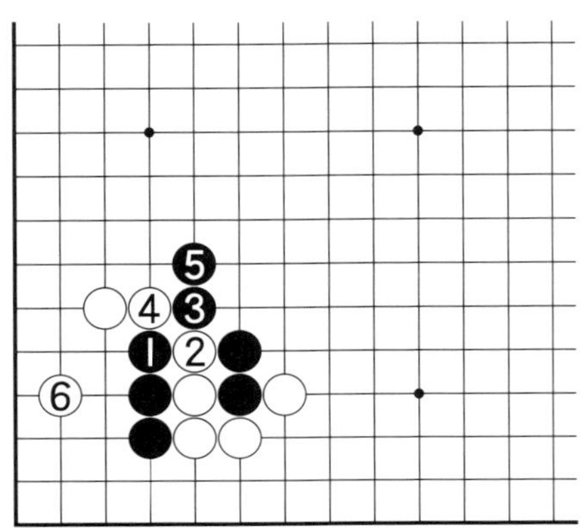

6도

6도 (0점/ 막다가 망함)

백2에 흑3으로 막는 것은 애당초 막는 것보다 더 나쁘다.

백6까지 귀의 흑이 사경에 처하고 마는 것.

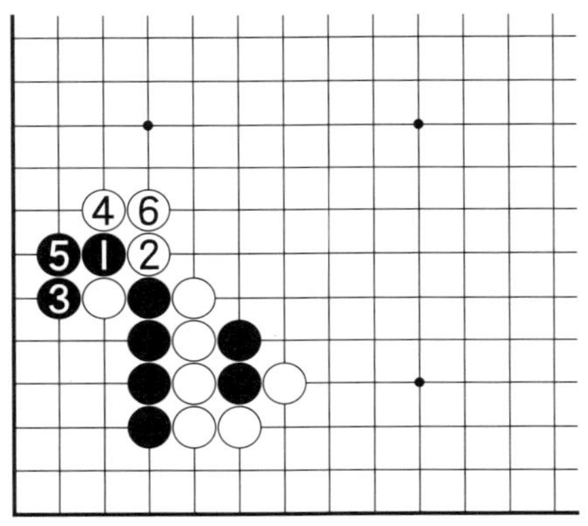

7도

7도 (흑의 유의사항)

5도 흑4로 확실하게 잡는다며 흑1에 젖히는 것은 오히려 뒷맛이 더 나쁘니 유의! 백2~6으로 싸발려 크게 당한다.

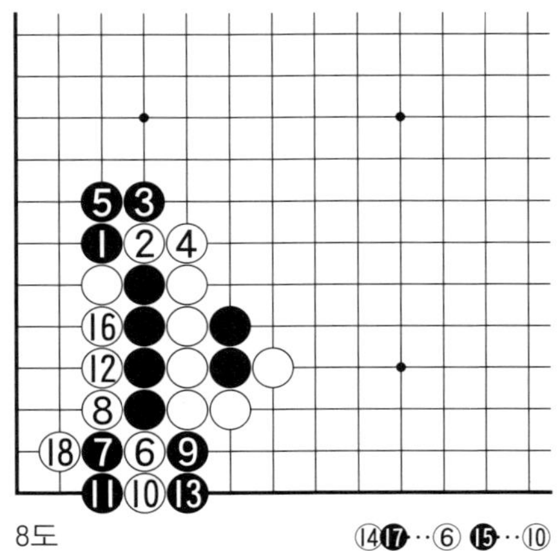

8도

8도 (흑, 파탄)

그렇다고 흑3, 5로 반발하는 것은 더 망한다. 백6~10의 귀수(鬼手)가 기다리고 있는 것이다.

이하 백18까지 기기묘묘한 수순으로 흑의 파탄이 기다린다.

'조-이 정석'의 포인트

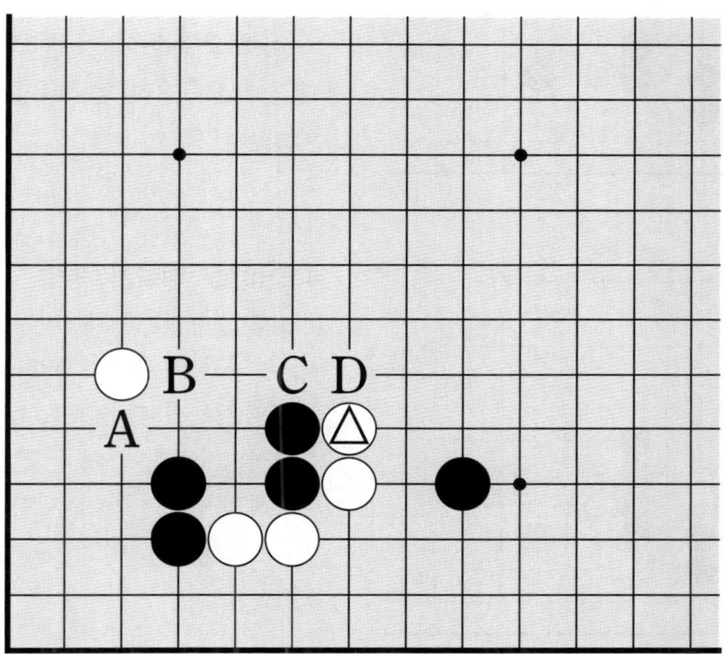

한때 대유행하던 한국형 정석의 과정이다.

백△로 힘차게 밀어온 장면에서 흑의 다음 응수는 무엇일까? A~D 가운데 생각해보자.

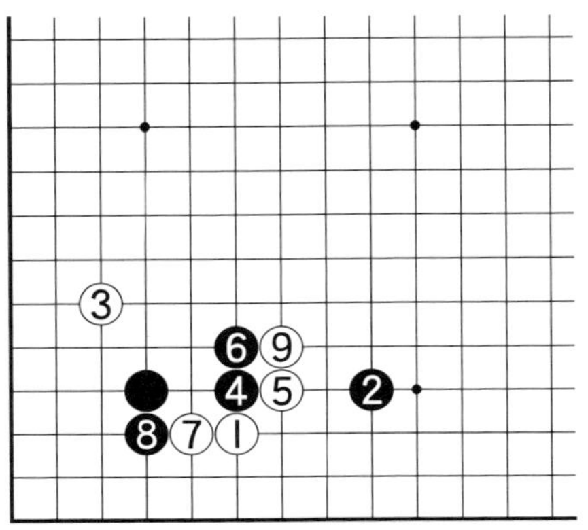

경과도

경과도 (전투형 한국식)

백7, 9가 뜻밖의 강수. 92년 후지쓰배에서 일본의 고바야시가 조훈현에게 처음 사용했다 실패한 일화가 담겼다.

이후 조훈현과 이창호의 사제 대결에서 무수히 검증되면서 대유행, 일명 '조-이 정석'으로 불린다.

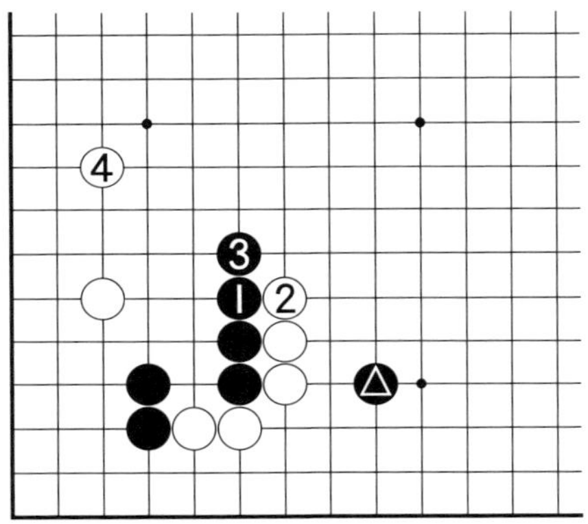

1도

1도 (0점/ 맥빠진 완착)

흑1로 느는 것은 대완착. 선악을 떠나 일단 기세에서 눌린 느낌이다. 백2로 민 다음 4로 벌려두면 양쪽을 처리한 백이 단연 유리하다. 하변 백은 어느새 세력이 되었으며 흑▲가 오히려 공격대상이 되고 말았다.

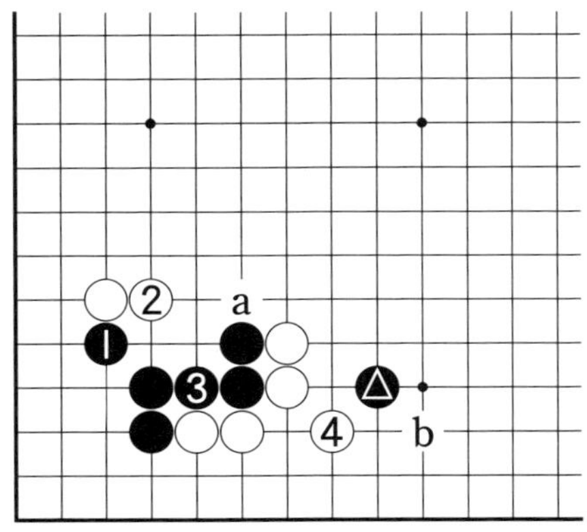

2도

2도 (50점/ 흑, 불만)

흑1, 3도 생각할 수 있지만 여기서는 부적절하다.

백4로 호구쳐 두면 다음 백a와 b가 맞보기여서 백이 활발한 모습이다. 역시 흑▲가 전혀 구실을 못하고 있다.

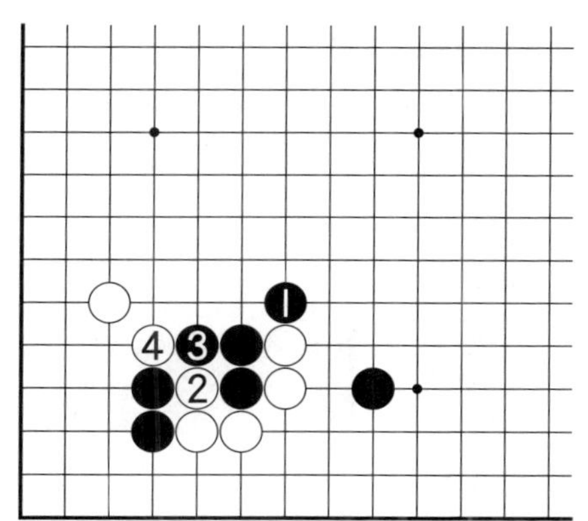

3도

3도 (30점/ 수순착오)

따라서 흑은 두점머리를 젖히는 것이 올바른 대응이다. 그런데, 그 전에 흑은 해 둘 일이 있다.

그냥 흑1로 젖히다가는 백2, 4로 끊겨 대책이 없기 때문이다. 계속해서~

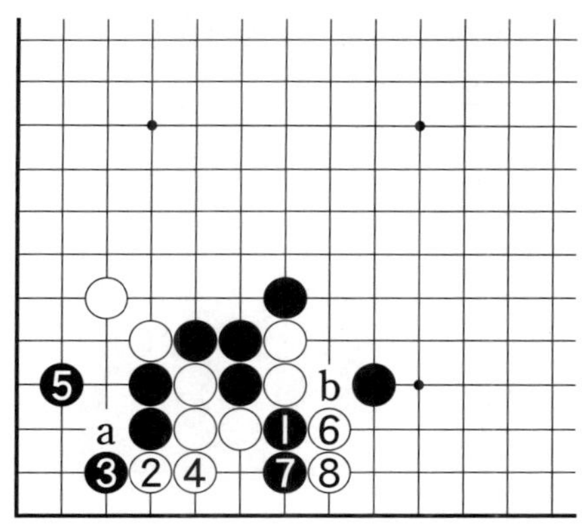

4도

4도 (흑, 망하다)

흑1로 반격해보아도 백2, 4가 좋은 수. 흑5에는 백6으로 잡혀버린다. 게다가 귀도 미생이어서 흑이 망한 꼴이다(흑5를 손빼면 백a로 그만). 그리고 흑b의 축머리가 불리할 때도 백에게는 또 다른 대책이 있다.

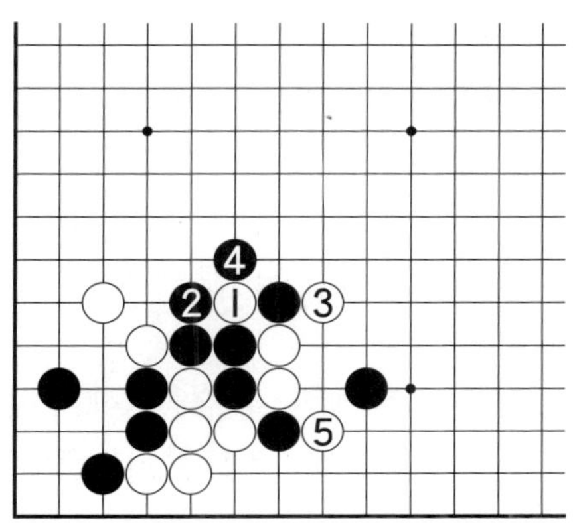

5도

5도 (축머리 대책)

축이 불리할 때는 백1, 3으로 먼저 안전장치를 해둔 뒤에 백5로 돌아가 잡으면 된다.

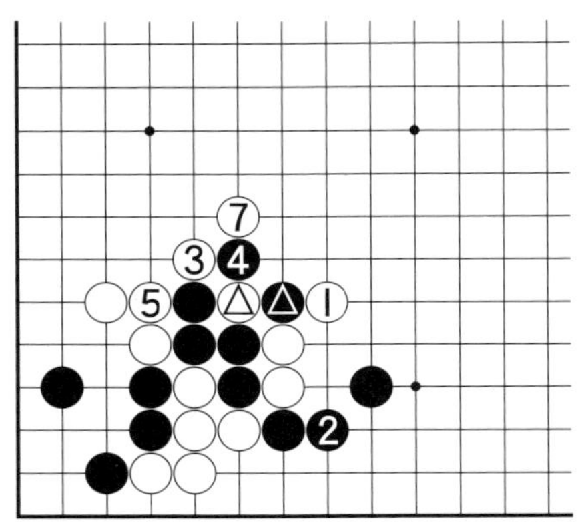

6도

6도 (흑, 파탄)

백1에 흑2로 반발하는 것은 무모한 객기. 백3~7로 이어지는 환상적 회돌이축에 걸려 바둑이 끝난다.

결국 흑❸의 젖힘은 성립하지 않는다는 결론에 다다른다. 그렇다면….

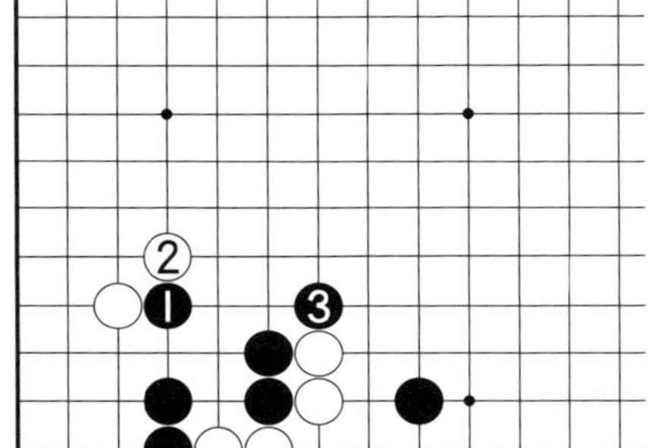

7도

7도 (100점/ 안전장치)

흑3을 두기 전에 1로 붙여 백2를 응수시키는 것이 빠뜨릴 수 없는 안전장치이다.

바로 이 수순이 이 정석에서 가장 유의해야 할 포인트이다. 이어서~

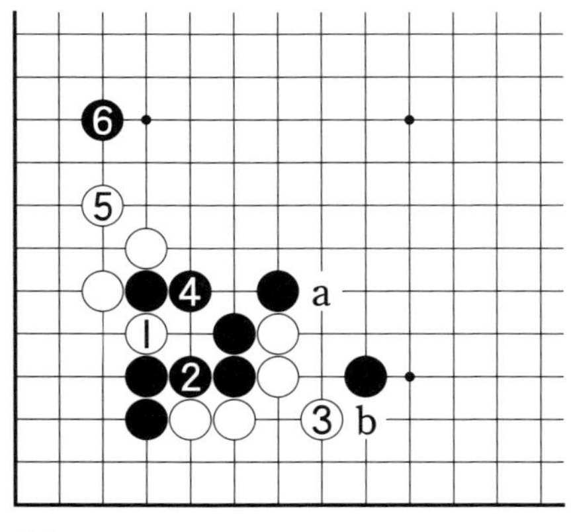

8도

8도 (90년대 대표정석)

백1로 몰아 흑2를 유도한 다음 백3으로 호구치는 것이 수순의 묘이다. 흑6까지 90년대 한국형 정석의 대표형이라 할 만한 대형정석이다.

수순 중 백5로는 a에 젖힐 수도 있으며, 흑6으로는 b도 가능하다.

수순착오를 응징하라

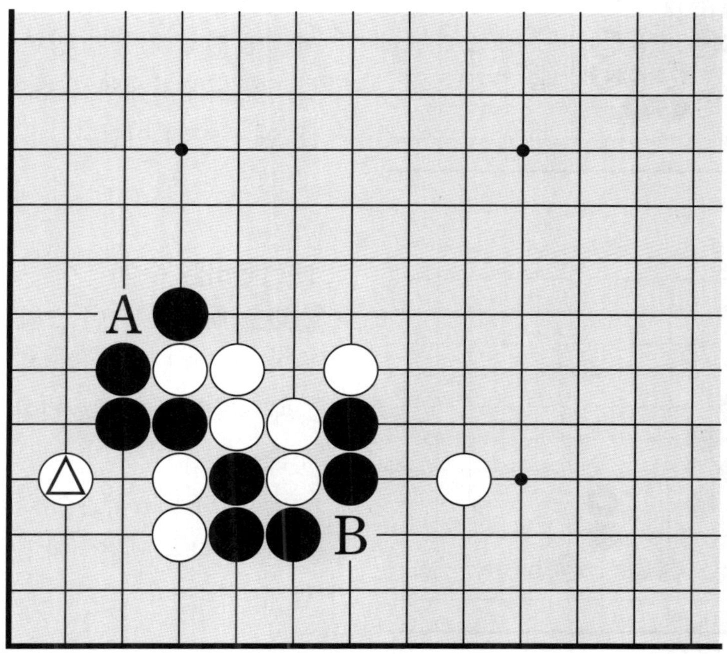

　비교적 낯선 형태이나 실전에서 종종 등장하는 장면이다. 똘똘 뭉친 백의 자세가 보기에 사납지만, 막상 백△가 A와 B를 맞보고 있어 흑의 응수가 만만치 않다.

　자, 흑의 최선을 찾아보자.

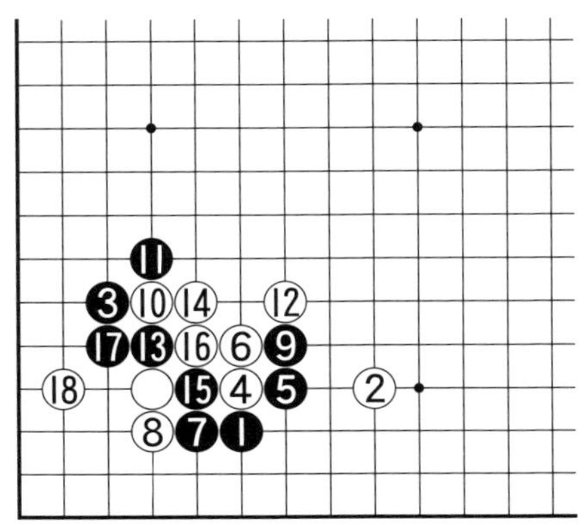

경과도

경과도 (정석의 궤도이탈)

[17형]에서 다룬 '조-이 정석'의 파생형. 흑13 때 백14가 수순착오!

이 한 수로 인해 정석은 궤도를 이탈해 전혀 엉뚱한 방향으로 간다. 흑15는 기세의 응징인데, 백18 때 응수가 어렵다.

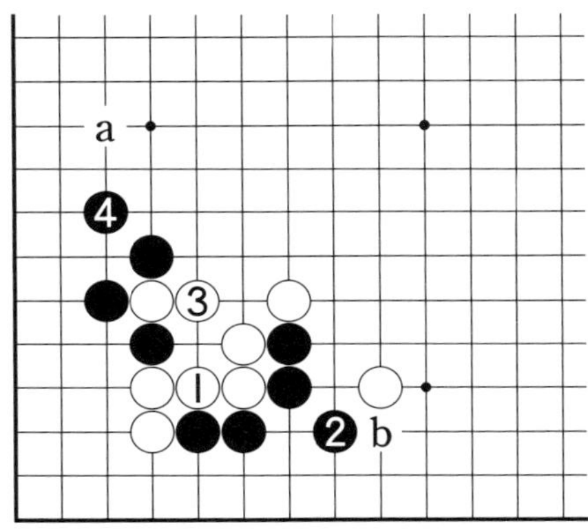

1도

1도 (올바른 수순)

경과도 백14로는 이 그림 1로 먼저 잇는 것이 정수. 흑2를 기다려 그때 백3으로 살리는 것이 올바른 수순이다.

흑4까지 대표적인 정석의 일단락이며, 다음 백은 a와 b를 선택할 수 있다.

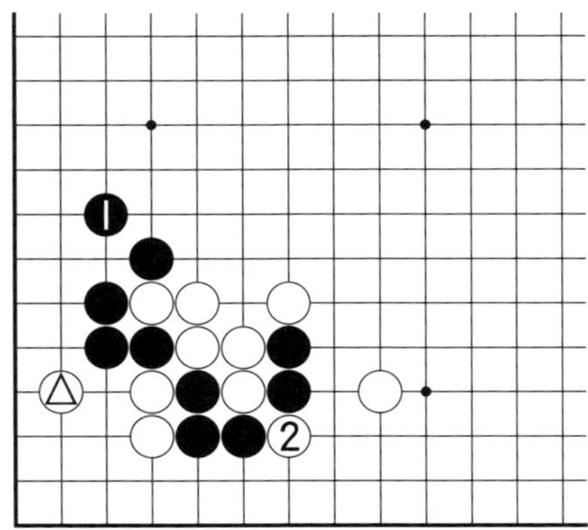

2도

2도 (0점/ 무책)

본론으로 들어가, 흑1로 그냥 지키는 것은 무책임한 완착. 백2로 끊기는 순간 흑은 치명적인 손상을 입게 된다.

이렇게 되면 궁여지책의 백△가 멋진 묘수로 둔갑한다.

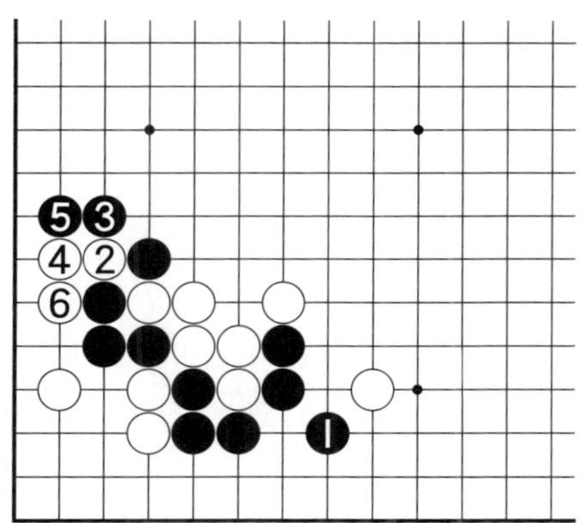

3도

3도 (30점/ 역시 흑 곤란)

흑1쪽을 지킨다면 이번에는 백2로 끊겨 역시 흑이 곤란하다. 요석 흑 석점이 고스란히 잡혀서는 크게 당한 꼴이다.

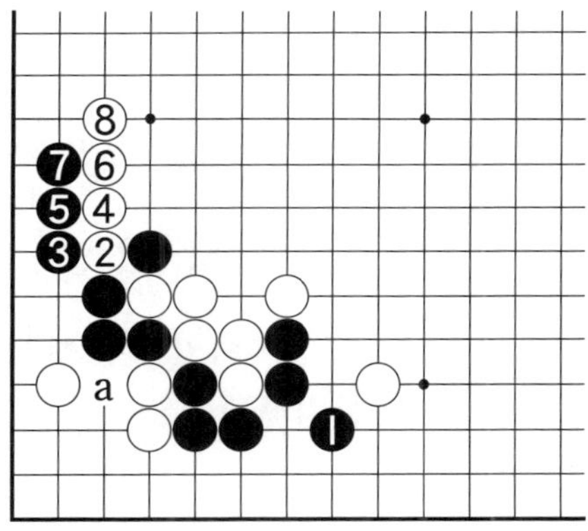

4도

4도 (0점/ 낮은 포복)

그렇다고 흑3으로 살리려는 것은 무리. 흑5 이하로 한없이 길 수밖에 없어서는 바둑도 끝장이다. 백a도 선수여서 귀의 백은 완생. 이럴 바엔 차라리 3도처럼 버리는 것이 낫다.

5도 (100점/ 타개 실마리)

흑1, 3이 절묘한 응수타진. 백의 응수에 따라 타개의 실마리를 풀자는 고등 수법이다. 백의 응수방법은 a~d가 있는데….

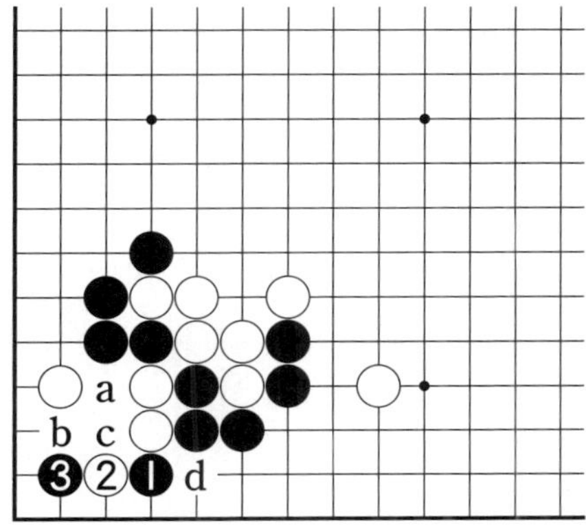

5도

6도 (백, 걸려들다)

발끈하여 백1로 잡는 것은 흑2로 되끊겨 쉽게 망한다.

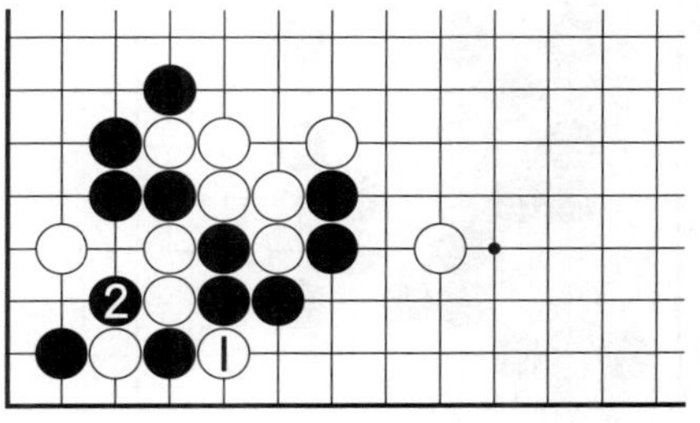

6도

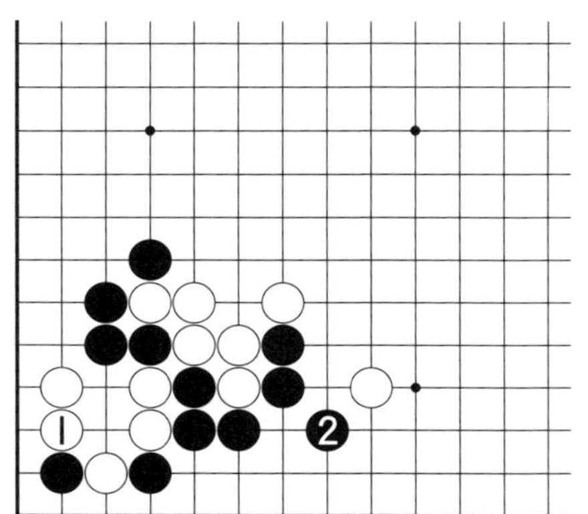

7도

7도 (수순의 묘)

결국 백1로 참는 정도인데, 손을 돌려 흑2로 지키는 것이 침착한 수순이다. 계속해서~

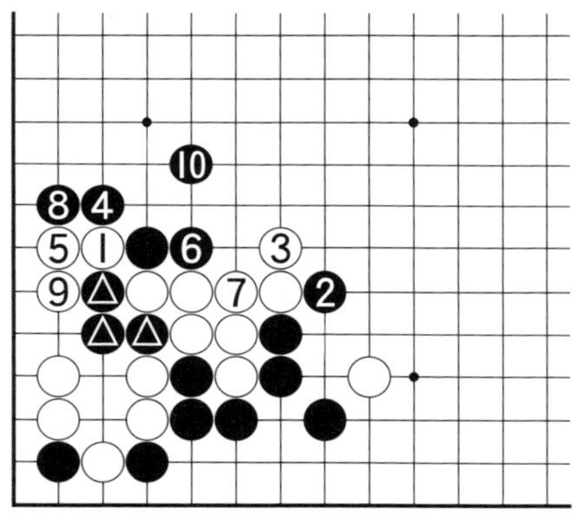

8도

8도 (흑, 실패)

백1은 당연한 기세인데, 이때 흑2 ~10으로 처리해버리는 것은 속수이다.

흑▲들을 잡은 백의 자세가 너무 두터운 데다 외곽이 봉쇄되지 않아 흑이 불리하다. 좀 더 묘미 있는 수법을 강구해보자.

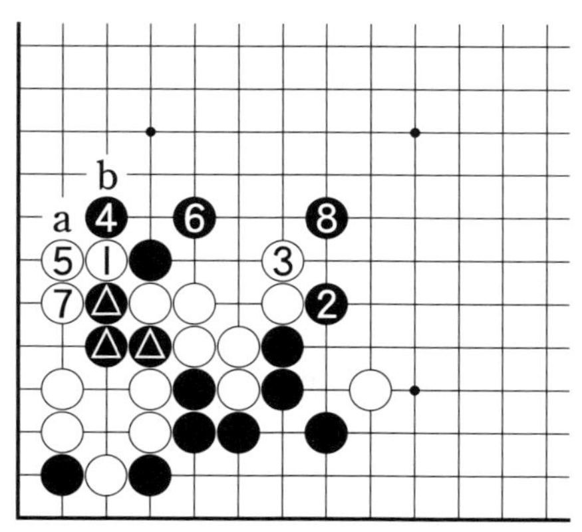

9도

9도 (절묘한 장문의 맥)

흑6이 재미있는 수. 백7을 기다려 흑8로 씌우는 것이 준비된 후속타이다.

이로써 흑은 ▲들의 버림돌을 충분히 활용할 수 있다(백7로 a에 기는 것은 흑b로 늘어 대환영이다).

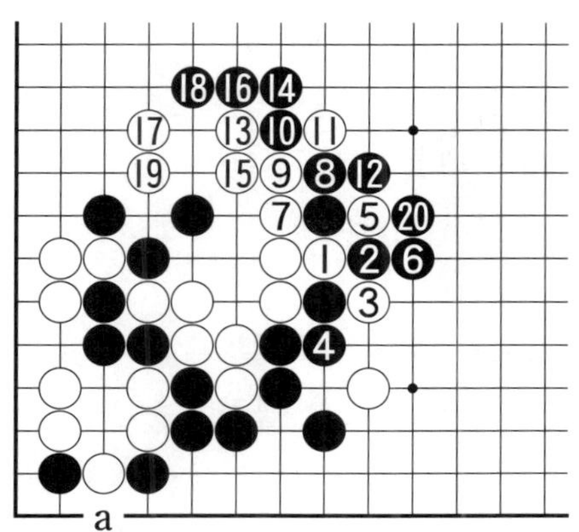

10도

10도 (대사석작전)

9도의 계속. 백은 1~9로 몸부림치며 나올 수밖에 없는데, 흑10이 이어지는 강수이다. 결국 흑20까지 흑의 사석작전은 대성공을 거둔다. 흑a까지 남아 백의 실리는 생각보다 크지 않다.

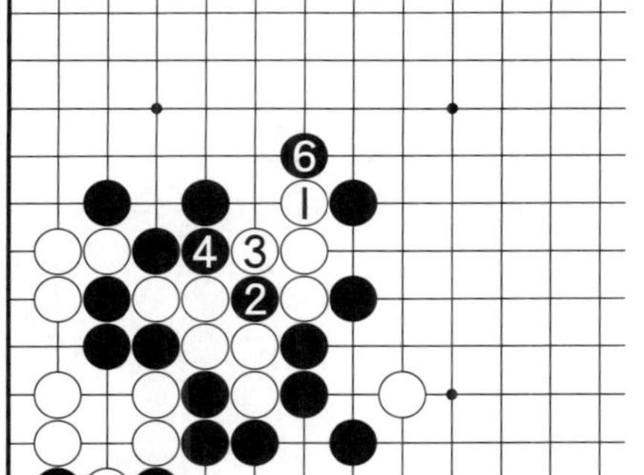

11도

⑤…❷

11도 (백, 파탄)

그렇다고 백1로 그냥 빠져 나가려는 것은 흑2의 먹여침이 작렬해 흑6까지 백이 파탄에 빠진다.

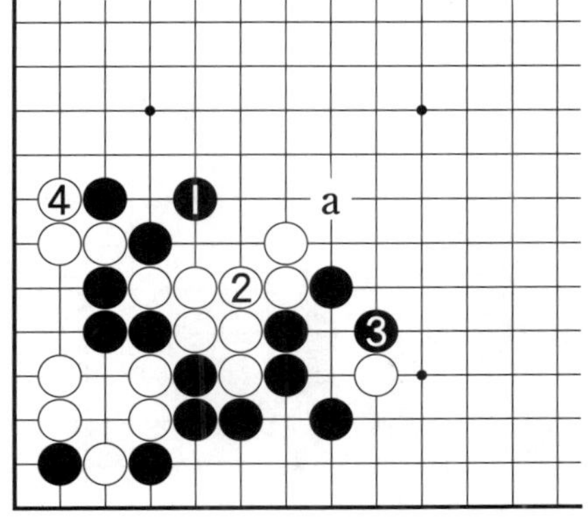

12도

12도 (흑, 충분)

흑1 때 수상전에 대비해 백2로 잇고 버티는 수도 생각할 수 있으나, 이때는 흑3으로 정비하는 것이 침착한 수이다.

장차 a 부분을 조여붙이는 즐거움이 있는 데다 귀중한 선수까지 잡아 흑이 충분하다.

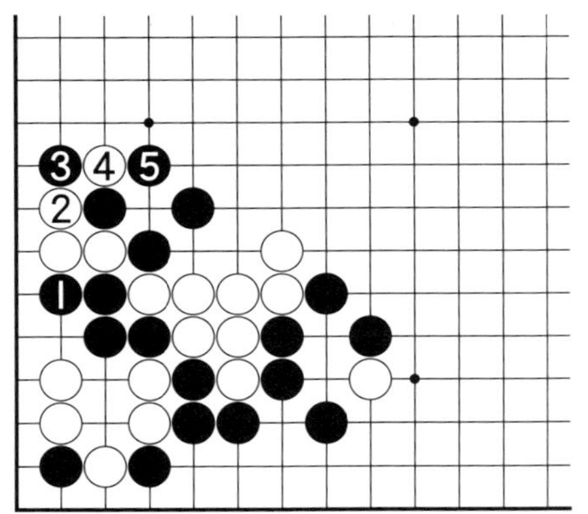

13도

13도 (고약한 뒷맛)

12도 백4를 손빼면 흑1~5로 꽃놀이패를 내는 수단이 남아 백이 견디기 힘들다.

14도 (역시 백 궤멸)

또한 9도 백7을 생략한 채 백1 따위로 버티는 것도 무리이다.

흑2, 4가 성립하여 12까지 절묘하게 회돌이축에 걸린다. 흑8의 절대선수를 아껴놓은 덕택이다.

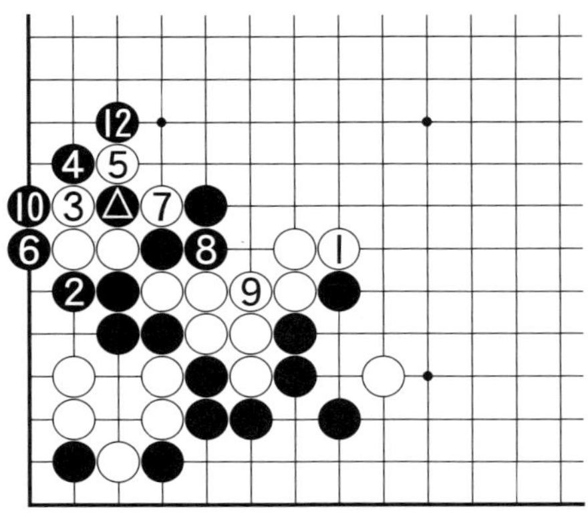

14도　　　　　　　　　　⑪…▲

15도 (백의 변화구)

5도에 이어 백1로 잇는 수를 살펴보자. 이때는 흑2쪽으로 호구치는 것이 준비된 응수이다. 계속해서~

16도 (흑의 승리)

백1, 3이 최강의 저항이지만, 흑14까지 빈틈없는 수줄임으로 흑이 1수 빠르다.

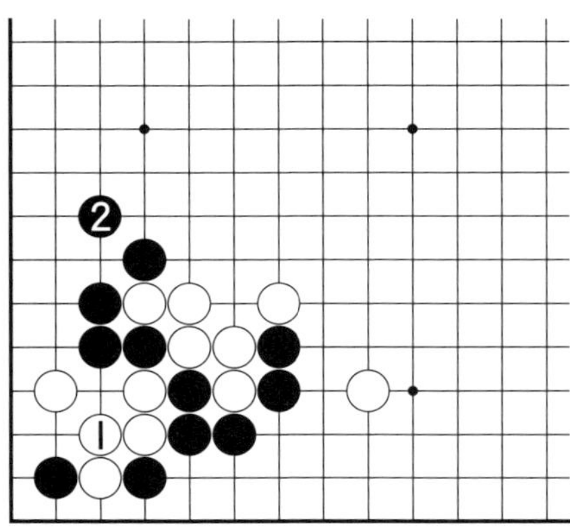

15도

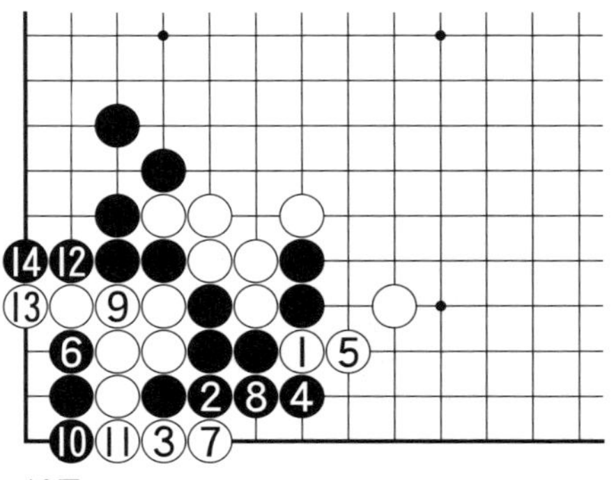

16도

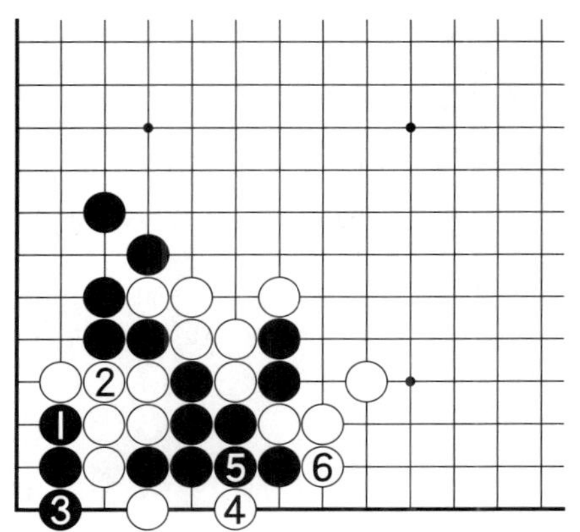

17도

17도 (백의 암수)

그런데 16도의 수순에서 흑으로서는 주의해야 할 사항이 있다. 흑1 때 백2가 끈질긴 암수.

여기서 흑5로 덥석 이었다가는 백6까지 흑이 걸려들고 만다. 따라서….

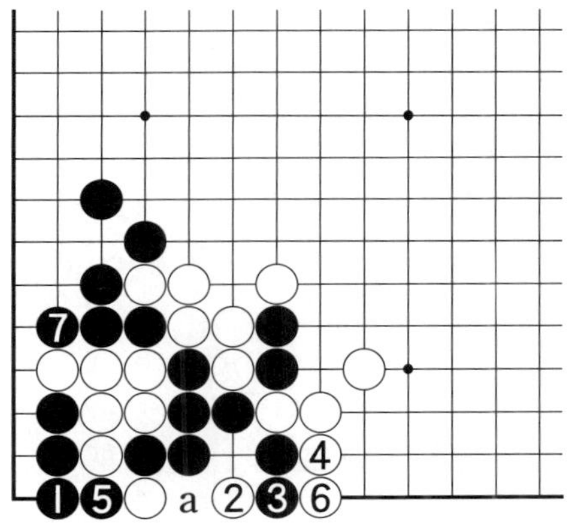

18도

18도 (올바른 대응)

백2에는 흑3이 정확한 대응. 이하 흑7까지 수상전은 결국 흑의 승리로 끝난다.

백a로 들어올 수 없는 것이 백의 비극이다.

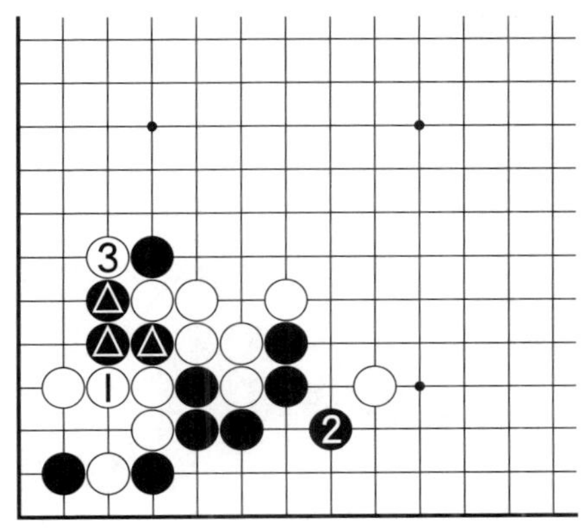

19도

19도 (또 다른 버팀수)

끝으로 백1의 응수에 대해 알아보자. 이때 7도처럼 흑2로 지키다가는 백3으로 끊겨 흑이 걸려든다. 백1이 흑▲들의 뒷수를 꽉 메우고 있어 9도, 10도와 같은 사석 작전이 불가능한 것이다.

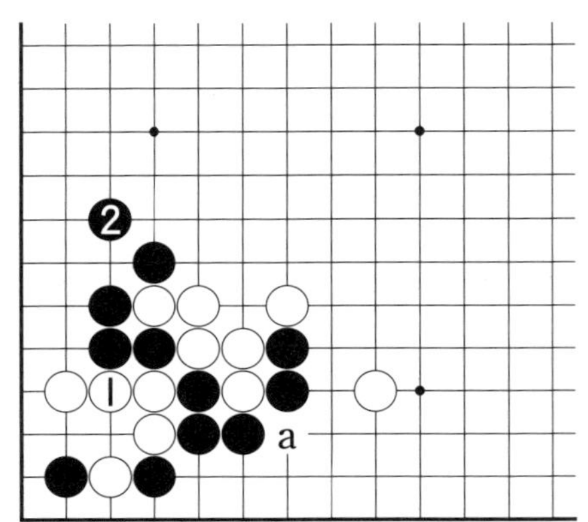

20도

20도 (흑의 최선)

그러므로 백1에는 흑2쪽으로 호구치는 것이 최선이다.

　문제는 백a의 절단인데…. 계속해서~

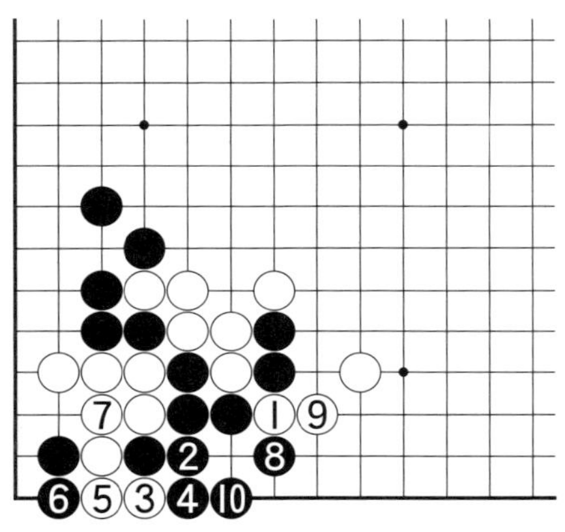

21도

21도 (흑의 승리)

백1에는 흑2가 침착한 응수이며, 흑10의 묘수에 의해 흑이 1수 빠른 수상전이 된다.

　따라서 백은 1로 끊을 수 없다는 결론.

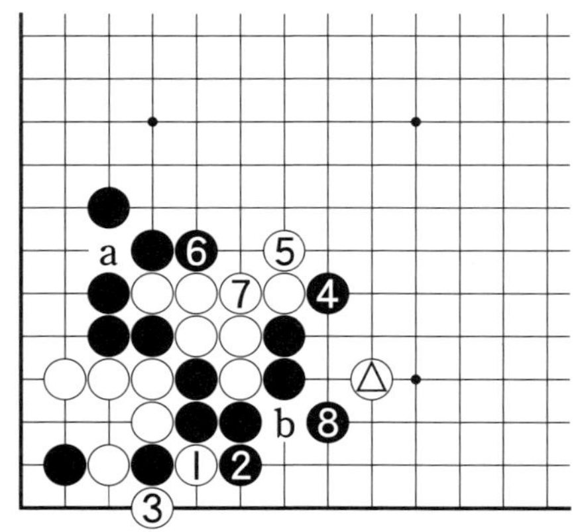

22도

22도 (흑, 우세)

결국 백1로 잡는 정도인데, 흑8까지 정비해 둔다.

　흑은 a, b의 두 약점을 효과적으로 보강한 반면, 백은 중앙이 똘똘 뭉친 데다 백△마저 폐석화 되어 백이 불리한 결과이다.

손따라 두면 걸려든다

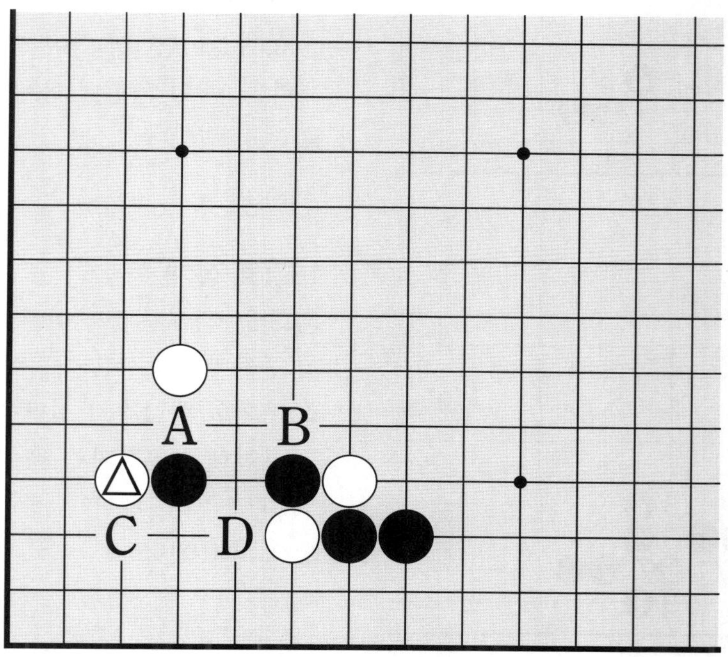

3·三에 뛰어들지 않고 백△로 붙여온 데는 상당한 함정이 내포되어 있다.

백의 주문에 걸려들지 않는 응수는 어디일까? A~D 가운데 생각해보자.

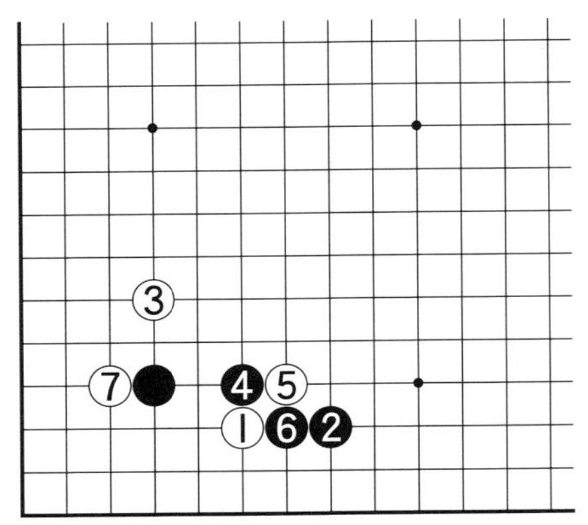

경과도

경과도 ('요다정석'에서)

흑2의 급박한 협공은 백에게 3·三 침입을 강요하는 수법이다. 그러나 백3~7이 흑의 주문을 거역하는 수이다.

요다(依田紀基) 9단이 시도해서 재미를 본 이후 한때 유행정석으로 자리 잡았다.

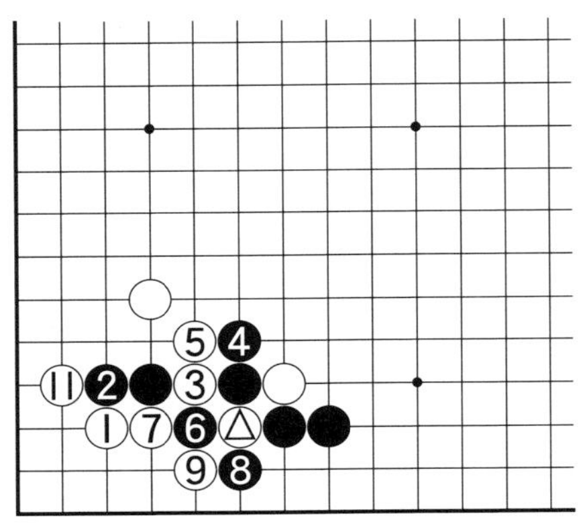

1도

❿···△

1도 (옛 정석)

경과도 백7로는 1에 뛰어드는 것이 종전까지의 상용 수법이다. 그러면 이하 백11까지 일단락.

그런데, 이 결과는 흑이 다소 두텁다는 정설 때문에 이후 잘 나오지 않게 된다.

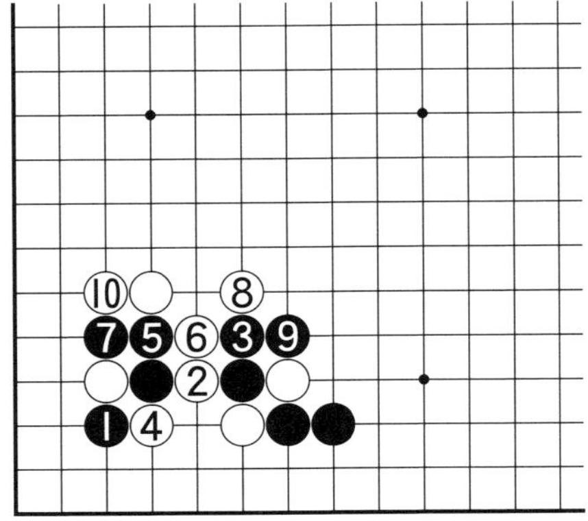

2도

2도 (0점/ 백의 함정)

덥석 흑1로 젖히는 것은 백의 함정에 말려드는 무책이다. 백2~6의 묘 수순에 의해 흑진의 한 가운데가 관통당하는 참상이 일어난다.

손따라 받다 망하는 '조건반사 바둑'의 전형이다.

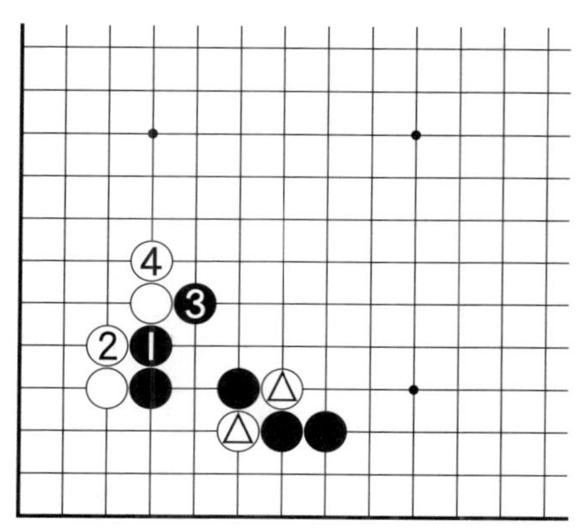

3도

3도 (30점/ 속수)

흑1로 치받는 것은 속수. 백4까지 백은 쏠쏠한 실리를 장만하며 정비한 데 비해 백△의 뒷맛이 남아 흑진은 아직 불완전하다.

　이처럼 두점머리를 자청하는 속수는 좋은 결과를 낳기 힘들다.

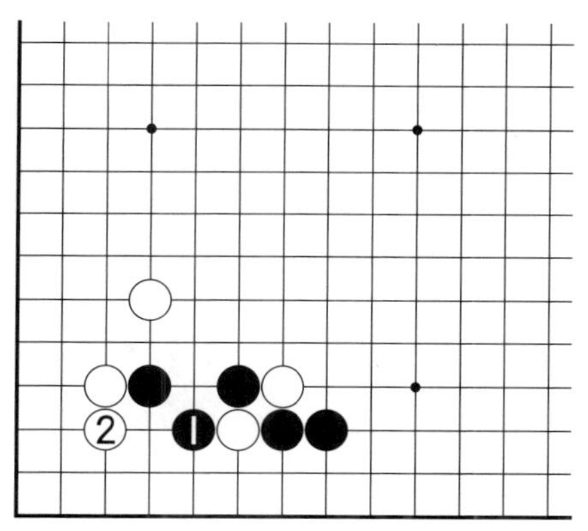

4도

4도 (100점/ 냉정침착)

흑1로 제압하는 것이 백의 함정에 빠지지 않는 냉정침착한 정수이다.

　이로써 백에게 귀는 주었지만, 흑은 하변을 두텁게 장악한 데다 선수여서 불만이 없다.

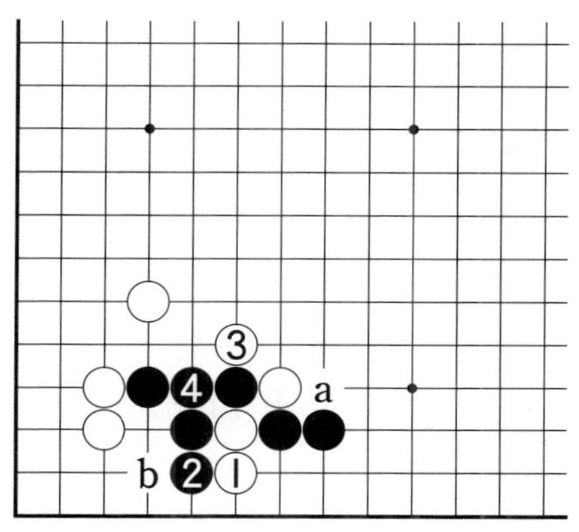

5도

5도 (백의 후속수단)

4도의 정석 이후 백에게는 1로 키워버린 뒤 3으로 머리를 단수치는 즐거움이 남아있다. 그리고 훗날 백a와 b도 거의 선수.

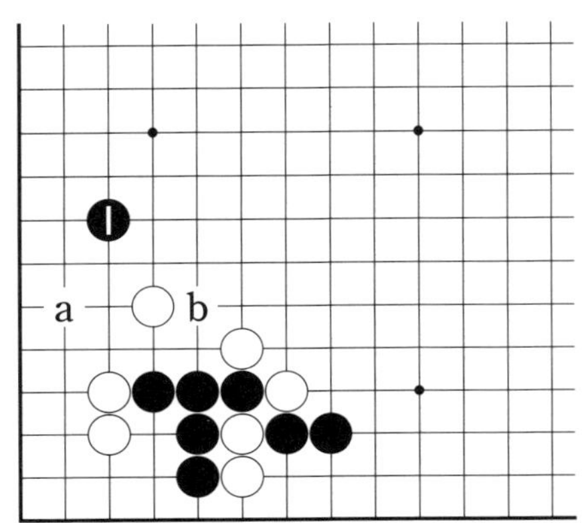

6도

6도 (흑의 후속수단)

한편 흑에게도 후속수단이 있다. 흑1의 다가섬이 통렬한 추궁. 백은 a의 수비가 불가피하다.

흑b로 차단하는 것도 강력한 노림수. 그래서 이 정석은 호각이다.

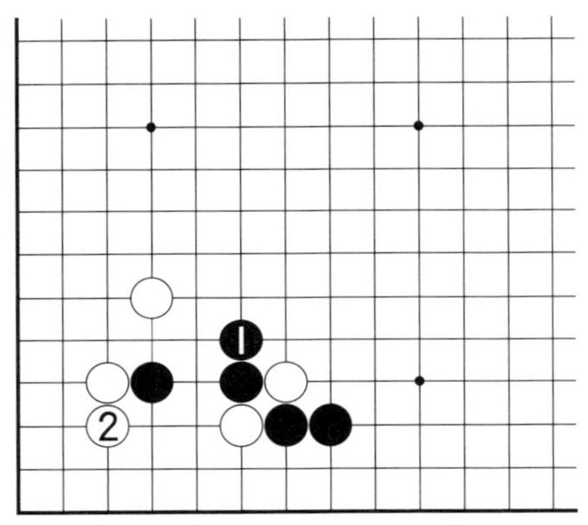

7도

7도 (90점/ 세력 취향)

만약 5도처럼 활용당하는 것이 싫다면 흑1로 뻗는 수도 유력한 일책이다.

실리 상으로는 손해지만, 대신 중앙 제공권이 강해져 일장일단이 있다.

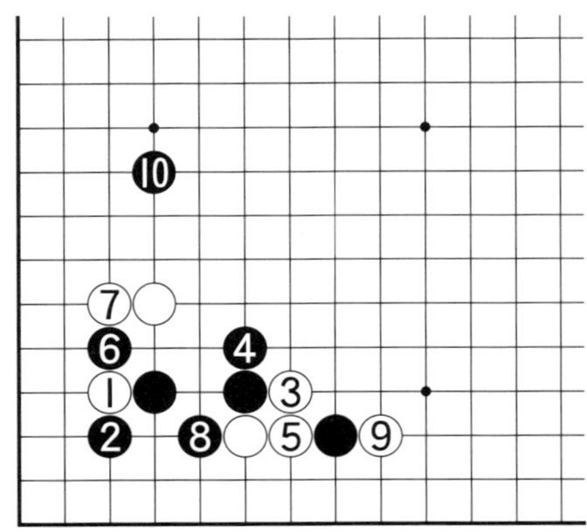

8도

8도 (백의 수순착오)

그런데 백에게는 한 가지 주의사항이 있다. 백3, 흑5의 교환을 생략한 채 백1로 먼저 붙이면 흑2로 젖혀받는 수가 있는 것.

뒤늦게 백3에 젖히면 흑4로 반발하는 수가 있어 흑10까지 백 고전의 양상이다.

'썩은 새끼줄'을 돌파하라

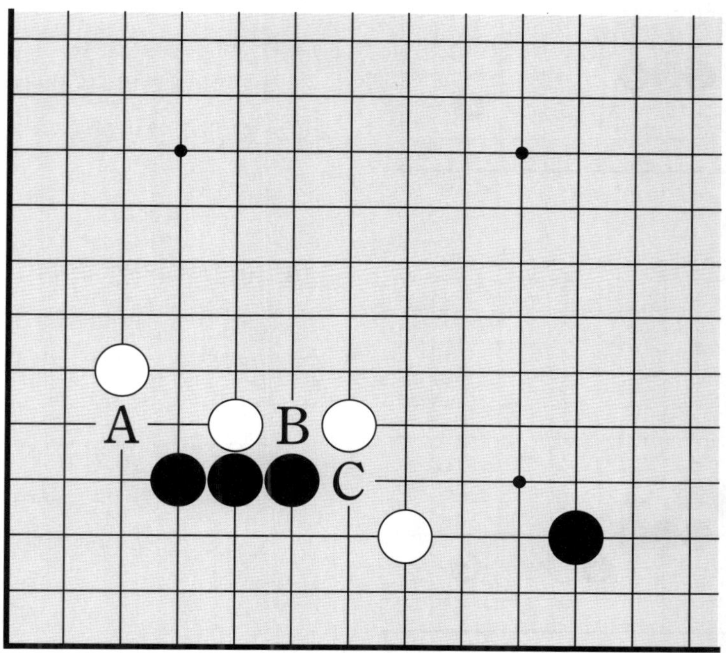

   접바둑에서 종종 등장하는 형태. 하수시절 누구나 한두 번
쯤 당해 보았을 만한 속임수 정석의 하나이다.
   엉성한 백의 포위망이 흡사 '썩은 새끼줄로 호랑이 잡으려
는 격'인데, 그러나 막상 섣불리 응수하다간 걸려들기 십상이
다. 흑은 과연 어디서부터 손을 써야 할까? A~C 가운데 생
각해보자.

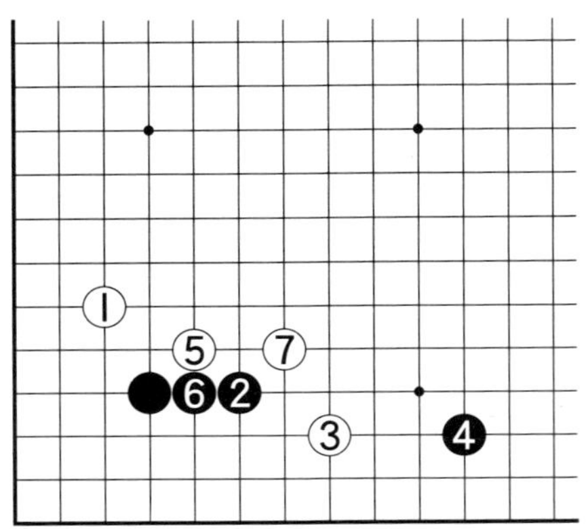

경과도

경과도 (속임수 정석)

백3은 접바둑에서 자주 쓰이는 적극전법. 흑4의 협공은 기세인데 이때 백5, 7로 무지막지하게 봉쇄를 시도한 수가 흑을 현혹시키는 강수이다.

사실 제대로만 응징하면 '썩은 새끼줄'임이 분명한데….

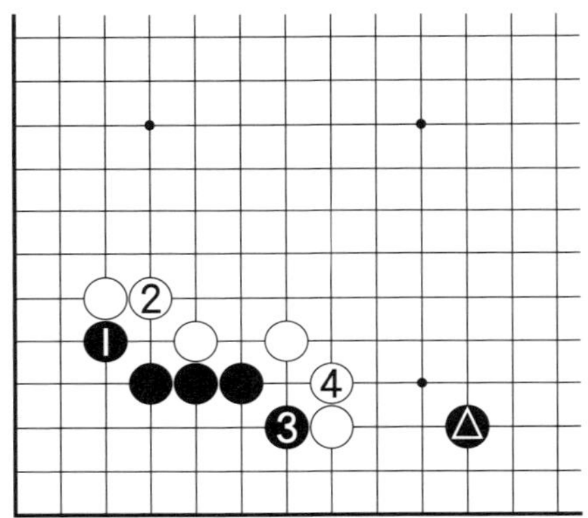

1도

1도 (0점/ 나약한 속수)

백의 기합에 눌려 흑1, 3으로 안정을 서두르는 것은 지나친 소극책이다.

백의 '썩은 새끼줄'이 어느새 '질긴 동아줄'로 둔갑하면서 흑▲가 약해져 흑이 크게 당했다.

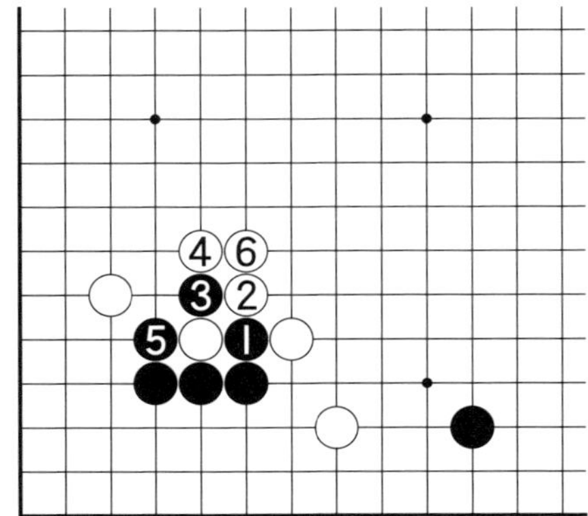

2도

2도 (30점/ 이적행위)

흑1, 3으로 나가끊는 것도 방향착오. 백6까지 외곽이 두텁게 정비되어서는 흑이 이적행위를 범한 느낌이 짙다.

아직 좌하귀가 열려있어 흑의 실리는 보잘 것이 없다.

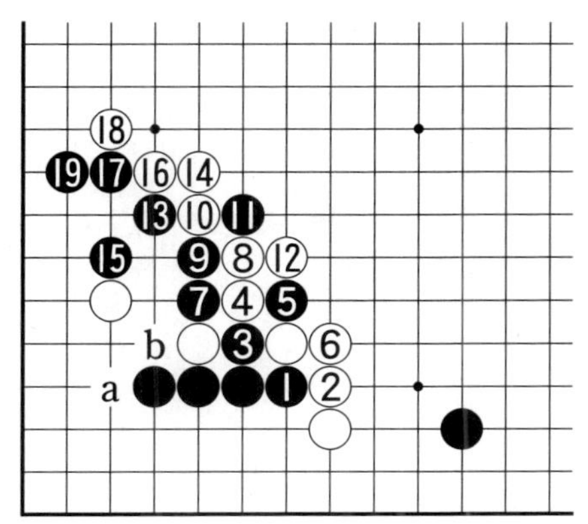

3도

3도 (50점/ 소탐대실)

흑1~7로 거푸 단수치며 나가는 것도 속수적 발상이다. 이하 흑19 까지 내친걸음으로 실리를 벌어들였지만 외곽을 두텁게 해주어 흑의 소탐대실이다. 게다가 백a나 b의 뒷맛도 남아 있다.

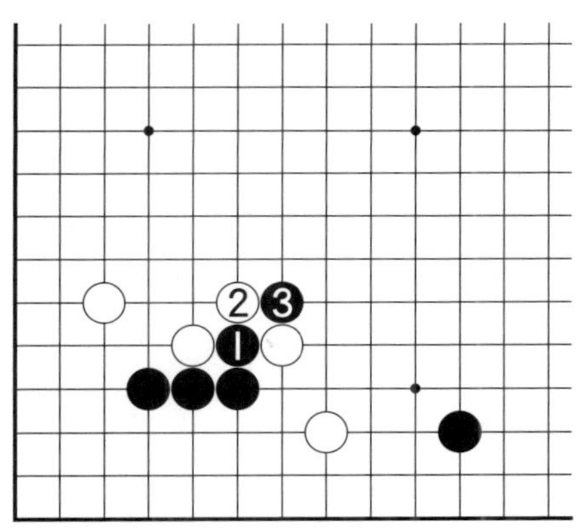

4도

4도 (100점/ 적절한 응징)

흑1, 3으로 나가끊는 것이 적절한 응징법이다.

　이로써 '썩은 새끼줄'의 허점이 백일하에 드러나고 있는데, 이후 수순도 못지않게 중요하다. 계속해서~

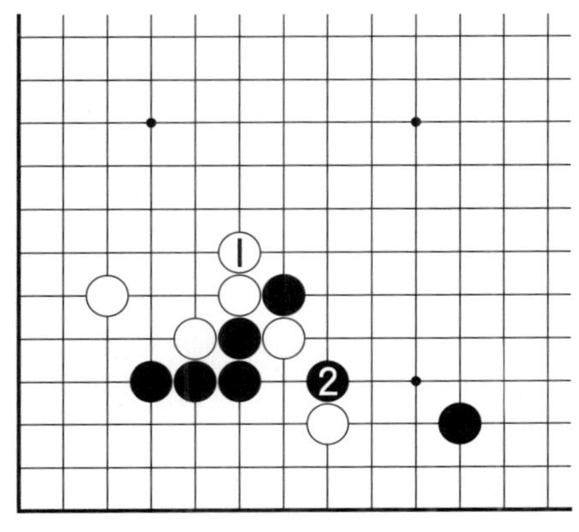

5도

5도 (백, 무리)

백1로 뻗는 것은 무리. 흑2를 당해 하변이 크게 들어간다. 그러므로…:

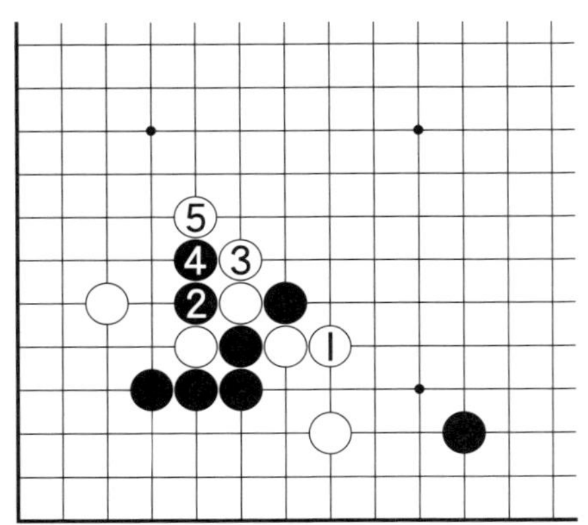

6도

6도 (50점/ 속수 재현)

백1로 뻗는 것이 올바른 응수. 그런데 이때 흑2, 4로 치고나가는 것은 속수! 백5를 당해 3도로 거의 환원된다.

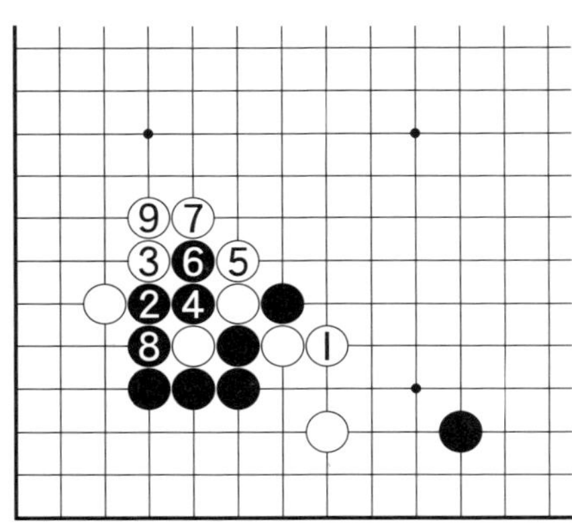

7도

7도 (50점/ 역시 봉쇄)

흑2로 건너붙이는 것이 상용의 맥점이다. 그런데 백3 때 흑4로 끊는다면 도루묵! 백9까지 꽉꽉 막힌다. 아직 귀도 열려있어 흑의 실패가 확연하다.

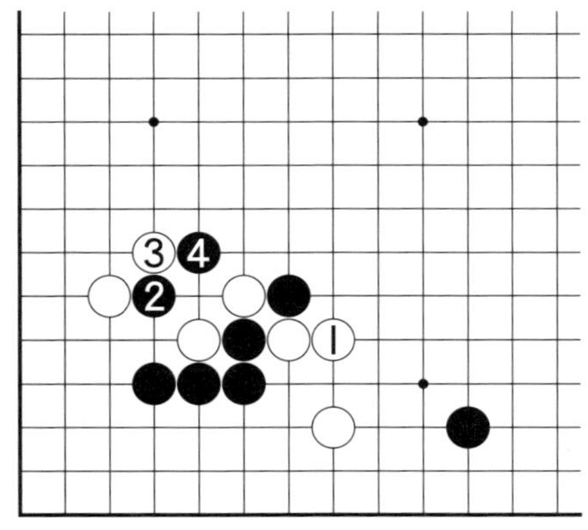

8도

8도 (100점/ 맥의 연타)

흑2에 이은 4가 일련의 맥점이다. 이제 이 수로 인해 백의 포위망은 갈기갈기 찢기는 신세가 되었다. 계속해서~

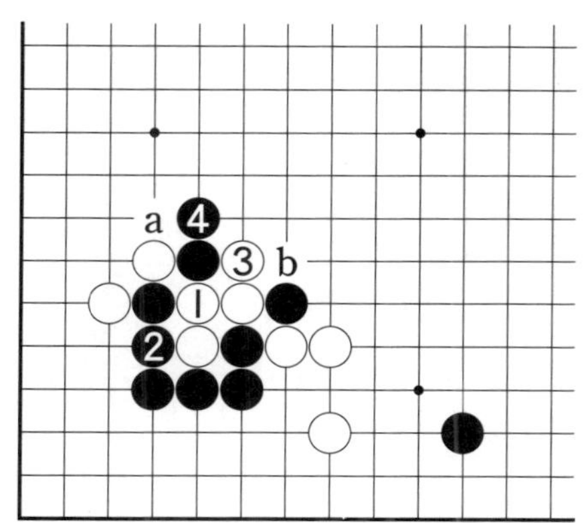

9도

9도 (백, 파탄)

백1로 정면 대응하는 것은 무모한 객기이다.

흑4 다음 a와 b가 맞보기가 되어 백이 파탄에 이른다.

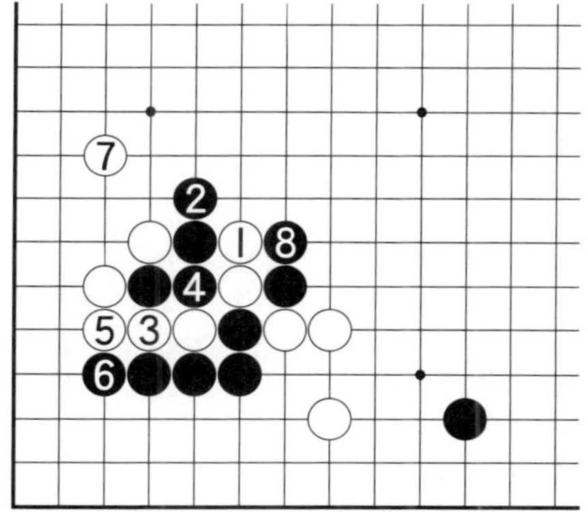

10도

10도 (흑의 대성공)

백1로 비끼는 수가 피해를 줄이는 길이지만, 흑8까지 백 궤멸!

단번에 대세가 판가름날 정도로 흑이 큰 성과를 거두었다.

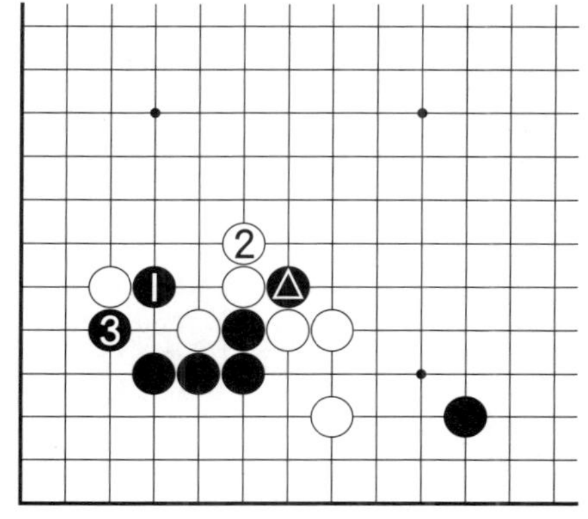

11도

11도 (흑, 우세)

따라서 백으로서는 흑1에 바로 응수하지 못한 채 백2로 물러서는 것이 그나마 최선책이다.

그러나 흑3으로 깨끗하게 제압해서는 역시 흑의 만족이다. 흑△의 준동도 남아 흑의 대성공이다.

2장

정석의 급소

(소목 편)

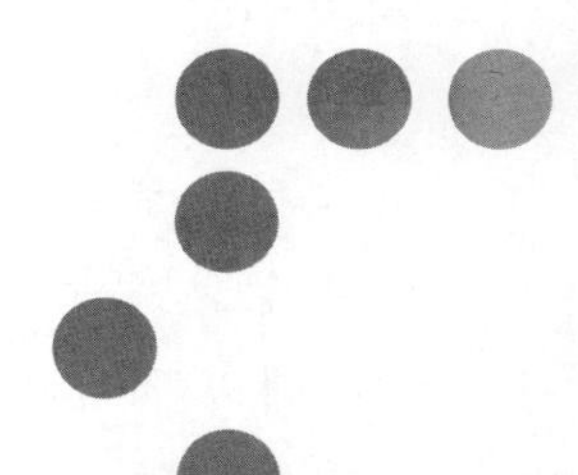

소목은 수많은 변화를 내포하고 있기 때문에, 소목 정석은 정석대사전의 상당 부분을 차지할 정도로 그 종류와 내용이 다양하다.

그래서 정석과 그에 따른 행마 공부를 제대로 하기 위해서는 소목 정석을 공부하라는 말까지 있을 정도이다. 보다 깊이 있는 이해를 위해 정석의 급소를 익혀보자.

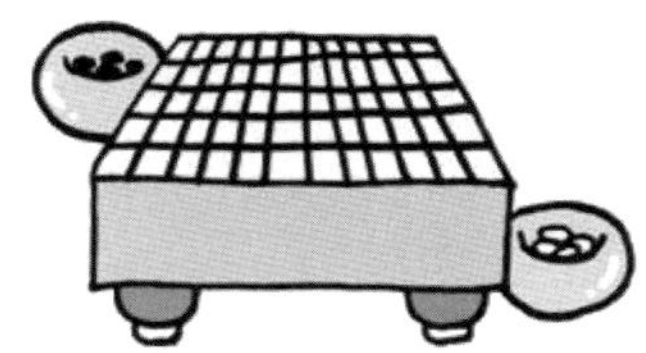

'등 밀어주기'는 금물

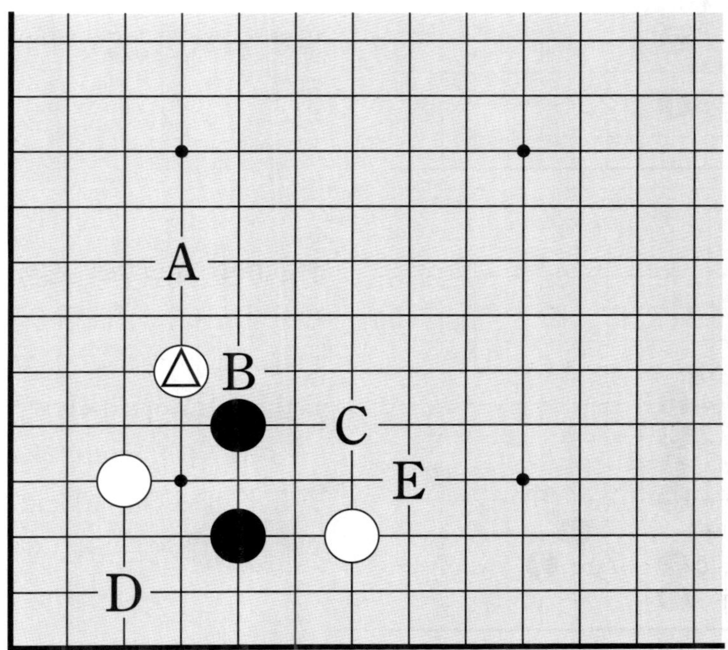

아마의 실전에 자주 등장하는 소목 정석의 기본형이다. 백 △ 다음 흑의 행마가 의외로 쉽지 않다. 그래서 속수가 잘 출현하는 장면이기도 하다.

자, 흑은 어떻게 응수하는 것이 좋을까? A~E 가운데 생각해보자.

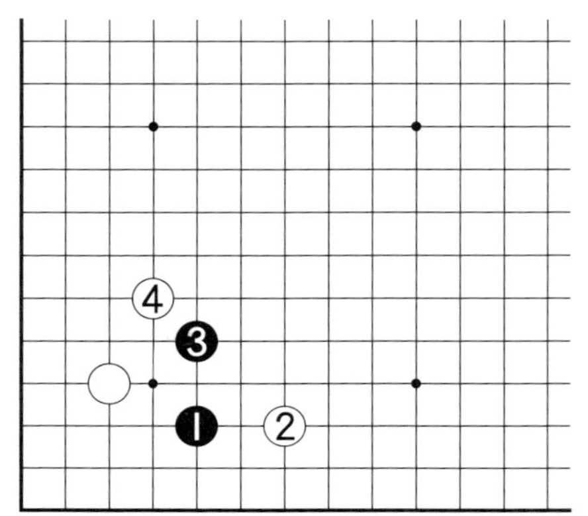

경과도

경과도 (급박한 협공)

소목에 날일자로 걸쳐갈 때는 협공에 대한 대비책이 있어야 한다.

그 중에서도 백2의 한칸낮은협공은 가장 급박한 수법. 흑3은 평범한 응수인데, 백4 다음이 중요하다.

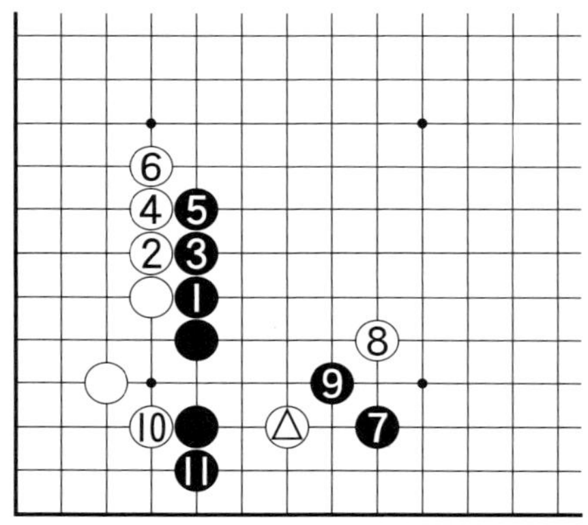

1도

1도 (0점/ 이적수의 표본)

반사적으로 손이 나가는 흑1! 이렇게 4선을 죽죽 밀어주는 것이 바로 금기의 이적수이다.

실리의 손실이 막대한 데다 백△를 잡아도 백8, 10으로 요리조리 이용당해 흑은 남는 것이 없다.

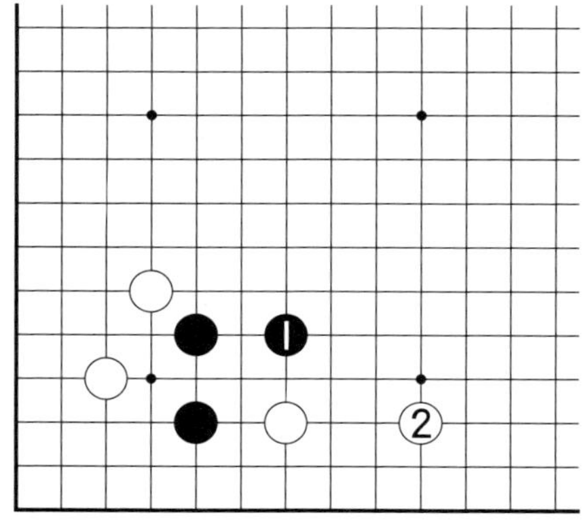

2도

2도 (30점/ 공배탈출)

흑1은 무기력하다. 백2로 받고 나면 흑은 공배와 같은 허공을 헤매는 반면, 백은 양쪽에서 실속을 챙기는 형상이어서 만족이다.

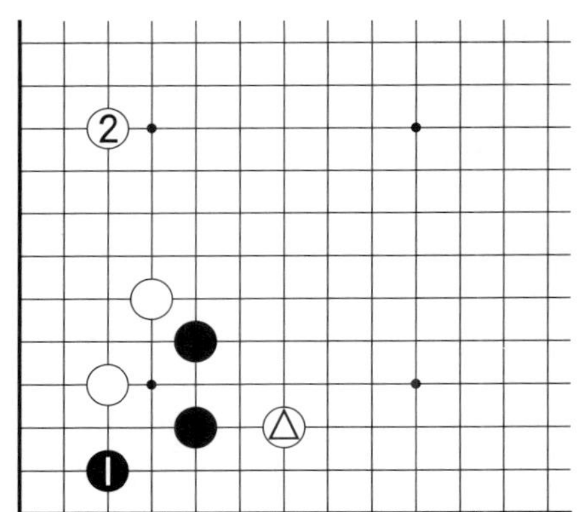

3도

3도 (50점/ 흑, 무책)

그렇다고 흑1로 근거마련을 서두르는 것도 무책이다.

　백△가 흑이 발을 뻗고 싶은 자리에 막아서고 있어 흑은 다음 행마가 안 나온다.

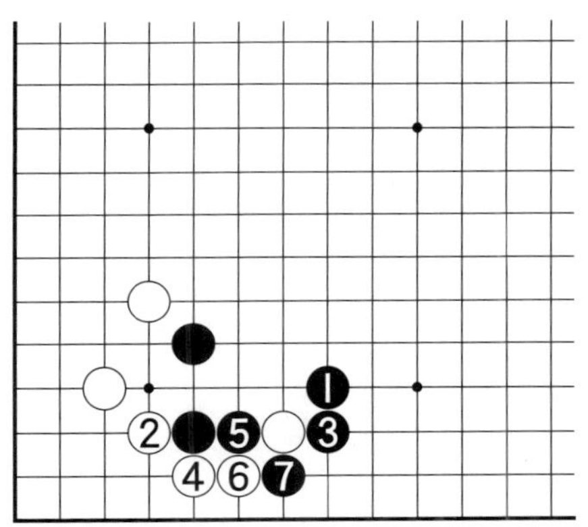

4도

4도 (100점/ 적극적 응수)

흑1로 짚어 가는 것이 좋은 행마이다. 다음 백2에는 흑3으로 눌러 막아 7까지 일단락이다.

　백의 실리도 크지만, 흑도 두터운 모습이어서 나쁘지 않다.

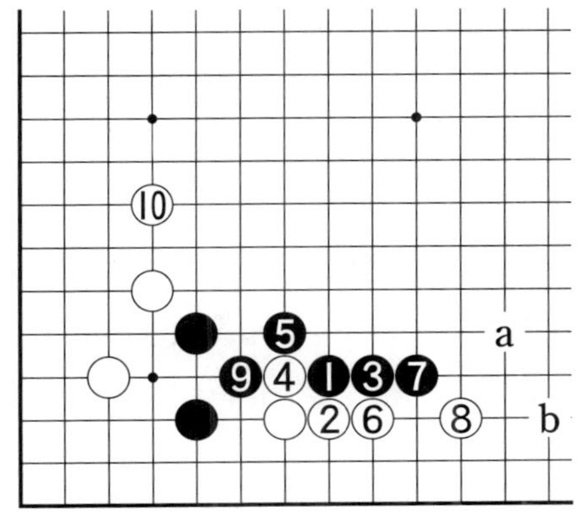

5도

5도 (옛 정석)

흑1에 백2로 살리는 수도 가능하다. 그러면 백10까지, 옛 정석의 한 갈래이다.

　다음 흑은 a의 세력 확장이나 b의 압박을 선택할 수 있다.

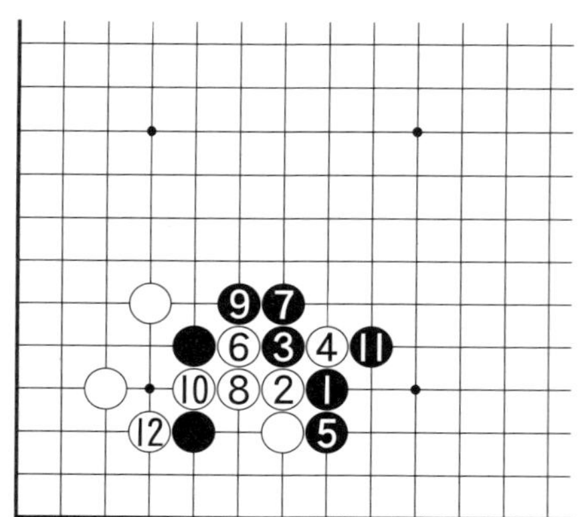

6도

6도 (흑, 두터움)

백2, 4로 반발하는 것은 다소 무리이다.

흑11까지 백의 실리보다 흑의 두터움이 돋보인다.

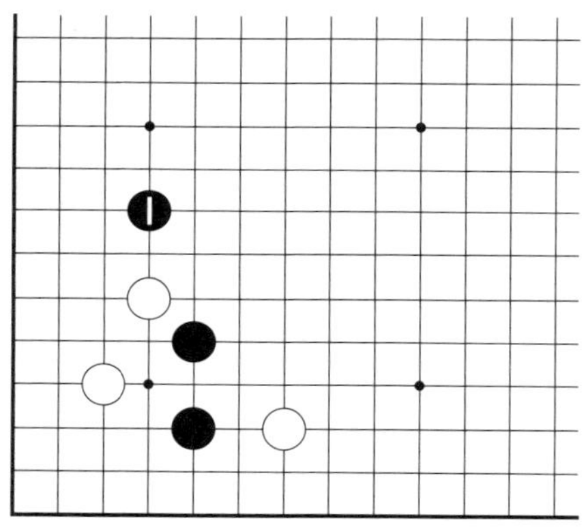

7도

7도 (100점/ 기세의 되협공)

사실 부분적으로만 본다면 흑1이 기백 넘치는 만점이다.

다만, 후속수순이 쉽지만은 않다. 계속해서~

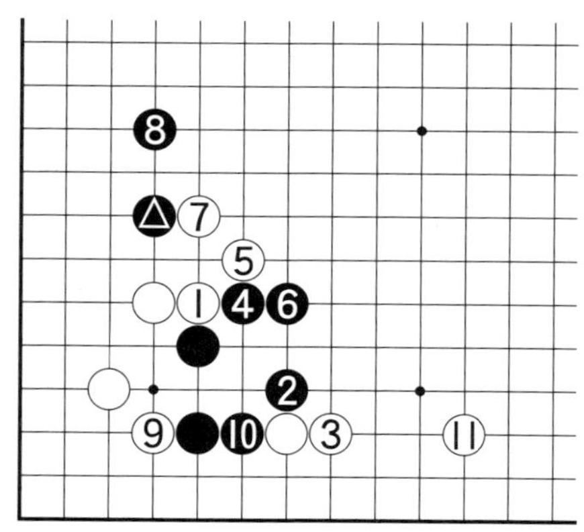

8도

8도 (고급정석)

백1을 유도해 흑2로 기대어 가는 것이 행마의 요령이다. 이하 백11까지 고급형 정석.

결국 흑●는 백에게 큰 실리를 주지 않으면서 형태를 정비하겠다는 차원 높은 맥이다.

상대를 유인하는 두칸 벌림

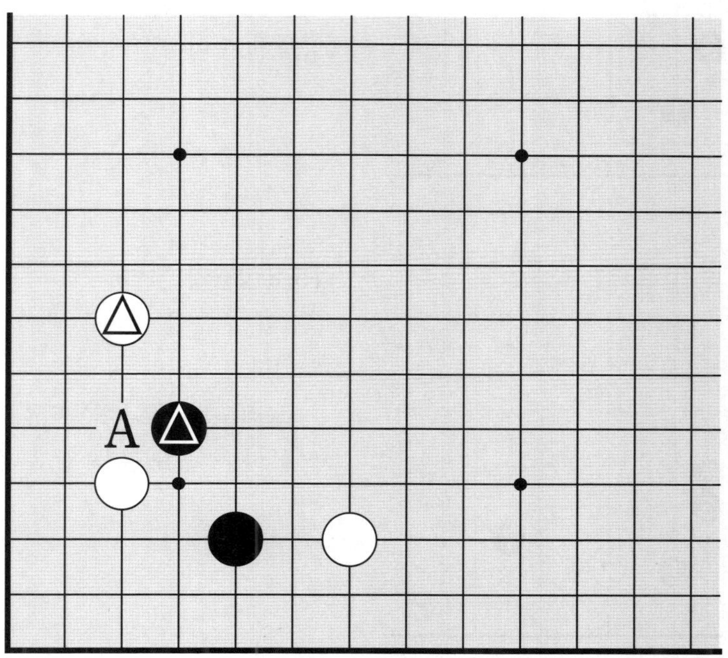

흑▲로 씌워가자 뜻밖에도 백△로 벌린 장면.

"아니, 당장 흑A면 가랑이가 찢기는데?"

그런데 백△가 유인하는 것이 바로 그것이라는 사실이 재미있다.

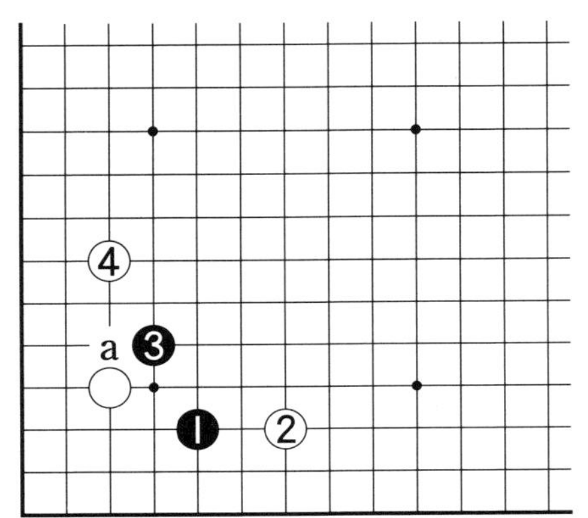

경과도

경과도 (대표적 함정수)

백2에 흑3으로 씌워간 것은 적극적인 취향이다.

그런데 백이 a로 응수하지 않고 4로 벌려간 것이 함정을 내포한 엉성한 수이다.

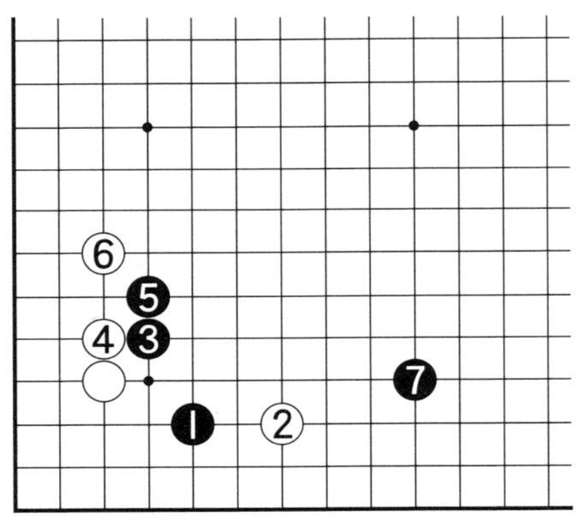

1도

1도 (상용의 정석)

흑3의 주문은 백4로 받아달라는 것이다.

그러면 벽을 쌓은 다음 흑7로 협공하여 주도권을 잡겠다는 뜻이다.

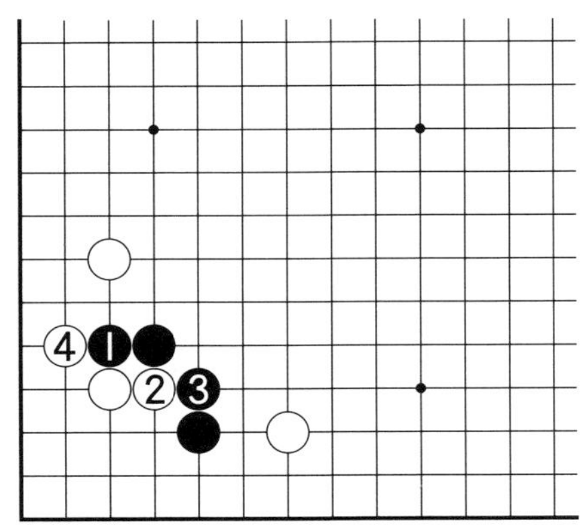

2도

2도 (선택의 기로)

본론으로 들어가, 일단 흑1로 막는 것은 당연한 대응. 바로 그 다음 백4로 젖혀올 때가 기로이다.

자, 여기서는 한 호흡을 쉬며 시간을 가지는 것이 절대 중요하다. 왜냐하면…

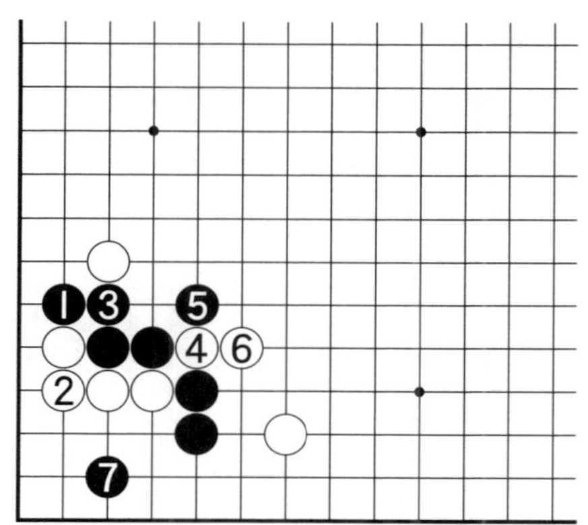

3도

3도 (0점/ 함정에 걸리다)

흑1로 덥석 막다가는 파탄의 외길 코스가 기다리고 있는 것이다.

백2, 흑3에 이어 백4로 뒤통수를 끊는 것이 강타. 흑은 7로 달려 백돌을 잡을 수는 있을 것 같은데….

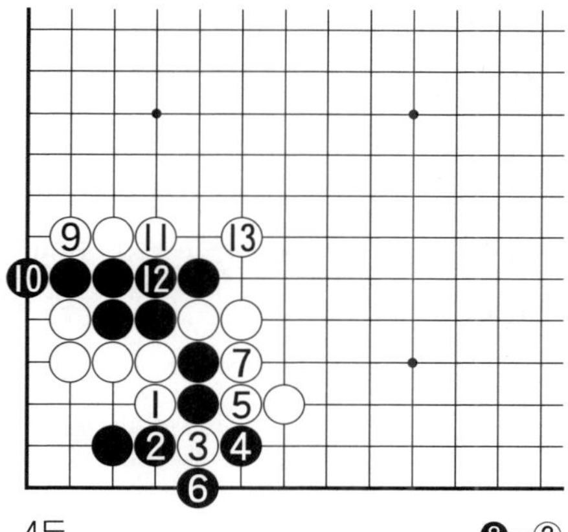

4도

4도 (싸바르기의 진수)

백1~7이 사석(捨石)의 효용을 극대화하는 수순이다.

백9, 11의 선수활용에 이어 백13의 장문 한방이 노려왔던 싸바르기의 진수이다.

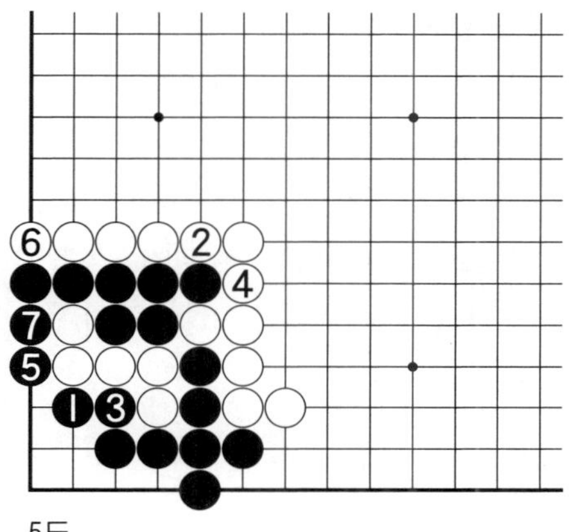

5도

5도 (환상의 도배장판)

4도의 후속수순. 이제 흑은 1 이하로 조여가는 수밖에 없는데, 흑7까지 처절하게 도배당한다.

흑은 1수 차이로 백 다섯점을 따내기는 했으나 극심하게 당한 결과이다.

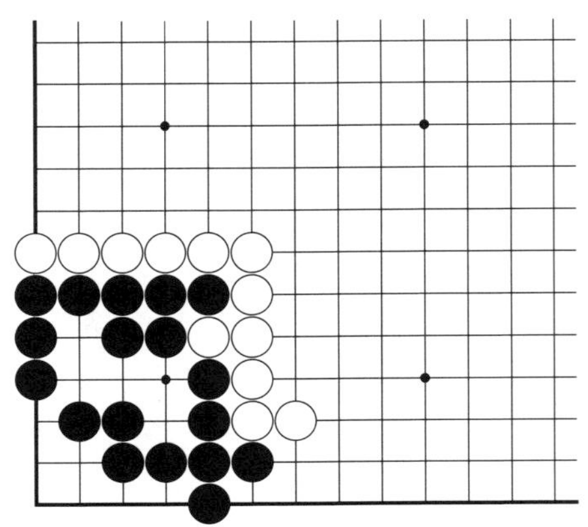

6도

6도 (흑, 망한 결과)

5도의 결과도. 흑이 백 여섯점을 따내면서 얻은 실리는 불과 18집으로 백의 철벽과는 비교가 안 된다. 바둑도 거의 끝났다고 해도 과언이 아니다. 이것이 바로 백의 함정이었다.

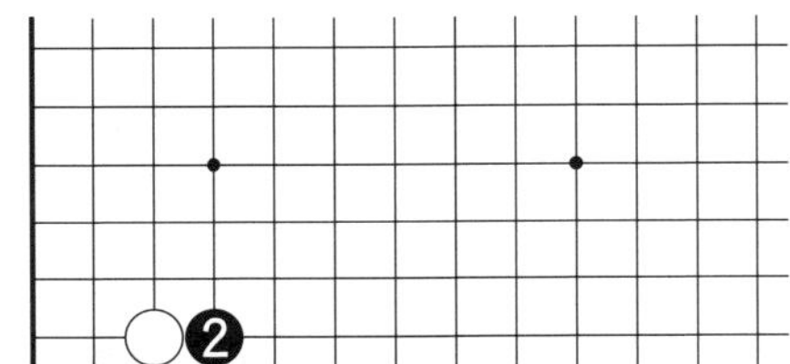
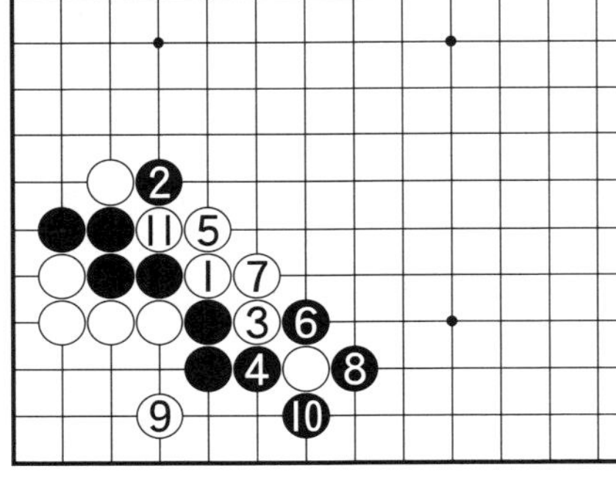

7도

7도 (역시 흑 곤란)

불행히도 백1의 절단을 당한 다음에는 뽀족한 대응책이 없다.

가령 흑2에는 백3이 좋은 수로 11까지 흑 넉점이 속절없이 잡혀 버린다.

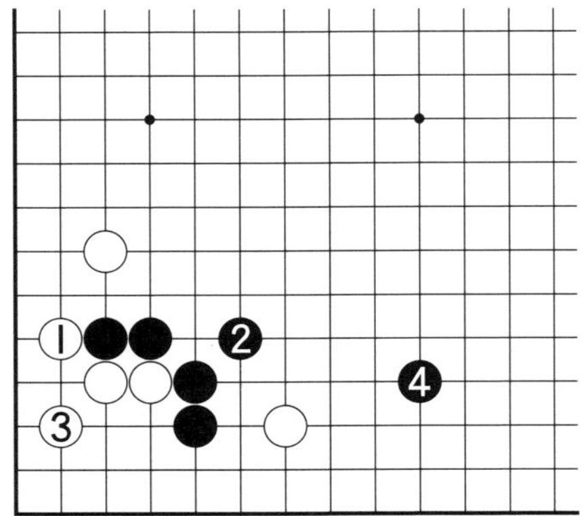

8도

8도 (100점/ 냉정한 대응)

그러므로 흑은 백1 때 '브레이크'를 잡아야 한다. 심호흡을 한 다음 냉정하게 흑2로 호구친다. 백3이 불가피할 때 흑4로 협공!

이 결과는 1도에 비해 흑이 더 활발하지 않은가.

날일자는 건너붙여라

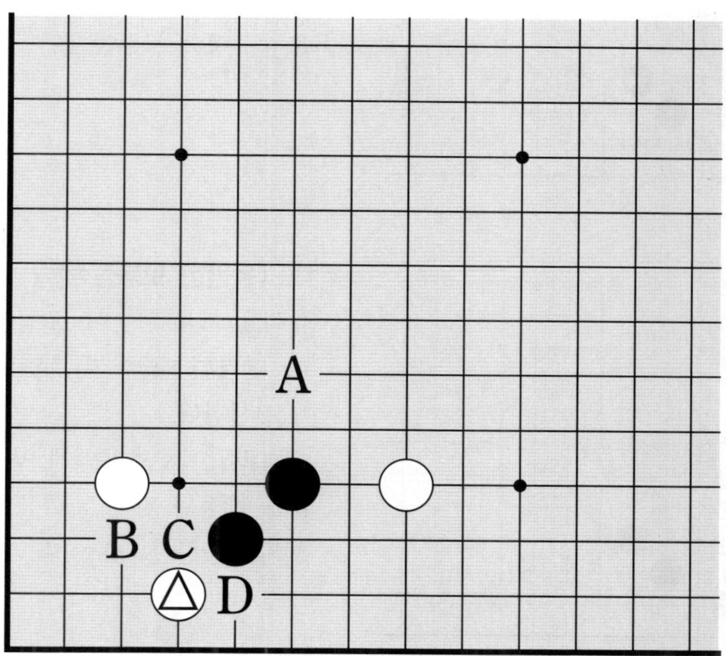

백△의 처진 날일자가 다소 이색적이다. 흑의 근거를 압박하면서 실리에도 짠 신수법이다.

여기서도 흑이 반사적으로 대응하다가는 백의 주문에 말려들게 되니 주의가 요구된다.

A~D 가운데 어디가 좋은지 생각해보자.

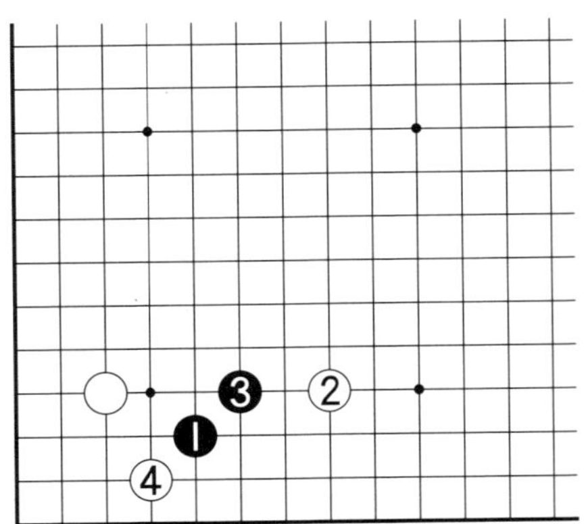

경과도

경과도 (두칸높은협공)

백2의 두칸높은협공은 날일자걸침에 대해 가장 많이 쓰이는 협공법이다.

흑3의 견실한 응수에 백4가 한 때는 유력한 신수였다.

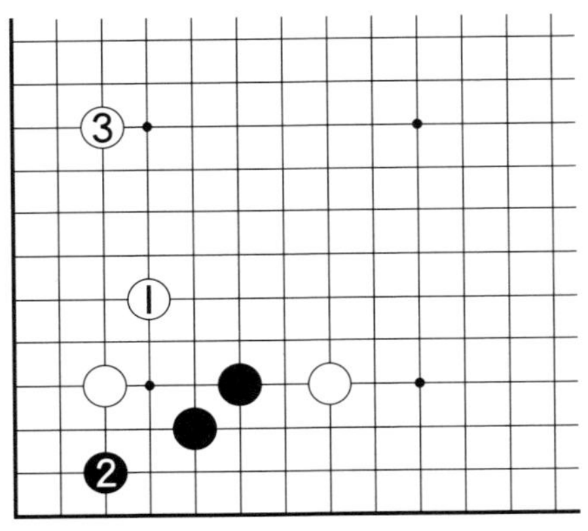

1도

1도 (유연한 보통정석)

경과도 백4로는 이 그림 1이 보통. 그러면 백3까지 유연한 정석이 탄생한다.

경과도 백4는 흑에게 이 그림과 같은 안정된 자세를 허용하지 않겠다는 강렬한 태도이다.

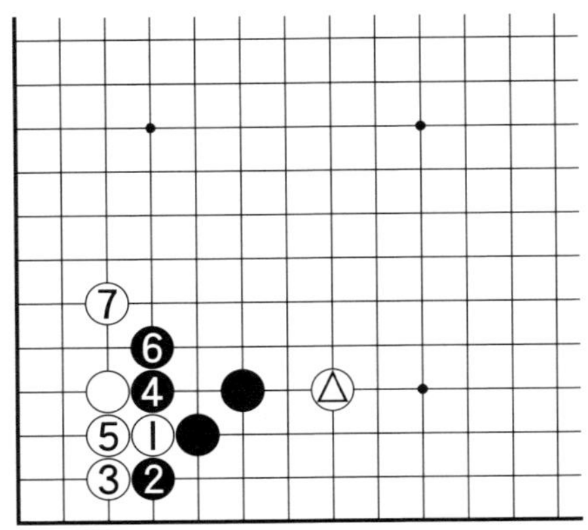

2도

2도 (실리중시의 옛 정석)

또한 실리를 중시하고 싶을 때는 백1의 마늘모붙임이 사용되었다.

그런데 이 형태는 백△가 상대적으로 약해져 일장일단이 있다. 경과도의 백4는 좀 더 강렬한 수법인 셈이다.

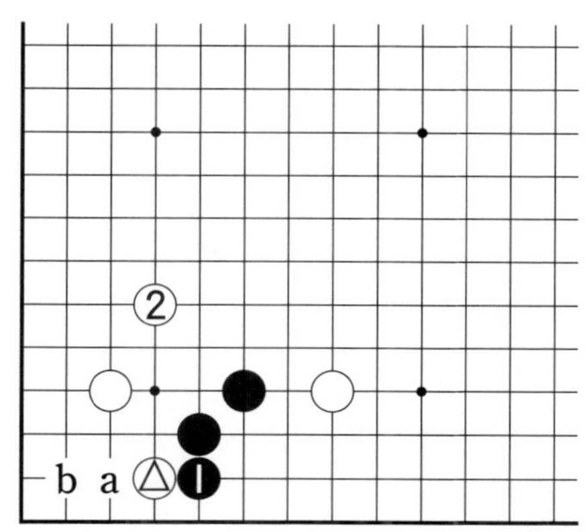

3도

3도 (30점/ 손따라 받기)

백△에 흑1로 막는 것은 손따라 받기의 전형. 잽 한방을 단단히 먹은 꼴이다. 흑a에는 백b가 가능해 실리와 근거 관계상 1도와는 큰 차이이다.

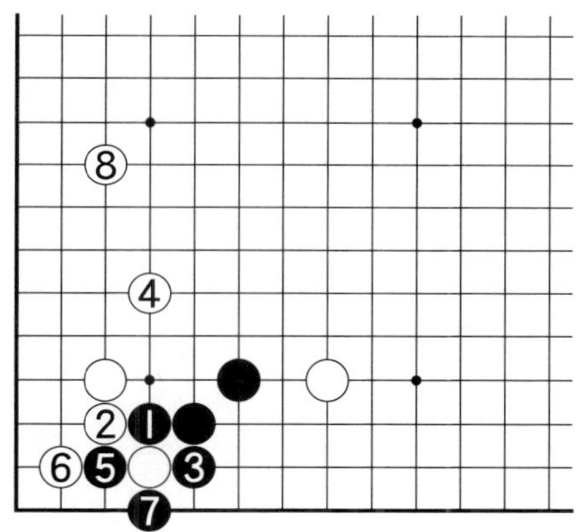

4도

4도 (0점/ 속수)

흑1로 찌르는 것은 속수. 흑5, 7로 잡아도 백4, 8의 요소를 당하면 백이 활발한 모습이다.

이처럼 날일자의 가운데를 찌르는 속수로는 좋은 결과를 기대하기 어렵다.

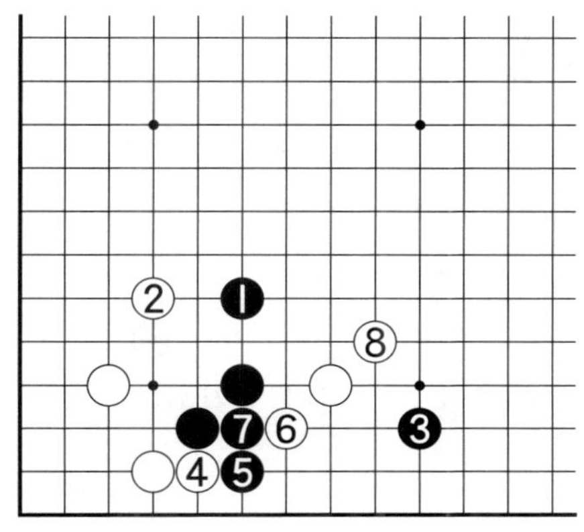

5도

5도 (50점/ 책략부족)

그렇다고 흑1로 뛰는 것은 완착이다.

흐름상 흑3 정도로 되협공을 해야 하는데, 백4면 응수가 궁하다. 백8까지 백이 우세한 싸움이다.

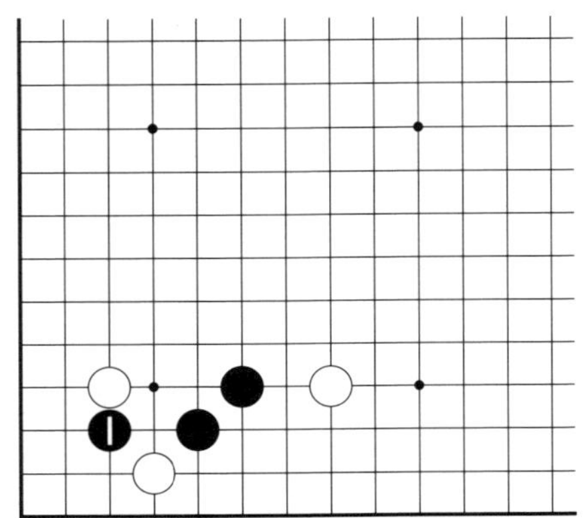

6도

6도 (100점/ 건너붙임)

'날일자는 건너붙여라'는 격언대로 흑1이 멋진 맥이다. 계속해서~

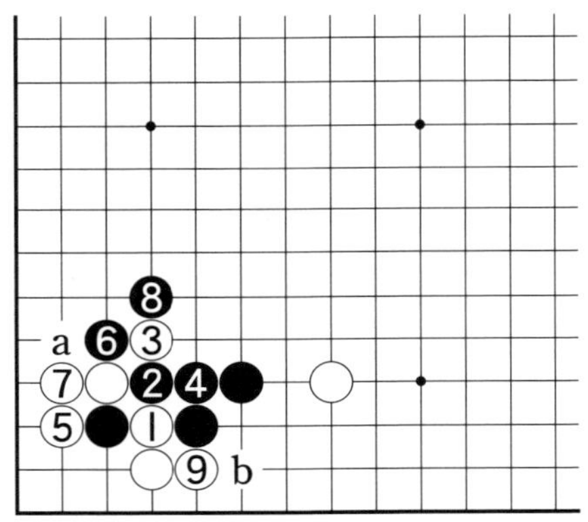

7도

7도 (신형정석)

백1에서 흑8까지는 거의 외길 수순이다. 백9까지 신형정석의 완결이다.

다음 흑으로서는 a나 b를 선택할 수 있다.

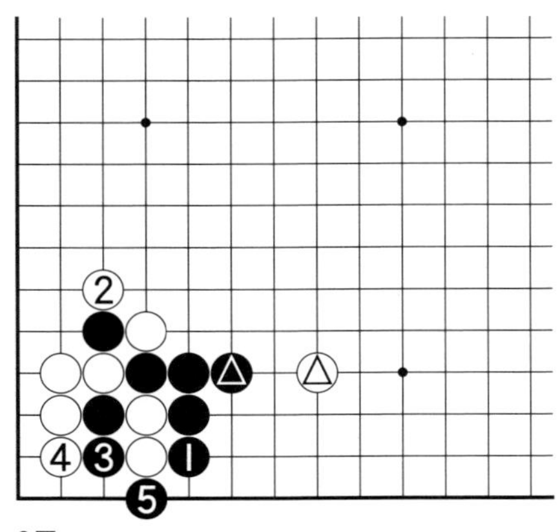

8도

8도 (한국형 변형 정석)

7도 흑8로는 이 그림 1에 막는 수도 유력하다. 그러면 백2도 기세. 흑5까지 한국기사들이 애용했던 변형 정석이다.

이 형태는 백△와 흑●가 각각 이상한 위치여서 호각이다.

위기모면의 맥점 일발

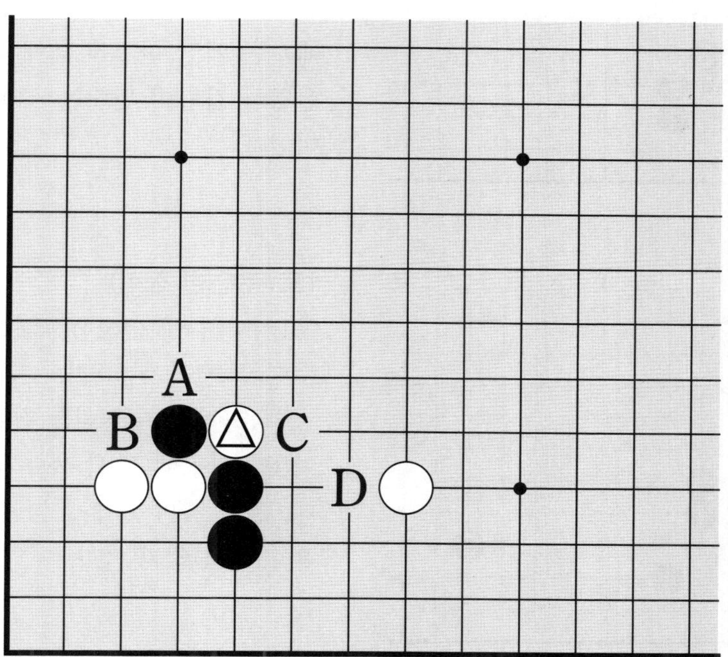

　　역시 두칸높은협공에서 등장하는 형태. 백△의 절단이 강력해 두 갈래난 흑의 수습이 어려워 보인다. 그렇다면 애초에 흑은 무리한 행마를 했단 말일까?

　　그렇지는 않다. 바로 이럴 때 요긴하게 써먹을 수 있는 '그 유명한' 맥점 일발이 있으니…. 그곳은 A~D 중 어디일까?

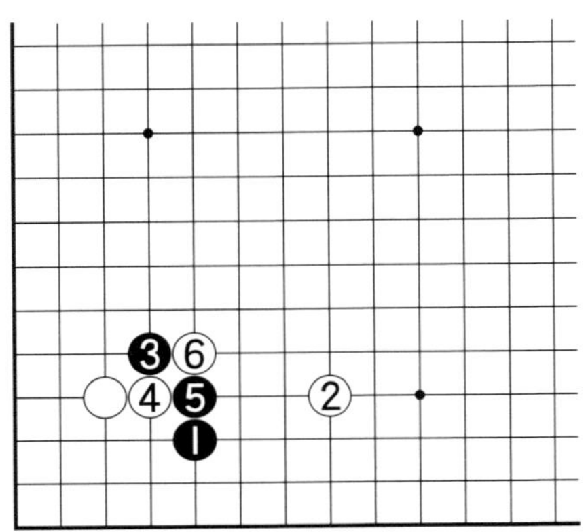

경과도

경과도 (두칸높은협공)

백2에 흑3으로 씌워간 것은 도전적인 취향이며 백4, 6의 절단도 기세이다.

전투가 불가피할 것 같지만, 실제로는 맥점 한방에 의해 의외로 간명한 갈림이 된다는 사실이 재미있다.

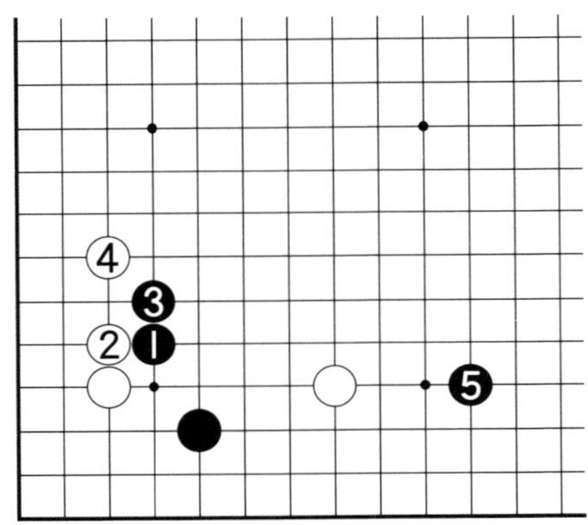

1도

1도 (유연한 정석)

흑1의 씌움에 순순히 백2에 받는 수도 충분히 가능하다.

백4까지 먼저 실리를 취한 다음 흑5의 협공에 맞서 싸우게 되는데, 뭔가 흑의 기세에 눌린 것 같은 느낌이 없지 않다.

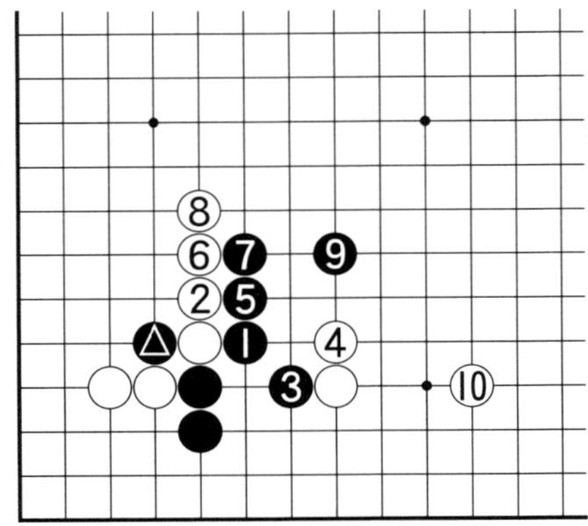

2도

2도 (0점/ 속수의 표본)

흑1, 3은 속수의 표본. 백4에 흑5, 7로 5선을 밀어줄 수밖에 없어서는 흑의 손해가 막대하다.

흑▲가 좌사한 데다 중앙도 미생마여서 흑이 망한 꼴이다.

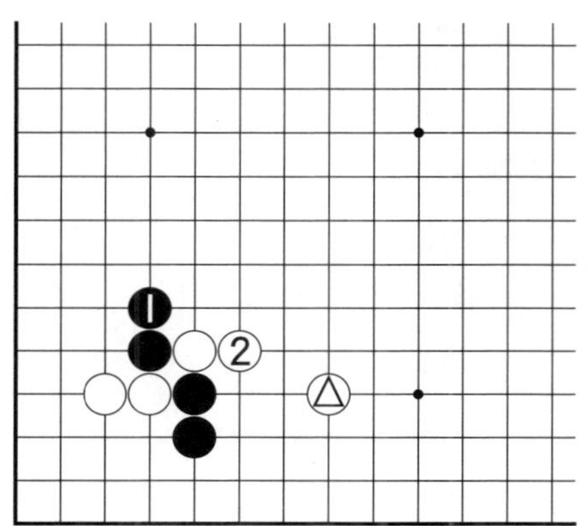

3도

3도 (50점/ 무리한 전면전)

일견 흑1로 뻗는 것이 기세 같지만, 실은 무리수이다. 백2로 같이 뻗으면 재미있는 '풍차돌리기'의 형태이다.

그러나 백△의 원군이 있는 만큼 흑이 힘겨운 싸움이다. 계속해서~

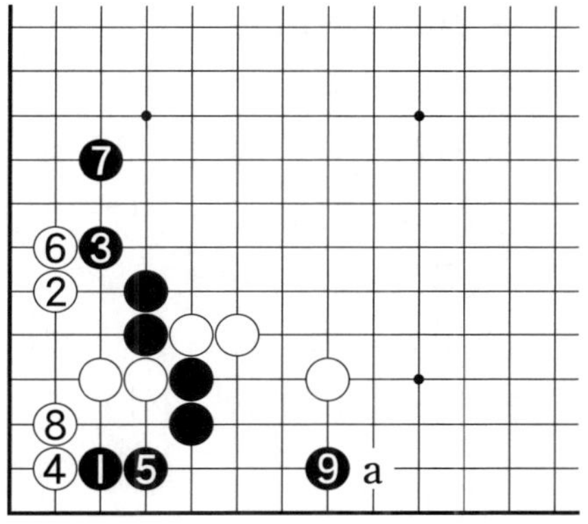

4도

4도 (흑, 피곤한 싸움)

흑1~9는 거의 필연적인 수순인데, 과연 병력의 열세 탓에 흑이 약간 피곤한 싸움이다.

다음 백a의 강수까지 성립해서는 흑의 고전이 역력하다.

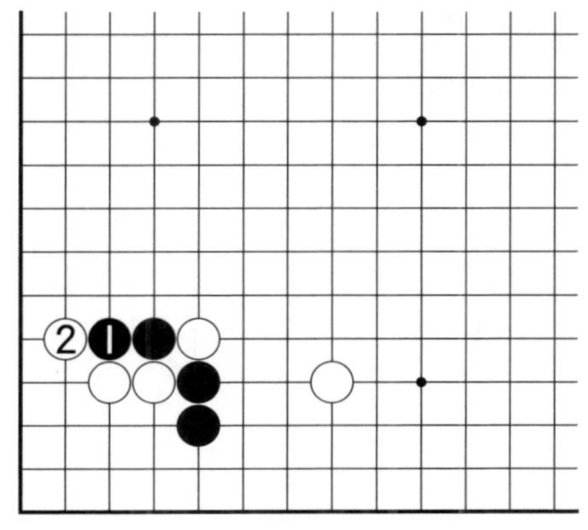

5도

5도 (50점/ 무리한 최강수)

흑1로 막는 것도 생각할 수 있지만, 약간 무리수이다.

백2의 두점머리를 당하면 아무래도 흑이 힘겨운 모습이다. 계속해서~

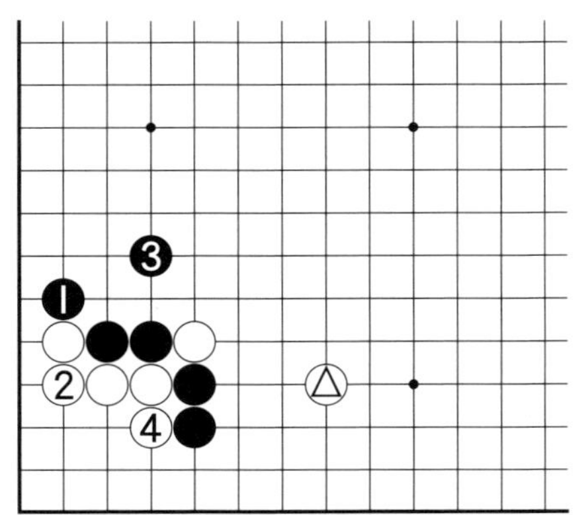

6도

6도 (흑, 곤란)

흑1로 손따라 받는 것은 최악. 백 4까지 백이 살고 나면 분단된 흑이 곤경에 빠진 모습이다.

백△가 결정적인 원군 역할을 하고 있지 않은가.

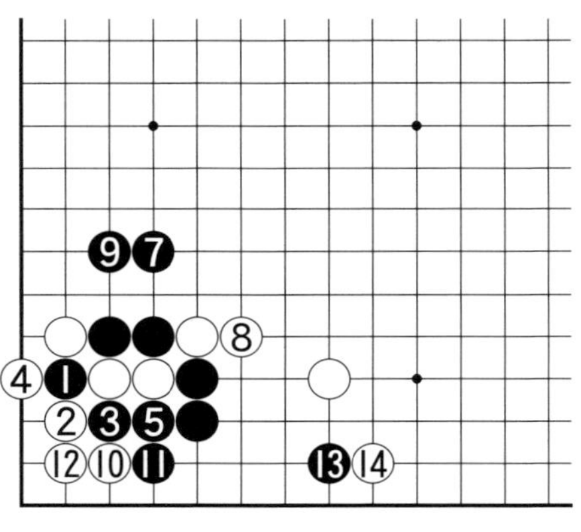

7도

⑥…❶

7도 (역시 흑 고전)

흑1, 3이 수습의 맥점. 흑13까지 그럭저럭 양쪽을 수습해 6도보다는 낮지만 백14를 당해서는 역시 흑의 고전이 역력하다.

불리한 지역에서 정면대결하려는 것은 역시 무모한 발상이다.

8도 (100점/ 타개의 맥점)

흑1로 뛰어붙이는 것이 기막힌 타개의 맥점!

이 정석뿐만 아니라 유사한 형태에서 단골로 쓰이는 맥의 전형이기도 하다. 계속해서~

8도

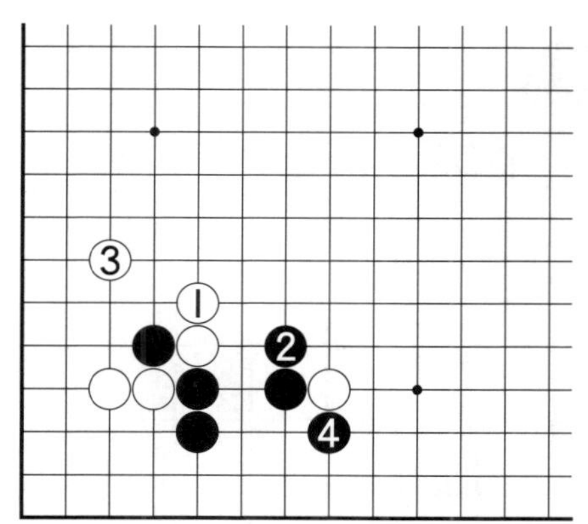

9도

9도 (간명한 정석)

백은 1, 3으로 돌아서는 정도. 그 틈에 흑도 4까지 두텁게 정비하여 불만이 없다.

맥점 한방이 낳은 호각의 정석이다.

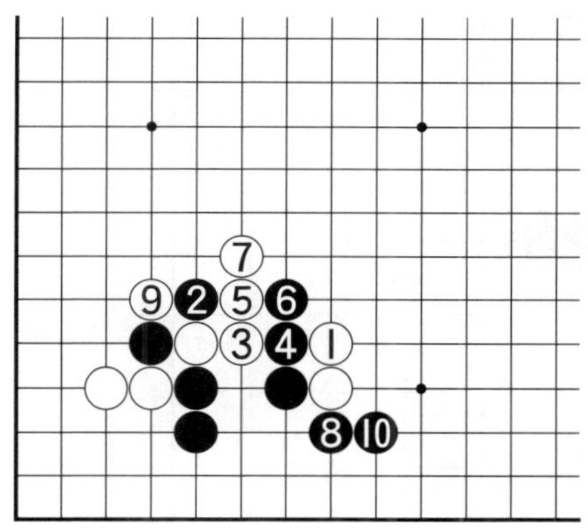

10도

10도 (돌파의 맥)

백1로 버티는 것은 무리. 흑2, 4가 멋진 맥점으로 10까지 포위망 돌파에는 어려움이 없다.

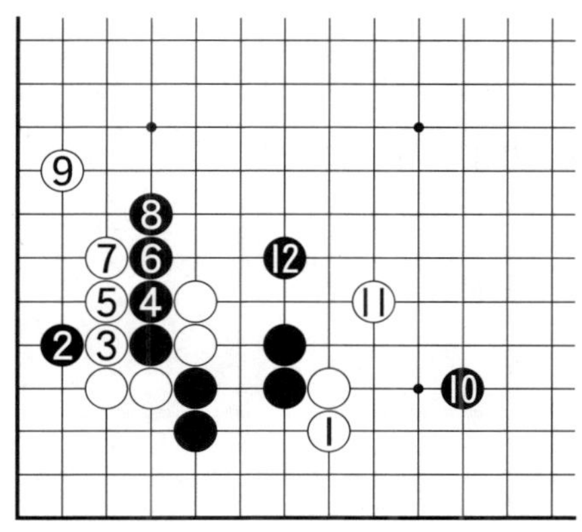

11도

11도 (백, 무리)

9도 백3을 생략한 채 백1로 뻗어 버티는 것은 무리이다.

흑2가 통렬한 맥점으로 10, 12로 요석을 잡으며 공격해 흑이 주도권을 장악한 모습이다.

형태정비를 위한 미끼 투하

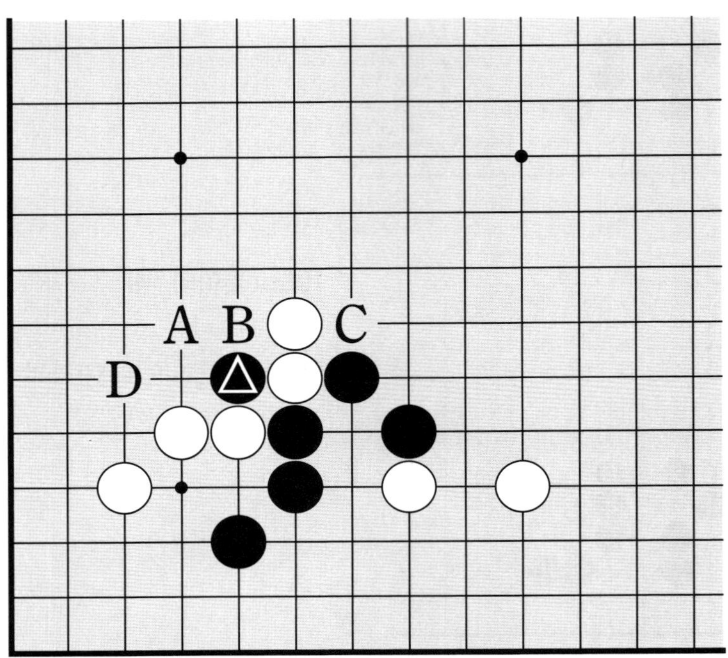

끊겨 있는 흑♠ 한점을 어떻게 처리하느냐가 관건이다. 직접 움직일 것이냐, 아니면 이용할 것이냐의 기로에 서있는 상황이다.

과연 A~D 가운데 어디가 좋을까?

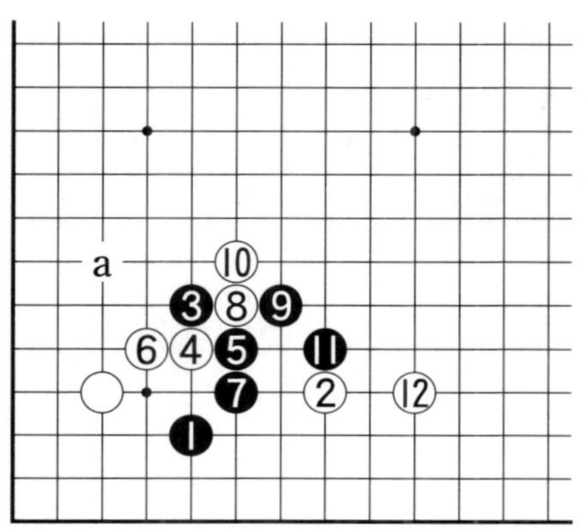

경과도

경과도 (백의 적극전법)

백2의 협공에 흑3의 두칸뜀은 가벼운 행마. 이때 백a로 받지 않고 즉각 백4~8로 도발한 것이 강렬한 수법이다.

흑11에 백12로 응수하자 주사위가 흑에게 돌아온 장면이다.

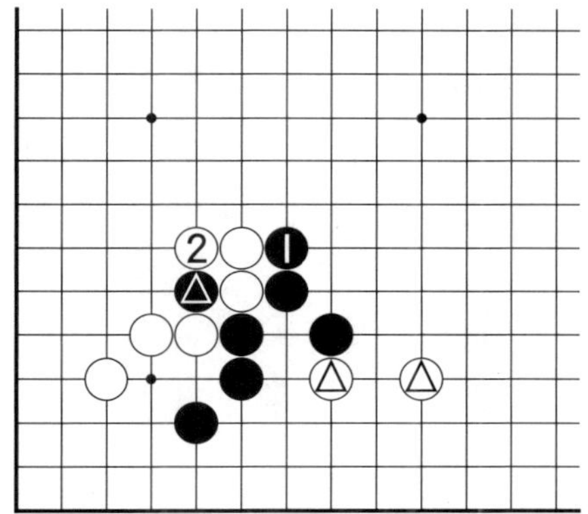

1도

1도 (50점/ 무기력한 수)

흑1로 밀어 올리는 것은 자체로는 두텁지만, 백2를 두게 해주어 아깝다.

흑▲가 깨끗하게 잡혀서는 너무 싱겁지 않은가. 반면 흑세는 백△에 가려 빛을 잃고 있는 모습이다.

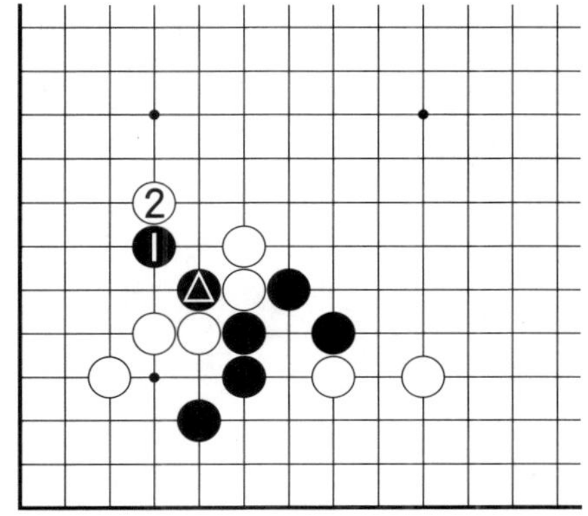

2도

2도 (0점/ 무모한 준동)

흑1로 직접 움직이는 것은 백2를 당해 무리이다.

적어도 요석 흑▲가 살아갈 길은 보이지 않는다.

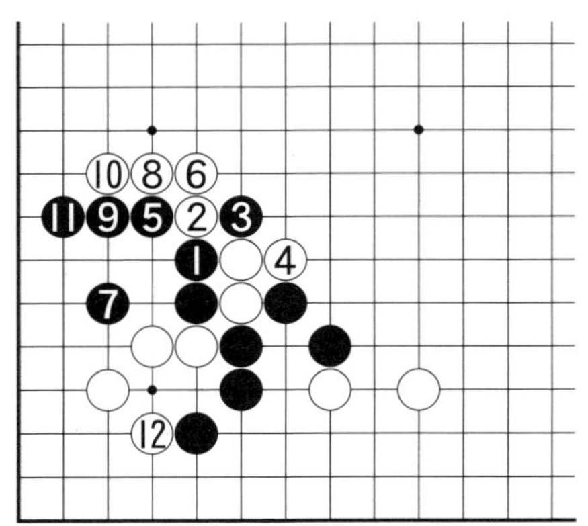

3도

3도 (50점/ 우격다짐)

그렇다고 흑1로 밀어나가는 것도 백2를 얻어맞아 좋지 않다.

흑3, 5로 몰고나가는 행마 자체가 우격다짐의 속수일 뿐더러 12로 백이 살고 나면 흑은 좌우가 바빠져 힘겨운 형국이다.

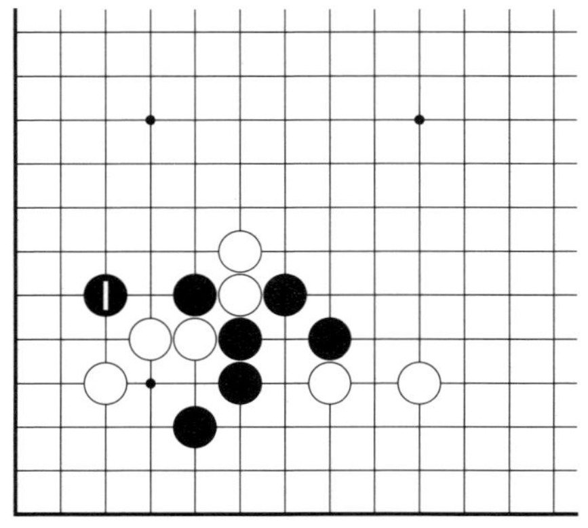

4도

4도 (흑, 곤경)

백2 때 흑3으로 뛰는 것이 상용의 행마법이지만, 막상 백6으로 틀어막히면 흑은 다음 행마가 나오지 않는다.

백8까지 흑이 사경을 헤매고 있는 형국. 역시 흑▲의 직접 준동은 무리라는 결론이다.

5도 (100점/ 맥의 진수)

흑1로 한칸 뛰는 것이 배워 둘 만한 맥점이다. 계속해서~

5도

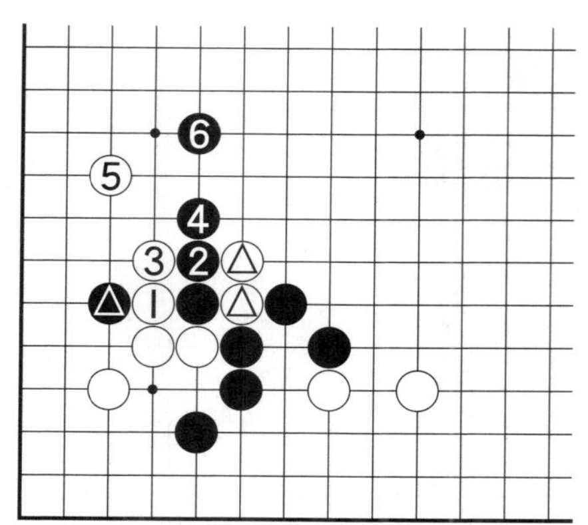

6도

6도 (희생타작전)

백은 1~5로 응수할 수밖에 없는데, 그 사품에 흑이 자연스럽게 백△들을 품에 넣으며 중앙을 제압하는 흐름이 멋지다.

결국 흑●는 제공권 장악을 위한 희생타가 된 셈이다.

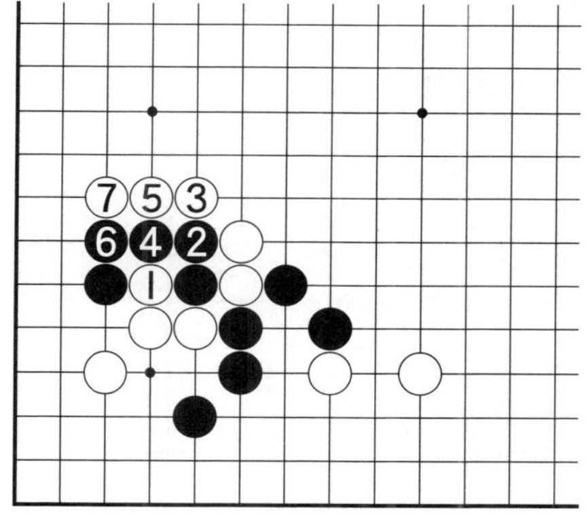

7도

7도 (백, 무리)

백3으로 틀어막는 것은 무리. 백7까지 일견 흑이 곤란해 보이지만, 실은 정반대이다. 계속해서~

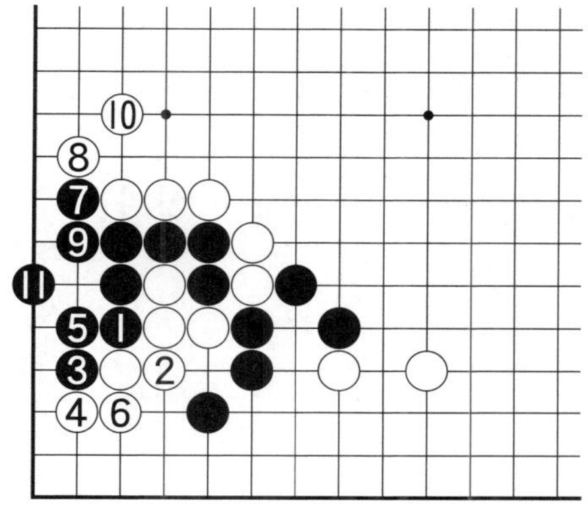

8도

8도 (백, 궤멸)

흑1이 급소. 이어 흑11까지 살아두면 어느새 귀의 백만 자동사한 꼴이다.

뻗는 방향이 중요하다

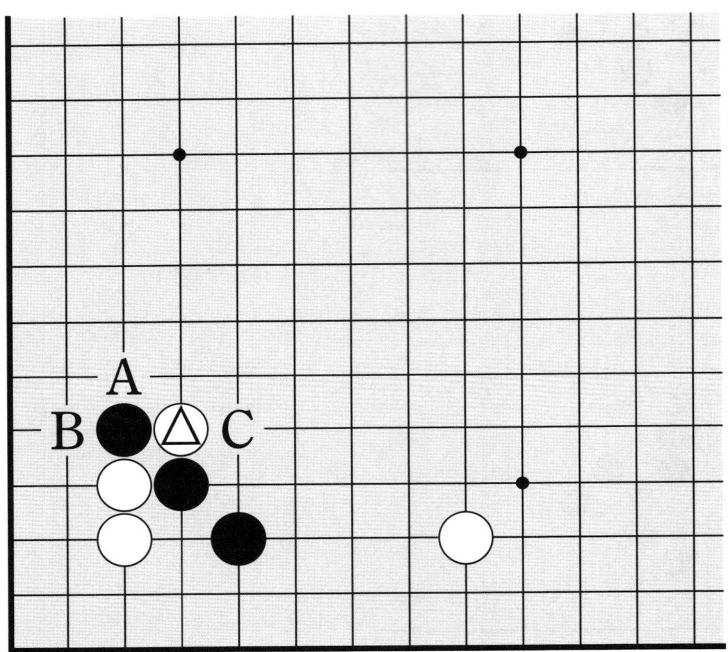

  여기서는 끊겼을 때의 처리방법과 사석작전을 통한 정석의
완결이 그 백미이다.
  백△의 절단에 흑은 A~C 가운데 어디로 응수해야 할까?

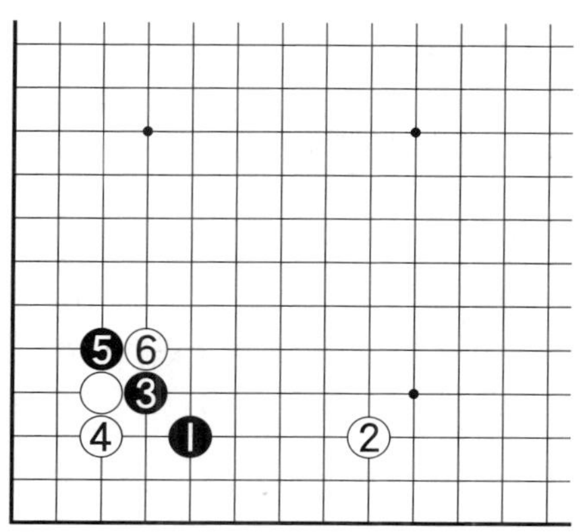

경과도

경과도 (세칸협공 정석)

백2의 세칸협공은 가장 느슨한 협공법으로 국면을 장기전으로 끌고 가자는 유연한 발상의 산물이다.

흑3은 빨리 안정하자는 견실한 수법인데, 백4가 흑의 의도를 거부한 강수이다.

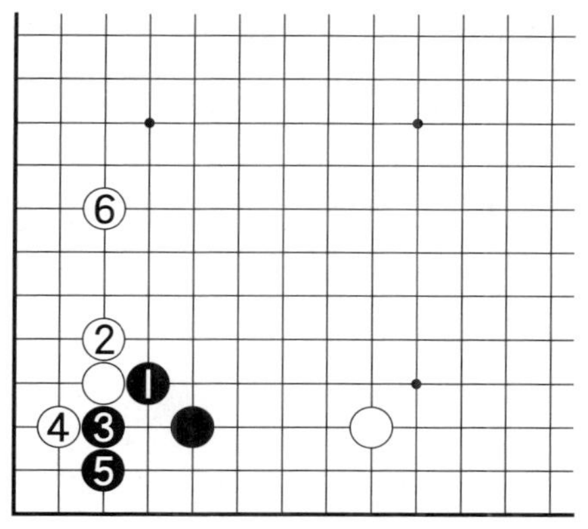

1도

1도 (유연한 정석)

흑1에는 백2로 뻗는 것이 무난하다. 그러면 흑3, 5로 안형을 갖추며 쉽게 안정할 수 있다. 백도 6으로 벌려 장기전의 양상이다.

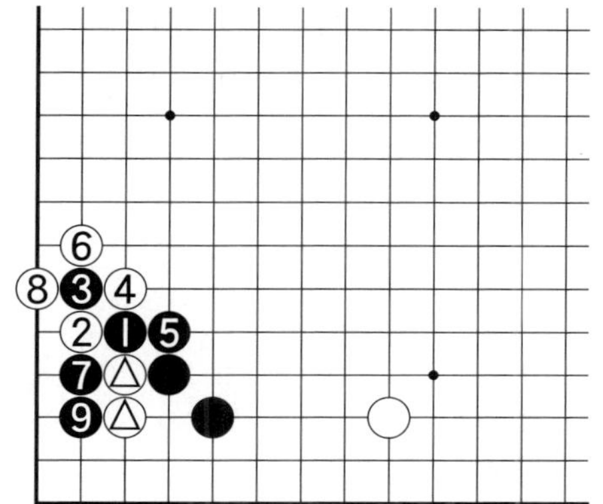

2도

2도 (백, 망함)

흑1에 백이 5의 곳을 끊지 않고 2로 물러서는 것은 나약한 태도이다. 흑3의 이단젖힘을 당해 큰 손해를 자초한다.

흑9까지 기둥말 백△들이 속절없이 떨어져 백이 크게 당한 꼴이다.

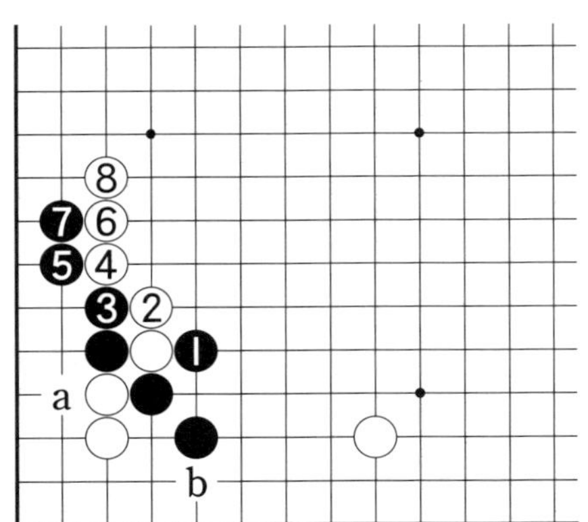

3도

3도 (0점/ 속수)

본론에 들어가서, 흑1로 단수치는 것은 속수이다. 백2로 나가는 순간 흑은 곤경에 처한다. 백8까지 백의 대만족이다. 귀의 백도 a, b 등이 보장되어 거의 완생이나 다름없는 모습이다.

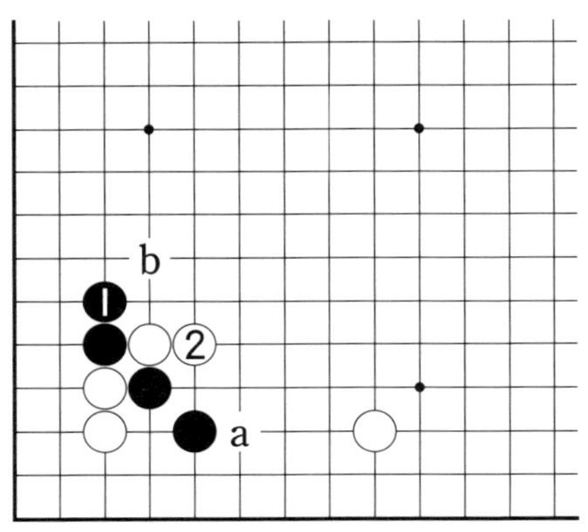

4도

4도 (30점/ 방향착오)

흑1로 뻗는 것은 착상은 맞았으나 방향이 틀렸다.

　백2로 뻗는 순간 백a와 b가 맞보기가 되어 흑이 곤경에 처한다.

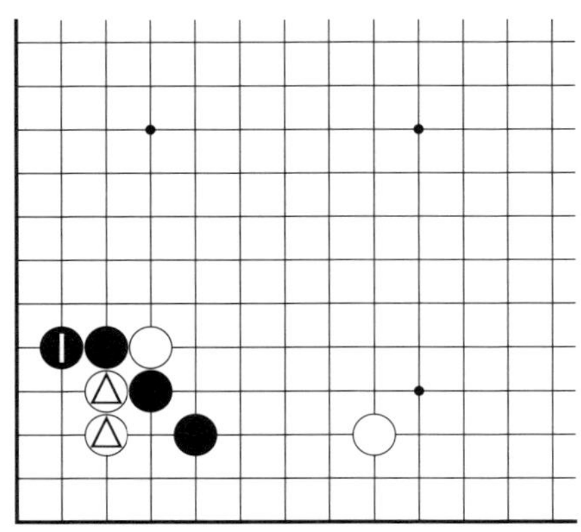

5도

5도 (100점/ 강력한 뻗음)

흑1, 이렇게 아래쪽으로 뻗는 것이 정답이다.

　이 수로써 흑은 백△들을 잡을 수 있다. 계속해서~

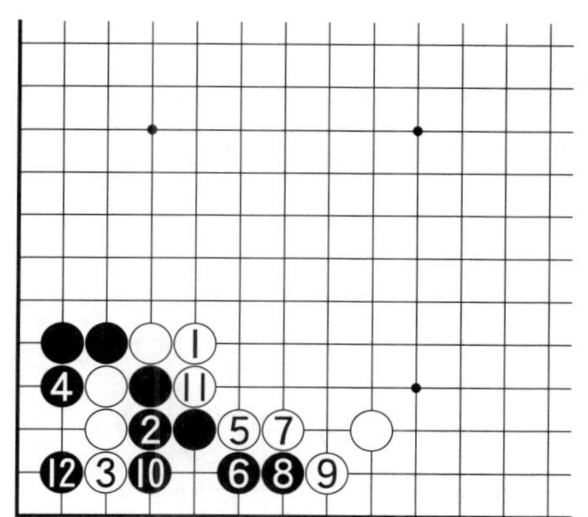

6도

6도 (사석작전의 정석)

백1이 최선의 응수이며, 흑2가 긴요한 수이다. 이하 흑12까지 최선의 수순으로 정석이 일단락한다.

백을 잡은 흑의 실리도 짭짤하지만, 백도 선수로 싸발라 불만이 없다.

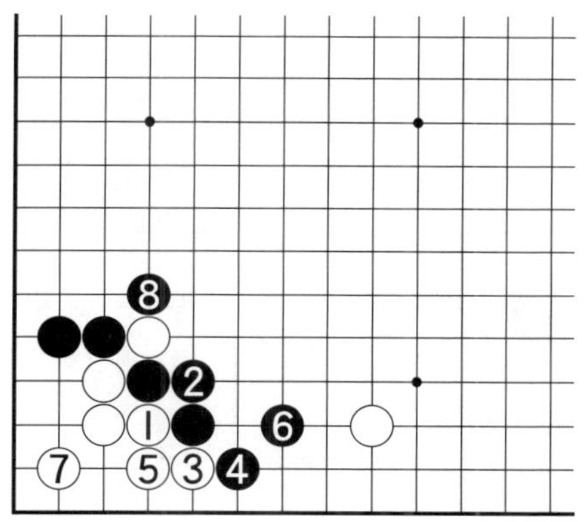

7도

7도 (백, 소탐대실)

백1로 안에서 움직이는 것은 소아적 발상이다.

백7까지 귀살이는 할 수 있지만, 흑8까지 흑세가 너무 두터워져 백은 살고도 망한 꼴이다.

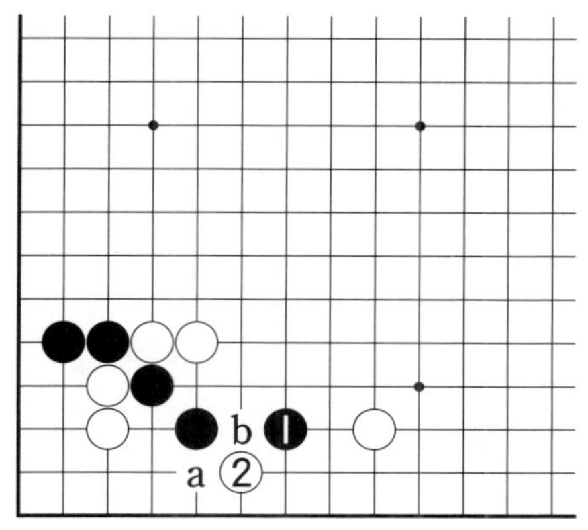

8도

8도 (30점/ 수순착오)

6도 흑2를 빠뜨린 채 흑1로 뛰는 것은 중대한 수순착오이다.

백2의 통렬한 치중으로 흑이 곤경에 빠진다. a와 b가 맞보기여서 흑이 곤란해지게 된다.

허허실실 행마에 속지 마라

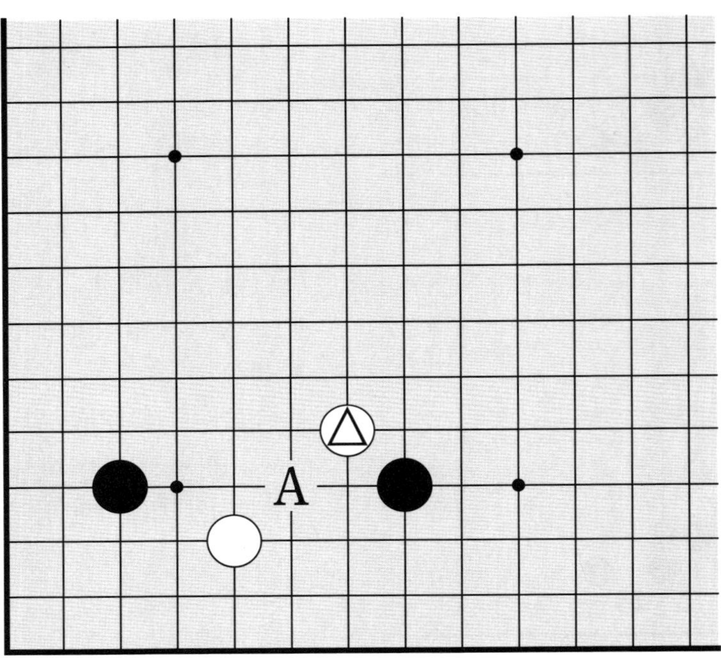

A의 허점이 노출된 밭전자(백△)는 책략과 함정을 함축한 고차원적 행마법이다.

이 괘씸한(?) 밭전자의 틈새를 쨀 것인가, 말 것인가?

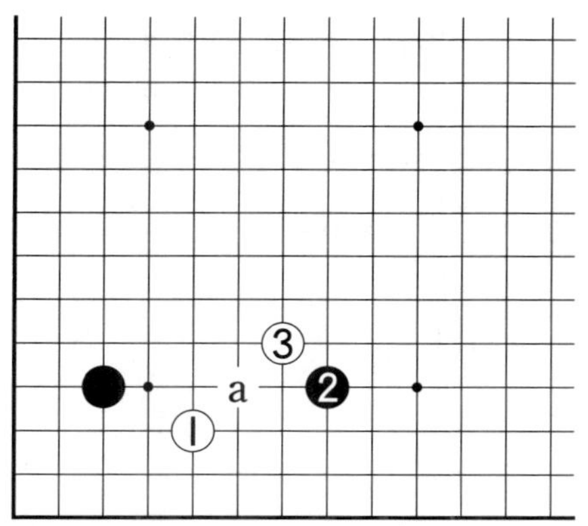

경과도

경과도 (밭전자 정석)

백3의 밭전자는 두칸높은협공에 대한 유력한 대응책의 하나이다.

짐짓 a의 약점을 내보여 흑을 유인하는 허허실실 작전이다.

이 수에 당황한다면 이미 절반은 걸려든 것이나 다름없다.

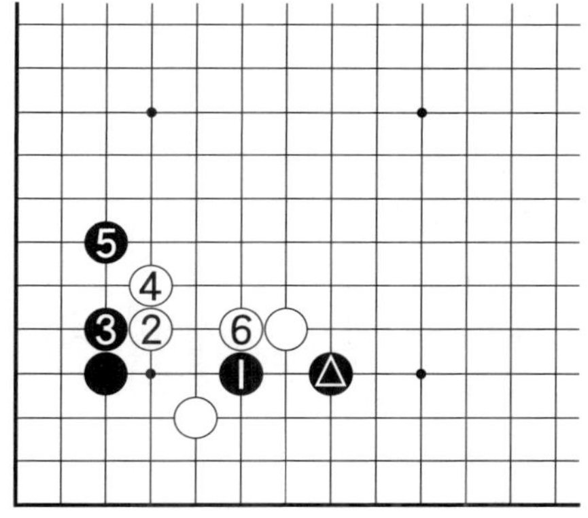

1도

1도 (0점/ 함정에 풍덩)

흑1로 즉각 덤벼드는 것은 밭전자의 함정에 말려든 경솔의 극치이다.

백이 2, 4를 선수한 뒤 유유히 6으로 막으면 흑1이 영락없는 '헛발질'이 되고 있다. 흑▲도 약해져 크게 흑이 당한 꼴이다.

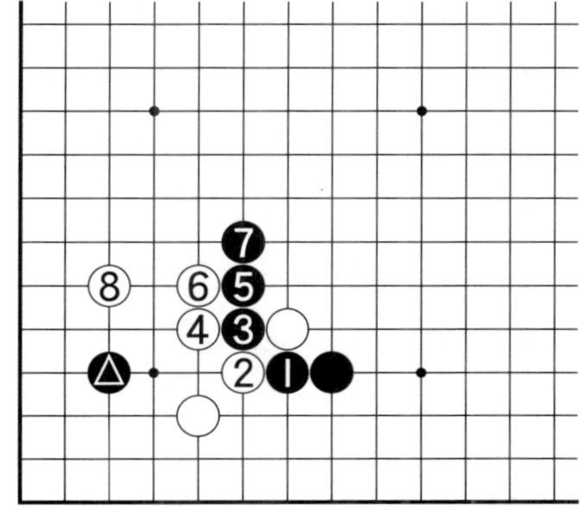

2도

2도 (30점/ 성급한 도발)

그렇다고 흑1, 3으로 나가 끊는 것도 성급한 과수이다.

백8까지 ▲가 곤경에 처해서는 역시 밭전자의 함정에 걸려든 꼴이다.

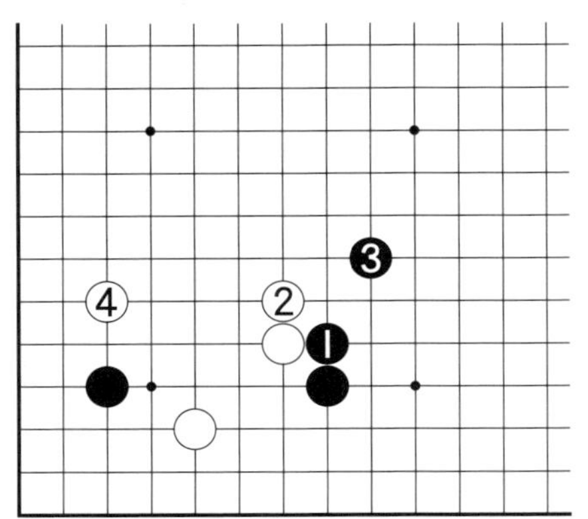

3도

3도 (50점/ 손따라 받다)

흑1로 미는 것은 어떨까? 하변 흑 모양은 커지지만, 백4를 당하고 나면 역시 흑이 답답한 모습이다. 백의 뒤를 따라가다 주도권을 빼앗긴 형국이다.

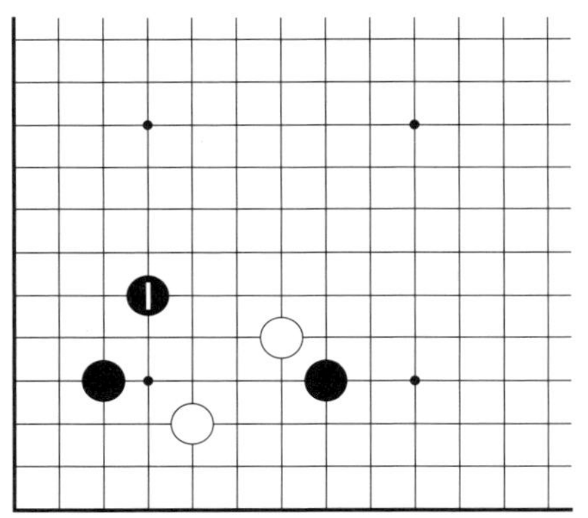

4도

4도 (100점/ 침착한 우회)

이때는 흑1로 자신을 지키면서 밭전자의 틈새를 은근히 노리는 것이 현명한 태도이다.

흑이 이렇게 냉정하게 나오면 정작 곤란해지는 것은 백쪽이다. 계속해서~

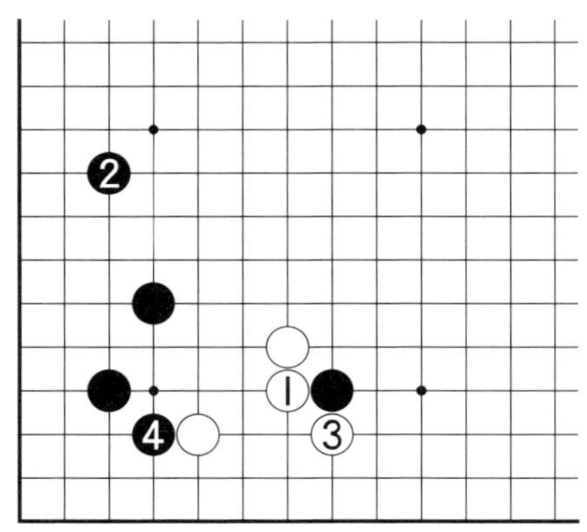

5도

5도 (흑, 충분)

백1을 기다려 흑2, 4로 침착하게 지켜 흑이 충분한 모습이다.

그렇다고 백3을 손빼면 흑이 그 자리에 두어 졸지에 백이 곤마로 몰린다.

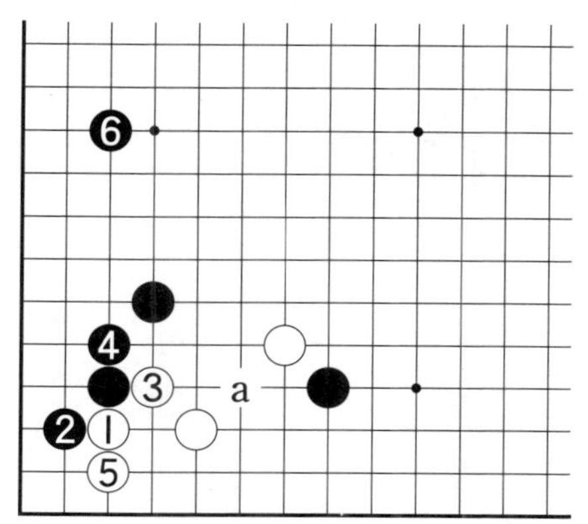

6도

6도 (또 다른 정석)

백1로 붙여 근거를 장만하는 수도 유력하다.

그러면 흑6까지 알기 쉬운 정석이 탄생한다. 아직도 a의 허점이 있어 흑이 충분하다.

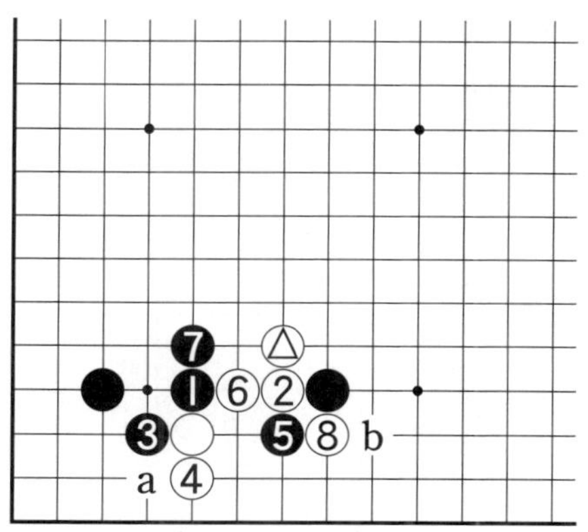

7도

7도 (100점/ 최강의 대응)

백△의 밭전자에는 사실 흑1로 붙이는 수가 최강의 대응이다. 백2로 받으면 이하 백8까지가 옛 정석이다.

이 결과는 차후 a와 b를 골라 둘 수 있는 흑쪽이 약간 재미있다.

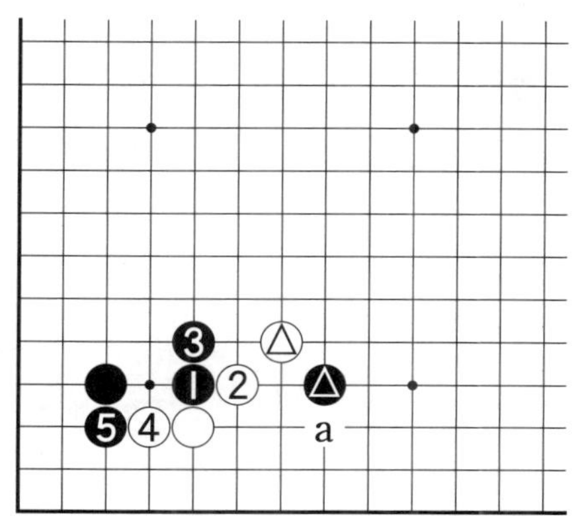

8도

8도 (백, 속수)

흑1에 덥석 백2로 젖히는 것은 대책 없는 속수이다.

흑5까지 되고 나면 백이 흑▲의 급소를 얻어맞고 △로 게걸음한 형상이어서 불리하다. 백△는 당연히 a쯤에 있어야 하지 않은가.

대형 사석작전의 모델

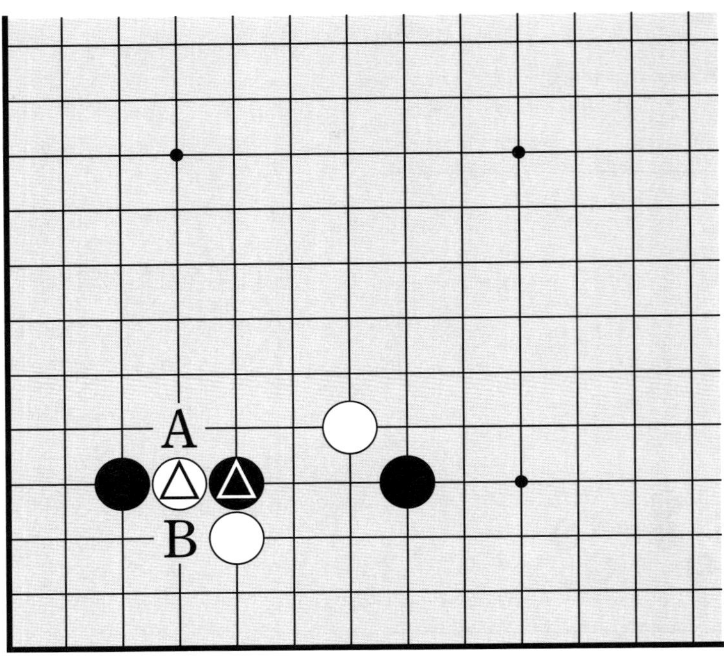

[27형]의 후속, 완결편이다. 흑▲로 붙이자 백△로 끼워온 수가 의표를 찌르는 강수. 이로 인해 상상을 초월하는 대형정석이 탄생하는데….

일단 흑의 다음 수는 A, B 중 어디가 좋을까?

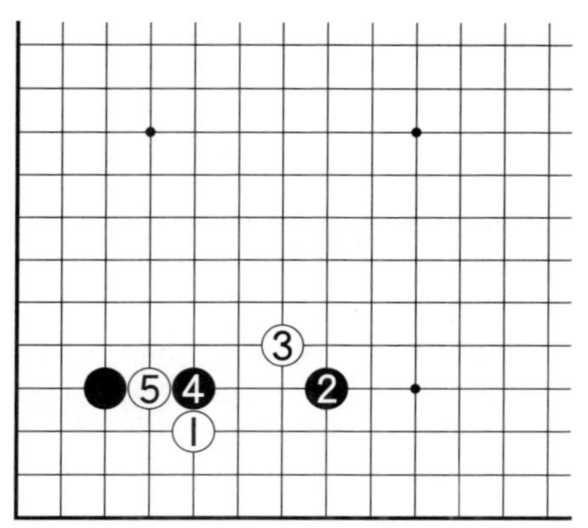

경과도

경과도 (최강의 대응책)

백3의 밭전자에 흑4로 붙인 수가 '최강의 도전'이라면 그에 맞서 백5로 끼운 수는 '최강의 응전'이라고 할 수 있다.

맥과 행마의 묘미를 만끽할 수 있는 고급정석의 과정이다.

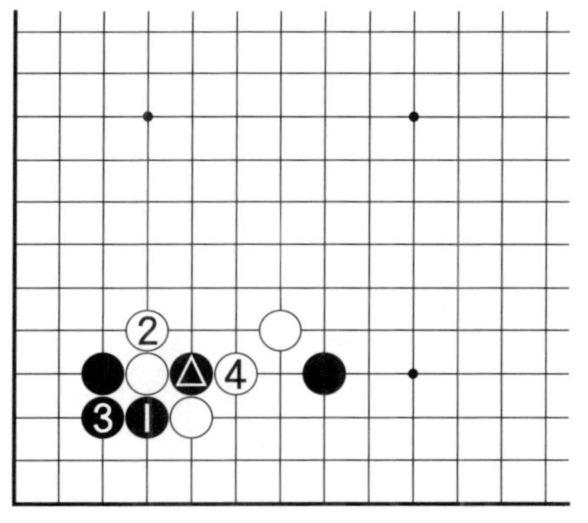

1도

1도 (0점/ 흑, 무리)

흑1로 끊는 것은 과욕. 백2로 쑥 나가는 순간 응수가 없다.

백4까지 기둥말 흑▲가 속절없이 잡혀서는 흑이 망한 꼴이다.

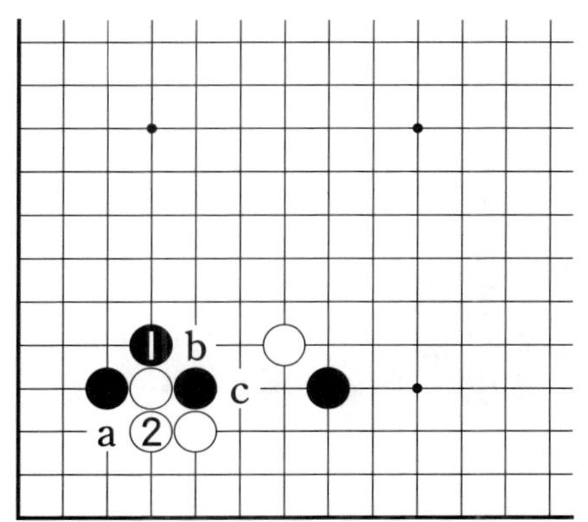

2도

2도 (100점/ 올바른 방향)

흑1쪽에서 모는 것이 올바른 방향이다.

그런데 백2로 잇자 공이 다시 흑에게 넘어왔다. a~c 중 어디로 둘 것인가?

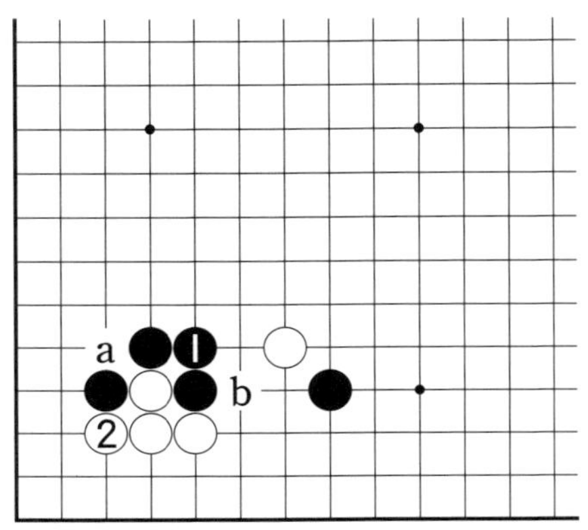

3도

3도 (0점/ 늘어진 수)

흑1로 잇는 것은 완착. 백2를 당해 실리 상 손해인데다 백a와 b가 맞보기로 남아 흑이 당한 꼴이다.

4도 (100점/ 호각의 정석)

흑1이 근거와 실리의 급소. 백2를 기다려 흑3, 5로 정비하여 호각의 정석이다.

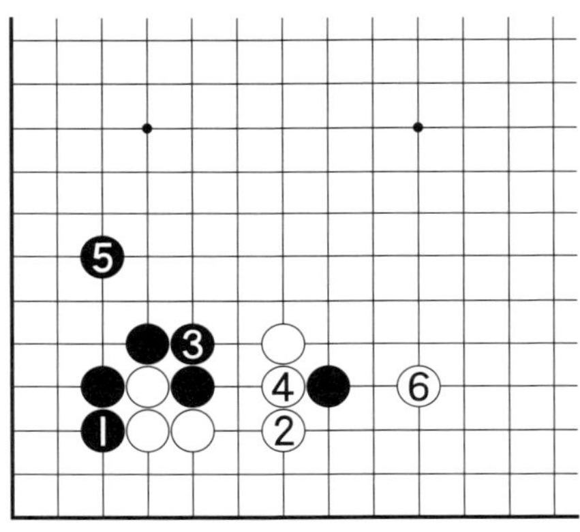

4도

5도 (백, 속수)

흑1 때 백2로 모는 것은 속수. 흑3으로 잇는 순간 [27형] 8도의 형태로 환원되어 백이 곤란해진다. 게다가 자충까지 되어 있어 백이 더욱 나쁘다.

6도 (100점/ 흑의 별책)

흑1로 뻗는 것도 유력한 일책이다. 백2에는 흑7까지로 두텁게 처리하여 비교적 간명한 마무리이다. 흑의 세력과 백의 실리가 어우러진 호각의 정석이다.

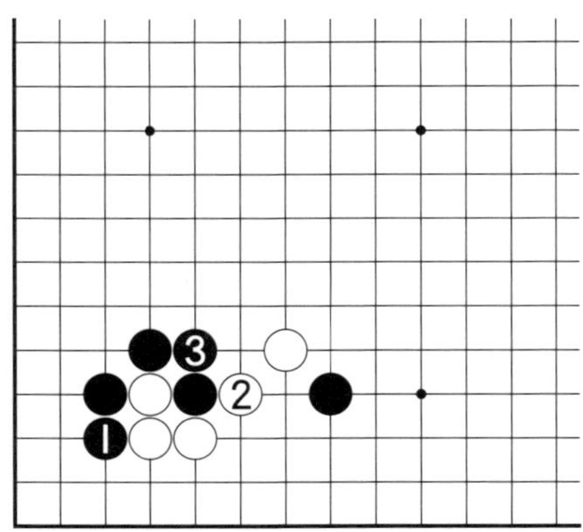

5도

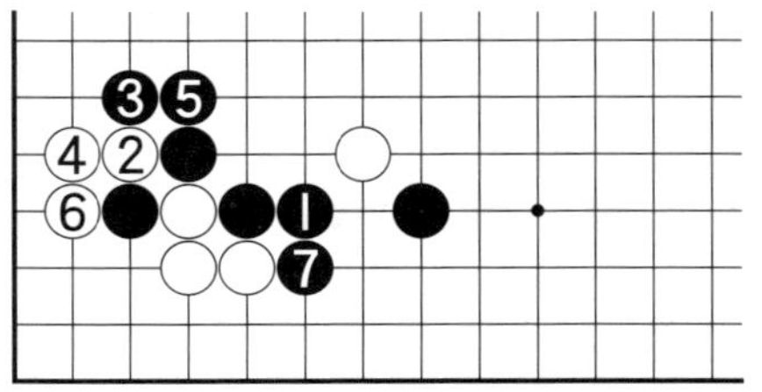

6도

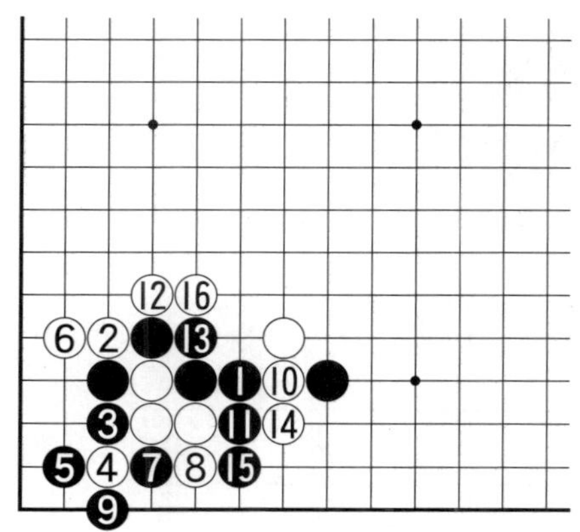

7도

7도 (대형 사석작전)

백2에 흑3도 유력하다. 이때는 백4가 좋은 수로 대형 사석작전의 시발점이다. 백16까지 흑 실리 대 백 세력의 정석.

다만, 이 정석은 수순이 복잡한데다 변화의 소지가 많다는 데 유의하자.

8도

8도 (축 관계)

그런데, 만약 흑의 축머리가 유리하다면 백4일 때 흑5, 7의 버팀수가 강력하다.

흑11까지 된 다음 백a의 축이 성립하지 않는다면 백의 파탄이다. 따라서 백△는 축이 유리할 때 가능하다.

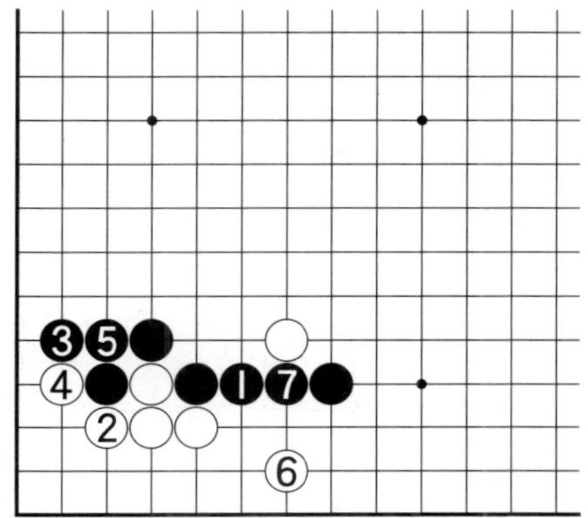

9도

9도 (흑, 두터움)

흑1에 백2로 막는 것은 소탐대실. 흑7까지 흑이 두터운 결말이다.

공포의 되감아치기 (1)

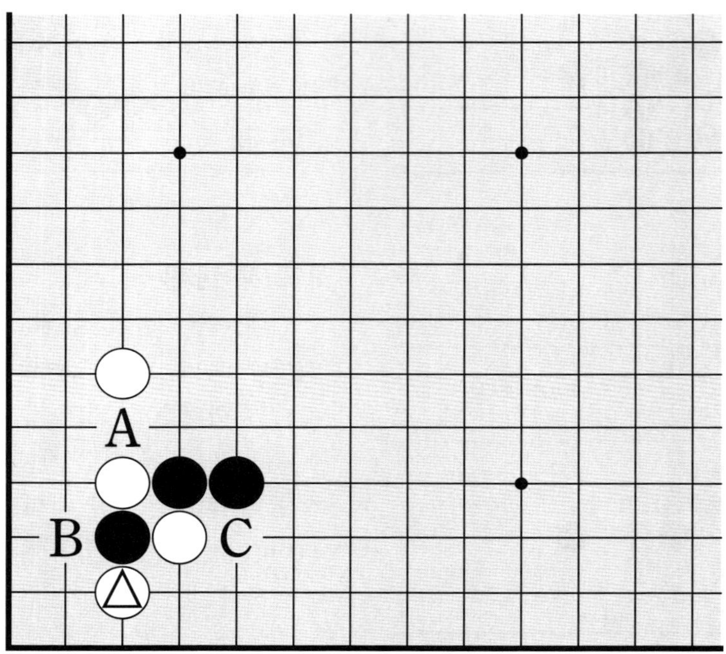

백△로 몰아 온 장면. 올바른 흑의 응수는 A∼C 가운데 어디일까?

이 정석에서는 이후의 수순도 중요하다.

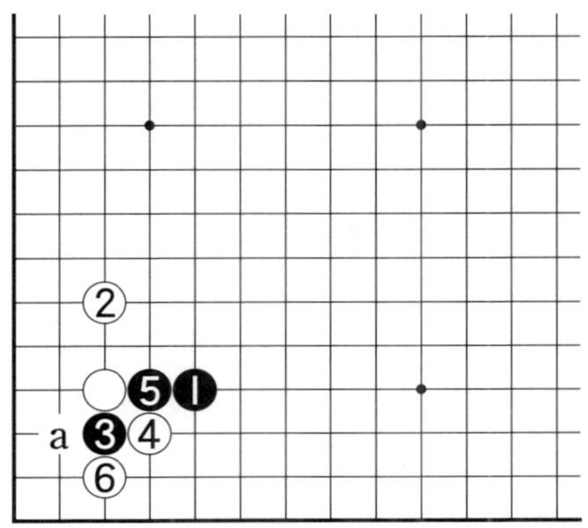

경과도

경과도 (함정수 정석)

흑3으로 붙여 근거를 장만하고자 했을 때 순순히 백a로 받지 않고 백4, 6으로 '되감은' 것이 불의의 기습이다.

일견 무리수처럼 보이지만 막상 응수를 잘못하다간 백의 함정에 걸려들기 십상이다.

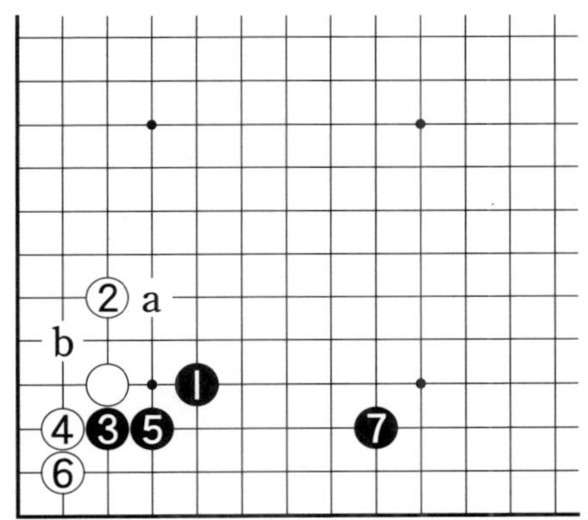

1도

1도 (온건한 정석)

경과도의 백4로는 안에서 젖혀받는 것이 무난하다. 그러면 흑7까지 간명한 기본정석이다.

백2로 a에 받고 백6으로 b에 호구치는 정석에 비해 실리에 민감한 수법이다.

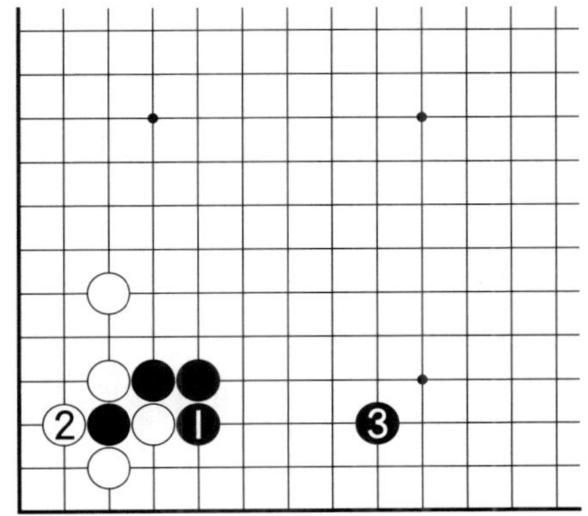

2도

2도 (0점/ 패기 부족)

백의 강수에 당황한 나머지 흑1로 몰아 백2의 빵때림을 허용하는 것은 패기 부족이다.

이런 소극적인 자세로는 좋은 결과를 기대할 수 없으리라.

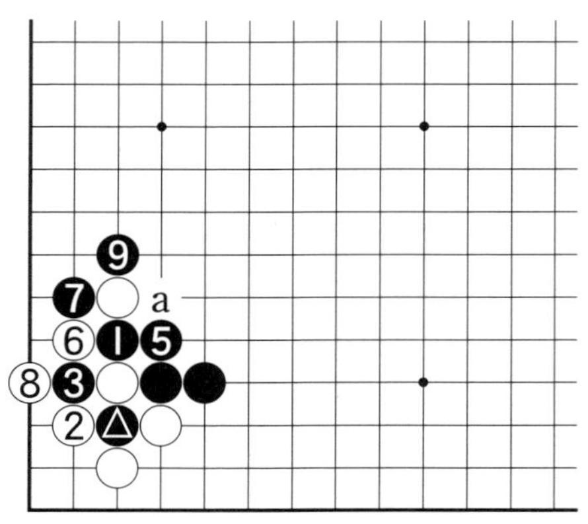

3도

3도 (50점/ 흑, 불리)

그렇다고 흑1로 모는 것도 백2의
빵때림을 허용해 역시 좋지 않다.

흑5로 잇는 정도인데, 8까지 백
의 실리가 돋보이는 결과이다. a
의 축머리 활용도 남아 흑은 불만
스럽다.

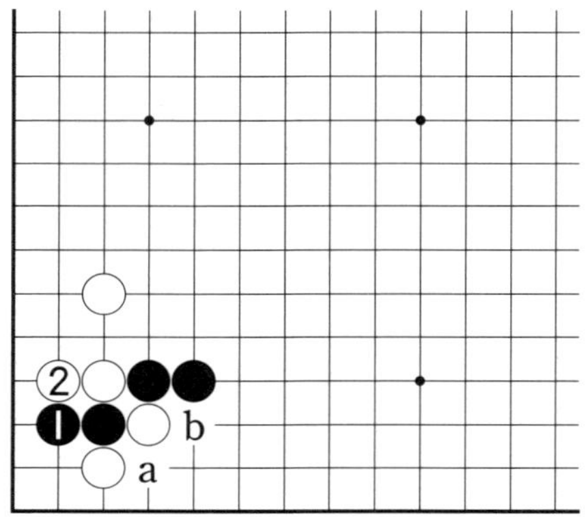

4도

4도 (100점/ 키워버려라)

일단 흑1로 뻗는 것이 최선. '3선
의 돌은 2선으로 키워버려라'는
격언에 부합되는 장면이다.

문제는 백2 다음인데…, 흑a, b
중 어디가 정답일까?

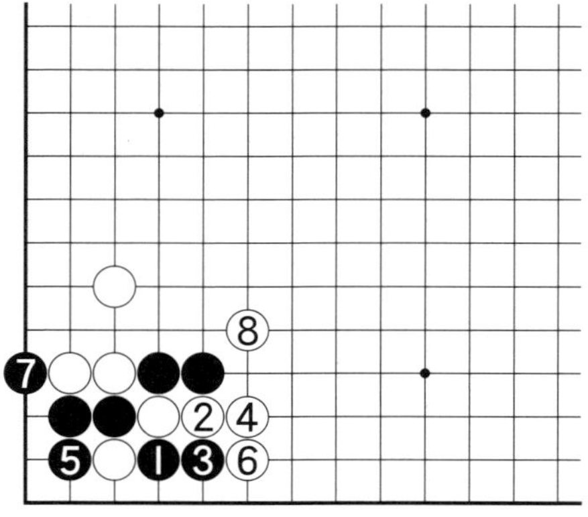

5도

5도 (0점/ 흑, 최악)

백 한점을 잡는 것이 눈에 들어온
다고 흑1~5를 마구 해치우는 것
은 속수이다.

백6으로 막히고 백8까지 요석
두점이 잡혀 흑이 망한 꼴이다. 참
고로 흑7은 절대수이다. 만약 손
빼면….

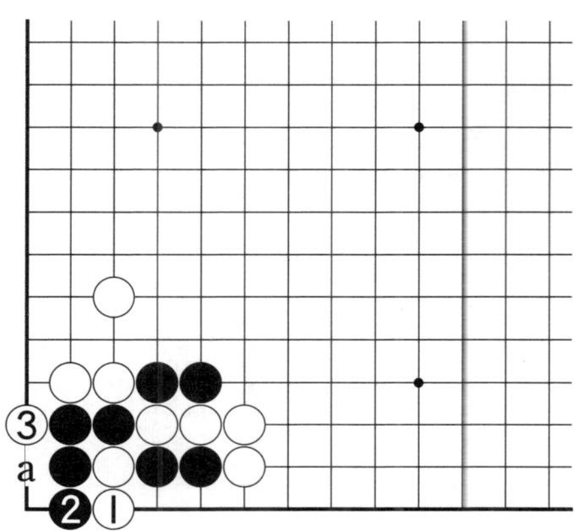

6도

6도 (흑, 횡사)

5도 흑7을 손뺐다가는 백1의 맥점에 의해 귀의 흑이 횡사하고 만다.

자충 때문에 a에 막지 못하는 것이 흑의 비극이다.

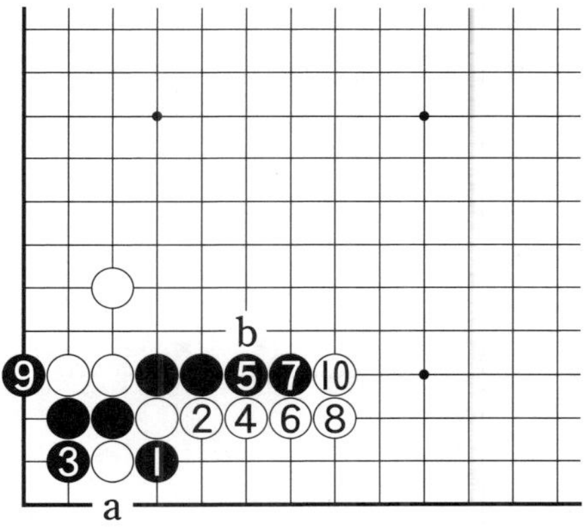

7도

7도 (50점/ 흑, 고전)

흑1, 3이 그나마 낫지만 백a의 노림수가 여전히 남아 흑의 행마가 쉽지 않다.

백b의 장문을 피해 흑5, 7의 이적수를 두어야 하는 것이 뼈저리며, 흑9가 불가피해서는 백에게 제공권을 빼앗긴 모습이다.

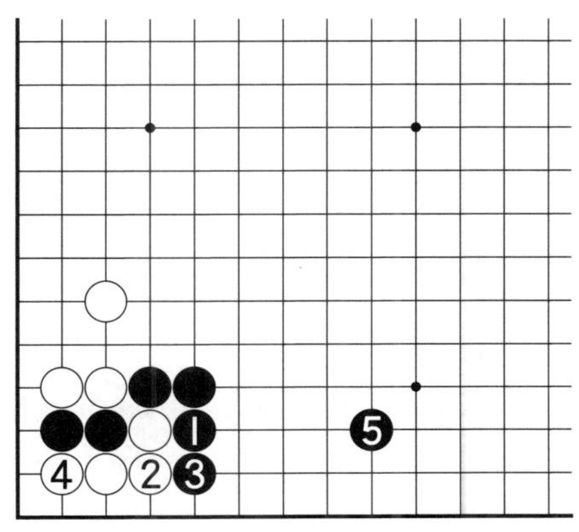

8도

8도 (100점/ 사석작전)

흑1쪽으로 모는 것이 현명한 대응이다. 흑3을 선수한 뒤 5로 벌려 두면 흑도 당당한 자세여서 나쁘지 않다.

결과적으로 2선으로 키워 죽이는 사석작전이 된 셈이다.

협공정석의 1번 타자

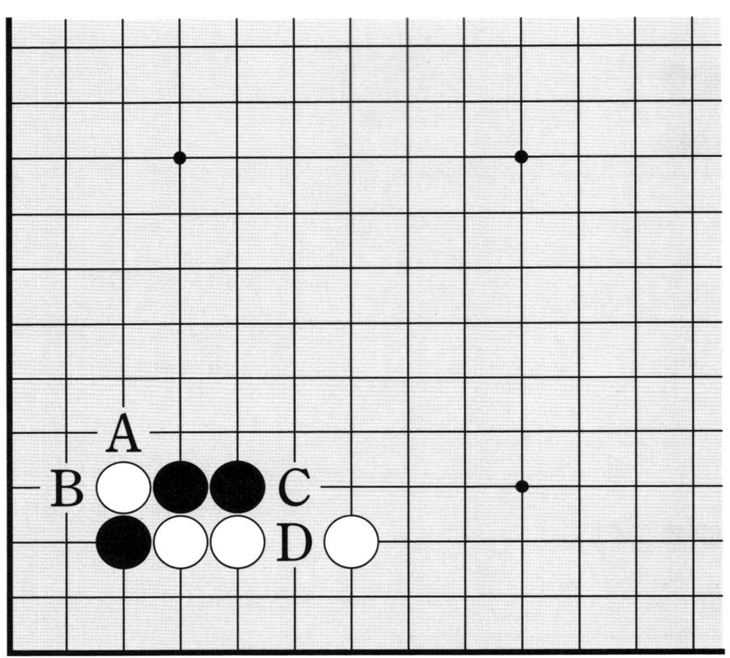

　흑백이 서로 밀착되어 접전을 벌이고 있는 것처럼 보이지만, 사실은 기본적인 정석의 한 과정일 뿐이다.
　자, 흑의 다음 한 수는 어디일까? A~D 가운데 생각해보자.

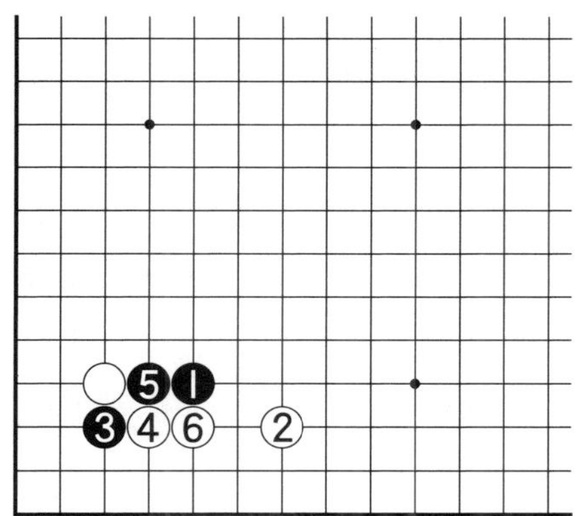

경과도

경과도 (한칸낮은협공)

백2의 한칸낮은협공은 소목/ 높은 걸침에서 가장 흔히 등장하는 협공법이라고 할 수 있다.

흑3에 백4, 6이 강수. 그러나 상용의 맥점이 있기에 흑이 두려워할 것은 없다.

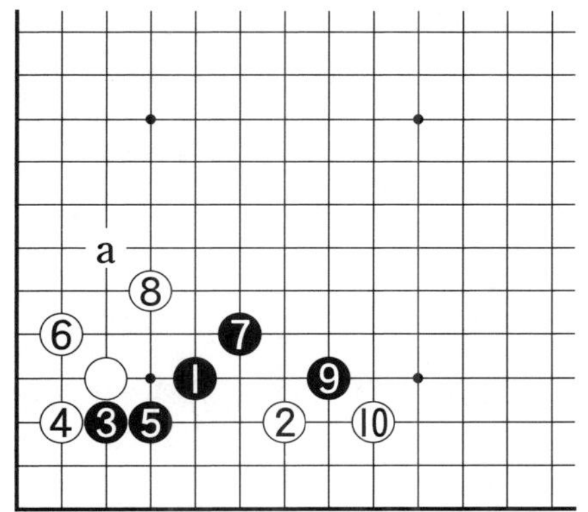

1도

1도 (간명한 정석)

백4로 안쪽에서 받는 것도 무난하다. 백10까지, 굳이 정석을 몰라도 둘 수 있는 형태이다.

수순 중 흑7이 양쪽을 맞보는 급소. 백6으로는 a에 발빠르게 벌리는 수도 많이 둔다.

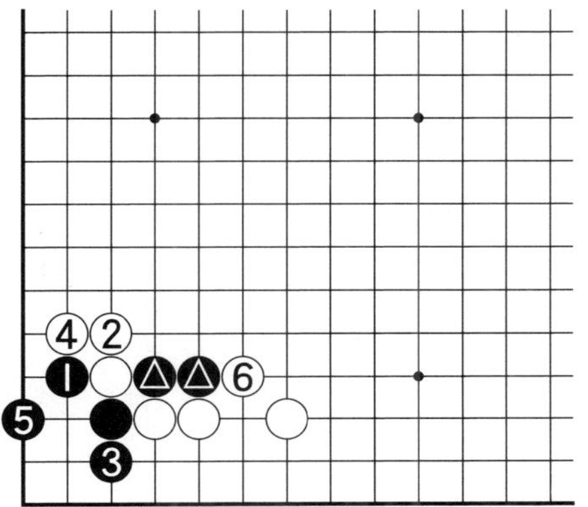

2도

2도 (0점/ 소탐대실)

흑1로 모는 것은 최하책. 흑5까지 귀에서 살 수는 있지만, 그 대가로 흑●들이 제압당해서는 흑이 살고도 망한 모습이다.

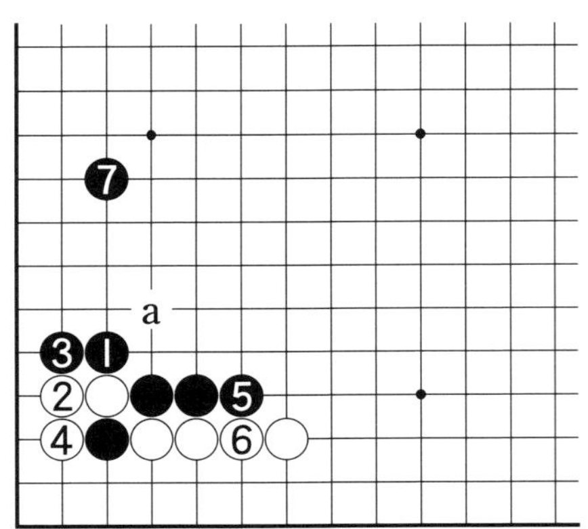

3도

3도 (30점/ 속수)

그렇다고 흑1로 모는 것은 너무 책략 없는 속수이다.

흑7까지 일견 그럴듯한 절충 같지만, 백의 실리가 크고 견실한 데다 흑진은 백a의 뒷맛 때문에 불완전하다.

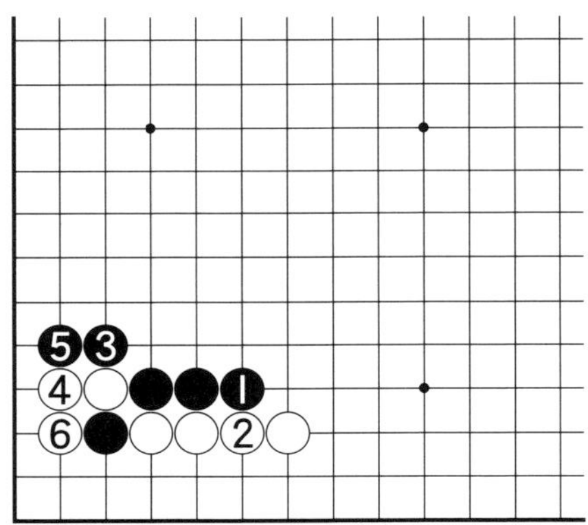

4도

4도 (50점/ 역시 흑 손해)

흑1로 뻗는 것도 묘미 없는 이적수. 백2로 잇는 순간 백진은 아무런 뒷맛도 없는 견고한 자세가 돼버린다.

결국 흑3, 5로 처리할 수밖에 없다면 3도와 대동소이한 형태 아닌가.

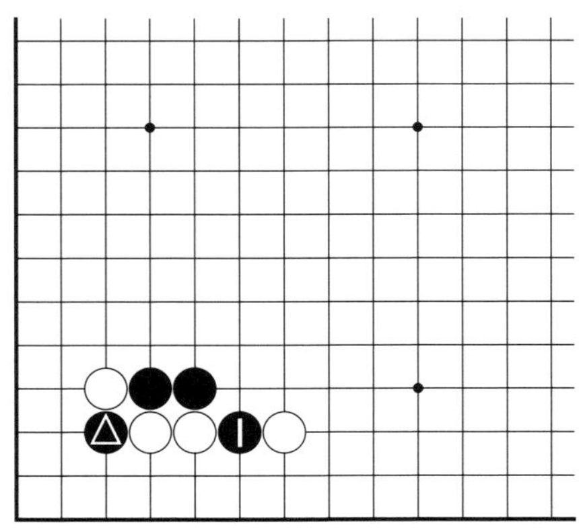

5도

5도 (100점/ 끼움의 맥점)

흑1로 끼우는 것은 이 정석의 포인트이다.

흑▲의 맛을 활용하여 백에게 흠집을 남긴다는 발상에서 나온 맥이다. 계속해서~

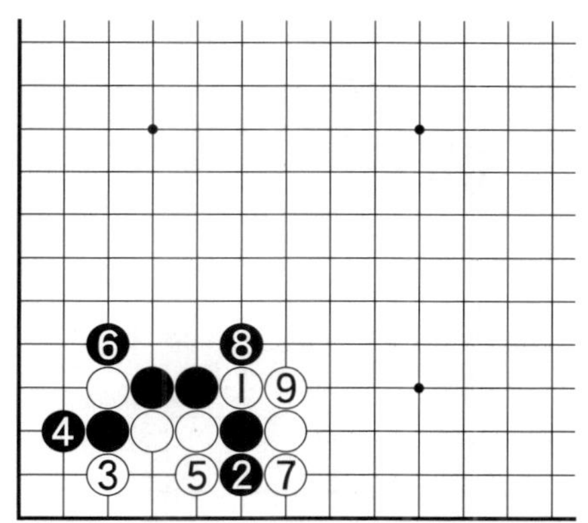

6도

6도 (호각의 정석)

백1로 끊어 모는 것이 보통이며, 이하 흑9까지 거의 외길의 정석 수순이다.

백은 견고한 실리를 취했으며, 흑은 세력과 선수를 얻어 쌍방 불만이 없다. 그런데….

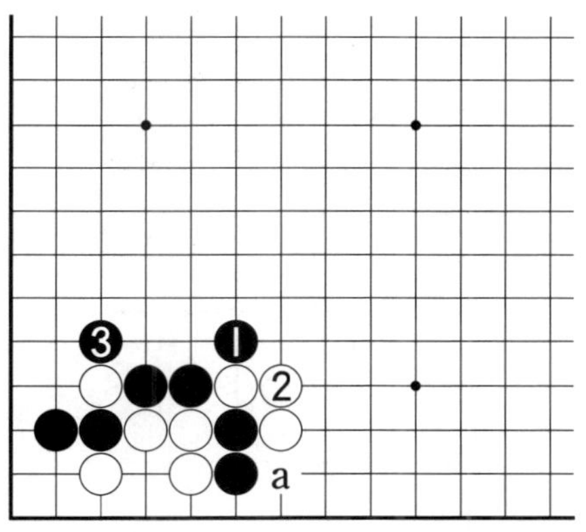

7도

7도 (30점/ 흑, 수순착오)

6도의 정석 수순 중 흑6과 8의 수순이 바뀌면 안 된다.

즉, 무심코 흑1을 먼저 두면 백이 a에 둘 필요가 없어져 귀중한 선수가 백에게 넘어가는 것이다. 6도와는 분명 1수의 차이가 난다.

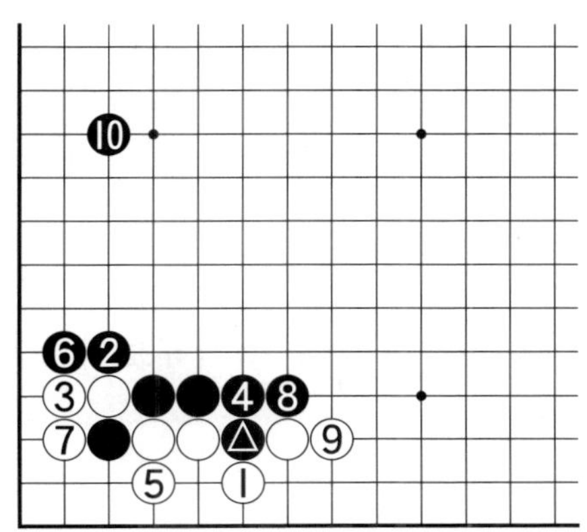

8도

8도 (변형 정석)

백1로 아래쪽에서 모는 수도 가능하다. 그러면 흑10까지 또 다른 정석이 펼쳐진다.

이 결과는 3도에 비해 분명히 흑의 이득. 흑△의 맥점이 백진을 축소시키며 흠집을 남기고 있다.

박치기, 그리고 절단식

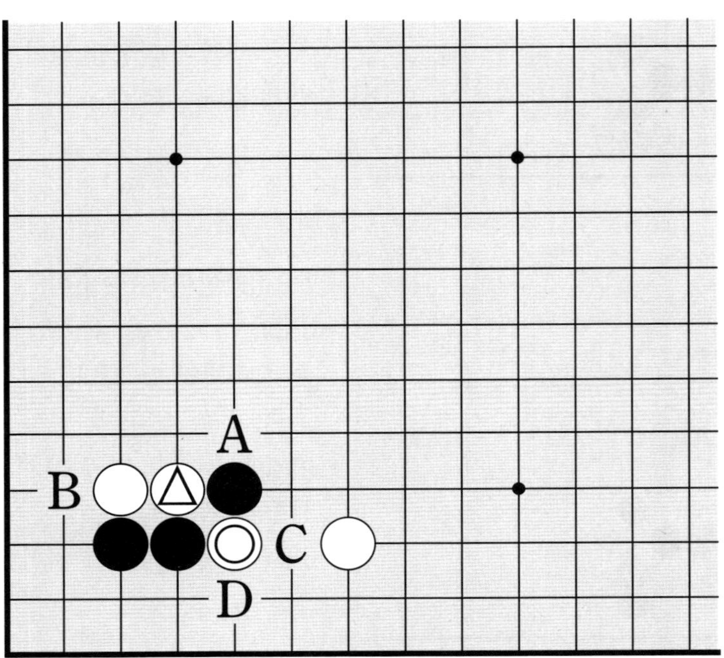

　[30형]과 비슷해 보이면서도 실제로는 크게 다른 형태이다. 백△의 '헤딩'에 이은 ◎의 절단이 의표를 찌르는 컴비네이션 강타.

　백의 강수에 당황해서는 좋은 결과를 낳을 수 없다. 자, 흑은 어떻게 대응하는 것이 좋을까? A～D 가운데 생각해보자.

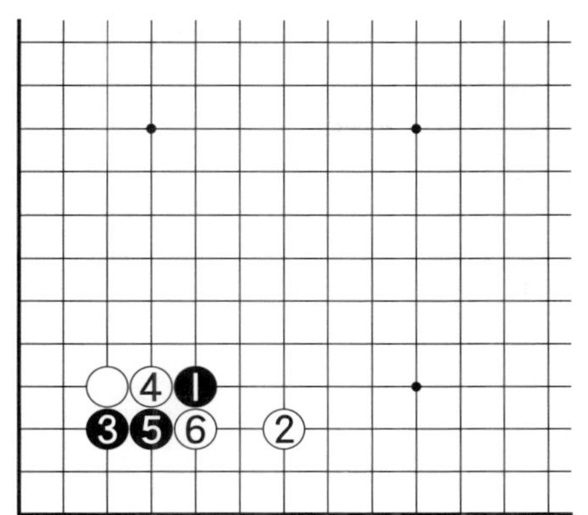

경과도

경과도 (속수형 정석)

백4, 6으로 투박하게 치받아 끊는 것은 사실 행마법 상에는 어긋나는 속수적 착상이다.

그러나 흑의 응수가 만만치 않아 의외로 유력한 수가 될 때가 많다.

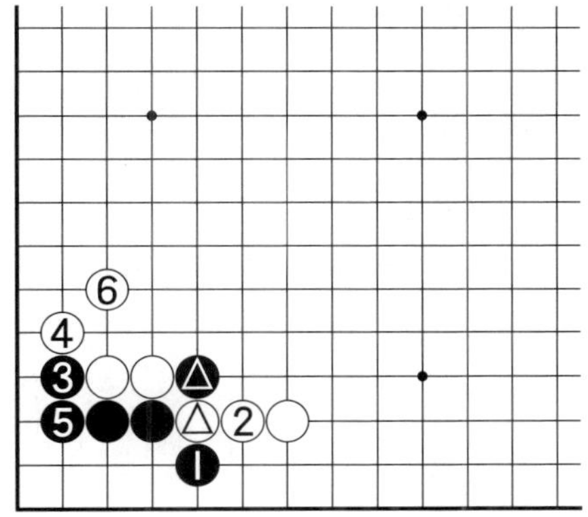

1도

1도 (30점/ 백의 주문)

백의 강수에 당황하여 흑1~5로 삶을 서두르는 것은 나약한 태도이다.

외곽 백세가 막강해지면서 흑△가 무력화돼서는 백이 대세를 제압한 모습이다. 백△의 강수가 멋지게 성공한 셈이다.

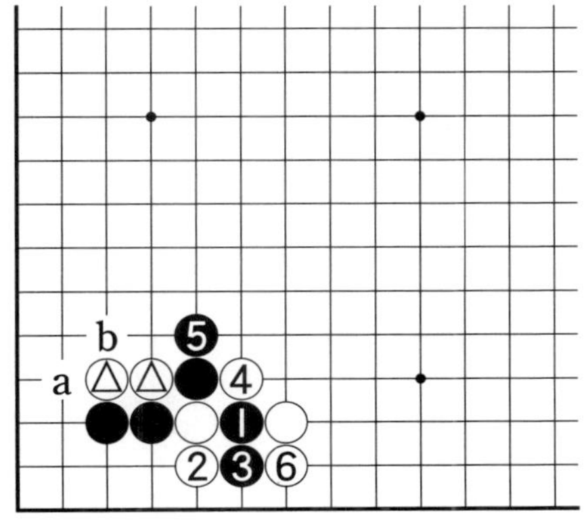

2도

2도 (0점/ 경솔한 속수)

흑1로 모는 것은 경솔한 '덜컥수'. 백4, 6으로 흑 두점이 잡혀 간단히 망한다. 다음 흑a로 젖혀도 백b로 늘어 백△들은 무사하다.

다만, 여기서 힌트는 얻을 수 있다. 그것은…

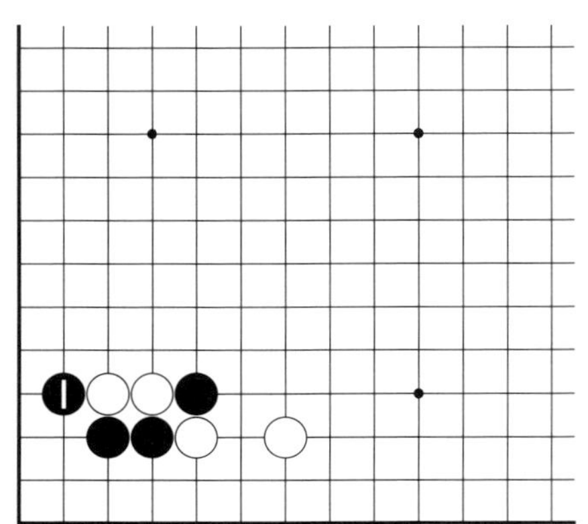

3도

3도 (100점/ 수순의 묘)

가만히 흑1로 두점머리를 젖히는 것이 좋은 수이다.

다만, 이 수는 이후의 행마법이 쉽지 않으므로 유의해야 한다. 계속해서~

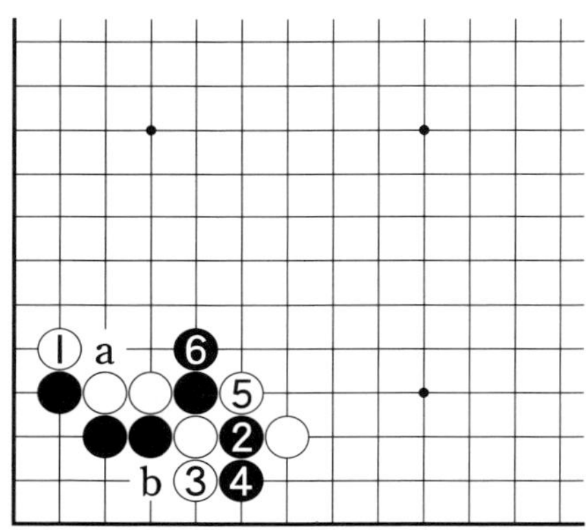

4도

4도 (백, 걸려들다)

백1로 손따라 막다가는 대번에 걸려든다. 이제는 흑2, 4가 준비된 수순이다.

백5에는 흑6으로 나가 a와 b가 맞보기이다. 백의 파탄지경이다.

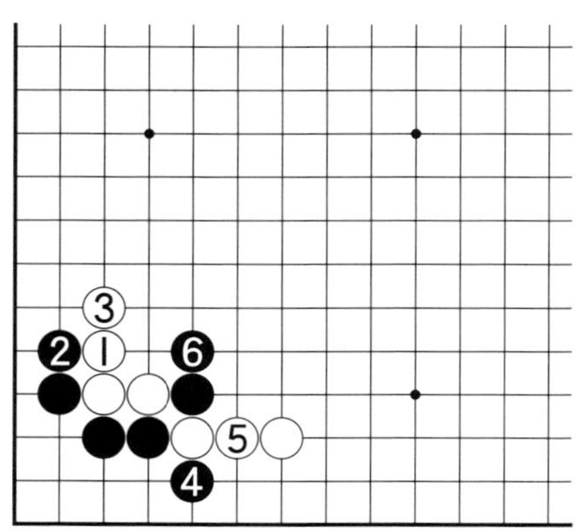

5도

5도 (백, 우형)

그렇다고 백1로 웅크리는 것은 빈 삼각의 우형이다.

흑2, 4를 선수한 뒤 6으로 힘차게 뻗어놓으면 백은 양쪽이 급해져 매우 괴롭다.

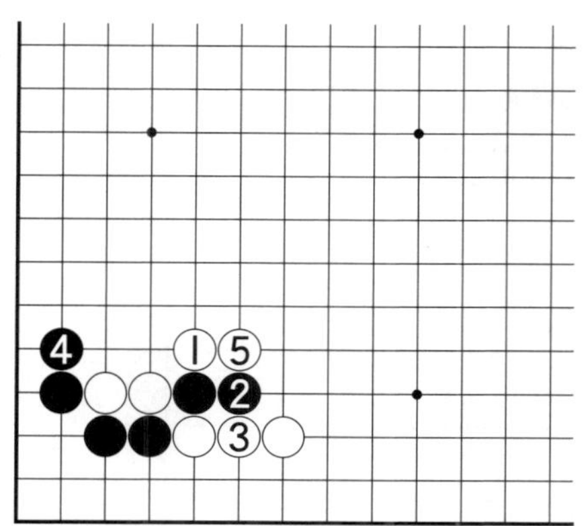

6도

6도 (정석 1)

백1, 3이 행마의 요령. 흑도 2로 하나 나가는 것이 긴요한 수순이며 백5까지 정석의 일종이다. 일견 백이 두터워 보이지만, 흑은 장차 우상쪽에서 축머리를 이용하는 부가이득이 있어 호각이다.

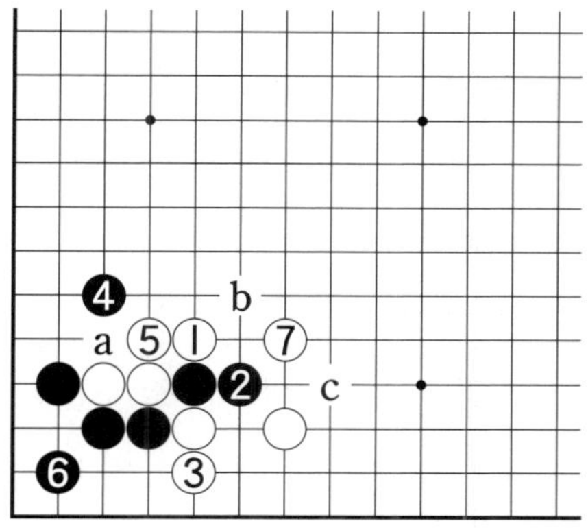

7도

7도 (정석 2)

백3도 유력한 일책이다. 이때는 흑4가 형태상의 급소이자 행마법. 백5를 기다려 흑6으로 보강한다.

　백7로 두점은 잡혔으나, 차후 흑a~c가 모두 선수로 들어 흑도 불만이 없다.

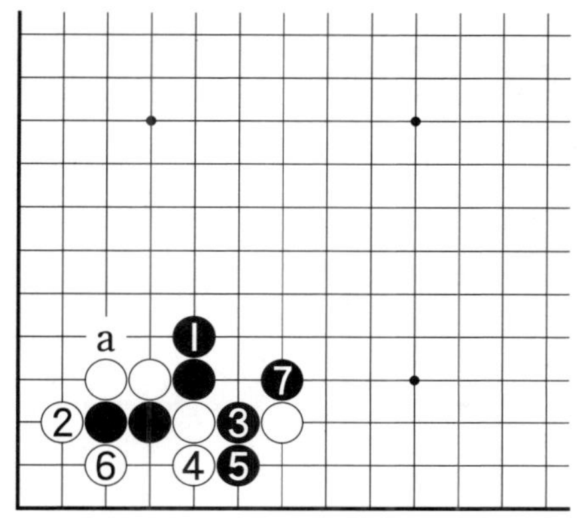

8도

8도 (100점/ 간명한 처리)

3도~7도의 복잡한 수순을 피하는 간명한 처리법도 있다.

　흑1이 침착한 응수. 백2에는 흑3~7로 귀를 버리며 변을 제압한다. 장차 흑a로 봉쇄하는 수도 남아 흑도 충분하다.

선수활용의 테크닉

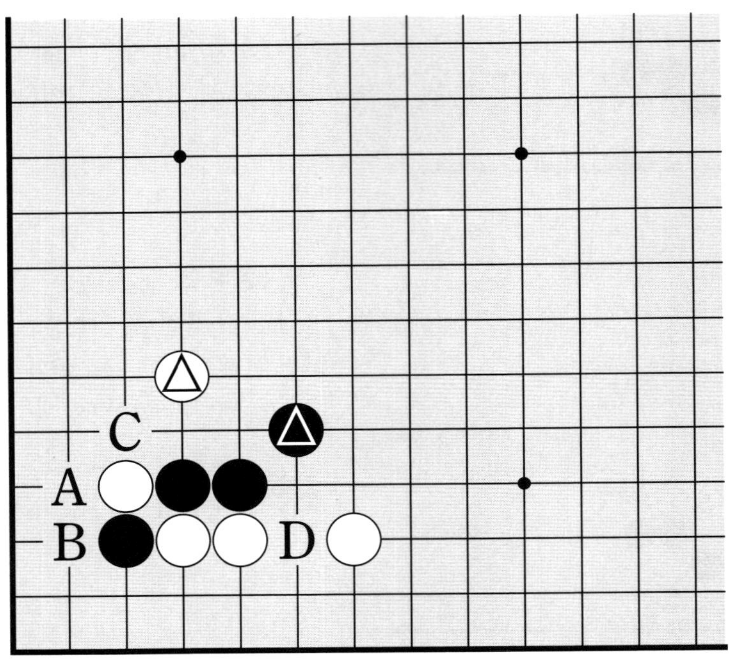

　[30형]과 유사한 형태인데, 흑▲와 백△가 있다는 점이 다르다. 그리고 이러한 배경 때문에 이후 변화도 판이한 양상을 보인다.

　흑의 다음 한 수는 A~D 가운데 어디가 좋을까? 포인트는 적절한 사석활용이다.

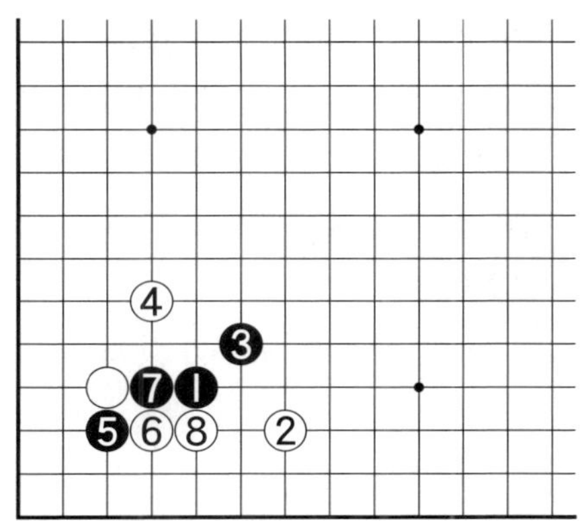

경과도

경과도 (마늘모 정석)

백2의 협공에 흑3의 마늘모는 가장 견실한 응수이다.

그런데 흑5로 붙였을 때 백6, 8로 되젖혀 막은 수가 흑의 주문(1도)을 거부한 반발이다.

다음 흑의 속수로는 백의 반발에 그대로 말려들기 십상이다.

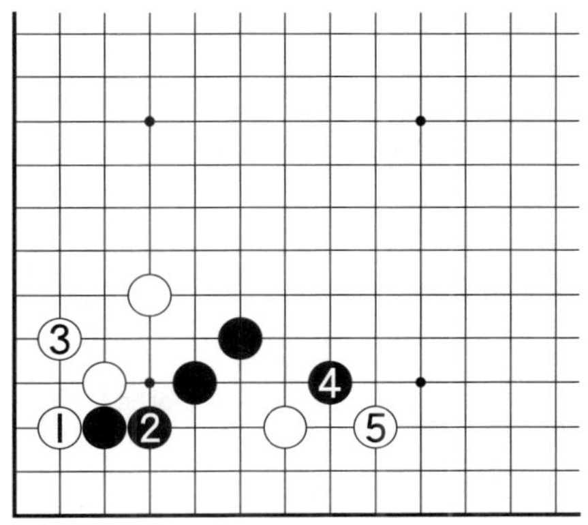

1도

1도 (간명한 정석)

경과도 백6으로는 이렇게 백1로 젖혀받는 것이 무난하다. 그러면 백5까지 간명한 정석.

수순만 틀릴 뿐 앞서 [30형]의 1도와 동일한 형태가 된다.

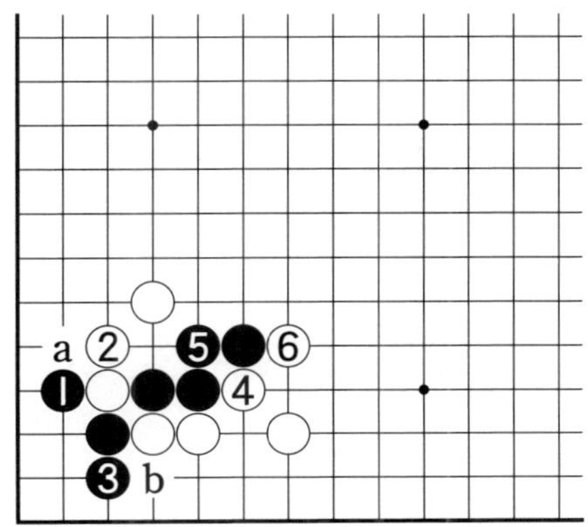

2도

2도 (0점/ 대세관 결핍)

본론으로 들어가서, 흑1로 모는 것은 최하책. 안에서 살 수야 있겠지만, 중앙 흑이 심하게 몰려 소탐대실의 전형이다.

다음 백a와 b도 모두 선수여서 단연 백이 두텁다.

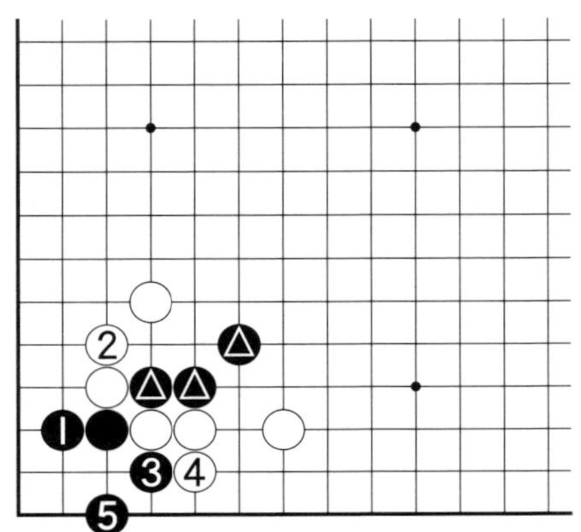

3도

3도 (30점/ 역시 소탐대실)

흑1로 뻗는 것도 마찬가지의 소탐대실. 귀살이에 연연하는 사이 흑 ▲들이 저절로 약해져 대세를 그르친다.

결국 귀를 살리려는 것은 발상 자체가 틀렸다.

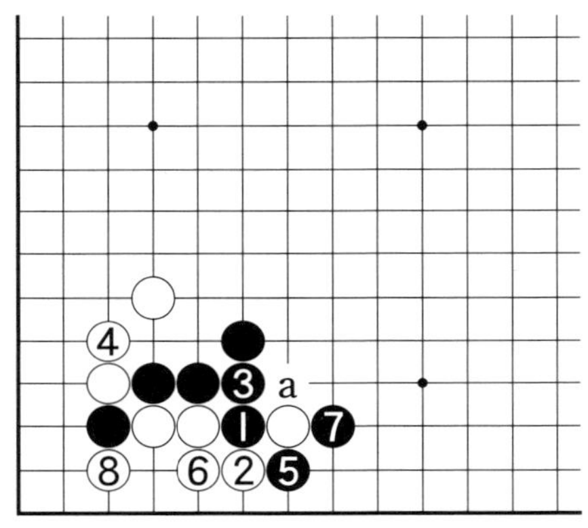

4도

4도 (50점/ 흑, 손해)

흑1, 3으로 끼워잇는 것은 일리 있는 수법이지만 여기서는 부적절하다.

백4가 강수로 흑이 곤란하다. 이하 8까지 백의 실리가 큰데다 a 의 축머리 활용수단이 남아 흑이 불만스럽다.

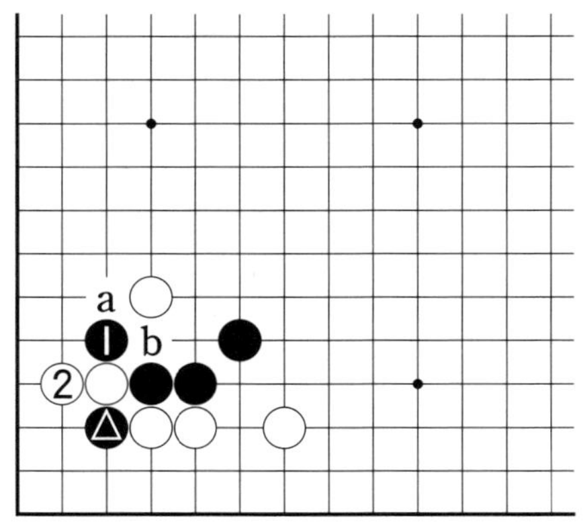

5도

5도 (100점/ 올바른 착상)

흑1로 모는 것이 일단 올바른 방향. 흑▲를 버리면서 바깥에서 이용하겠다는 사석활용의 착상이다.

그런데 문제는 백2 다음이다. 흑은 a와 b 중 어떻게 두는 것이 좋을까?

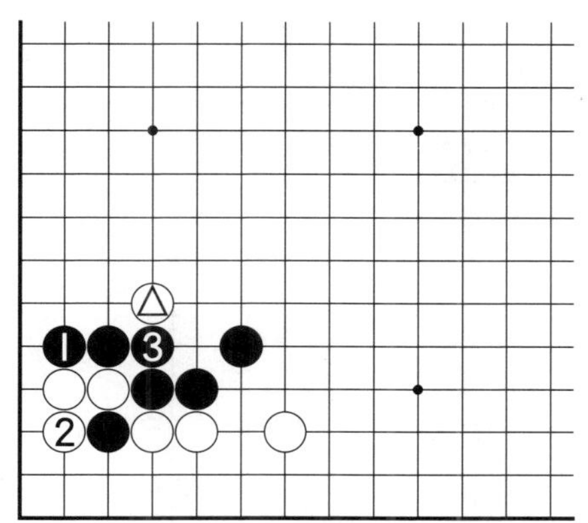

6도

6도 (50점/ 아둔한 속수)

흑1로 막는 것은 묘미 없는 속수. 다음 흑3으로 잇는 자세가 우형이 되어서는 흑의 불만이다.

결과적으로 백△에 활용당한 꼴이다.

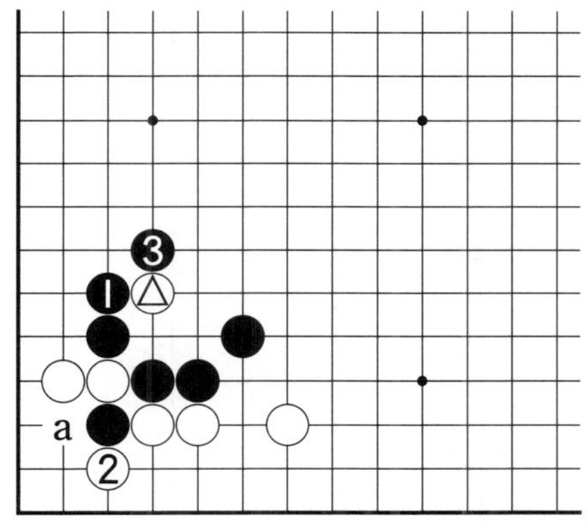

7도

7도 (100점/ 능률적 행마)

흑1이 3과 a를 맞보는 멋진 선수 활용. 백은 어차피 2로 잡을 수밖에 없는데, 흑3으로 백△를 제압할 수 있어 6도보다 훨씬 능률적이다.

이로써 백 실리 대 흑 세력의 대등한 절충이다.

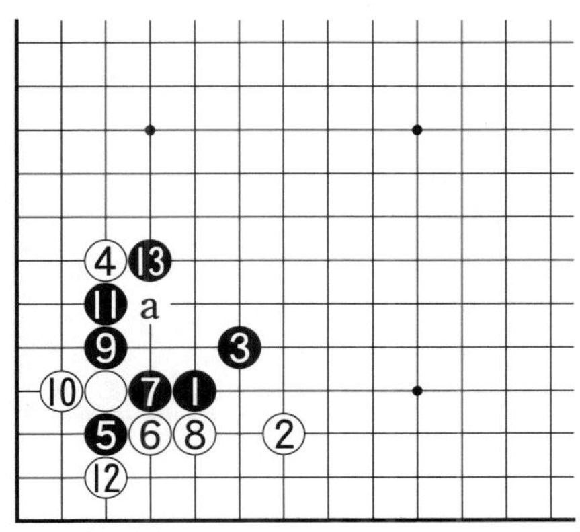

8도

8도 (응용정석)

비슷한 형태가 흑3 때 백4로 벌리는 장면에서도 등장한다.

흑9, 11을 선수한 뒤 13으로 젖혀 백 한점을 제압하는 형태이다. 백4의 돌이 a에 놓여있는 7도와 유사하다.

쉽고도 어려운 요도정석

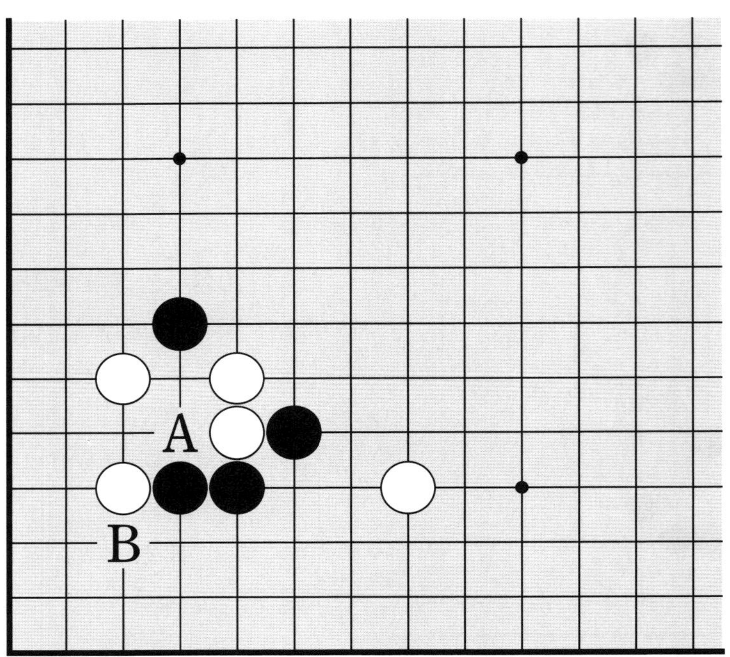

흑백이 서로 얽혀 있는 형태만큼이나 변화가 어려운 고급 정석이다.

다음 흑의 최선은 A, B 중 어디일까?

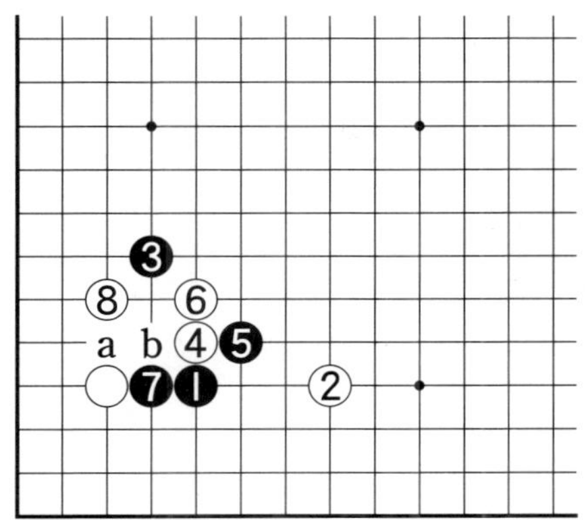

경과도

경과도 (요도정석)

백2의 협공에 흑3의 눈목자씌움으로 맞서는, 일명 '요도(妖刀) 정석'의 한 과정이다.

　백4, 6은 최강의 대응이며 흑7도 당연한데, 이때 백8이 현대적인 행마법이다. 종전까지는 백a나 b가 보통이었다.

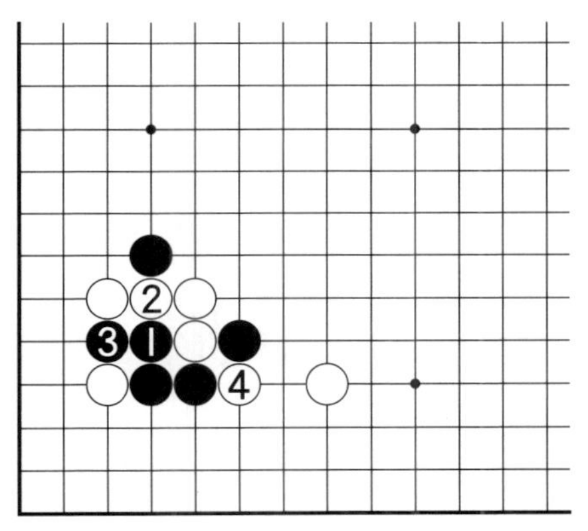

1도

1도 (0점/ 속수)

흑1, 3으로 마구 나가는 것은 단세포적인 속수이다.

　백4로 뒤통수를 끊기는 순간 흑이 도리어 곤경에 처한다. 계속해서~

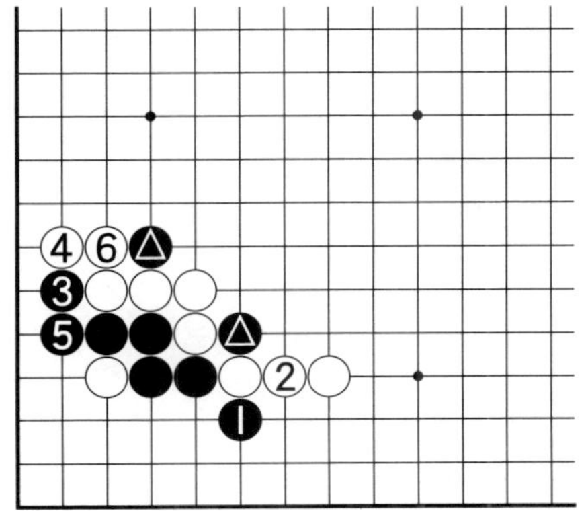

2도

2도 (흑, 소탐대실)

백6까지는 필연인데, 흑의 실리에 비해 흑▲들을 폐석화 시키며 싸바른 백의 두터움이 워낙 위력적이어서 흑의 실패이다.

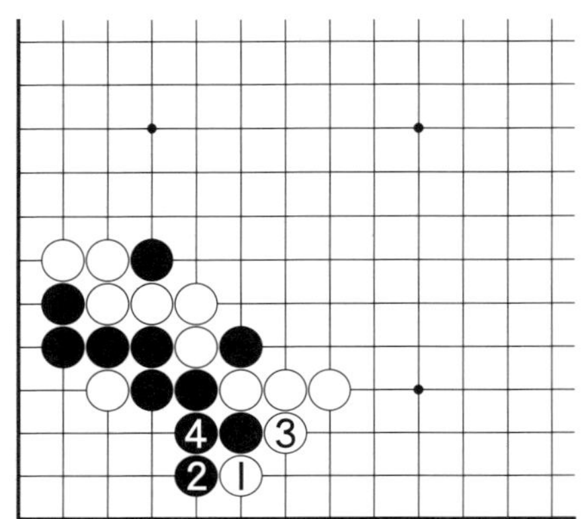

3도

3도 (봉쇄의 뒷맛까지)

또한 이곳은 훗날 백1의 맥점으로 봉쇄하는 후속수단까지 남아있어 역시 백이 유리하다(흑2로 3자리에 나가는 것은 백4로 흑이 안 된다).

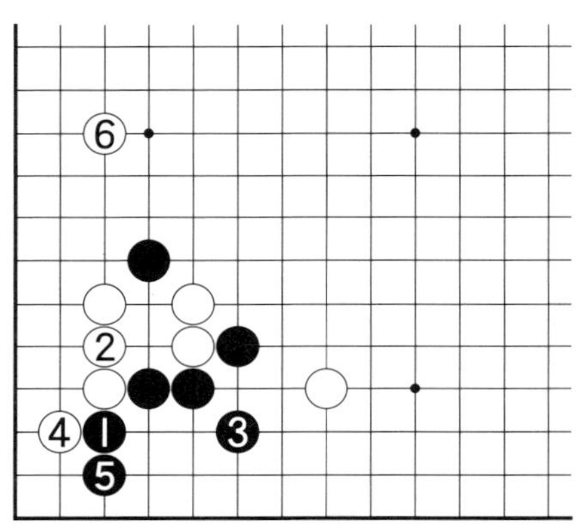

4도

4도 (90점/ 침착한 태도)

흑1로 젖히는 것이 침착한 응수. 백2를 기다려 흑3으로 호구치면 완전무결한 형태를 만들 수 있다.

백6까지 한때 많이 두던 정석의 일종. 그런데 그후 더 좋은 수가 개발되었다.

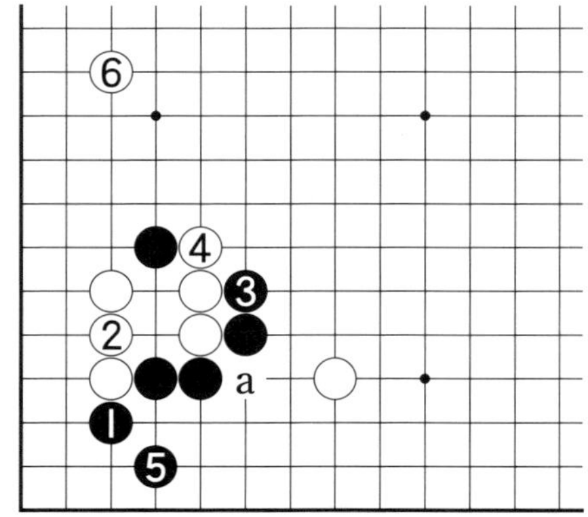

5도

5도 (100점/ 정석의 버전업)

흑3을 선수하여 a의 약점을 완화시킨 다음 5로 호구치는 것이 좀더 '버전업'된 수법이다.

4도에 비해 실리나 근거 면에서 흑이 능률적이다.

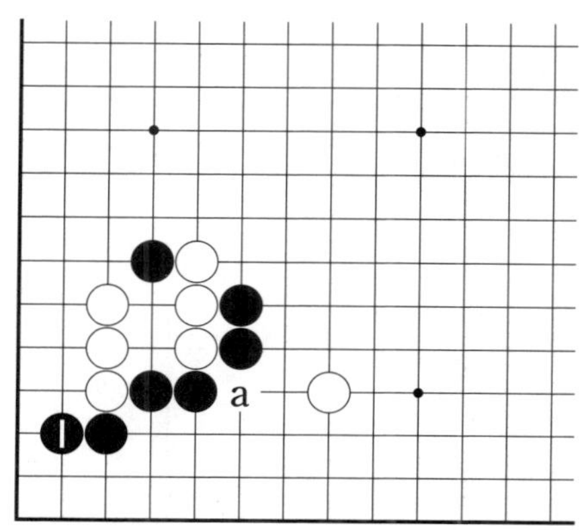

6도

6도 (120점/ 최강의 수법)

축머리가 유리하다면 5도 흑5로는 1에 뻗는 최강수도 가능하다. 이 수만 성립한다면 5도보다 실리 면에서 한결 이득이다.

다만, 여기서는 a의 단점을 둘러싼 축머리 공방이 복잡하다. 계속해서~

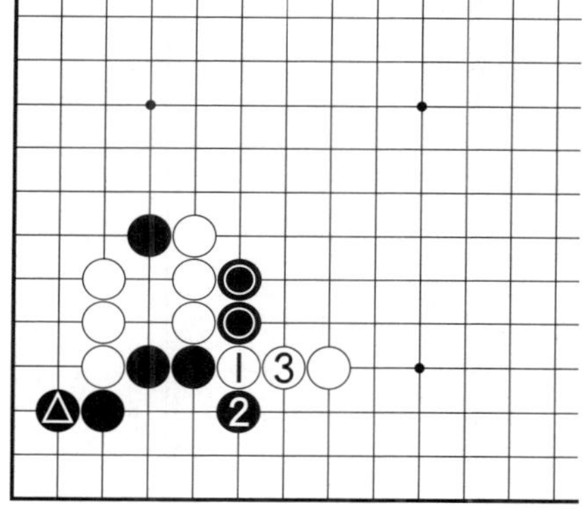

7도

7도 (흑, 어불성설)

즉, 백1의 절단에 흑2로 몰아 흑⬤들을 포기할 수밖에 없다면 애당초 흑▲는 어불성설이다. 따라서….

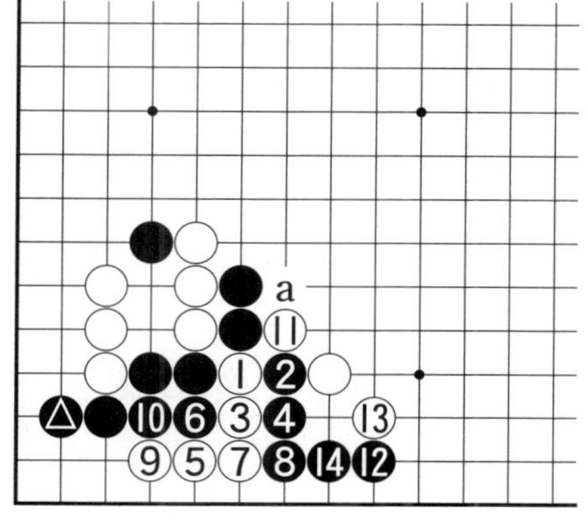

8도

8도 (축머리 공방)

백1에는 흑2로 몰아 버틸 자신이 있어야 흑▲가 가능한 것이다. 흑14까지는 외길수순인데, 여기서 백a의 축머리가 관건이다.

만약 백a가 된다면 애당초 흑▲는 성립하지 않는다.

뒷맛을 조심하라

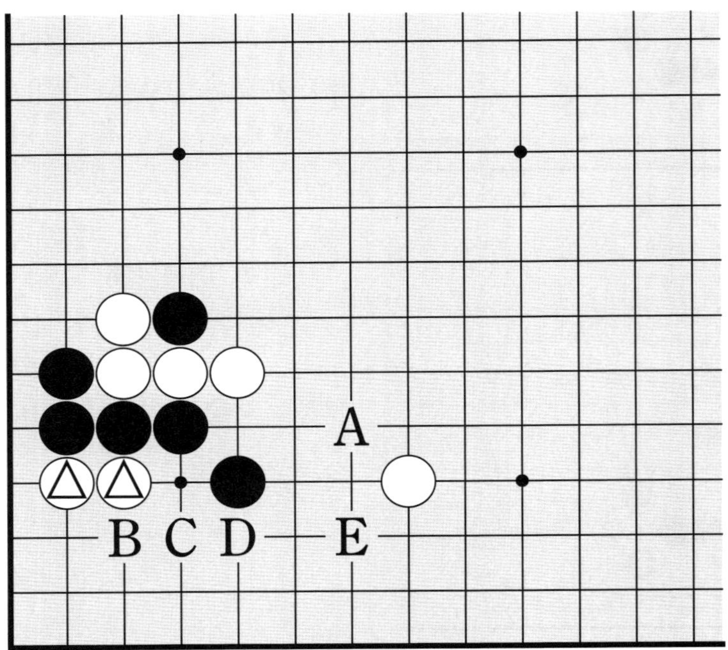

　　다소 낯설은 형태처럼 보이지만, 소목에서 종종 등장하는 대형정석의 중간 과정이다.

　　초점은 백△들의 '뒷맛'. 흑으로서는 이 고약한 뒷맛을 적절히 단속하면서 좌하귀 실리를 굳히는 방법을 연구할 장면이다.

　　흑은 A～E 가운데, 어디가 가장 효과적일까?

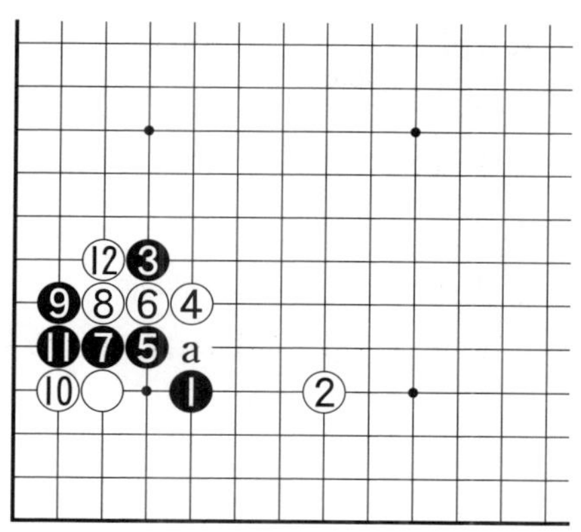

경과도

경과도 (밭전자 정석에서)

흑3의 눈목자씌움에 a로 붙이지 않은 백4의 밭전자가 다소 뜻밖이다. 그러나 이 수 역시 정석의 일종이다.

흑5는 당연한 응징이며, 이하 백12까지 거의 외길 수순이다. 이때가 흑의 입장에서는 최대 고비이다.

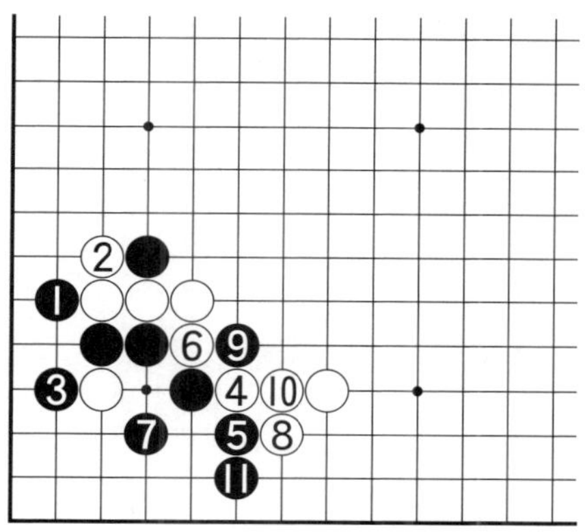

1도

1도 (백, 손해)

경과도 백10에 주목하자. 흑1 때 그냥 백2로 받는 것은 흑3을 허용해 무책이다.

이하 흑11까지 옛 정석의 하나지만, 귀가 완전무결한 데다 끊어둔 흑9의 한점이 목에 가시로 남아 아무래도 백의 손해라는 판정이다.

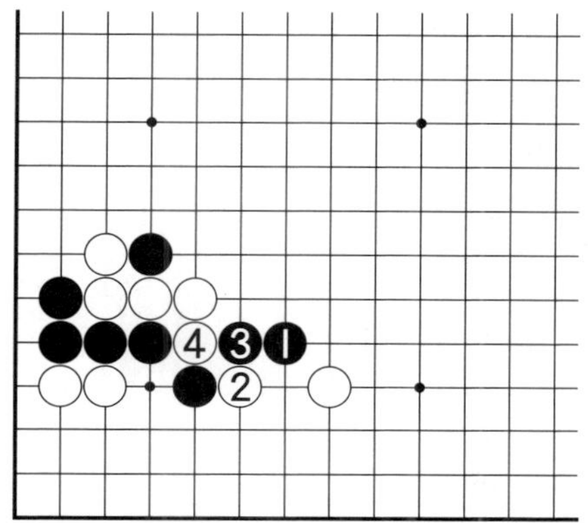

2도

2도 (0점/ 무모한 진출)

본론으로 들어가, 흑1로 짚어 진출하려는 것은 무모한 행마이다.

백2로 건너붙임을 당해 흑은 응수가 끊긴다.

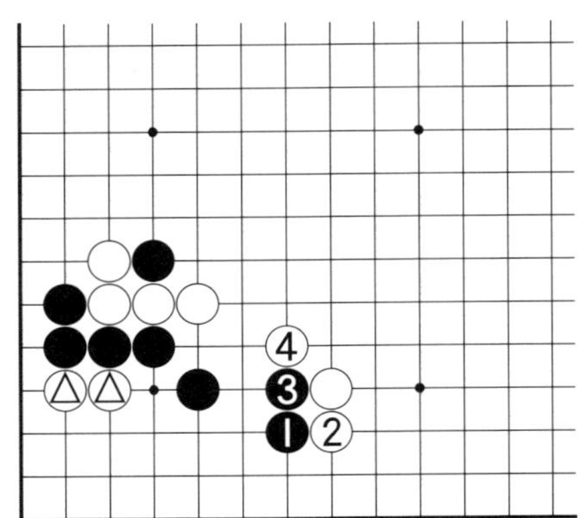

3도

3도 (0점/ 허술한 과욕)

흑1은 평수를 최대한 넓히려는 의도겠지만 백2, 4로 틀어 막혀 도리어 악수가 된다.

백△들의 뒷맛이 생생하게 살아 흑의 뒷처리가 난감하다.

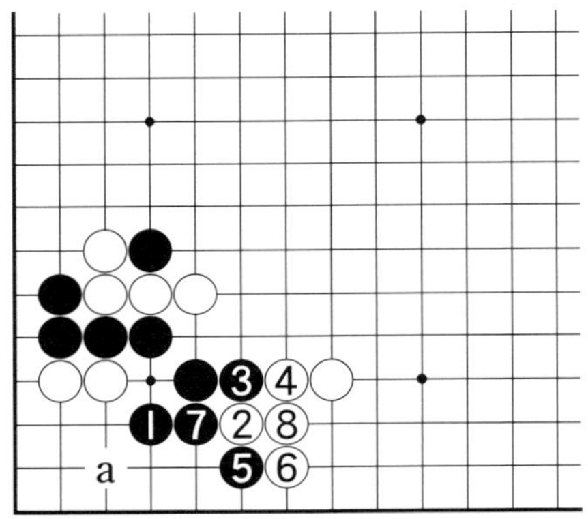

4도

4도 (50점/ 뒷맛이 남다)

흑1의 마늘모도 백2로 별무신통이다.

백8까지 백의 외곽을 튼튼하게 굳혀준 데다 귀는 백a의 수단이 아직도 남아있다.

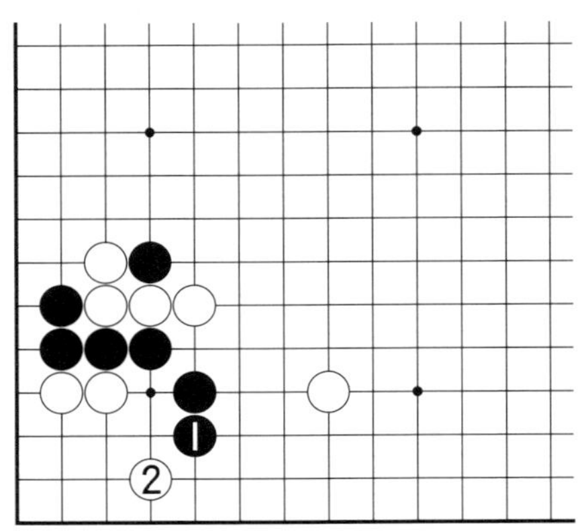

5도

5도 (30점/ 우직한 말뚝)

흑1로 철주를 내리는 것도 생각해 볼 수 있지만, 여기서는 너무 우직한 형태가 되어 좋지 않다.

당장 백2로 움직이면 흑이 곤란하지 않은가.

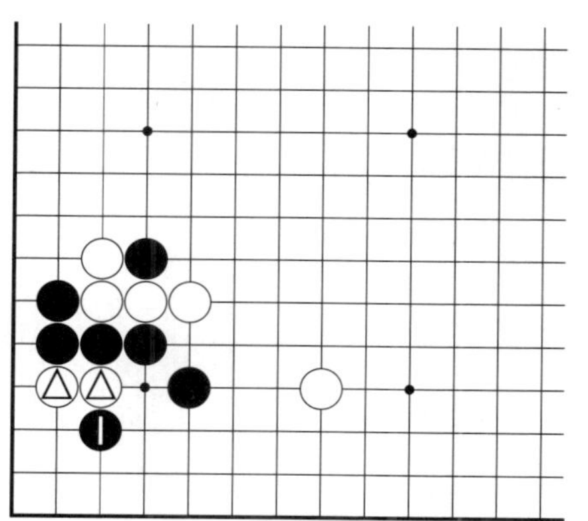

6도

6도 (100점/ 뒷맛 단속)

흑1로 붙이는 것이 백△들의 뒷맛을 잠재우며 귀를 견실하게 굳히는 정답이다. 계속해서~

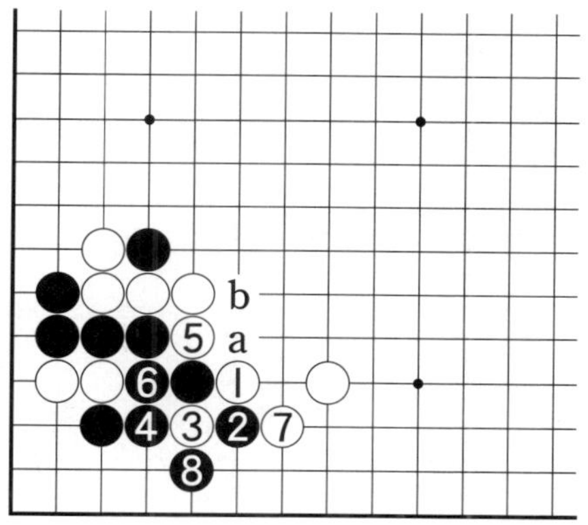

7도

7도 (대형정석)

백1, 3이 형태정비를 위한 상용의 맥점. 이하 흑8까지 대형정석이 일단락된다.

흑 실리와 백 세력의 갈림으로 호각이다. 차후 흑a에는 백b로 돌려치는 것이 요령이다.

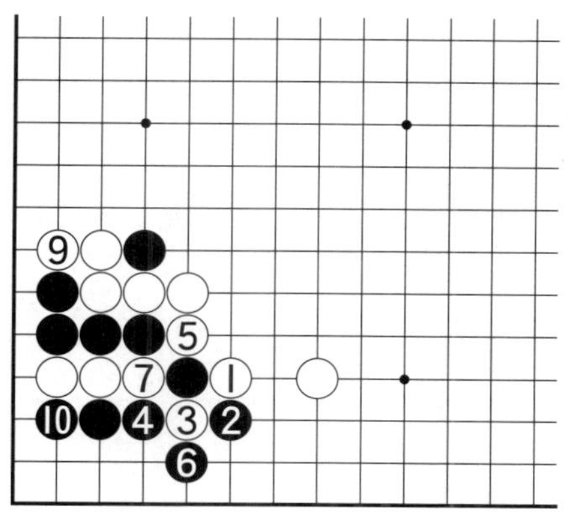

8도　　　　　　　　❽…③

8도 (흑, 당하다)

흑의 주의사항 한 가지. 백5 때 흑6으로 따내는 것은 백7, 9를 선수로 당해 불리해진다는 것이다.

공포의 되감아치기 (2)

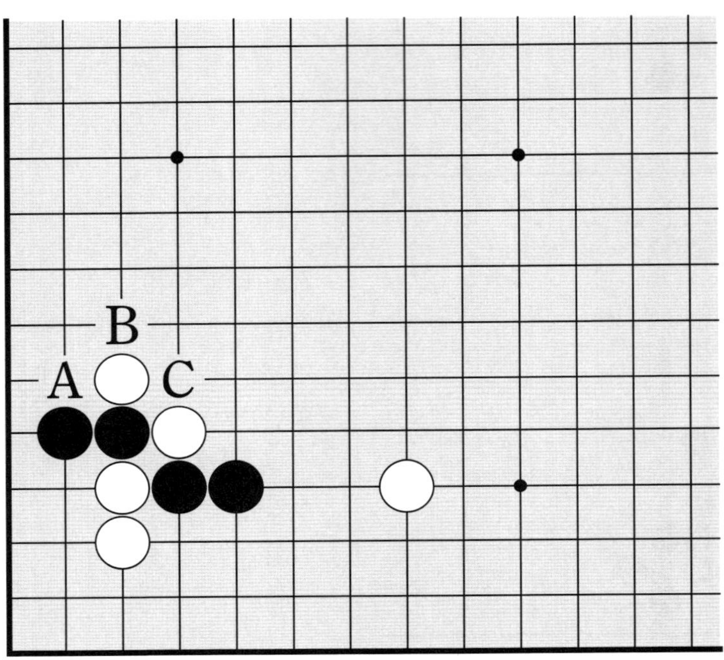

　흑의 기대기전법에 백이 최강의 반발수를 터뜨림으로써 돌들이 엉킨 형태를 보이고 있다.

　귀를 백이 점유하고 있는 데다 수적으로 흑이 불리한 여건인데, 최선의 응수를 찾아보자.

　흑은 A～C 가운데 어디가 좋을까?

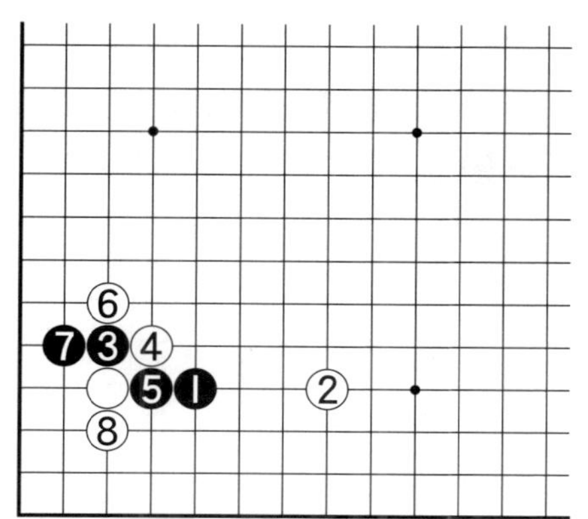

경과도

경과도 (최강의 맞대응)

백2의 협공에 흑3으로 붙여 수습을 꾀하자 백이 4, 6의 '되감아치기'를 시도해온 장면이다.

백4로는 7의 곳에 받아두는 것이 무난하지만, 백2의 원군을 십분 활용하려는 적극책이다.

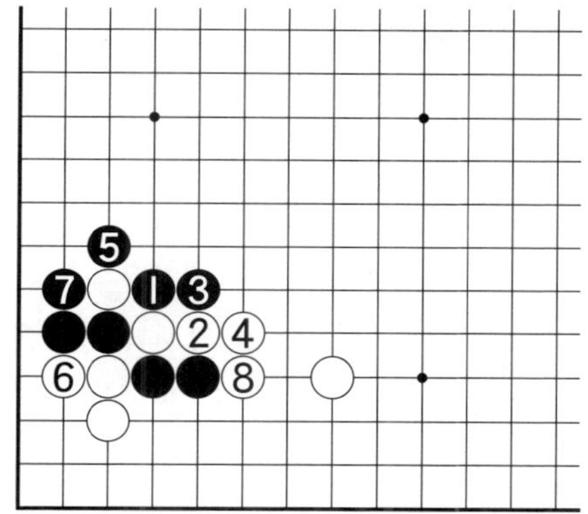

1도

1도 (0점/ 흑, 큰 손해)

흑1, 3으로 몰고 나가는 것은 최악의 속수이다.

흑7까지 좌변은 안정시킬 수 있으나 백6, 8로 하변 백진이 크게 들어가 흑의 손해가 명백하다.

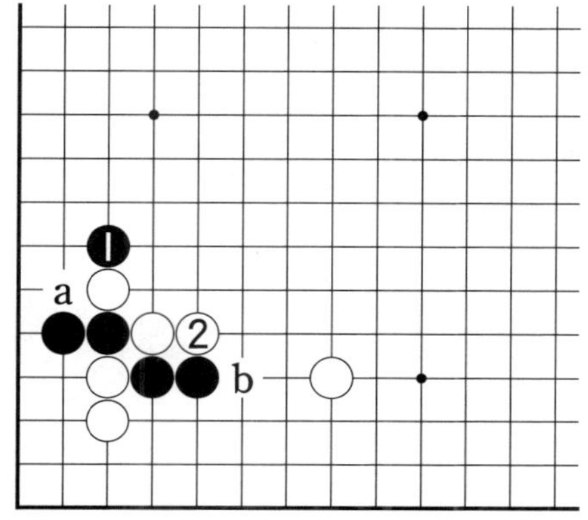

2도

2도 (50점/ 사이비 맥점)

흑1로 붙이는 것이 이런 경우 쓰이는 맥의 일종이지만, 여기서는 통하지 않는다.

백2로 밀면 백a와 b가 맞보기가 되어 흑의 역부족이다.

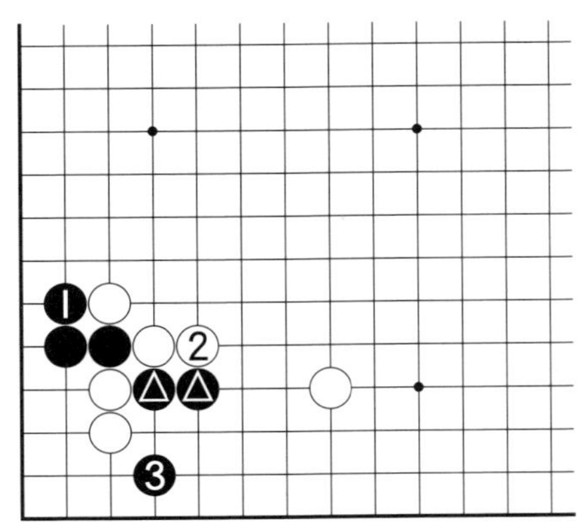

3도

3도 (100점/ 침착한 꼬부림)

흑1로 가만히 꼬부려나가는 것이 흑▲의 '뒷맛'을 약화시키지 않는 최선의 응수이다.

　이어 백2를 기다려 흑3으로 뛰는 것이 좋은 수순. 계속해서~

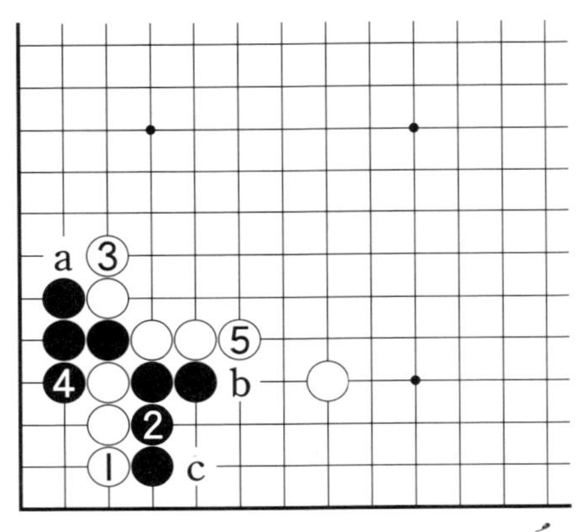

4도

4도 (호각의 정석)

백1에는 흑2로 막아 수상전은 흑이 유리하다. 백5까지 흑은 귀를 잡고 백은 두터운 세력을 쌓아 정석이 완결된다. 일견 흑의 실리가 커 보이지만, 백으로선 a~c를 골라 선수 활용할 수 있는 즐거움이 있어 호각이다.

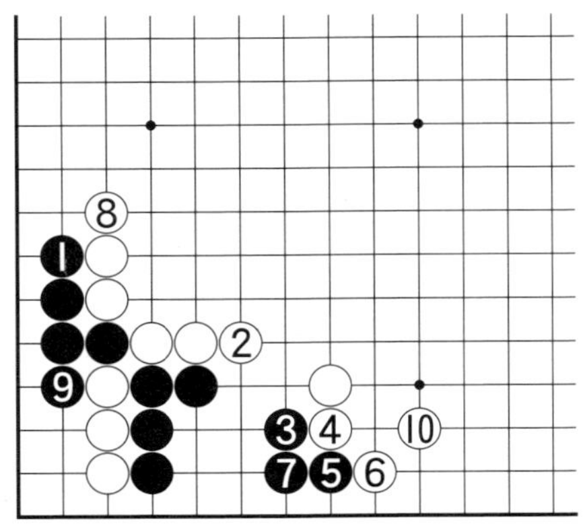

5도

5도 (백, 두터움)

4도 흑4는 정수. 욕심을 내 흑1에 미는 것은 백2를 선수로 당해 안좋다.

　흑3~9의 보강은 어쩔 수 없는데, 10까지의 백세가 한층 강화되어 흑은 득보다 실이 많다.

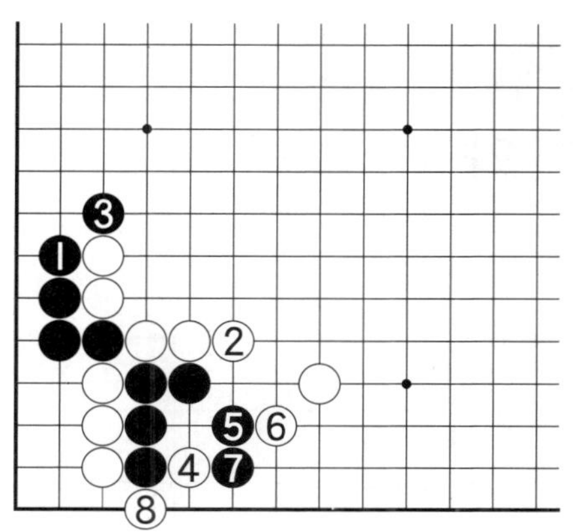

6도

6도 (흑, 과욕)

그렇다고 백2에 하변 쪽을 손빼고 흑3으로 맞서는 것은 백4를 당해 흑이 거꾸로 잡힌다.

다음 흑5, 7에는 백6, 8로 그만이다.

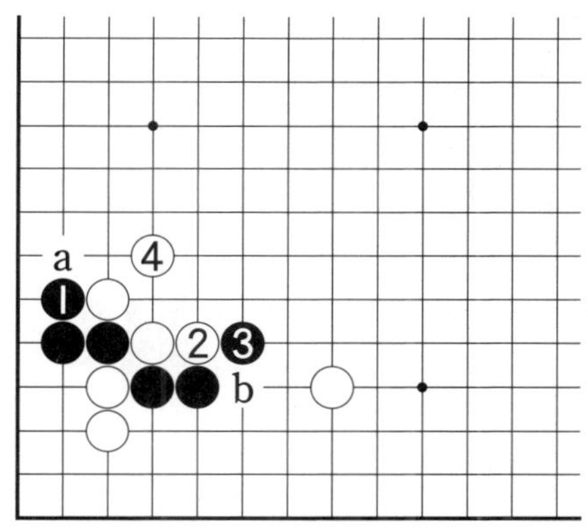

7도

7도 (70점/ 손따라 받기)

거슬러 올라가 백2로 밀어 갈 때 손따라 흑3으로 젖히는 것은 백4의 묘수를 당해 곤란하다.

다음 백a와 b가 맞보기. 계속해서~

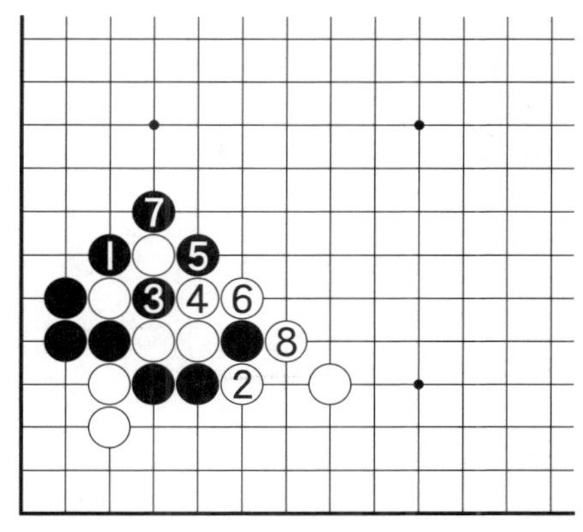

8도

8도 (백이 유리한 준정석)

흑1에는 백2가 좋은 수이다. 이하 백8까지 외길수순의 바꿔치기.

'작은 밀어붙이기' 정석(36형 6도)과 유사한 형태이나 백의 실리가 두툼해 백이 약간 유리하다. 그래서 준정석.

'작은 밀어붙이기'와 두점머리

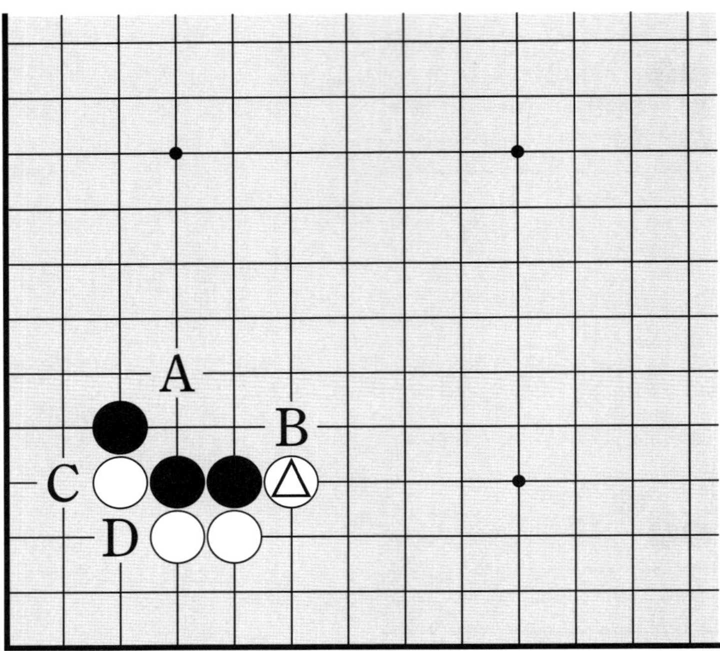

　백△로 두점머리를 젖혀온 장면. 이후 변화가 무척 까다로워 웬만한 기력의 소유자도 정확히 응수하기란 쉽지 않은 형태이다.

　바로 이럴 때 필요한 것이 바로 '정석의 맥'이다. 자, 흑의 최선은 A~D 가운데 어디일까?

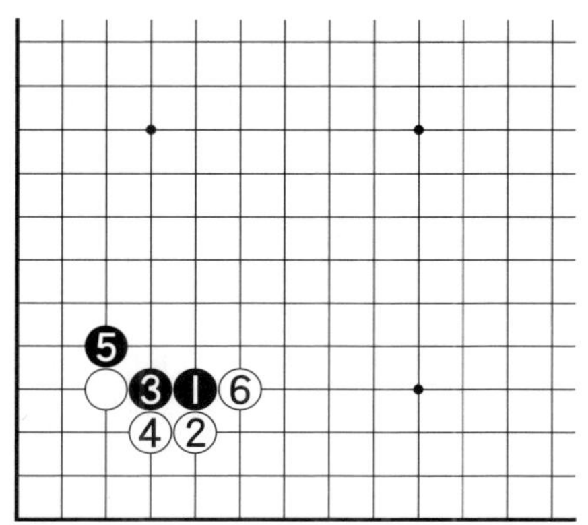

경과도

경과도 (작은 밀어붙이기)

흑3, 5로 시작되는 '밀어붙이기(일본식 눈사태)'는 수순과 변화가 복잡다단하여 소목정석의 '최고봉'으로 꼽힌다.

　그 중에서도 백6에 의한 '작은 밀어붙이기'는 아마추어의 실전에서도 자주 등장한다.

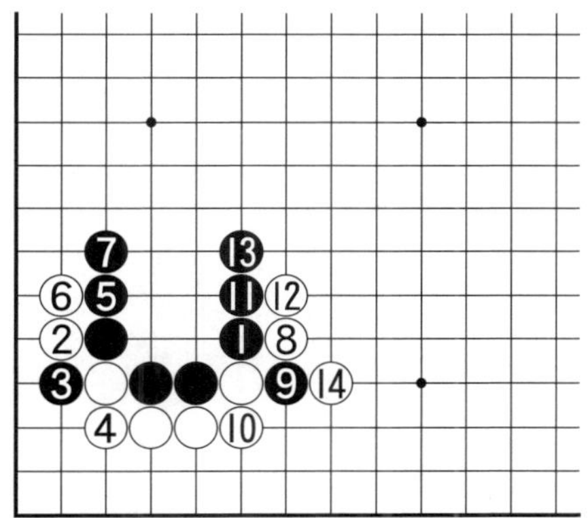

1도

1도 (0점/ 양 두점머리)

덥석 흑1로 젖히는 것은 2중의 두점머리를 자청해 얻어맞는 최악의 속수이다.

　백2, 8을 당하면 흑 모양은 위축되는 반면, 백의 자세는 한껏 피어나 대세가 일거에 기울어 버린다.

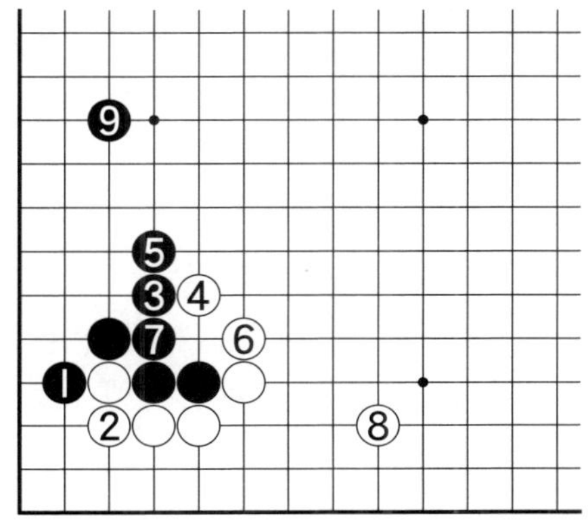

2도

2도 (속수/ 30점)

흑1로 단수치는 것도 반사적인 속수이다.

　흑3의 호구에는 백4가 형태의 급소로 단번에 흑 모양이 우그러든다. 흑9까지 백의 단연 우세!

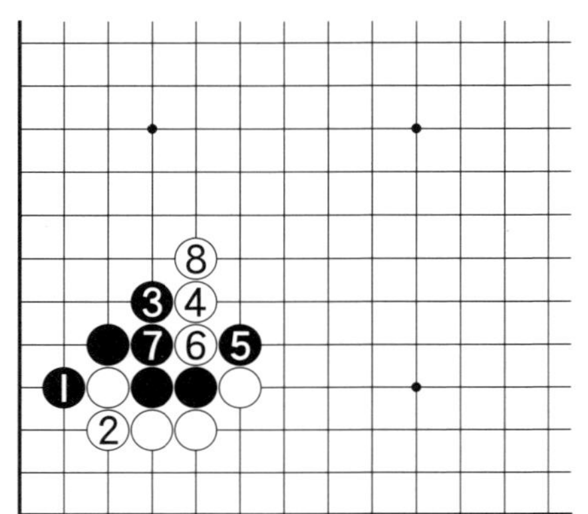

3도

3도 (무리한 반발)

그렇다고 백4 때 흑5로 젖혀 반발하는 것은 무리이다. 백8까지 흑이 곤란한 모습이다.

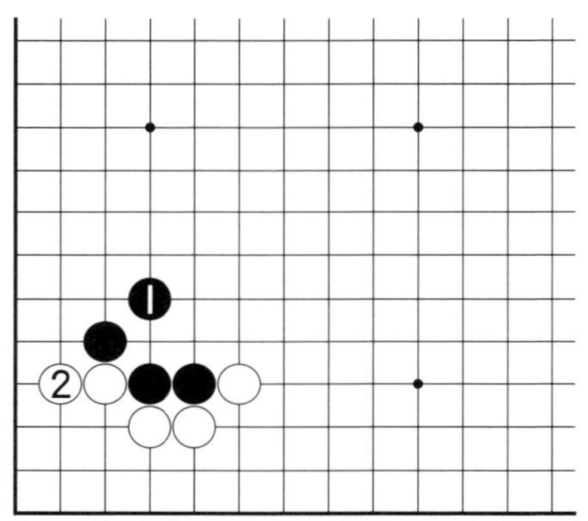

4도

4도 (50점/ 흑, 무기력)

흑1로 그냥 호구치는 것은 무기력하다.

백2가 실리와 근거의 급소로 흑의 응수가 궁해진다.

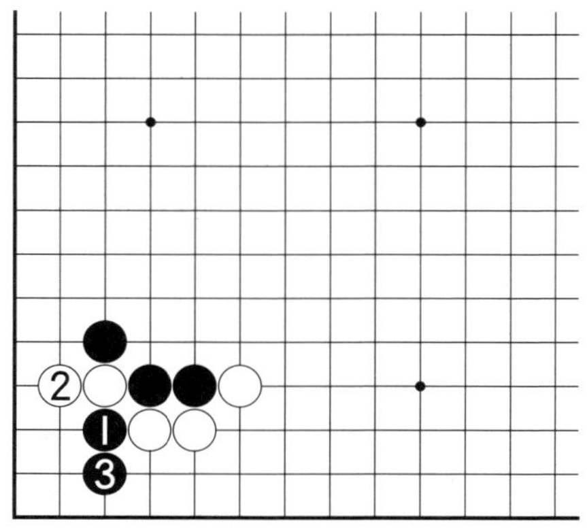

5도

5도 (100점/ 최선의 수순)

흑1, 3으로 끊고 느는 것이 최선이다.

사실 중저급자의 수준에서 자력으로 이런 발상을 하기란 어렵기 때문에 정석을 외우면서 행마법을 익히는 방법이 현명하다고 하겠다. 계속해서~

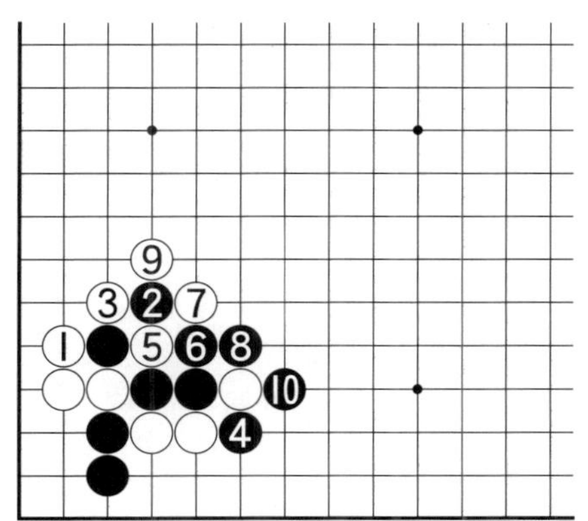

6도

6도 (바꿔치기 정석)

백1은 '오직 이 한수'. 이때 흑2, 4가 익혀두어야 할 행마의 요령이다.

이하 흑10까지 서로 빵빵 따내는 필연의 절충이 이루어진다. 호각의 정석이다. 그런데….

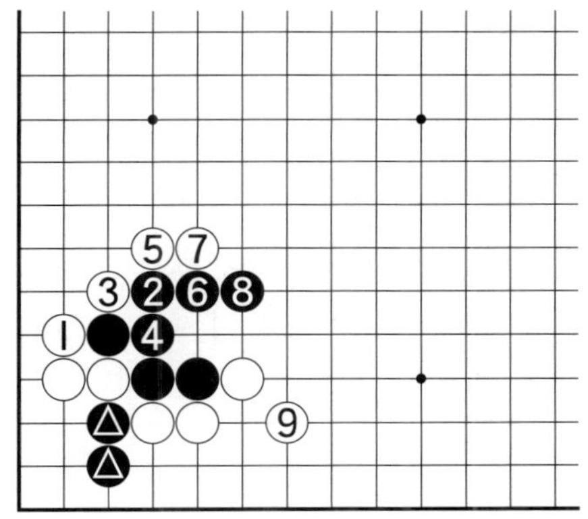

7도

7도 (0점/ 흑, 망하다)

백3에 흑4로 덥석 잇다가는 결딴이 난다.

백5, 7을 선수하고 잽싸게 9로 지키고 나면 흑은 얻은 것 없이 ● 두점만 헌상한 꼴이다. 이래서는 바둑도 일찌감치 끝난다.

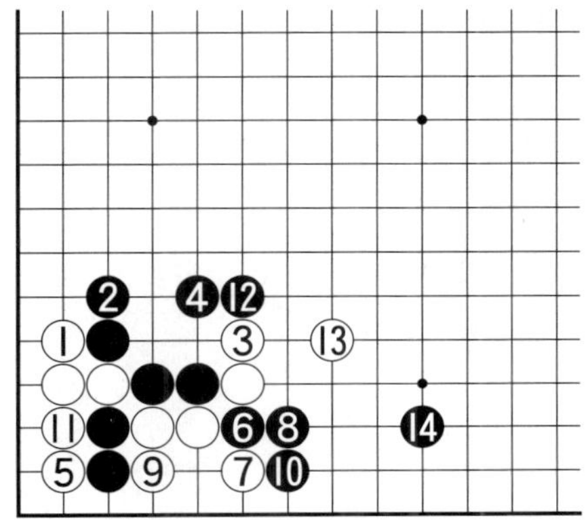

8도

8도 (100점/ 변형 정석)

백1 때 흑2로 느는 방법도 있다 (단, 축머리가 좋아야 한다).

그러면 흑14까지 서로 어려운 전투형 변형 정석이 된다. 여기서 축머리란….

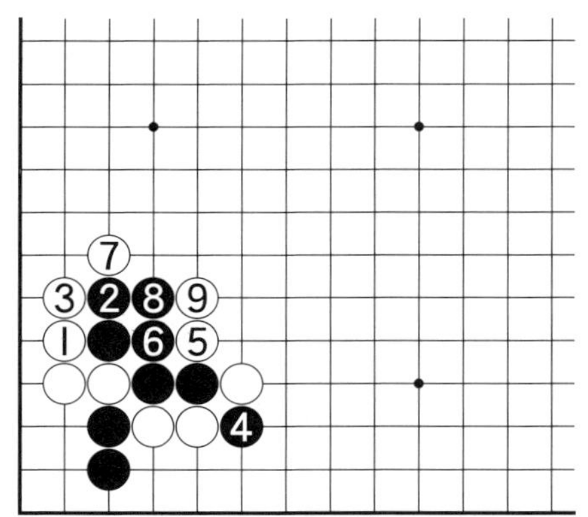

9도

9도 (축 조심!)

축머리가 불리함에도 무심코 흑2
로 늘었다가는 백5, 7에 걸리는
것이다.

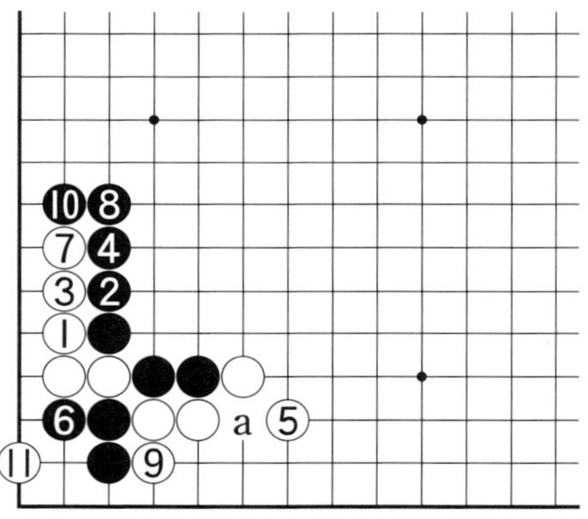

10도

10도 (역시 흑 망함)

축이 불리하다고 흑a로 끊지 못한
채 4로 물러서는 것은 백11까지
귀가 잡혀 손실이 크다.

　따라서 당초 흑2를 구사할 때는
우상쪽 축머리부터 살펴보는 것이
우선이다.

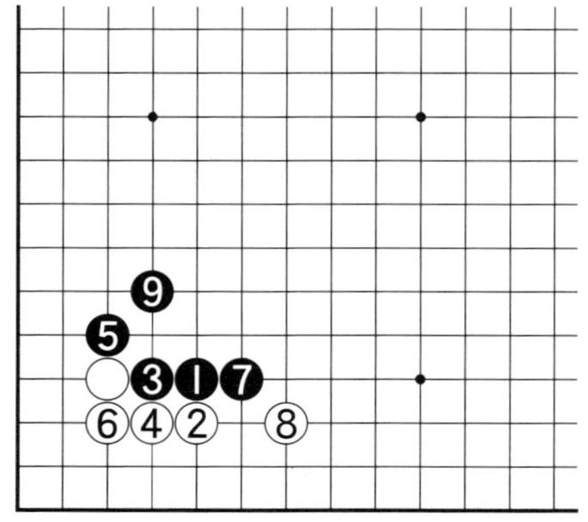

11도

11도 (간명한 정석)

만약 이 모든 변화에 자신이 없을
때는 흑5 때 백6으로 꽉 잇는 것
이 현명하다.

　그러면 흑9까지, 서로 쉽고도
유연한 정석이 된다.

'큰 밀어붙이기'의 포인트

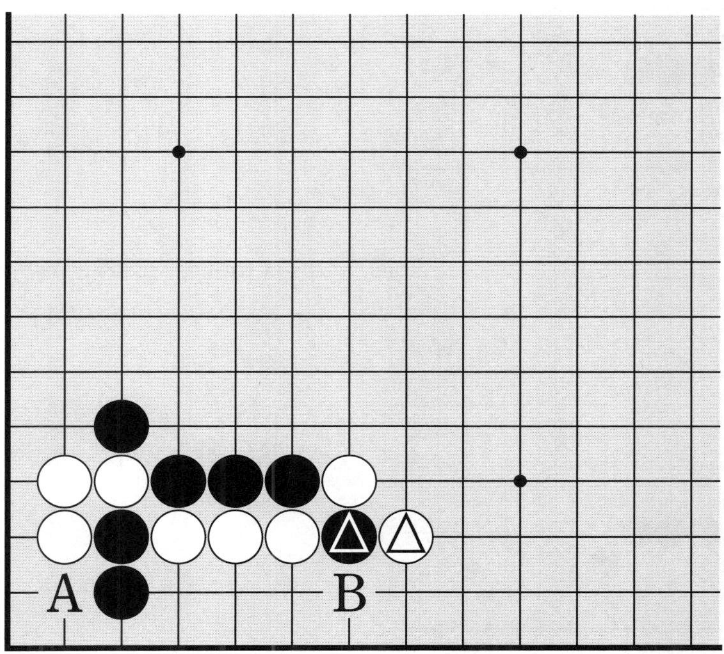

　'큰 밀어붙이기'의 한 과정. 바로 이 장면이 이 정석의 핵심이 되는 포인트이기도 하다.

　흑▲로 끊자 백△로 몰아온 모양이다. 다음 흑은 A, B 중어디가 정수일까?

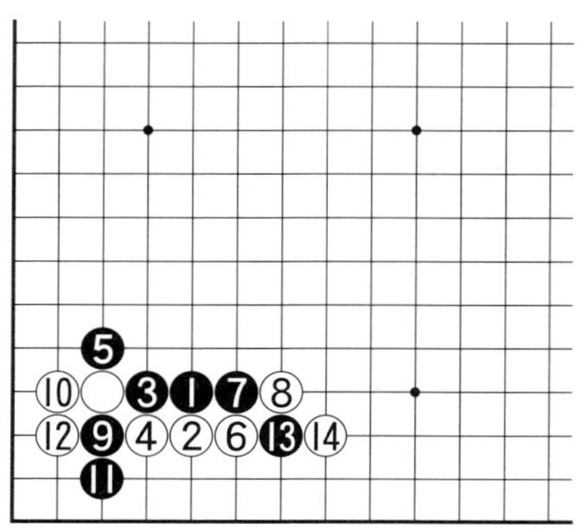

경과도

경과도 (큰 밀어붙이기)

백6으로 늦춘 다음 8로 석점머리를 두들김으로써 시작되는 '큰 밀어붙이기' 정석은 난해하기로 손꼽힌다.

그래서 이 정석 하나로 책 한권이 나올 정도인데, 여기서는 단지 포인트만 짚어보기로 한다.

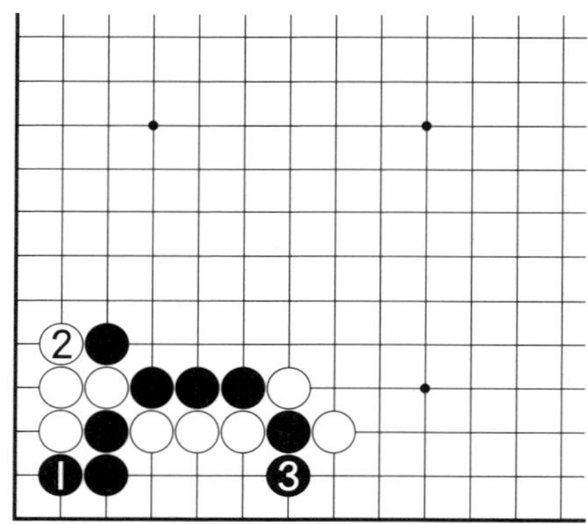

1도

1도 (100점/ 정확한 수순)

정답부터 말하자면, 흑1로 꼬부리는 것이 옳다.

백2를 강요한 뒤 그때 흑3으로 나가는 것이 올바른 수순이다. 계속해서~

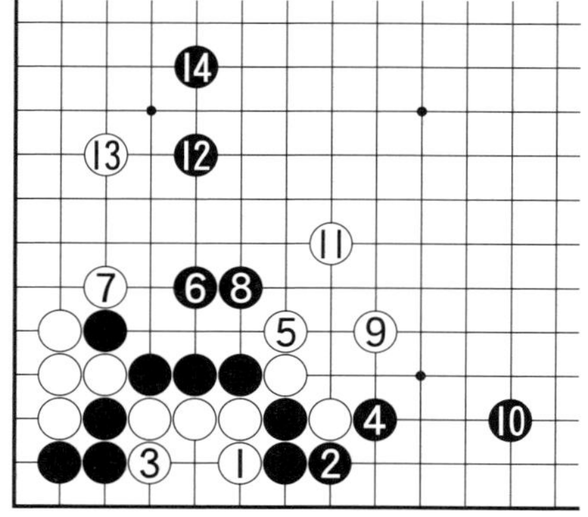

2도

2도 (대형정석)

백은 1, 3으로 귀를 잡는 것이 필연이다.

이어 흑4, 6이 음미할 만한 수순의 묘이며, 이하 흑14까지 큰 밀어붙이기의 대표형이라 할 만한 대형정석이 일단락된다.

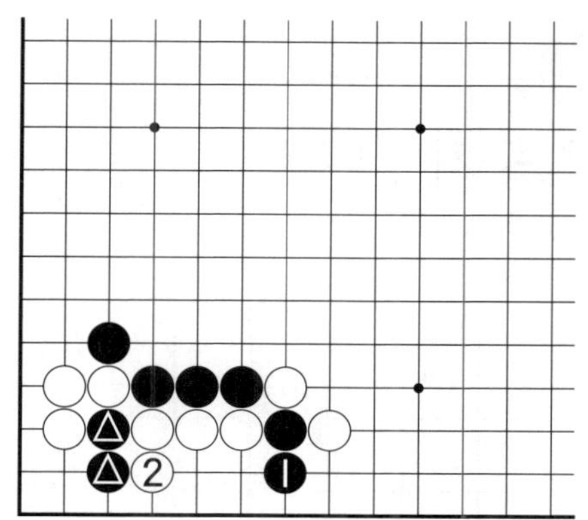

3도

3도 (0점/ 수순착오)

단수랍시고 덥석 흑1로 나가는 것
은 중대한 수순착오이다.

　백2로 흑❹ 두점이 싱겁게 잡
혀서는 흑이 치명상을 입은 모습
이다.

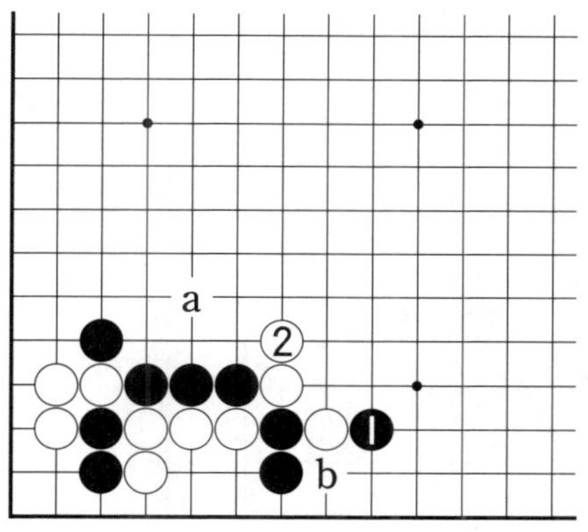

4도

4도 (흑, 곤경)

흑1로 껴붙이는 것이 부분적인 타
개의 맥이지만, 백2가 침착한 호
착이어서 흑이 곤경에 처한 형국
이다. 다음 백a와 b가 맞보기.

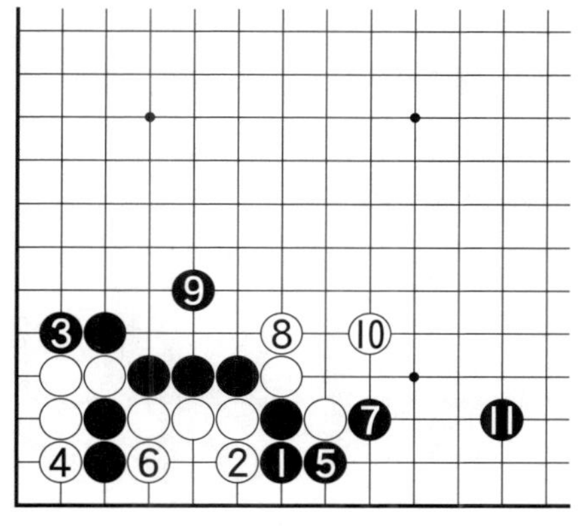

5도

5도 (백의 수순착오)

한편, 백으로서도 흑1 때 그냥 백
2로 막는 것은 수순착오. 잽싸게
흑3을 선수한 뒤 5로 나가면 도리
어 백이 곤란해지기 때문이다.

　흑9, 11로 양쪽을 지켜서는 중
앙 백만 일방적으로 공격받게 되
어 2도와는 큰 차이가 난다.

'단수 또 단수'가 정수가 될 때…

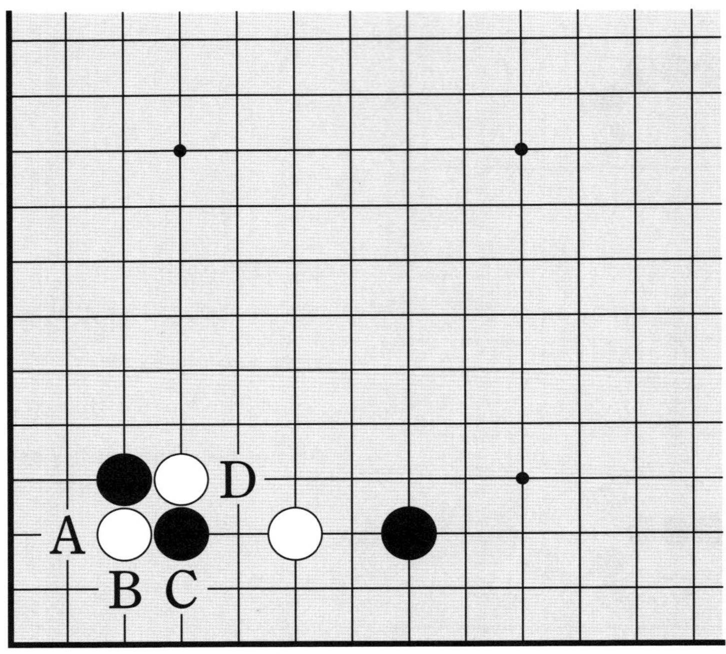

　　흑백이 서로 맞끊고 있는 재미있는 형태인데, 눈목자걸침에 협공할 경우 널리 유행되는 정석의 진행과정이다.

　　자, A~D 가운데 흑의 최선은 어디일까?

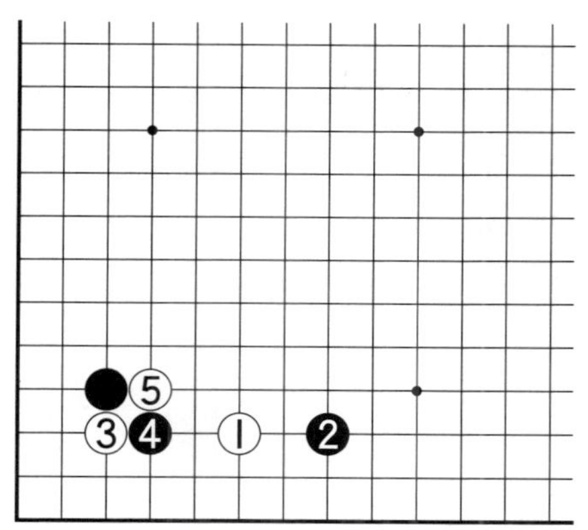

경과도

경과도 (눈목자걸침 정석)

백1의 눈목자걸침은 협공을 피해 국면을 완만하게 이끌자는 의도이다.

그럼에도 한사코 흑2로 협공한 것은 적극적인 취향이다. 백3, 5는 수습을 위한 상용의 맥인데, 이때가 흑의 기로이다.

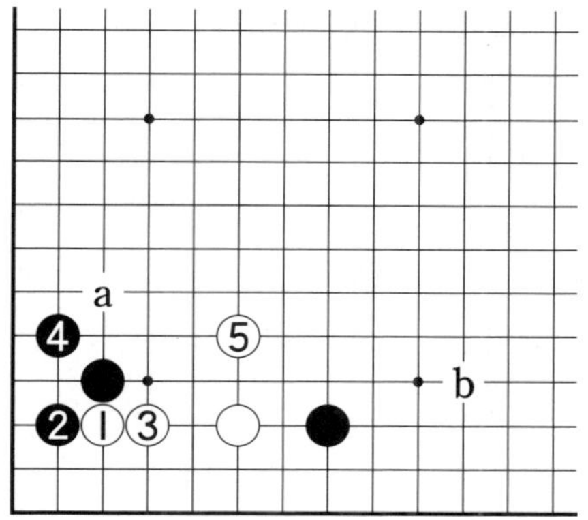

1도

1도 (백, 활발)

백1로 붙였을 때 흑2로 물러서 받는 것은 완착. 백5까지로 뛰어놓으면 다음 a와 b가 맞보기로 백이 활발한 모습이다.

따라서 백1에는 흑3으로 젖히는 것이 기세이자 최선이다.

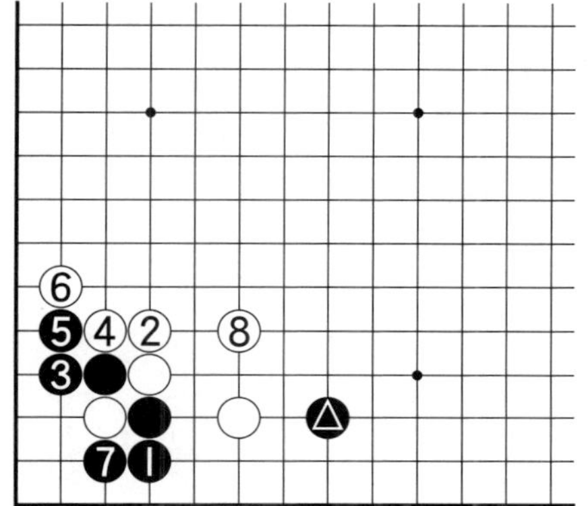

2도

2도 (30점/ 백, 성공)

본론으로 들어가서, 일견 흑1로 뻗는 것이 제일감이나 여기서는 예외이다. 백2가 침착한 응수로 8까지 손쉽게 수습해서는 백의 만족이다.

이래서는 당당하게 협공했던 흑 ▲의 체면이 서지 않는다.

3도 (흑, 무리)

백2 때 흑3으로 버티는 것은 무리이다.

　백4 다음 a와 b가 맞보기가 되어 흑이 무너진다.

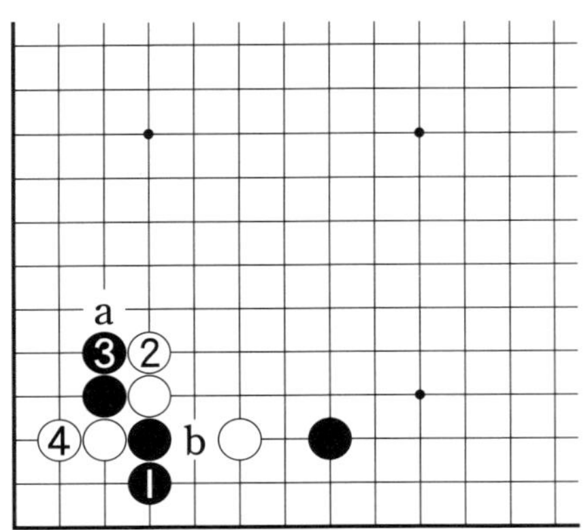

3도

4도 (0점/ 방향착오)

그렇다고 흑1로 모는 것은 속수이다.

　백8까지 되고 나면 백이 안정되면서 흑▲의 존재가치가 무색해진다.

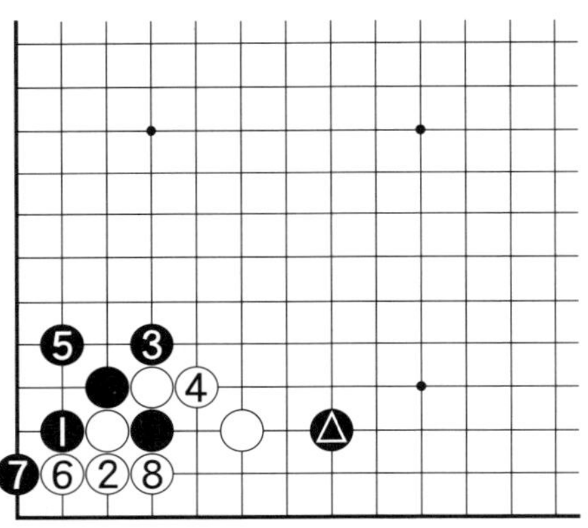

4도

5도 (100점/ 속수가 최선)

여기서는 뜻밖에도 흑1, 3으로 계속해서 단수치는 것이 최선의 타개책이다. 계속해서~

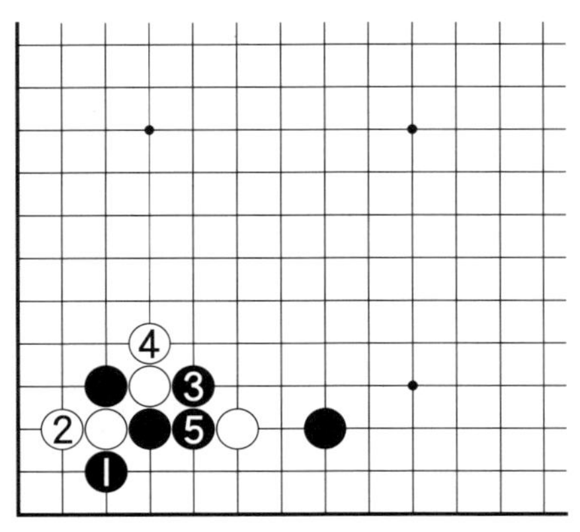

5도

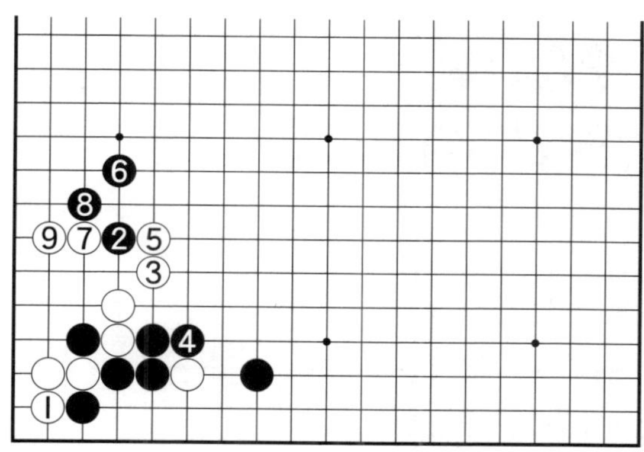

6도

6도 (정석)

백1은 놓칠 수 없는 근거의 급소이다. 여기서 흑2로 협공하는 것이 행마의 요령이다.

백3, 5를 유도해 자연스럽게 흑4, 6으로 정비한다. 백9까지 쌍방 최선의 정석이다.

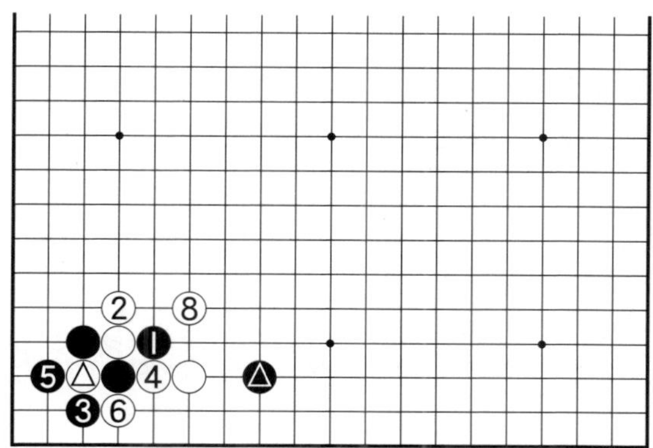

7도

7도 (100점/ 세력작전)

지금처럼 우하쪽에 배경(흑●)이 있을 때는 6도 흑2로 이 그림 1에 씌우는 수도 유력하다.

흑5까지 백△를 제압하며 세력을 구축해 흑▲의 의도가 관철된 모습이다.

8도 (30점/ 수순착오)

5도의 과정에서 깜빡하기 쉬운 주의사항이 있다. 흑1부터 모는 것은 수순 착오. 백4로 뒤통수를 치는 것이 통렬한 반격이다.

백8까지 요석이 잡혀 협공한 흑▲가 무력화되면서 흑의 의도가 무산된다.

8도

❼‥△

늘씬한 속력행마의 기본형

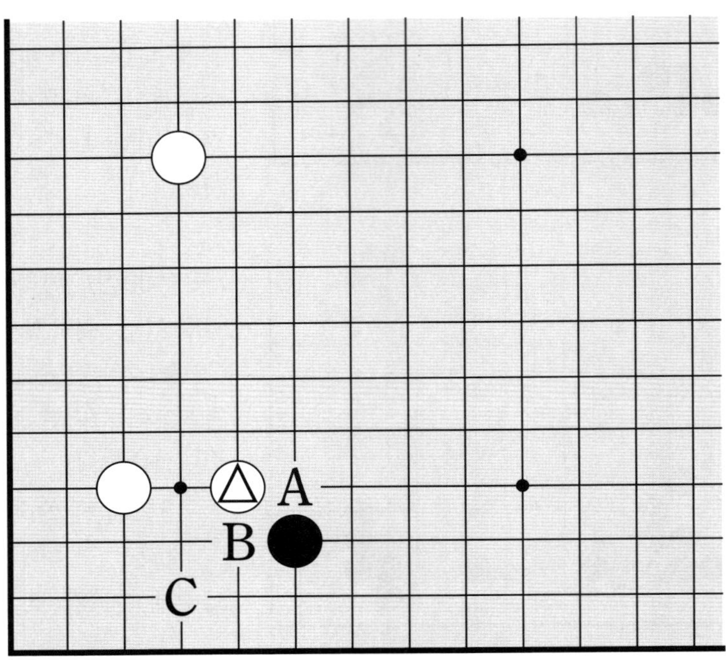

좌변의 기착점을 배경삼아 백△로 짚어온 장면이다.
능률적인 흑의 응수는 A~C 가운데 어디일까?

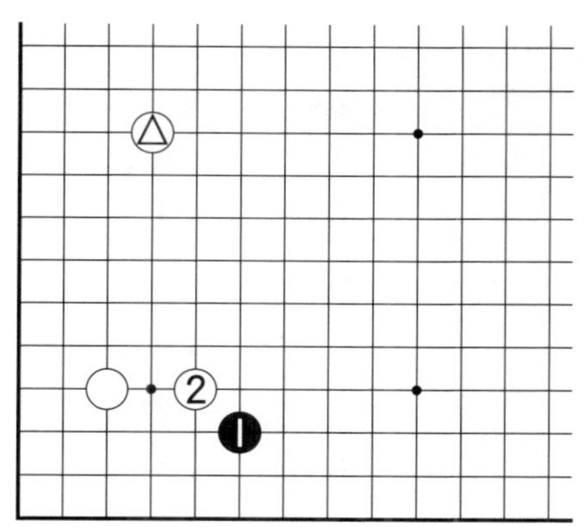

경과도

경과도 (적극적 어깨짚기)

흑1의 완만한 걸침에 백2로 어깨 짚은 수는 좌변 백△의 효용가치를 극대화시키려는 고압전술이다.

　주변 배경이 불리한 흑으로서는 보다 유연하고 발빠른 행마법이 요구되는 상황이다.

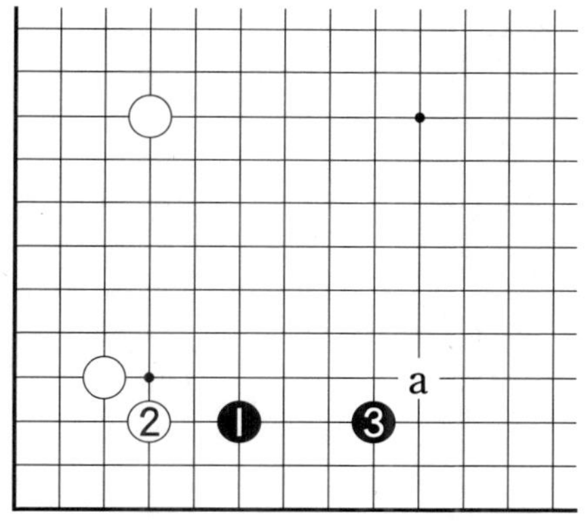

1도

1도 (평범한 정석)

흑1의 눈목자걸침에는 백2가 무난한 응수. 그러면 흑도 3이나 a 로 자리를 잡아 유연한 포진이 된다. 백으로서는 다소 늘어진 느낌이 들기에 **경과도** 백2의 적극적 응수가 개발되었다.

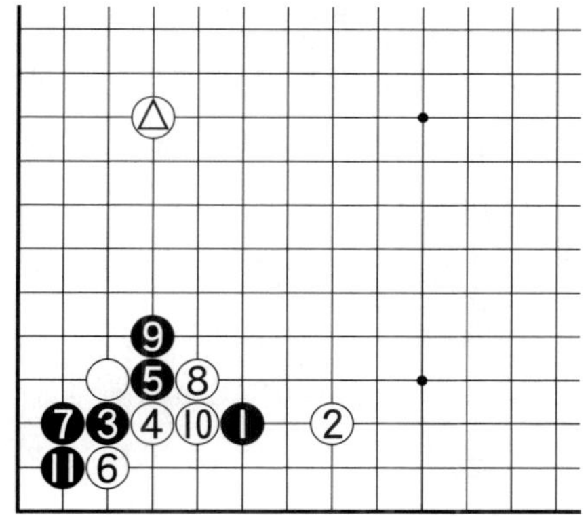

2도

2도 (백, 이상감각)

흑1에 백2로 협공하는 것은 이상 감각. 흑11까지의 상용정석을 상정할 때 백△가 어정쩡한 위치에 놓여있지 않은가.

　기착점의 가치를 살리기는커녕 도리어 이상하게 만든 격이다.

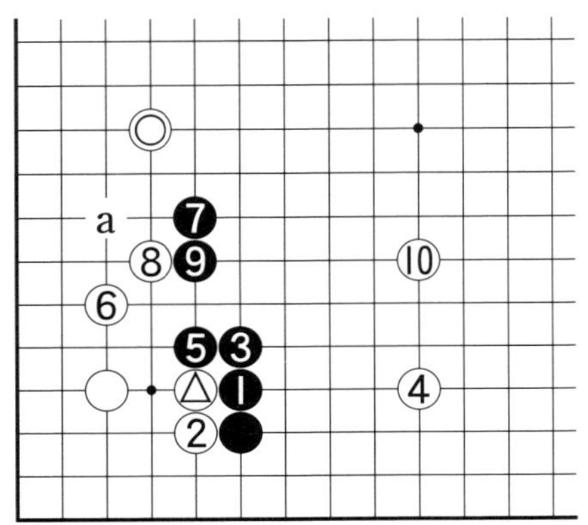

3도

3도 (30점/ 백의 주문)

백△에 흑1로 미는 것은 무책. 백은 양쪽을 효과적으로 처리한 데 비해 흑은 장대말 신세로 몰려 피곤한 모습이다.

특히 백◎ 덕분에 a에 받지 않고 8로 임기응변할 수 있다는 점이 백의 자랑이다.

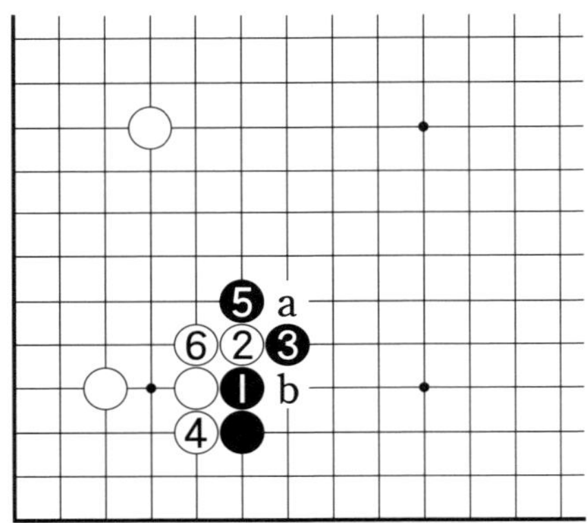

4도

4도 (백의 강수)

또한 흑1에는 백2의 강수도 유력하다.

흑3에는 백4가 강렬한 호착으로 다음 a와 b의 두 약점이 남아 흑이 재미없다.

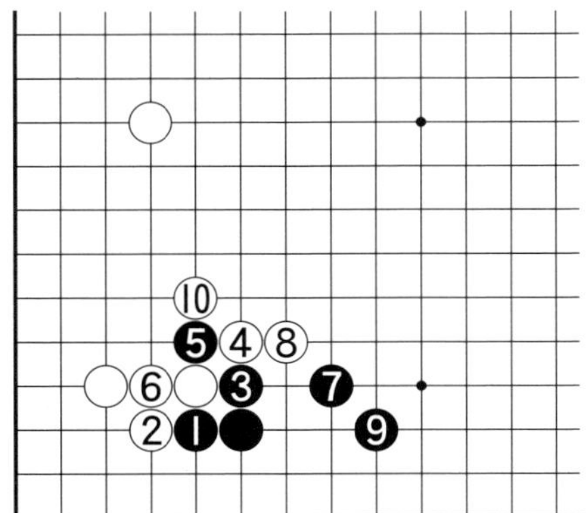

5도

5도 (0점/ 무거운 행마)

흑1로 밀고 들어가는 수는 아둔한 행마. 백2의 호구로 막혀 흑이 좋을 리 없다.

백10까지 실리로나 두터움으로나 백의 압도적 우세이다. 백4로는 5 자리에 늘어두기만 해도 백이 좋다.

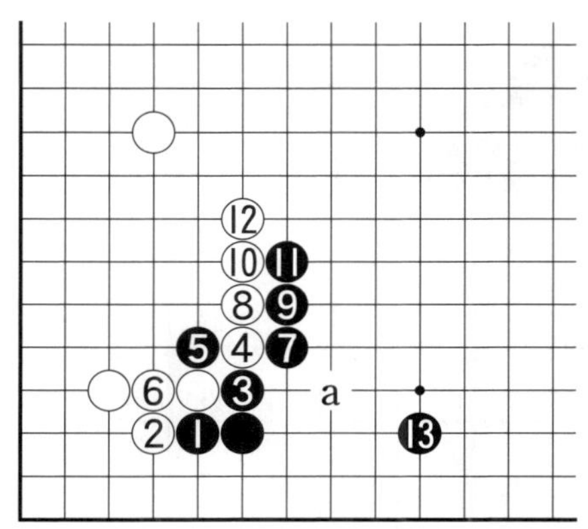

6도

6도 (속수의 행진)

흑5, 7로 마구 단수쳐 대는 것은 속수 퍼레이드. 백12까지, 6선을 밀어준 격이어서 흑의 손해가 막심하다.

더구나 백a로 괴롭히는 수단이 있어 흑은 멀리 벌리기도 어렵다.

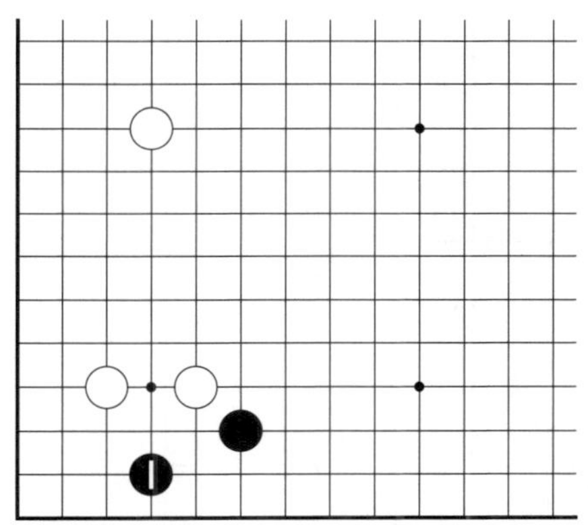

7도

7도 (100점/ 늘씬한 행마)

흑1의 날일자로 달리는 것이 적절한 행마법이다.

되도록 백돌과의 접촉을 피해 근거와 실리의 발판을 마련하고 있다. 계속해서~

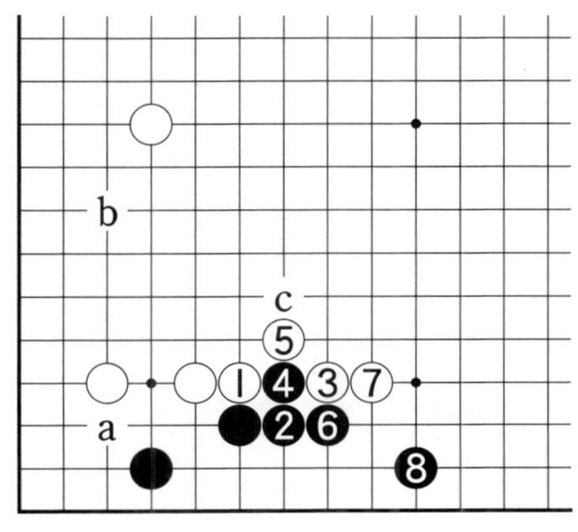

8도

8도 (호각의 정석)

백1, 3에는 흑8까지 쉽게 근거와 실리를 장만해 정석의 완결이다.

일견 좌변 백 모양이 커 보이지만, 흑a가 선수인 데다 b의 침입, c의 교란수단도 남아 흑도 나쁘지 않다.

'되돌려치기'의 발상 (1)

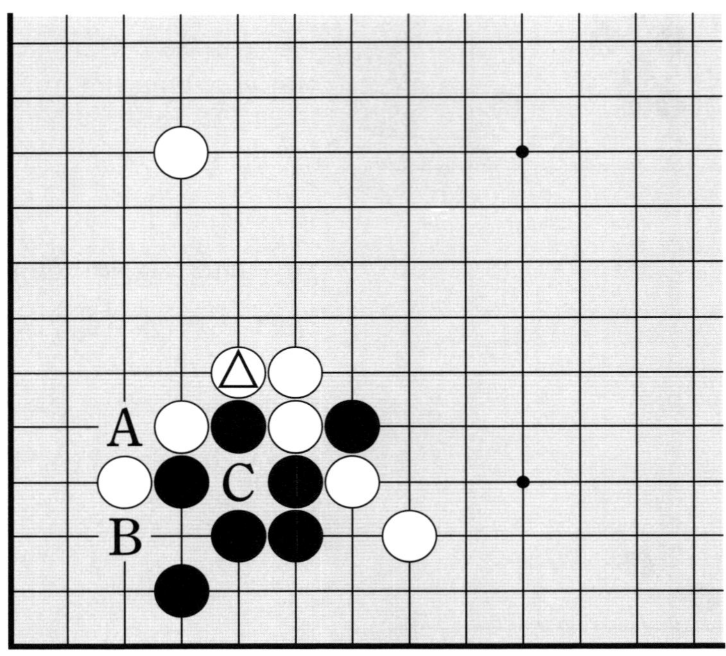

　이번에는 돌의 능률성과 직결되는 행마법을 익혀보자.
　백△로 되몰아온 장면. 흑은 과연 어떻게 응수하는 것이 좋을까? A~C 가운데 생각해보자.

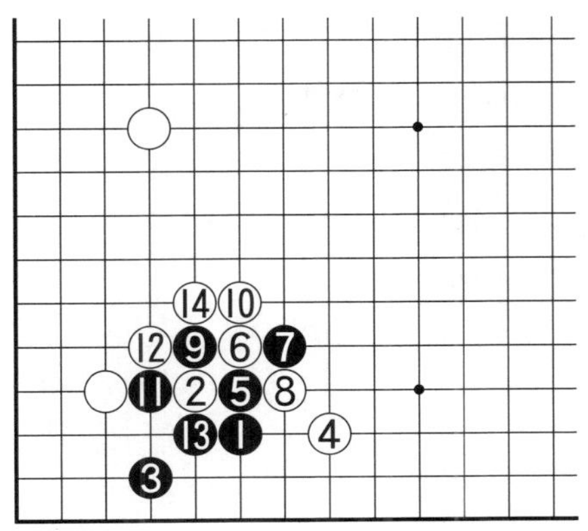

경과도

경과도 (눈목자 정석에서)

흑1에서 백4까지는 앞서 [39형]에서 살펴본 소목/ 눈목자걸침의 정석과정이다.

흑5, 7에 백8로 끊은 것이 6을 둔 이상 최강이자 최선의 응수. 백14까지는 일사천리의 외길 수순이다. 바로 이때가 흑의 고비라고 할 수 있다.

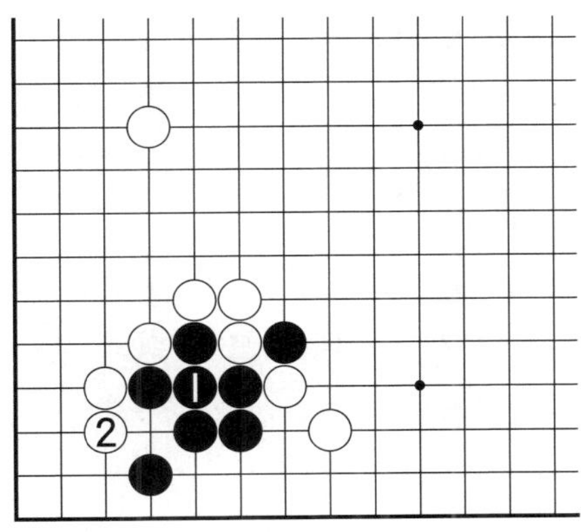

1도

1도 (0점/ 포도송이 자초)

덥석 흑1로 잇는 것은 최하책. 자체로 똘똘 뭉친 우형인 데다 백2의 급소를 당하면 흑 전체의 삶도 고달퍼진다.

단수한다고 해서 무조건 잇는다는 발상에서 벗어나야 한다.

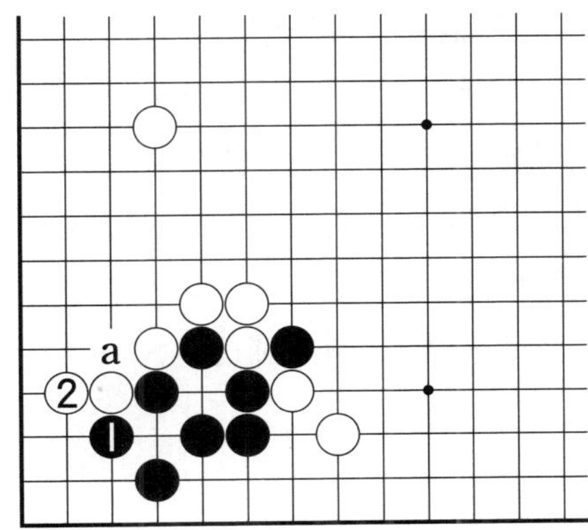

2도

2도 (30점/ 무책)

흑1로 호구치는 것도 무책. 백2로 뻗고 나면 실리 상으로 큰 손해인데다 아직도 흑말의 근거도 불확실해 흑의 불만이다.

그렇다고 흑a로 패를 거는 것은 백의 선패가 되므로 무리이다.

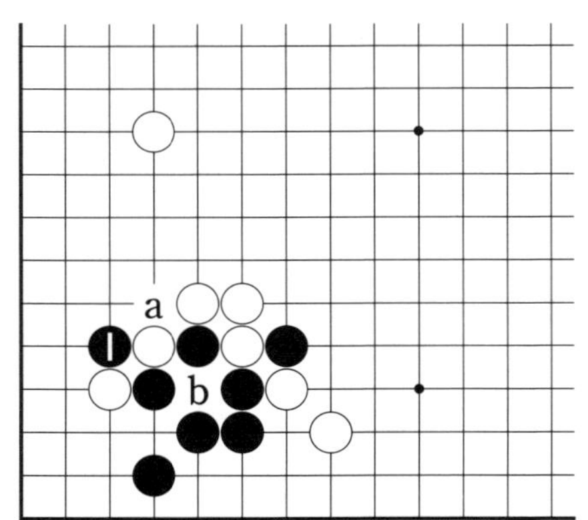

3도

3도 (100점/ 되끊음의 맥)

이때는 흑1로 되끊는 수가 행마의 요령이다.

　다음 백의 응수는 a와 b가 있는데, 계속해서~

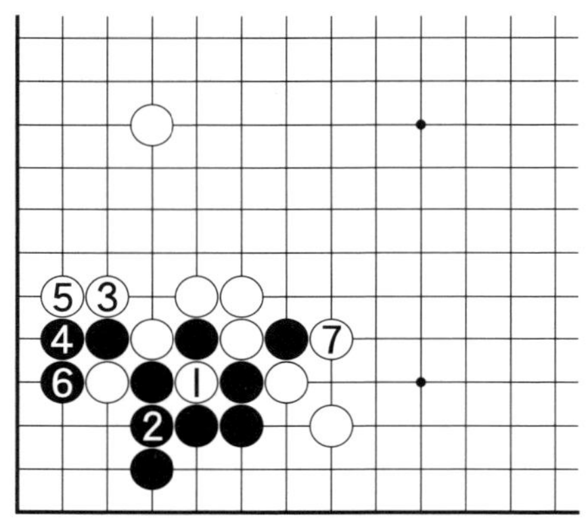

4도

4도 (50점/ 흑, 불만)

먼저 백1로 따내는 수를 살펴본다. 이때 흑2로 잇는 것은 다시 무책이다.

　이하 백7까지 흑은 뭉치고, 백은 몹시 두터워지므로 백의 우세가 확연하다.

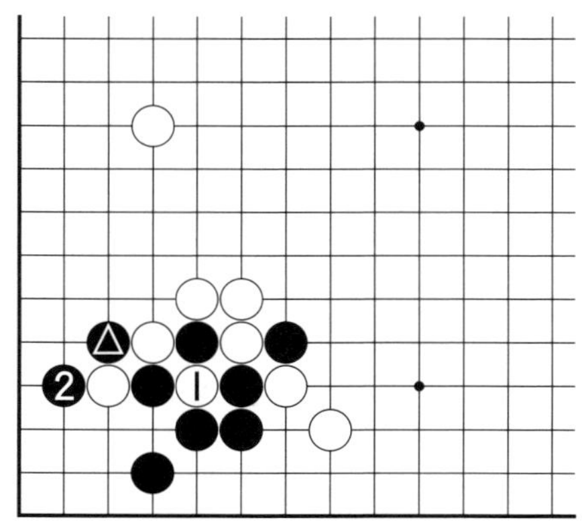

5도

5도 (100점/ 되돌려치기)

백1에는 흑2로 되돌려치는 것이 △와 연관된 좋은 행마이다.

　백의 잇따른 단수에 순순히 잇지 않고, 되몰고 되돌려치는 맥이 포인트이다. 계속해서~

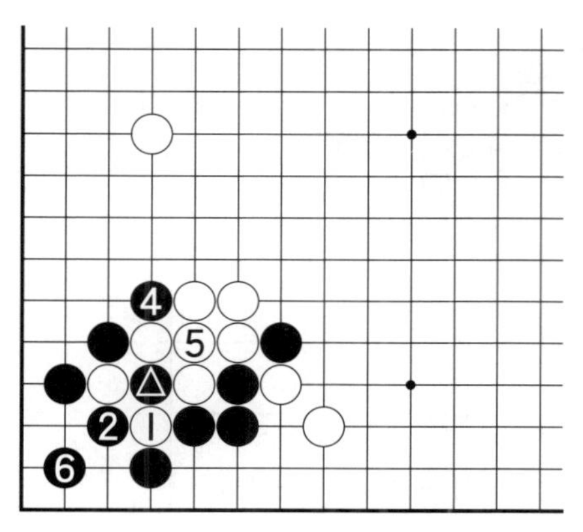

6도

③··▲

6도 (신나는 회돌이)

백1을 기다려 흑2, 4로 거푸 회돌이치는 것이 신명나는 수순이다.

이렇게 한껏 기분을 낸 다음 침착하게 흑6으로 후방을 지켜둔다.

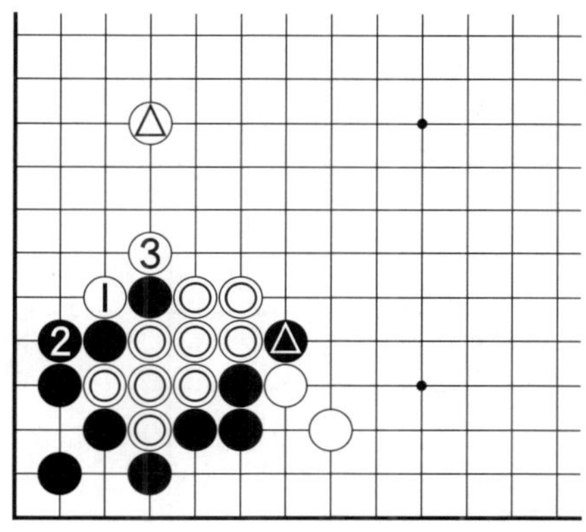

7도

7도 (흑, 성공)

6도의 완결로, ◎들이 포도송이인데다 △도 중복되어 백의 불만이다. 흑▲의 움직임도 남아 사라진 정석이 되었다.

자신이 뭉치는 것을 피해 거꾸로 상대를 우형화 시키는 발상에 주목하자.

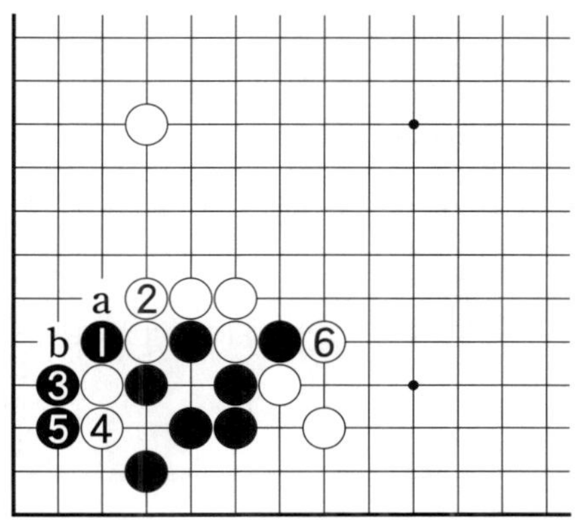

8도

8도 (진화된 수법)

그래서 흑1에 백2로 잇는 수가 진화된 수법이다.

흑3, 5로 잡혀 실리 면에서는 손해지만, 선수인 데다 백a나 b의 활용수단도 있어 7도보다는 능률적(백의 입장)이라는 판단이다.

'되돌려치기'의 발상 (2)

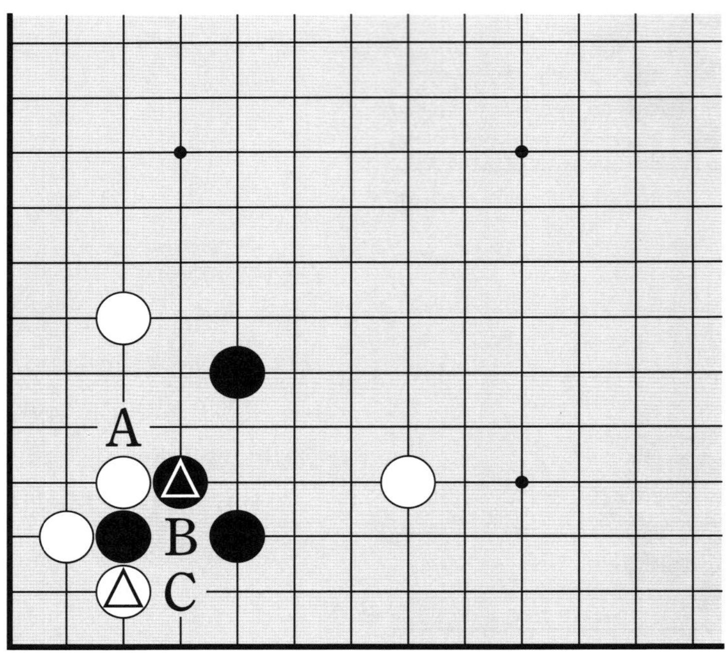

　'단수에는 무조건 잇는다'는 틀에서 벗어나는 발상의 전환이 행마 실력과 심미안을 늘리는 지름길이다.

　호구(흑▲)로 부풀어 안형을 만들고자 할 때 백△로 몰아온 장면이다.

　흑은 어떻게 응수하는 것이 좋을까? A~C 가운데 생각해 보자.

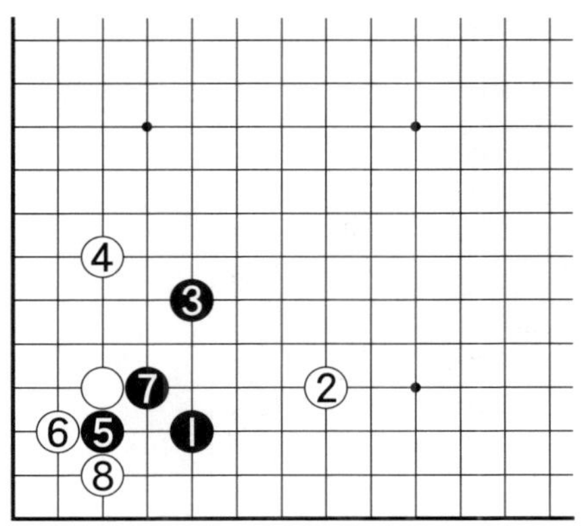

경과도

경과도 (두칸뜀 정석에서)

흑3, 백4가 교환된 상황에서 흑이 5, 7로 근거 장만을 서두르고 있는 장면이다.

　그러자 백이 순순히 응하지 않고 강력히 8로 몰아 흑의 뿌리를 흔들고 나섰다.

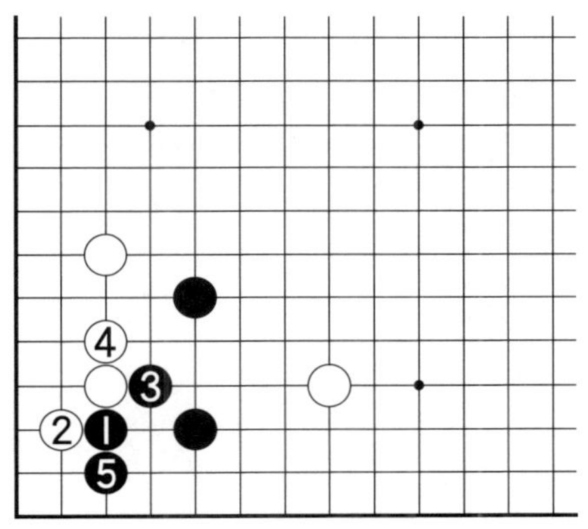

1도

1도 (무난한 정석)

흑1, 3에 백은 4로 받아주는 것이 온건하다. 그러면 흑도 5로 근거를 마련할 수 있다.

　그러나 공격대상을 이렇게 쉽사리 안정시켜 주는 것은 돌의 기세면에서 미흡한 느낌이다.

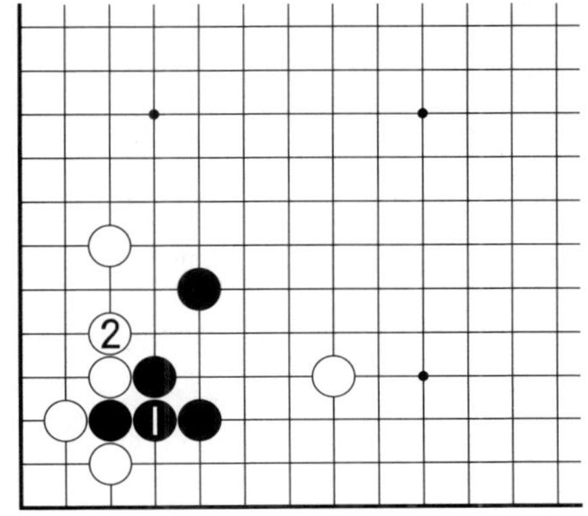

2도

2도 (0점/ 우형을 자초)

'단수니까' 당연히 흑1로 잇는 것은 너무나 무책임한 속수이다.

　삿갓형으로 뭉친 꼴이 비능률적인 데다 안형과 근거가 박약해 장차 흑 대마가 큰 고초를 겪을 형상이다.

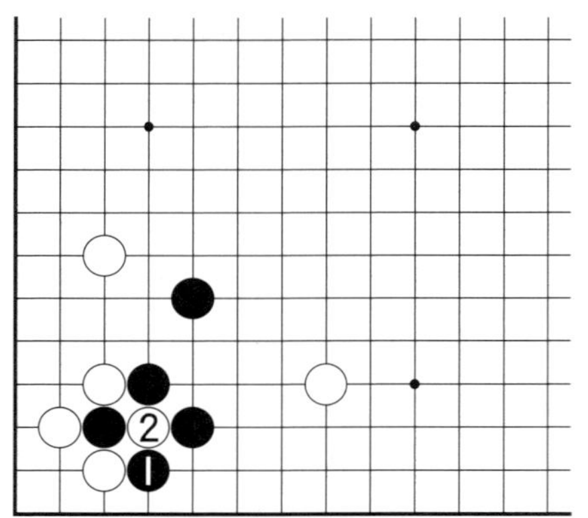

3도

3도 (30점/ 무리한 패)

그렇다고 흑1의 패로 버티는 것은 지나친 욕심이다.

　백이 먼저 따내는 패가 되어서는 아무래도 흑의 역부족이다. 더구나 이렇다 할 패감이 없는 초반에는 더더욱 힘겹다.

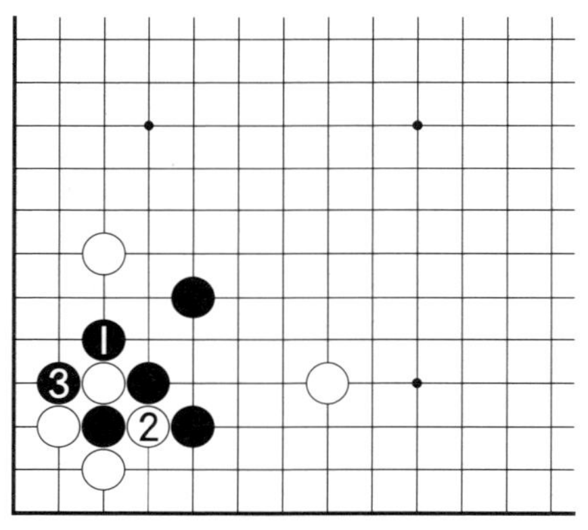

4도

4도 (100점/ 기세의 되몰기)

흑1로 모는 것이 최선. 이어 백2로 따내면 강력하게 흑3으로 되모는 것이 기세이다. 계속해서~

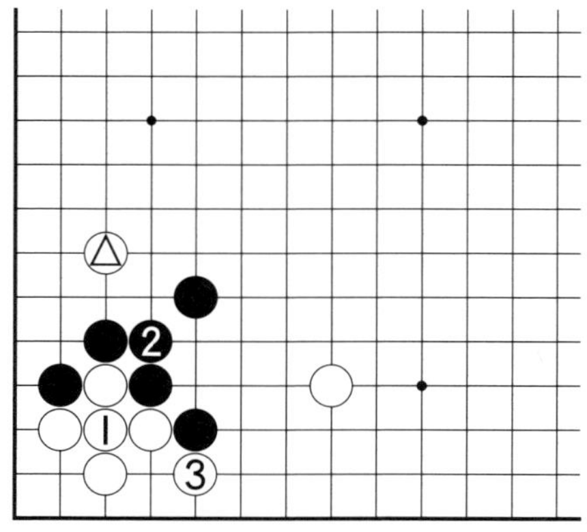

5도

5도 (50점/ 후속수 미흡)

백도 패로 버티기에는 무리이므로 백1로 잇는 것은 당연한데….

　이때 덩달아 흑2로 잇는 것은 우직한 속수. 흑의 형태가 비능률적인 데다 아직 백△도 활력이 남아서는 흑의 불만이다.

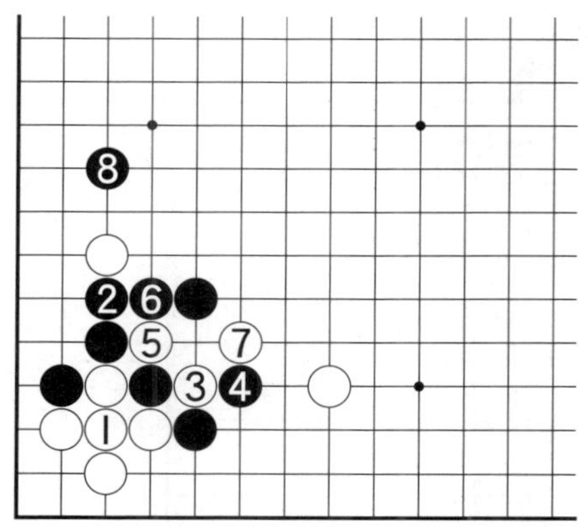

6도

6도 (100점/ 능률적 처리)

이런 경우에는 흑2로 치받는 것이 능률적인 처리법이다.

다음 백3에는 흑4, 6이 행마의 요령이며, 8까지 좌변을 제압해 흑도 충분한 모습이다.

거듭된 되몰기 작전으로 형태를 정비한 모델이다.

7도 (대동소이)

백3에는 흑4, 6이 적절한 처리 방법이다.

역시 하변 실리를 내준 대신 좌변을 제압해 불만이 없다.

7도

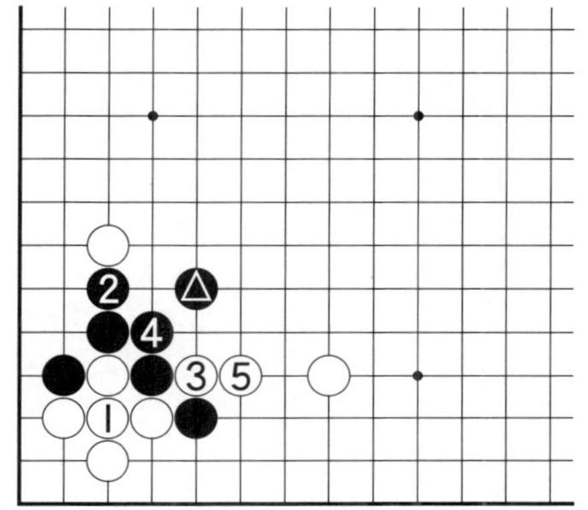

8도

8도 (50점/ 흑, 비능률)

백3에 덥석 흑4로 잇는 것은 말짱 도루묵이다.

백5까지 하변이 깨끗하게 들어간 반면, 흑은 아직도 불안한 형태여서 크게 당한 모습이다. 흑▲가 이상한 위치에 놓여 있지 않은가.

순응이냐, 반발이냐

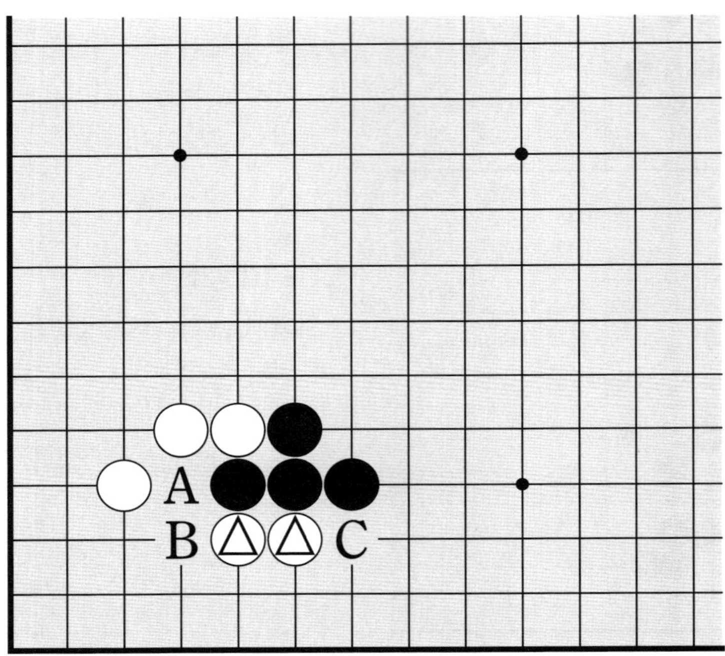

어디서 많이 본 듯한 형태인데, 백△들이 묘한 형태를 이루고 있는 점이 이색적이다.

백이 다소 과욕을 부린 탓인데, 과연 다음 흑의 최선은 A ~C 중 어디일까?

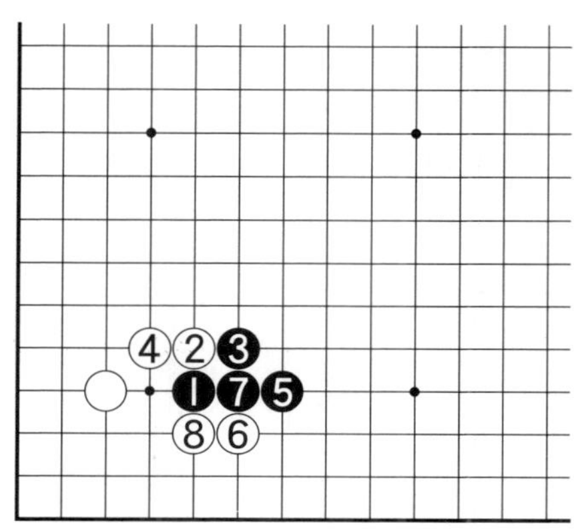

경과도

경과도 (붙여끌기 변칙형)

흑1에 백2, 4는 가장 간명한 수법이다.

그런데 흑5 때 백6으로 들여다본 수가 흑을 자극하는 유력한 변화구! 흑7에 막상 백8로 넘자 흑은 갈등에 휩싸인 것이다.

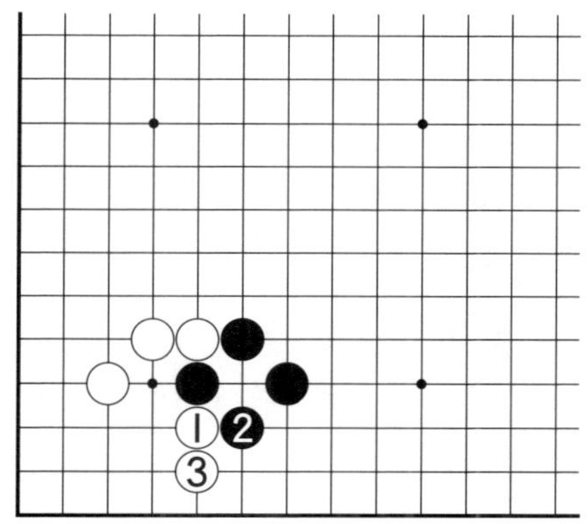

1도

1도 (무난한 정석)

경과도 백6으로는 백1, 3으로 붙여느는 것이 무난하다. 그런데 이 형태는 백이 실리를 번 반면, 흑도 빵때림 자세가 되는 것이 흠이다.

경과도 백6은 실리도 불리고 흑도 뭉치게 하려는 '욕심 사나운' 수이다.

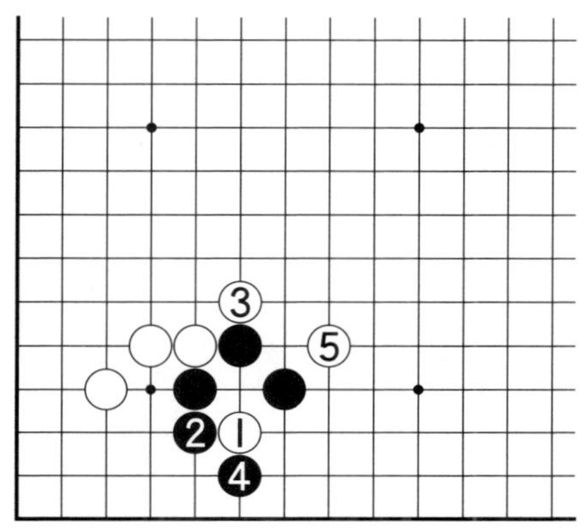

2도

2도 (백, 활발)

백1에 기분 같아서는 흑2로 반발하고 싶지만, 백3이 준엄한 추궁이 되어 흑이 곤란해진다.

흑4가 불가피할 때 백5로 씌워서는 백이 활발하다.

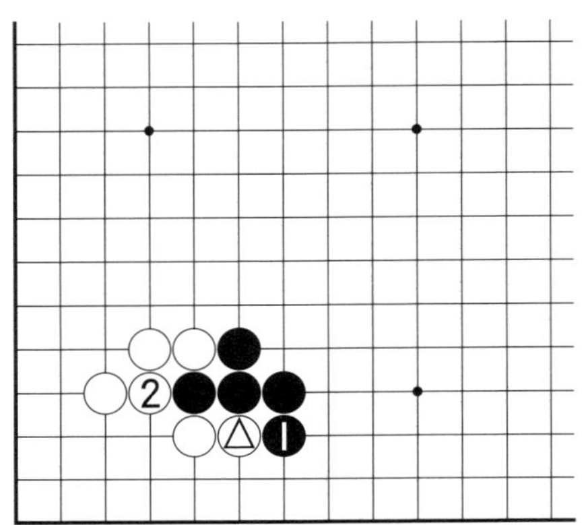

3도

3도 (0점/ 백의 주문대로)

흑1로 막는 것은 무책. 백2로 치받아 귀가 깨끗하게 굳어진다.

반면 흑은 뭉친 형태 아닌가. 바로 이것이 백△의 주문이다.

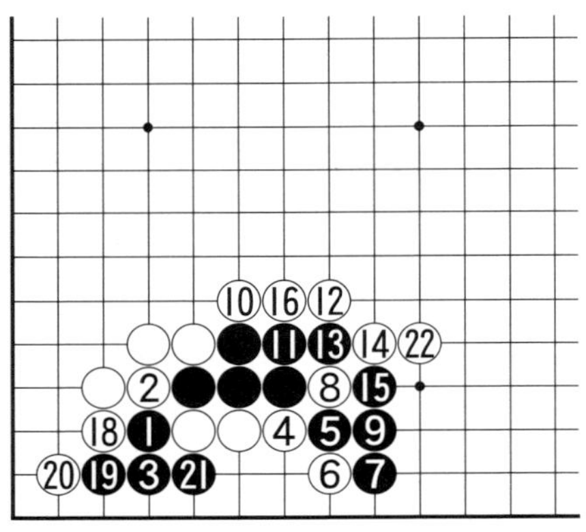

4도　　　　　　　　　　⓱…⑧

4도 (30점/ 백, 우세)

그렇다고 흑1로 젖히는 것은 지나친 '오버 액션'이다.

백4에 흑이 축 유리면 5, 7이 최강수지만 백10, 12를 당해 흑은 졸지에 똘똘 뭉치게 된다. 백22까지 백이 대세를 장악한 모습이다.

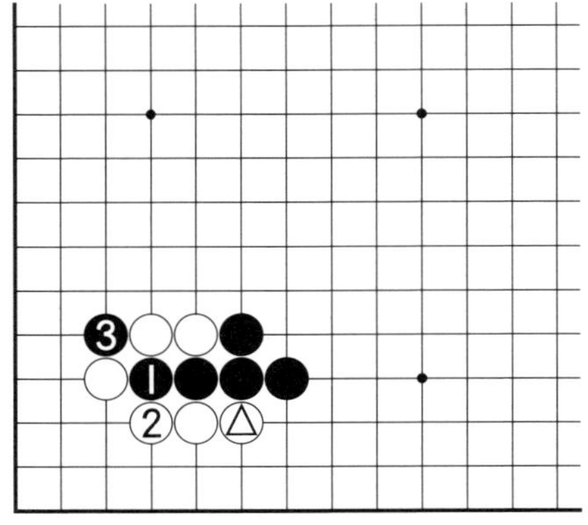

5도

5도 (100점/ 적절한 응징)

흑1, 3으로 나가끊는 것이 백△의 과수를 꾸짖는 최선의 응징법이다. 계속해서~

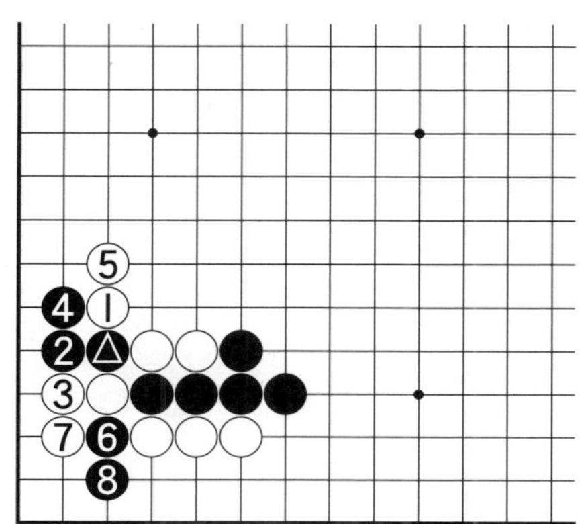

6도

6도 (정확한 수순의 묘)

백1이 최강의 버팀수이나 일단 흑 2, 4로 수를 늘려 놓은 뒤 6, 8로 끊고 느는 수가 흑△와 연관된 공작이다.

흑은 지금 대형 사석작전을 진행하고 있는 것이다.

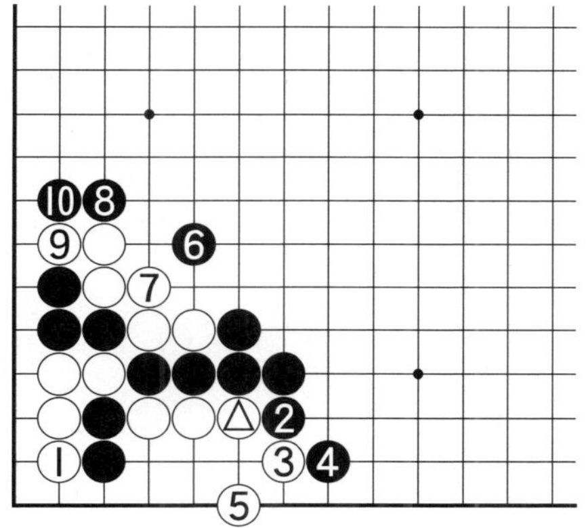

7도

7도 (대형 사석작전 완결)

흑2 이하를 선수한 뒤 6으로 급소를 치는 것이 멋진 맥이다. 흑10 까지 외곽을 도배하는 데까지 일단락이다.

옛 정석이긴 하지만, 아무래도 흑이 두텁다. 그래서 요즘에는 백 △의 변칙수가 잘 쓰이지 않게 되었다.

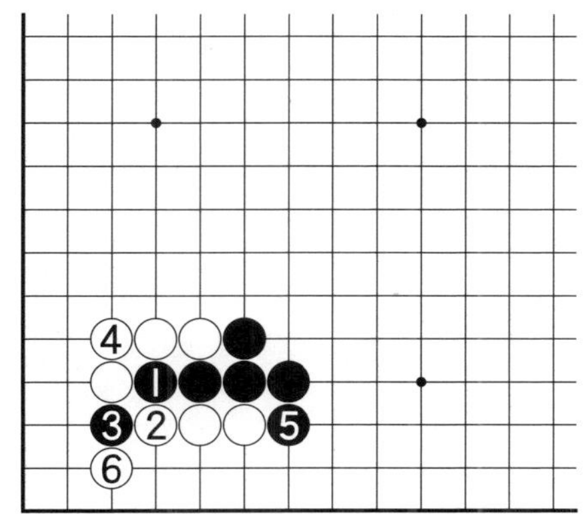

8도

8도 (50점/ 방향착오)

백2 때 흑3쪽으로 끊는 것은 방향착오이다.

백6까지 깨끗하게 잡혀서는 흑의 손해가 분명하다.

3장

정석의 급소
(외목·고목 편)

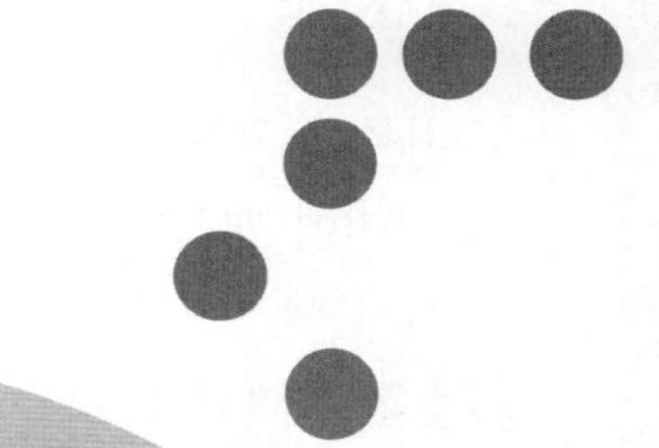

  외목과 고목은 흔히 쓰이지는 않지만 상당한 책략과 함정을 내포하고 있기에 경우에 따라 유력한 수단이 되곤 한다.

  여기서는 주로 외목, 고목의 변칙수법에 대응하는 입장에서 정석의 급소를 살펴본다.

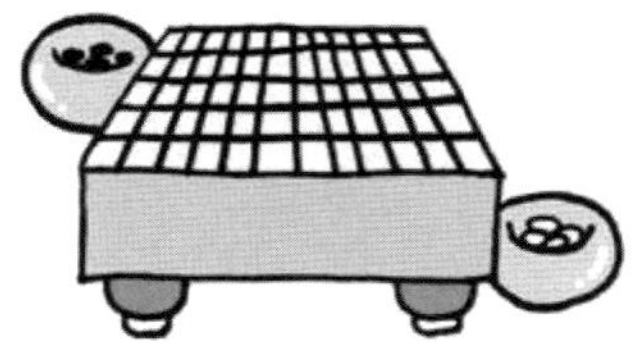

'망하는 빵때림'도 있다?

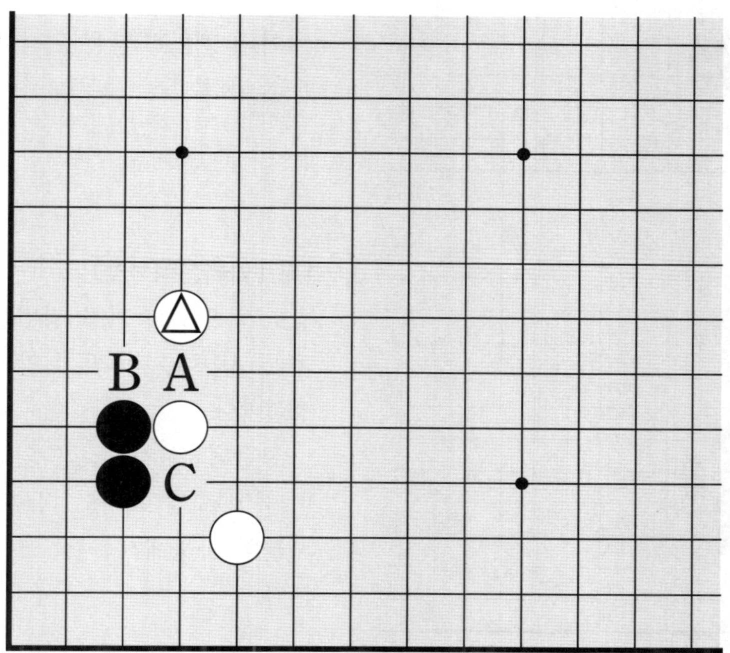

　백이 흑을 압박하면서 세력작전을 펴고 있는데, A에 늘지 않고 백△로 한칸 뛴 수가 이채롭다. 뭔가 허해 보이는데, 그렇다고 즉각적으로 대응하다가는 도리어 큰 코를 다치게 된다.
　흑은 A～C 중 어디가 최선의 응수일까?

경과도 (외목/ 소목걸침 정석)

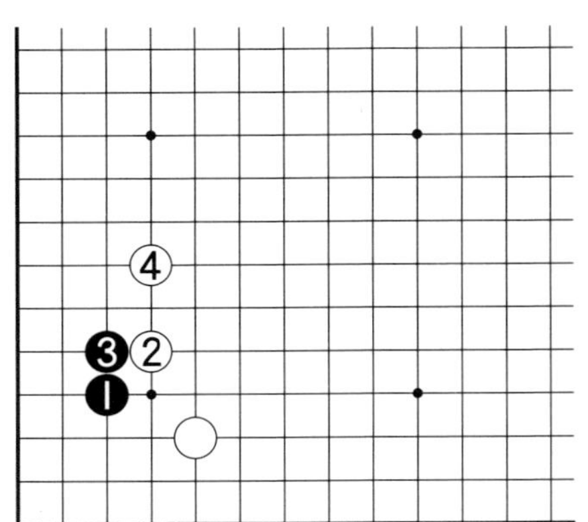

경과도

외목은 복잡다단한 변화를 내포하고 있는 마의 지점. 흑1의 소목 걸침은 가장 평범하면서도 당연한 걸침이다.

이때 백2로 짚은 뒤 4로 한칸 뛴 것이 함축성 풍부한 수법이다.

1도 (외목정석 1호)

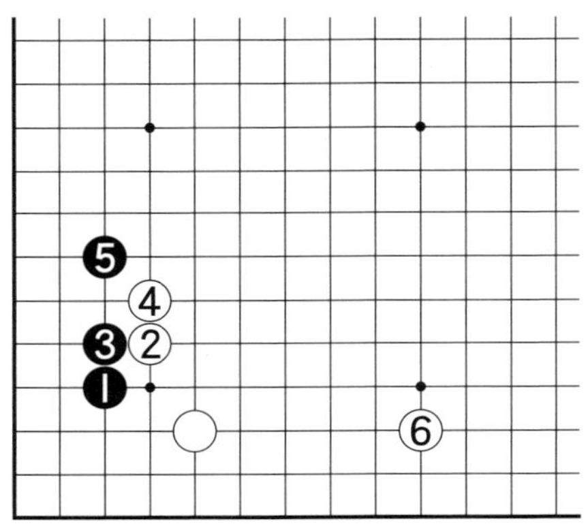

1도

당초 백으로서 가장 평범한 수법은 2, 4이다. 백6까지 알기 쉬운 정석이다.

그런데 이 정석은 흑의 실리에 비해 백 모양이 다소 허술해 상급자들의 바둑에서는 잘 쓰이지 않는다.

2도 (0점/ 빵때림이 속수?)

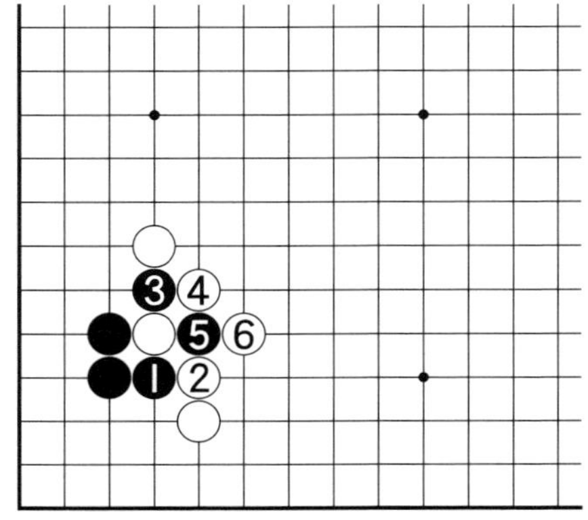

2도

본론으로 들어가, 즉각 허점을 응징코자 흑1, 3으로 나가 몰기 십상인데, 바로 이것이 백의 함정이다. 흑5로 빵때림하는 데까지야 기분 좋겠지만, 백6으로 되몰 때 의외로 곤란하다. 계속해서~

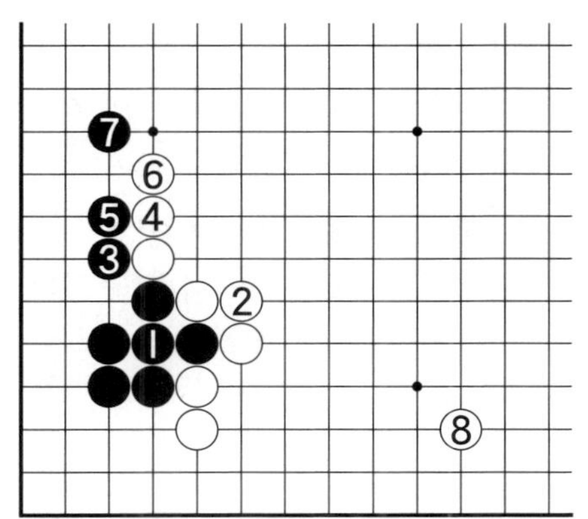

3도

3도 (흑, 우형)

흑1로 잇는 것은 포도송이의 우형
이 되어 낙제점이다. 백2로 잇는
자세가 두터워 만족이다. 백8까지
웅장한 백세가 훨씬 돋보인다.

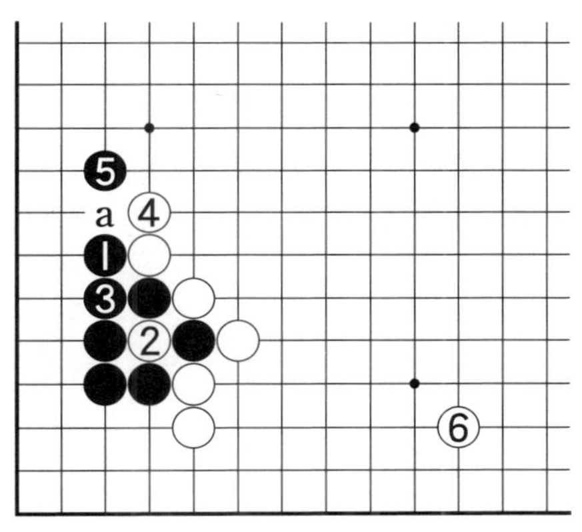

4도

4도 (흑, 저위 편재)

흑1로 젖혀 변에 진출하는 것도
백2, 4를 선수당하여 저위에 편재
된 꼴이다.

　그렇다고 흑5를 손빼면 백a로
막히는 것이 너무 아프다.

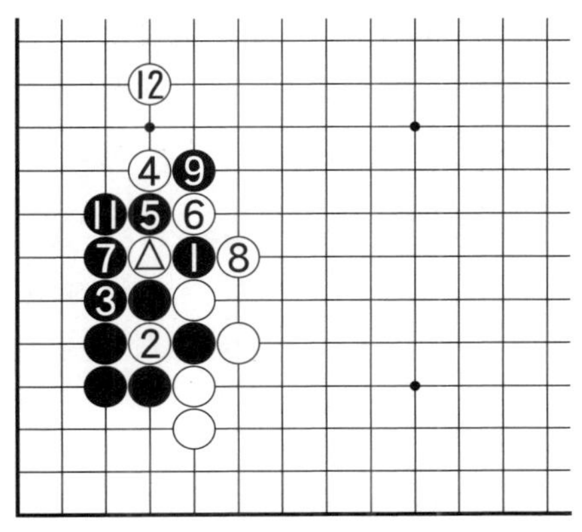

5도　　　　　　　　　⑩…△

5도 (최악의 몸부림)

흑은 1로 끊고 싶지만 백2, 4에
의해 좋은 결과를 기대하기 힘들
다. 흑에게 남은 것은 3선의 몇 집
뿐인 반면, 백세의 위력은 전판을
뒤덮어 바둑도 끝난 셈이나 마찬
가지이다.

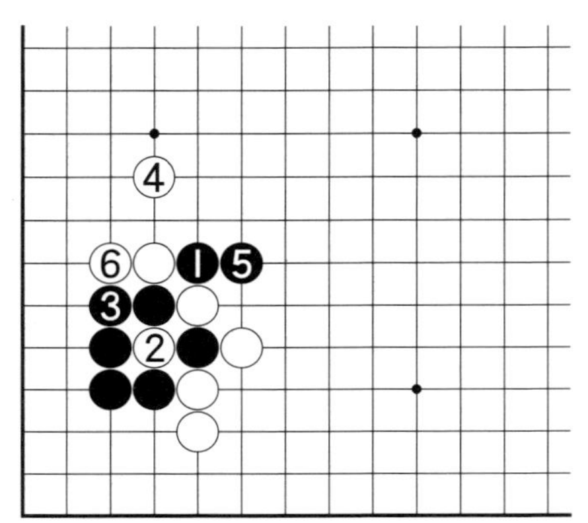

6도

6도 (흑, 무리)

그렇다고 백4에 흑5로 뻗어 싸우려는 것은 무리한 태도이다.

　백6으로 막히면 귀의 흑도 불안하여 흑의 고전이 역력하게 된다.

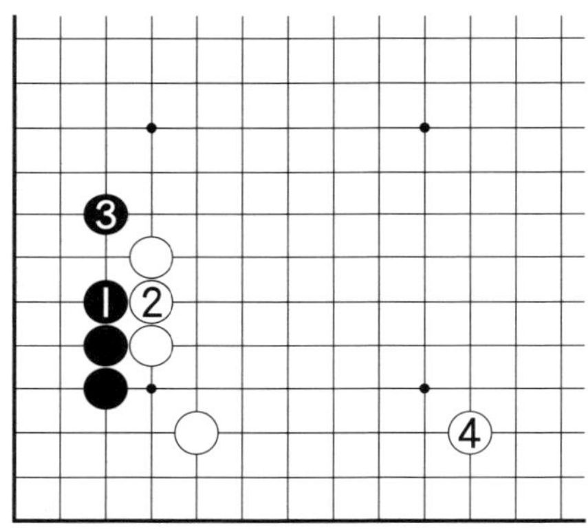

7도

7도 (70점/ 나약한 태도)

흑1은 나약. 백2에 흑3의 도강이 불가피하다면 1도에 비해 한 발 더 긴 만큼 흑의 손해가 분명하다.

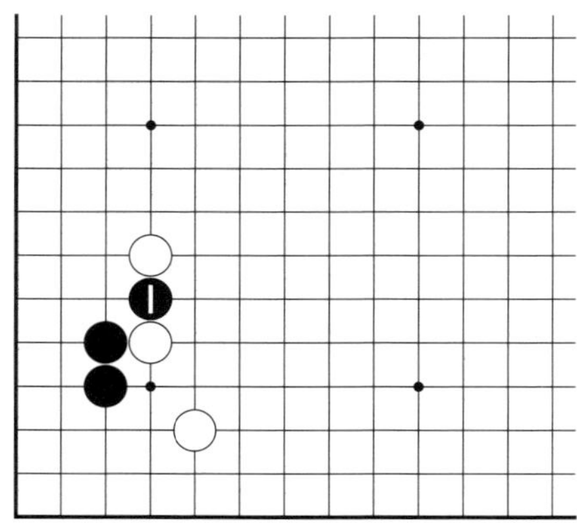

8도

8도 (100점/ 끼움의 급소)

이때는 흑1로 끼우는 것이 백의 약점을 적절히 추궁하는 맥이다.

계속해서~

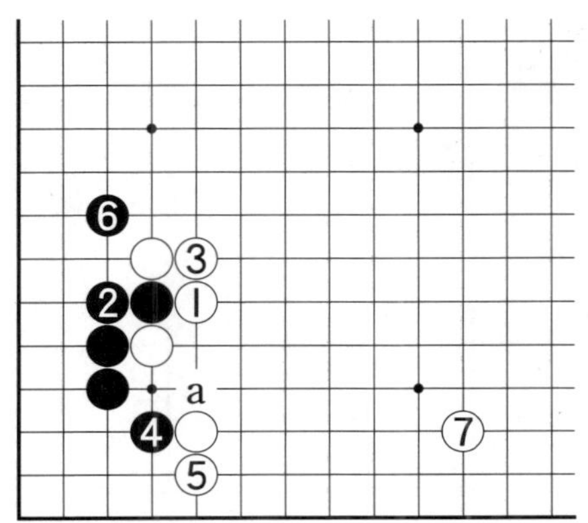

9도

9도 (실리 대 세력)

백1은 정수. 백3을 기다려 흑4를 선수한 뒤 6으로 뛰는 데까지 일단락이다.

백의 외세가 좋아 보이지만, 차후 a쪽의 뒷맛이 남아 있으므로 대등한 정석이다.

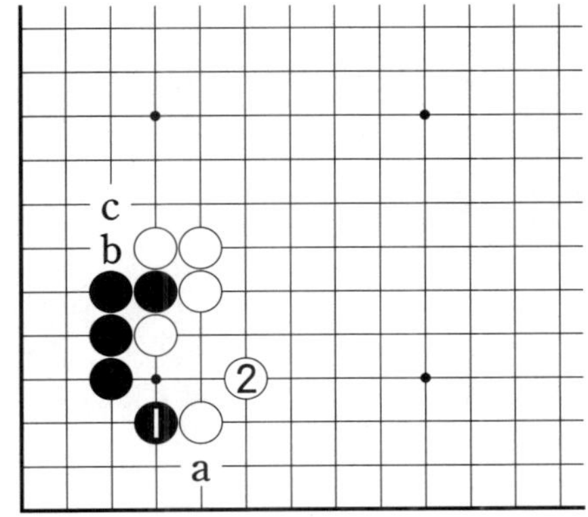

10도

10도 (50점/ 수순누락)

그런데 9도의 흑4를 생략한 채 그냥 흑1로 뛰는 것은 중대한 수순누락이다.

백2~8까지로 조임을 당해 백은 두터워지고 흑은 납작해진다.

11도

11도 (백, 늘어진 수)

흑1 때 경우에 따라 a에 뻗지 않고 백2로 받는 것도 있지만 보통은 완착이다.

이제는 백b로 막혀도 귀가 안전하므로 흑은 c에 뛰지 않고 하변 백세 견제에 손을 돌릴 여유가 생긴다. 즉, 선수와 후수의 차이가 있다.

선수와 후수의 차이

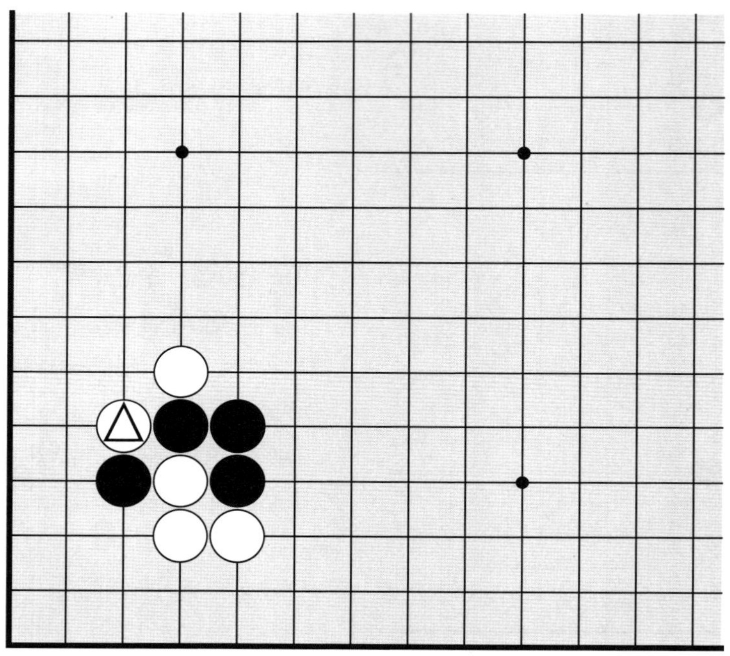

　대사정석에서 파생된 형태. 백△로 끊어온 장면이다. 흑은 어떻게 처리해야 할까?
　선수와 후수 처리의 차이가 이 정석의 포인트이다.

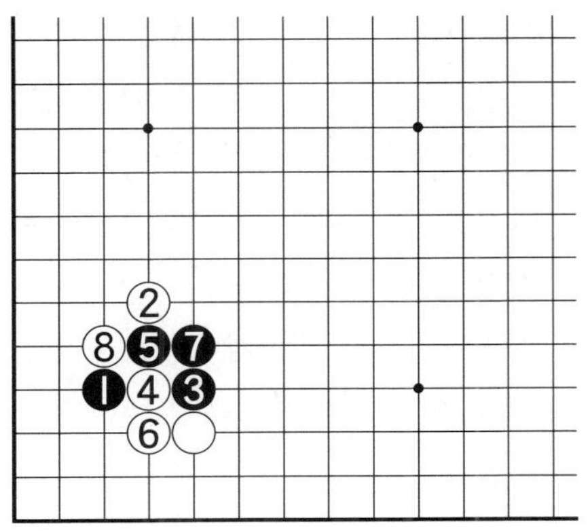

경과도

경과도 (세력 취향)

백4, 6으로 끼워 이었을 때가 흑의 기로인데, 여기서 흑이 8의 곳을 잇지 않고 7로 위쪽을 이은 것이 백의 책략을 피하는 간명한 수법이다.

특히 접바둑에서는 유력한 선택이 되곤 한다.

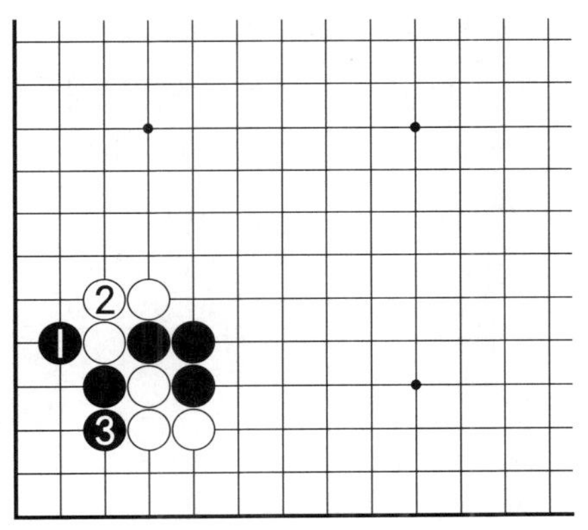

1도

1도 (0점/ 소탐대실)

흑의 귀살이가 가능은 하다. 흑1로 몬 뒤 3으로 막으면 어렵지 않게 사는 형태이다. 그러나…

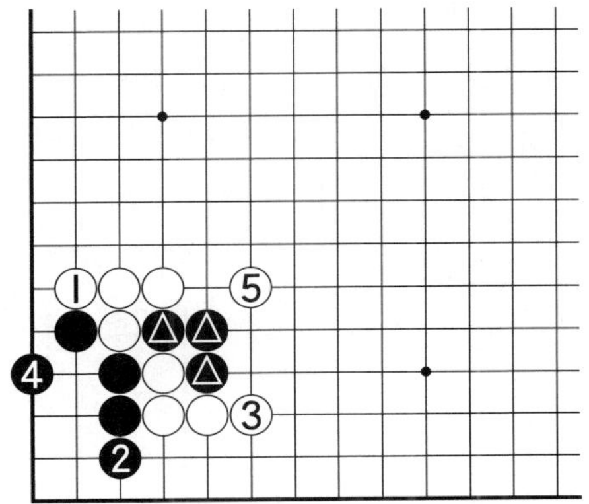

2도

2도 (살고도 망하다)

계속해서 흑4까지 귀살이에 급급하는 사이 ▲가 무력화되어서는 흑이 살고도 망한 꼴이다. 소탐대실의 전형이다.

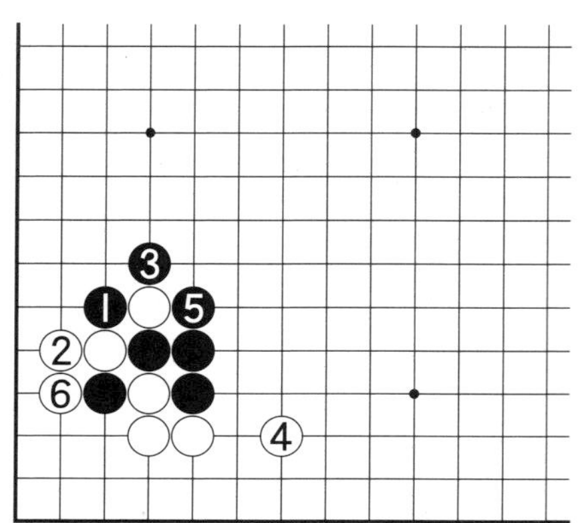

3도

3도 (100점/ 선수 빵때림)

여기서는 사소취대의 발상이 필요하다. 흑1로 몰아 과감하게 귀를 버리는 것이 대승적 태도. 백의 실리가 커 부분적으로는 손해지만, 빵때림한 자세가 두텁고 선수까지 뽑아 흑도 나쁘지 않다.

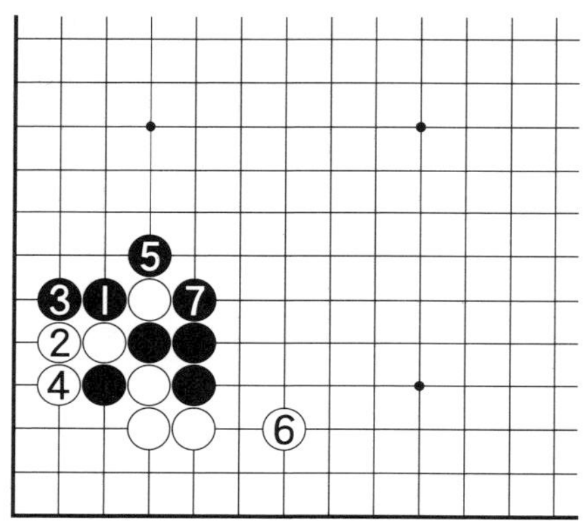

4도

4도 (50점/ 후수 신세)

그런데 백2 때 무심코 흑3까지 선수하는 것은 경솔한 속수이다. 흑7까지 후수를 뽑고 만다.

　3도와 비교할 때 흑은 한가하게 3의 곳을 후수로 막았다는 결론 아닌가.

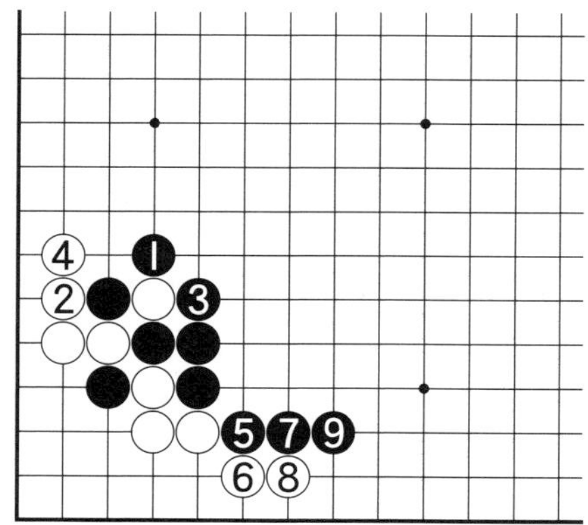

5도

5도 (백의 소탐대실 1)

흑1로 몰 때 백2, 4로 몰아나가는 것은 과욕. 흑5, 7이 힘차고 두터워 백의 소탐대실이 역력하다.

　이렇게 되고 보니 백은 2선을 무려 5번이나 기고 있지 않은가.

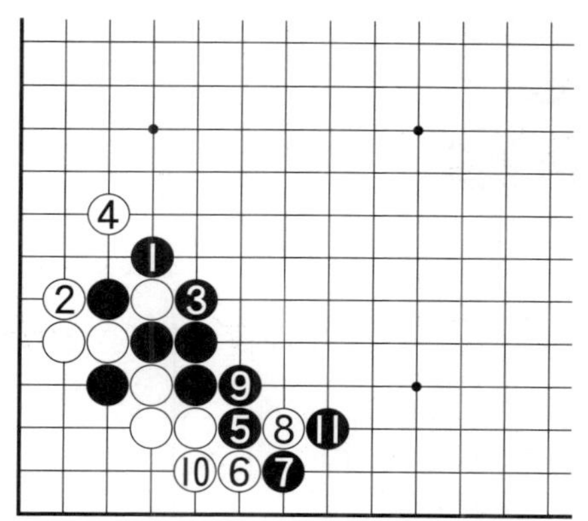

6도

6도 (백의 소탐대실 2)

백4로 능률을 추구하는 수법도 있지만 이때는 흑5, 7의 이단젖힘까지 성립해 역시 백이 크게 당한다.

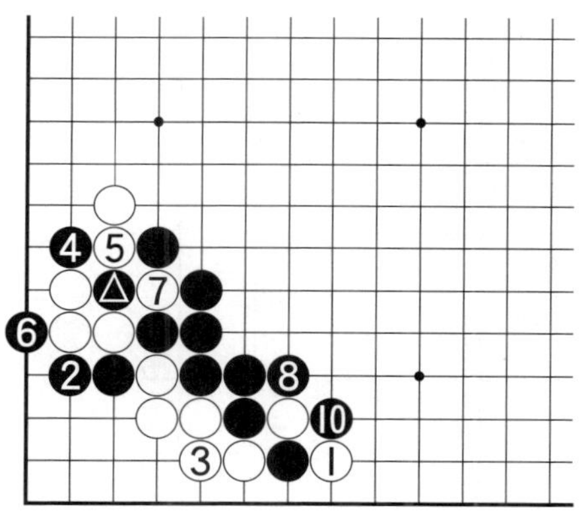

7도

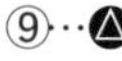

7도 (백, 대무리)

그렇다고 백1로 버티는 것은 흑2~6으로 꽃놀이패가 발생해 백이 곤란해진다. 흑8이라는 절호의 자체 패감이 있어 10까지 흑이 두터운 결말이다.

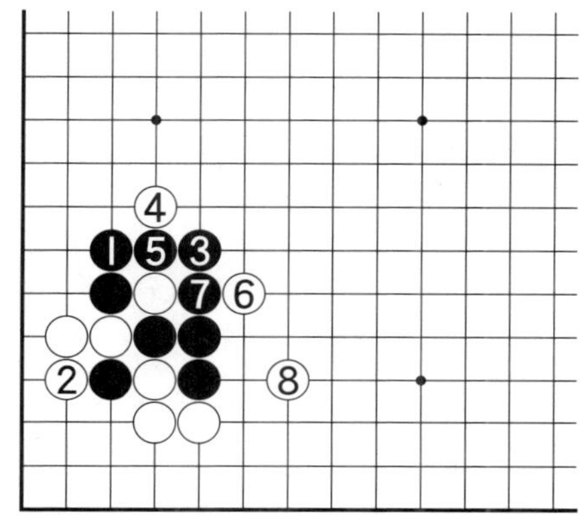

8도

8도 (축이 불리할 때)

만약 흑에게 축머리가 불리하다면 흑1을 선수한 뒤 3의 장문으로 잡는 수도 있다.

그러나 백4, 6을 활용당하는 것이 따끔하다.

기세의 맞대결

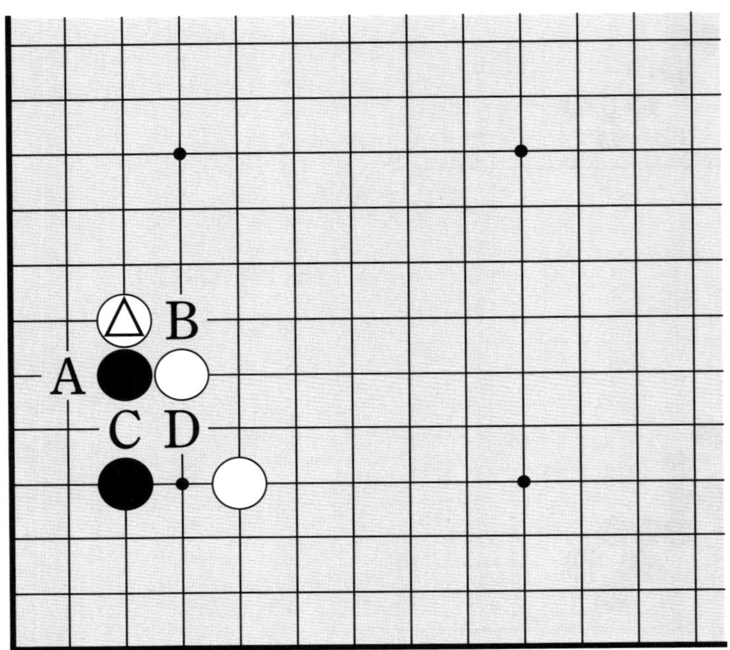

이제 고목 정석에 관해 살펴본다.

백△로 젖혀온 장면. 다음 흑의 최선은 A~D 가운데 어디
일까?

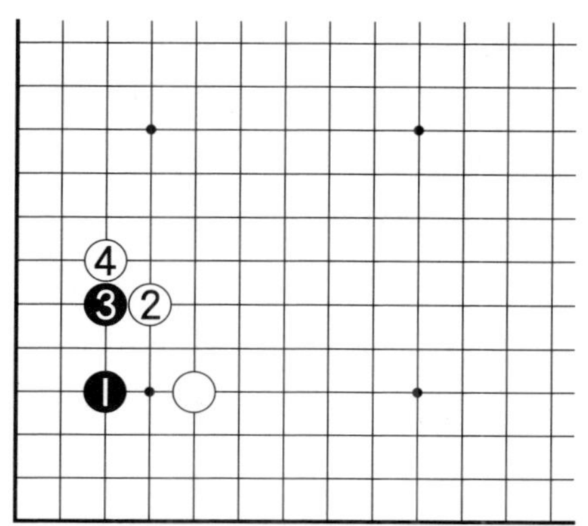

경과도

경과도 (고목정석 1호)

흑1의 소목 걸침에 백2의 날일자 씌움은 고목에서 가장 많이 쓰이는 세력지향의 수법이다.

흑3으로 붙일 때 백4로 젖혀 막은 것은 '축 유리'를 전제로 한 강수이다.

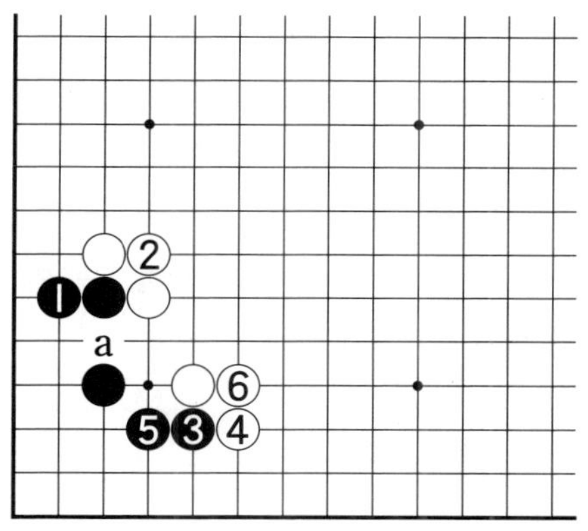

1도

1도 (50점/ 패기부족)

흑1로 느는 것은 맥 빠진 굴복. 백2로 잇는 자세가 두터워 백이 만족스럽다.

흑1로 a에 끄는 것도 대동소이한 상황이다.

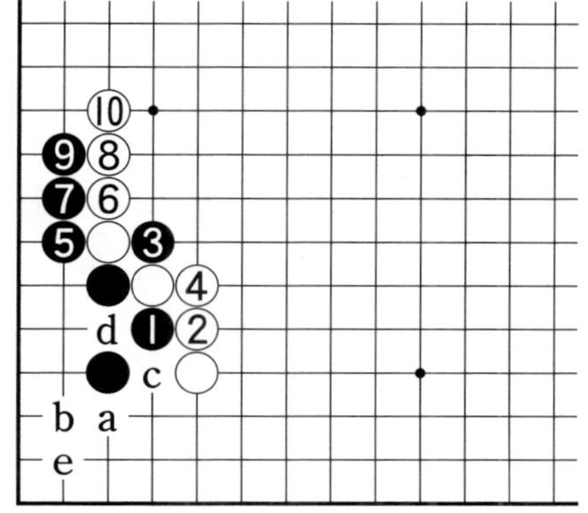

2도

2도 (0점/ 낮은 포복)

흑1로 호구친 다음 3~7로 몰고 나가는 것은 최하책이다.

이처럼 초반에 '2선 포복'을 자청해서는 좋을 리가 없다. 장차 백 a~e의 수단도 남아 흑이 크게 당한 꼴이다.

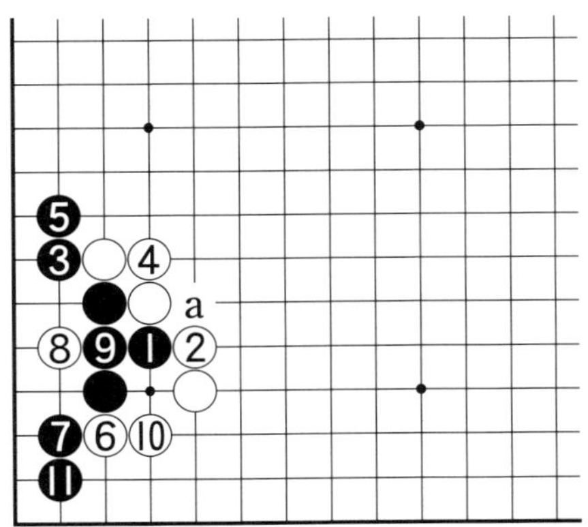

3도

3도 (50점/ 차선책)

흑3으로는 이처럼 그냥 이단젖히는 것이 그나마 옳은 행마법이다. 변으로 머리를 내밀고 a의 단점도 노려 2도보다는 한결 낫다.

그러나 이 결과 역시 백이 두터워 특수한 상황이 아니면 흑의 불만이다.

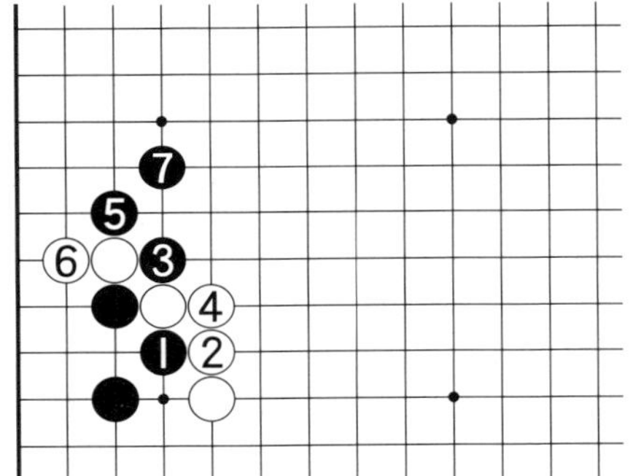

4도

4도 (30점/ 우격다짐)

흑1, 3에 이어 5, 7로 가두려는 것이 일부 중급자들이 흔히 쓰는 완력 넘치는 강수이다.

그러나 실은 우격다짐의 속수에 불과하다. 왜냐하면…:

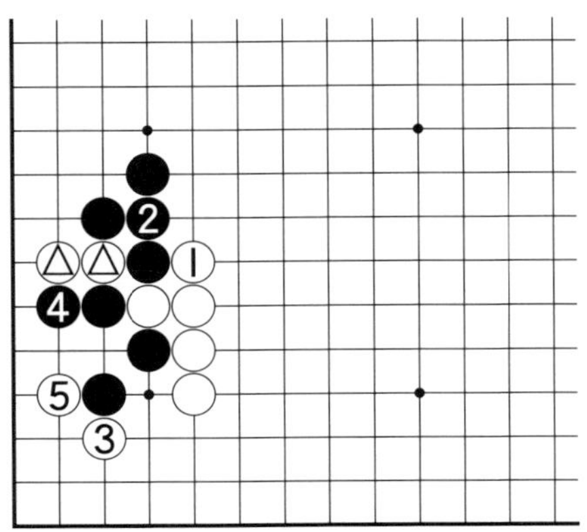

5도

5도 (흑, 큰 손해)

백3으로 붙여갈 때 흑4로 물러설 수밖에 없기 때문이다. 5까지 백에게 실리와 세력을 모조리 내준 결과이다.

백△ 두점을 잡으려다 단단히 소화불량에 걸린 격이다.

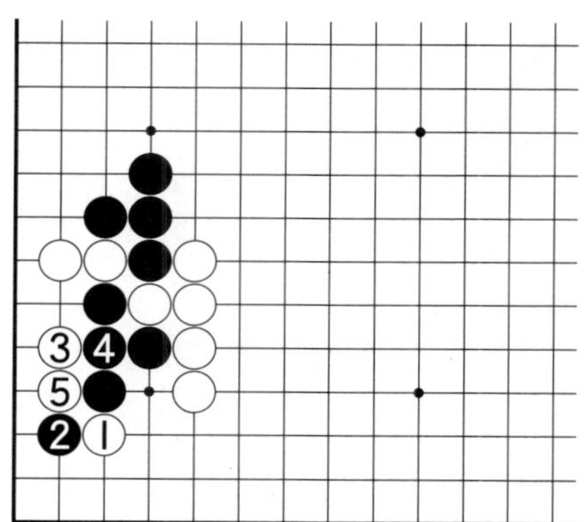

6도

6도 (파탄자초의 반발)

백1에 흑2로 젖혀 받는 것은 무리. 백3, 5가 통렬한 응징으로 흑이 파탄에 처한다.

이후 어떤 수를 써도 흑은 넉점을 살릴 길이 없다.

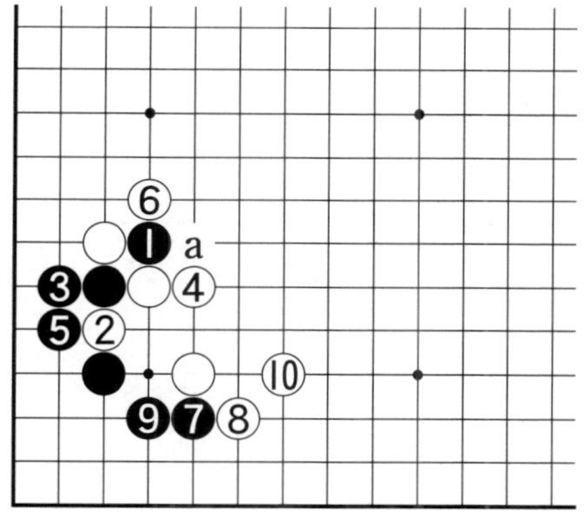

7도

7도 (100점/ 최강이 최선)

흑1로 끊는 것이 최강이자 최선의 응수이다. 그러면 백은 2, 4를 선수하고 6으로 잡는 정도이며, 10까지 호각의 정석이다.

흑은 장차 우상쪽에서 a의 축머리를 이용할 수 있다.

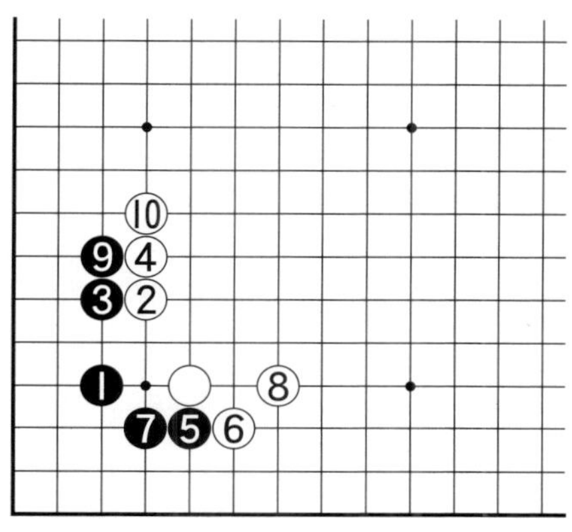

8도

8도 (축머리 불리 시)

만약 백이 축 불리 시에는 당초 흑3에 백4로 늘어받는 것이 무난하다.

이하 10까지 흑 실리와 백 세력의 갈림이 된다.

사석작전의 모델형

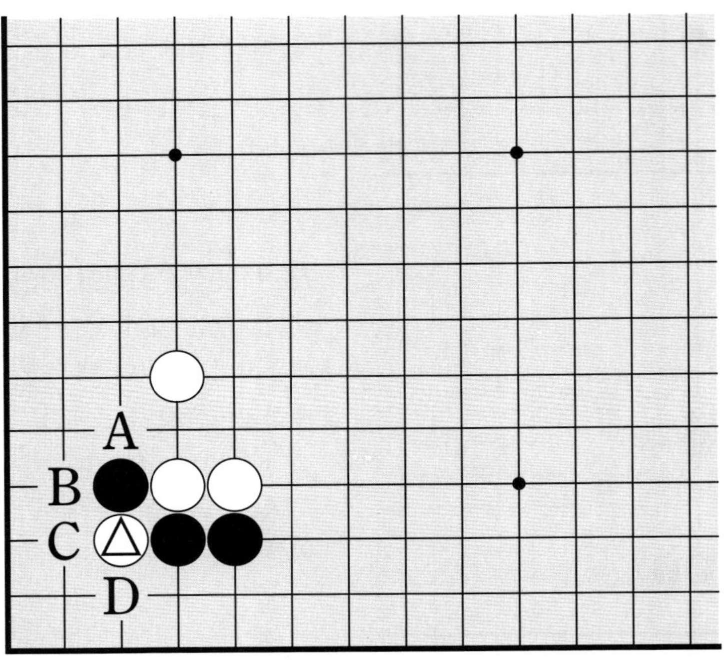

백△로 끊어온 장면. 흑은 A∼D 중 어떻게 받아야 할까? 이 정석에서는 백의 사석처리가 백미. '사석작전의 모델형' 이라고 해도 좋을 것이다.

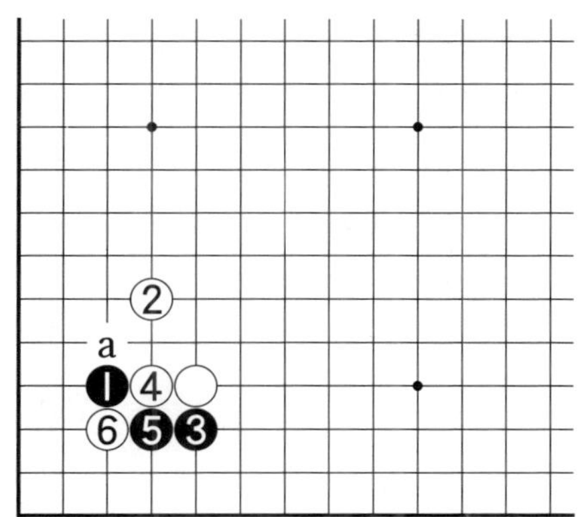

경과도

경과도 (고목의 세력정석)

백2의 날일자씌움에 흑3으로 붙이는 것도 유력한 상용수법이다.

그런데 여기서 a에 막지 않고 백6으로 끊은 수가 재미있다. 흑의 응수여하에 따라 처리방향을 정하겠다는 고등전술인 셈이다.

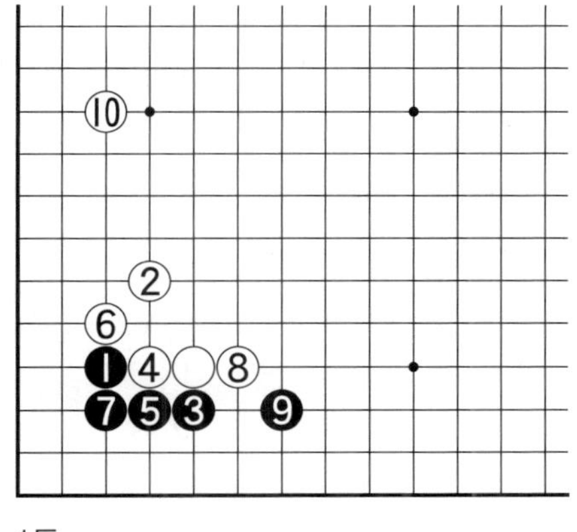

1도

1도 (간명한 정석)

경과도의 백6으로는 바깥에서 막는 것이 간명한 수법이다.

이하 백10까지 평범한 정석이 탄생한다.

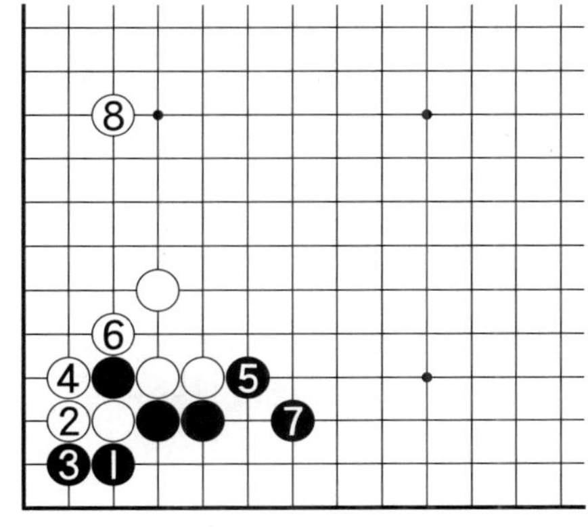

2도

2도 (30점/ 방향착오)

본론으로 들어가서, 흑1로 모는 것은 속수이자 방향착오이다.

백8까지는 필연인데, 1도에 비해 흑이 크게 손해보고 있음을 쉽게 알 수 있다. 게다가…

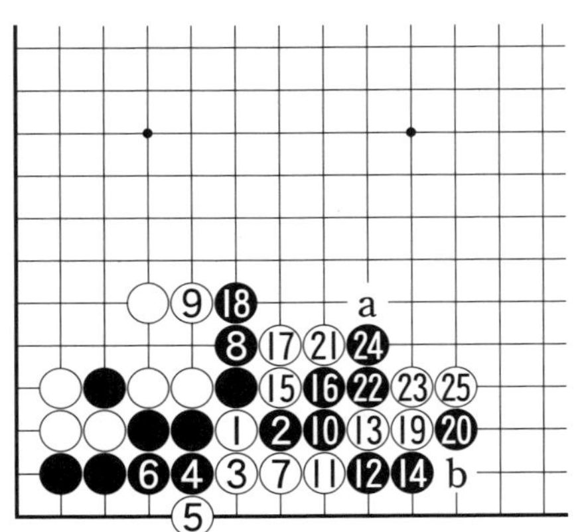

3도

3도 (백의 강수)

축이 유리하다면 2도 백6으로는 이 그림 1의 끊는 강수도 성립한다. 이하 백25까지 a와 b를 맞보아 흑의 파탄이다.

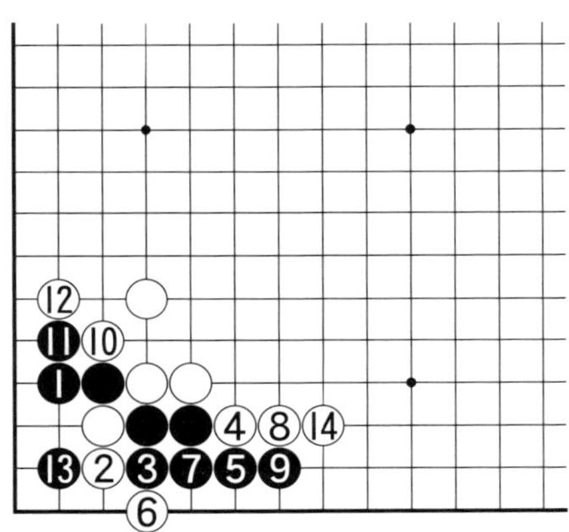

4도

4도 (30점/ 무모한 버팀)

그렇다고 흑1로 내려서 버티는 것은 과욕이다.

백2, 4가 좋은 수순으로 14까지 빈틈없이 봉쇄하며 흑을 2선으로 기게 만들어 백의 대우세이다.

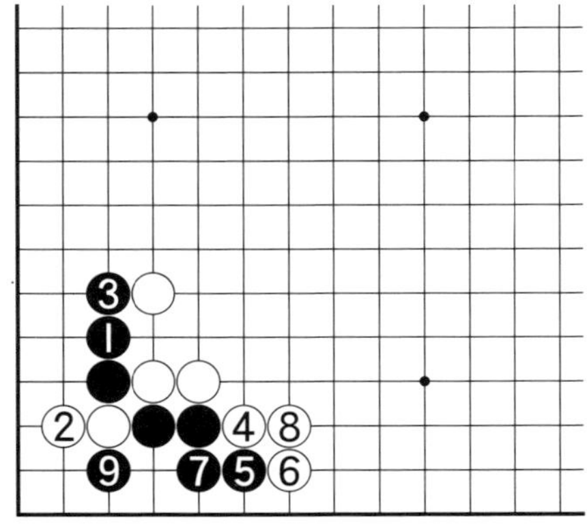

5도

5도 (30점/ 역시 무리)

흑1로 뻗는 수는 어떨까? 그러나 백2의 강수가 성립해 역시 흑의 무리이다. 흑3에는 백4가 통렬하다. 일견 흑9로 젖혀 백 두점이 위험해 보이지만, 이곳엔 고약한 뒷맛이 숨어있다. 계속해서~

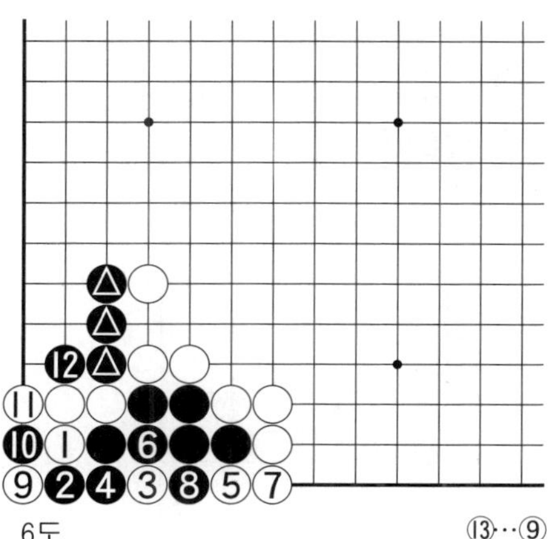

6도

(13)…(9)

6도 (백, 꽃놀이패)

백1로 막는 수가 성립한다. 교묘한 수순을 거쳐 백9가 '자살의 묘수'이다.

백11까지 패가 나는데, 백의 선패인 데다 흑▲들마저 위태로워 흑의 큰 부담이다. 백의 꽃놀이패인 셈이다.

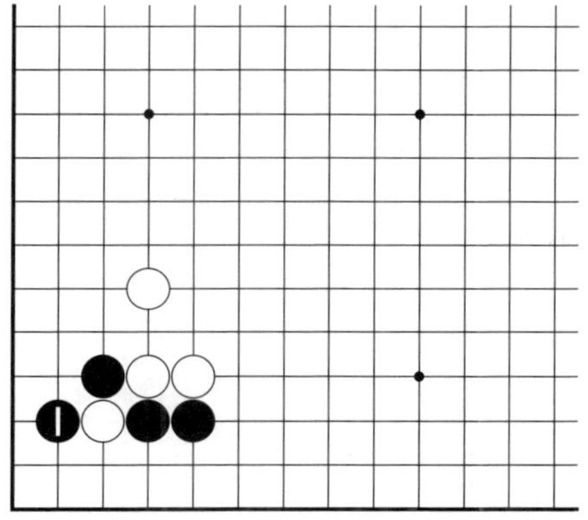

7도

7도 (100점/ 흑의 최선)

흑1쪽으로 모는 것이 최선의 응수이다. 계속해서~

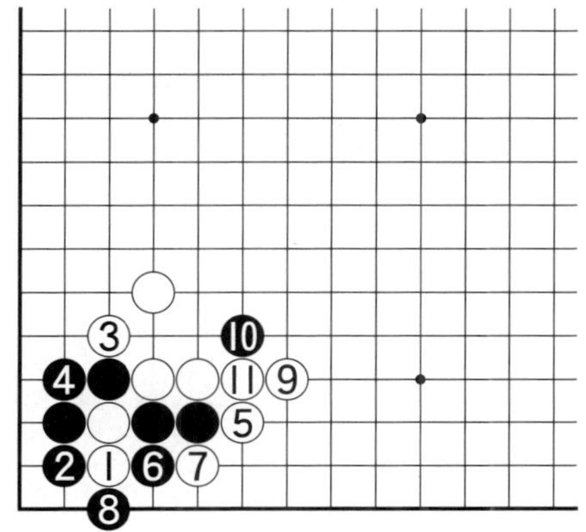

8도

8도 (실리 대 세력)

백1로 뻗는 것이 이 정석의 포인트가 되는 긴요한 수순이다. '2선으로 키워 죽여라'는 격언에 부합되는 장면이다.

백11까지, 흑 실리와 백 세력의 정석이 완결된다.

상수의 단골 타법

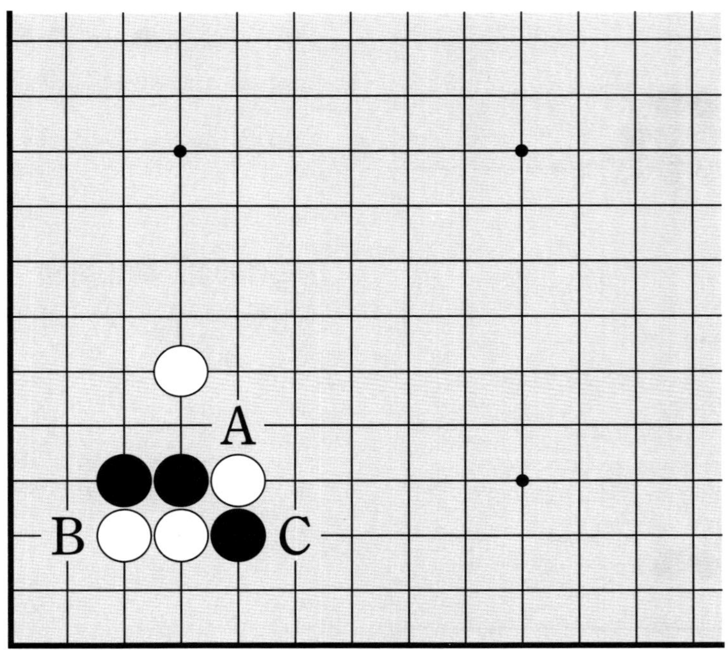

　고목/ 날일자씌움의 변화 중에서도 가장 어렵다고 꼽히는 난전형 정석이다. 특히 하수들이 상수에게 번번이 당하는 형태이기도 하다.

　흑의 다음 수는 A~C 중 어디가 좋을까?

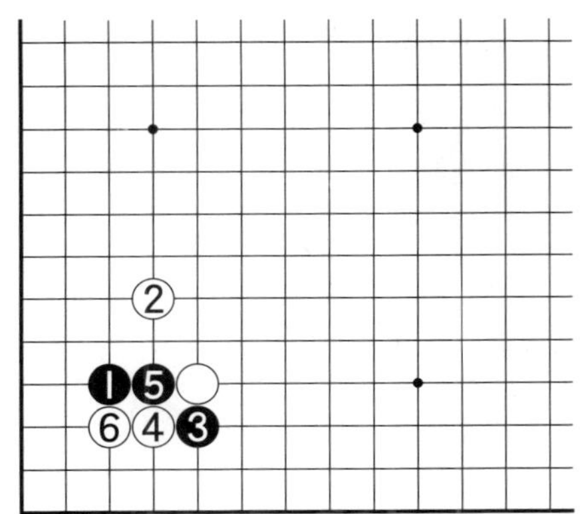

경과도

경과도 (전투형 고목 정석)

흑3으로 붙일 때 백4, 6으로 되젖혀 막은 수가 완력을 과시하는 강습이다.

일견 흑이 곤란해 보이지만, 정확한 행마와 수순만 알고 있다면 그리 겁낼 것 없는 수이다.

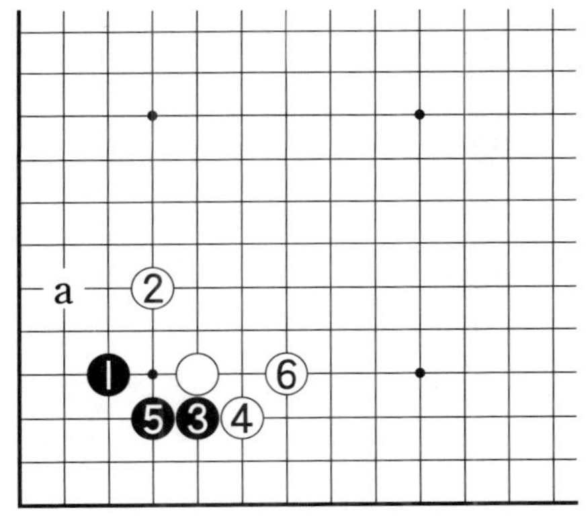

1도

1도 (무난한 기본정석)

흑3에 백4로는 바깥에서 젖히는 것이 무난한 응수이다. 그러면 백6까지 간명한 정석이 된다.

다음 흑은 a로 달려두거나 다른 큰 곳으로 향한다.

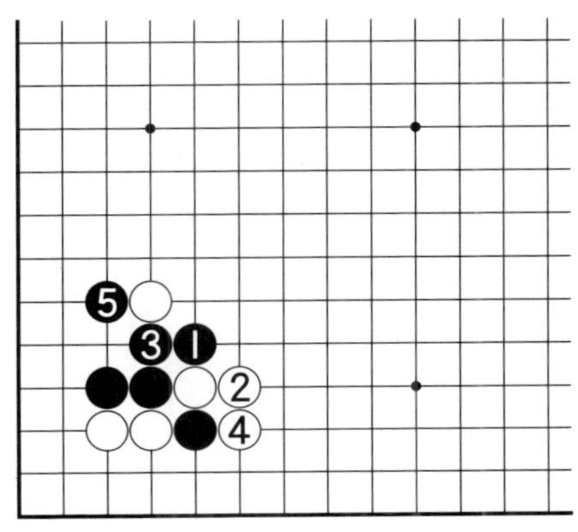

2도

2도 (0점/ 속수)

본론으로 들어가서, 덥석 흑1로 단수부터 치는 것은 속수의 전형이다.

백4까지 백의 실리가 너무 크고 깨끗해 흑의 손해가 명백하다.

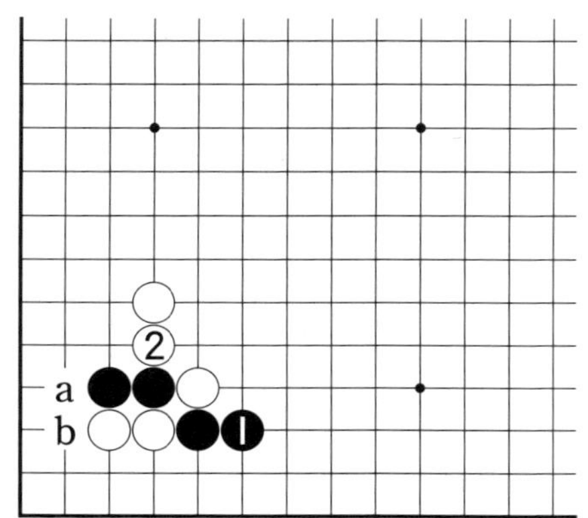

3도

3도 (0점/ 무책)

그렇다고 흑1로 느는 것도 무책이
다. 백2에 의해 흑 두점이 꼼짝없
이 잡혀버리는 것이다.

　다음 흑a에는 백b, 흑b에는 백
a로 그만이다.

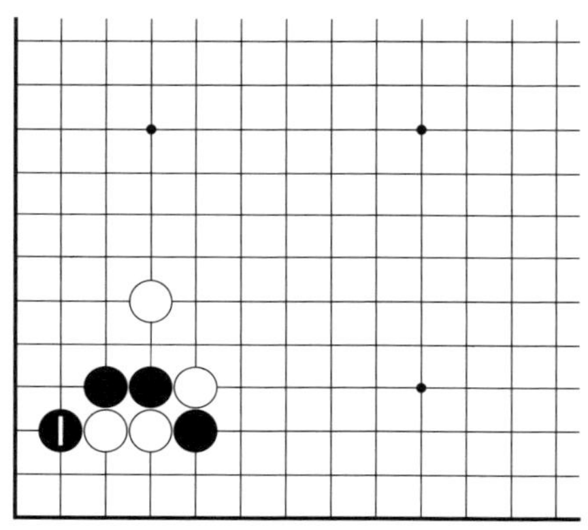

4도

4도 (100점/ 두점머리)

흑1로 두점머리를 두들기는 것이
최강이자 최선의 응수이다.

　그러나 이후의 수순도 퍽이나
어려운 편이어서 이 한 수만으로
정답이라고 하기는 어렵다. 계속
해서～

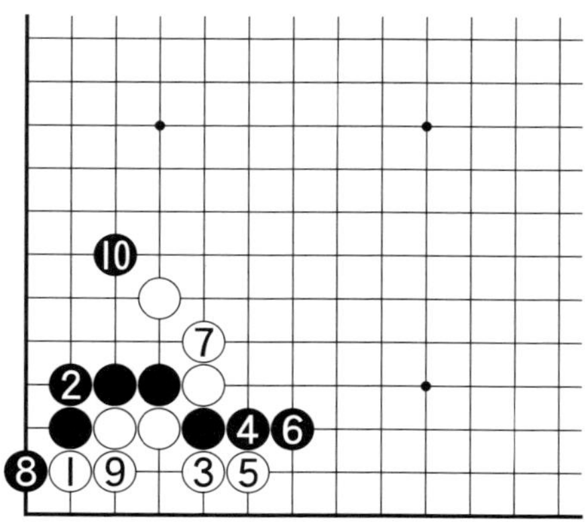

5도

5도 (빈틈없는 수순)

백3, 5로 두 번 밀고 7로 뻗는 것
이 정확한 수순이다.

　흑도 8을 선수한 뒤 10으로 뛰
는 것이 빈틈없는 대응이다. 그런
다음…

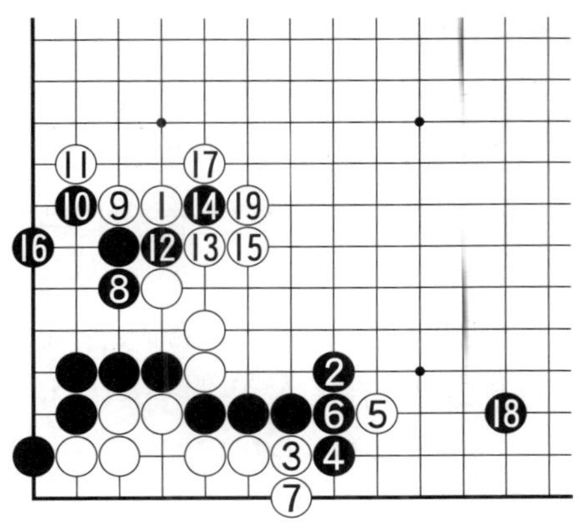

6도

6도 (대형정석 완결)

백1과 흑2가 각각 눈여겨보아야 할 능률적인 행마법이다.

이후 최선의 수순을 거쳐 백19까지 대형정석의 완결이다.

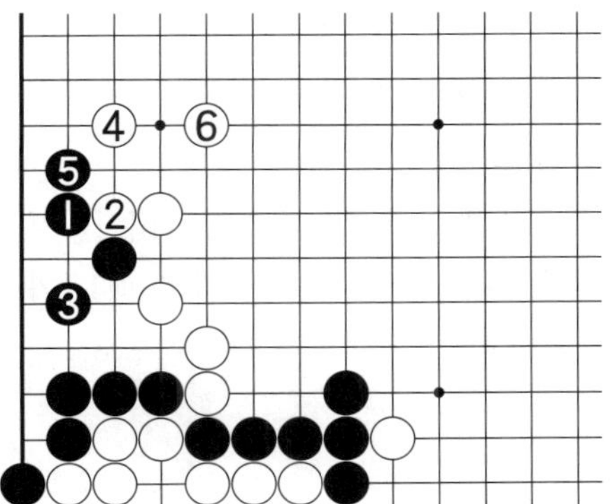

7도

7도 (간명한 변형 정석)

흑의 입장에서 6도가 복잡해 자신이 없다면 6도 흑8로는 이 그림 1에 마늘모하는 수도 좋은 일책이다. 그러면 백6까지 비교적 간명한 정석이 된다.

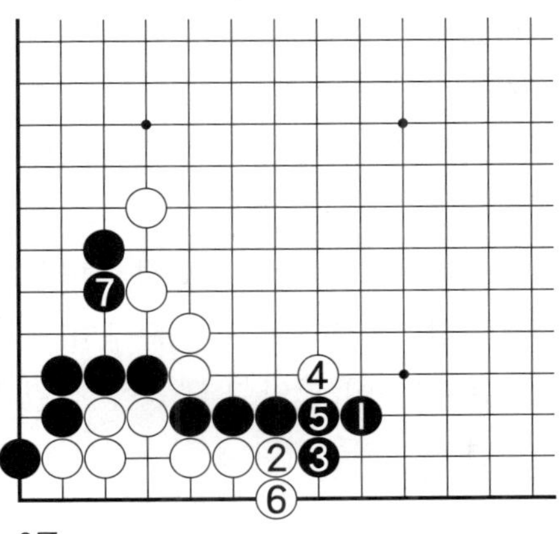

8도

8도 (옛 정석)

6도의 흑2로는 이 그림 1에 두는 수가 실리 면에서는 약간 능률적이다. 이것이 옛 정석. 그런데….

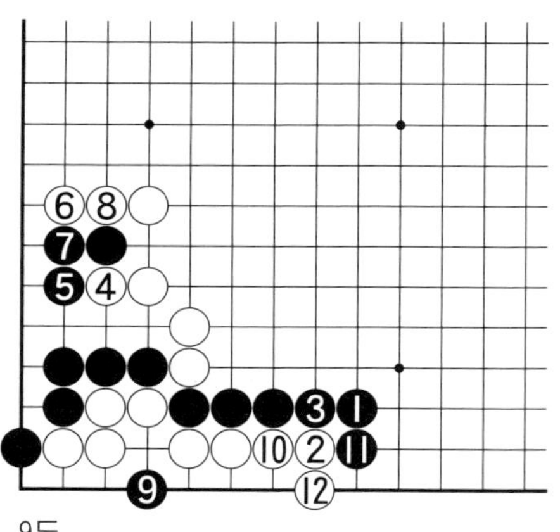

9도

9도 (백의 암수)

이때는 백2라는 무서운 함정수가 있다. 흑3으로 덥석 잇다가는 백4~8로 흑 횡사! 흑9에는 백10으로 백은 완생이다.

백2를 둘러싼 변화가 워낙 난해하므로 이 길로는 아예 들어서지 않는 것이 현명하겠다.

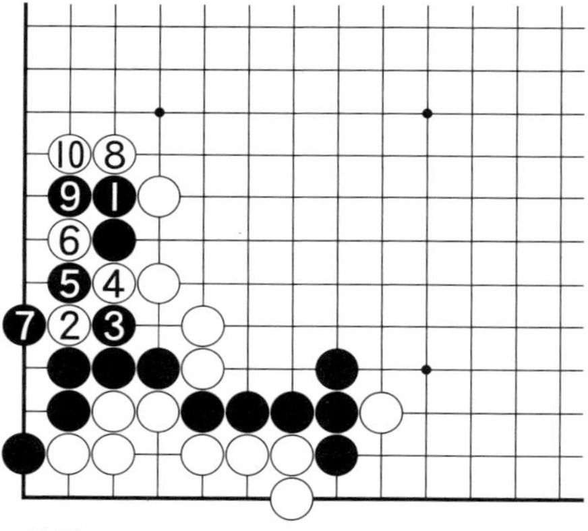

10도

10도 (흑, 속수)

6도 흑8로는 자칫 기분에 치우쳐 흑1에 나가기 십상이다.

그러나 백2의 예리한 맥점을 당해 흑이 곤란해진다. 이하 백10까지 꽉꽉 틀어막혀 흑이 불리하다.

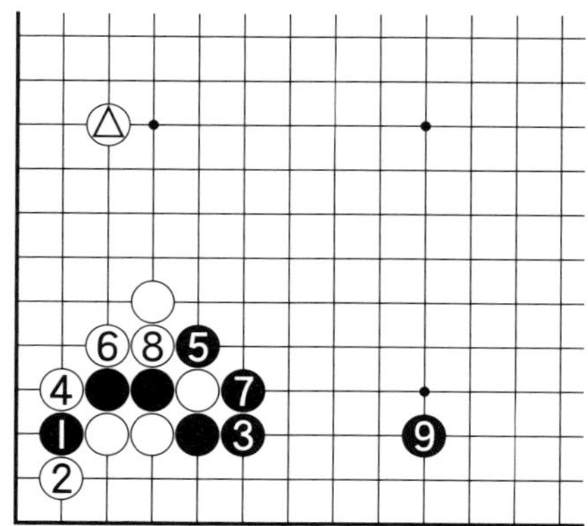

11도

11도 (100점/ 차선의 최선)

지금처럼 백△의 원군이 있을 때는 4~6도와 같은 정면 대결은 무리이다.

이때는 흑1, 3의 우회전술이 현명하다. 부분적으로는 손해지만, 원래 백돌이 많았던 곳임을 감안하면 흑도 둘 만하다.

야릇한 눈목자씌움의 주문은?

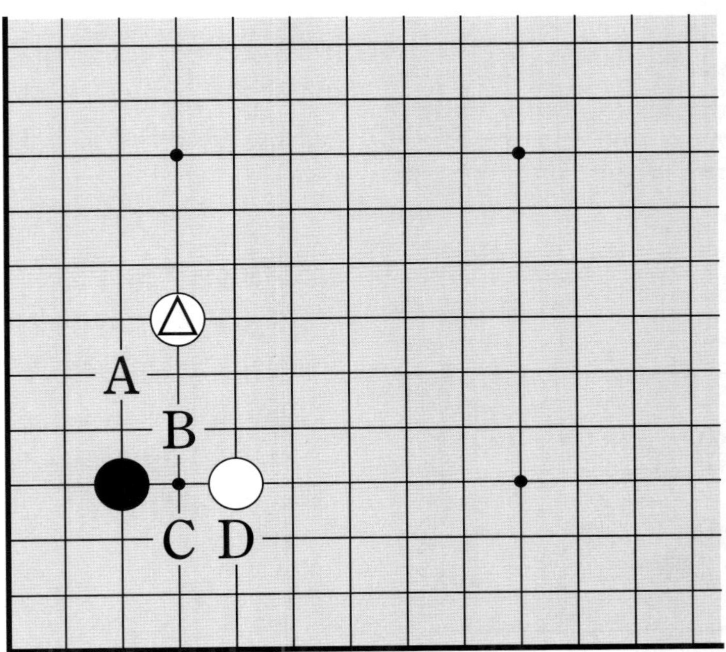

　백△의 눈목자씌움이 수상쩍다. 일견 느슨해 보이지만, 실제로는 상당한 함정을 내포하고 있는 것이다.

　흑이 함정을 피해가는 응수는 어디일까? A~D 가운데 생각해보자.

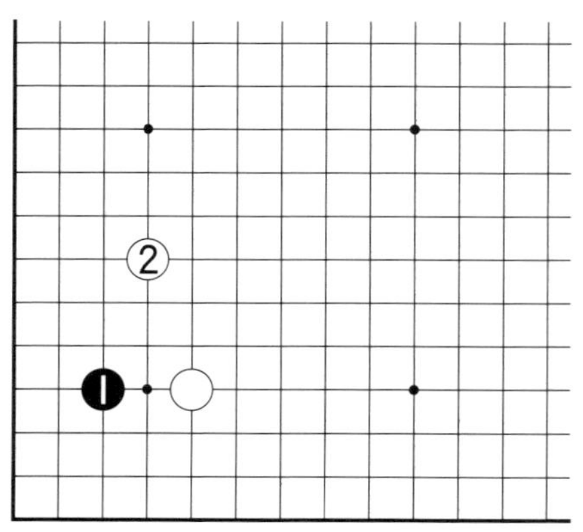

경과도

경과도 (눈목자씌움 정석)

백2는 사실 함정수 성격이 짙다. 흑이 제대로만 응수하면 백이 손해를 보기 때문. 그러나 그 손해는 아마추어의 바둑에서는 극히 미미하다.

하지만 잘못 응수하다 '한 건' 당하는 날이면 대세가 기울 수도 있다.

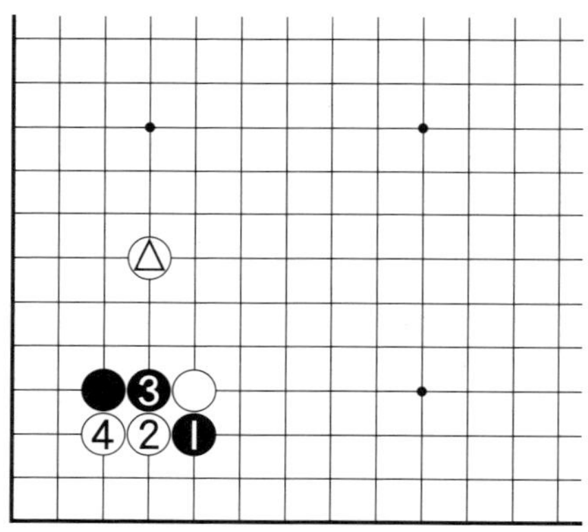

1도

1도 (50점/ 백의 주문)

제일감은 흑1. 그러나 여기서는 백△의 주문에 그대로 말려드는 성격이 짙다.

백2, 4가 흑1을 꾸짖는 강렬한 태클. 계속해서~

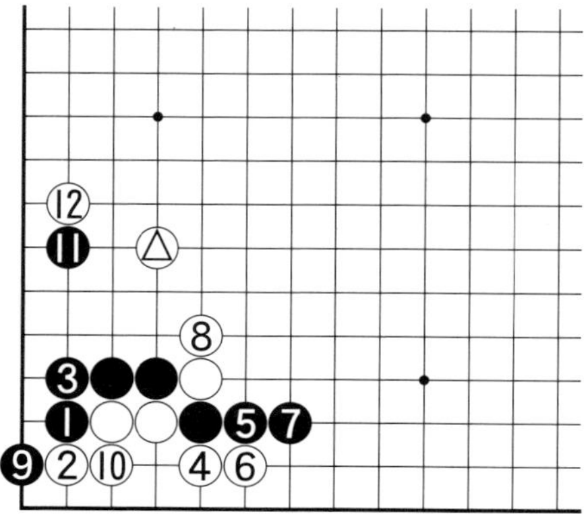

2도

2도 (흑, 당하다)

앞서 [47형]에서처럼 흑1, 3으로 정면 대결하는 것은 의외로 흑의 무리이다.

백12까지 흑이 답답한 모습. 백△가 어정쩡하면서도 좋은 위치에서 대기하고 있지 않은가.

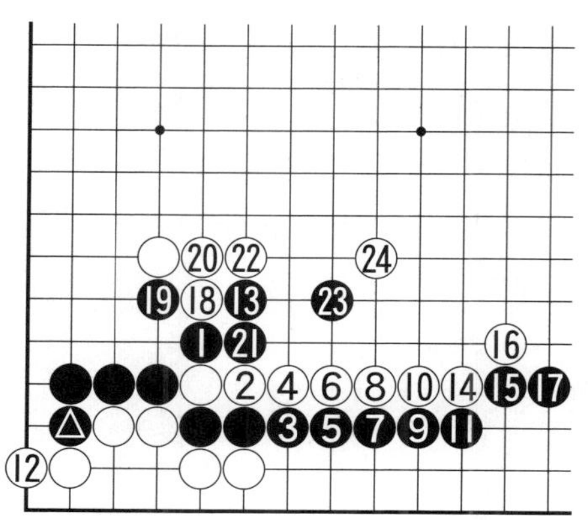

3도

3도 (백의 책략)

2도 흑7로는 이 그림 흑1, 3이 최강의 맞대응이지만, 백12까지 흑이 별무신통이다. 오히려 백18이 통렬하여 24까지 백이 주도권을 장악한 모습이다. 결국 흑●는 무리라는 결론이다.

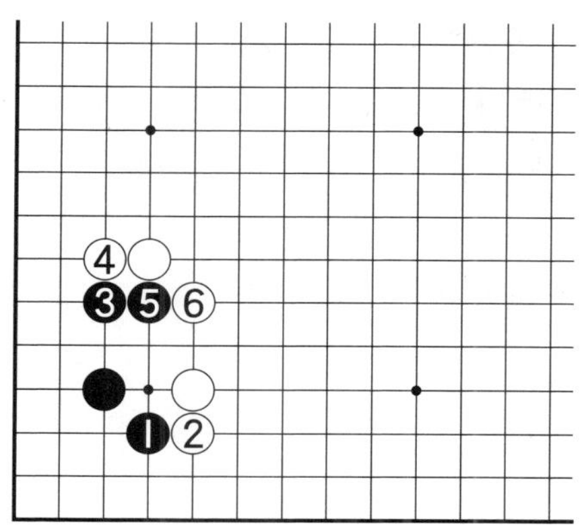

4도

4도 (30점/ 흑, 패기부족)

그렇다고 흑1, 3으로 몸을 사리는 것은 나약한 태도이다.

　백2, 4로 틀어 막혀서는 흑이 답답하지 않은가.

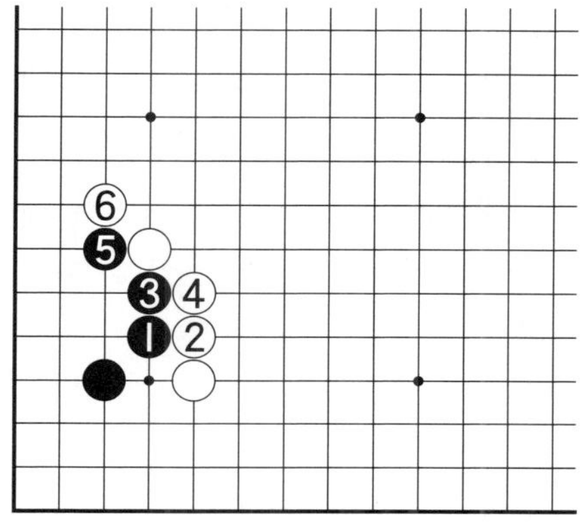

5도

5도 (0점/ 속수)

흑1, 3은 스스로 두점머리를 자청하는 속수의 전형이다.

　백6까지 두텁게 틀어 막혀서는 흑이 대세를 잃은 모습이다.

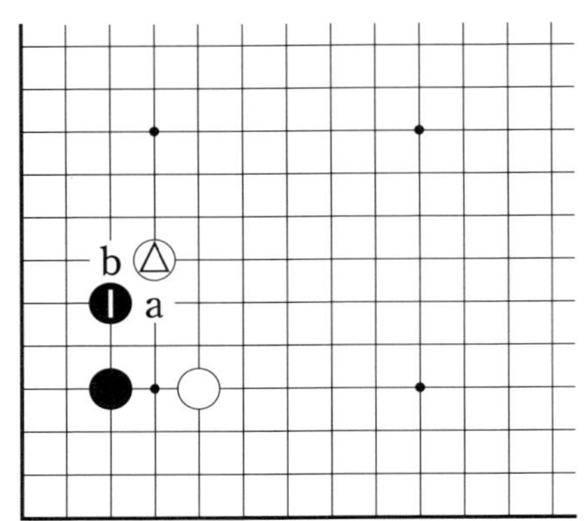

6도

6도 (100점/ 현명한 속수)

흑1로 뛰는 수가 백△의 함정을 피하는 좋은 대응책이다.

자, 이제 백은 a, b 두 가지 응수가 있는데….

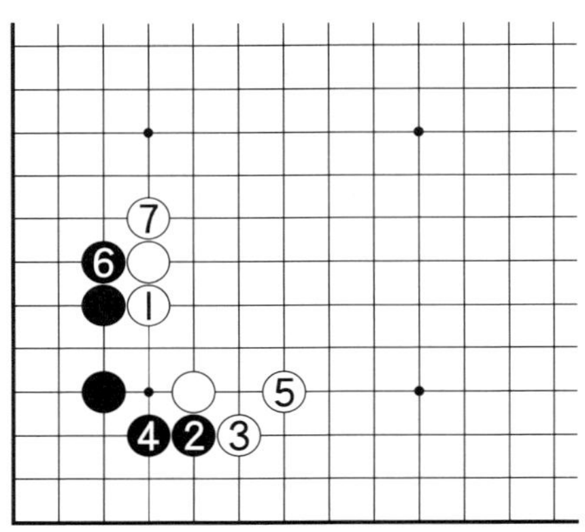

7도

7도 (정석으로 환원)

백1로 막는다면 흑2, 4로 붙여 는 다음 흑6으로 밀어 날일자씌움 정석으로 환원된다. 물론 흑으로서는 전혀 불만이 없다.

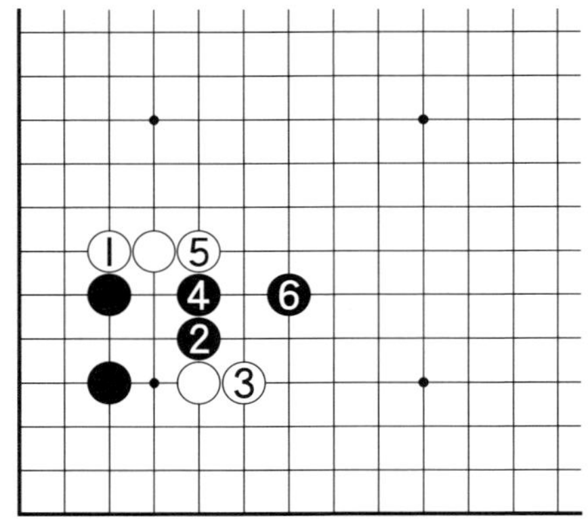

8도

8도 (중앙진출 성공)

그렇다고 백1로 막는 것은 흑2의 건너붙임이 좋은 맥점이다.

백3에는 흑4, 6으로 머리를 내밀어 흑이 나쁠 이유가 없다. 귀도 반은 차지한 셈.

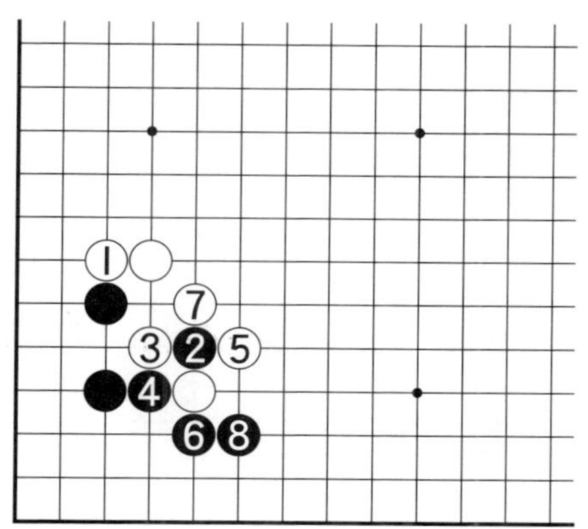

9도

9도 (실리 확보)

백3, 5가 최강의 응수지만 흑8까지 알기 쉽게 처리해 불만이 없다.

백의 빵때림도 위력적이지만 흑의 실리도 좋아 호각의 결말이다.

10도 (100점/ 손뺌도 유력)

백△에 응수가 망설여진다면 아예 손을 빼는 것도 유력한 대응책이다. 다만, 이때는 백2로 추궁해 올 때 흑3으로 비끼는 수가 준비돼 있어야 한다.

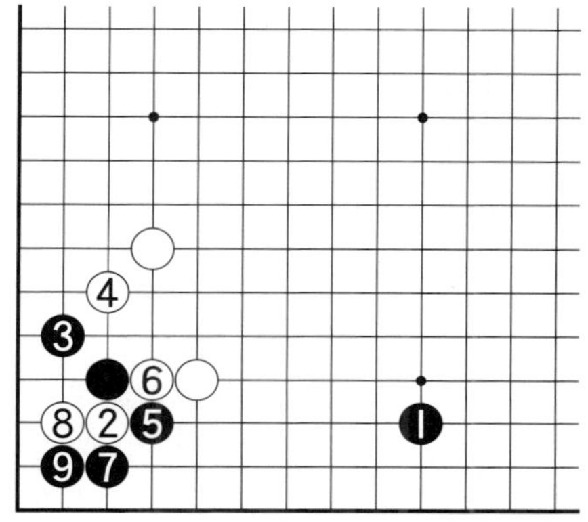

10도

11도 (흑, 만족)

그렇다고 흑3에 백4로 응하는 것은 흑5, 7로 귀가 잡혀 백의 실패이다.

백이 세력을 쌓아도 이미 흑1의 수가 요소를 선점하고 있어 백은 실속이 없다.

11도

허허실실 맥의 진수

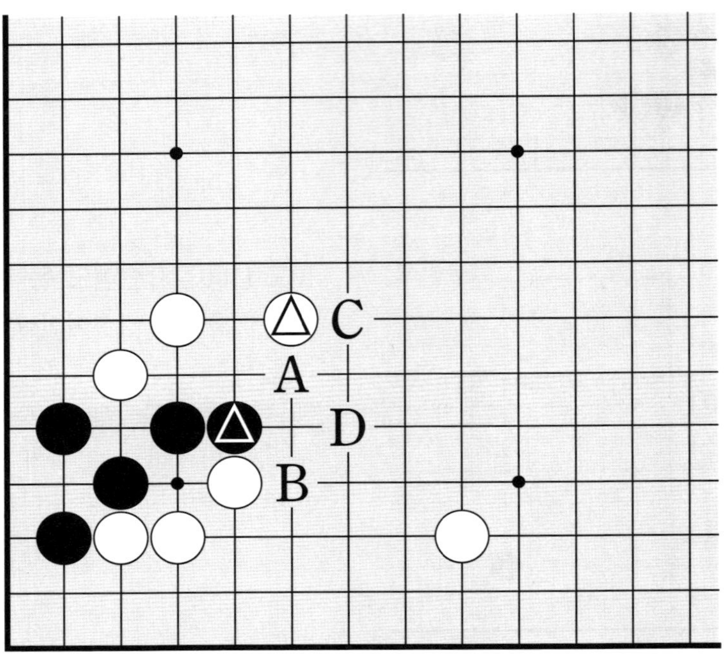

　고목의 '손빼기 정석'에서 파생된 재미있는 형태. 함축성 깊은 맥의 묘미를 만끽할 수 있는 좋은 재료이다.
　흑▲로 밀고 나가자 백△로 뛰어 압박을 가하고 있는 장면. 이때 흑은 어떻게 응수해야 할까? A~D 가운데 생각해보자.

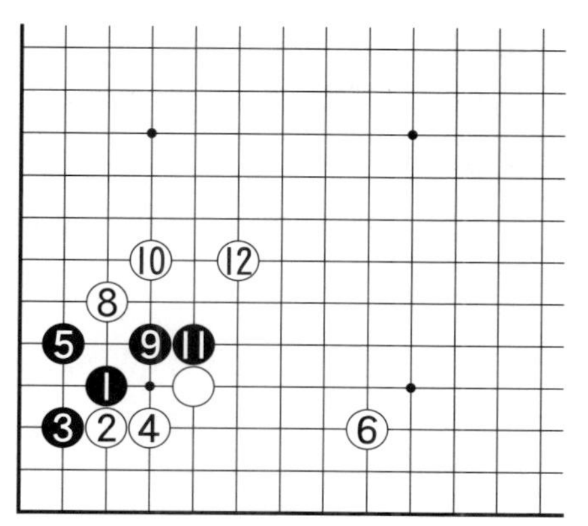

경과도

경과도 (손빼기 정석)

흑1의 소목걸침에 백2, 4는 실리 취향의 응수이다.

백6에 흑이 손을 빼자 백8, 10으로 급소를 치며 공세를 취하고 있는 상황이다.

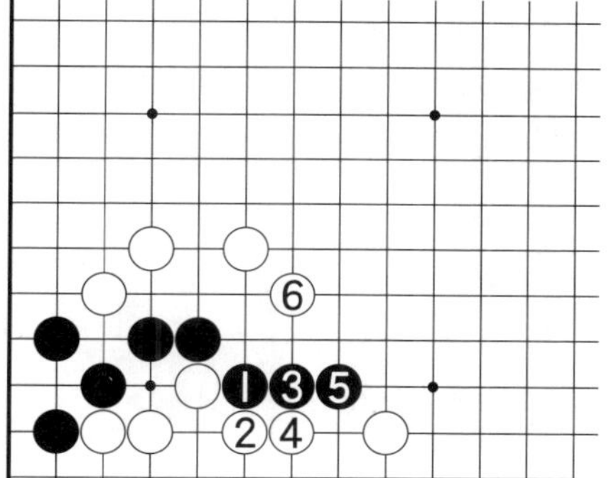

1도

1도 (0점/ 묘미 없는 속수)

흑1~5로 나가려는 것은 노골적인 속수이다.

묘미도 없을 뿐더러 백6의 급소를 맞으면 흑의 형태가 무너진다.

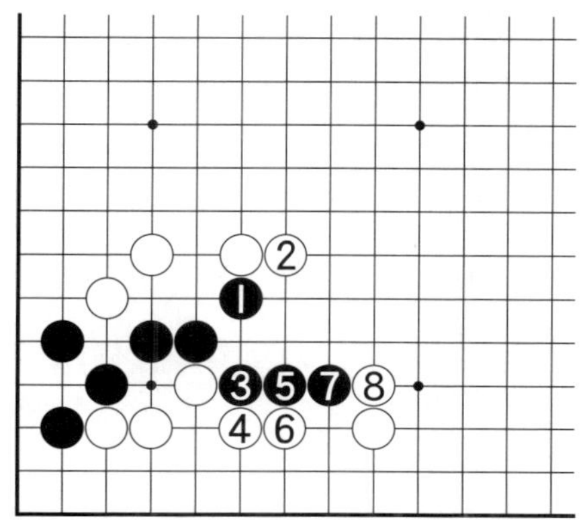

2도

2도 (30점/ 역시 무책)

흑1을 선수하고 3~7로 나가는 것도 역시 속수이다. 그러면 일방적인 수세를 면할 길이 없다.

이처럼 선수가 되는 곳을 함부로 미리 해치워서는 좋은 결과를 기대할 수 없다.

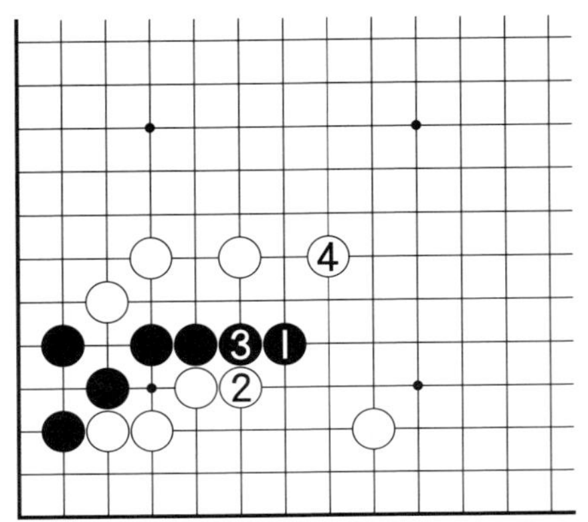

3도

3도 (50점/ 책략부족)

흑1로 뛰는 것이 좋아 보이지만 책략부족이다.

　백2, 4를 당해서는 역시 흑이 괴롭다.

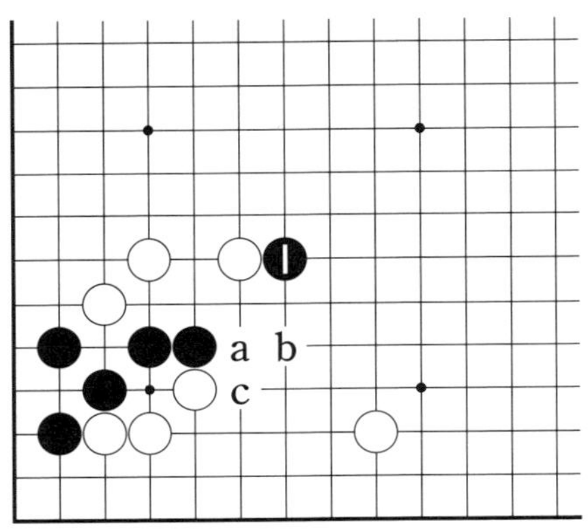

4도

4도 (100점/ 수순생략의 묘)

흑1로 백의 정수리에 붙여가는 것이 쉽게 떠오르지 않는 기막힌 맥점이다.

　흑a～c가 하변 백진에 선수로 듣는다는 점에서 착안된 함축성 풍부한 행마이다. 계속해서～

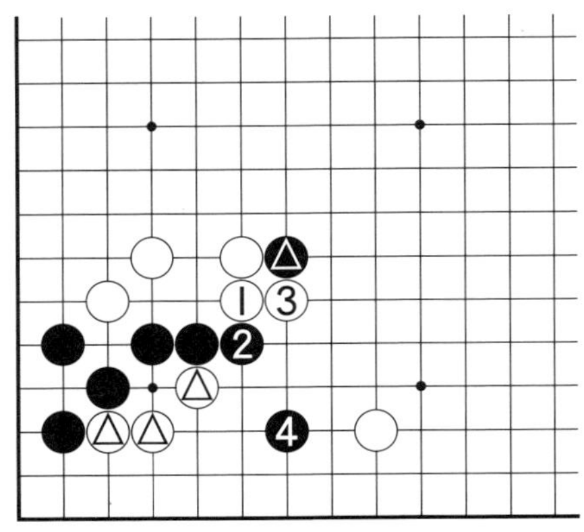

5도

5도 (미끼를 물다)

이때 백이 무턱대고 1, 3으로 나오는 것은 대책 없는 속수이다.

　흑4를 당해 백△들이 사경에 처한다. 흑●의 미끼작전에 걸려든 모습이다.

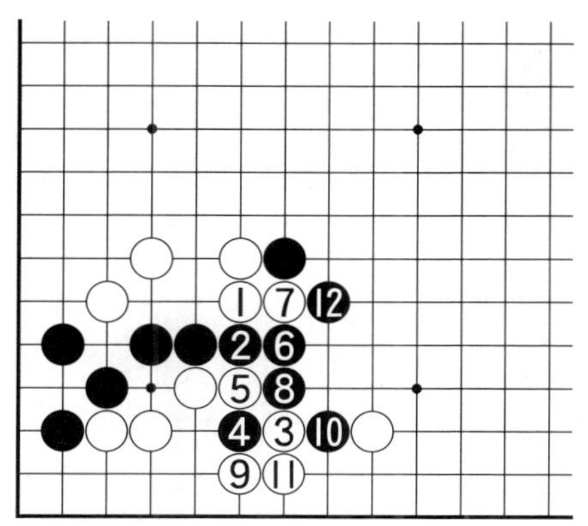

6도

6도 (백, 무리)

그렇다고 백3으로 하변을 지켜도 흑4의 건너붙임 후 6으로 나간다. 백7이면 흑12까지 쉽게 타개된다.

역시 백1은 무리한 속수라는 결론이다.

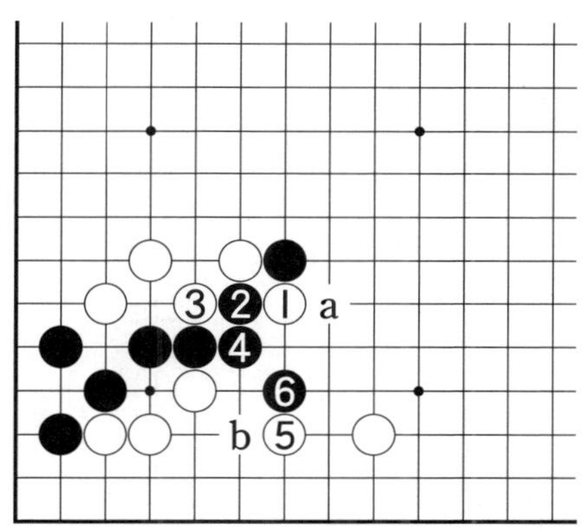

7도

7도 (백, 우격다짐)

백1로 젖히는 것은 어떨까? 이때는 흑2로 맞끊는 수가 좋아 6까지 어렵지 않게 수습할 수 있다. 다음 흑a와 b가 맞보기.

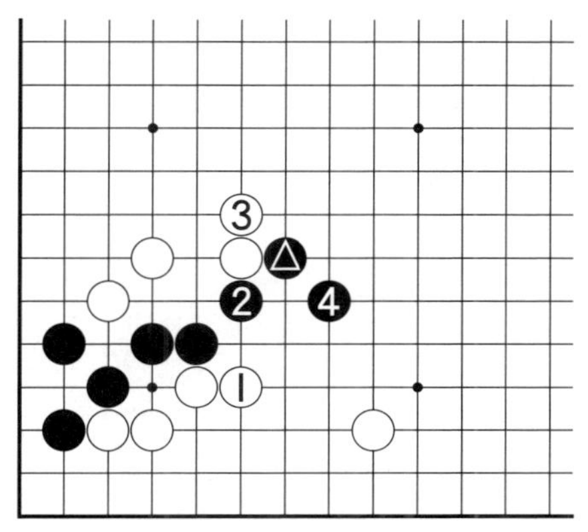

8도

8도 (쌍방 최선)

결국 백으로서는 흑▲에 직접 응수하지 못한 채 백1로 후방을 지키는 것이 최선이다. 흑4까지 쌍방 최선의 절충이다.

어쨌든 흑은 ▲의 맥점 한방에 힘입어 타개에 성공한 셈이다.

주문을 물리치는 맥의 위력

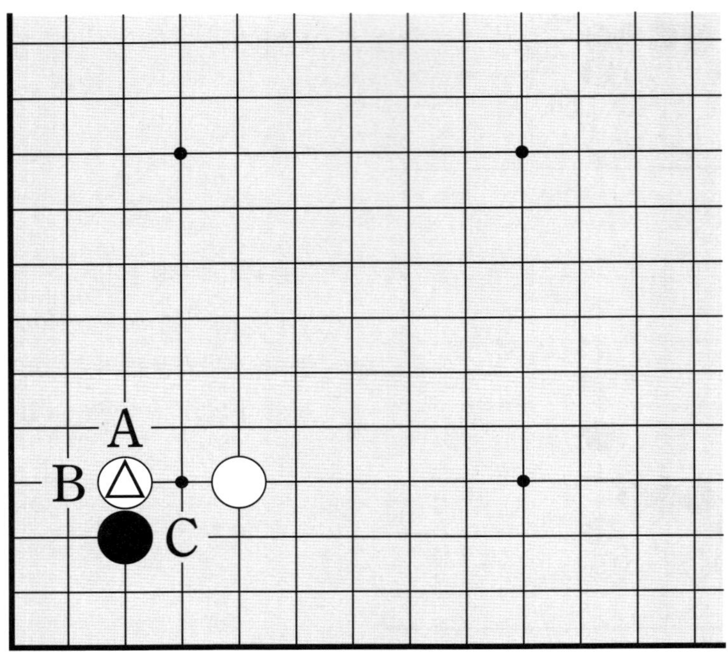

고목의 큰 특징이 상대 돌을 바깥쪽에서 압박하는 권도와 책략이 풍부하다는 점이다. 백△로 밀착해 간 수도 바로 그런 뜻이다.

백의 주문을 물리치는 최선의 응수는 과연 A~C 중 어디일까?

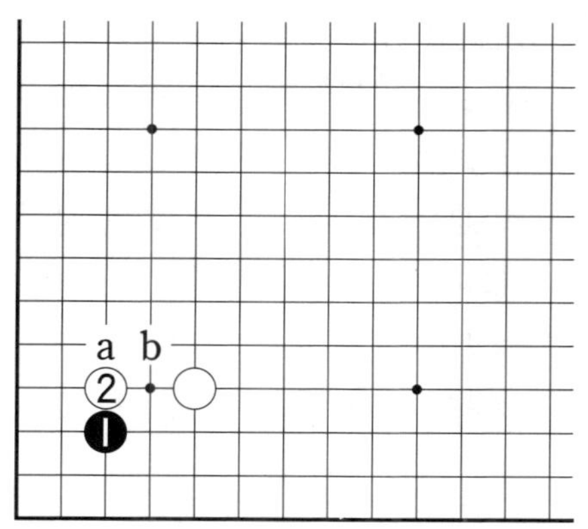

경과도

경과도 (백의 압박붙임)

소목에 걸치지 않고 흑1의 3·三 자리에 걸쳐 들어간 수는 간명하게 실리를 차지하겠다는 의도이다. 이때 상식적인 a나 b가 아니라 백2로 붙인 수가 흑을 노골적으로 압박하는 위압적 수법이다.

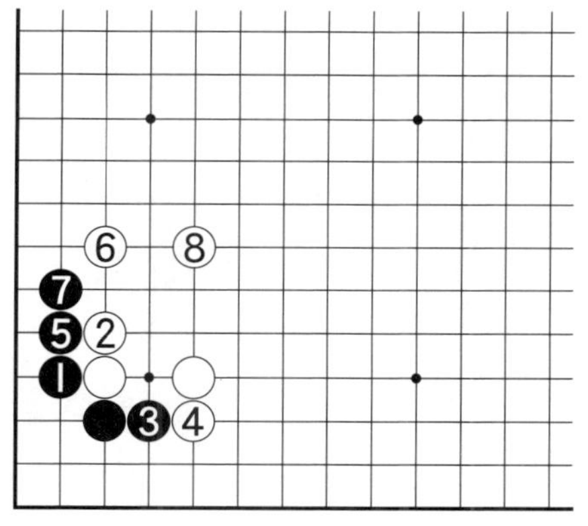

1도

1도 (30점/ 백의 주문)

흑1로 젖히는 것은 상식적인 응수지만, 여기서는 손따라 받은 기색이 짙다. 백8까지 백이 두터운 결과이다.

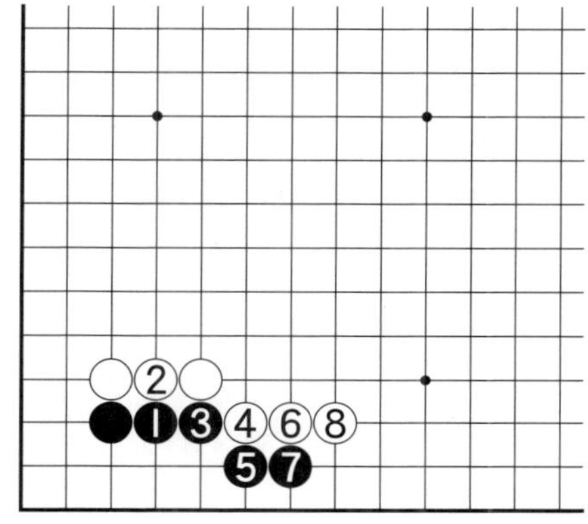

2도

2도 (0점/ 백, 두터움)

흑1로 들어가는 것은 최하책. 백2로 이어서는 당연히 백이 두터운 자세이다.

　이하 백8까지 흑의 실리보다 백의 세력이 월등하다.

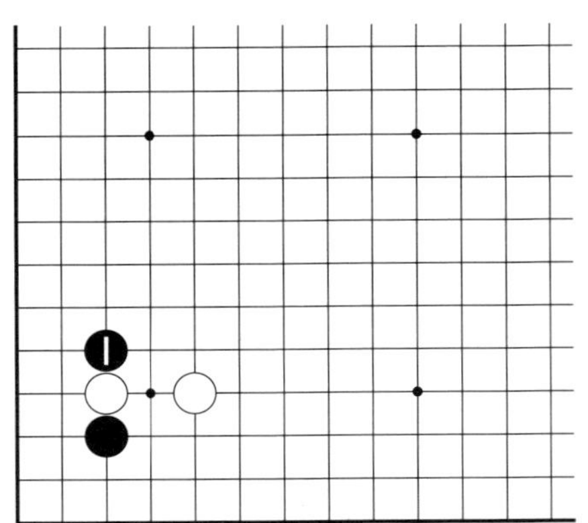

3도

3도 (100점/ 양붙임의 맥)

흑1로 껴붙여 가는 것이 교묘한 맥점이다.

　보통 이런 수는 '하수의 양붙임'이라고 하여 저급한 악수가 되기 십상이나, 여기서는 함축성 짙은 타개의 맥이 된다. 계속해서~

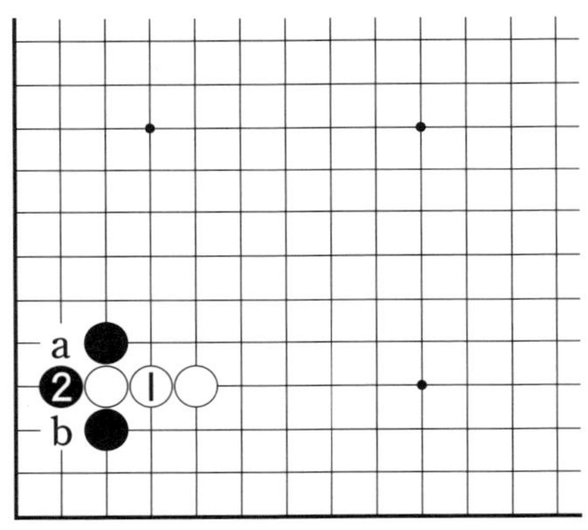

4도

4도 (응수타진의 수법)

백1로 잇는다면 흑2로 넘어둔 뒤 백의 응수를 묻는다.

　즉 백a와 b, 어느 곳으로 끊든지 그 쪽을 잡겠다는 뜻이다.

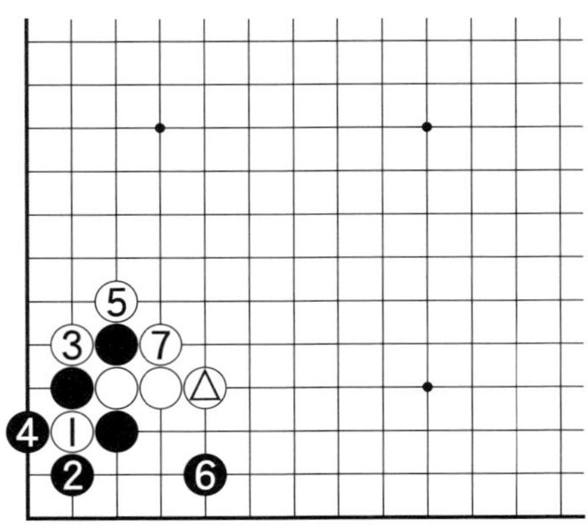

5도

5도 (흑, 만족)

백1로 끊으면 흑2로 받으며 쉽게 귀를 차지해 만족이다.

　반면, 백으로서는 △의 기착점이 빈삼각 위치에서 놀고 있어 다소 비능률적이다.

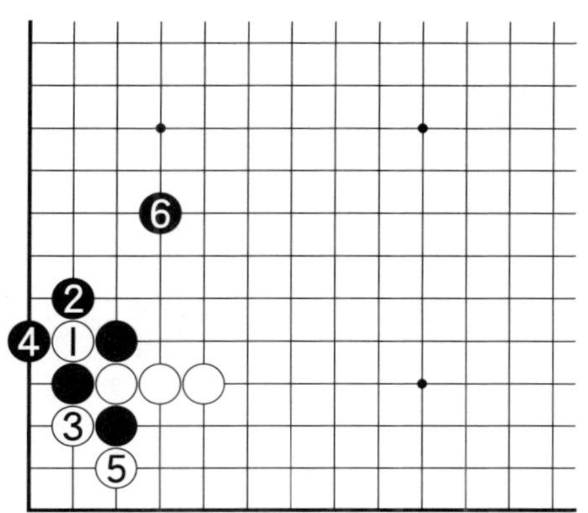

6도

6도 (호각의 절충)

그렇다고 백1쪽으로 끊어오면 흑 2로 잡으면 된다.

흑6까지 두터운 자세로 안정하 여 불만이 없다. 호각의 결과라 할 수 있다.

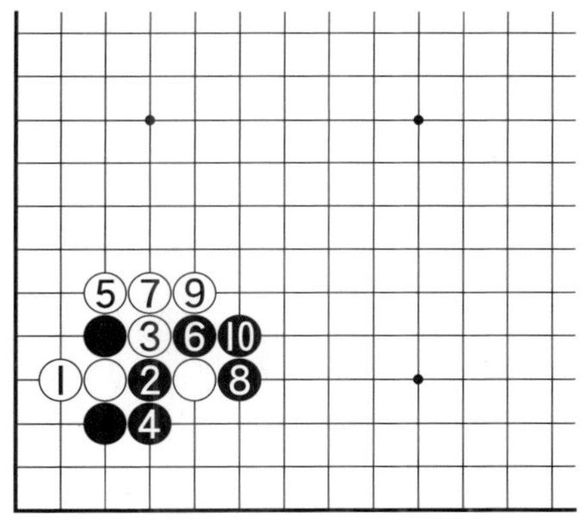

7도

7도 (흑, 유리)

백1로 내려뻗는 수가 최강의 대응 이지만, 이때는 흑2로 끼우는 것 이 후속타이다.

흑10까지 실리와 두터움 면에 서 모두 흑이 뒤지지 않는 모습 이다.

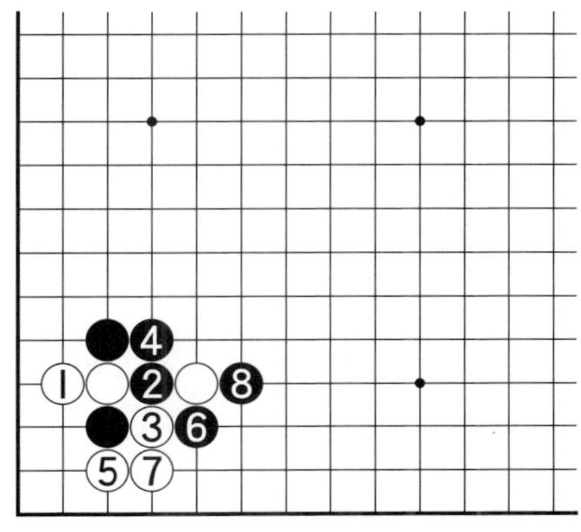

8도

8도 (흑, 두터움)

그렇다고 백3쪽에서 끊는 것도 별 무신통이다.

흑4에 백5가 불가피할 때 흑8 로 한점을 두텁게 잡아서는 흑의 대성공이다.

정석의 운영

┌─ ▨ 2부 일러두기 ──────────────────────────

① 정석 유형마다 '변화의 포인트'를 제시해 핵심 사항을 미리 파악하
　 도록 구성하였다.
② 정석 이후의 공방의 문제로서 기본적으로 숙지해야 할 사항과 삭감
　 과 침입 시 일어나는 주요 노림과 대책에 대해 다루었다.
③ 가장 핵심이 되는 '노림'과 '대책'에는 참고 기보 설명 부분에 따로
　 표시를 해서 주의를 기울이도록 배려하였다.

1장

정석 이후의 공방
(화점 편)

　화점은 스피드와 균형을 중시하는 착점으로 그 같은 장점 때문에 현대바둑은 화점 유행 시대라고 할 수 있다. 따라서 정석 이후의 공방은 화점 정석에서 생기는 형태를 빼놓고는 이야기할 수 없다.

　한칸받음, 날일자받음, 눈목자받음, 한칸협공, 두칸협공, 양걸침 등 수많은 정석이 있는데, 이 장에서는 보편적으로 많이 나오는 유형을 중심으로 테마를 구했다.

나와끊음은 두렵지 않다

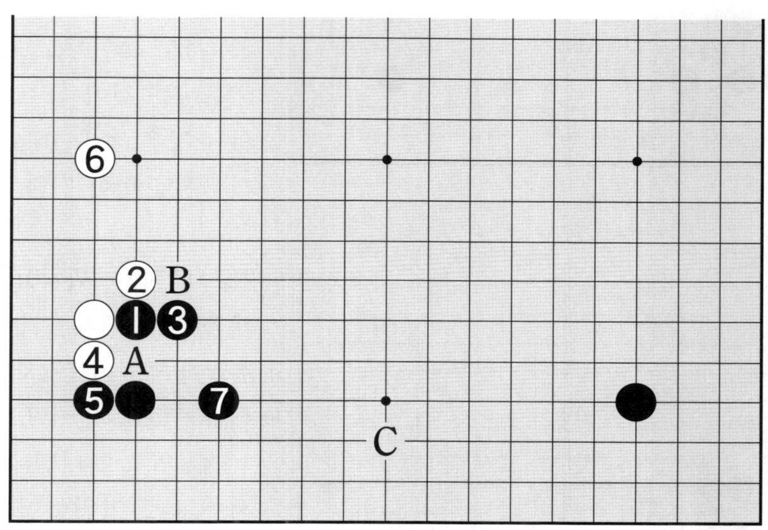

　백의 걸친 수에 대해 흑1, 3으로 붙여뻗는 수법은 정석입문 제1
과를 이룬다 할 만큼 접바둑에서 하수의 방패막이 정석이라 할 만
하다.

　흑이 귀에서 모양을 빨리 결정하고 둠으로써 '정석 후의 노림' 등
은 상대적으로 적어지는 뜻이 있지만, 우선 정석 도중의 문제로서
몇 가지 포인트를 짚어보자.

▨ 변화의 포인트

- 백6으로는 A로 나가 끊거나 B로 밀어올리는 수가 있다.
- 흑7은 견실. C에 크게 전개하면 보통이다. 이 변화에 대해서는 다음
  테마에서 상세히 다룬다.

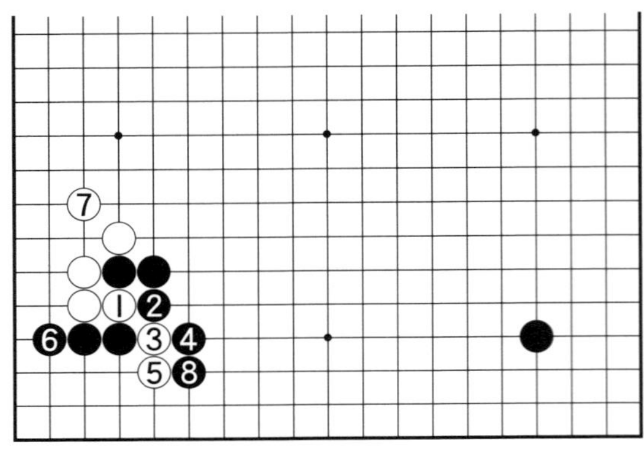

1도

1도 (흑6이 급소)

당장 백1, 3으로 나와끊는 수에 막상 대책을 숙지해 놓지 않으면 낭패를 볼 수 도 있다.

흑4로 몰아두고 6으로 내려서는 것이 급소. 백7 의 보강은 절대인데, 거기 서 흑8로 막아 간다.

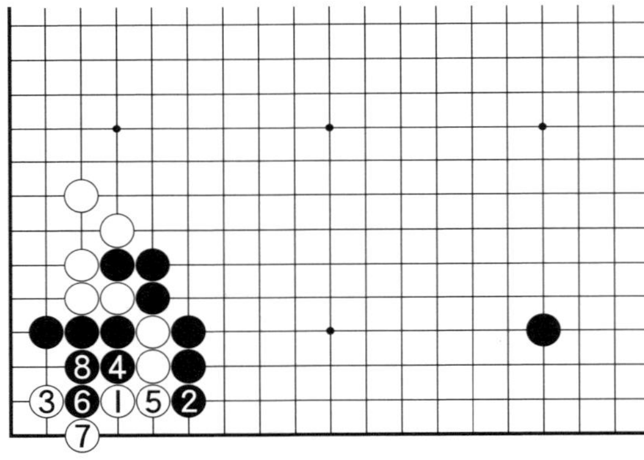

2도

2도 (대책 ☞ 끼워이음)

계속해서 백1의 마늘모가 유일한 맥인데 흑2로 내려 서는 수로 그만이다.

백3으로 뛴다면 흑4에 서 6, 8로 끼워이어 흑이 무조건 1수 빠르다. 도중 백1로 5에 두어도 흑2, 백 6, 흑3으로 안 된다.

3도 (밀어올리는 뜻)

백1로 밀어올리는 수는 크 게 두 가지 뜻이 숨어 있 다. 하나는 선수를 잡으려 는 것이고, 또 하나는 싸 움으로 가져가려는 것이 다. 다음 흑a라면 견실하 지만 소극적이고, 흑b는 활용당한 느낌이다.

3도

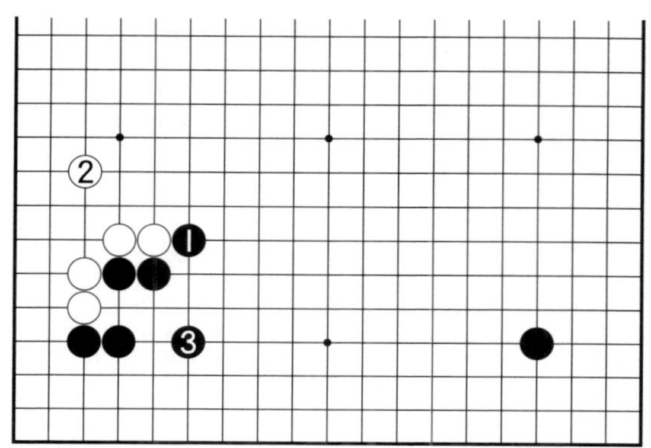

4도

4도 (흑1, 3이 틀)

벌림을 생략한 채 밀어오면 흑1로 젖히는 것이 기세이다.

다음 백2로 방비하는 정도이고 흑3으로 모양을 갖추게 되는데, 이것이라면 백도 선수를 잡는 목적을 이룬 셈이다.

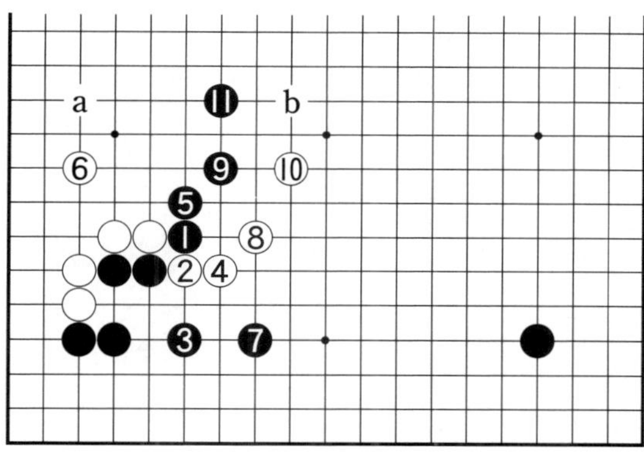

5도

5도 (전투)

흑1 때 백2로 끊어가는 수는 급전을 일으켜 하수를 시험하려는 발상이다. 이때도 흑3으로 지키는 한수이고 이하 11까지는 필연의 행마인데, 다음 흑은 a와 b를 맞보기로 삼아 충분한 싸움이다.

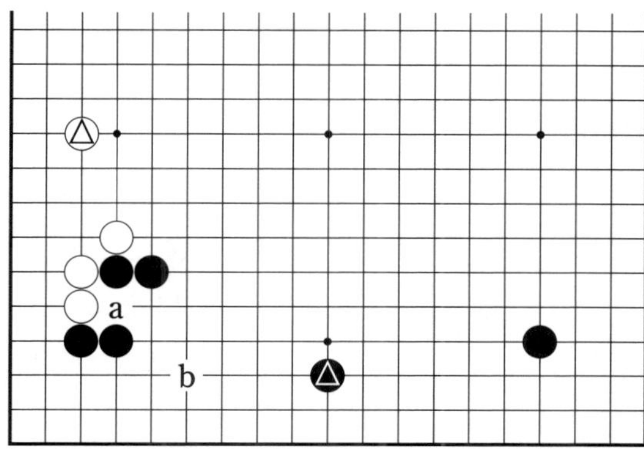

6도

6도 (노림 두 가지)

백△의 벌림에 흑이 a의 약점을 직접 보강하지 않고 ●로 크게 전개한 형태이다. 여기서는 물론 백이 a에 나가끊는 수가 더 강렬하며, 침입의 문제로서 b의 걸침을 중점적으로 알아보자.

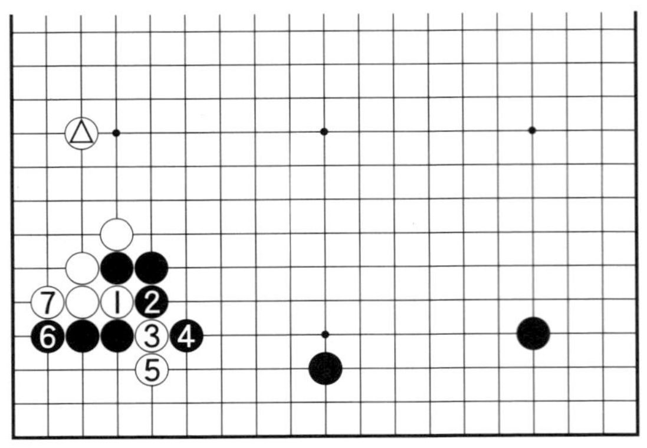

7도

7도 (백7이 저항)

백1, 3으로 나가끊고 흑4, 6까지는 앞서와 똑같다. 이때 백7로 막는 수가 △의 벌림을 믿고 둔 강력한 저항이다.

여기서부터는 필연적으로 패싸움을 동반한 수상전이다.

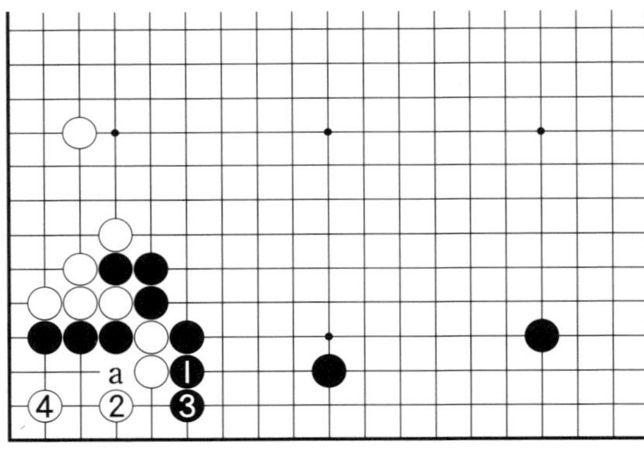

8도

8도 (공배 하나의 차이)

계속해서 흑1로 막고 백2의 마늘모에서 4의 뜀까지는 필연이다.

좀 전에는 흑a로 모는 수에 의해 간단히 해결했지만, 이번에는 백이 바깥쪽에서 공배를 하나 더 채우고 있으므로….

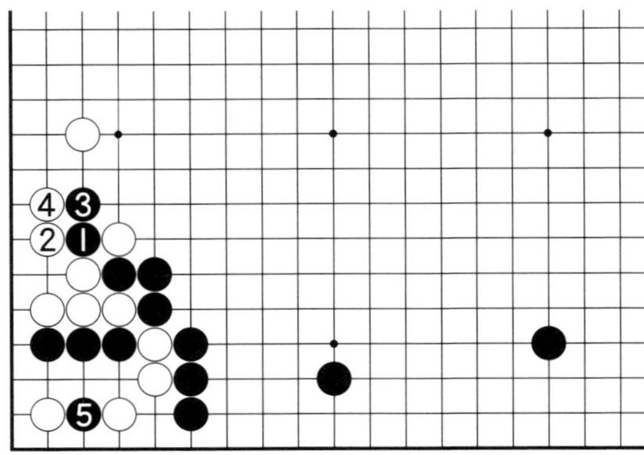

9도

9도 (대책 ☞ 끼움이 맥)

흑1로 끊어가 백4까지를 교환한 다음 흑5로 끼우는 것이 교묘한 맥이다.

일련의 수순은 붙여뻗기 정석에서 나와끊음의 노림을 분쇄하는 코스로 필히 기억하기 바란다.

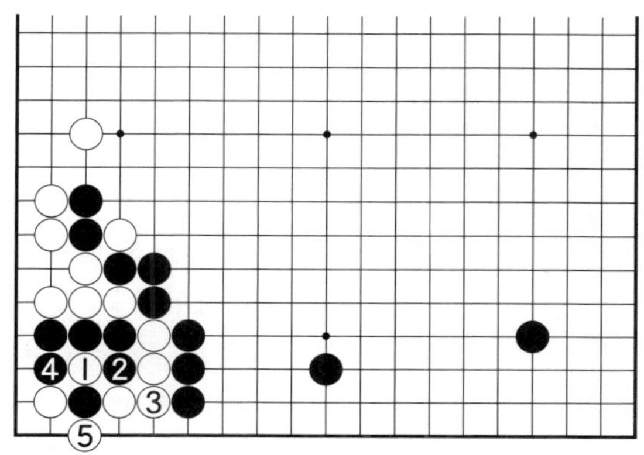

10도

10도 (패싸움의 시작)

백은 1로 잡는 한수이며 흑2의 양단수, 백3의 이음, 흑4, 백5까지는 외길이다.

흑이 1의 자리를 잇는 것은 자충이므로 필연적으로 큰 패가 나게 된다. 계속해서~

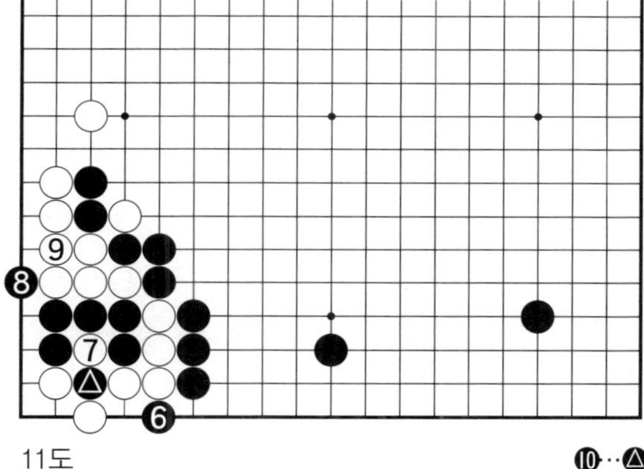

11도

❿…△

11도 (대책 ☞ 자체 패감)

흑6으로 몰고 백7로 패를 따내게 되는데, 이때 흑8의 자체 패감이 자랑이다.

9도 흑1, 3은 바로 이 패감에 대비한 뜻이었다. 백9에 흑10으로 따내고 나면 백에게는 적당한 패감이 없다.

12도 (간단)

흑△에 대해 백1로 바깥에서 몬다면 얘기는 간단해진다. 흑2쪽에서 몰고 4로 몰아 6까지 촉촉수가 성립한다.

흑6의 먹여침은 귀의 가장자리 위치라는 특성에서 나온 수줄임의 맥이다.

12도

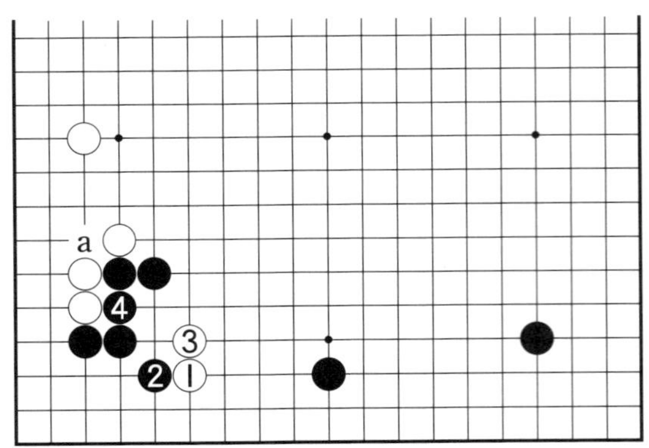

13도

13도 (노림을 함축)

다음은 백1로 걸치는 수. 먼저 뛰어들어 나가끊는 노림을 함축한 침입이라 할 수 있다. 흑2로 붙여세우고 4로 이어두는 것이 간명. 다음은 흑a로 끊는 수가 생겼다.

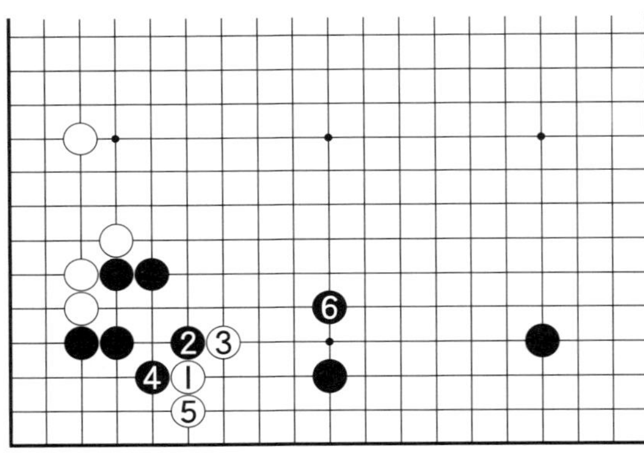

14도

14도 (흑6이 요점)

백1에 대해 흑2로 붙이고 4로 막는 것도 두어진다.

백5의 내려섬을 기다려 흑6의 뜀. 우하에 흑의 화점이 대기하고 있는 경우 그 방면의 세력을 부풀리는 감각이다.

15도 (백1이 노림)

다음은 앞 그림에서 몇 수가 더 진행되어 나타난 모양을 상정한 그림이다.

귀에는 백1로 붙여 3에서 5로 근거를 빼앗는 것이 노림이다. 그 대책은 다음 테마에서…

15도

다양한 침투, 견실한 대응

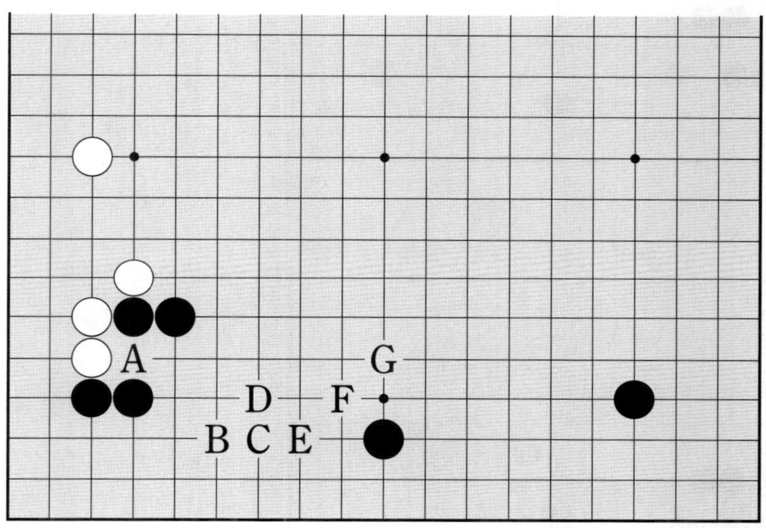

　역시 붙여뻗기 정석으로 실전에서는 그림과 같은 형태가 가장 많다. 백이 A로 나와끊는 수를 직접 두지 않고 그것을 이용해 좌하변의 흑 세력에 뛰어드는 수단은 B 외에도 C~G가 있다.

　접바둑 형태이므로 흑은 어디까지나 붙여뻗기 정석의 취지를 계승해 간명하게 응수하는 법을 익혀두어야 한다.

▨ 변화의 포인트

- 정도의 차이는 있으나 A의 나와끊음을 강조한 침입은 B, C, D.
- 백E는 직접 침입하는 수. F, G는 삭감하는 수.
- 이 형태에서 흑이 먼저 두면 G의 한칸 구축이 훌륭한 수.

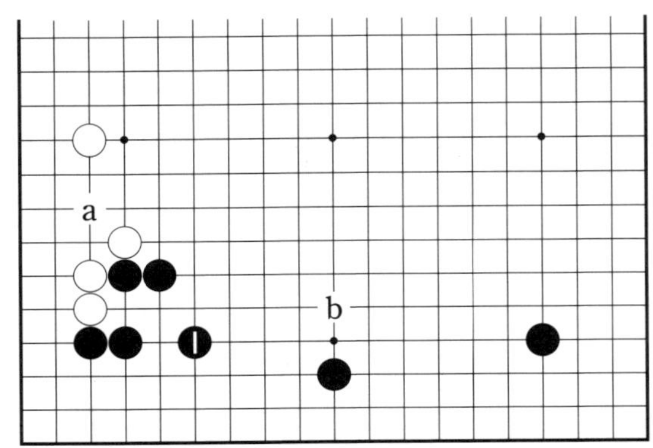

1도

1도 (한칸 지킴)

흑이 먼저 1로 지키면 부분적으로는 튼튼한 진용이다.

이후 좌상쪽의 배석에 따라 a의 뛰어들기를 노릴 수 있다. 한번 더 둔다면 b의 한칸 뜀.

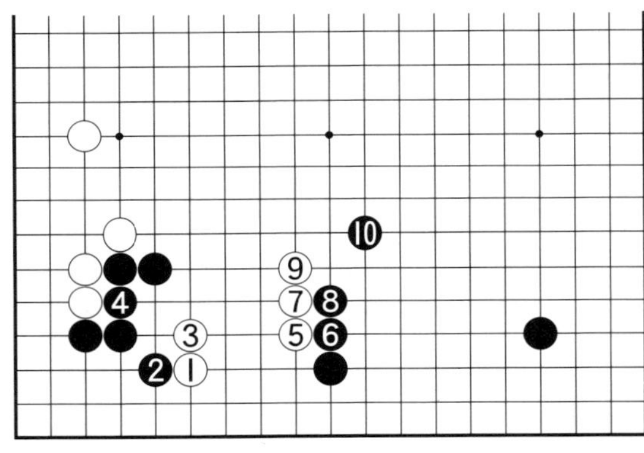

2도

2도 (세력 확장)

백1부터 흑4까지는 [1형] 13도에서 본 그대로이다.

이후 백5로 어깨를 짚어나가면 흑6부터 밀어올려 10으로 날일자한 곳까지 오른쪽에 세력을 확장한다.

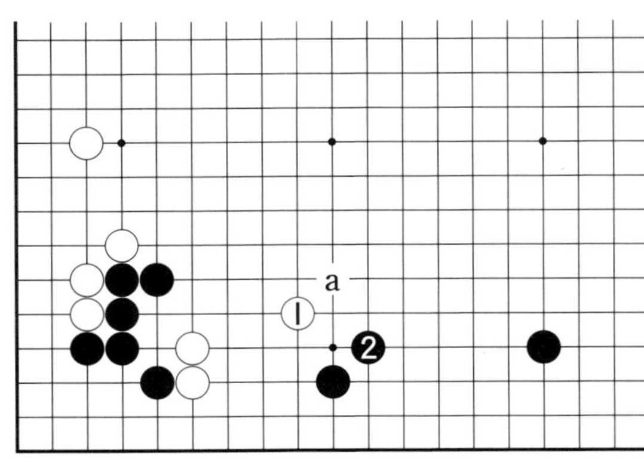

3도

3도 (흑2가 요점)

백1의 눈목자로 날아오르면 흑2의 마늘모가 행마의 틀이다.

견실하게 자세를 갖추고 다음 a의 씌움을 본다. 이후의 변화를 좀 더 자세히 알아보면….

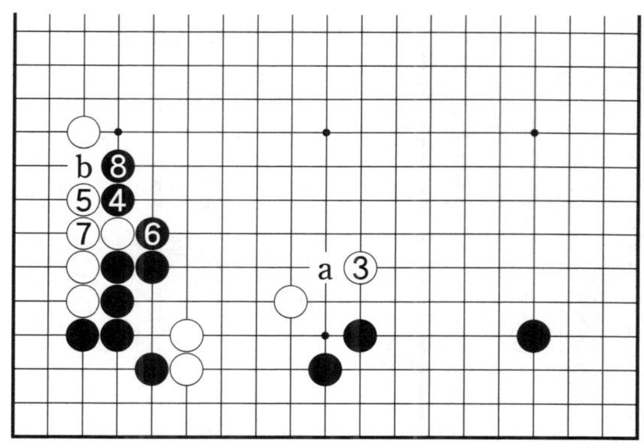

4도

4도 (흑4가 노림)

백3으로 가볍게 두어온다면 왼쪽에서 흑4로 껴붙여 가는 수가 백의 엷음을 찌르는 호착이다.

백5라면 흑6으로 몰아 8로 늘어둔 다음 a의 건너붙임과 b부터 나가끊는 것이 노림이다.

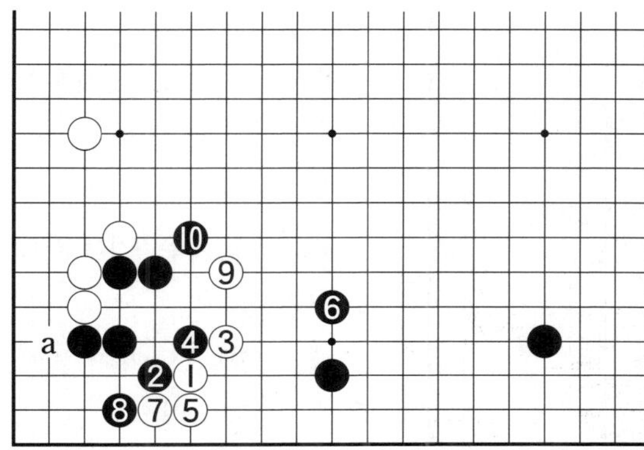

5도

5도 (노림 ☞ 건너붙임)

흑▲에 대해 백1로 반발한다면 흑2, 4로 공작한 다음 6에서 8로 건너붙이는 수단이 통렬하다.

축이 안 되므로 백이 수습하려면 적잖은 시련이 예상된다.

6도

6도 (약점)

백1～흑6까지는 [1형]에서 본 바와 같다. 거기서 백7로 꼬부리고 흑10까지 된 모양이다.

흑10으로는 a에 내려서면 견실한데, 이 형태에서 흑의 약점은 어디일까?

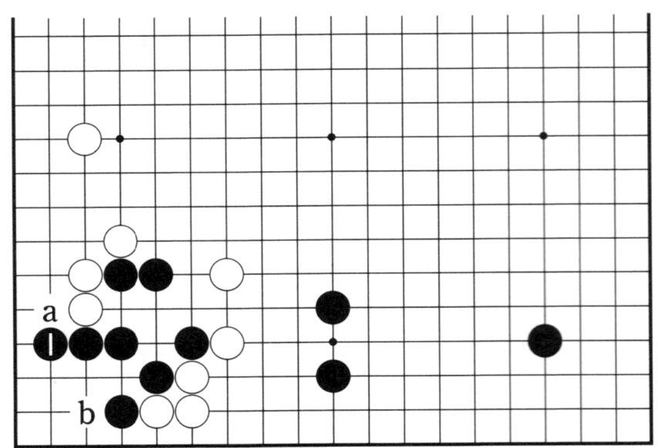

7도

7도 (수비에 역점)

앞 그림 흑10으로는 이 그림 1로 내려서 두면 귀에는 백b로 붙이는 등의 수단이 없다. 흑1로는 a의 젖힘도 요령.

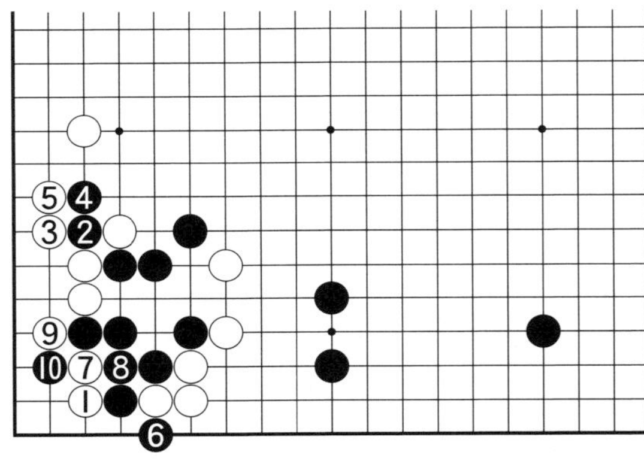

8도

8도 (대책 ☞ 흑2, 4 수순)

6도에 이어 백1의 껴붙임이 '노림 제1호'.

이때는 흑2로 끊어 백의 응수를 묻는 것이 좋다. 백3, 5라면 흑6으로 차단하고 백7, 9로 넘더라도 흑10으로 끊어 백의 노림을 분쇄한다.

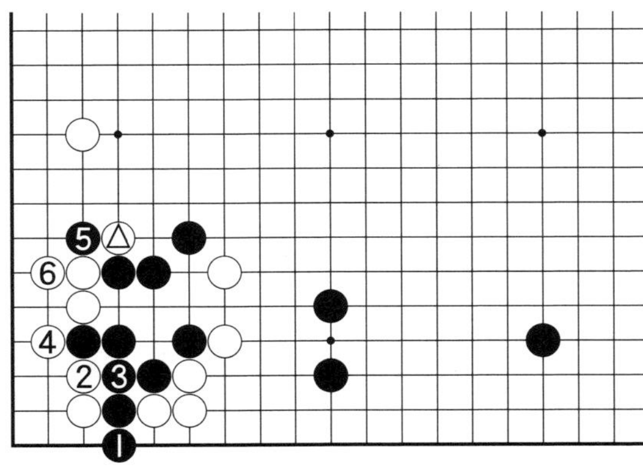

9도

9도 (준비 부족)

처음부터 흑1로 내려서는 것은 백2, 4 다음 흑5로 끊어 올 때 백6의 빈삼각으로 받아 흑은 껍데기만 남은 모습이다.

백△ 한점은 이미 가벼운 돌인 것이다.

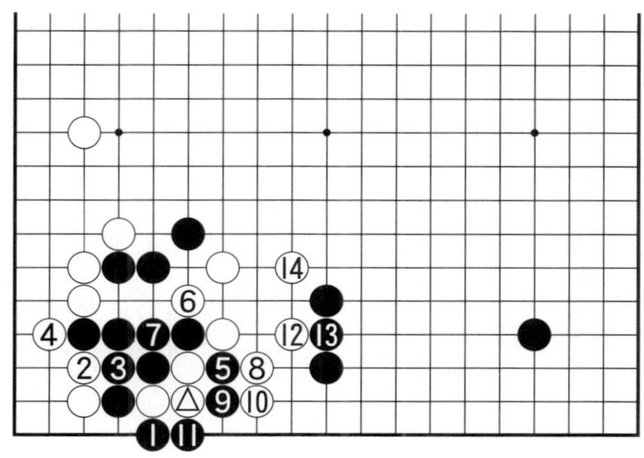

10도

10도 (소탐대실)

흑1로 젖혀받고 나서 5로 끊는 수에는 백6의 단수부터 8 이하로 가볍게 버리면 흑은 소탐대실 그대로인 꼴이다.

더군다나 흑은 전체가 아직 백△의 곳 치중이 남은 미생마이다.

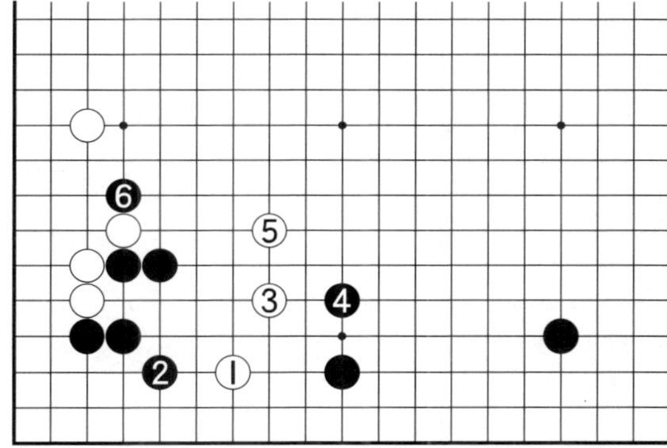

11도

11도 (흑2가 간명)

백1로 3선 한가운데를 뛰어드는 수도 두어진다.

이때는 흑2로 지키면 간명. 백3의 날일자로 진출하는 정도이고 흑4로 추격하며 6의 기대기 공격으로 나가는 게 요령이다.

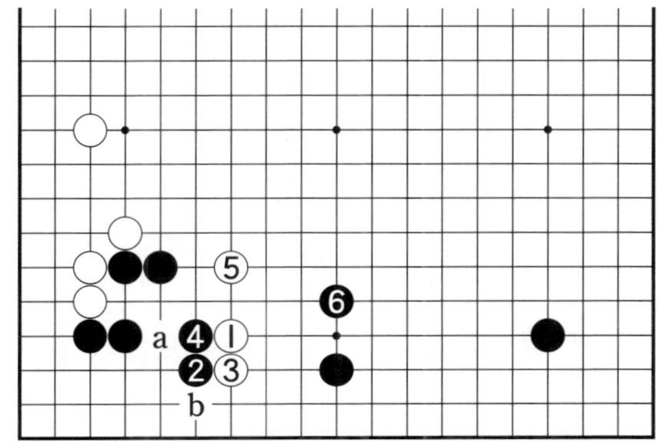

12도

12도 (흑, 견실)

백1로 높게 가면 흑2, 4로 지키는 게 요령. 이것은 백이 처음부터 1의 두칸높은걸침을 두고 왼쪽에서 날일자로 양걸침한 모양이기도 하다. 도중 백3으로 4는 흑a, 백3, 흑b.

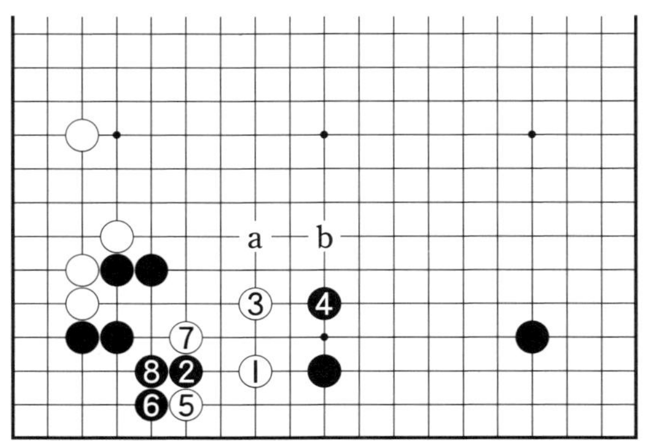

13도

13도 (다가서서 좋다)

백1로 귀에서 멀찌감치 뛰어든다면 흑2가 역시 좋은 자리이다.

　백3, 흑4 다음 백5, 7이라면 흑은 6, 8로 어디까지나 견실하게 응하는 태도에 주목하라. 계속해서 백a라면 흑b의 뜀.

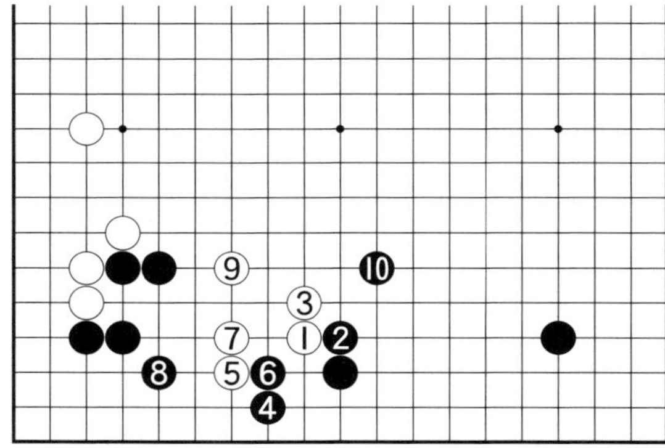

14도

14도 (삭감)

끝으로 삭감의 수단 두 가지에 대해 알아보면…. 먼저 백1로 어깨짚으면 흑2로 밀어올려 4로 달리는 것이 행마법이다. 백5 이하 10까지는 하나의 일례로 흑이 간명한 진행이다.

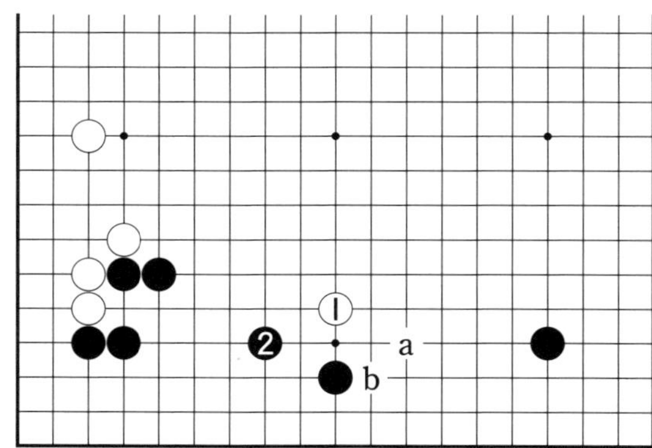

15도

15도 (모자에는 날일자)

백1의 모자 역시 어깨짚음과 함께 삭감의 상용수단으로 쓰인다.

　흑2는 '모자에는 날일자로'에 해당하는 수. 다음 백은 a의 날일자나 b의 붙임을 본다.

하반부의 약점

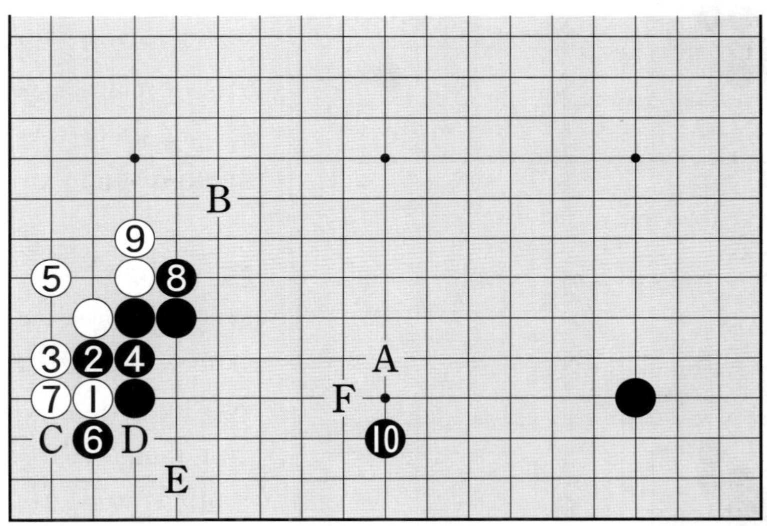

　흑이 붙여뻗은 수에 대해 백1로 붙이고 흑2, 4로 끼워이어 이하 10까지 일단락한 형태이다.

　흑 모양은 보다시피 중앙 벽이 튼튼한 반면 하반부가 약하다. 흑이 더 둔다면 A의 한칸, B의 날일자, C의 막음이 각기 큰 수이다.

▨ 변화의 포인트

● 백D로 끊어 흑 한점을 잡는 수는 큰 끝내기.
● 백이 흑집을 직접 부순다면 E, 삭감이라면 F의 어깨짚음.

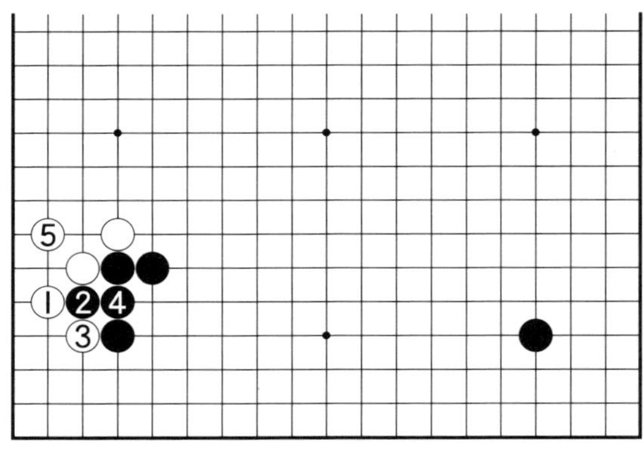

1도

1도 (환원)

백1로 마늘모하고 흑2로 끼워붙인 수에 백3, 5로 두면 장면 모양으로 환원한다. 백1 대신 가장 많이 두는 수는 2의 자리 급소지만, 1의 마늘모는 상수가 쓰는 하나의 변화구로 이해하기 바란다.

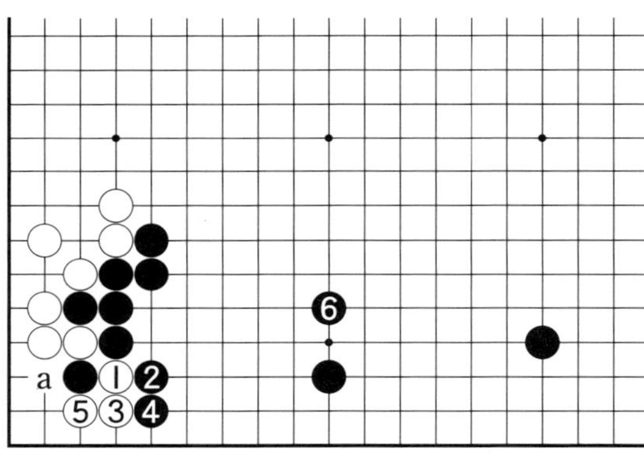

2도

2도 (끝내기)

백1로 끊어 잡는 수는 흑a로 막는 것과 비교해 안팎으로 따져 20집이 넘는 큰 끝내기이다.

따라서 백이 하변에 어딘가를 침입할 경우 이보다 더 큰 수익이 보장되지 않으면….

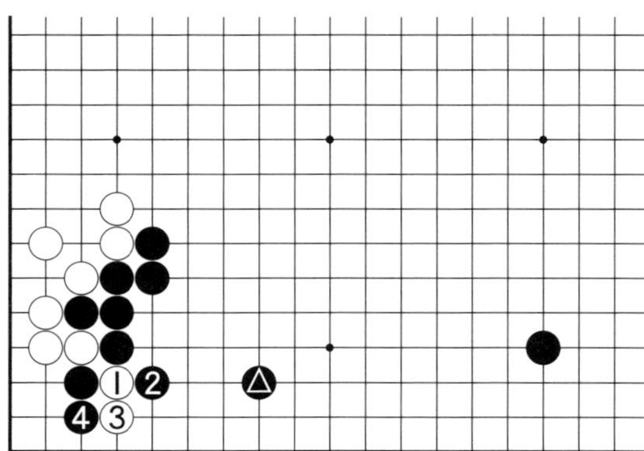

3도

3도 (흑4가 강수)

흑⨀의 기착점이 있는 모양이라면 백1, 3은 위험하다. 흑2로 몰고 4로 막는 수가 있다.

물론 흑4는 위쪽에 흑의 벽이 대기하고 있는 특수지형인데서 비롯되는 맥이다.

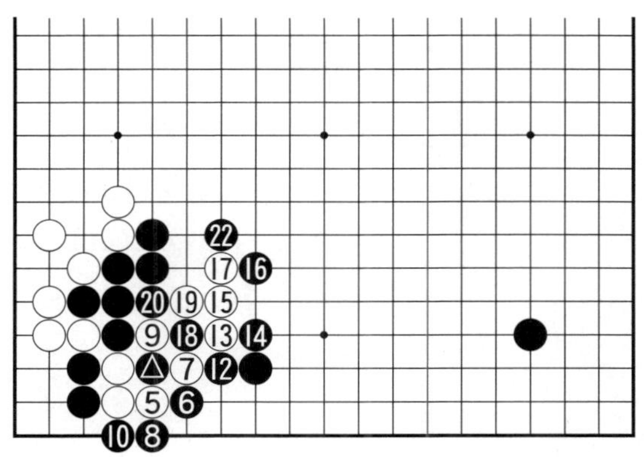

4도

4도 (회돌이와 장문)

계속해서 백5의 꼬부리는 한수인데 흑6으로 젖혀 막고 백7에 흑8로 돌려치는 수가 요점이다.

이하는 외길 수순으로 흑16의 장문이 성립한다는 사실에 주목하기 바란다.

⑪…△ ㉑…⑱

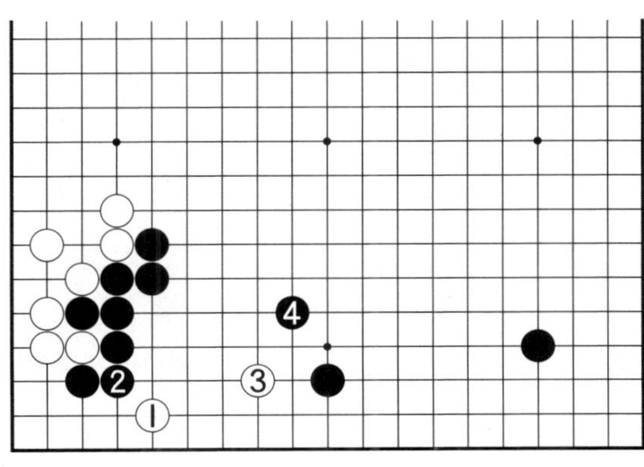

5도

5도 (백1이 교묘)

흑집을 직접 부수는 수단으로 백1로 들여다보는 것이 교묘한 맥이다.

보다시피 다음 흑a라면 백b, 흑b라면 백a가 선수로 듣는 모양이다.

6도

6도 (노림 ☞ 시기가 중요)

따라서 백1에는 흑2로 잇는 정도이고 거기서 백3으로 벌려 삶을 꾀한다. 다만 백이 초반부터 이렇게 두는 것은 대세에 뒤질 염려가 있으므로 그 시기를 잘 포착해야 할 것이다.

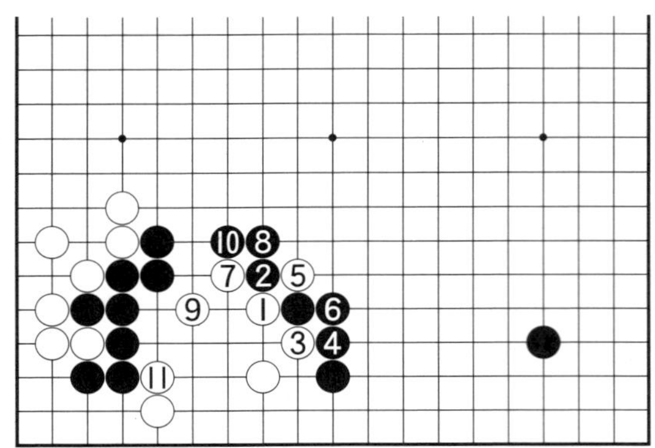

7도

7도 (쌈지를 뜨고 살면)

앞 그림에 이어 백1로 붙여 이하 11까지 살 수 있다. 그러나 흑에게 바깥을 크게 굳혀주고 살아서는 득보다 실이 많다.

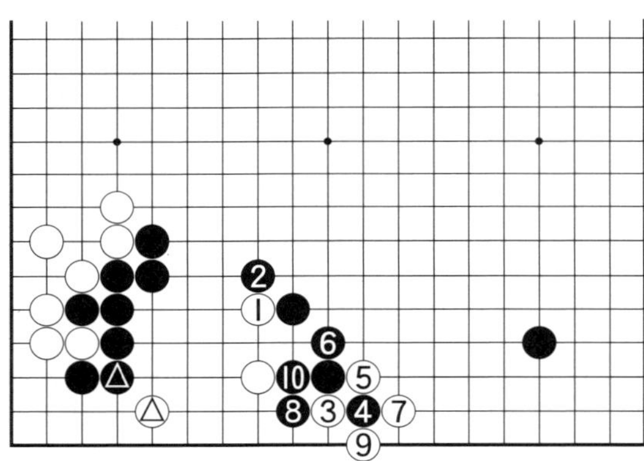

8도

8도 (바꿔치기)

백3, 5로 변신을 꾀하는 것도 가능하다. 흑6으로 뻗으면 백7, 9로 끊어잡아 상당한 것 같은데 실은 그게 아니다.

백△, 흑△의 교환이 큰 손해 모양인 것.

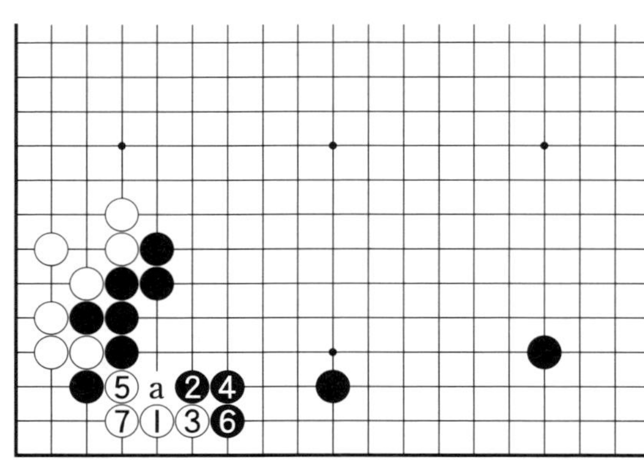

9도

9도 (내키지 않는다)

백1에 흑2, 4로 양보하는 것도 있다.

그러나 백7까지 잡은 이 모양은, 애초 백이 5의 자리에 끊어 흑a, 백7, 흑1로 되는 것에 비한다면 흑이 상당한 손해이다.

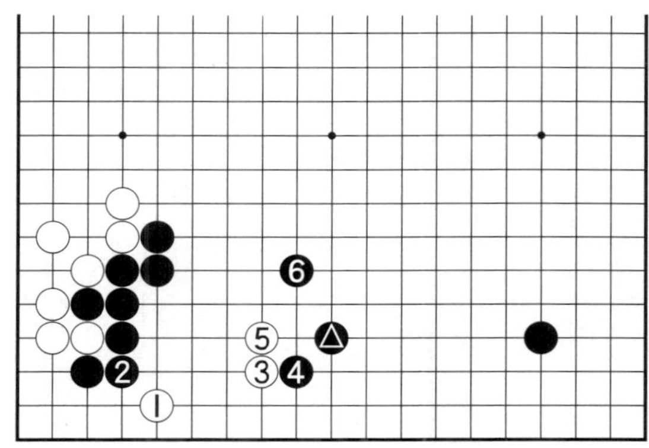

10도

10도 (백, 괴롭다)

흑△로 높이 전개한 진영에서 백1, 3으로 삶을 꾀하는 것은 문제다.

흑4, 6으로 봉쇄하는 수가 좋아 백은 괴롭기 짝이 없다.

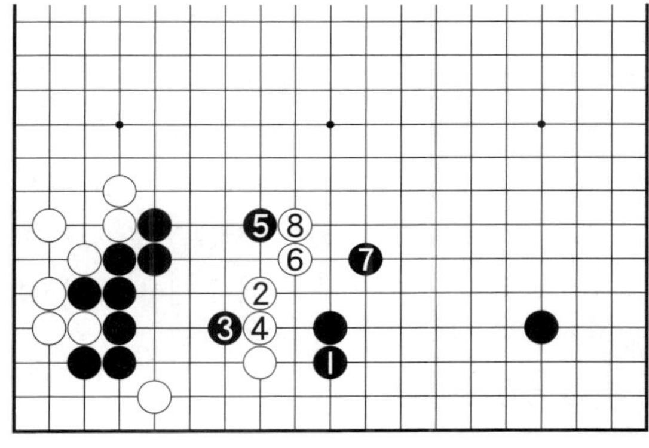

11도

11도 (견실하지만)

흑1의 철주는 견실하지만 백2로 뛰어나가는 여유가 있는 만큼 봉쇄하기는 힘들다.

이후는 중앙 쪽 힘겨루기인데 오른쪽 흑 세력이 부푸는 대신 왼쪽 흑도 약해지는 것이 흠이다.

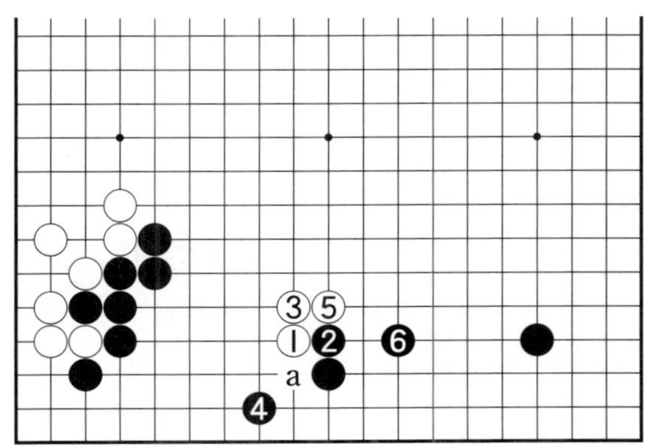

12도

12도 (삭감)

백1의 어깨짚기는 삭감의 행마. 흑은 다음 a와 2로 미는 수, 두 가지가 있다.

이 경우는 흑2로 미는 것이 좋다. 백3 다음 흑4로 미끄러지는 수를 생략하지 않는 것이 중요하다.

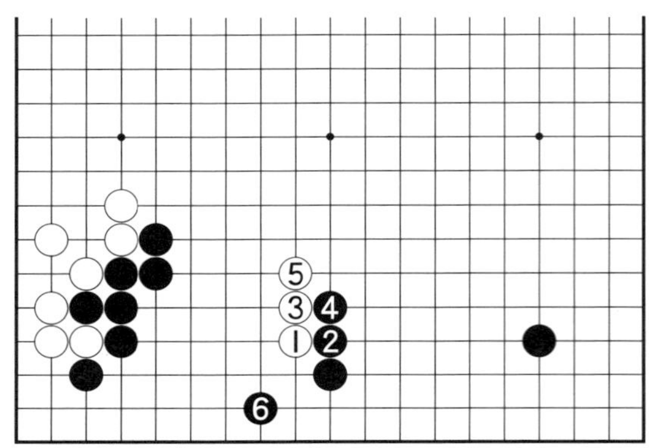

13도

13도 (유력)

백1에 대해 흑2, 4로 두 번 밀고 6으로 달리는 것도 유력한 방법이다.

흑의 입장에서 앞 그림이냐 이 그림이냐 하는 문제는 우변 쪽의 배석에 따른다.

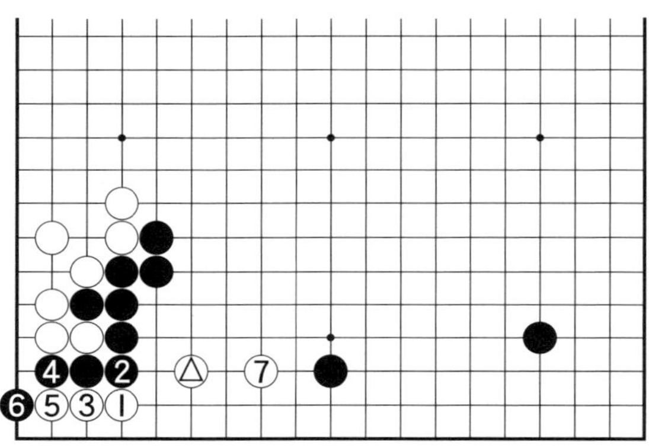

14도

14도 (턱밑 급소)

백의 양걸침, 즉 △가 있는 이 형태라면 백1로 턱밑을 달리는 수가 급소다.

흑2에 백3, 5로 넘자는 수가 들어 7까지 쉽게 살 수 있다.

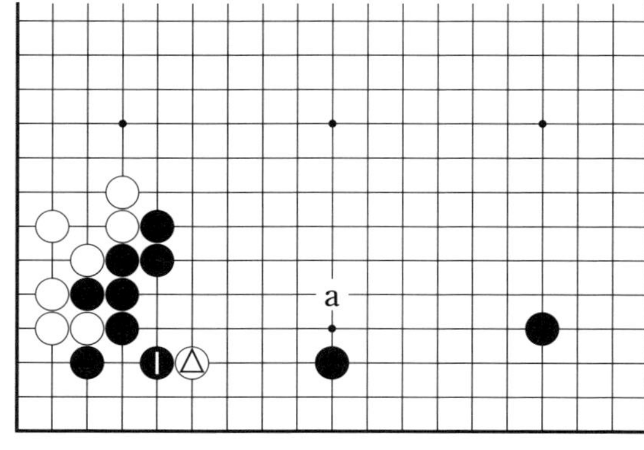

15도

15도 (제압)

백△가 있는 경우는 흑이 곧장 1의 마늘모붙임을 두어 백의 움직임을 봉쇄하는 수도 크다. 이후 백은 a의 삭감을 보는 정도.

분단을 획책하는 옆구리붙임

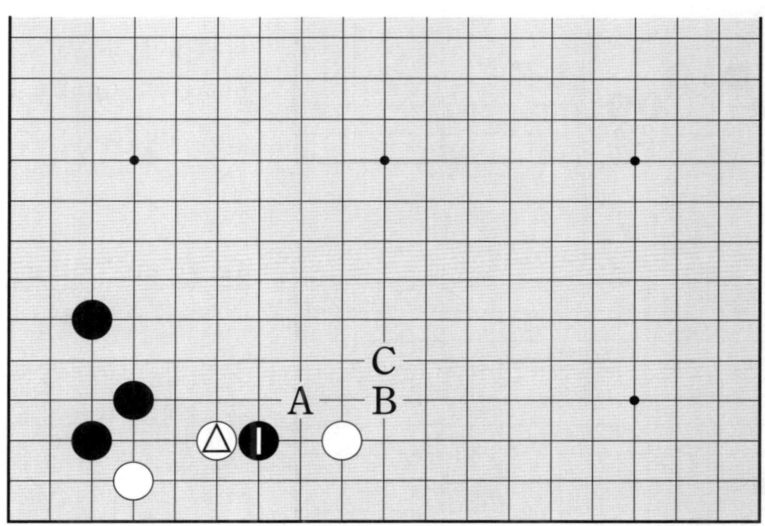

화점의 대표적인 정석인 이 모양에서도 노림은 들어 있다.

백은 두칸 벌림에 날일자달림이 더해져 있어 기본적으로 안정된 자세지만 백△의 옆구리에 붙여가는 흑1의 맥에는 약하다. 흑1은 물론 백의 분단을 획책하는 수.

▨ 변화의 포인트

- 흑1 외에 A의 들여다봄도 두어지는데 좌변 쪽에 흑 세력이 대기한 경우 유력하다.
- 흑B의 어깨짚음, C의 날일자 모자는 삭감 수단이다.

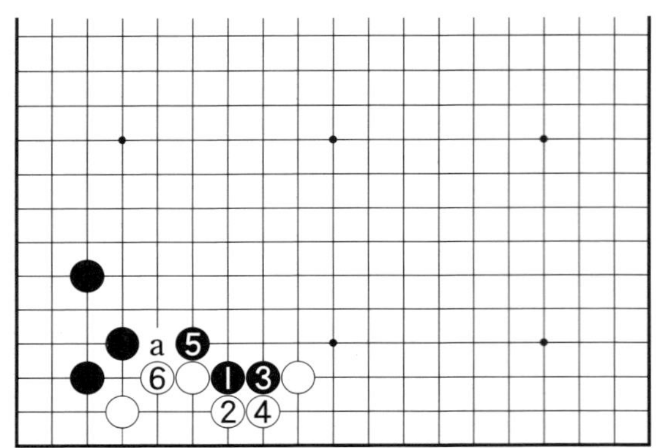

1도

1도 (속수)

흑1로 붙인 것까지는 좋으나 백2 때 흑3으로 부딪치는 것은 속수이다.

백6 다음 흑a로 약점을 방비해야 하는데 흑은 하변에서 두점머리를 자청해 얻어맞은 꼴이다.

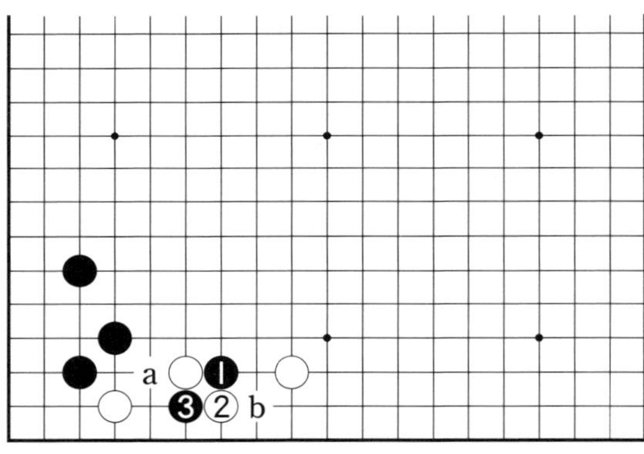

2도

2도 (노림 ☞ 맞끊음)

흑1, 백2 때 흑3으로 맞끊는 것이 맥. 이것이면 흑은 다음 a와 b가 맞보기로, 백은 분단을 피할 수 없게 된다.

흑1, 3의 수단은 대개 중반에 두어지는데 다만 그 타이밍이 중요하다.

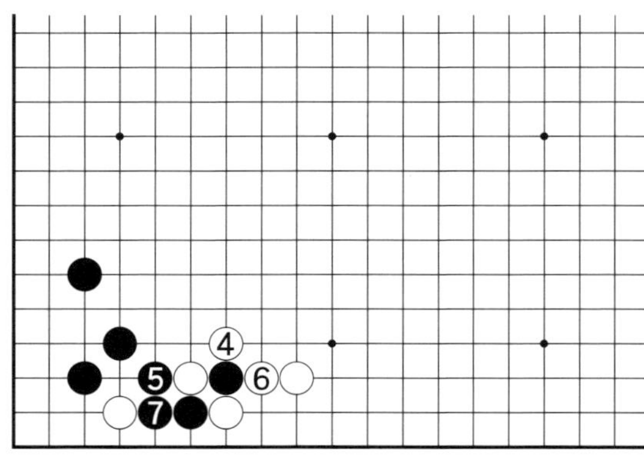

3도

3도 (귀쪽을 잡는다)

계속해서 백4로 몬다면 흑5, 7로 두어 귀쪽 백 한점을 끊어 잡는다.

다만 앞 그림에서 말한 타이밍, 실리와 두터움 등의 문제를 잘 생각해서 두어야 한다.

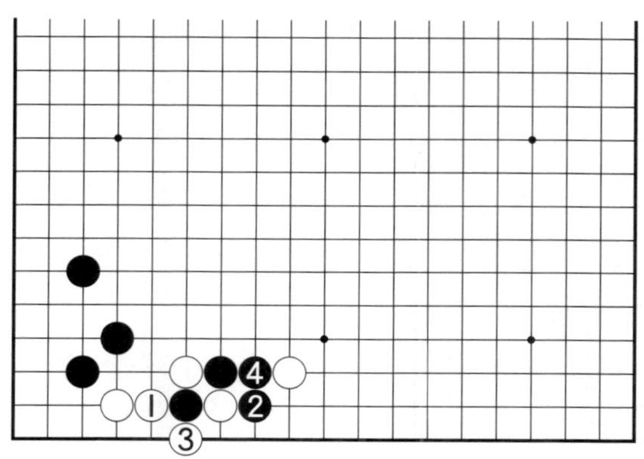

4도

4도 (돌파)

백1로 이쪽을 잡으면 흑2, 4로 변의 한점을 분단하는 데 성공한다.

앞 그림이든 이 그림이든 백으로서는 적지 않은 피해를 입는 모양인데, 그렇다면 분단을 피하는 대책은 무엇일까?

5도 (대책 ☞ 치받음)

흑❹의 붙임에 대해서는 백1로 치받는 것이 유일한 방비책이다.

자세가 이상하지만 이것이면 백은 최소 좌우로 분단되는 사태를 피할 수 있다.

5도

6도 (연결에는 이상없다)

계속해서 흑2라면 백3으로 받아두고 흑4의 단수에 백5로 이어서 이상 없다.

도중 흑4로 5에 몰아도 백4로 뻗어서 그만. 이와 비슷한 모양은 다음 그림 (11~12도)에서….

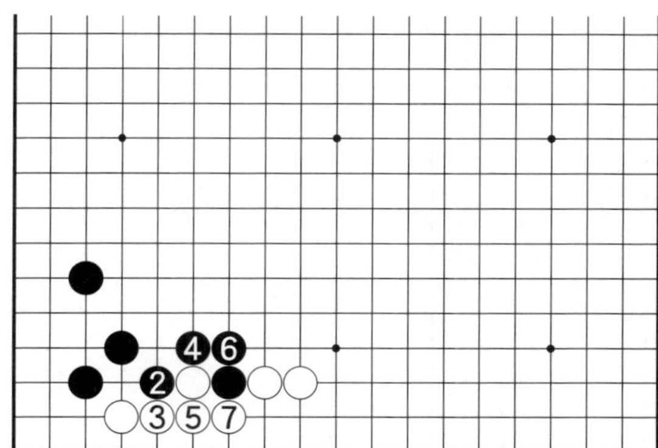

6도

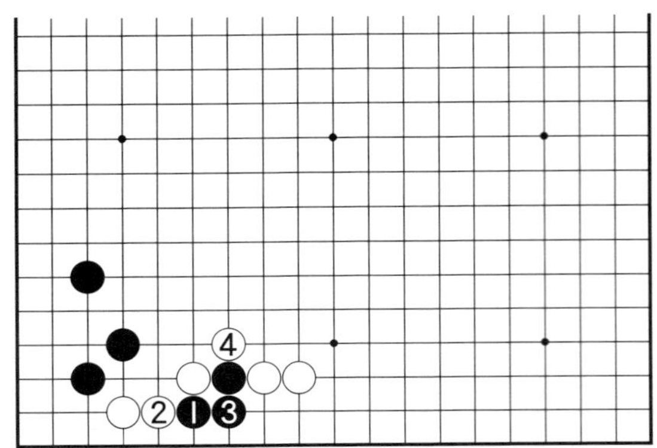

7도

7도 (백2가 요점)

흑1로 아래쪽에서 젖힌다
면 백2로 꽉 막을 곳이다.

흑3이면 백4로 막아 이
후 흑이 어떻게 두어도 잘
안 된다.

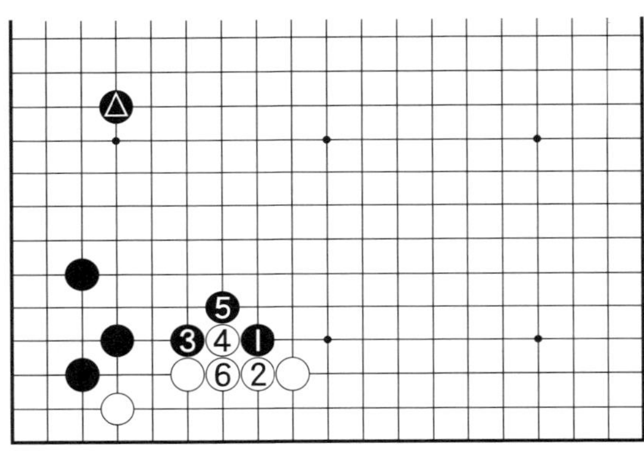

8도

8도 (세력 확장)

좌변 쪽에 흑▲가 있다면
흑1로 어깨를 짚어 3으로
두는 수단이 유력하다.

백4, 6으로 끼워 이으
면 흑5의 단수를 듣게 하
는 자체로 좌변의 세력 확
장에 도움이 된다.

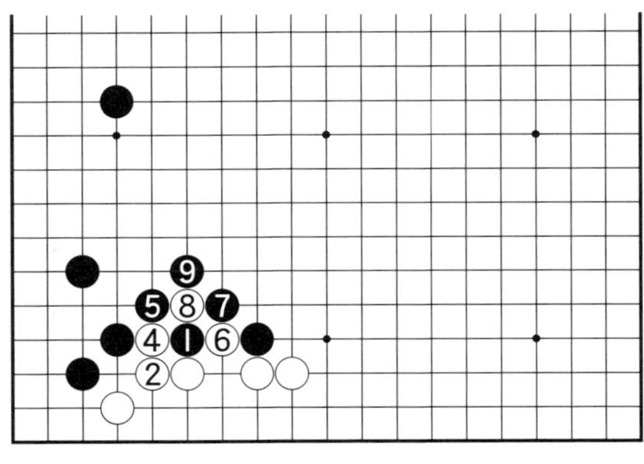

9도

9도 (패감에 따라)

흑1에 대해 백2로 늘어두
고 흑이 손을 뺀다면 백4
에서 6, 8로 두게 되는데,
패감 관계에 따라 득실이
갈릴 것이다.

❸‥손뺌

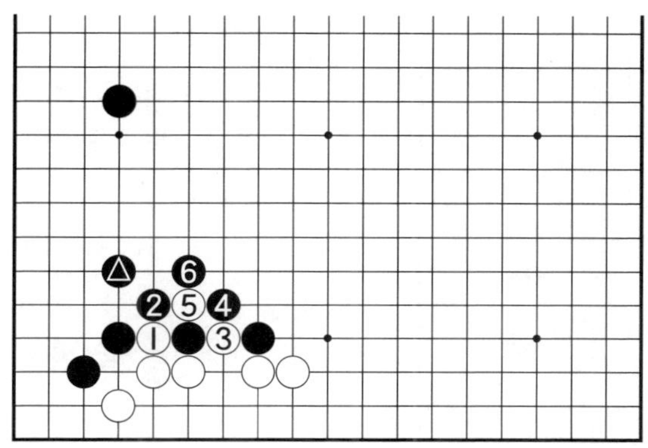

10도

10도 (한칸받음이라면)

흑△의 한칸받음이었다면 백1~5로 두어도 흑은 큰 부담이 없다.

흑△ 한점과 6의 돌이 짝을 이루어 봉쇄한 모양이 그것으로, 앞 그림과 비교해보기 바란다.

11도

11도 (끝내기 수단)

귀쪽에서 흑△의 막음이 더해진 이 모양에서는 흑1로 아래에서 붙이는 것이 백의 근거를 빼앗는 유력한 수단이다.

백2로 막는 정도이고 흑3으로 끌어 끝내기로도 상당한 성과이다.

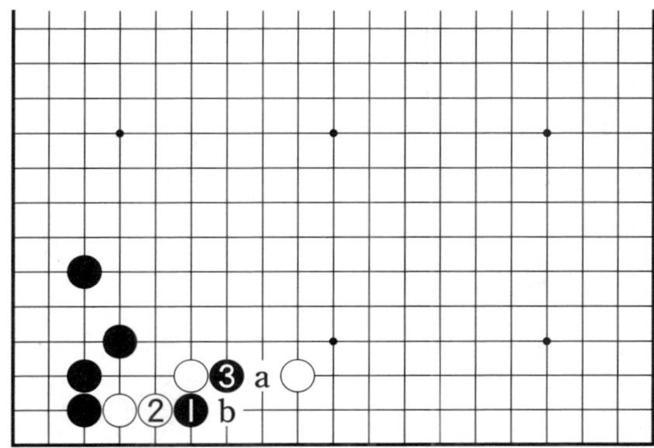

12도

12도 (백2는 무리)

흑1에 백2로 저항하면 흑3으로 젖혀 곤란하다. 이젠 백a로 부딪쳐도 흑b로 이어 백은 파탄을 면치 못한다.

한편 처음부터 흑이 3의 자리에 붙이는 것은 백b로 받아 손해다.

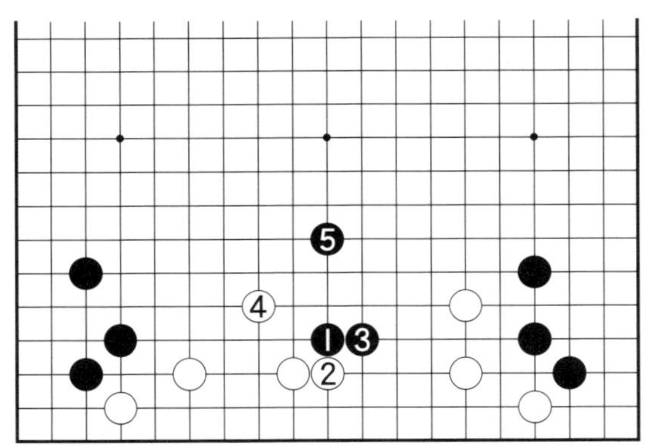

13도

13도 (삭감 1)

흑1의 어깨짚음은 하변 전체의 상황과 관련해 두어지는 수단이다.

흑은 백의 세력이 부푸는 것을 제한하려는 뜻이다. 백2, 4에 흑5까지가 행마의 틀.

14도 (삭감 2)

흑1의 날일자는 앞서 보다 가볍게 삭감하려는 뜻이다. 백2면 흑3으로 밀어두고 5, 7로 두는 리듬이 제격이다.

이 결과 하변의 백 모양은 중복된 느낌이다. 따라서 백2로는⋯.

14도

15도 (마늘모 응수)

이때는 백1의 마늘모가 행마법. 흑2, 4로 붙여늘면 하변의 집은 납작해지지만 백7에서 9로 중앙전에서의 주도권을 바라는 진행이 된다.

우변 a의 곳에 흑돌이 없다면 더욱 유력하다.

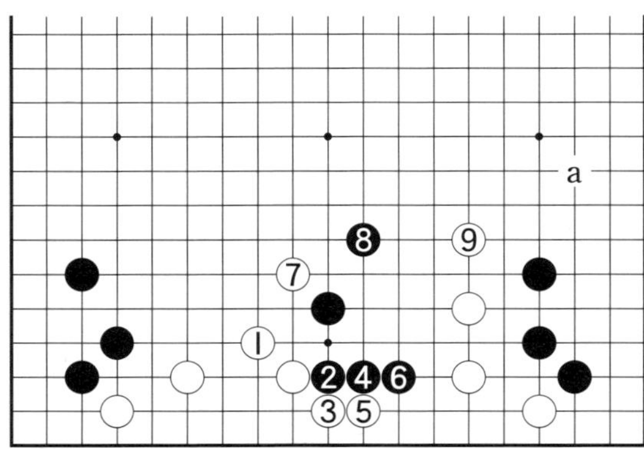

15도

손뺌을 응징하라 (1)

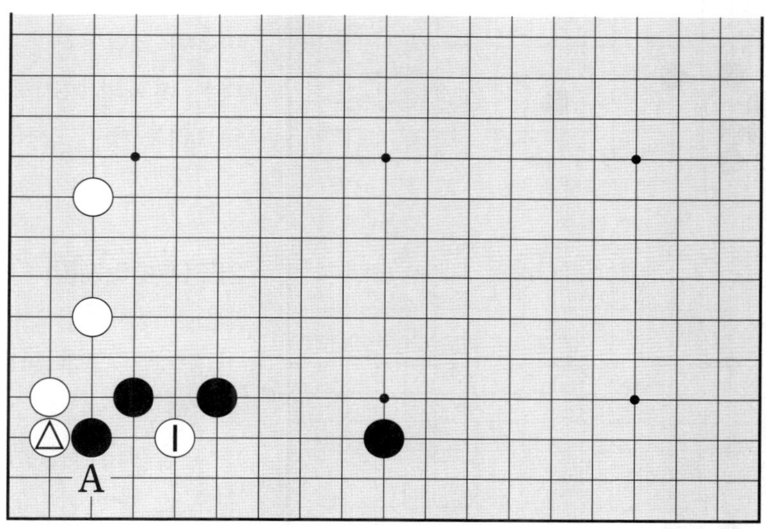

백△로 밀고들어간 수에 흑이 손을 뺀 모양이다.

흑의 형태는 당연히 백1로 들여다보는 급소를 노출하고 있다. 흑은 위쪽을 잇고 이 부근을 적당히 처리한다는 사고가 중요하다.

▨ 변화의 포인트

- 백1은 A의 젖힘을 함축한 급소다.
- 백1의 수 대신 A쪽을 젖혀이어 후속수단을 노리는 방법도 있다.
- 흑은 가볍게 대처하는 마음이 중요하다.

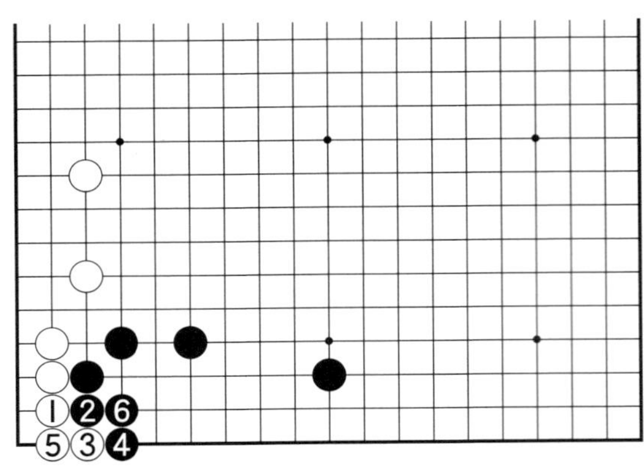

1도

1도 (끝내기)

백1로 내려서고 흑2에 백 3, 5로 젖혀 잇는 것은 끝내기에 주안을 둔 수이다. 흑집을 줄이는 것으로는 미흡한 느낌이지만 흑에게 다른 변화의 여지를 주지 않으려는 뜻이 강하다.

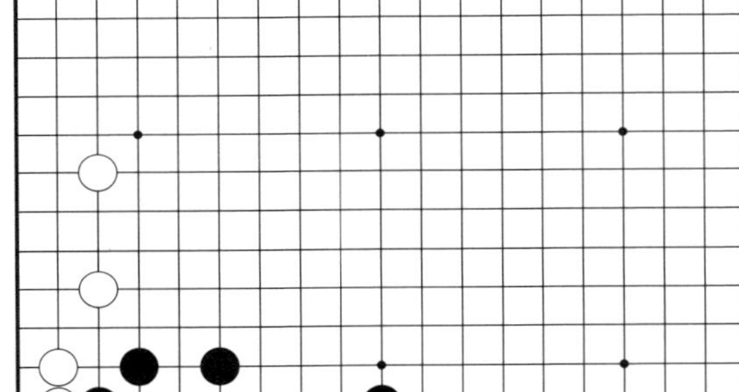

2도

2도 (후수이지만)

백1로 젖히고 3으로 호구 치는 것은 역시 끝내기 수단이다.

다음 백a의 붙임이 노림으로, 중반이라면 흑은 한번 더 손을 뺄 공산이 크다. 백은 이후에….

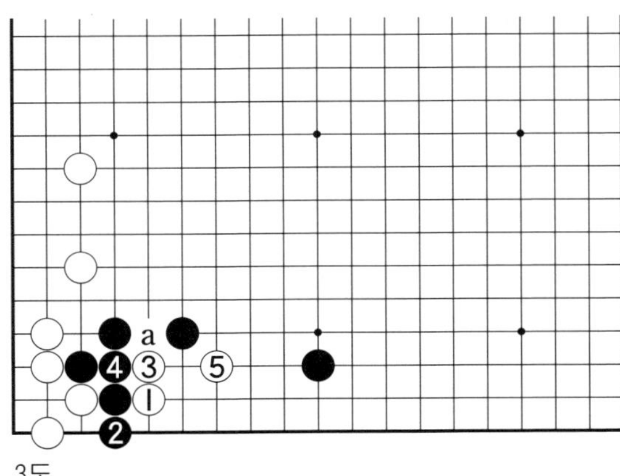

3도

3도 (후속 노림)

백1로 껴붙이는 수가 준비된 노림. 흑2로 차단하면 백3에서 5로 뛰어나가 흑진이 송두리째 부서질 위기에 놓인다.

흑은 당장 백a의 나옴을 방비해야 하는 모양으로….

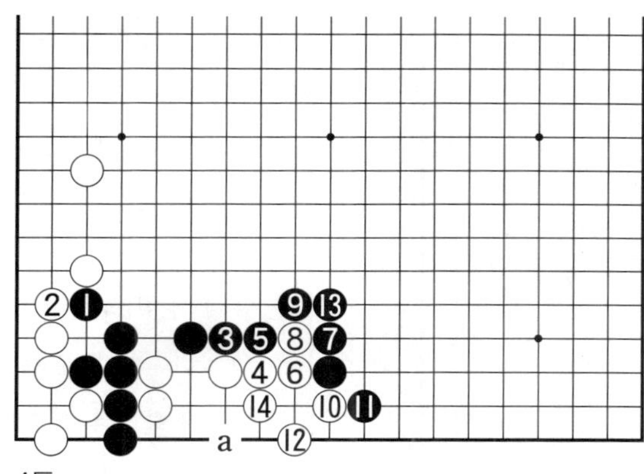

4도

4도 (백, 불충분)

흑1의 마늘모붙임을 선수하고 3으로 눌러가면 이하 14까지 삶이다.

단, 흑a의 치중수가 있어 백은 확실히 살아 있지 않다. 따라서 백2로는 다른 궁리가 필요하다.

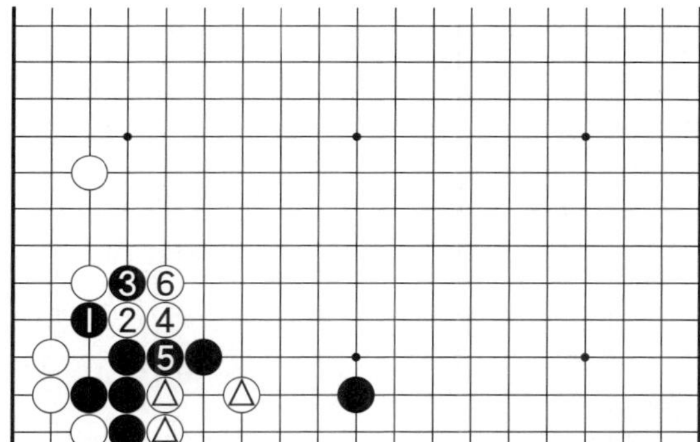

5도

5도 (백2가 맥)

흑1에는 백2로 반대쪽에서 껴붙이는 수가 유력하다. 흑3, 5로 두는 한수인데 백6으로 꼬부려 살찌우고 △도 아직 살아 있으므로 이것이라면 백은 충분한 성과일 것이다.

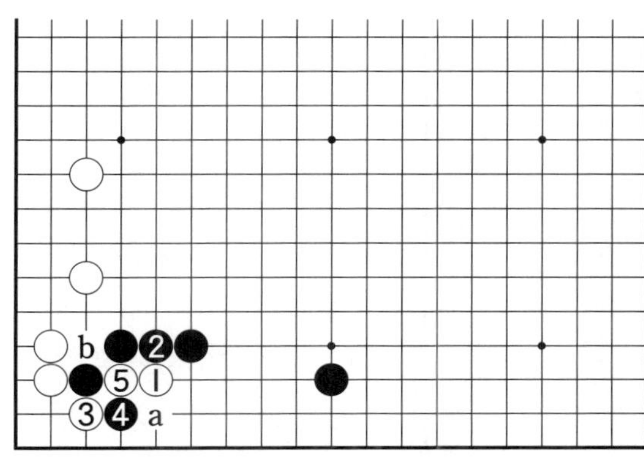

6도

6도 (노림 ☞ 들여다봄)

백1의 들여다봄에는 역시 흑2로 잇는 것이 두텁다. 다음 백3의 젖힘은 각오한 바. 흑4로 젖히고 나서 a로 죄어붙이는 것과 b로 잇고 싸우는 두 가지 방법이 있는데….

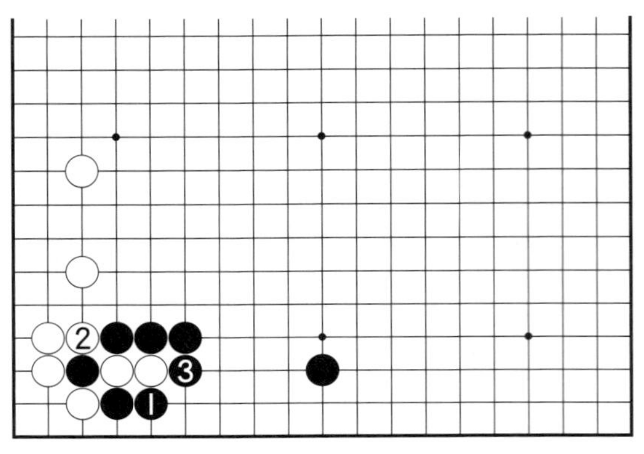

7도

7도 (대책 ☞ 집을 지킨다)

흑1은 집을 지키려는 수. 손을 뺀 곳이므로 대개는 이렇게 수습하는 것이 온당하다.

백은 2의 빵따냄을 선수하는 것으로 만족이다. 끝내기 상 백은 1도보다 이 방법이 우월하다.

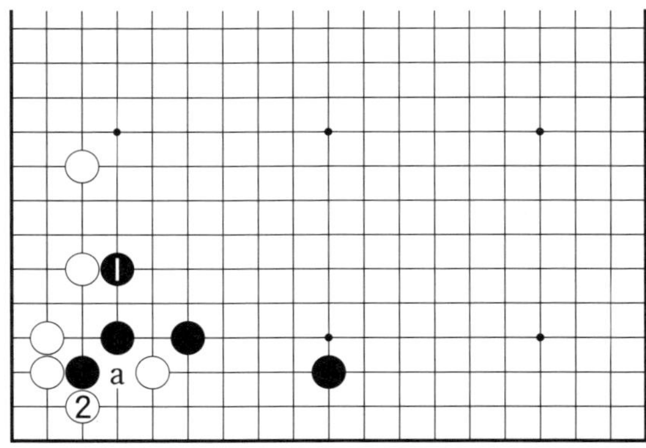

8도

8도 (바꿔치기)

흑1은 특수한 경우에 두는 저항수단. 백은 당연히 2로 잡고 이하 흑9까지 바꿔치기가 이루어지는데, 집으로는 흑의 손해가 크다.

좌변 쪽에 흑a의 다가섬이 있는 경우가 아니면….

9도 (섣부르다)

흑1로 붙이는 것은 섣부른 행동. 백이 응하지 않고 2로 젖혀 넘으면 흑 모양이 대번에 이상해지고 만다.

그리고 흑1로 a에 받는 것도 있지만 그것은 그것대로 맛이 고약하다.

9도

손뺌을 응징하라 (2)

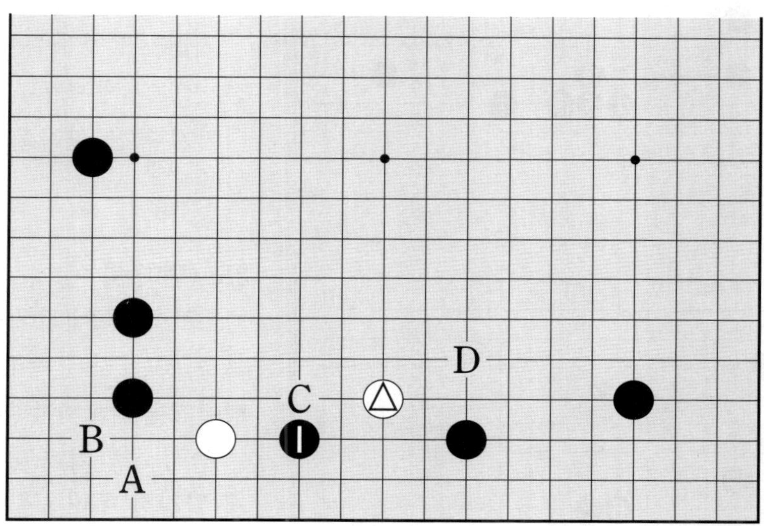

화점에 걸치고 백△로 세칸 높게 벌리는 것도 하나의 정석이다.
이후 흑이 측면에서 다가서서 이루어진 형태이다.

백의 이와 같은 진영에서 흑1로 뛰어드는 수는 당연히 떠오르는
착점이다. 흑1이 오기 전에 부분적으로는 백A, 흑B, 백C로 두는
것이지만, 그러면 오른쪽 백△ 한점이 중복된 모양이다.

▨ 변화의 포인트

- 백은 흑1이 오기 전에 B의 3·三 침입으로 변신하거나 D의 날일자
로 가볍게 두는 수도 있다.
- 백△가 한 줄 낮은 자리에 전개해 있다 하더라도 흑1은 변함없는 급
소이다.

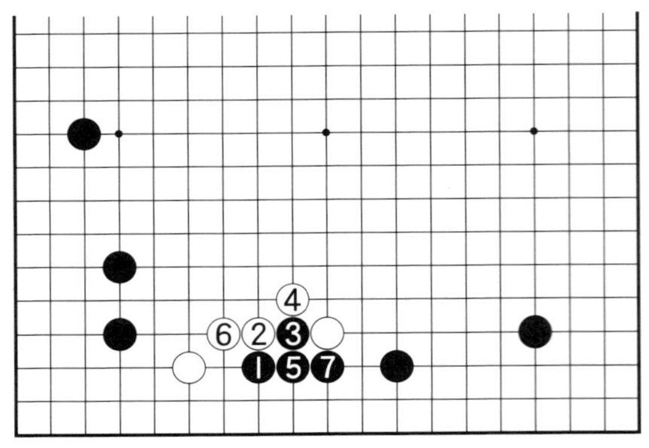

1도

1도 (노림 ☞ 흑3이 요점)

흑1에 백2로 뛰어붙이는 한 수이다. 백은 약하므로 어디까지나 가볍게 수습한다는 태도가 중요하다.

흑3으로 끼우는 게 요점. 백4, 6에 흑7로 넘은 데까지 흑은 실리로 만족한다.

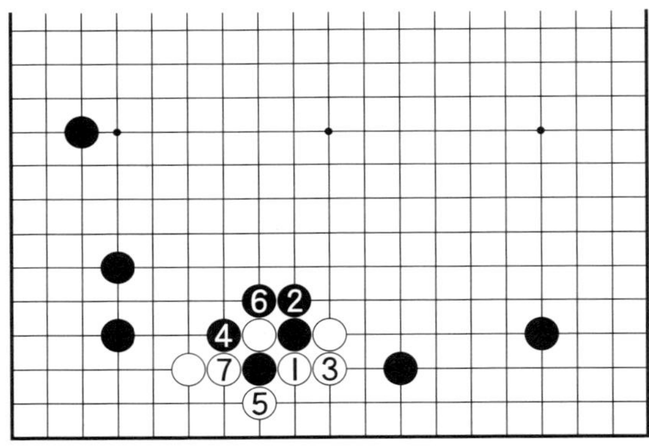

2도

2도 (빵따냄)

백1로 아래쪽에서 몰아 3으로 잇는 것은 흑4, 6의 빵따냄을 각오해야 한다.

특히 초반이라면 흑에게 막강한 두터움을 허락하므로 백은 두기 힘들 것이다.

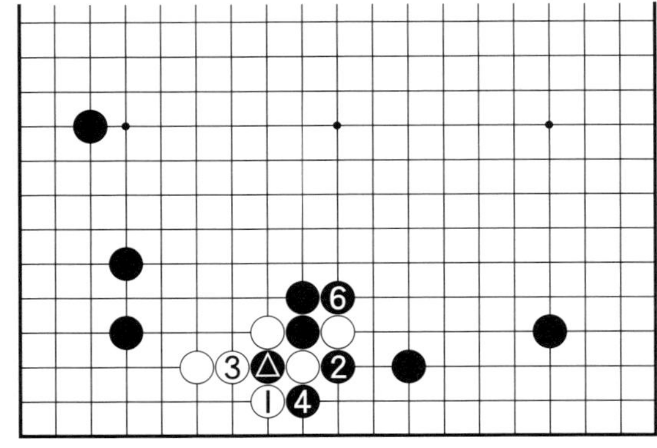

3도　　　　　　　　　　　⑤…▲

3도 (하중앙 두터움)

앞 그림 백3으로 이 그림 1로 이쪽을 잡는 것도 흑2에서 6이면 하중앙 일대의 모양이 두텁게 변한다.

따라서 앞 그림 백1, 3이나 이 그림 1, 3은 특수한 경우에 한한다.

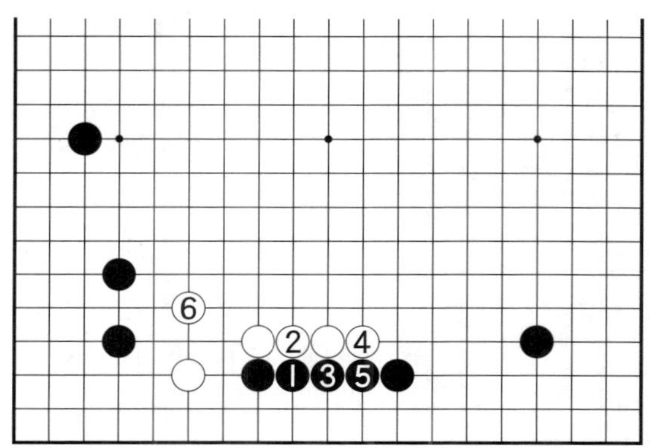

4도

4도 (단점이 없다)

백이 뛰어붙인 수에 대해 흑1로 나가는 것은 백2로 맞좋게 잇게 해 백이 기분 좋을 것이다.

바깥쪽에 단점이 많은 1도의 형태와 비교해보라.

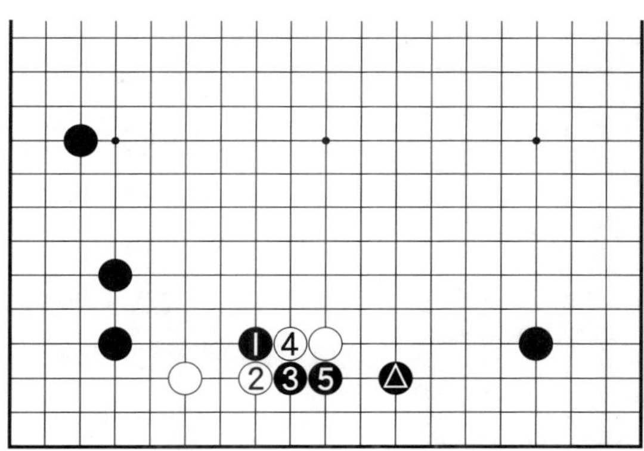

5도

5도 (노림 ☞ 높은 침입)

흑1로 높게 뛰어들고 백2로 붙여오기를 기다려 흑 3, 5로 두면 ▲ 한점이 안성맞춤으로 역할하는 모양이다.

그러나 수습하는 입장인 백에게는….

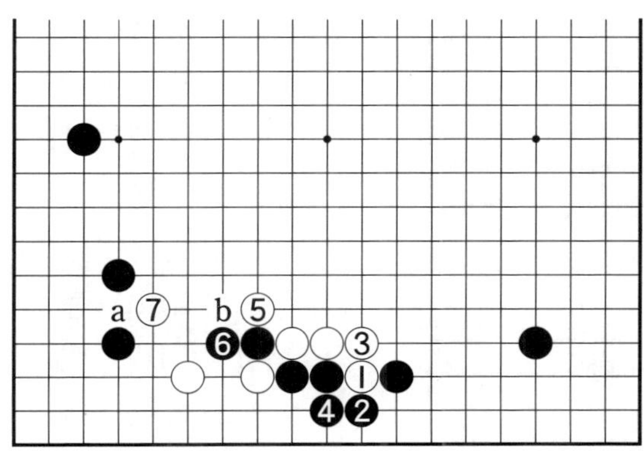

6도

6도 (대책 ☞ 백의 수습)

백1, 3으로 끼워잇는 타이밍이 좋아진다. 흑4의 보강을 기다려 백5에서 7로 두면 흑은 껄끄러워진다.

다음 백은 a부터 나가 끊는 수와 b로 죄어붙이는 수가 맞보기이다.

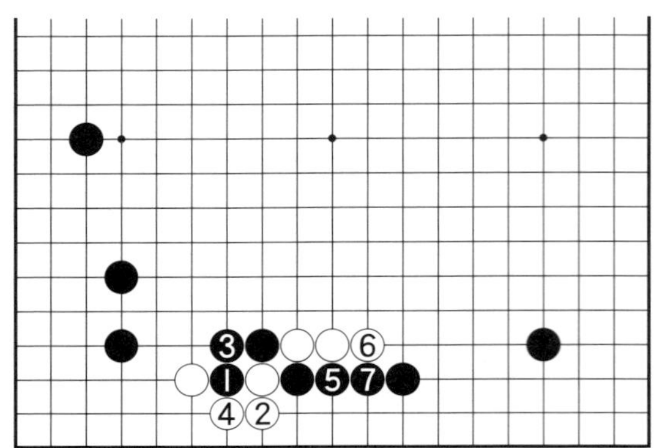

7도

7도 (백, 괴롭다)

흑이 싸우려면 1, 3으로 몰고 잇는 수가 속맥 같지만 그럴듯하다.

이젠 축 관계 때문에 백 6, 흑7로 교환하는 정도인데, 이것은 백이 상하로 양단되어 괴로울 것이다.

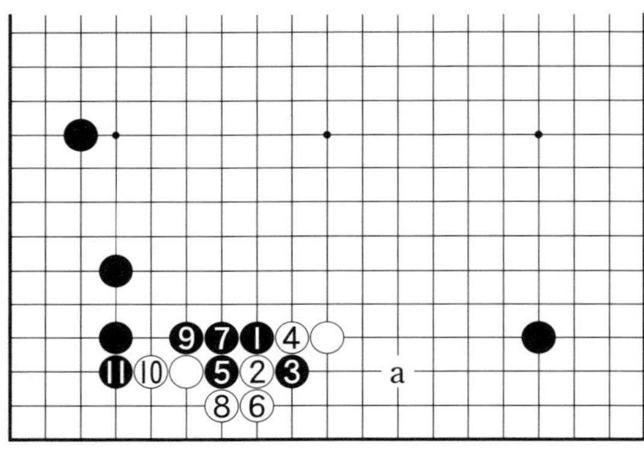

8도

8도 (속수)

참고로, 흑a의 다가섬이 없는 국면에서 흑1로 뛰어드는 것은 빗나간 급소이다. 백2에 흑3 이하 하나같이 속수로 흐르게 된다. 보다시피 백의 실리가 압도적으로 좋은 결과이다.

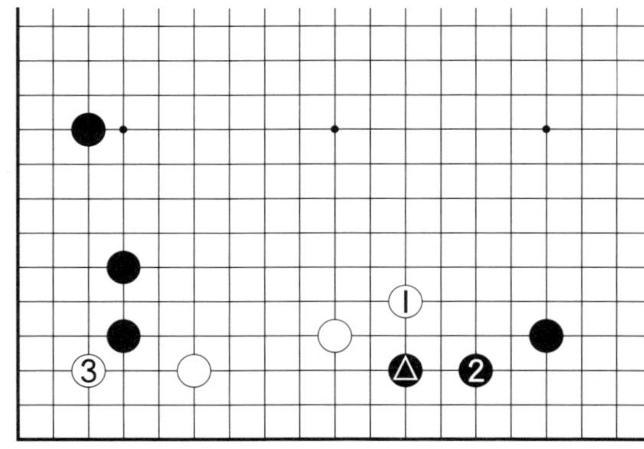

9도

9도 (백이 먼저 두면)

이것은 일례이지만, 흑이 뛰어들기 전에 백이 둔다면 1의 날일자이다.

흑2로 받아준다면 백3으로 3·三에 뛰어드는 것이 보통일 것이다. 백1은 흑▲가 갖고 있는 노림을 완화시킨 뜻도 있다.

높은 위치의 허점을 노려라

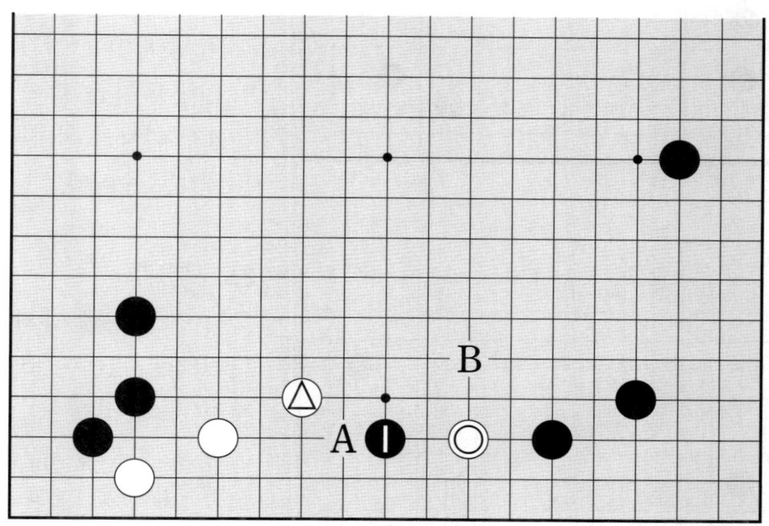

백△로 높이 전개한 곳에서 ◎가 더해진 이 진영은 비교적 견실하지만 그 오른쪽에 흑의 다가섬이 와 있으면 흑이 뛰어드는 노림이 생긴다.

백이 먼저 지킬 경우 B로 뛰어 이상적인 집모양이 되지만, 대신 방치할 경우 침입에 약하다는 것이 바둑의 숙명적인 사항일지도….

▨ 변화의 포인트

- 원래 백△로 높이 전개한 형태는 흑1로 다가서는 급소에 약하다.
- 백△가 A의 두칸 벌림인 경우는 흑이 그 아래로 붙이는 수단이 발생하는데, 그것은 다음 기회에 소개하기로 한다.

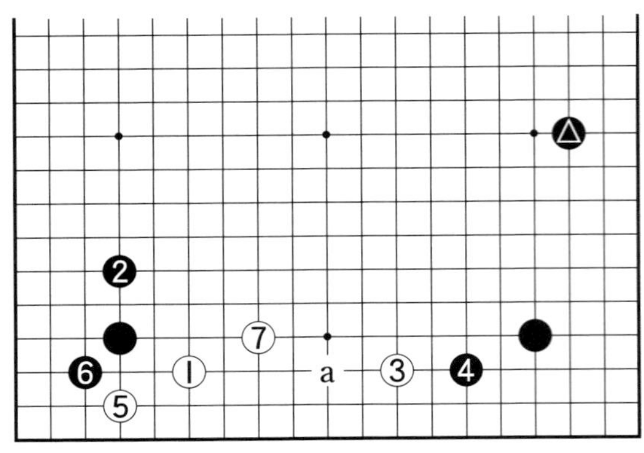

1도

1도 (경과)

좌우의 귀에 흑의 화점, 우변에 ▲가 있는 국면에서 백1에서 3으로 크게 전개하고 흑4 이하 백7로 틀을 갖춘 형태이다. 여기서 흑이 a에 뛰어든 장면. 백3은 4점 이상의 접바둑에서 두어지는 수이다.

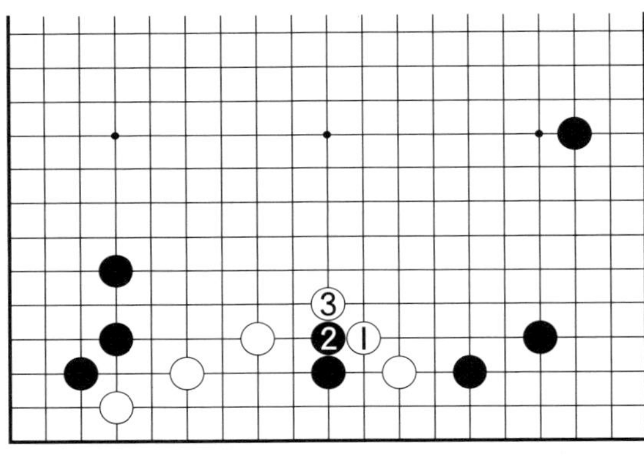

2도

2도 (봉쇄)

특히 백으로서는 1의 씌움이 일감. 흑2에는 백3으로 젖혀 봉쇄한다.

　백은 흑을 잡기는 어렵다. 그보다는 흑을 안에 적당히 살려주고 외곽을 굳히는 것으로 만족하는 태도가 중요하다.

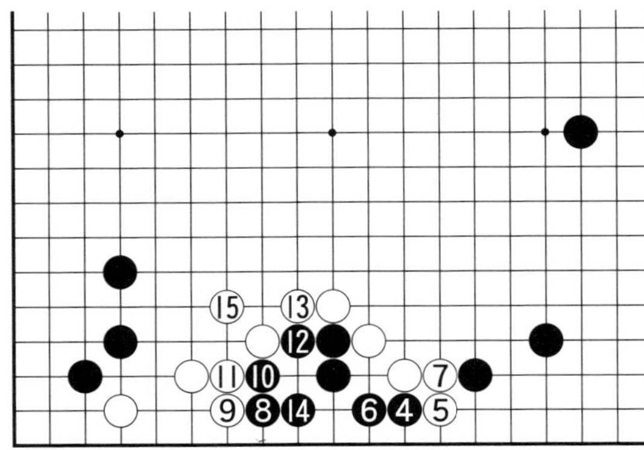

3도

3도 (노림 ☞ 흑4가 맥)

흑4로 붙여가는 것이 삶을 위한 맥. 백5, 7의 후퇴는 불가피하고 거기서 흑8로 달리면 이하 14까지 선수로 살게 된다.

　물론 백도 15까지 바깥에 구축한 두터움으로 만족한다.

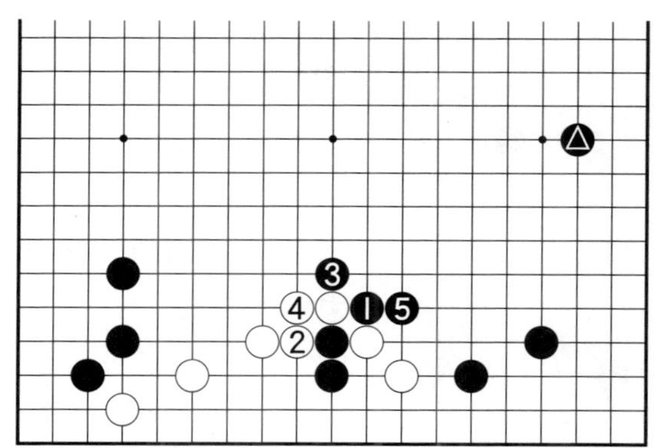

4도

4도 (사석작전)

우변에 흑▲가 있는 이 국면에서는 흑1로 끊어 백2 때 흑3, 5로 사석작전을 펴는 것도 일책이다. 흑 두점을 보태준 대신 바깥에 두터운 세력을 얻어 이것도 유력하게 보인다.

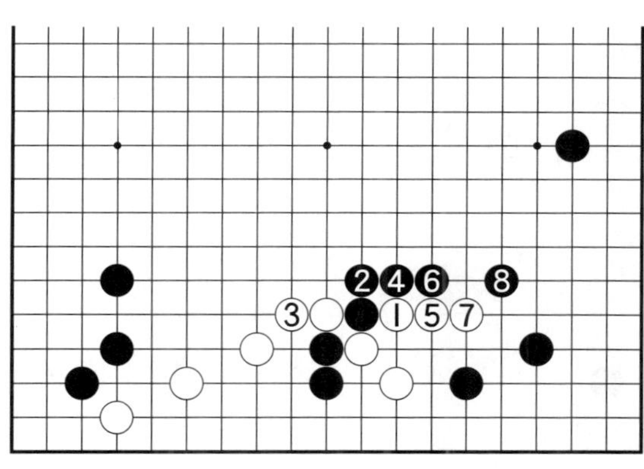

5도

5도 (초지일관)

앞 그림 백2로 이 그림 1에 몰고 3으로 둔다면 흑4에서 6, 8로 봉쇄한다. 흑은 초지일관, 하변 두점을 희생타로 삼아 바깥에 두터움을 쌓는 바둑이다.

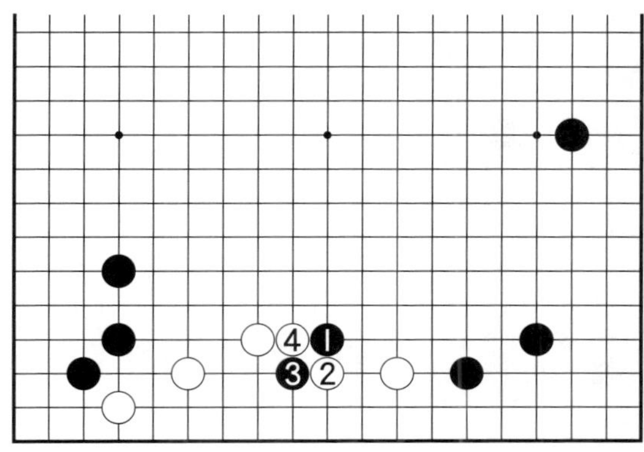

6도

6도 (포인트에서 이탈)

흑1은 침입의 지점을 잘못 택했다.

백2로 뛰어붙이면 흑3으로 젖히던가 해야 하는데, 백4면 흑은 후속수단이 끊기는 모양이다. 흑1은 이맥, 3은 속맥.

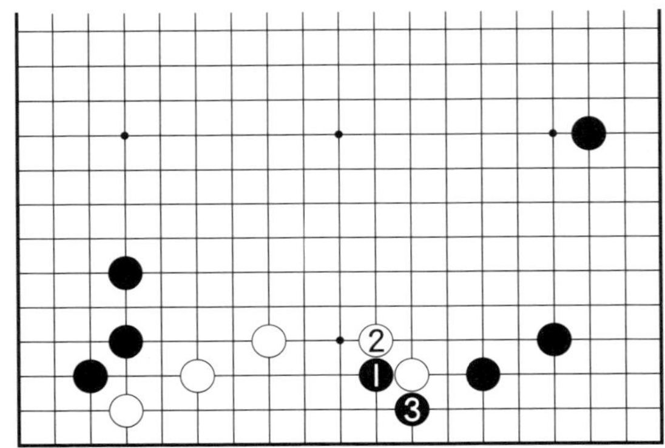

7도

7도 (옆구리 붙임)

때에 따라서는 흑1로 옆구리에 붙이는 수단도 가능할 것이다.

백2라면 흑3으로 되젖히는 리듬이다.

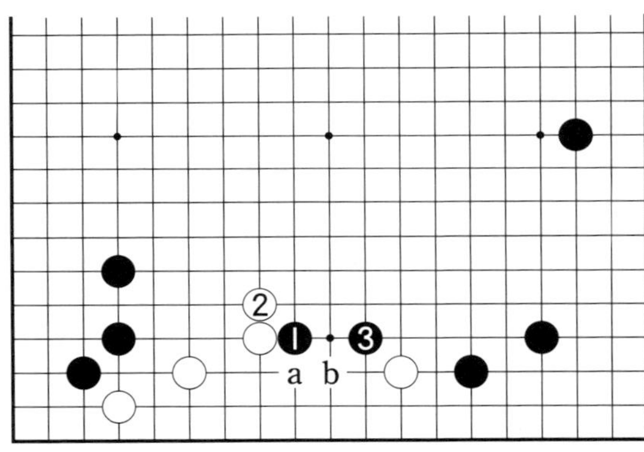

8도

8도 (분단 공격)

흑1로 붙이는 수는 삭감의 맥. 백2면 흑3으로 뛰어나가는 리듬을 구한 모양으로 흑은 백을 분단해 공격하려는 것이다.

백2의 수로 a면 흑b의 되젖힘이다.

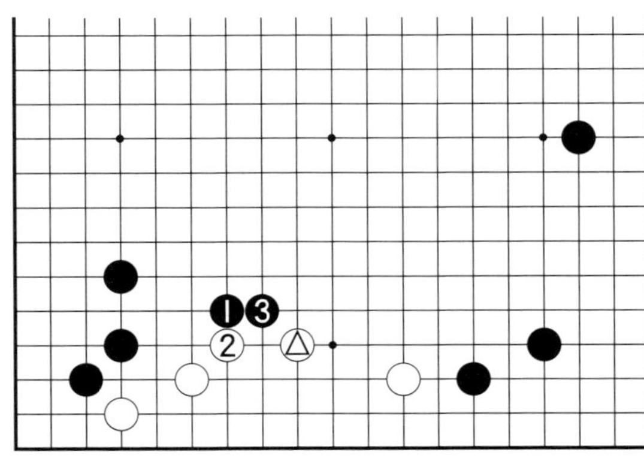

9도

9도 (삭감)

백△의 두칸 전개라면 흑1이 경쾌한 삭감. 백2의 마늘모붙임을 기다려 흑3으로 늘어둔다.

이것은 좌변에 흑의 세력이 대기한 경우 유력한 수법이라 할 수 있다.

유행정석의 주변 (1)

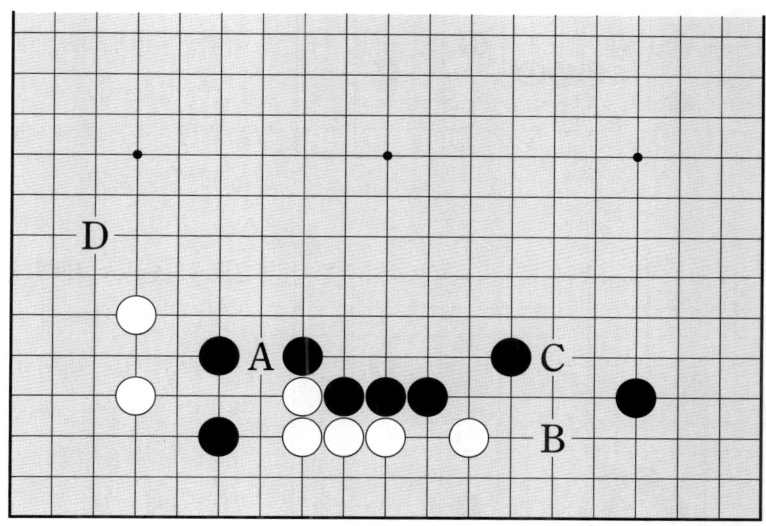

　장면은 화점 한칸협공 정석 중의 하나로 한때 프로바둑에서 많이 두어졌고, 지금도 종종 나오는 모양이다.

　하변 전체를 차지하는 대형정석인 점에서 이후의 운영이 어려운데, 우선은 흑백 간에 A의 약점이 초미의 관심사이다.

■ 변화의 포인트

- 흑이 A의 약점을 보강하는 타이밍이 문제.
- 백B의 뜀이 오고 나서 C로 뛰어붙이는 약점은 어떻게 되는지.
- 좌변에서는 흑D의 다가섬이 급소.

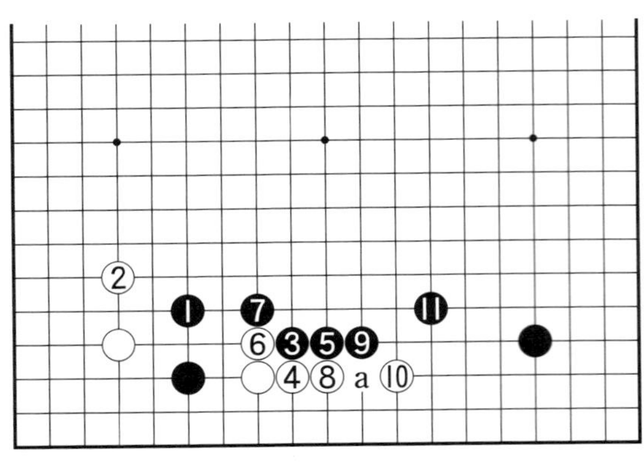

1도

1도 (경과)

백의 한칸협공에 흑1로 뛰고 3으로 씌워가서 생긴 정석이다. 백4, 8로 두 번 밀고 10으로 뛰는 게 보통이다. 백10으로 a에 미는 것도 있는데, 그건 다음 그림(7~9도)과 다음 테마에서 알아보고….

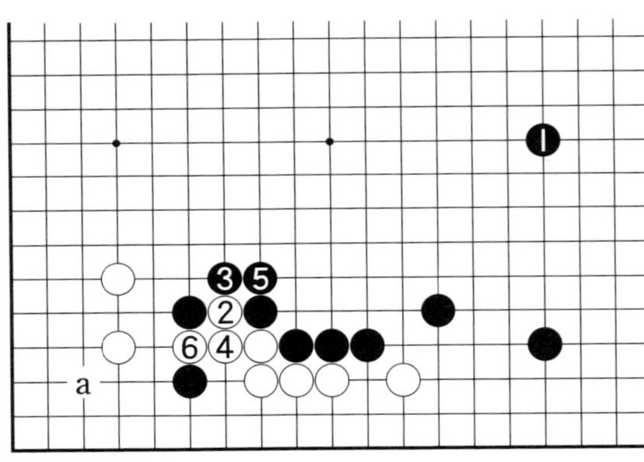

2도

2도 (노림 ☞ 세력 확대)

여기서 흑 차례의 포석문제라면, 앞 그림에 이어 흑1로 3연성을 펴고(우상귀가 흑의 화점으로 가정) 백은 2에서 6으로 흑 한점을 끊어잡는다. 귀에는 아직 흑a의 맛이 남아 있다.

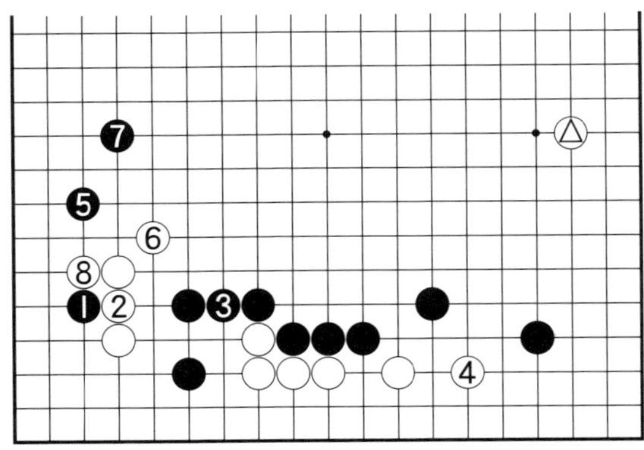

3도

3도 (대책 ☞ 흑1 타이밍)

백△로 갈라친 포석이라면 흑1로 들여다보고 3으로 이곳 약점을 보강하는 것이 타이밍 좋은 수순이다. 백4에 흑5, 7로 두는 리듬이 좋다.

흑1은 조훈현 9단이 처음 둔 수이기도 하다.

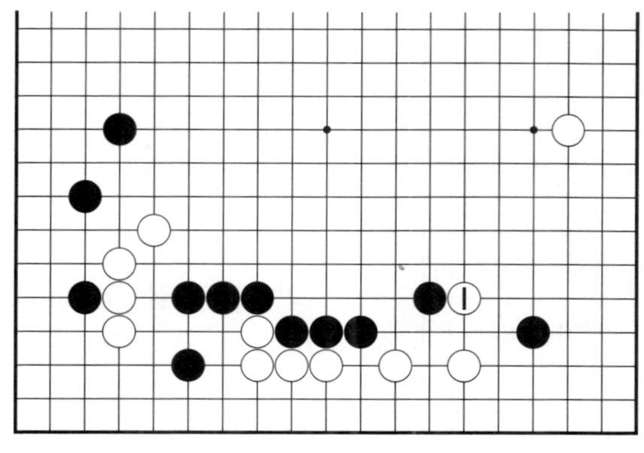

4도

4도 (노림?)

우하 쪽에서 백1로 붙여오면?

부분적으로 보면 백이 이렇게 진출하는 맥은 얼핏 당연한 것으로 생각되는데, 그러나 프로실전에서는 거의 두어지지 않는다. 그 이유는 뭘까.

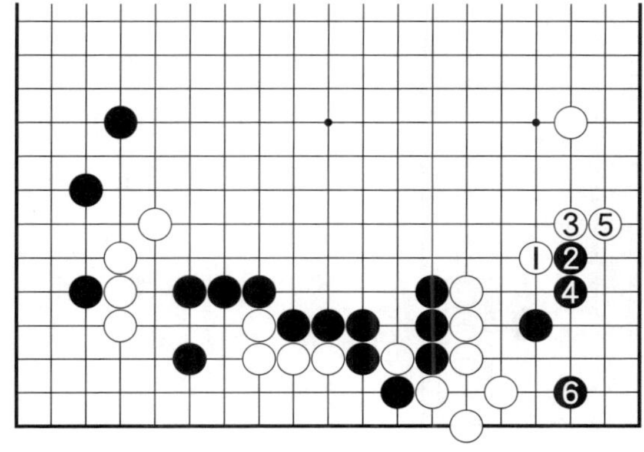

5도

5도 (대책 ☞ 나와끊음)

흑2에서 6으로 나와끊는 게 올바른 대응. 백7, 9라면 흑8, 10까지 백 다섯점이 떨어지는 피해를 각오해야 한다.

이후 백은 우하귀 쪽에서 대가를 찾아야 하는데….

6도 (백, 실패)

백1로 씌워가는 정도인데 흑2, 4로 붙여끌고 6이면 이 흑은 살아 있다.

결과적으로 백은 하변에서의 피해를 보상받지 못하고 있다. 4도 백1은 무리였던 것이다.

6도

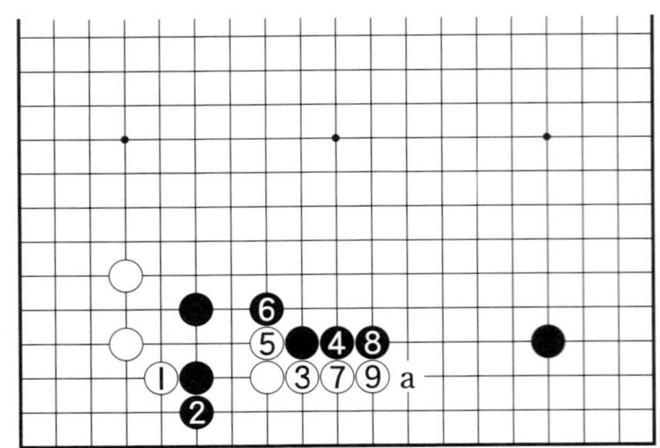

7도

7도 (노림 ☞ 밀어감)

1도 백4로 귀쪽에서 1로 마늘모붙임 하는 것도 일책이다.

흑2와 교환하고서 백3 ~7 다음 a에 뛰지 않고 9로 밀어간 수가 무서운 노림을 갖고 있다. 그것은…

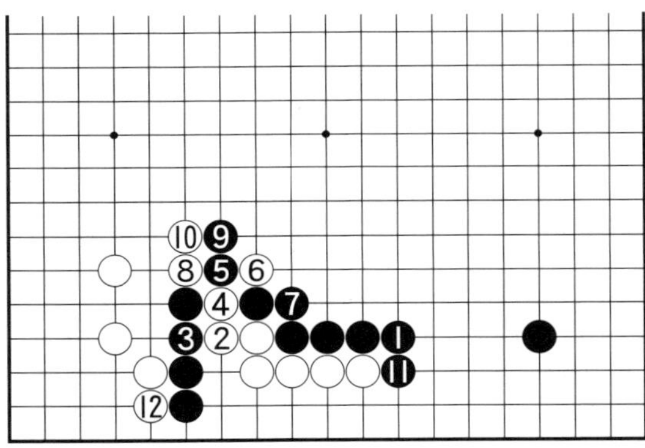

8도

8도 (백2가 급소 일격)

흑1로 늘어준다면 백2의 급소를 두고 4 이하로 나가끊는 것이 강렬하다. 백8, 10으로 봉쇄하면 이후는 수상전인데, 흑11에 백12로 막아 흑 넉점이 잡힌다고 알아두기 바란다.

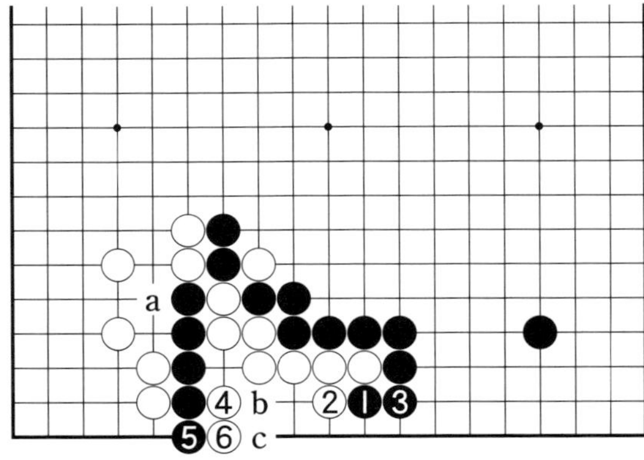

9도

9도 (백의 승리)

수상전은 백의 승리임을 구체적으로 나타낸 그림이다. 흑1, 3에 백4, 6이면 무조건 흑이 잡힌다.

주의사항은 백6으로 a면 흑b, 백c, 흑6으로 패가 난다는 것.

유행정석의 주변 (2)

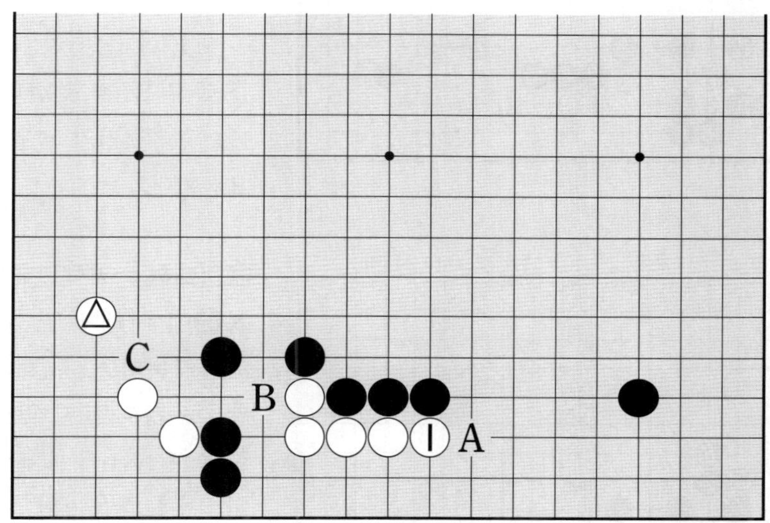

이번에는 백△의 날일자로 받은 모양이다. 그런데 하변에서 백이 A에 뛰지 않고 1로 밀어오면?

물론 백1은 앞 테마에서 보았듯이 B의 급소를 겨냥한 노림이다. 흑은 그에 대한 책략을 세우고 있지 않으면 낭패를 보기 쉽다.

▨ 변화의 포인트

- 흑은 백B로 두어오는 약점을 어떻게 커버하는가가 문제다.
- 백△가 날일자의 낮은 위치라는 것이 흑의 다음 착점에 결정적인 요인을 제공한다. 우선 흑C로 붙여 타개하는 한수라고 알아두자.

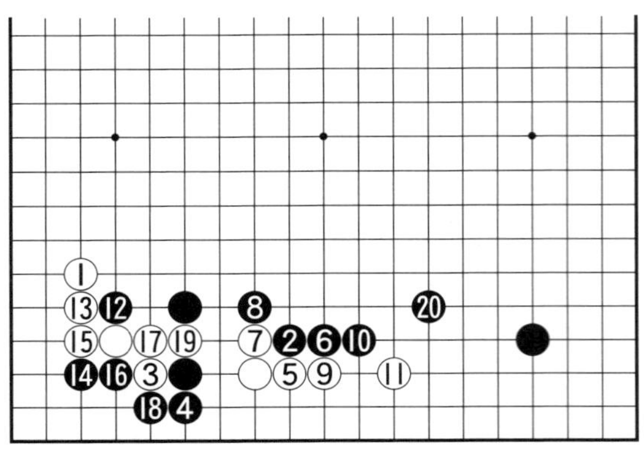

1도

1도 (흑12가 포인트)

그림은 프로의 실전 예인데, 백11로 뛴 모양에서 흑12로 붙여 응수를 묻는 것이 좋다.

백13이라면 흑14에서 18로 귀를 파고 산다. 백19에는 흑20의 날일자가 요점이다.

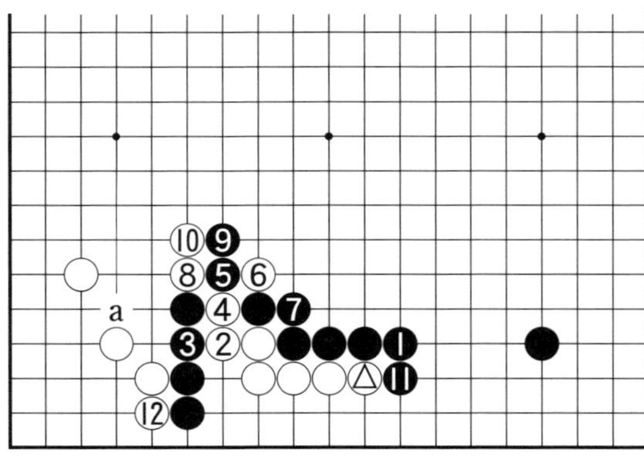

2도

2도 (대책 ☞ 세력으로 만족)

흑▲에 대해 백1, 3으로 끼워잇는다면 흑4로 막고 백5로 끊어잡지 않을 수 없을 때 흑6으로 늘어둔다. 이후 흑은 a의 침입과 b의 씌움이 맞보기.

3도

3도 (걸려들다)

백△에 흑1로 느는 것은 노림에 걸려든다. 백2 이하 12까지 [8형] 8도에서와 거의 똑같은 상황으로 흑 넉점이 잡히게 된다.

흑1로는 1, 2도처럼 a로 붙여 수습하는 것이 정수이다.

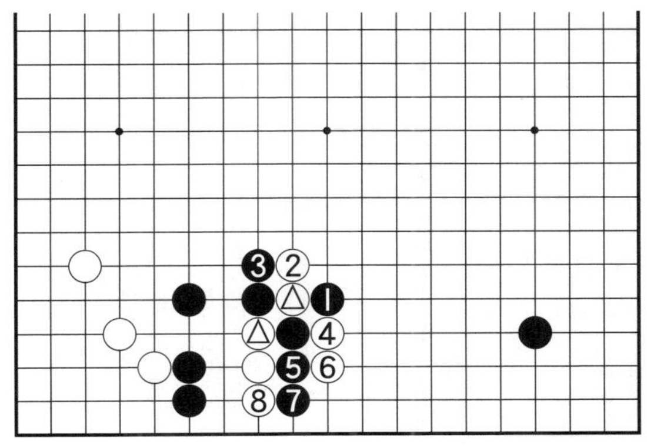

4도

4도 (흑1, 3이 강수)

정석공부를 하나 더 하기로 한다. 백△로 나가끊어 생긴 모양이다.

이때는 흑1로 몰고 3으로 막는 수를 미리 생각해 두지 않으면 안 된다. 백4로 몰아 8로 막은 다음이 문제로….

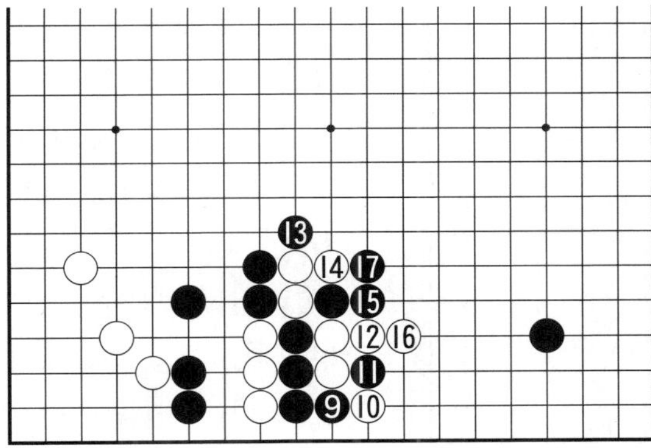

5도

5도 (대책 ☞ 축 관계)

흑9로 꼬부리고 백10 이하 흑17까지는 외길 수순으로 이 축이 성립하는지의 여부가 관건이다.

따라서 백은 미리 우상쪽에 축머리를 두던가, 아니면 1도의 정석을 따르든가….

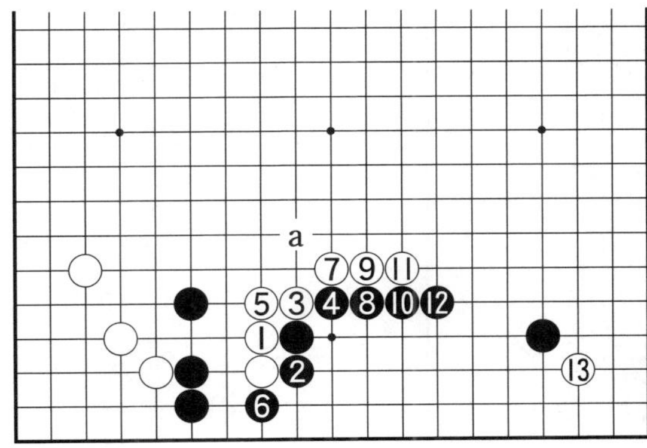

6도

6도 (축을 피해)

백이 우상 쪽에 축머리를 공작하고 1로 나간다면 흑은 축을 피해 2로 옆쪽을 막는다.

이하 12까지 흑은 하변에 집을 크게 확보하고 백은 세력을 쌓게 되는데, 다만 흑a가 약점이다.

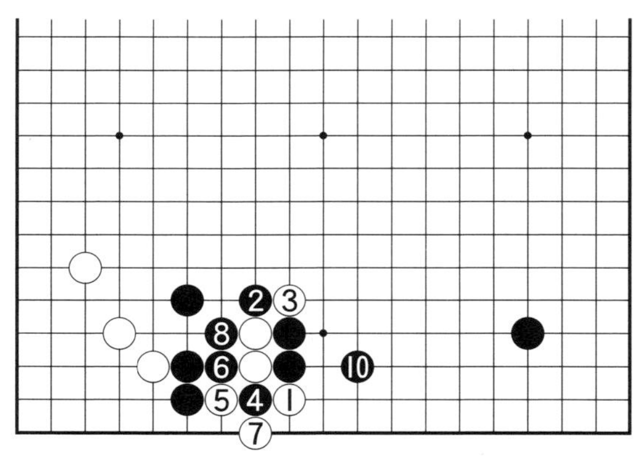

7도

7도 (반발은 무리)

앞 그림 백3으로 이 그림 1에 젖히는 것은 흑2로 막는 수가 통렬해 무리이다.

백3으로 끊은 것은 기세인데 흑4부터 끊어서 죄는 맥으로 백이 망한다.

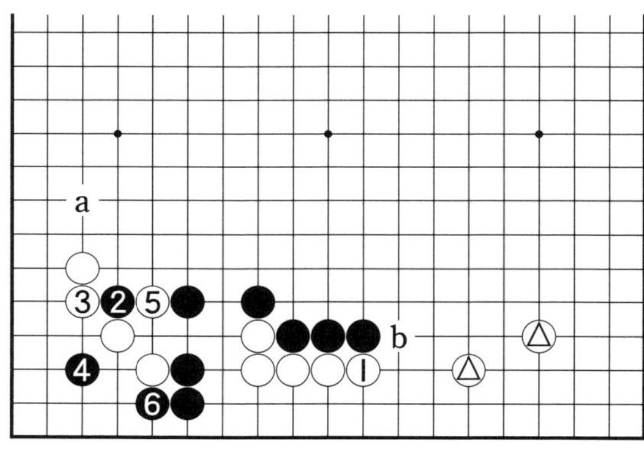

8도

8도 (임기응변)

우하 쪽에 백△가 있는 국면이라면 백1은 당연한 수이다. 이때 흑2의 붙임으로 돌아서는 것이 기민. 백3이라면 흑4에서 6으로 안정한다. 다음 흑은 a의 다가섬과 b의 뻗음이 맞보기이다.

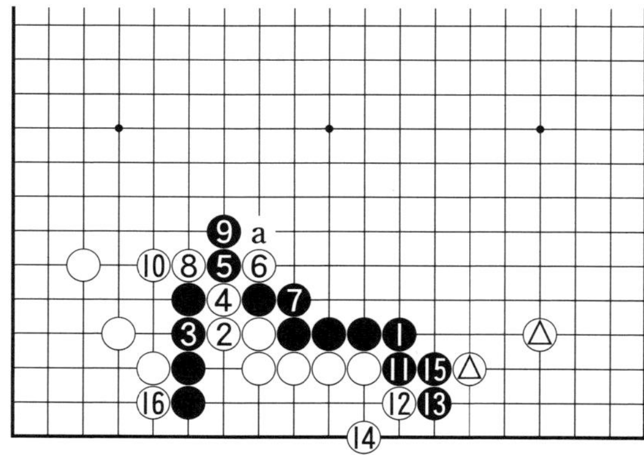

9도

9도 (실리가 크다)

흑1로 뻗는 것은 백2에서 10으로 흑 넉점이 크게 잡힌다.

우하 백△가 약간 다치긴 했지만 백의 실리가 너무 크고 중앙에서도 a의 움직임이 남았다.

눈목자달림의 허술함

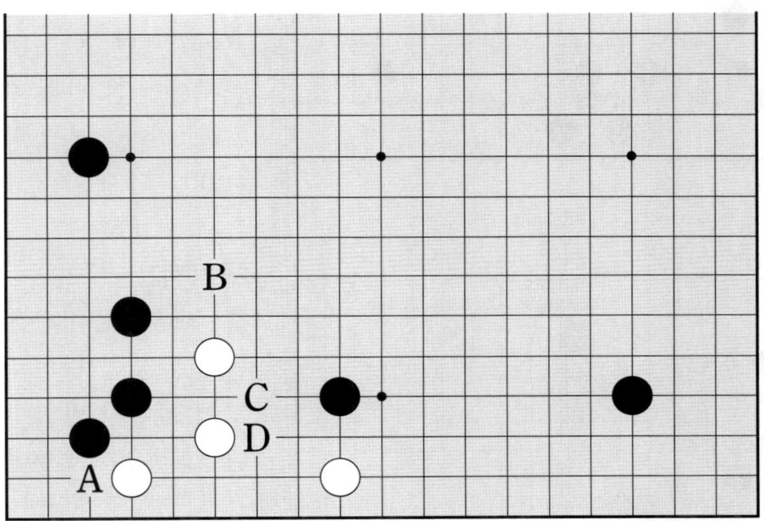

화점 두칸높은협공 정석이 일단락한 형태이다.

이후 A의 자리가 쌍방 간에 큰 수이며 B의 자리도 이 부근 세력 쟁탈의 요점이라 할 수 있는데, 중반 이후 흑이 백의 엷은 모양을 추궁하는 방법이 주된 관심사가 된다.

▨ 변화의 포인트

- 흑A는 끝내기, B의 날일자는 세력확장의 수단이다.
- 하변과 관련해서 흑C의 들여다봄, D의 붙임이 정석 후의 문제로 대두된다.

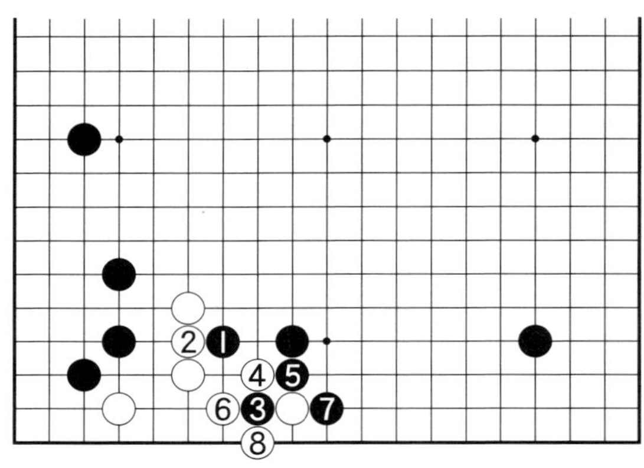

1도

1도 (노림 ☞ 흑1, 3이 맥)

흑1로 들여다보고 3으로 붙여가는 것이 실전에서 가장 많이 두어진다.

　백은 4 이하로 한점을 끊어잡으면 보통인데, 하변에서 백의 진출 수단을 흑이 선수로 봉쇄한 뜻이 크다.

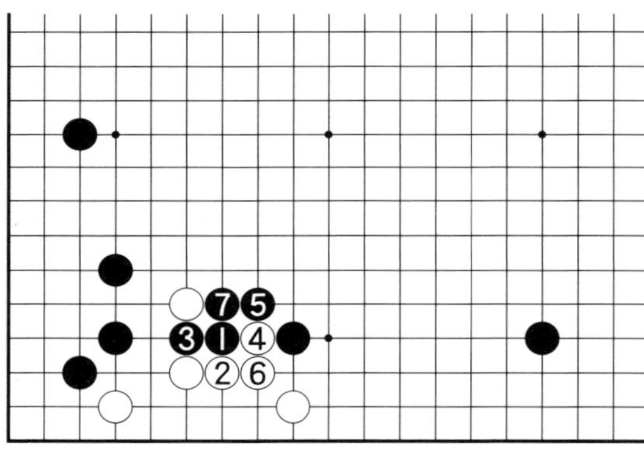

2도

2도 (백2는 무리)

흑1 때 백2로 아래쪽을 막는 것은 앞 그림처럼 되는 것을 싫어한 반발수단이다. 그러나 흑에게 중앙을 보기 좋게 봉쇄당한다.

　특수한 상황이 아니고서는 이렇게 두기 힘들 것이다.

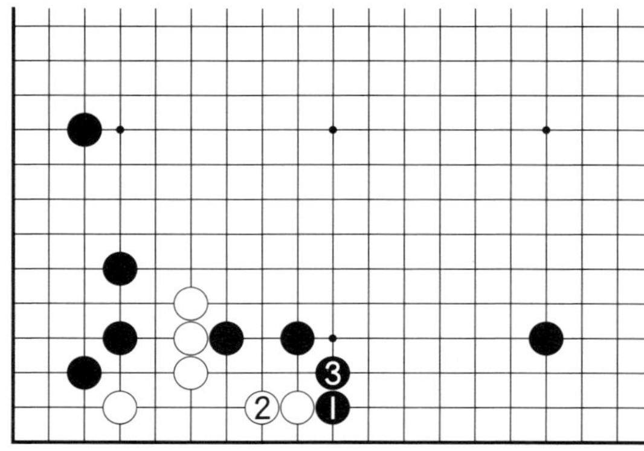

3도

3도 (대동소이)

흑1로 바깥쪽을 붙이는 수도 있다.

　백2로 안쪽으로 끌면 흑3으로 이어 하변에 울타리를 쌓는 진행인데, 1도와는 대동소이한 모습이다.

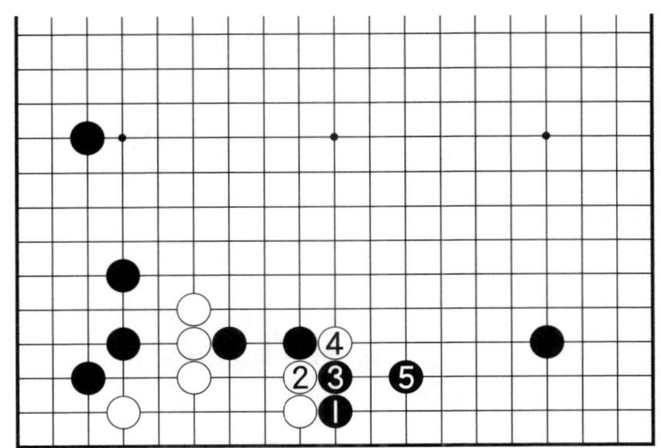

4도

4도 (전투 유발)

흑1의 붙임에 대해 백2로 치받고 4로 끊는 것은 전투를 지향한 수이다. 물론 흑이 불리할 까닭은 없다.

백2, 4는 석점 이상의 접바둑에서 상수의 기략으로 쓰일 법하다.

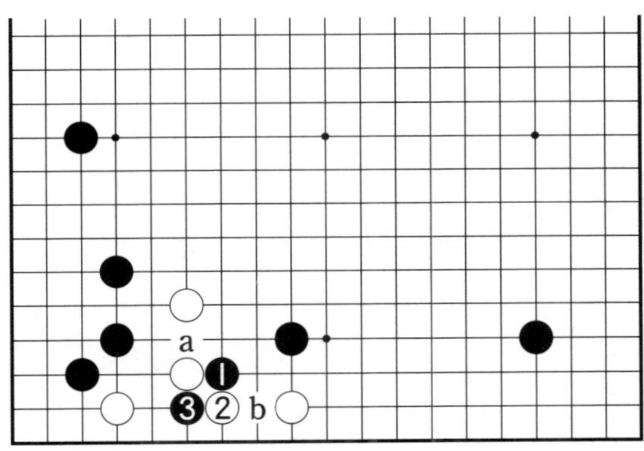

5도

5도 (노림 ☞ 붙여끊음)

이번에는 흑1의 옆구리 붙임. 백2로 젖히기를 기다려 흑3으로 맞끊는 맥으로, 다음 a로 모는 것과 b로 잡는 것이 후속 노림인데….

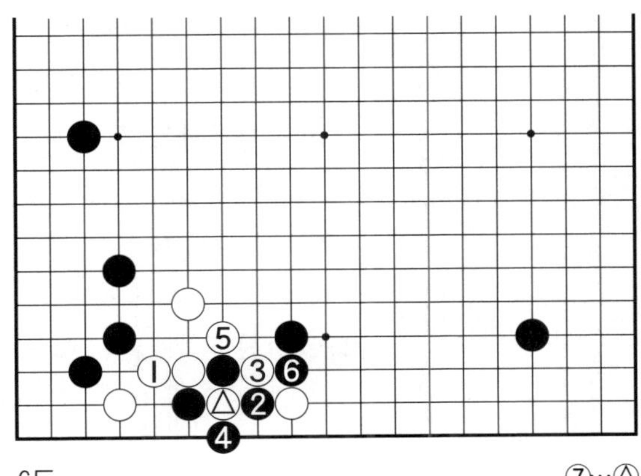

6도　　　　　　　⑦…△

6도 (패)

백1로 는다면 흑2로 잡게 되는데 백3으로 끊어 죄고 흑6, 백7까지 패가 된다.

'초반에 패 없다'는 격언을 떠올리면 흑의 무리로, 이 변화는 중반 이후의 노림이라 할 만하다.

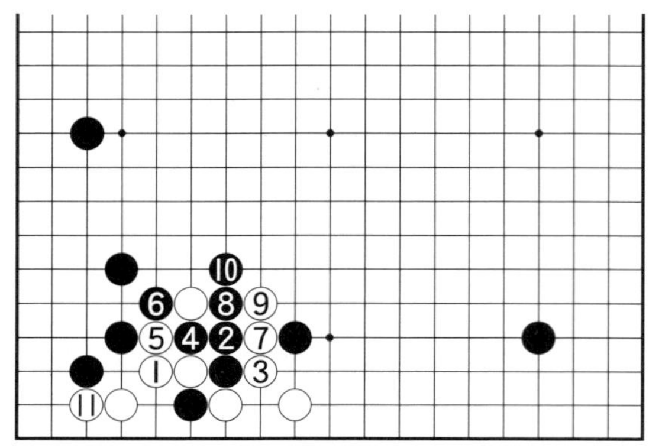

7도

7도 (흑, 나쁨)

백1 때 패를 피해 흑2로 서는 것은 고지식하다.

백3으로 부풀리면 흑4부터 기세로 나가끊어야 하는데 백7, 9로 보기 좋게 관통당해서는….

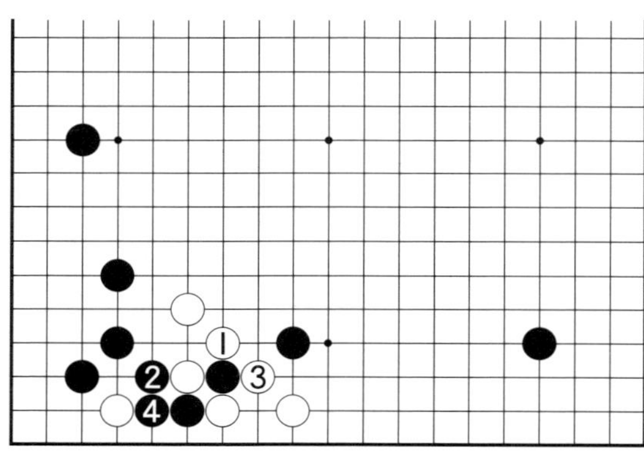

8도

8도 (실리가 크다)

흑이 붙여끊은 수에 대해 백1로 몬다면 흑2, 4로 귀쪽 한점을 잡아 큰 성과이다. 백의 입장에서 6도냐 이 그림이냐 하는 선택은 주변 상황에 따른다.

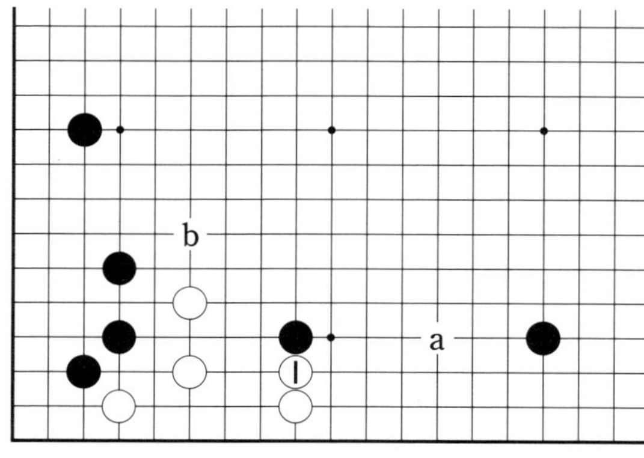

9도

9도 (대책 ☞ 치받음)

앞에서 보았듯이 백 모양은 여기저기가 엷다.

따라서 백이 한수 더 둘 여유가 생긴다면 1로 치받는 수가 좋다. 다음 백은 a와 b의 확장수단이 자랑.

급소 다가섬의 공방 (1)

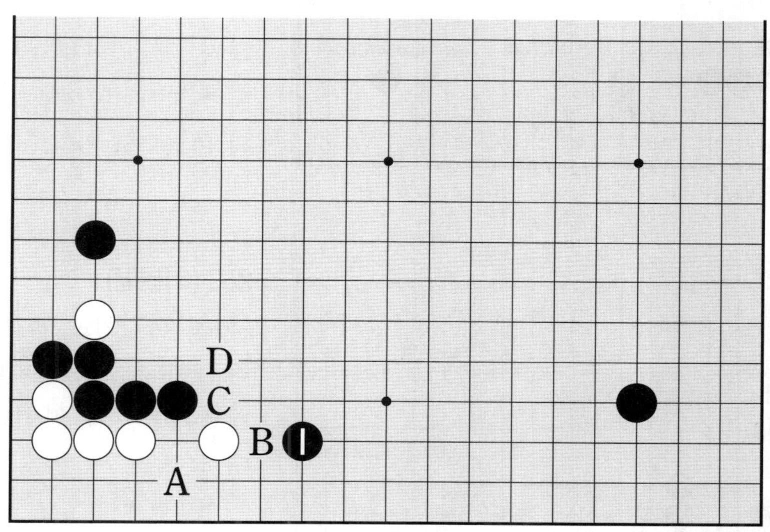

　좌하는 화점 한칸협공 정석. 과거에는 흑이 다소 손해라고 여겨 기피한 경향이 있었지만 지금은 프로, 아마 공히 널리 쓰이는 유행형이다. 흑1로 다가서는 수는 A의 치중을 위협하는 급소이다. 우변에 흑의 배석이 있는 경우 여기서부터 리듬을 구해 싸움을 일으키는 것도 유력하다.

▨ 변화의 포인트

- 흑1에 대해 백이 선수를 잡으려면 B로 치받는 수가 두어진다.
- 돌의 기세로 보면 흑1에 백C로 올라서고 흑은 D로 젖히는 수가 보통이다. 이 수순이 주된 테마.
- 흑1 대신 B의 옆구리 붙임은 특수한 수단이다.

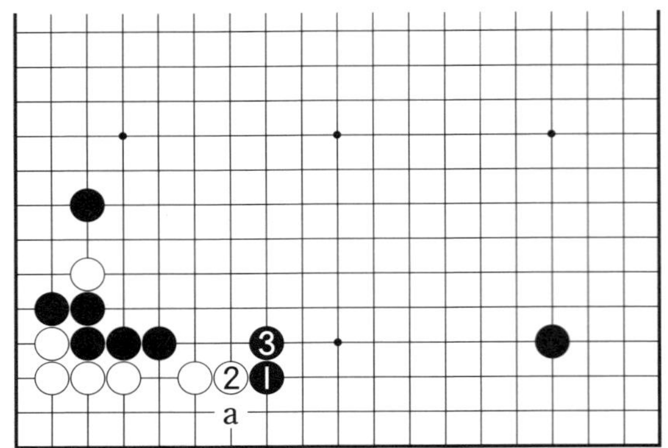

1도

1도 (선수에 중점)

흑1에 백2로 치받는 수는 선수를 잡으려는 뜻이다.

때 이른 초반이라면 바깥이 봉쇄되므로 잘 두지 않지만 중반 이후 필요에 따라 두어진다. 백2로는 a의 마늘모도 가능.

2도 (기본형)

흑1로 다가서고 백2의 올라섬에 흑3, 5로 젖히는 데까지는 기본형이라 할 수 있다.

이다음 백은 a로 호구치면 보통이고, b나 c로 지키는 것도 때에 따라 두어진다.

2도

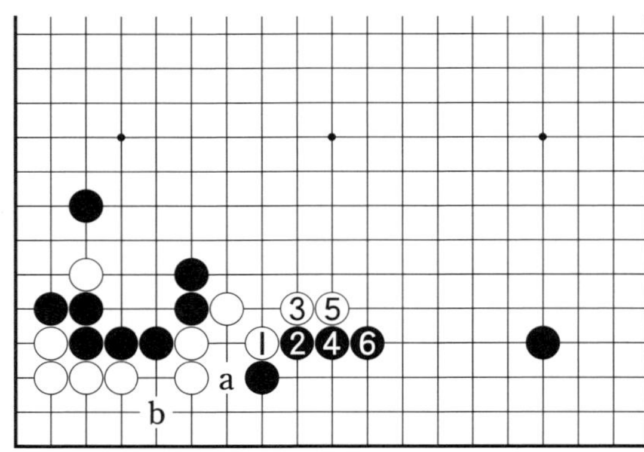

3도

3도 (노림 ☞ 흑의 주문)

흑2로 젖힐 때 백3, 5로 눌러가는 것은 흑의 주문이다.

흑6까지 하변을 굳히며 차후 a에서부터 b의 치중을 보아 자칫 백이 실속을 잃을 우려가 크다.

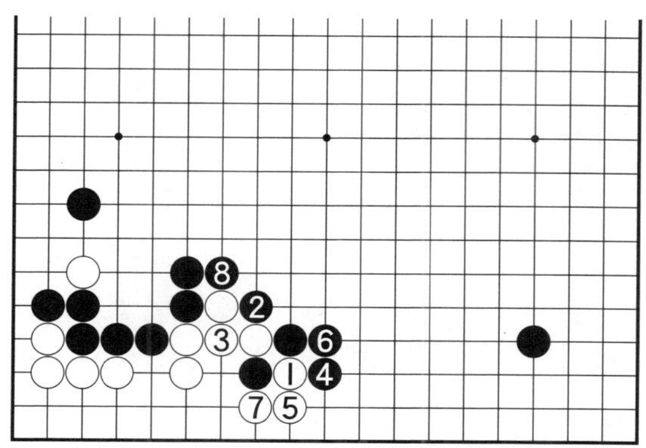

4도

4도 (싸발린다)

앞 그림 백3의 수로 이 그림 1에 끊는 변화.

이것 역시 흑2의 단수를 얻어맞고 4, 6으로 몰고 잇는 것이 선수로 들어 중앙이 보기 좋게 싸발리게 된다.

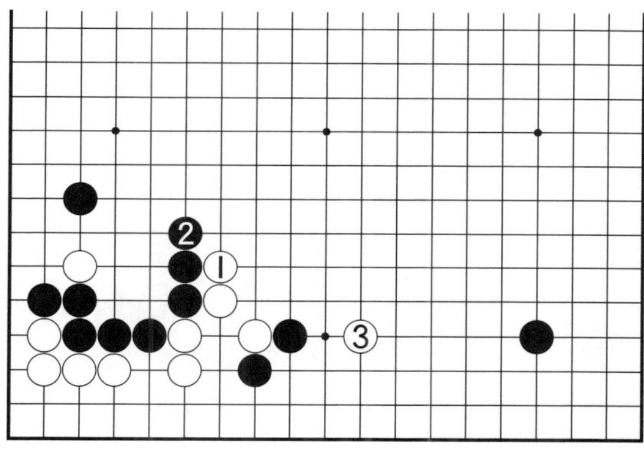

5도

5도 (대책 ☞ 기선 제압)

이때는 백1로 밀어올리는 것이 정수이다.

흑2로 한번 더 늘어준다면 그때 백3으로 흑의 진로를 막아 백이 기선을 잡는 모양이다. 따라서 흑2로 늘지 않고….

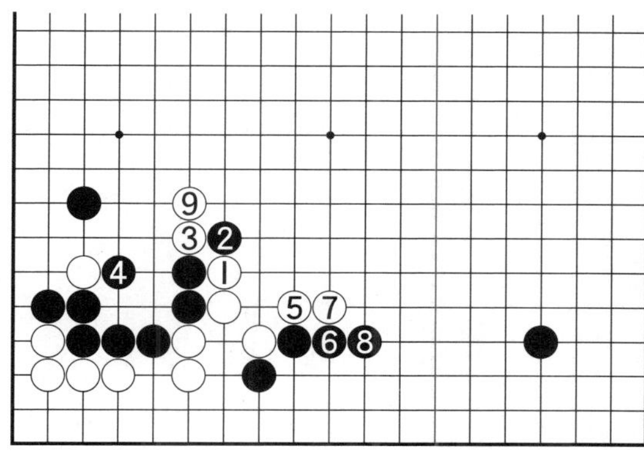

6도

6도 (백, 유리)

백1 때 흑2로 젖히면 어떨까?

백은 당장 3으로 끊는 것이 요령. 흑4로 지키기를 기다려 백5, 7로 밀어두고 9로 서서 바야흐로 중앙전의 양상인데 아무래도 백이 유리해 보인다.

7도 (간명책)

백△로 호구칠 때 곧장 흑 1로 꼬부리는 것이 급소. 백2로 뻗는 정도이고 거기서 흑이 선수를 잡아 좌변의 세력확장으로 전환하면 간명하다.

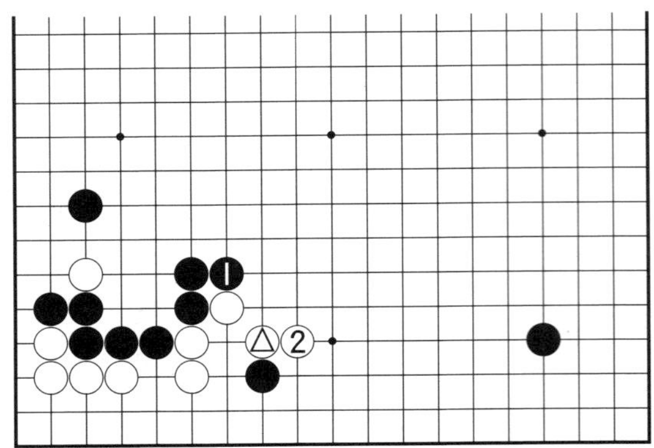

7도

8도 (대책 ☞ 꽉 막는다)

백1 때 흑2로 끊은 프로의 실전 예도 있다.

백3으로 꽉 막는 한수. 거기서 흑4로 두점머리를 두드린다. 이하 백9까지 서로 둘 만해 보인다. 도중 흑6은 활용의 예.

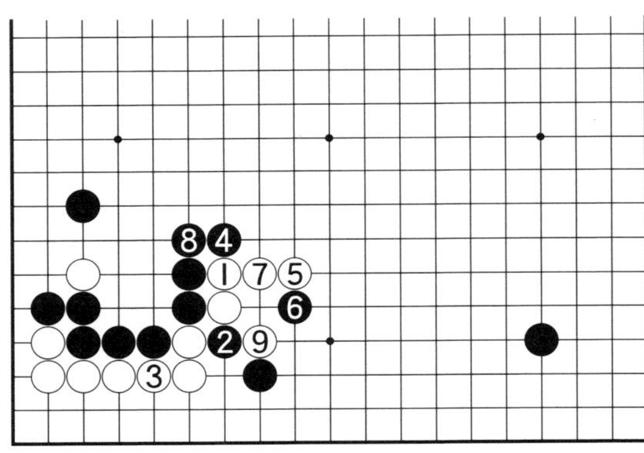

8도

9도 (이단젖힘)

백△로 젖히자마자 흑1로 이단젖히는 것도 재미있는 수이다. 백2에는 흑3으로 이어두고 백4에 흑5로 힘차게 밀어간다.

이 모양은 차후 흑a를 보아 b로 움직이는 노림이 즐거움이다.

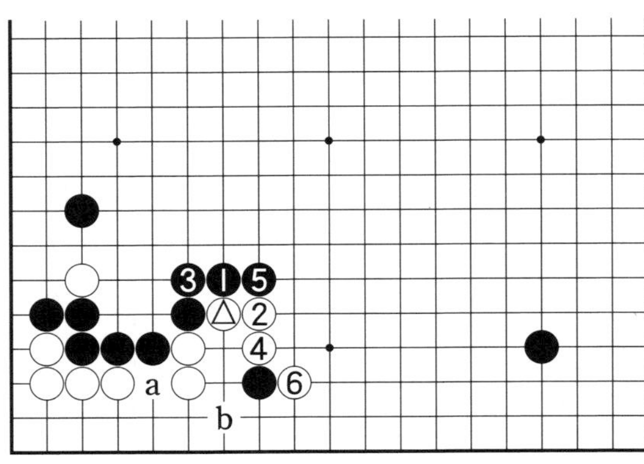

9도

급소 다가섬의 공방 (2)

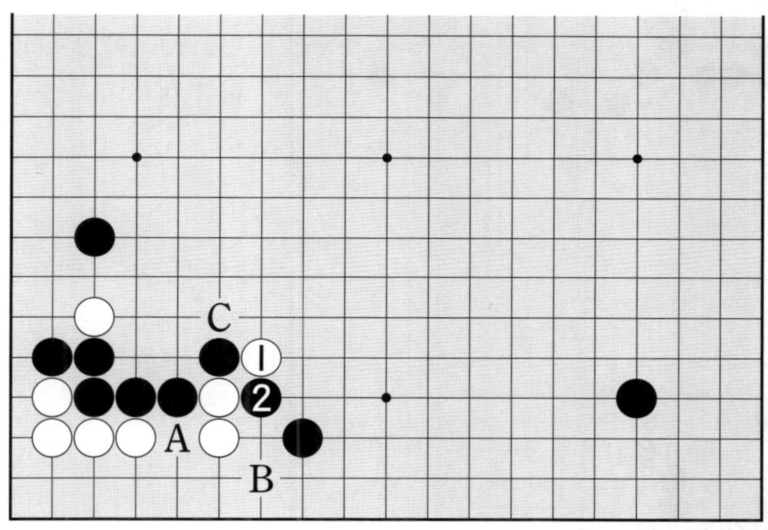

역시 앞 테마와 같은 형태이다. 백1로 젖힐 때 흑2로 끊는 수. 백에게 여유를 주지 않고 곧장 싸움을 일으키는 뜻에서 보다 박력 있는 수단이다. 백은 A, B, C 중에서 어떤 수가 최선일까?

▨ 변화의 포인트

- 이다음 백A는 흑의 공배를 메우자는 뜻.
- 백B는 부분적으로 정수이나 늘어진 행마.
- 백C의 단수는 기세. 다음 흑A로 나오는 수에 대책이 세워져 있다면…

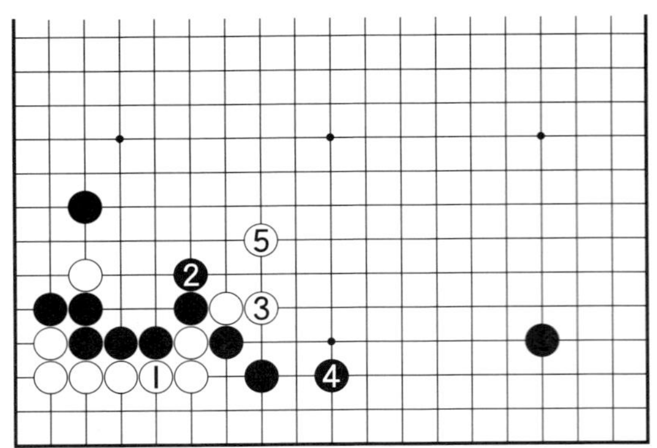

1도

1도 (흑, 충분)

백1로 이은 것은 흑의 자충을 노린 뜻이지만 흑2로 가만히 서두고 백3이라면 흑4로 뛰어 충분한 자세이다. 도중 복잡한 변화를 하나 더 소개하면….

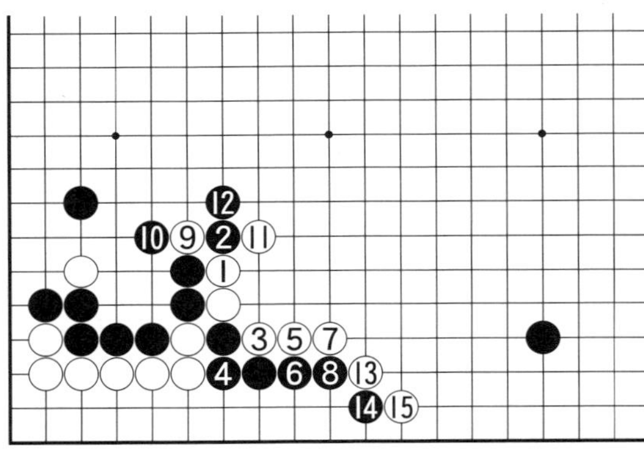

2도

2도 (노림 ☞ 밀어오다)

앞 그림 백3으로 이 그림 백1로 밀어오면 어떻게 될까?

흑2로 젖힐 때 백3에서 7로 눌러가고 9, 11이 좋은 활용. 계속해서 백13, 15로 이단젖히는 것이 숨은 강수이다.

3도 (축 관계)

흑1로 끊은 후 3 이하는 회돌이축을 보는 수순인데, 흑9로 모는 축이 문제이다. 다만 이 포석에서는 우상 쪽에 백돌이 놓여 있을 가능성이 높으며, 그렇다면 축이 성립하지 않아 흑이 망하게 된다.

3도

⑧…❸

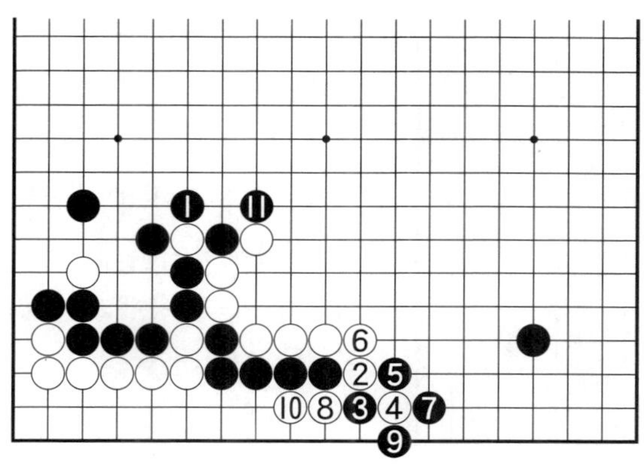

4도

4도 (대책 ☞ 바꿔치기)

따라서 이 경우는 2도 흑 12로 이 그림 1로 따내고 백2, 4의 이단젖힘에는 흑 5 이하로 끊어잡아 바꿔치기를 결행한다.

빵따냄 두 번에 흑11의 젖힘이 두터워 흑이 충분한 모습이다.

5도 (단수를 결정하고)

1도 흑2로는 이 그림 1의 단수를 결정하고 3으로 잇는 것도 유력하다.

백4에 흑5로 밀어가고 백6에는 흑7로 다가서서 이하 13까지의 진행이 예상된다.

5도

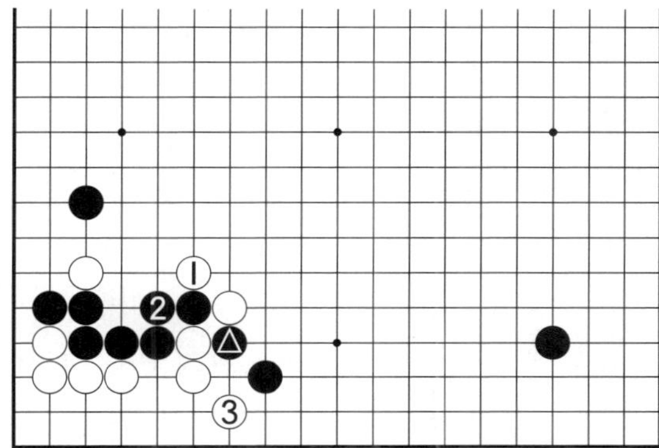

6도

6도 (대책 ☞ 단수 한방)

다시 처음으로 돌아가 흑 ❷의 끊음에 백1로 모는 수가 숨은 강타이다. 흑2로 잇게 하고 그때 백3으로 지키는 수순이 좋다.

백은 무엇보다 단수 한방을 굴복시킨 것이 기분 좋은 모양이다.

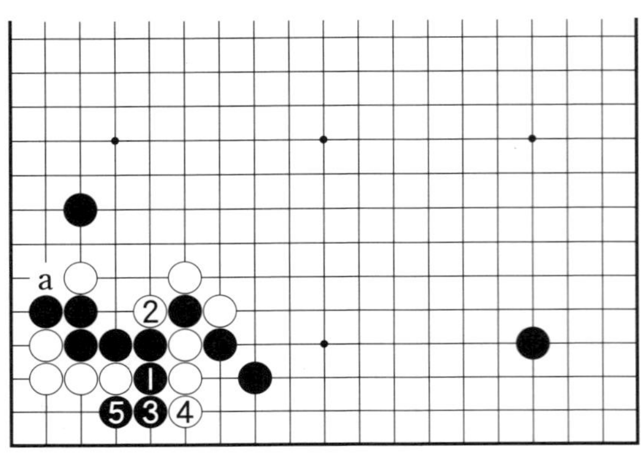

7도

7도 (백, 유리)

앞 그림 흑2로 이 그림 1로 나오면 백2의 따냄은 기세. 흑3, 5까지 바꿔치기가 이루어지는데, 백은 아래를 돌파 당했지만 위쪽 빵따냄의 위력이 막강하며 a의 활용도 남아 이것은 백이 유리하다.

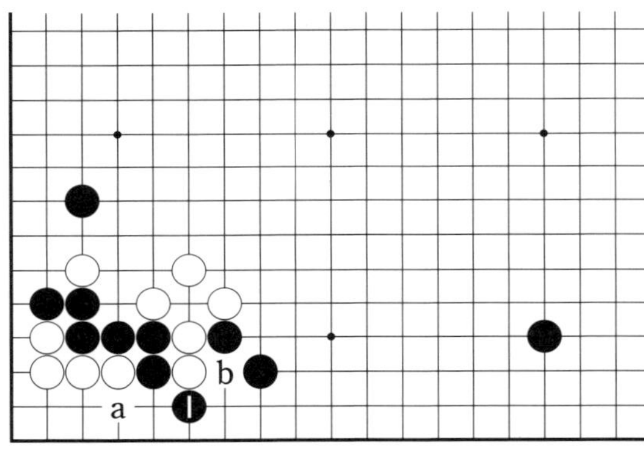

8도

8도 (논외)

앞 그림 흑3으로 1로 젖히는 것은 논외이다.

백은 이미 빵따냄을 얻었으므로 당장 a로 귀를 살든가 a, b를 맞보기로 하여 다른 큰 자리로 손을 돌리든가 할 것이다.

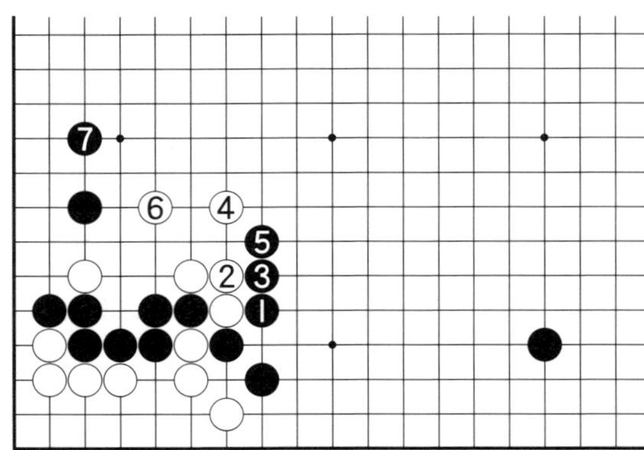

9도

9도 (최선의 공방)

6도에 이어 흑1의 단수부터 3, 5로 밀어올리면 백6으로 모양을 갖추게 되는데 이후부터는 서로의 힘에 맡기는 바둑이다.

결론적으로 6도 백1의 단수가 기세이자 최선이었다.

도처에 산재한 노림

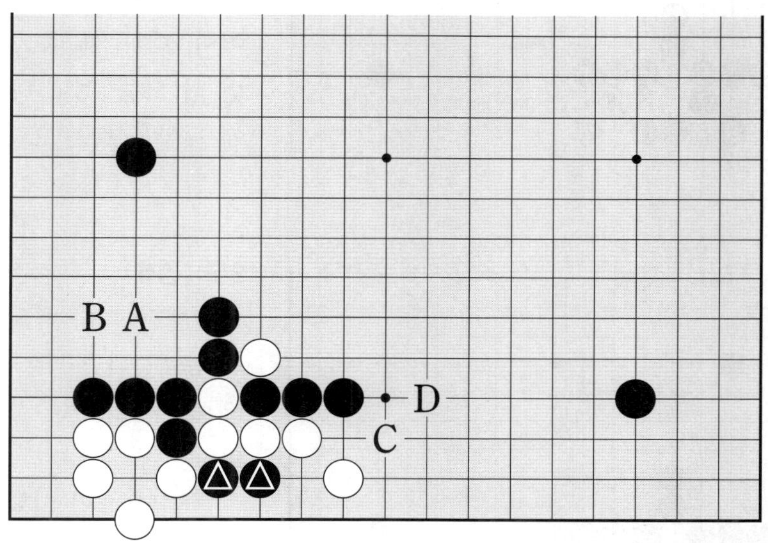

흑 세력, 백 실리로 갈린 화점 정석의 한 가지 형태이다.

정석 후의 활용수단, 맛 등이 곳곳에 숨어 있으므로 서로 주의를 요한다.

▨ 변화의 포인트

- 백에서는 A, B로 침입하는 맛이 중반의 노림이 될 가능성이 크다.
- 백이 하변을 둔다면 C의 마늘모인데, 이후에 주의를 요한다.
- 흑은 ▲ 두점의 사석을 이용해 D 부근의 여러 군데가 듣는다.

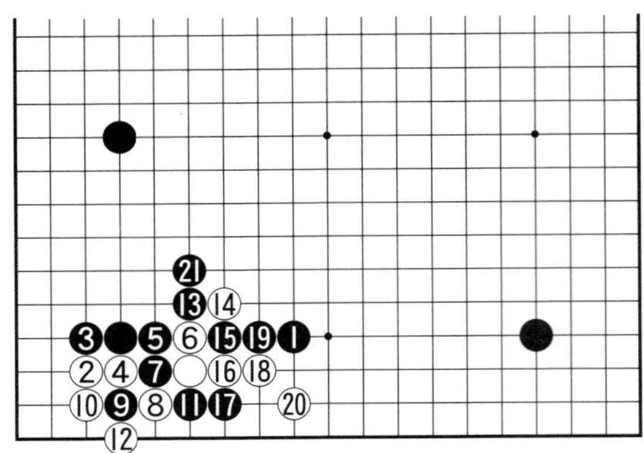

1도

1도 (두칸높은협공 정석)

흑1의 두칸높은협공에 백2의 3·三침입으로 생긴 정석이다.

흑7, 9는 이것이 수순이며, 백16 때 흑17로 한 번 더 모는 것도 하변 쪽에 뒷맛을 보는 요령이다.

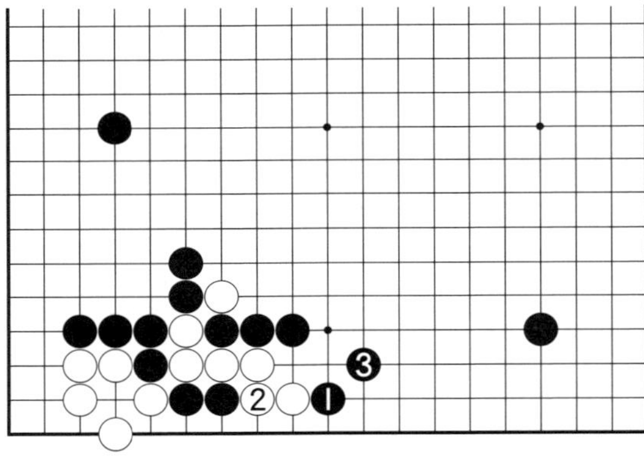

2도

2도 (봉쇄)

하변에서 흑이 백의 진출을 봉쇄한다면 1로 붙여 3으로 마늘모하는 것이 틀이다.

그러나 흑이 이렇게 후수로 봉쇄하는 것은 다소 뒤처진 느낌이 있다. 그것은…

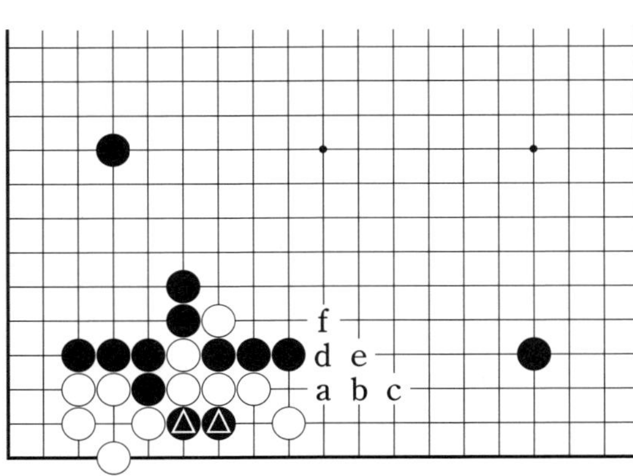

3도

3도 (노림 ☞ 듣는 지점)

장면도에서도 설명했지만 흑△의 사석을 이용해 하변 쪽 듣는 수를 열거하면 a~f이다. 이 중에서 회돌이축을 보는 지점은 c, f.

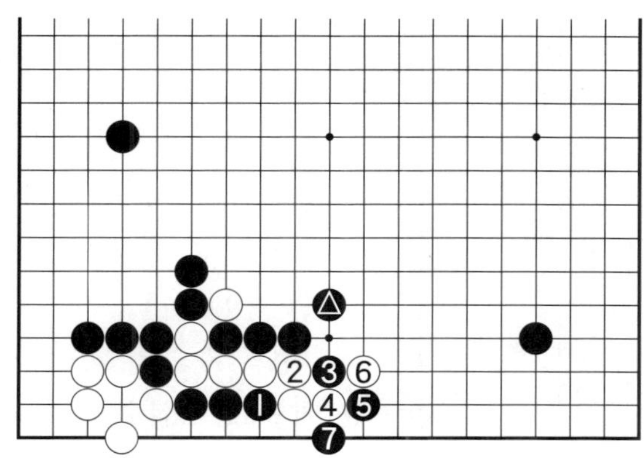

4도

4도 (회돌이축)

앞의 여섯 가지 중 하나의
예만 소개하면, 가령 흑△
의 돌이 있으면 흑1로 몰
고 3, 5로 이단젖히는 수
가 있다. 백6에는 흑7부터
회돌이축.

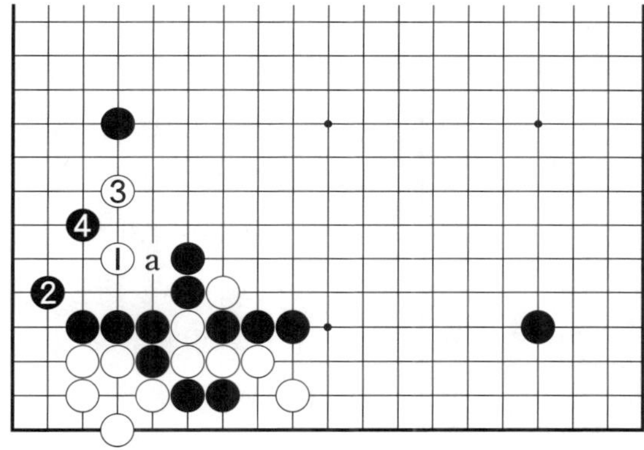

5도

5도 (급소 들여다봄)

이번에는 백의 입장에서 1
의 급소에 치중하는 맛이
있다.

　다음 흑은 a에 받지 않
고 2로 두는 것이 기세. 백
3으로 뛰어나가고 흑4로
들여다보아 복잡한 싸움으
로 발전한다.

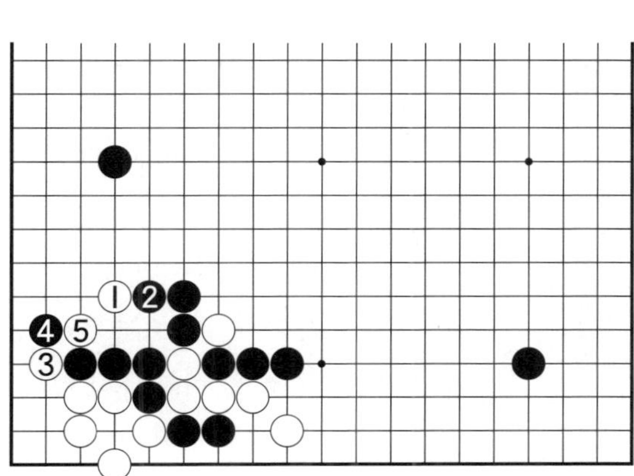

6도

6도 (노림 ☞ 젖혀끊음)

백1에 흑2라면 백3, 5로
두는 수단이 발생한다.

　백1의 돌이 교묘하게
흑의 자충을 유도한 모양
으로, 이 부근 흑집은 크
게 부서질 운명에 놓이게
되었다.

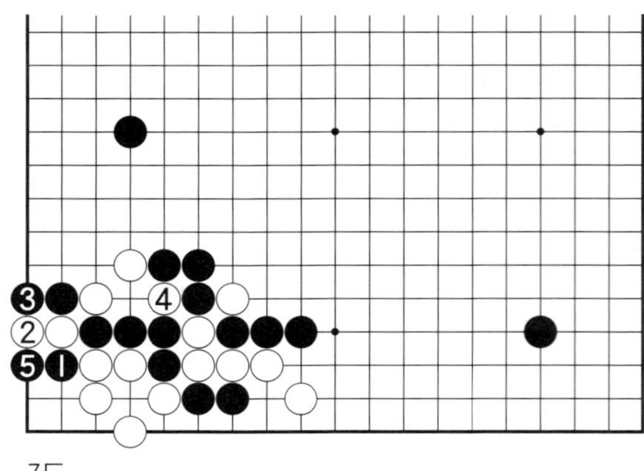

7도

7도 (맥의 연속)

흑1로 끊을 때 백2로 키운 수가 예정된 노림. 흑은 내친 김에 3으로 잡을 수밖에 없고 거기서 백4로 먹여쳐 간다.

　일련의 수순은 죄어 끊는 맥으로, 귀삼수를 떠올리면….

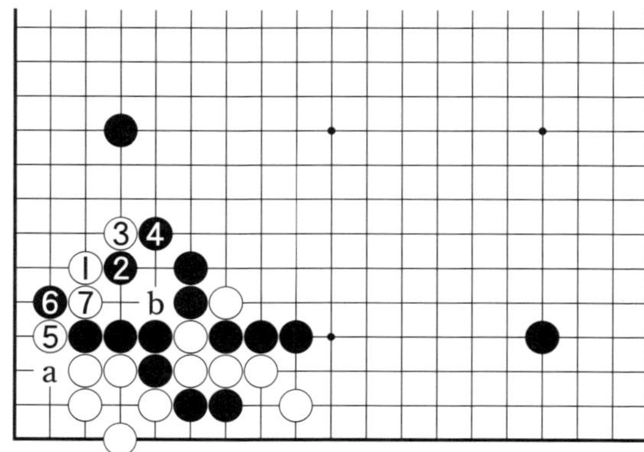

8도　　　　　　　❾…⑥

8도 (흑, 무참)

계속해서 백6, 8로 눈모양을 없애 놓고 10으로 뻗은 데까지가 선수이다.

　흑11로 건너기를 기다려 백12로 씌워가면 흑은 더 이상 둘 의욕을 잃을 것이다.

9도

9도 (노림 ☞ 백1도 맥)

이번에는 백1로 뛰어드는 수. 흑2면 백3에서 7까지 앞서와 비슷한 상황이다 (다음 흑a에는 백b).

　따라서 흑2로는 6에 두어 싸워야 하는데, 어쨌든 이 부근의 맛이 고약하다.

눈목자받음 정석에서 삭감의 공방전

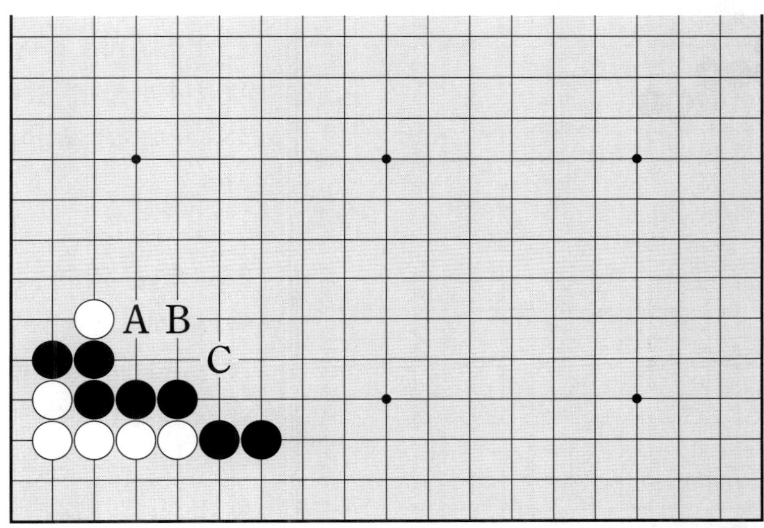

흑의 눈목자받음 정석에서 이루어진 모양이다. 원래 눈목자받음
은 귀의 집을 크게 차지하려는 것이 목적이나 백은 그 의도를 거슬
러 재빨리 집을 빼앗으러 갔으므로 필연적으로 바깥에 흑의 세력이
생긴다.

흑으로서는 백의 '선 실리, 후 삭감' 작전을 얼마만큼 견제하느냐
가 이번 주제이다.

▨ 변화의 포인트

- 흑A의 젖힘이 들어가기 전에 백은 이 부근을 어떻게 움직이느냐가
  초점이다.
- 백이 먼저 두면 B로 움직이는 것이 보통이다.
- 백C로 들여다보는 것은 함정수이다.

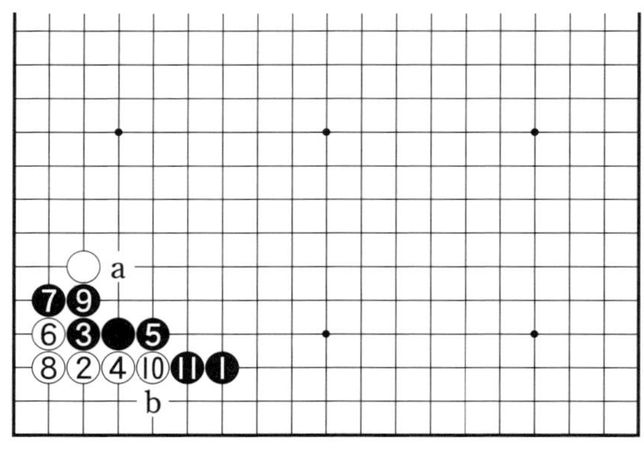

1도

1도 (경과)

흑1의 눈목자받음에 백2의 3·三침입은 곧장 두어지는 게 보통이다.

흑11 이후 a의 젖힘이 들어가야 비로소 완전한 세력이라 할 수 있다. 귀쪽에는 흑b의 젖힘이 선수이다.

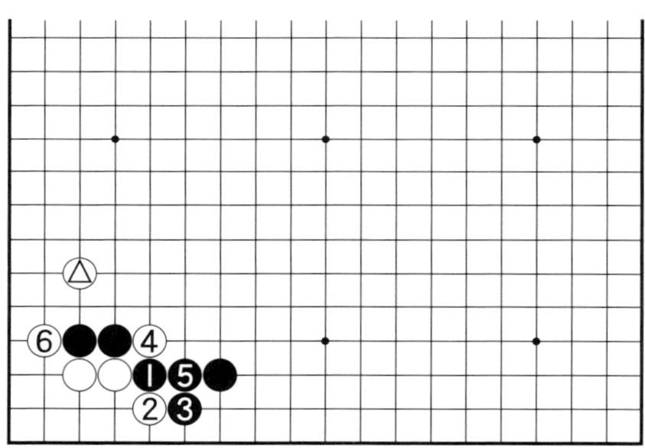

2도

2도 (흑1은 악수)

흑1로 젖히고 3으로 막는 것은 백4에서 6으로 두어 흑 모양이 대번에 무너진다. 백△가 급소에 놓여 있는 것. 또 백2로는 4의 자리 단점을 노려….

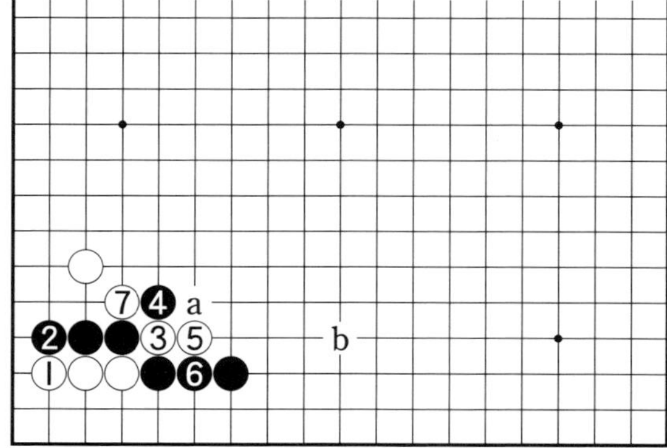

3도

3도 (축 관계)

앞 그림 백2로는 이 그림 1로 내려서서 흑2와 교환한 후 백3으로 끊는 수단이 있다. 단 백7 다음 흑a로 모는 축이 성립하지 않는다는 전제 아래에서다. 그리고 b에 흑돌이 있으면 빈축이 성립한다.

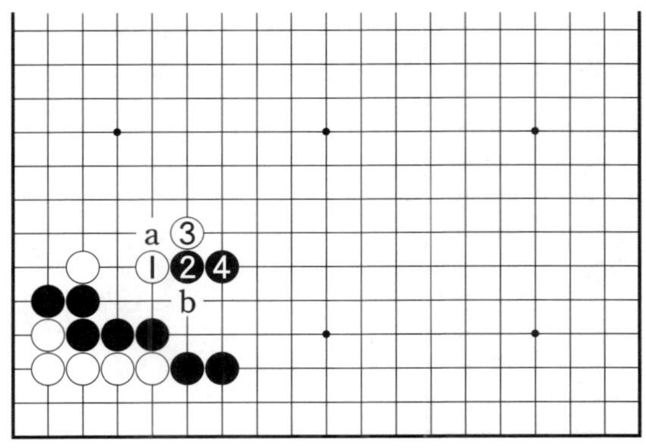

4도

4도 (대책 ☞ 삭감에 붙임)

이번 테마로 돌아가 백1로 뛰는 수가 흑 세력을 삭감하는 행마이다.

흑은 즉시 2로 붙여가는 한수이며 백3이면 흑4로 늘어둔다. 백3으로 a면 흑도 같이 b로 끌어두는 것도 모양이다.

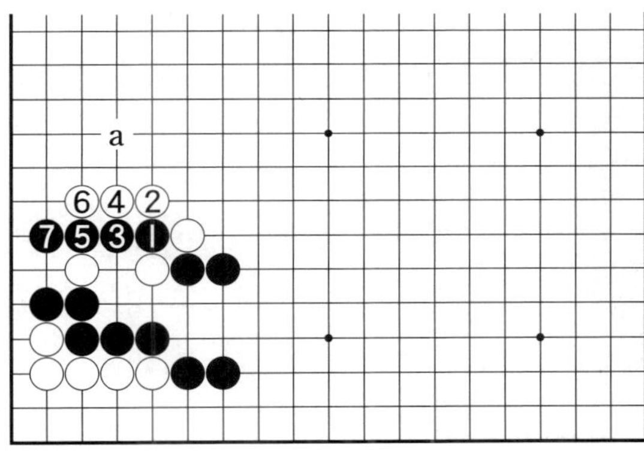

5도

5도 (소탐대실)

이 백에 대해 흑1로 끊는 것은 백2부터 죽죽 밀어붙여 흑은 부스러기 두점을 잡은 것에 불과하다.

소탐대실의 표본. 흑1로는 a 방면에서 크게 공격하는 것이 좋다.

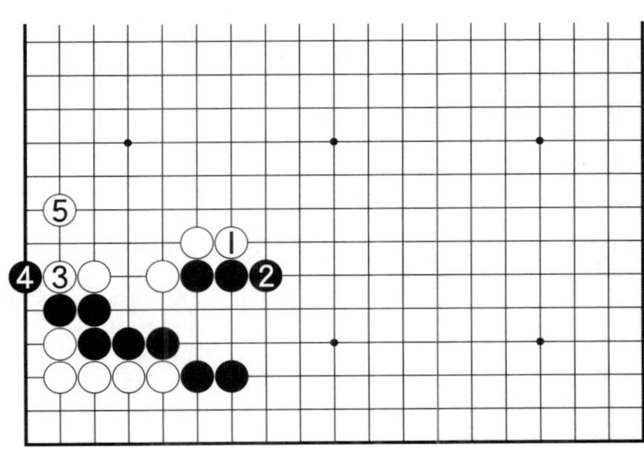

6도

6도 (정형)

4도에 이어 백1로 밀어가면 흑2로 느는 정도이다,

거기서 백3으로 막고 흑4의 젖힘에 백5로 뛰어둔 데까지 일단락한다.

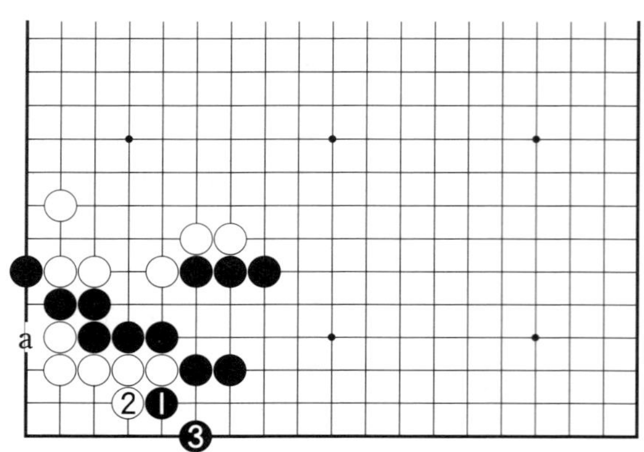

7도

7도 (선수가 아니다)

귀의 백에 대해 흑1, 3으로 젖혀이으면 보통은 선수이나 지금은 그렇지 않다. 이 백은 a의 내려섬이 들어 쉽게 죽지 않는다.

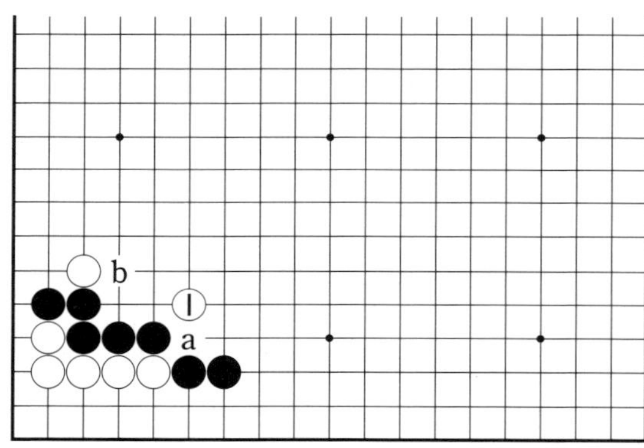

8도

8도 (들여다보는 수)

백이 4도처럼 두지 않고 1로 들여다보는 것은 기략을 품은 수이다.

여기서 흑은 a로 이어야 하는지 b로 젖혀 반발해야 하는지….

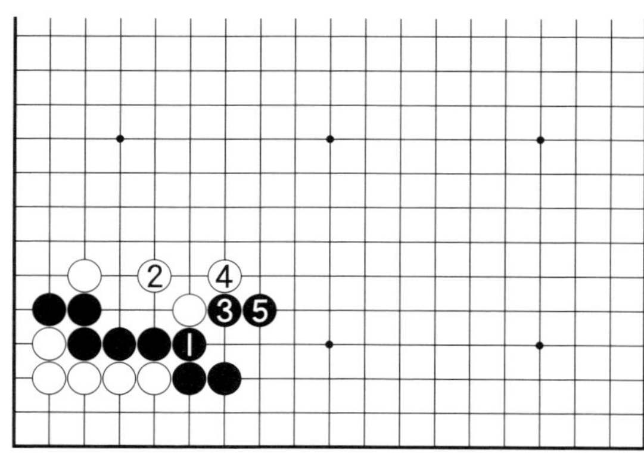

9도

9도 (노림 ☞ 함정에 빠짐)

흑1로 이으면 백2로 뛰는 수가 절호점. 흑 전체가 공격받는 느낌이다.

'들여다보는 데 잇지 않는 바보 없다'는 격언이 있지만, 이 장면에서는….

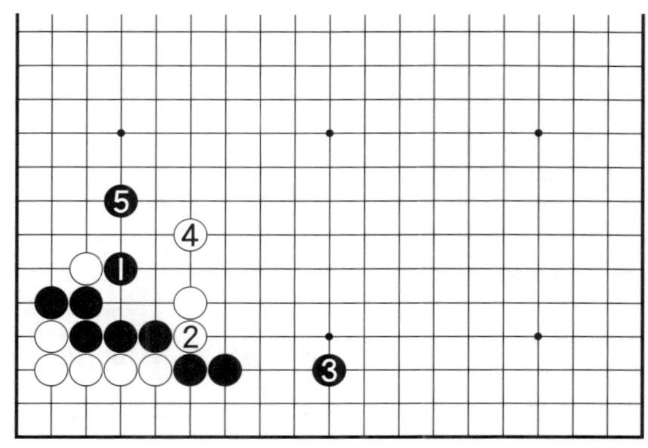

10도

10도 (대책 ☞ 흑1이 기세)

흑은 1로 젖혀가는 것이 마땅하다. 백2로 끊는다면 흑3으로 벌려 충분하다.

흑돌이 좌우로 양분되었으나 가운데 백도 약해 다음 공격이 여의치 않은 모습이다.

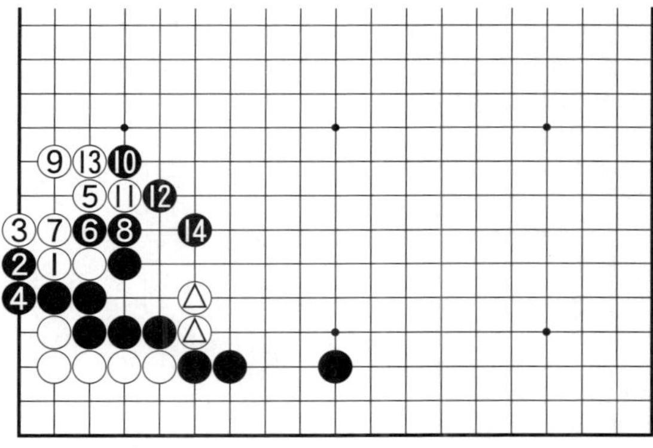

11도

11도 (흑, 충분)

앞 그림 백4로 이 그림 1로 막을 경우 이후의 변화가 복잡하나 흑은 침착하게 대응하면 결코 불리해지는 일은 없다.

이하의 수순은 그 좋은 본보기로 백△ 두점은 이미 폐석으로 변했다.

12도 (노림 ☞ 세 가지 길)

백이 a에 밀지 않고 △로 달려 파생한 모양을 하나 더 보자.

백1로 뛰는 수는 변함없는 삭감의 급소이며, 흑2의 다가섬이 좋은 수이다. 백의 다음 수는 b, c, d 세 가지인데….

12도

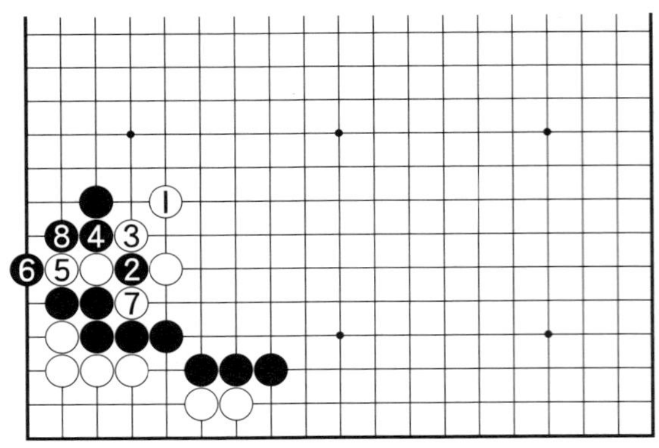

13도

13도 (대책 ☞ 흑2가 맥)

백1로 가볍게 뛰면 어떻게 해야 하는가?

흑2로 끼우는 수가 멋진 희생타. 백3과 교환해 흑4 이하로 죄어붙여 넘어서 좋다. 보다시피 백 일단은 무겁기 짝이 없다.

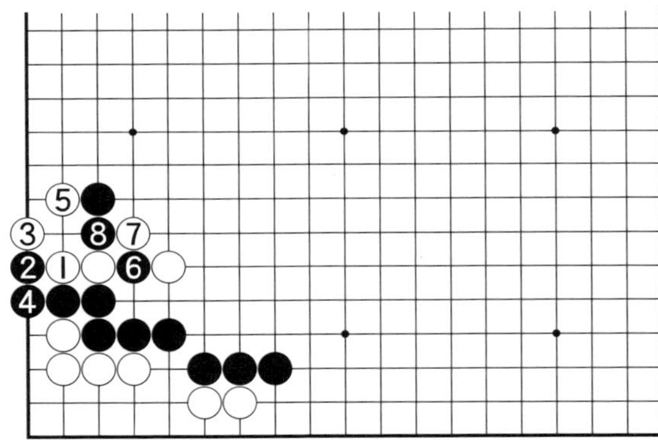

14도

14도 (흑6, 8이 맥)

이번에는 백1로 막는 수. 흑2, 4로 차단한 것은 당연하고 백5라면 흑6으로 끼운 후 8로 끊는다.

이렇게 되면 백은 더 이상 둘 수가 없을 것이다.

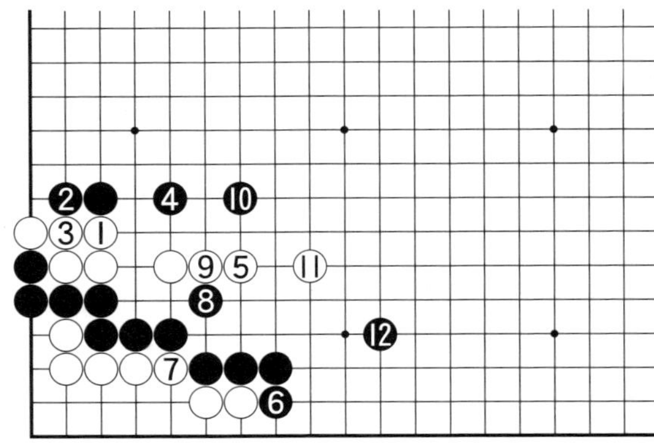

15도

15도 (공격으로 충분)

따라서 앞 그림 백5로는 이 그림 1로 치받는 정도이다.

그러나 이젠 흑2가 기분 좋은 선수이며, 흑4 이하로 백 일단을 추격해 충분하다.

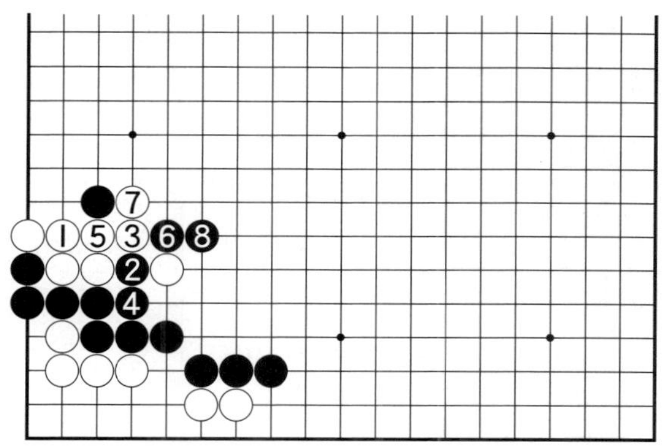

16도

16도 (백, 실패)

백1로 잇는다면 역시 흑2, 4로 끼워 잇는다.

백5에는 흑6으로 끊고 8로 선 데까지, 역시 백의 준동은 실패로 돌아간다.

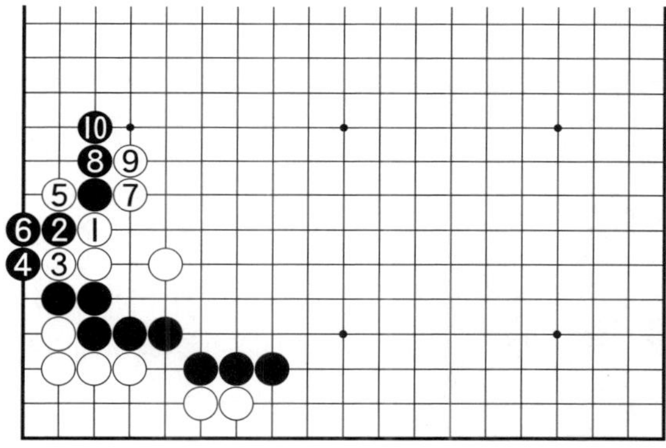

17도

17도 (실리로 충분)

끝으로 백1로 치받는 수. 이때는 평범하게 흑2로 넘는 게 좋다.

백은 3으로 찌르고 5에서 7, 9로 누르는 정도인데 흑은 10까지 좌변을 차지해 충분하다.

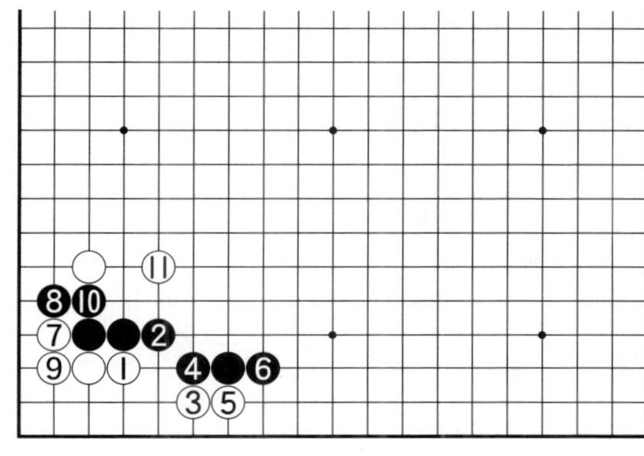

18도

18도 (날일자달림)

참고로 앞의 형태는 백3의 날일자로 달린 데서 파생한 것이다.

흑4로 눌러받고 백5로 한번 더 밀어 이하 백11까지 12도의 과정이다.

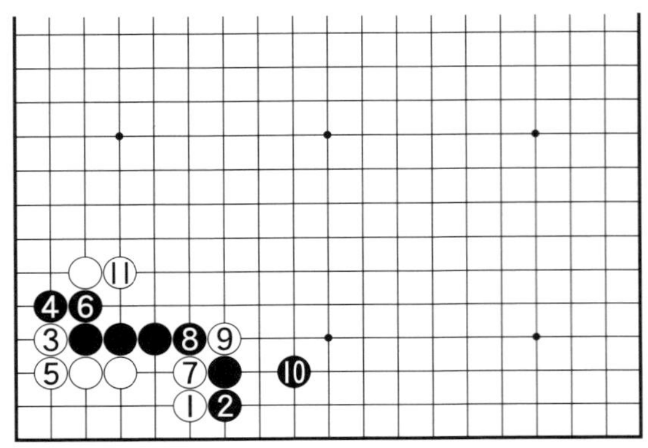

19도

19도 (노림 ☞ 분단 공격)

백1 때 흑2로 막으면 백3, 5의 젖혀이음을 선수하고 7, 9로 나가끊는다.

흑10에 백11로 움직이면 좌우로 분단된 흑이 괴로울 것이다.

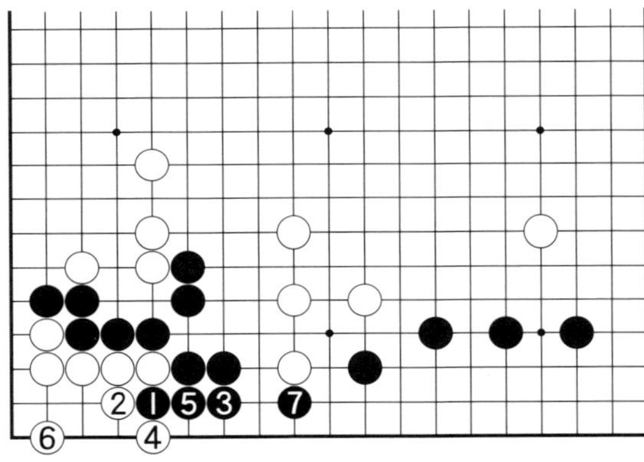

20도

20도 (사활+타개)

마지막으로 정석 후의 공방이 사활문제와 결부된 케이스이다.

하변과 같은 상황에서 흑1, 3을 선수해 7로 넘은 데까지 왼쪽 흑 대마의 위기를 타개했다.

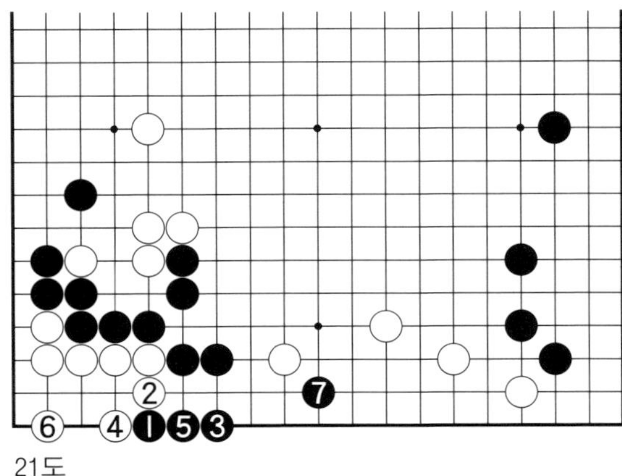

21도

21도 (사활+끝내기)

이번에는 하변 상황이 좀 다르다. 흑1로 달린 수가 끝내기의 맥. 백2로 치받는 정도인데 흑3, 5를 선수한 후 7로 뛰어드는 데 성공했다.

참고로, 백6을 생략하면 흑이 이 자리에 치중해 패가 나는 데 유의할 것.

3·三 침입의 후일담 (1)

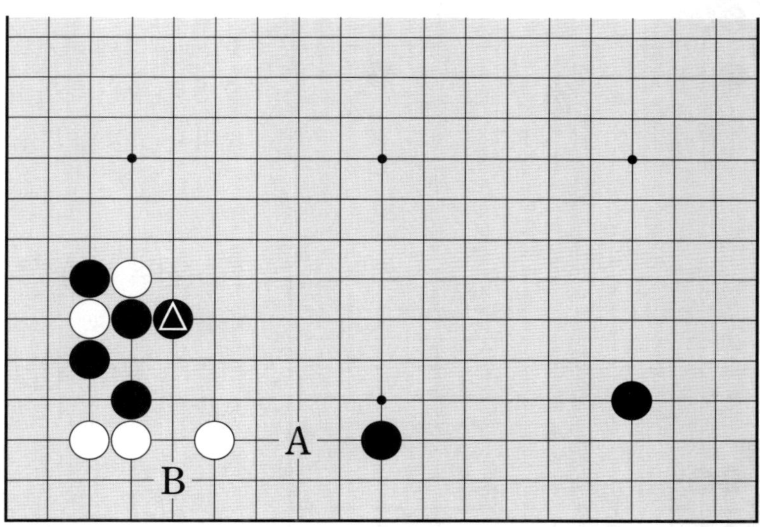

　이 형태는 실전에서 많이 나오는 모양이다. 한눈에 백의 양걸침
으로부터 파생된 것임을 알면 정석에 밝은 사람이다.
　여기서는 흑A의 다가섬에 백이 손을 뺀 경우 이후의 공방이 어
떻게 되는지를 주로 검토하기로 한다.

▨ 변화의 포인트

● 흑A의 다가섬이 B의 치중을 보는 급소이다(흑△의 역할에 주목).

● 흑A에 백이 다른 급한 곳을 둔다면 사활문제가 발생한다.

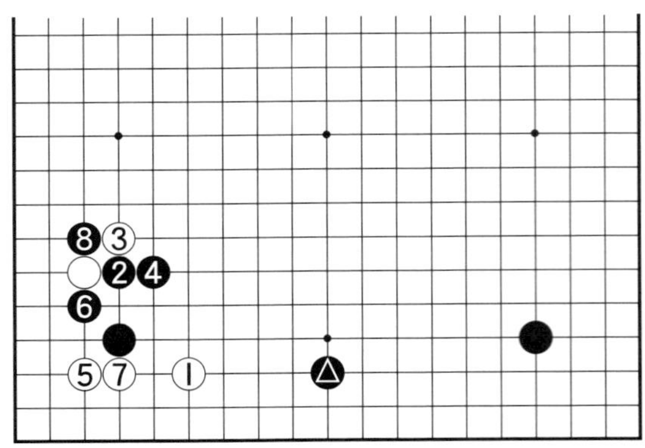

1도

1도 (경과)

장면도는 하변에 흑▲로 전개하자 백1로 양걸침하고 흑2, 4로 붙여 뻗으면서 파생한 것이다. 백5의 3·三 침입에 흑6으로 막고 8로 끊은 데까지 흔히 두어지는 정석이다.

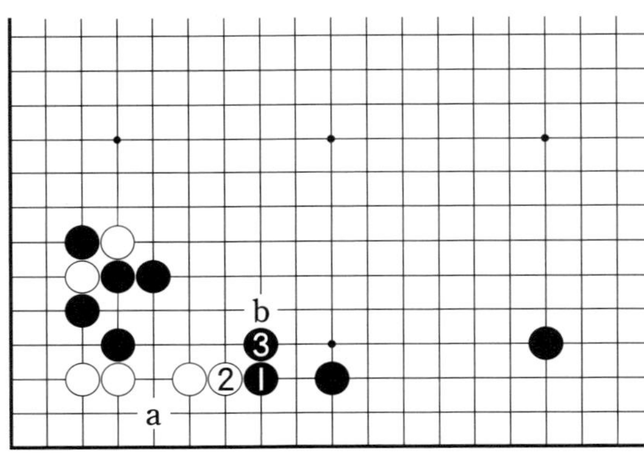

2도

2도 (선수 방비)

흑1에 백이 즉각 2로 치받아두는 것이 정수. 이젠 흑a의 치중 수단이 없으므로 백은 안심이다.

흑3으로는 b의 뜀으로 봉쇄하는 방법도 있을 것이다.

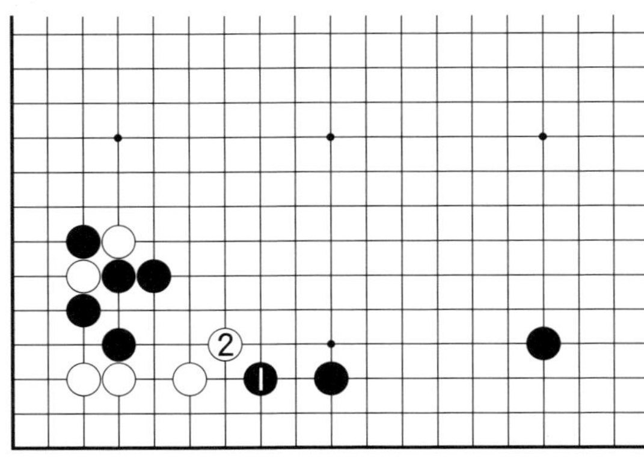

3도

3도 (백, 후수)

흑1에 대해 백이 봉쇄를 피해 2로 마늘모하는 것도 상용의 행마이다.

그러나 이것은 백의 후수이므로 앞 그림 백2를 따르는 것이 좋다.

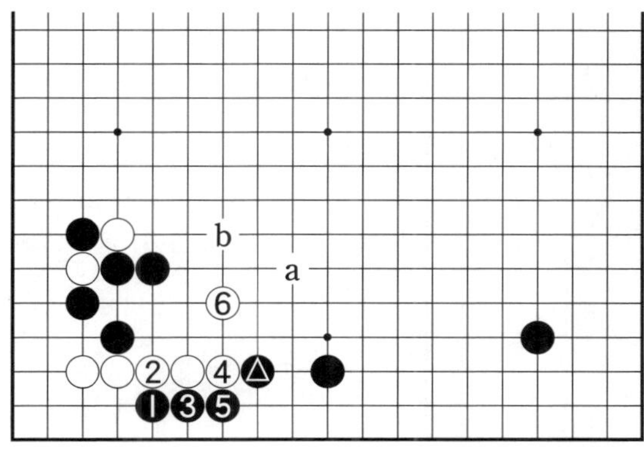

4도

4도 (노림 ☞ 급소 치중)

흑▲에 대해 백이 손을 빼면 흑1의 치중이 날카로운 일격이다. 백2로 이을 수밖에 없고 흑3으로 건너 백의 근거를 없앤다.

백6 다음 흑은 a나 b의 공격인데, 그 선택은 주위의 형편에 따를 일이다.

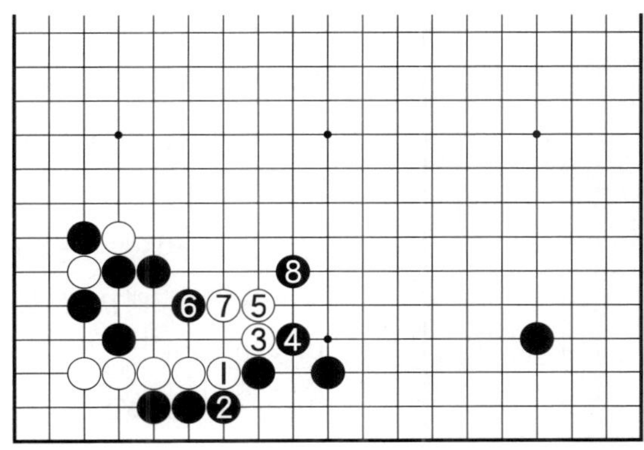

5도

5도 (완생형)

백이 안에서 삶을 도모할 수도 있다. 백1의 치받음을 선수하고 3, 5면 딱 두 눈의 완생형이다.

중반 이후에는 대개 이렇게 빨리 안정하는 것이 현명하다.

6도 (백, 괴롭다)

4도에서도 마찬가지였지만 가령 백1로 치받고 3, 5로 나가는 것은 재미없다. 흑6으로 급소를 들여다보고 8로 씌워 백이 괴로운 형태이다.

6도

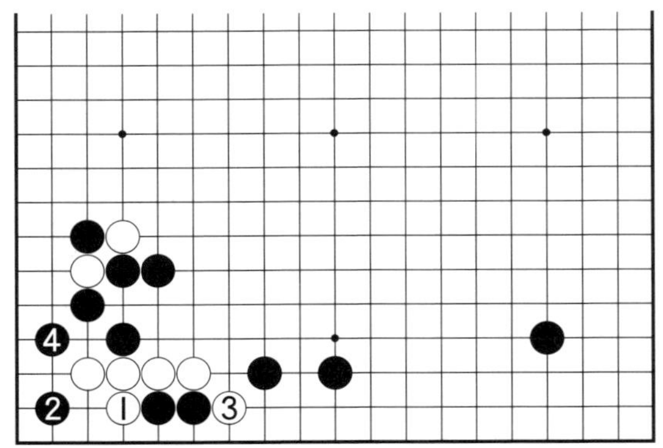

7도

7도 (자체 죽음)

그런데 백1 때 흑2로 치중하면?

백3으로 두점을 잡더라도 흑4로 연결해 백은 전체의 목숨이 자체로는 끊기게 되는데….

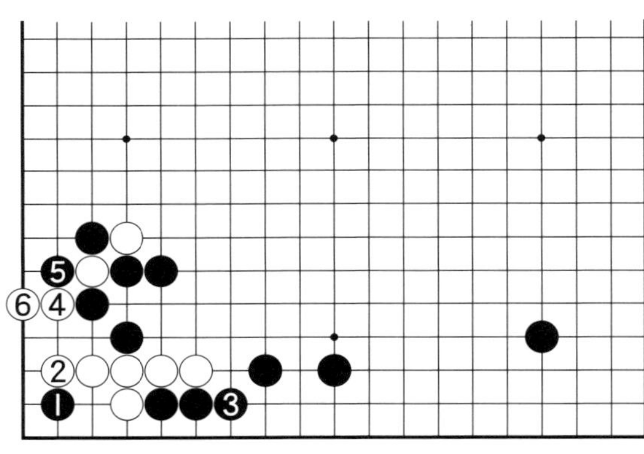

8도

8도 (막는 한수)

흑1 때 백은 2로 막을 곳. 흑3으로 두점을 살리지 않을 수 없는데 거기서 백4, 6으로 붙여뻗는다.

이것의 사활 문제는 어찌될까?

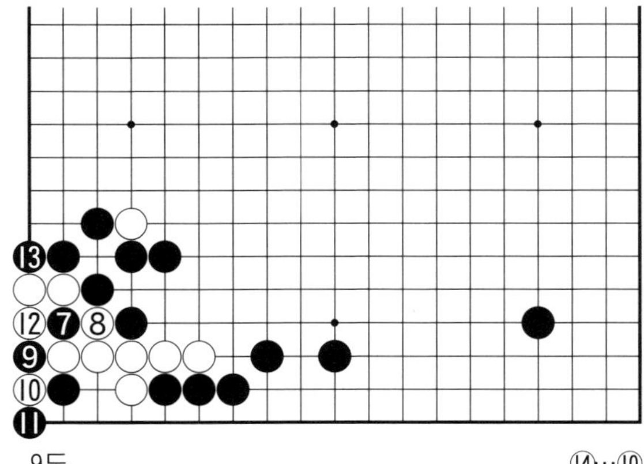

9도

9도 (패가 정답)

계속해서 흑7로 끼워두고 9로 젖히는 것이 최강의 저항이다.

백10으로 먹여치는 한수이고 흑11에 백12로 몰아 14까지 패가 되는 게 이 사활문제의 정해이다.

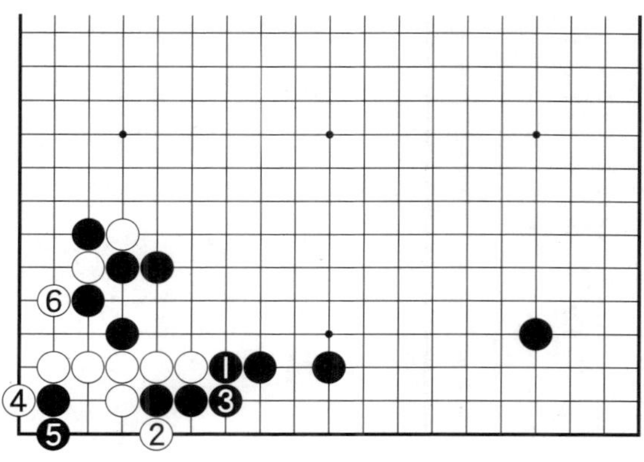

10도

10도 (완생)

8도 흑3으로 이 그림 1로 치받으면 백2의 젖힘이 들어 백은 6까지 간단히 산다. 백2의 돌이 귀의 흑 두점의 연결을 방해하고 있다.

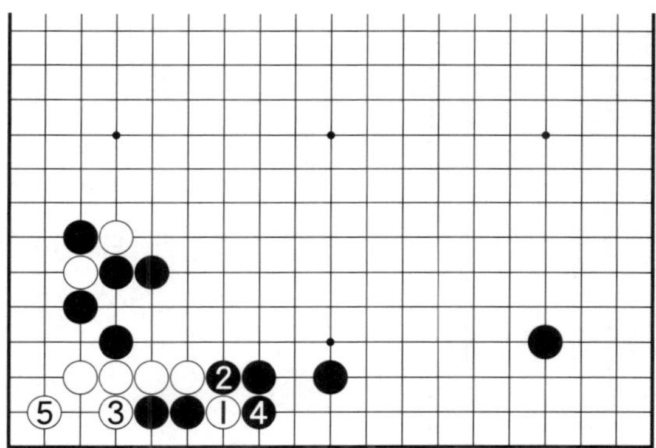

11도

11도 (대책 ☞ 확실한 삶)

백이 안전하게 살려면 1의 젖힘을 결정하는 게 좋다.

이것이면 백은 한점을 희생타로 5까지 확실하게 살 수 있다.

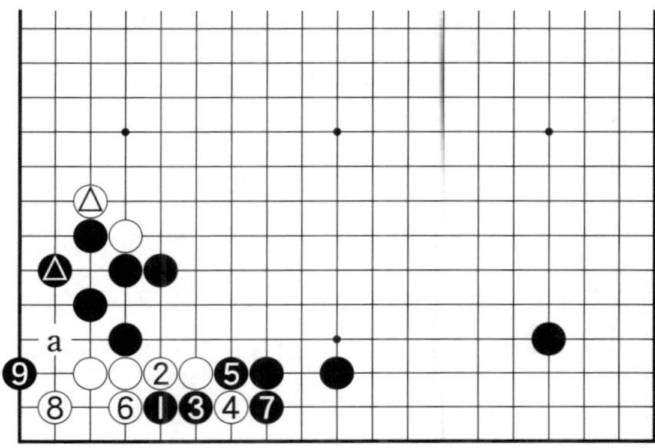

12도

12도 (주변의 특수성)

백△의 단수, 흑●의 빵따냄이 교환된 국면이라면 귀의 백이 위험하다.

백4 이하 8까지는 11도와 같은 수순인데, 흑9의 1선 미끄러짐으로 백은 자체로 절명한다. 또 백8로 a는 흑8.

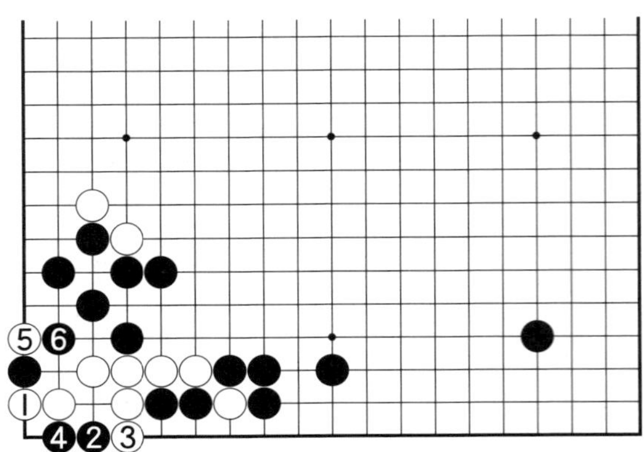

13도

13도 (백, 죽음)

계속해서 백1로 막아봐도 흑2로 치중하고 백3에 흑4로 파호한다. 또 백5에는 흑6으로 옥집을 면치 못하는 모양이다.

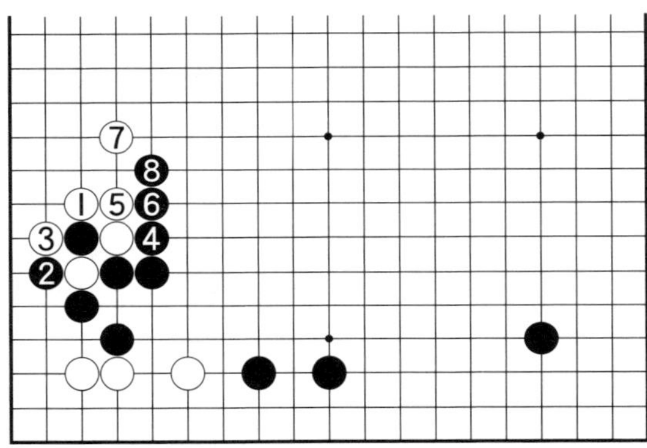

14도

14도 (흑4가 기세)

앞 그림의 연장선상에서 가상해본 그림.

흑2에 백3으로 몬다면 위쪽에서 흑4로 몰고 6 이하로 눌러가는 것이 좋다.

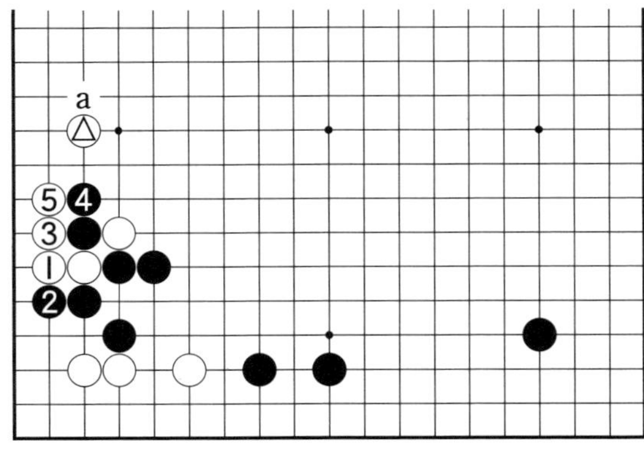

15도

15도 (흑2가 옳은 방향)

좌변에 백△가 있는 것을 믿고 1로 빠진다면 흑2쪽을 차단하는 한수이다.

이 결과는 백이 좌변에서 이익을 얻은 것 이상으로 귀의 백에 나쁜 영향을 끼치고 있다.

3·三 침입의 후일담 (2)

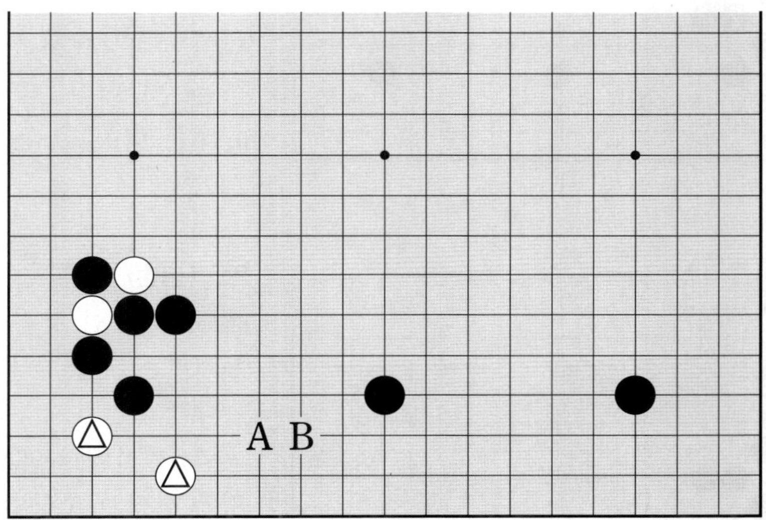

앞 테마의 형태와 유사하나 귀의 백이 ◯의 날일자로 달라져 있다. 백이 한수 더 둔다면 A의 날일자를 한번 더 두거나 B의 눈목자인데, 갈 길이 바쁜 상수가 손을 뺀다는 전제 아래 테마를 구한 것이다.

흑으로서는 하변을 선수로 굳히는 궁리를 하고 싶은데….

▨ 변화의 포인트

- 적당히 봉쇄한다는 생각은 안일하다.
- 하변의 화점에 놓인 흑돌이 유효하게 작용하도록 맥점을 구사한다.

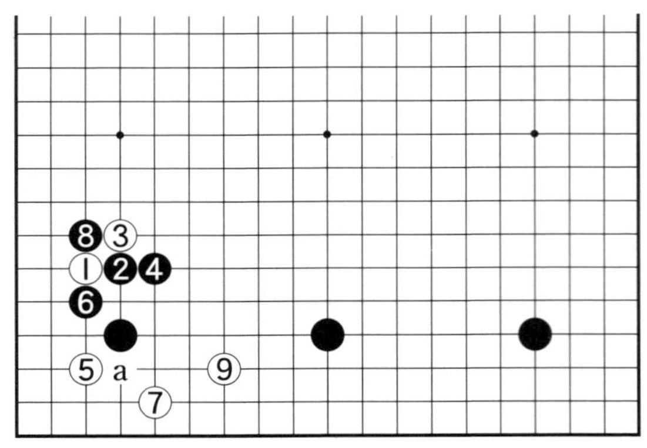

1도

1도 (경과)

흑2, 4로 붙여뻗은 것에 대해 백5로 3·三에 뛰어 들어 파생한 형태이다.

　물론 백5의 수는 4점 이상의 접바둑에서 상수가 쓰는 수단이다. 백7로는 a, 흑8, 백9로 두는 방법도 있다.

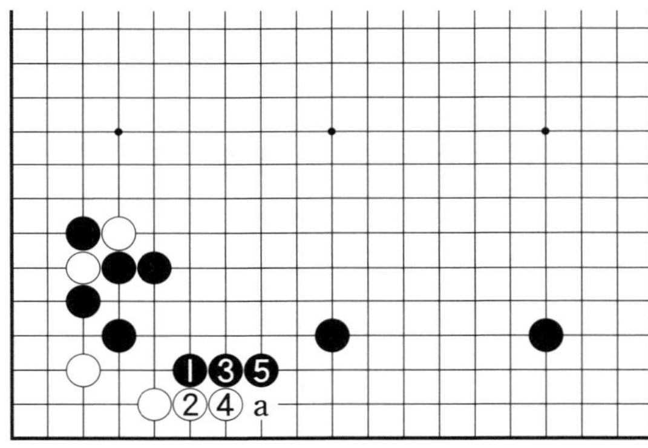

2도

2도 (평범)

흑1로 씌우는 것은 그저 봉쇄하는 수에 지나지 않는다.

　흑5까지 밀리면 이 세력은 납작한 모양인데다 다음 백a가 큰 수로 남는다. 그렇다고 흑a로 막아도….

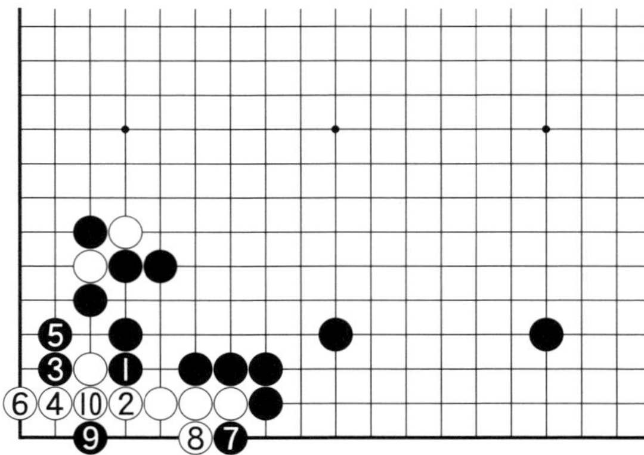

3도

3도 (백, 삶)

흑이 백을 잡으려면 1에서 3, 5가 최선이나 이하 백10까지 살아 있다.

　귀쪽에서 출발한 형태는 '4사6활'의 공식을 떠올릴 것(이 백은 2선을 6번 기고 있는 모양).

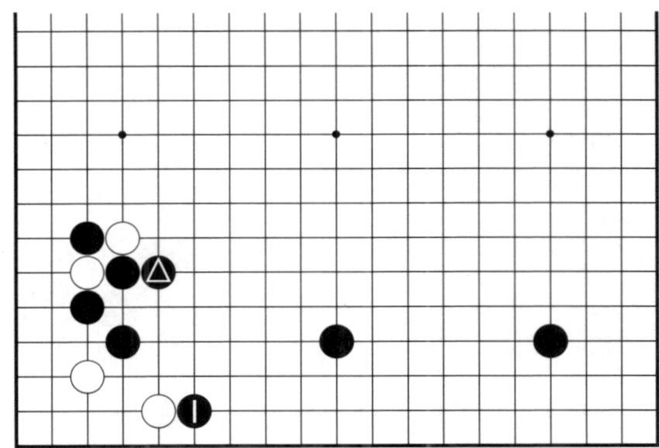

4도

4도 (노림 ☞ 붙임 일발)

백의 옆구리에 붙이는 흑1이 좀처럼 떠올리기 힘든 맥이다.

　변의 화점과 위쪽의 흑❷를 포함한 두터움이 대기하고 있으므로 그럴듯한 수가 되고 있다.

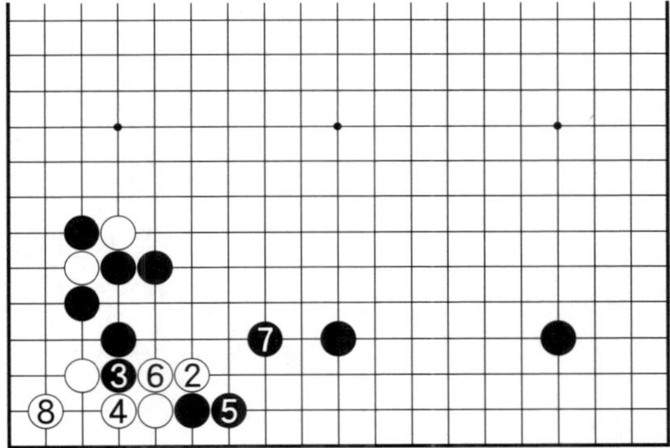

5도

5도 (선수 봉쇄)

계속해서 백2로 젖히면 흑3으로 찔러두고 5로 는다.

　백6에 흑7로 날일자하는 수가 기분 좋은 봉쇄로 흑은 선수로 하변을 굳히는 데 성공했다.

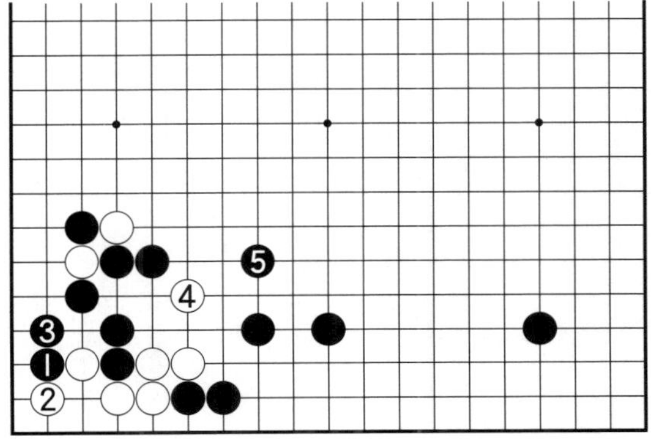

6도

6도 (백, 죽음)

앞 그림 백8을 손빼면 이 그림 흑1, 3으로 붙여끌어 귀의 백이 그대로 죽는다. 백4로 나가 봐도 흑5로 두어서 백은 탈출구가 없다.

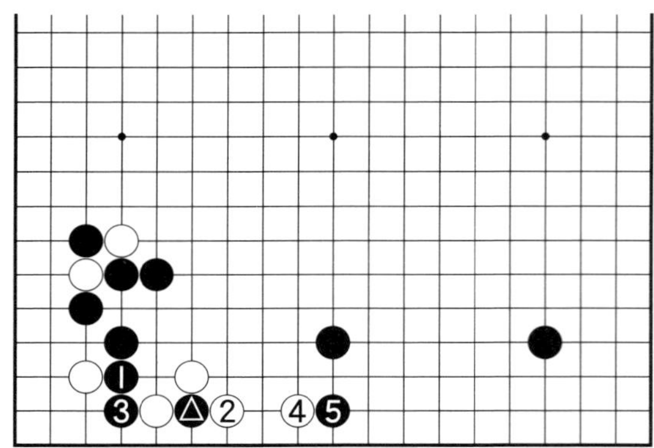

7도

7도 (흑, 충분)

흑1로 찌를 때 백2로 둔다면 흑3으로 귀를 크게 수중에 넣어 불만 없다.

이것은 일종의 바꿔치기인데, 그만큼 흑▲의 맥이 주효했음을 증명한다 할 것이다.

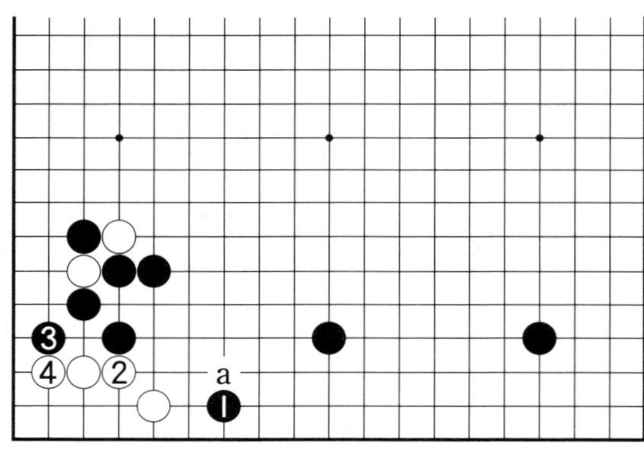

8도

8도 (미흡)

흑1로 백의 전면을 가로막는 것도 훌륭한 착상이나 백2에서 4까지 살고 나면 백a의 붙임도 남은 데다 뒤가 허전하다.

이를 5도의 결과와 비교해 보자.

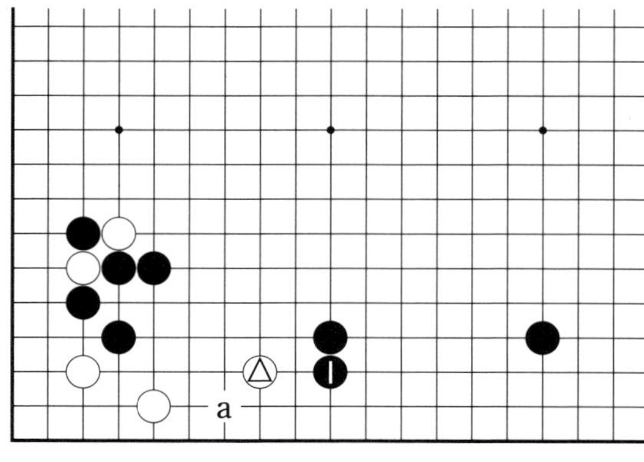

9도

9도 (철주)

참고로 백▲로 한수 더 둔 형태라면 흑1의 철주가 좋은 수이다. 다음 흑은 a의 치중이 노림.

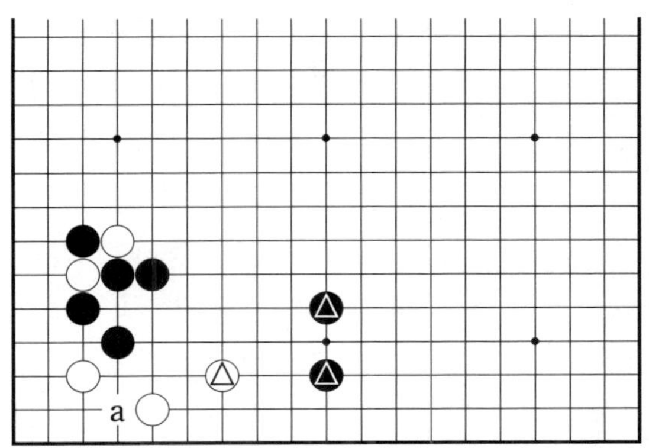

10도

10도 (유사형)

백△가 더해져 있고 오른쪽 배석이 흑▲로 바뀌어 있는 이 국면에서는 어떻게 두는 것이 좋을까?

a의 약점을 집요하게 추궁하는 수순을 궁리하길….

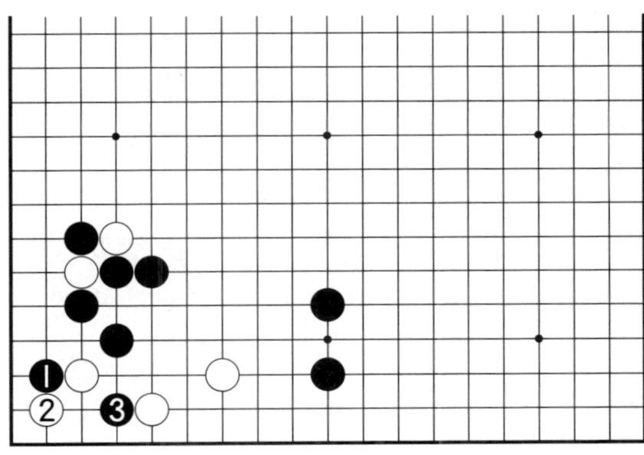

11도

11도 (노림 ☞ 연타의 맥)

흑1로 붙여 백2와 교환한 후 흑3으로 건너붙이는 것이 날카로운 수순이다.

이후의 변화를 조금만 더 추리해보면 흑1의 의미를 알 것이다.

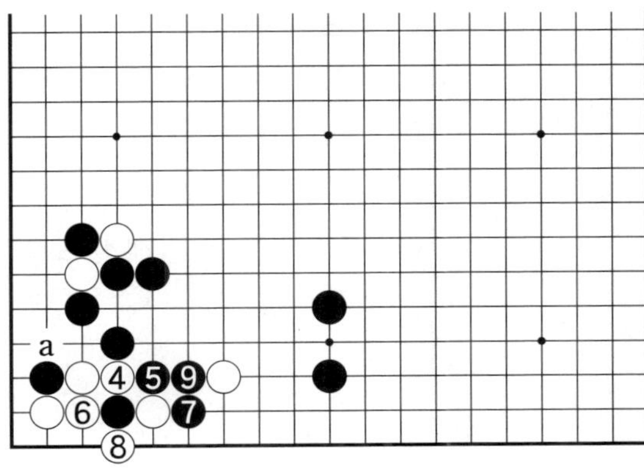

12도

12도 (흑5가 맥)

계속해서 백4에는 흑5로 끊으면 좌우의 단수가 맞보기인 모양이다.

먼저 백6으로 이쪽을 잡는다면 흑7, 9로 몰고 이어 백 한점을 잡는다. 게다가 귀는 흑a가 큰 수로 남았다.

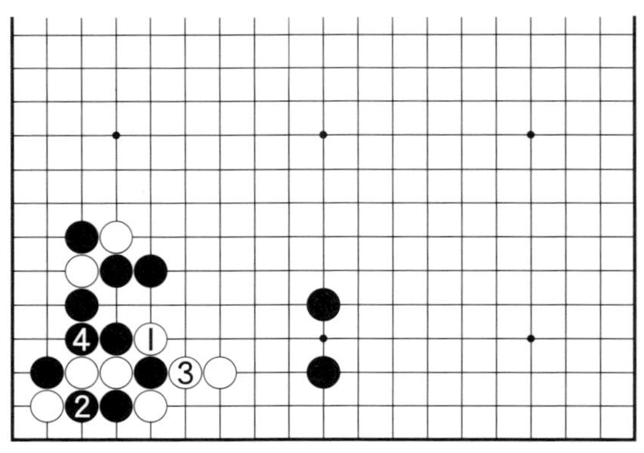

13도

13도 (귀에서 성과)

앞 그림 백6으로 이 그림 1로 잡는다면 이번에는 흑 2, 4로 귀를 크게 취하는 큰 성과를 거둔다. 오른쪽 백은 아직도 미생.

결과적으로 11도 흑1, 3이 멋진 콤비네이션이었던 것이다.

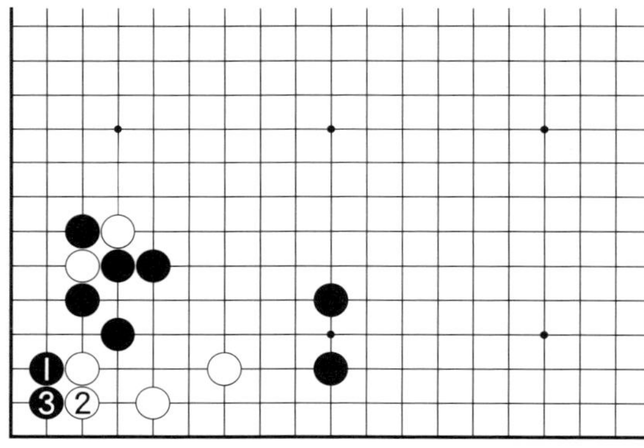

14도

14도 (흑, 충분)

흑1에 대해 백2로 물러선다면 흑3으로 밀고 들어가 공격한다.

이 백은 물론 잡힐 말은 아니나 아직 불안한 상태이므로 흑은 외곽을 굳히며 대가를 톡톡히 받아낼 것 같다.

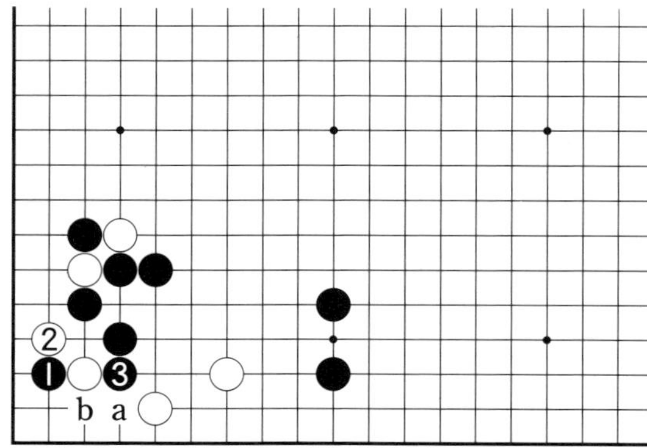

15도

15도 (논외)

흑1에 대해 백2로 반발하는 수단은 없다.

흑3으로 가만히 나가 백이 당장 곤란해진 모양이 그것으로, 다음 백a라면 흑b.

3·三 침입의 후일담 (3)

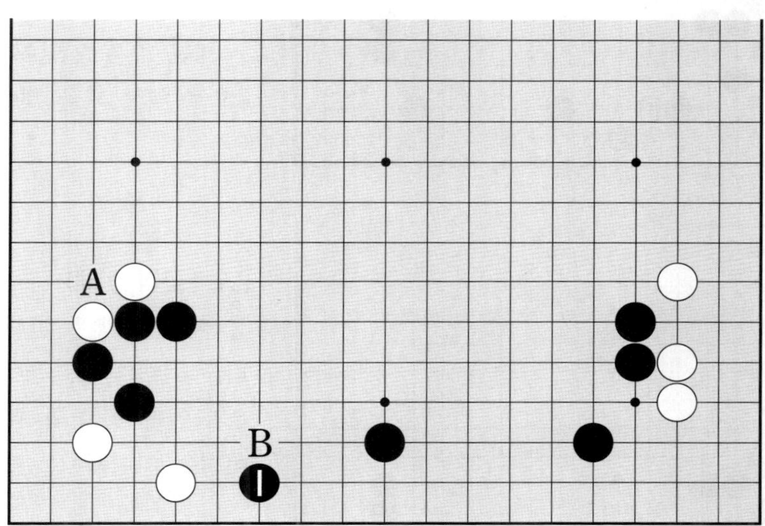

하변이 흑의 세력권이고 흑A의 끊음이 생략되어 있다. 이런 국면이라면 흑1로 다가서서 공격하는 수가 제일감.

이후의 공방이 어떻게 될지, 백의 입장에서 최선의 진행을 검토해 보기로 하자.

▨ 변화의 포인트

- 흑1은 백을 밖으로 내몰아 공격하려는 뜻이다.
- 백B로 붙여갈 경우의 변화가 이 테마의 주제를 이룬다.

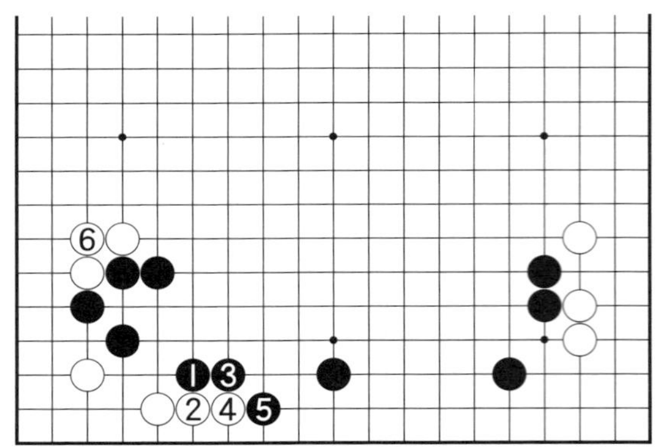

1도

1도 (흑의 완착)

[16형]에서도 말한 사항이지만 귀의 백에 대해 흑1로 둘러싸는 것은 감각이 나쁘다.

　백은 2, 4로 밀어둔 후 6으로 잇고 싸울 것이다.

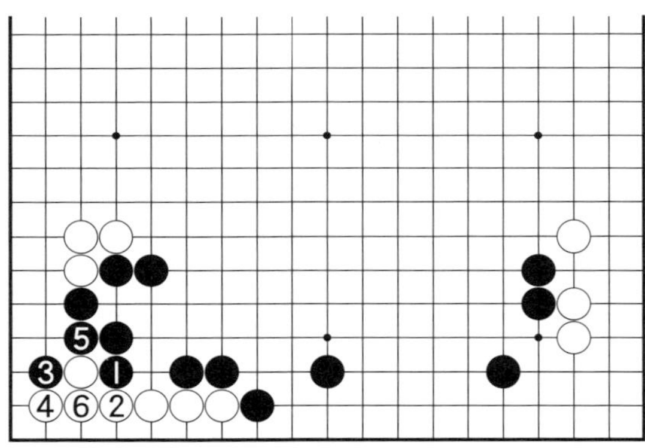

2도

2도 (공격 실패)

물론 귀의 백은 완생형이다. 흑1에서 3, 5로 두는 정도인데 공격의 효과가 이렇듯 미미해서는….

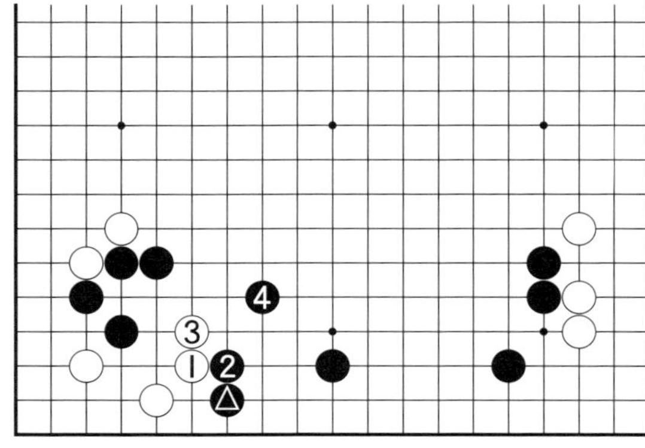

3도

3도 (노림 ☞ 주문대로)

흑△에 백1로 나가는 것은 흑2에서 4로 봉쇄하는 수순이 좋아 주문에 그대로 따른 꼴이다.

　백1~흑4의 돌이 있는 형태에서 방금 흑△로 내려섰다고 생각하면 백이 나쁜 이유를 알 것이다.

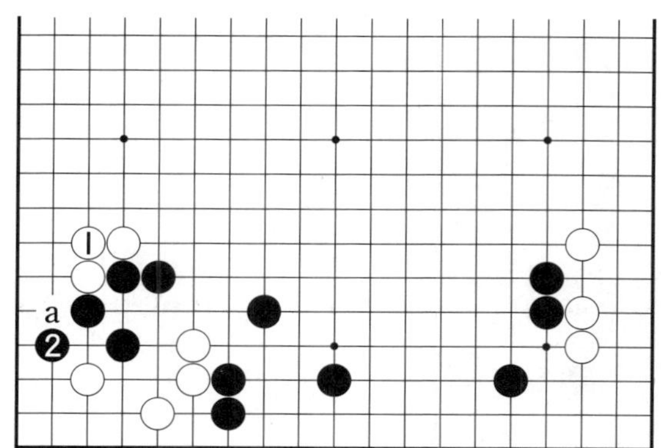

4도

4도 (귀에 영향)

계속해서 백1로 잇고 싶지만 흑2(또는 a)로 마늘모하면 귀의 백에 나쁜 영향을 끼친다. 따라서 백은 하변에서 보다 효과적인 진출수단을 궁리하고 싶은 것이다.

5도 (대책 ☞ 붙여간다)

장면도에서도 말했지만 백1로 붙이는 것이 타개의 맥이다.

흑2로 들어오면 백3, 5로 나가고 흑6으로 이쪽을 제압하는 정도인데, 백7에서 11로 젖혀가는 리듬이 좋다.

5도

6도 (흑, 헤프다)

흑1로 젖혀두고 3으로 빠지면 어떨까?

그러나 백4부터 치고 나가 이하 14까지 귀를 크게 빼앗고 안정할 것이다. 그렇다고 바깥 흑의 두터움이 완전한 것도 아닌 모양이다.

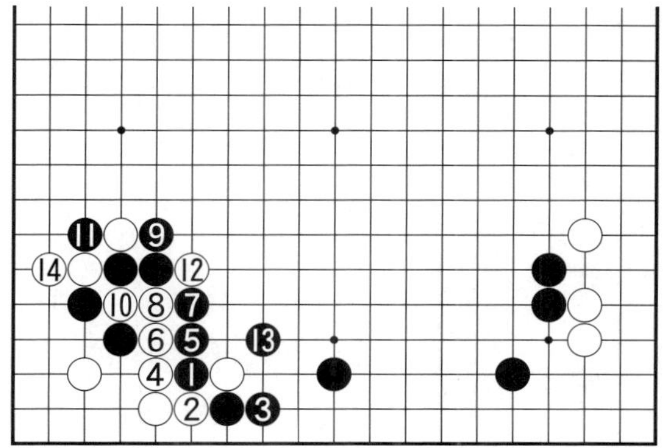

6도

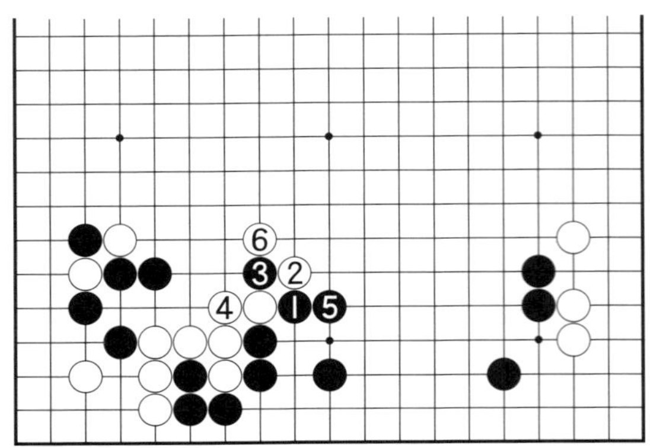

7도

7도 (기세의 이단젖힘)

5도에 이어, 흑1이라면 백
2로 이단젖히는 것이 기세
이다.

흑은 3으로 끊어 두고
5로 늘어둔 데까지도 필연
의 진행이다.

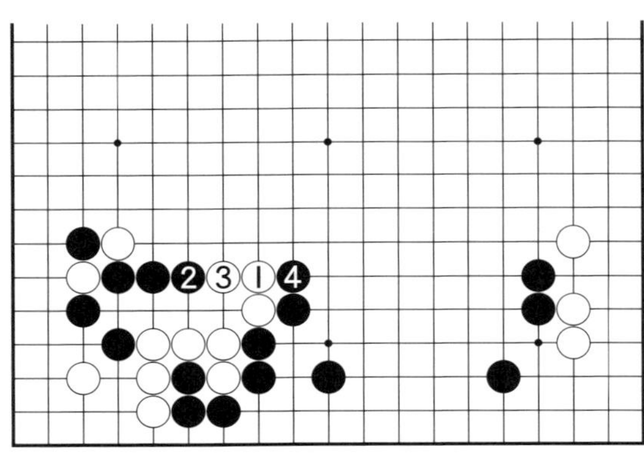

8도

8도 (백, 나쁨)

앞 그림 백2로 이 그림 1
로 두는 것은 흑2의 급소
를 허용해 백이 좋지 않
다. 백3을 기다려 흑4로
막게 되면 앞 그림과는 천
양지차인 모습이다.

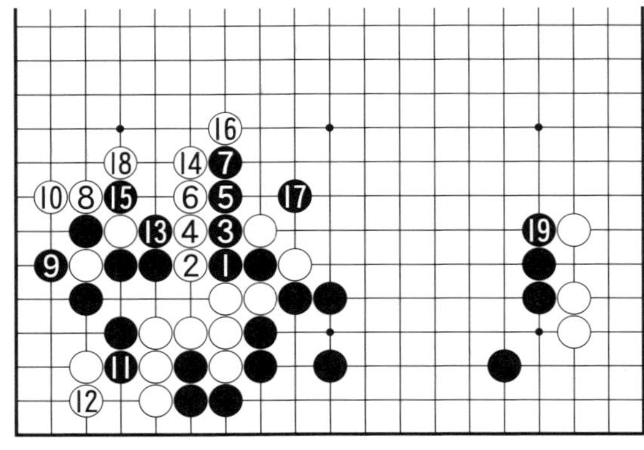

9도

9도 (백, 타개)

7도에 이어 흑1로 나가는
한수. 백은 2에서 6까지
밀어두고 8, 10으로 역습
에 나선다.

이하 백18까지 오히려
흑을 안쪽에 가두고 타개
에 성공한 모습이다. 물론
바둑은 지금부터이다.

상대의 주문을 거스르다

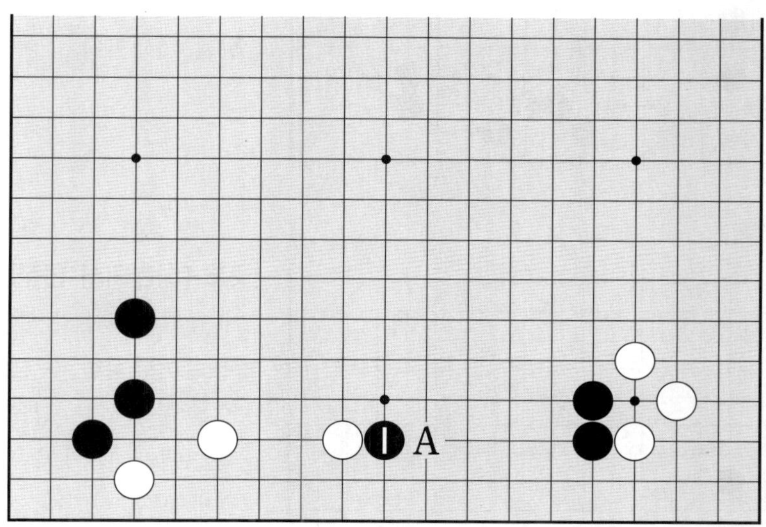

　　방금 하변에서 백의 두칸 벌린 옆에 흑1로 붙여간 수. '수습은 붙임으로부터'란 격언을 떠올리면 흑의 의도를 금방 알 수 있을 것이다.

　　바둑은 정석대로 두어 나쁠 리 없지만 현실은 그 반대일 때도 많은 법이다.

▨ 변화의 포인트

- 우하쪽 흑 두점의 모양을 보면 A의 벌림이 '2립3전'에 따른 정석.
- 흑으로서는 1로 A일 경우 백이 그 가운데를 갈라쳐와 곤란하다는 생각에서 변화를 구한 뜻.

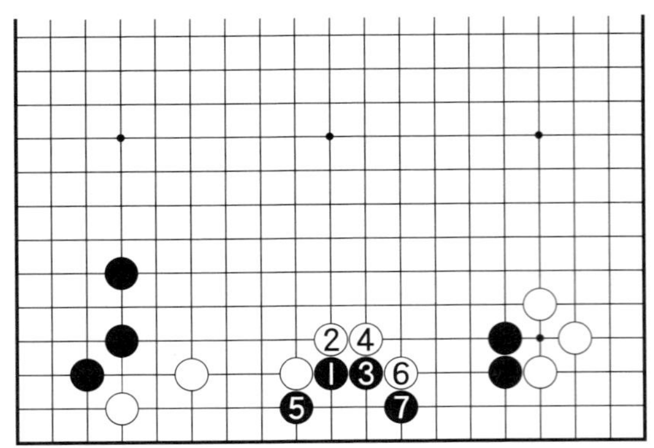

1도

1도 (노림 ☞ 쉽게 안정)

흑1로 붙인 것에 대해 백은 2로 젖히는 것이 기세이나 흑3에서 5로 파고들어 벌써 이 흑은 쉽게 안정할 태세이다.

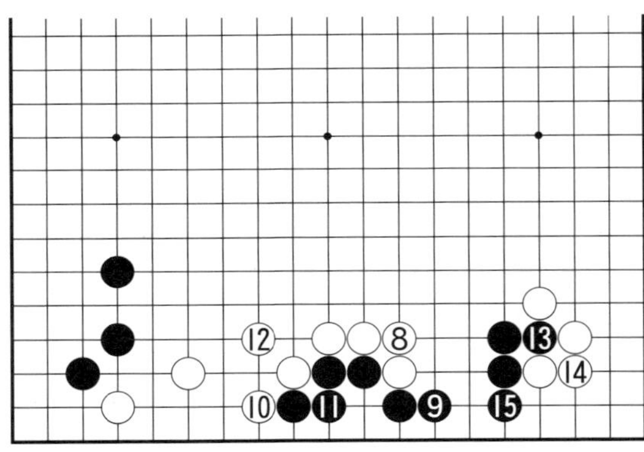

2도

2도 (하변에서 안정)

계속해서 백8로 잇고 10으로 이단젖힌 후 12로 이쪽을 봉쇄하는 정도인데, 흑13에서 15까지 하변을 크게 파고 살았다.

앞 그림 흑1의 붙임수가 멋지게 통한 결과이다.

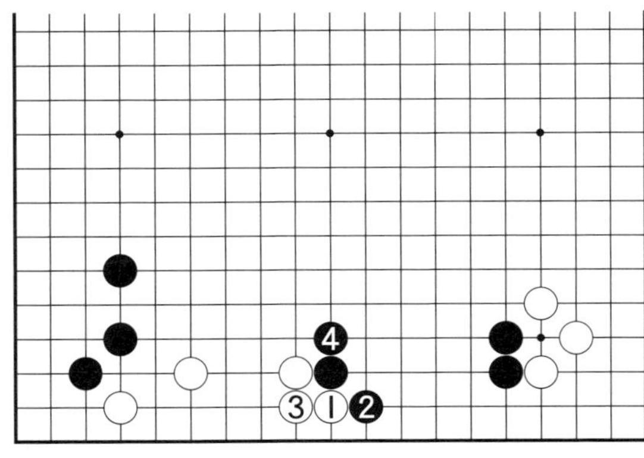

3도

3도 (흑2가 맥)

백1로 아래에서 젖히면 어떨까?

그러나 흑2로 되젖히는 것이 수습의 맥. 백3으로 잇는 정도인데 흑4로 늘어 이것도 백의 뜻대로 되지 않는다.

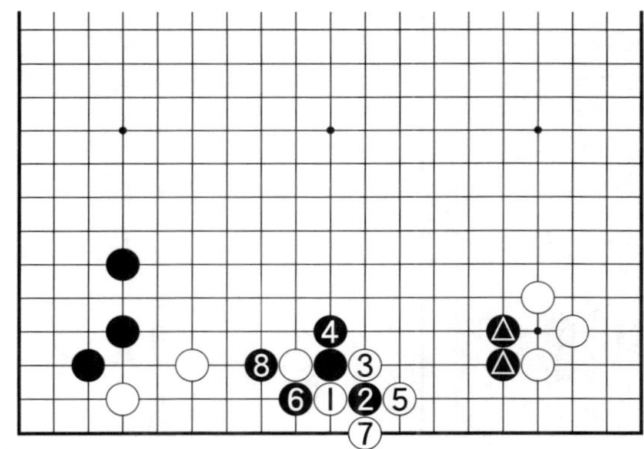

4도

4도 (백, 큰 피해)

흑2에 대해 백3 이하로 반발하는 것은 흑6, 8로 한 점을 축으로 잡아 백의 피해가 크다.

오른쪽 흑△ 두점을 크게 안는 수가 척 보인다면 별 문제이지만 쉽지 않다.

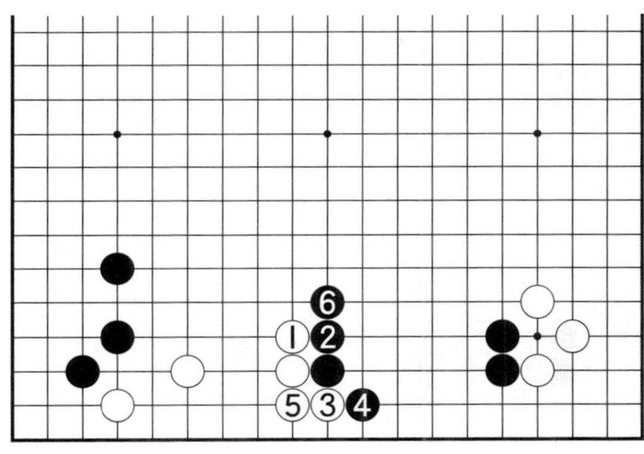

5도

5도 (마찬가지)

이번에는 백1로 느는 수. 흑은 당연히 2로 막고 백3, 5에는 6으로 늘어 충분할 것이다.

이 형태는 3도와 대동소이한데 백1, 흑6의 교환이 더해진 차이밖에 없다.

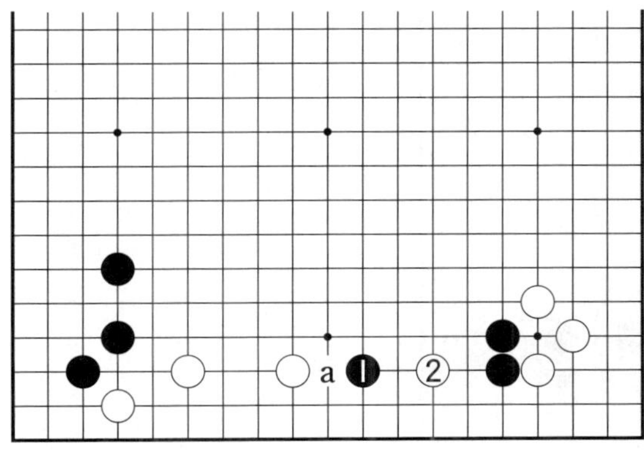

6도

6도 (백2가 타이밍)

하변에서는 흑이 단순히 1로 벌리는 것이 보통이지만, 그러면 백2로 뛰어드는 타이밍이 좋아진다.

흑a에 붙여간 것은 이 약점을 커버하려는 의도였던 것.

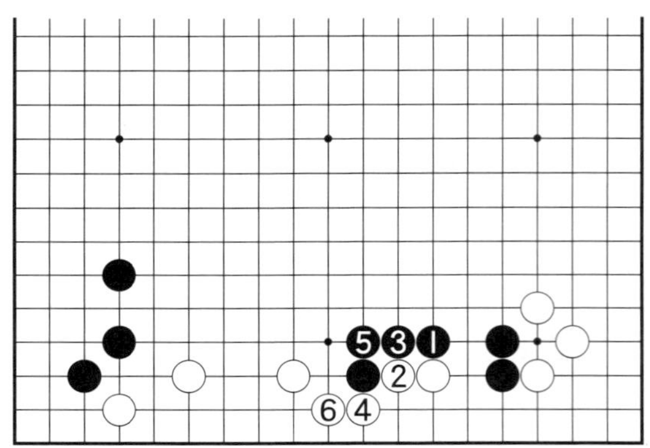

7도

7도 (그런대로)

앞 그림에 이어 흑1로 붙여 봉쇄하는 한수이다.

이때 백2로 치받고 4, 6으로 넘어만 준다면 그래도 낫지만….

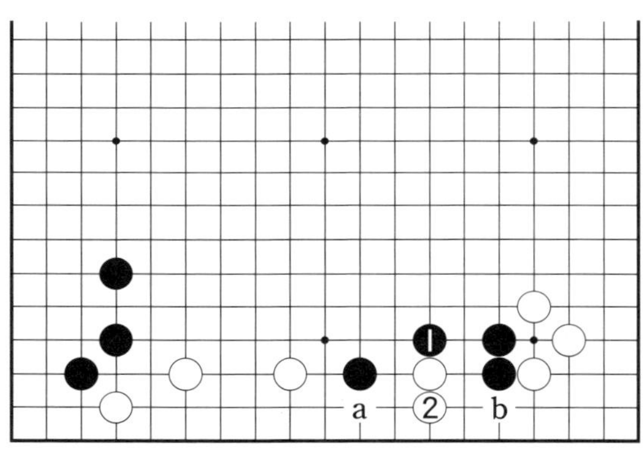

8도

8도 (노림 ☞ 백2가 맥)

흑1에는 백2로 차렷하는 수가 맥이다.

다음 백a와 b의 연결을 맞보기 삼는 형태로, 이런 수가 있어 흑이 탐탁치 않은 것이다.

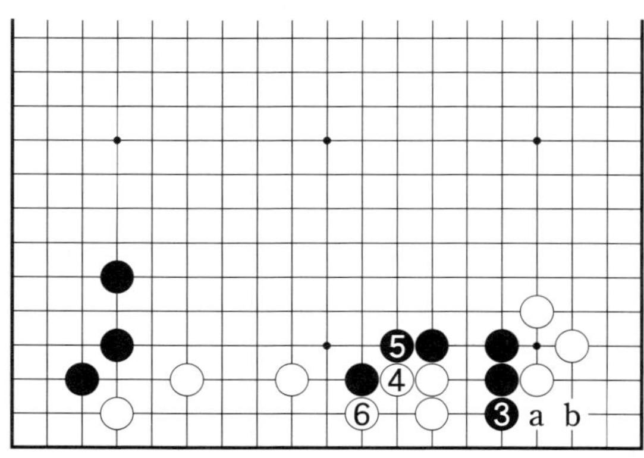

9도

9도 (차이)

흑3이라면 백4에서 6으로 넘어 백의 자세가 7도보다 우월하다.

도중 흑3으로 a, 백b를 교환해도 흑이 나아질 게 없는 모양이다.

끝내기를 함축한 노림

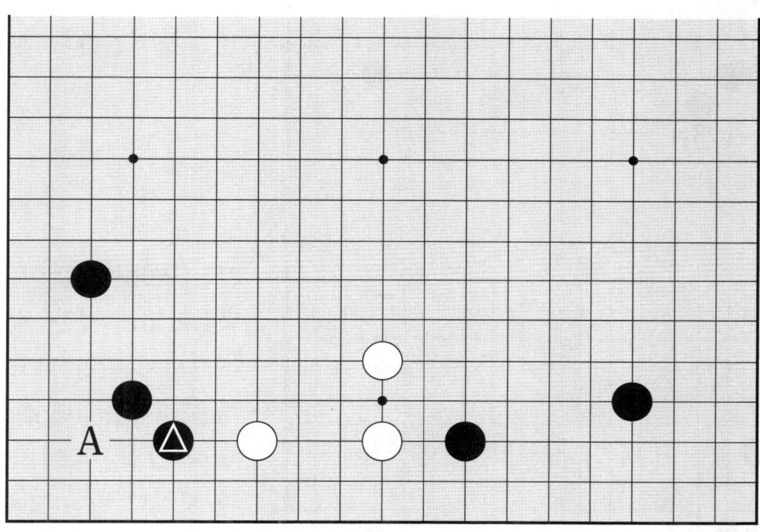

좌하의 흑 모양은 눈목자받음에 흑△의 마늘모굳힘이 더해져 15집 가량의 큰 집이다.

그러나 측면에 백돌이 오면 이대로 집이라고 할 수 없다.

▨ 변화의 포인트

- 백의 입장에서는 중반에 A로 뛰어드는 타이밍이 중요.
- 백A로 뛰어들기는 직접 안에서 산다기보다 흑집을 삭감하려는 수.

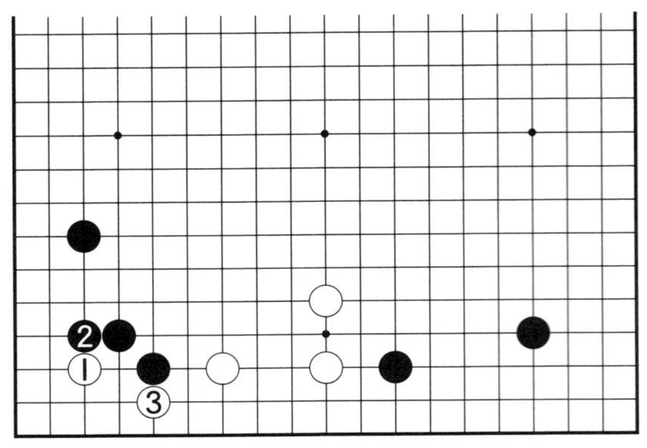

1도

1도 (노림 ☞ 백1, 3이 맥)

백1로 3·三에 뛰어드는 수가 흑집을 줄이는 맥이다.

흑2와 교환해 귀에서 살겠다고 위협하면서 백3으로 붙여간다.

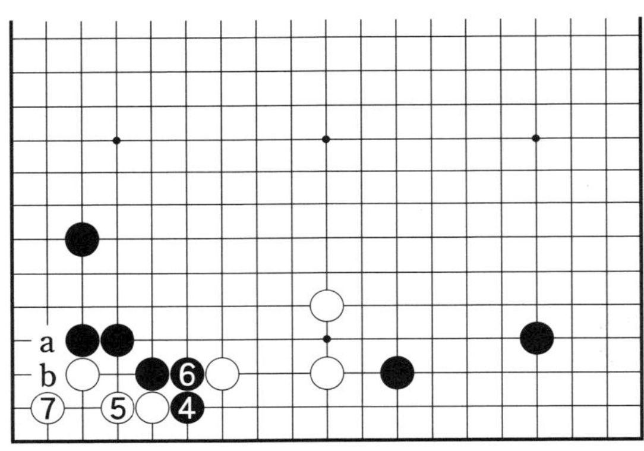

2도

2도 (귀에서 삶)

흑4로 막는 것은 백5로 끌어 7까지 귀를 파고 산다. 다음 흑a라면 백b.

이 그림은 흑4, 6의 돌이 하변의 백을 크게 위협하지 못하는 이상 흑의 손해가 크다.

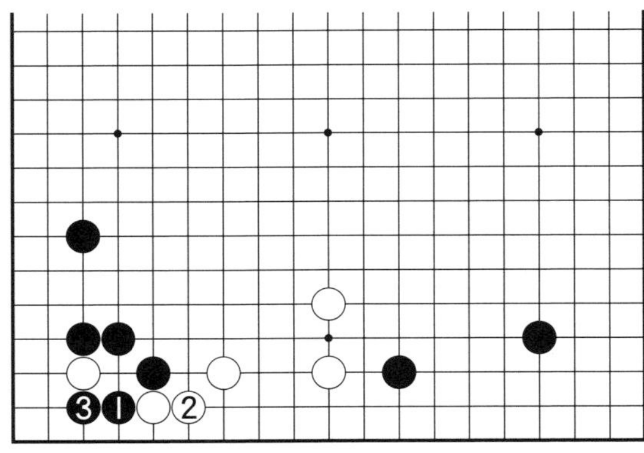

3도

3도 (백, 선수끝내기)

따라서 앞 그림 흑4로는 이 그림 1로 막는 정도이고, 백2로 끄는 수를 선수로 두어 백도 만족한다.

이를 백이 처음부터 2의 자리에 두어 끝내기하는 것과 비교해보라.

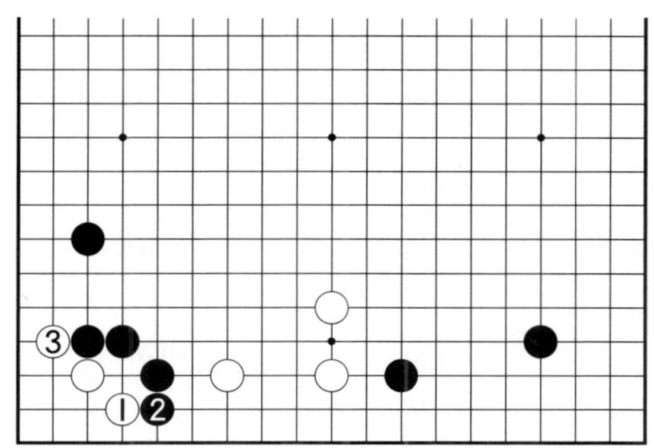

4도

4도 (노림 ☞ 귀살이)

지금부터는 경우에 따른 변화에 대해…. 백이 귀의 집을 부수고 직접 살려면 1로 마늘모하고 3으로 젖히는 수가 있다.

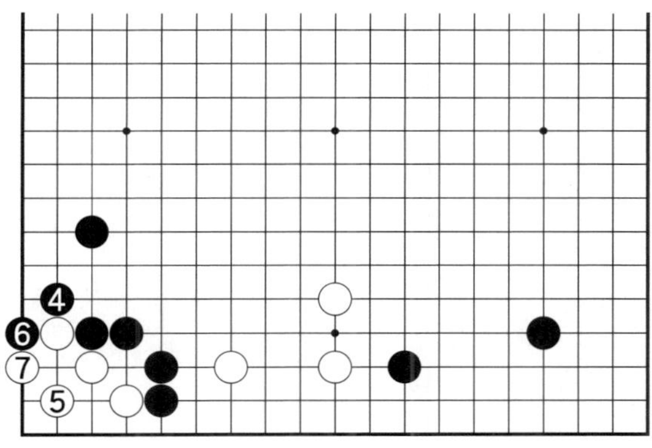

5도

5도 (패)

계속해서 흑4로 막는다면 백5로 호구치고 흑6의 단수에 백7의 패로 받는다.

물론 이 싸움의 우열은 패감 등 전체의 국면에 따른다.

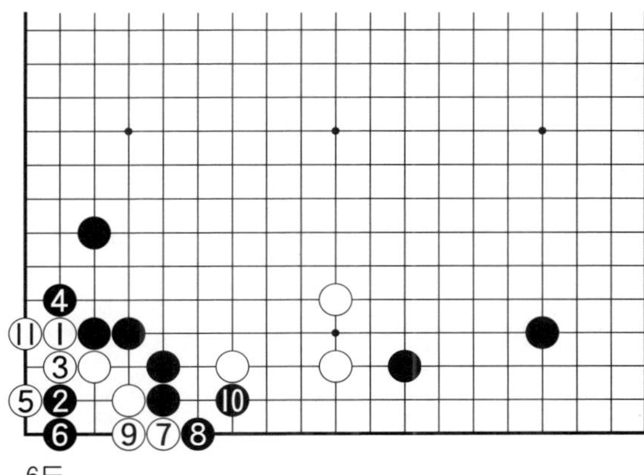

6도

6도 (흑2는 무리)

백1 때 흑2로 치중하는 것은 무리. 백3에 흑4의 막음으로 돌아와야 하는데, 백7의 젖힘이 들어 보다시피 11까지 완생형이다.

물론 백의 수순에 다소 문제가 있긴 하다.

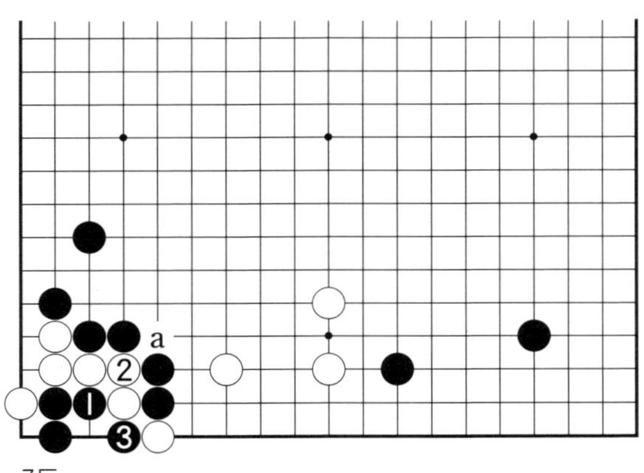

7도

7도 (패)

앞 그림 흑8로는 이 그림 흑1로 찝고 3으로 집어넣으면 패가 난다.

　물론 실전에서는 흑의 부담이 커 이렇게까지는 두기 힘들겠지만 얘기를 정확히 한다면 그렇다는 것이다.

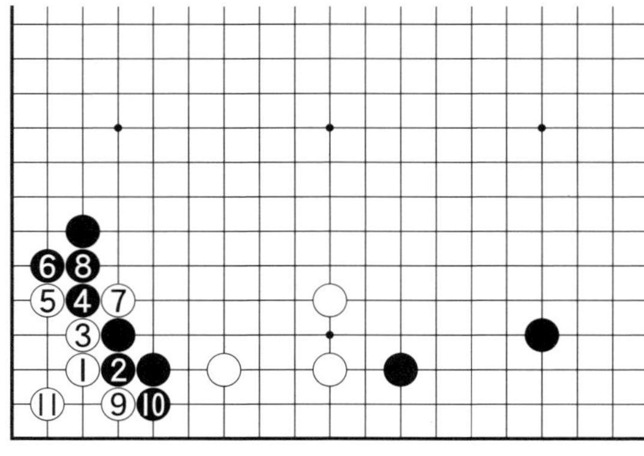

8도

8도 (대책 ☞ 먼저 젖힌다)

백의 올바른 수순은 6도 백5의 수로 이 그림 1에 먼저 젖히는 것이다.

　흑2, 4로 받게 한 다음 백5면 앞서와 같은 문제는 일어나지 않는다.

9도 (부담)

백1 때 흑2의 빈삼각으로 받는 수도 있다. 백3 이하 11까지 패가 나는데, 이것 역시 흑이 패에 졌을 경우 부담이 크다.

9도

실리냐 측면공작이냐

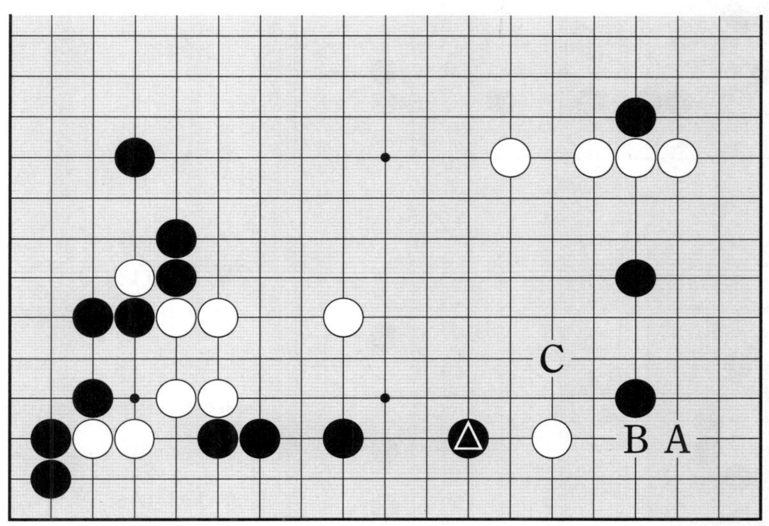

방금 흑△로 다가선 장면. 이에 대해 백이 택할 수 있는 길은 A
의 3·三 침입, B의 붙임, C의 뜀 세 가지이다.
주변을 잘 살펴 백의 그럴듯한 수순을 그려보기 바란다.

▨ 변화의 포인트

• 화점 날일자걸침에 협공하는 수는 대개 3·三에 들어와 달라는 것.
  백으로서는 그 주문을 따르느냐 피하느냐.
• 위쪽에 백의 세력이 대기하고 있는 점도 고려한다.

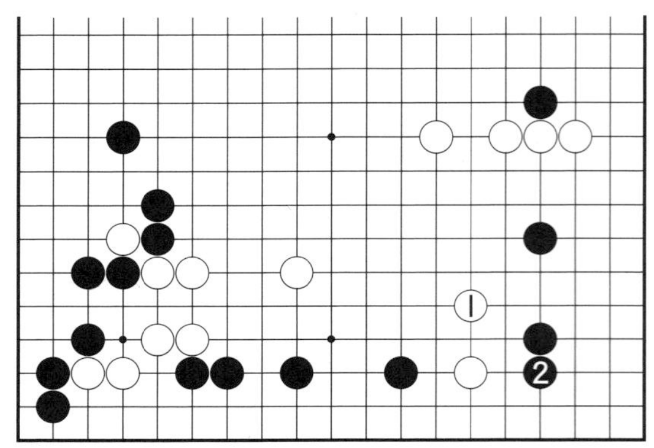

1도

1도 (단순)

백1로 뛰는 것은 흑2로 나란히 서서 귀를 지킬 것이다. 백은 그저 달아났을 뿐 아무 감흥이 없는 수가 아닐지….

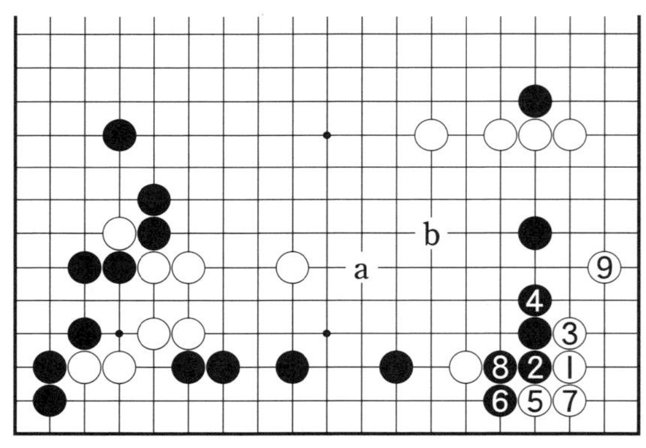

2도

2도 (주문대로)

백1로 3·三에 뛰어들면 부분적으로 착실한 수법이나 백9까지 된 후 흑a 쯤으로 공격해 b로 둘러싸는 수를 예상하면 하변의 흑집도 상당히 불어날 태세이다. 백1은 한마디로 흑의 주문.

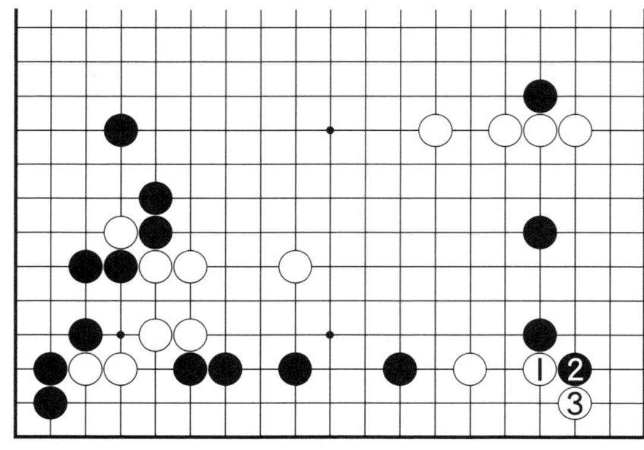

3도

3도 (노림 ☞ 이단젖힘)

여기서는 백1로 붙이고 3으로 이단젖히는 것이 기략 있는 수단이다.

위쪽에 강한 벽을 싸움에 이용한다는 생각으로 이렇게 두는 것이 전투의 감각이기도 하다.

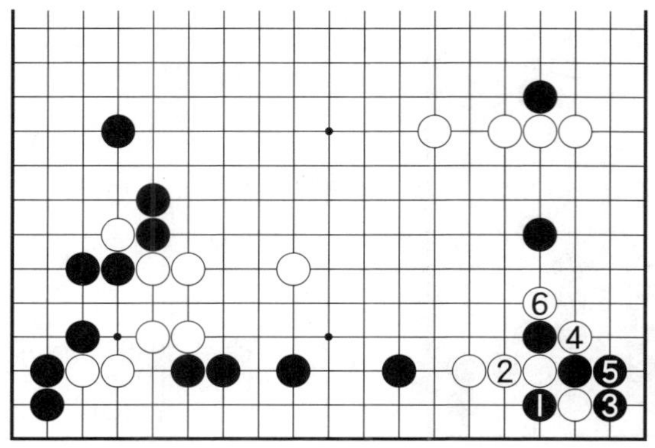

4도

4도 (과격)

백의 이단젖힘에 대해 흑 1, 3으로 잡는다면 백4에서 6으로 한점을 잡아 충분할 것이다.

흑으로서는 무리한 반발로 말미암아 소탐대실한 결과이다.

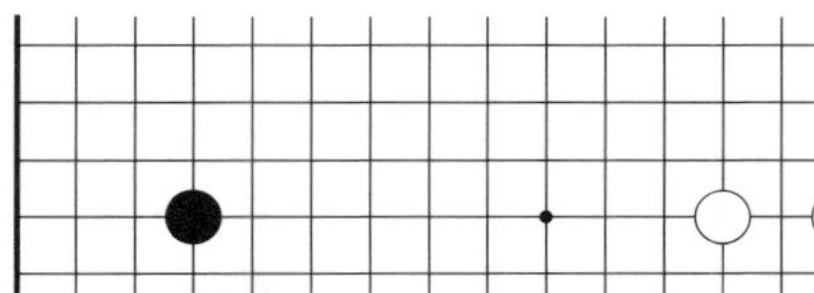

5도

5도 (정석)

흑1로 이단젖히는 것이 강수. 백2로 호구치고 흑3에서 5까지는 정석화된 수순인데, 이것이라면 흑은 패의 부담에도 불구하고 괜찮을 것이다.

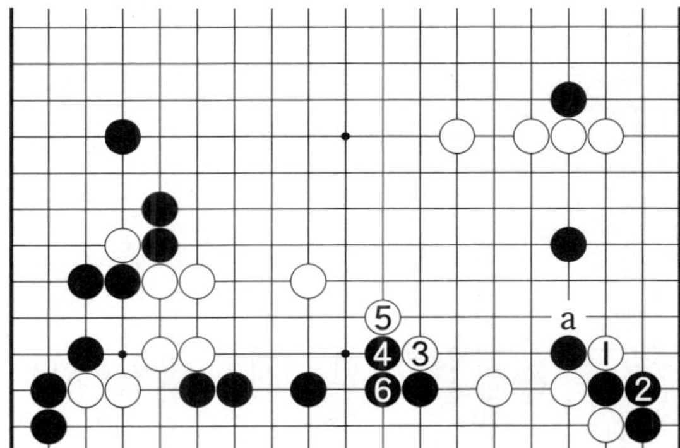

6도

6도 (기대기 전법)

앞 그림 백2로는 이 그림 백1로 하나 끊어두고 3으로 붙여가는 수를 두고 싶다. a의 단수를 강조해 왼쪽 흑에 기대나가는 측면 공작으로, 흑4에는 백5로 젖히는 리듬이 좋다.

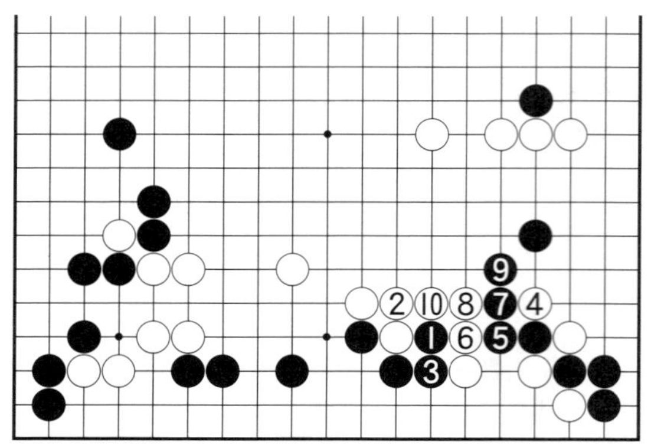

7도

7도 (노림 ☞ 타개 성공)

앞 그림 흑6의 수로 이 그림 흑1에 몰고 3으로 잇는다면 백4에서 10까지 중앙을 맛좋게 봉쇄한다.

이것은 하변에서 수세에 있던 백이 멋지게 타개한 결과라 할 수 있다.

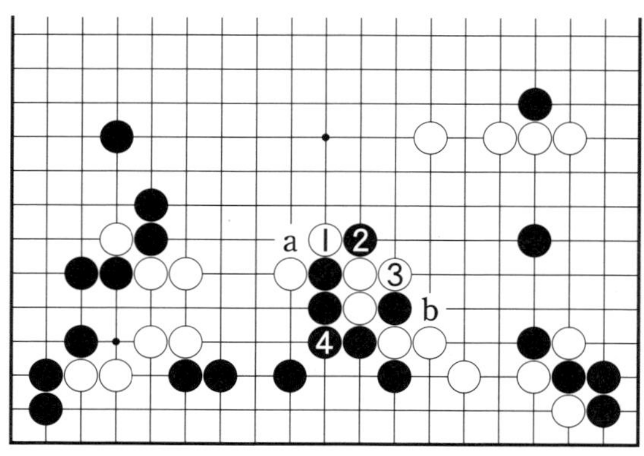

8도

8도 (대책 ☞ 속수 같지만)

6도 흑6으로는 이 그림 흑1에 몰고 3, 5로 두는 것이 속수 같지만 날카로운 돌입이다.

왼쪽의 백도 약하므로 백이 수습하기가 만만찮을 것이다.

9도 (최선의 공방)

계속해서 백1로 막는 한수인데, 흑2로 몰아두고 4로 잇는다. 다음 흑은 a의 끊음과 b의 나감이 맞보기.

난해한 변화가 예상되지만 이것이 쌍방 최선의 공방이라 할 수 있다.

9도

334 **정석의 운영**

책략과 응징의 공방전

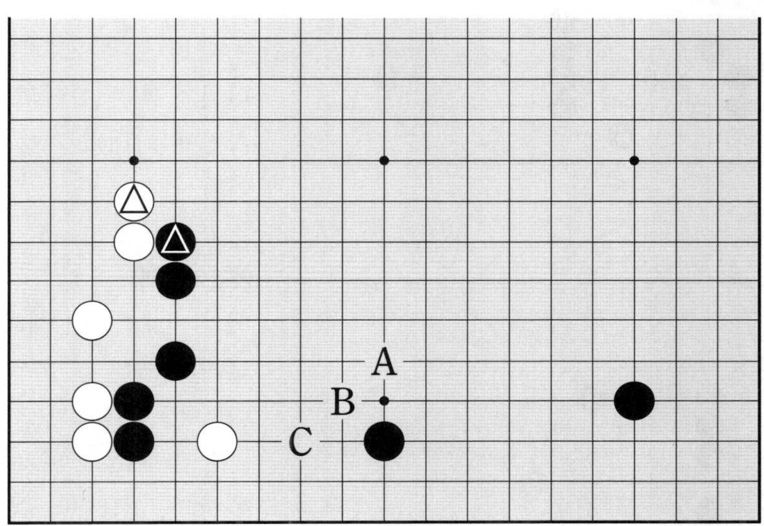

접바둑에서 생겨난 것으로 좌하는 양걸침정석의 한 형태이다. 흑
▲, 백△로 교환해 이 같은 모양이 이루어졌다.
이후 하변의 흑 세력을 어떻게 삭감하고 지키느냐가 테마이다.

▨ 변화의 포인트

- 백의 삭감 수단이라면 A의 모자나 B의 어깨짚음이 보통으로 이 수
  의 공방이 초점.
- 백C의 침입은 무리인 느낌.

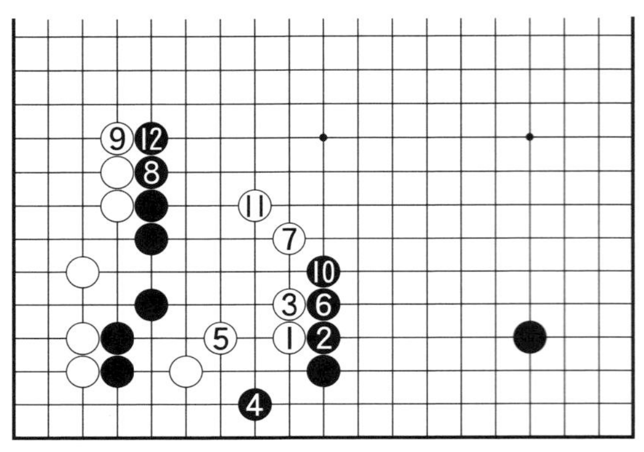

1도

1도 (대책 ☞ 삭감 대 확장)

백1로 어깨짚는 수는 경쾌한 삭감. 흑2에서 4면 백3, 5로 틀을 잡고 7로 뛰어나간다.

백11에 흑12로 밀어간 데까지 흑은 하변의 세력 확장에 기대를 거는 바둑이다.

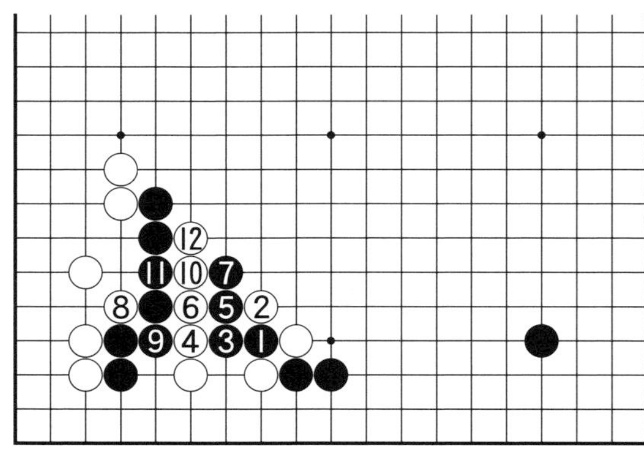

2도

2도 (일책)

백의 어깨짚음에 대해 흑1로 밀어가는 것도 일책이다. 백2는 이렇게 젖혀갈 곳으로 백△의 위치에 주목하라. 흑3부터 백10까지의 진행이 예상된다.

3도 (백2, 4가 맥)

앞 그림 흑3으로 이 그림 흑1로 끊는 것은 백2로 몰고 4 이하로 돌파하는 맥이 기다리고 있다.

돌이 이렇듯 분단되어서는 하수의 입장에서는 아무래도 꺼려지는 바둑이 아닐까.

3도

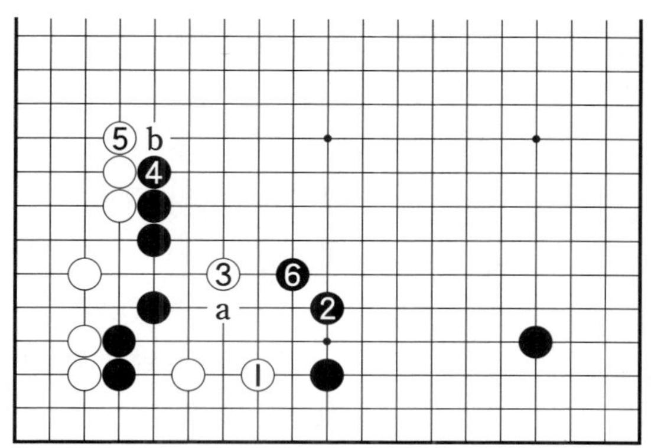

4도

4도 (직접 뛰어들기)

백1로 직접 뛰어드는 수는 상수의 힘을 내세우는 전법이다.

흑은 2로 뛰고 백3의 눈목자에는 흑4로 압력을 가하고 6으로 공격하는 것이 요령이다. 흑6은 a의 붙임을 보는 급소.

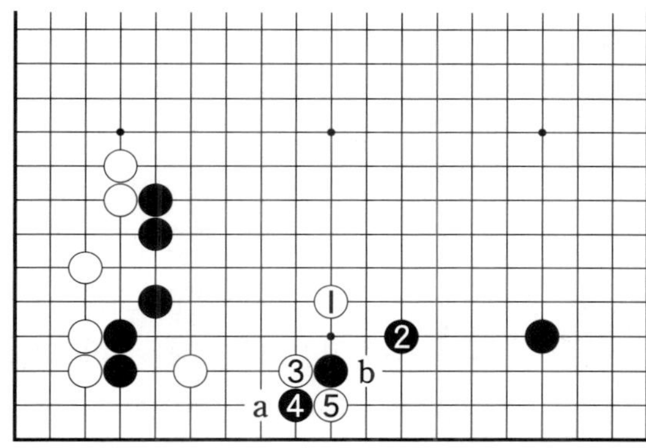

5도

5도 (노림 ☞ 모자 삭감)

백1의 모자도 가벼운 삭감의 태도이다.

'모자는 날일자로', 흑2로 받고 백은 3, 5로 붙여 끊어 a와 b를 맞보기로 삼는다.

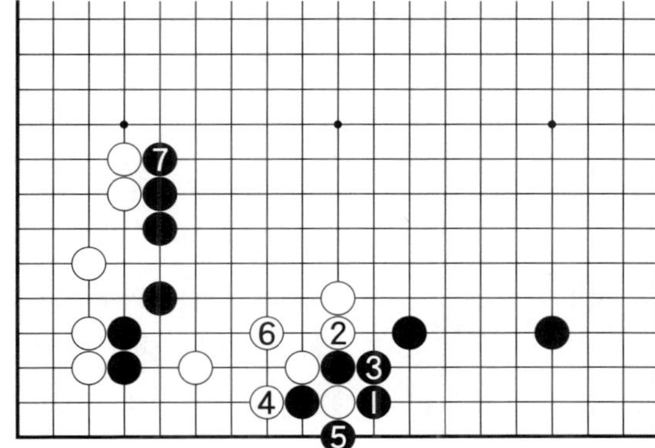

6도

6도 (변의 정석)

계속해서 흑1로 잡는다면 백2에서 6까지 모양을 갖춘다.

도중 백6은 보류할 수도 있는데, 아무튼 흑5까지는 변의 정석이라 할 만하다.

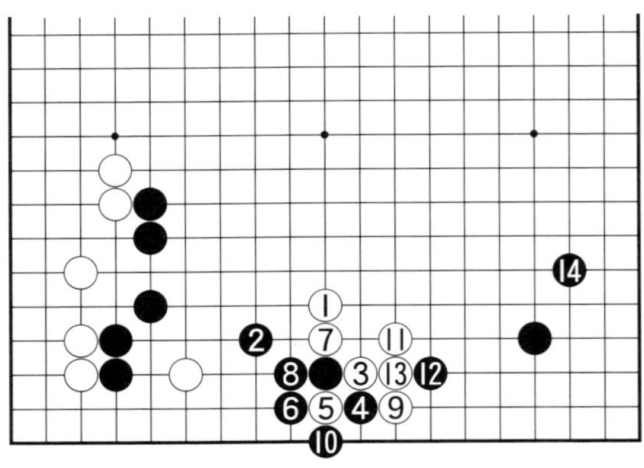

7도

7도 (견실하게)

백1의 모자에 흑2쪽 날일자는 돌의 방향이 거꾸로인 느낌이지만 접바둑의 견실전법으로는 나무랄 데 없다.

흑10까지 하변에서 집을 벌어 왼쪽을 굳힌 후 14로 굳히는 리듬이다.

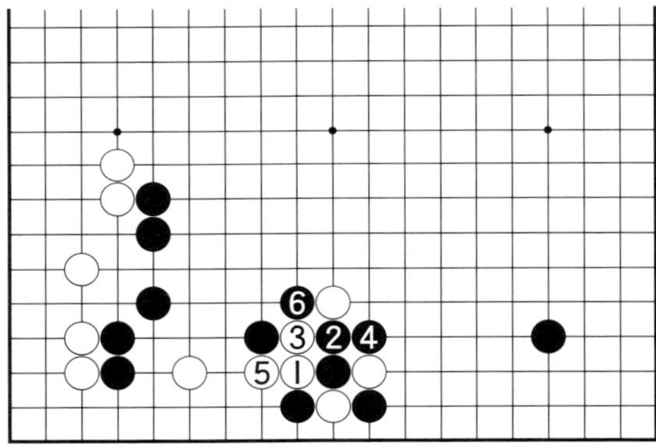

8도

8도 (흑2가 강수)

백1로 단수하고 흑2로 나가는 강수도 있다. 백3, 5로 나갈 수밖에 없고 흑6으로 끊어 싸움에 돌입하는데, 흑은 백을 안에서 살려주고 바깥에 두터움을 구축하려는 의도이다.

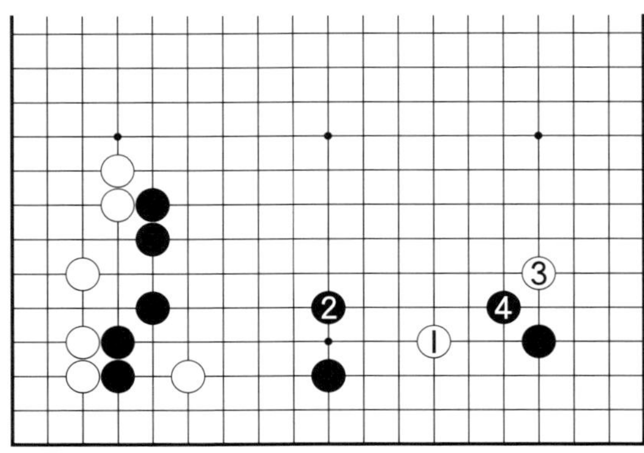

9도

9도 (흑2가 호점)

백1로 뛰어든다면 흑2로 뛰는 것이 호점. 이렇게 세력을 굳혀 놓고 상대의 책동을 봉쇄하는 것이 좋다. 백3의 양걸침에는 흑4로 갈라나가는 것이 요령. 물론 흑2로 3에 뛰는 것도 가능하다.

교란전술에 주의하라

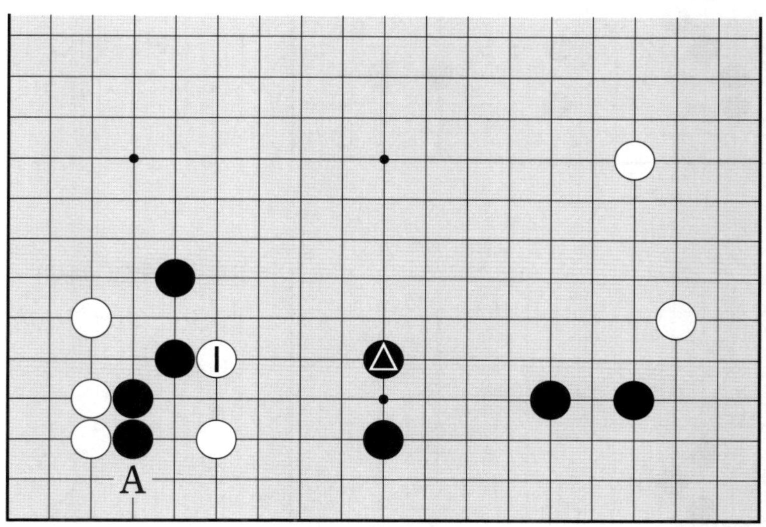

　앞 테마와 유사하나 오른쪽의 배석이 다르다. 흑▲로 뛰어 하변을 크게 굳히자마자 백1로 붙여 왔다.

　비장의 한수라고 할지, 책략이 다분한 이 수는 곳곳에 함정을 파놓고 있다. 물론 침착하게만 대응한다면 흑이 나빠지는 일은 없다.

▨ 변화의 포인트

- 백1은 A부터 젖혀잇는 것이 보통이지만 접바둑인 만큼 그렇게 두기는 싱겁다는 태도이다.
- 백1은 흑의 자충을 유도하는 맥을 포함하고 있다.

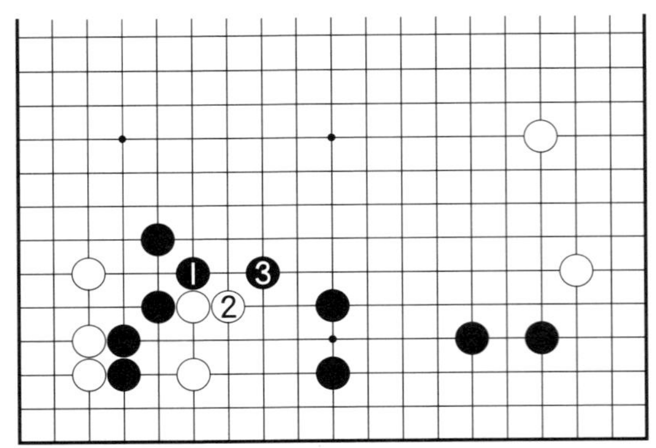

1도

1도 (백, 책략 없음)

흑1로 젖히는 것이 제일감. 물론 백2로 늘어만 준다면 흑3으로 씌워 백이 무얼 두었는지 모르게 된다. 그러나 백은 필시 다른 맥을 구사할 것이다.

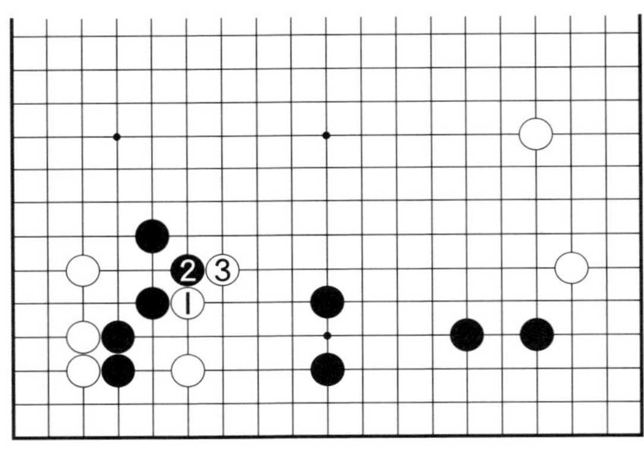

2도

2도 (유혹의 틈새)

백3으로 되젖히는 것이 흑을 유혹하는 책동의 한수이다.

　백은 약하기 짝이 없지만 탄력 있는 돌. 무심코 응하다가는 자칫 걸려들기 쉽다.

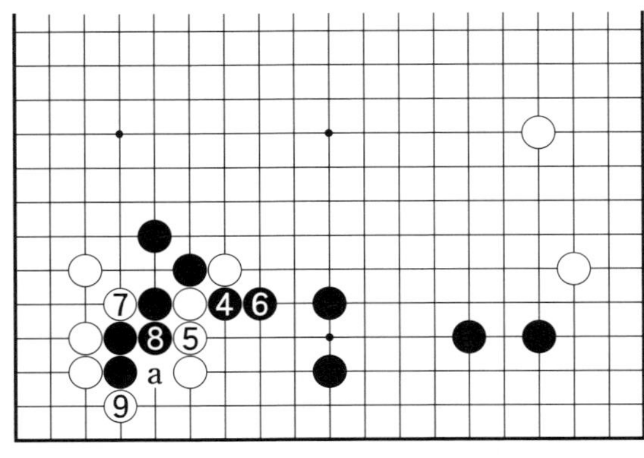

3도

3도 (노림 ☞ 지충 유도)

흑4로 모는 수가 함정에 빠진다. 백7로 끊자 하고 흑8의 이음과 교환된 순간 자충이 돼버린다.

　백9로 젖히는 순간 a의 공배 하나밖에 남지 않아 보기 좋게 넘어가 버린 모양이다.

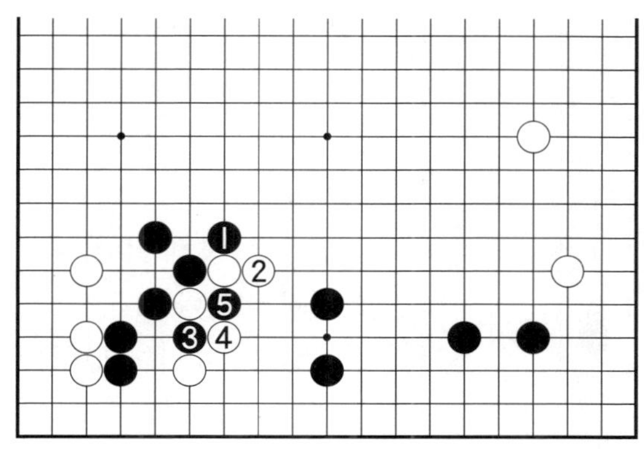

4도

4도 (대책 ☞ 흑1이 침착)

흑은 그냥 1로 막을 곳이다. 백2로 나오기를 기다려 흑3에서 5로 한점을 따내는 수순이면 백은 약점 투성이의 돌로 변한다.

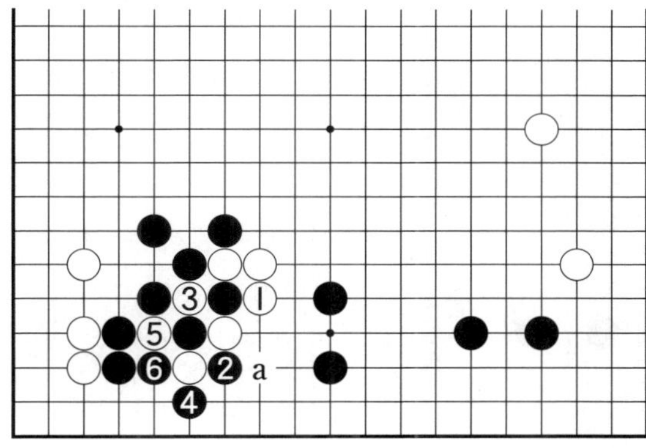

5도

5도 (기세의 진행)

백1로 막는 것은 기세이고 흑2로 끊는 것도 마찬가지이다.

백3 때 흑4에서 6으로 돌려치며 거꾸로 죄어붙이는 것이 요령이다. 도중 흑2로 3에 이으면 백a로 호구쳐 흑 불만이다.

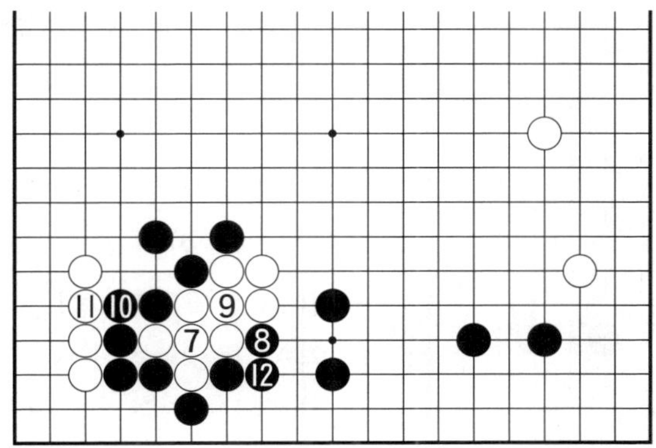

6도

6도 (백, 괴롭다)

계속해서 백7로 잇고 흑8로 몰아 10, 12로 잇기까지는 필연적인 수순이다.

흑의 하변이 축소된 모양이지만, 그보다는 중앙의 백 일단이 무겁기 짝이 없는 포도송이어서는….

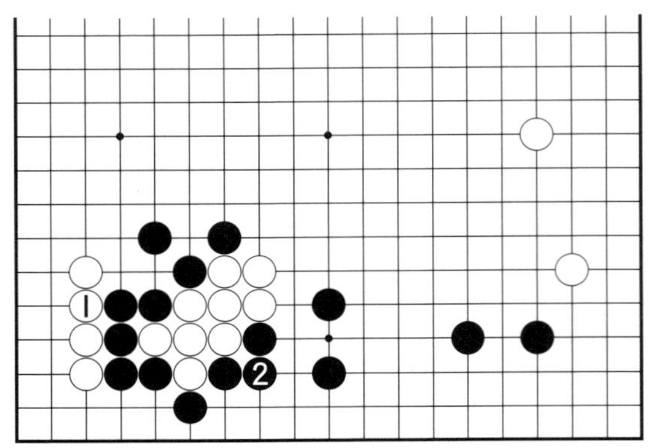

7도

7도 (곤마 신세)

다시 결과를 보이지만, 백 1로 이어 이쪽 단점을 보강한다면 흑2로 이어 백 아홉점은 정처 없이 쫓길 운명에 놓인다.

함정을 팠던 사냥꾼이 되레 함정에 빠진 격.

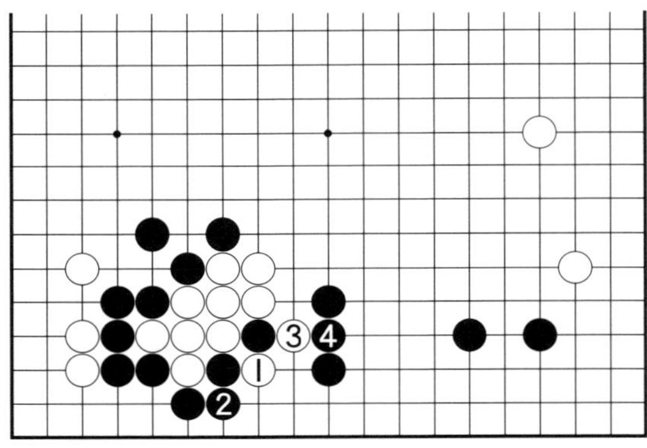

8도

8도 (백, 나쁘다)

앞 그림 백1 대신 이 그림 1의 양단수가 눈에 보이지만 흑은 2로 이어주고 4로 막아 백으로서는 상황이 호전되지 않는다.

좌변 백의 단점이 그대로 남아 오히려 나쁘다.

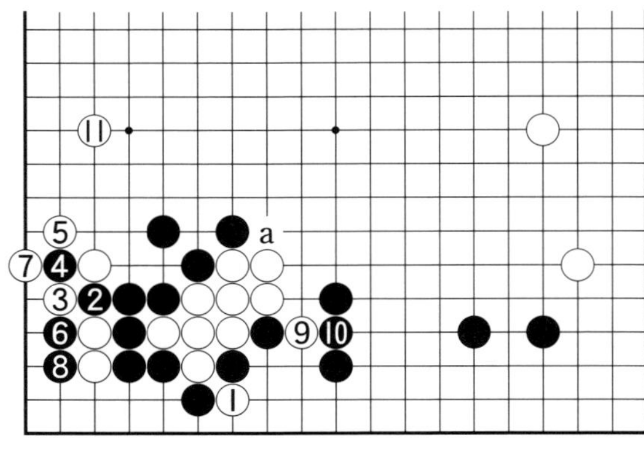

9도

9도 (대책 ☞ 최선이지만)

백으로서는 1로 끊는 것이 최선일 것이다.

흑2, 4로 좌변 쪽을 나와끊고 백5 이하 끊은 쪽을 잡는 정도인데, 이 결과 역시 흑a가 들어 두터운 자세이므로 흑이 우세하다.

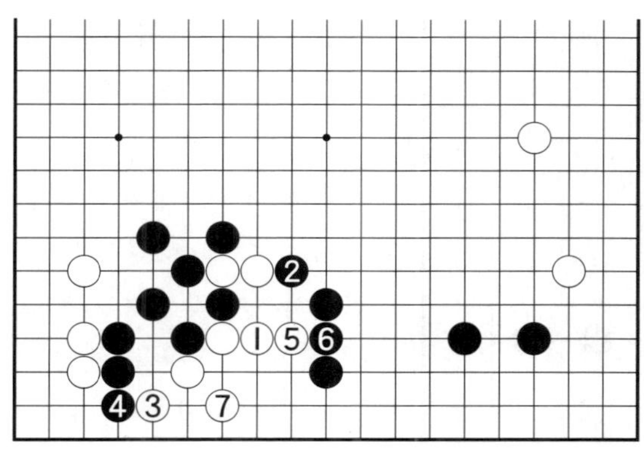

10도

10도 (봉쇄의 맥)

4도의 상황으로 돌아가, 이다음 백1로 는다면 흑2의 마늘모붙임이 강렬한 봉쇄의 맥이다.

백3에서 7까지 후수로 살아야 하는데 바깥을 잔뜩 굳혀주고 귀도 위험해져서는….

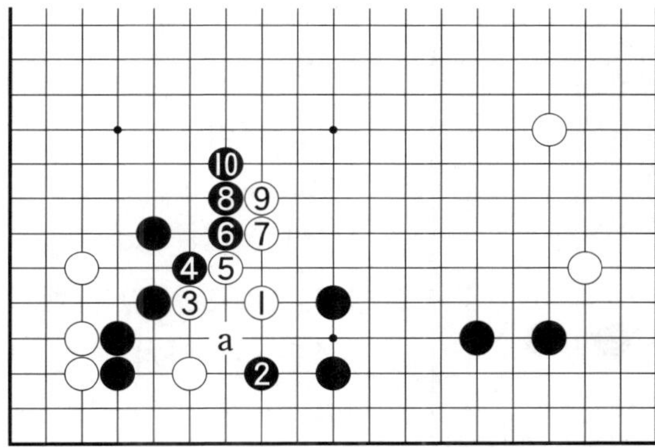

11도

11도 (대책 ☞ 밭전자 대응)

끝으로 백의 다른 책동수단을 몇 가지 알아보자. 먼저 백1의 밭전자.

이때는 흑2가 침착한 대응이다. 백3에서 5 이하로 달아날 텐데 a의 급소 일격이 남았으므로 흑은 충분하다.

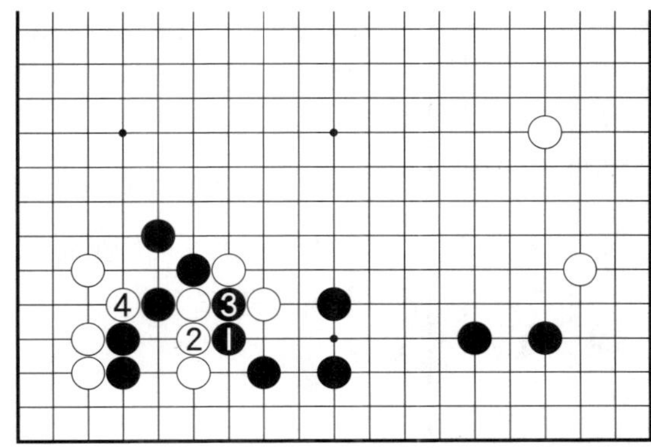

12도

12도 (함정)

앞 그림 흑6으로 이 그림 1, 3으로 끊는 것은 3도에서 본 것과 같은 함정이다. 백4로 두어와 당장 수가 난 모습이다.

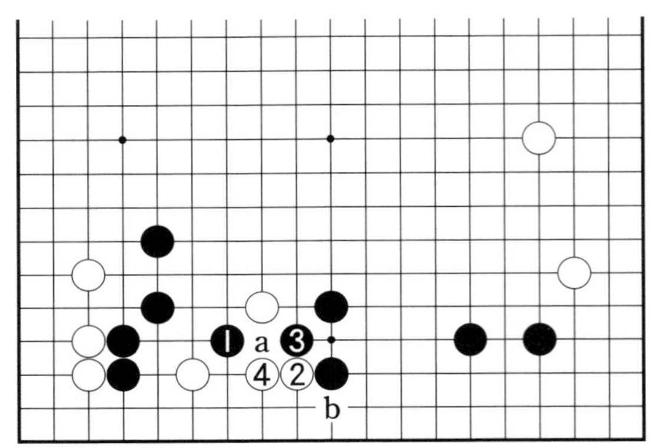

13도

13도 (노림 ☞ 붙여끌다)

흑1로 밭전자를 째는 것은 어떨까?

그러나 백2에서 4로 붙여끄는 수가 좋아 백은 다음 a와 b가 맞보기이다. 흑이 유혹의 틈새를 제 발로 들어간 격이라 하겠다.

14도 (백, 고전)

이 부근에서 백1부터 직접 수단을 부리는 것도 있다.

그러나 백5로 나오기를 기다려 흑6의 모자 한방을 알리고 흑8로 씌우면 백이 양쪽을 수습하기 바쁠 것이다.

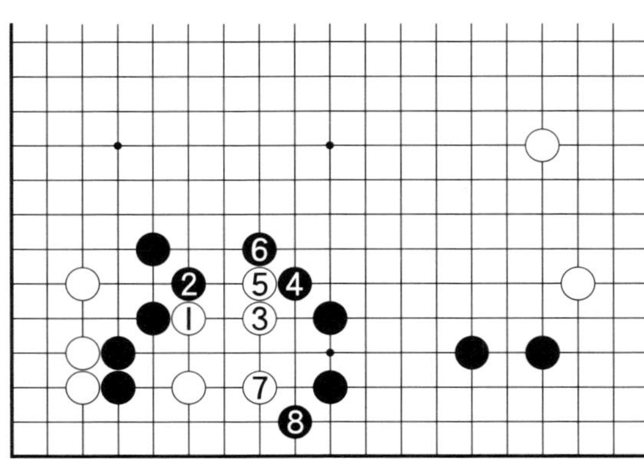

14도

15도 (대책 ☞ 평범하게 씌움)

그런데 백1로 붙여놓고 3으로 뛴다면?

이때는 흑4로 평범하게 씌워서 좋다. 흑8까지 백이 괴로운 모습.

15도

한칸받음에 옆구리붙임의 공방

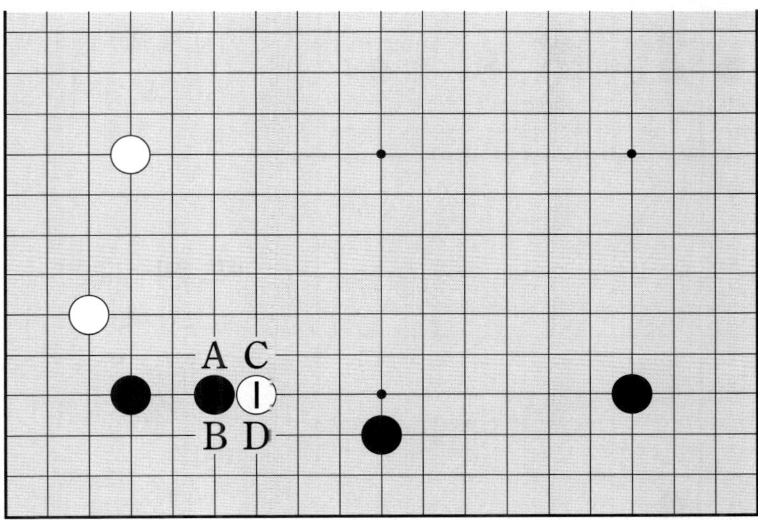

한칸받음의 옆구리에 붙여가는 백1. 흔히 이 수는 중반 이후의 응수타진이나 승부수로 두어지는 때가 많은데, 흑도 주변의 상황에 따라 적절히 대응하는 기술이 필요하다.

▨ 변화의 포인트

- 흑A로 늘면 가장 보통. 비슷한 맥으로 B에 내려서는 것도 있다. 둘 다 상대에게 리듬을 허용하지 않는 의미.
- 돌의 기세로 보면 C의 위젖힘. D의 아래젖힘은 견실전법.

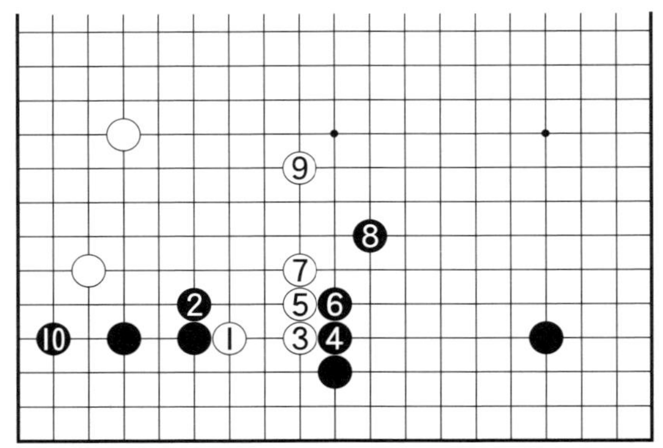

1도

1도 (대책 ☞ 힘겨루기)

백1에 흑2로 위쪽에 느는 수는 실전에서 가장 많이 두어진다. 백3으로 어깨를 짚어나가고 흑4 이하 중앙에서 힘겨루기다. 백9에는 흑10으로 지켜 충분할 것이다.

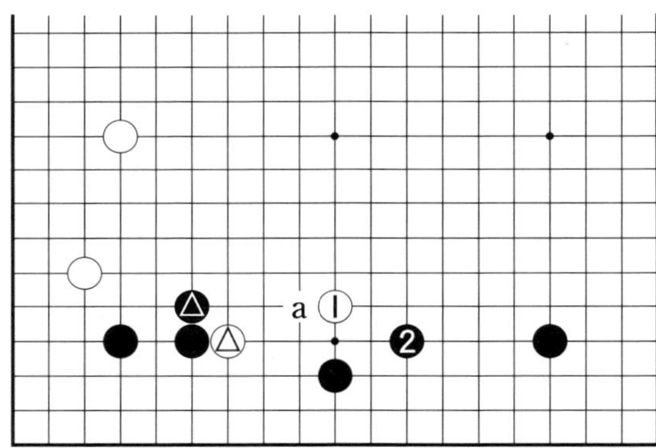

2도

2도 (악수 교환)

앞 그림 백3으로 이 그림 1은 흑2로 받아 싱겁다. 백△, 흑▲의 교환이 악수인 것이다.

백1로는 a의 날일자로 두고 다음 흑은 1로 붙여 나가는 정도일 것이다.

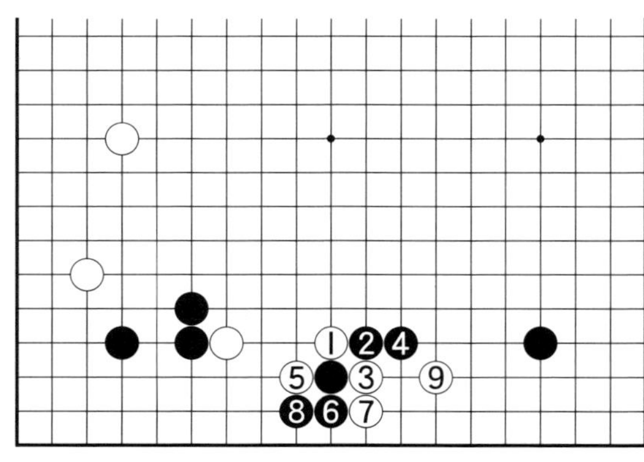

3도

3도 (책동)

백이 책동한다면 1로 붙여 흑2에 백3으로 맞끊는 수일 것이다. 흑4라면 백5에서 9까지의 진행인데, 물론 흑이 결코 불리한 싸움은 아니다.

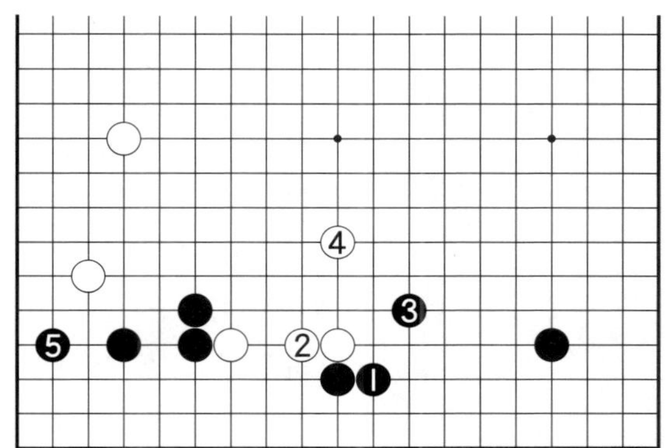

4도

4도 (흑1이 침착)

앞 그림의 싸움에 자신 없
다면 흑1로 가만히 느는
것도 일책이다.

백2에는 흑3의 날일자
로 하변의 집을 부풀리는
리듬으로 충분하다. 1도와
대동소이.

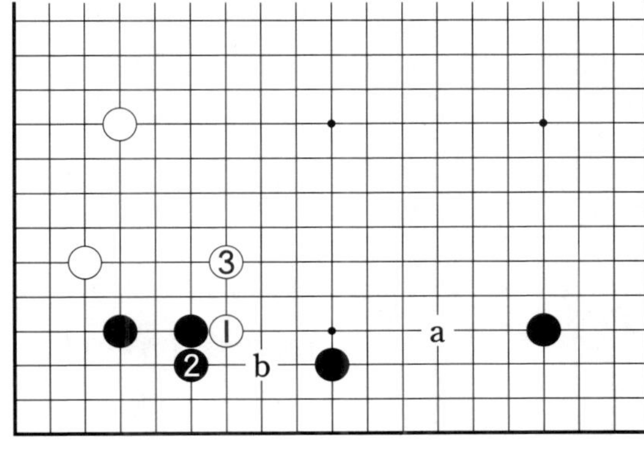

5도

5도 (흑, 유리)

백1로 내려서는 것은 강인
하나 흑은 멀리 생각할 것
도 없이 2로 씌우고 본다.

백3에는 흑4로 막고 이
하 12까지 같이 돌파해 흑
이 유리하다. 백3으로 4라
면 흑6이 요령.

6도

6도 (내려섬)

백1에 흑2로 내려서는 수
는 다소 처진 느낌이 드나
주변의 형세에 따라 가능
하다. 백도 3으로 뛰어 만
족한다.

다만 a 방면에 백돌이
있으면 백3으로는 b의 마
늘모가 유력해진다.

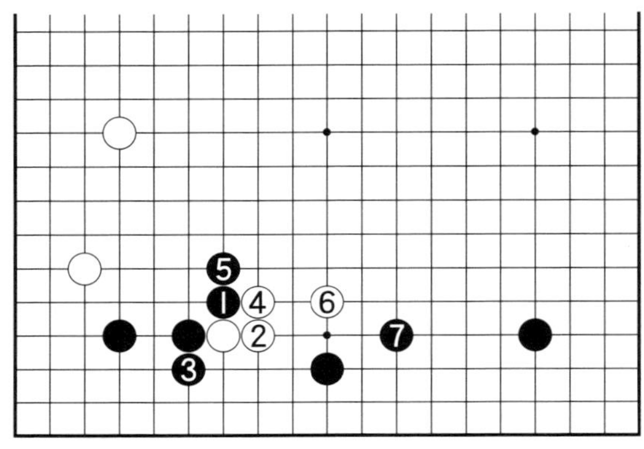

7도

7도 (기세 중시)

흑1로 머리를 두드리고 3으로 내려서는 수도 많이 두어진다. 백4, 6으로 자세를 갖추면 흑7의 날일자로 대응한다.

아래쪽이 다소 엷지만 이렇게 싸우는 것이야말로 돌의 기세라 할 것이다.

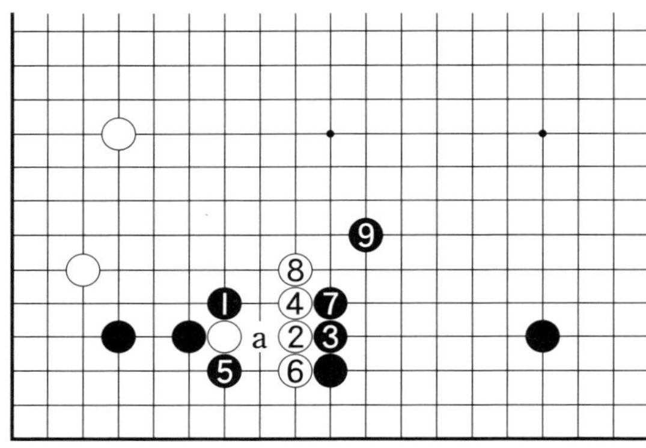

8도

8도 (대책 ☞ 흑의 호조)

흑1에 백2, 4로 전환하는 것도 있지만 이때는 흑5로 모는 것이 기세이다.

백6에는 흑7, 9로 확장해 모양을 펼쳐 흑의 호조이다. 도중 흑3으로 a는 백6으로 분규.

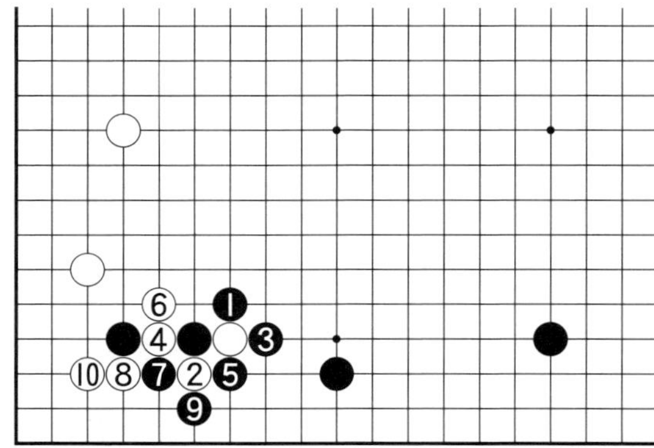

9도

9도 (대책 ☞ 빵따냄)

백2로 되젖히는 수는 다소 복잡한 변화를 부른다. 흑은 강하게 3으로 몰고 이하 10까지 바꿔치기가 이루어지는데 백의 실리보다 두 차례의 빵따냄을 한 흑이 단연 유리하다.

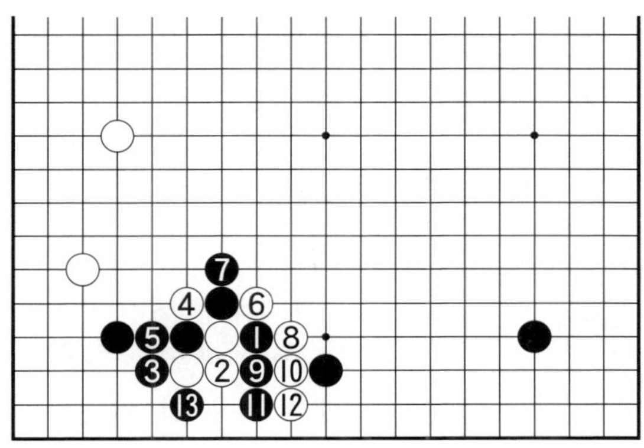

10도

10도 (호각)

흑1에 대해 백2로 잇는다면 흑3으로 막는 게 요령이다.

백은 4 이하로 석점을 버리고 12까지 돌파한다. 이 결과는 호각의 절충이라 할 수 있다.

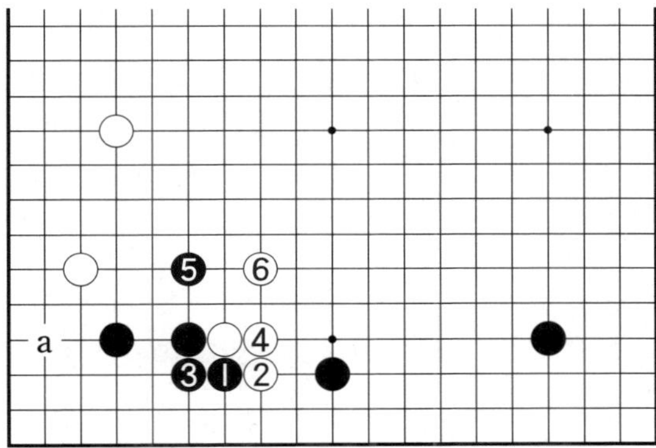

11도

11도 (견실 일변도)

흑1로 아래서 젖히는 수는 실리에 중점을 둔 수이다.

백2로 되젖힐 때가 문제인데, 흑이 견실한 태도를 고수한다면 흑3으로 잇고 5로 뛰거나 아니면 a로 귀를 지켜둔다.

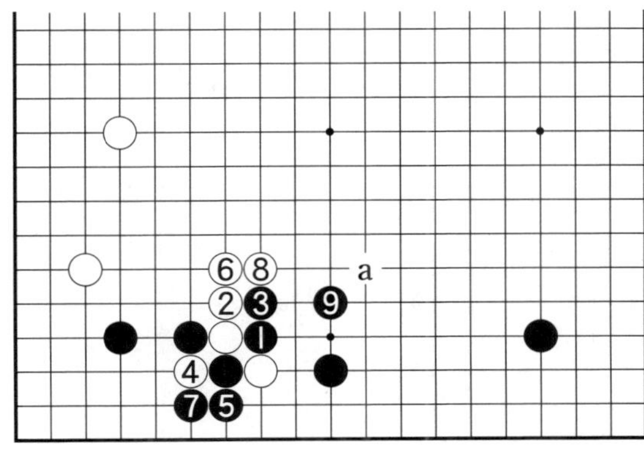

12도

12도 (대책 ☞ 변의 정석)

흑1로 끊고 3으로 미는 수는 변화가 많으나 유력한 실리전법이다.

백은 4로 끊어두고 6에서 8로 꼬부리는 데까지 변의 정석이라 할 만하다. 백은 장차 a가 노림.

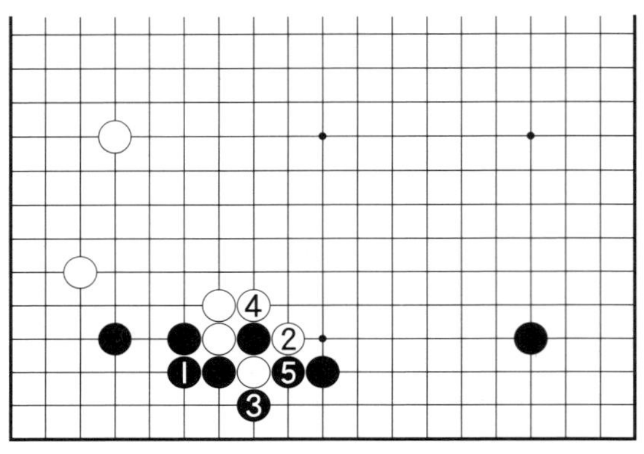

13도

13도 (흑, 불리)

앞 그림 흑3으로 이 그림 1에 잇는 것은 좋지 않은 발상이다.

　백2, 4에 축은 흑이 나쁘므로 3, 5로 빵따냄을 주고 넘어야 하는데, 12도와 비교해 크게 뒤떨어진 결과이다.

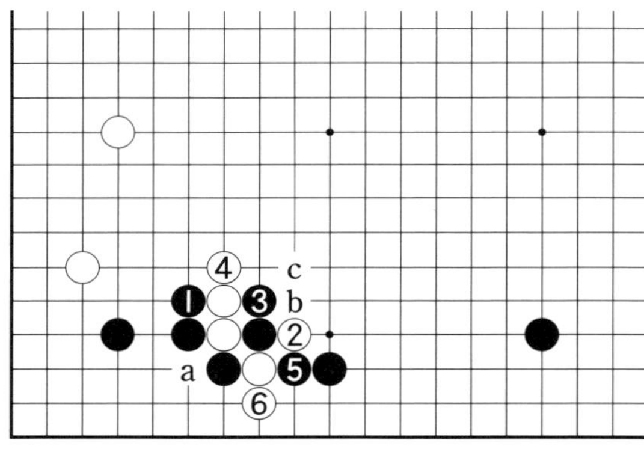

14도

14도 (반대쪽으로 밀면)

12도 흑3으로는 이 그림 1로 반대쪽을 미는 것도 있지만 백2에서 4의 수순이 교묘하다.

　흑5라면 백6 다음 a의 끊음과 b의 축이 맞보기. 설사 축이 불리해도 백c로 씌워서 수습할 것이다.

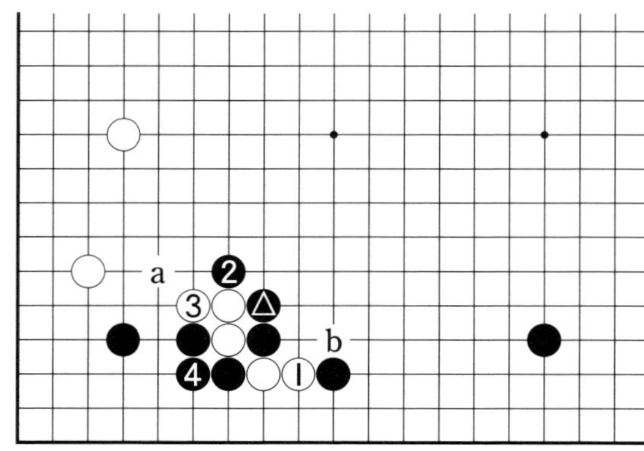

15도

15도 (백1은 무리)

또 12도 백4로 이 그림 1에 나가는 수는 무리이다.

　흑2로 몰고 4에 이어서 다음 a의 씌움과 b의 잡음이 맞보기가 된다.

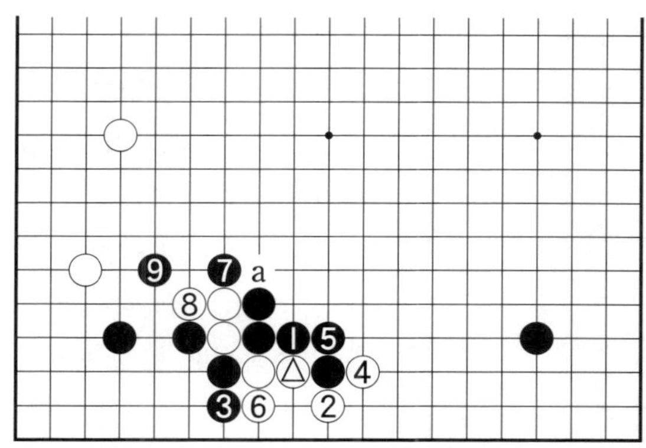

16도

16도 (축 관계)

백△에는 흑1로 막기만 해도 백이 답답하다. 백2 이하 흑7, 9까지 장문이 성립하는 모양이다.

다만 이 변화는 백4로 5에 끊고 흑4 때 백a로 모는 축이 관건이다.

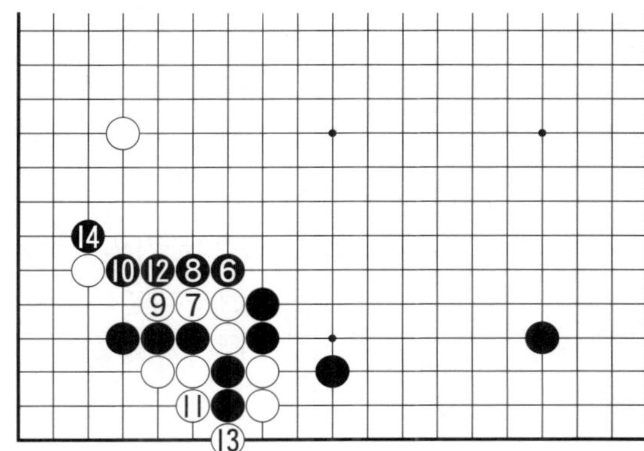

17도

17도 (노림 ☞ 맞보기)

그리고 12도 백6으로 이 그림 백1로 몰고 3으로 옆으로 느는 수는 4의 자리로 나가는 것과 5로 잡는 것을 맞보기로 한다.

얼핏 백이 무조건 좋아 보이지만 얘기가 그렇게 간단치 않다.

18도

18도 (대책 ☞ 조임의 맥)

흑6, 8로 몰고 10으로 씌우는 수가 사석작전을 포함한 조임의 맥이다.

이하 12까지 선수로 죄어붙이고 14면 흑이 압도적인 우세를 구축한다.

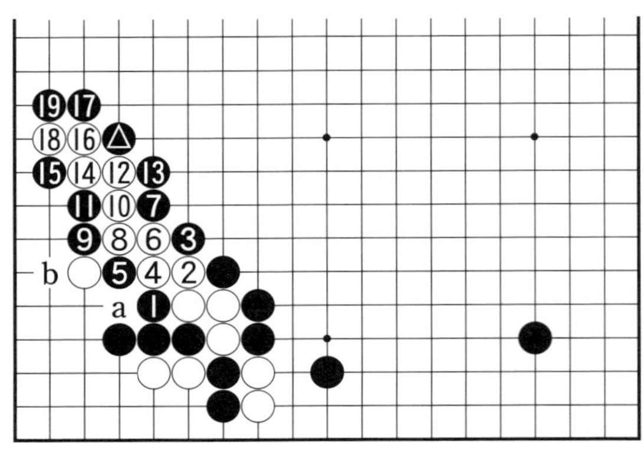

19도

19도 (빈축)

참고로 좌변에 흑△가 있다면 흑1 이하로 모는 빈축이 성립해 백이 망한다.

　백12 이후의 수순에서 도중 백a로 따내는 것은 흑이 뒤쪽에서 몰고 백5의 이음에 흑b부터 회돌이축이다.

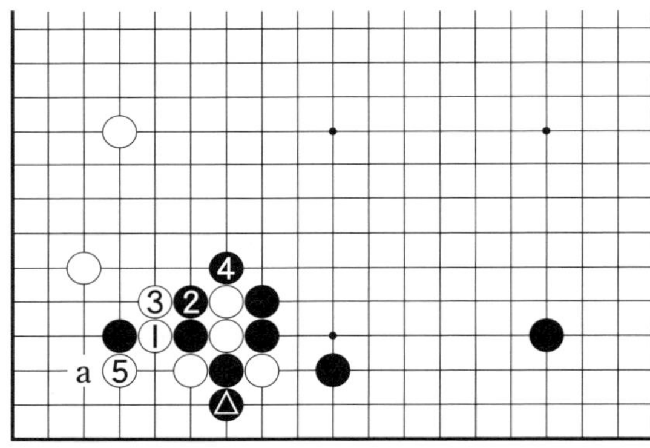

20도

20도 (거북등때림)

17도 백3의 수로 이 그림 백1, 3으로 몰고 나가면 흑은 기꺼이 거북등때림을 한다. 더구나 흑△, 거북의 튼튼한 꼬리가 더해져 있지 않은가. 귀에는 흑a의 수단까지 남아 있다.

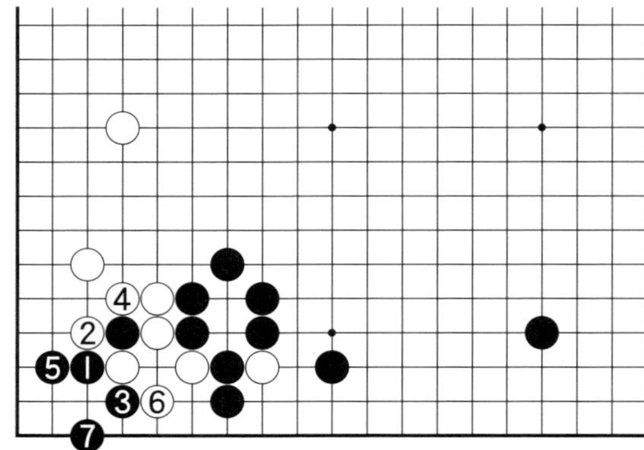

21도

21도 (노림 ☞ 사는 맛)

흑1로 젖히면 귀에서 수가 생긴다. 백2에는 흑3 이하로 간단히 삶을 만든다.

　상대에게 금기인 거북등때림을 허용하고 귀마저 안전하지 않아서야…

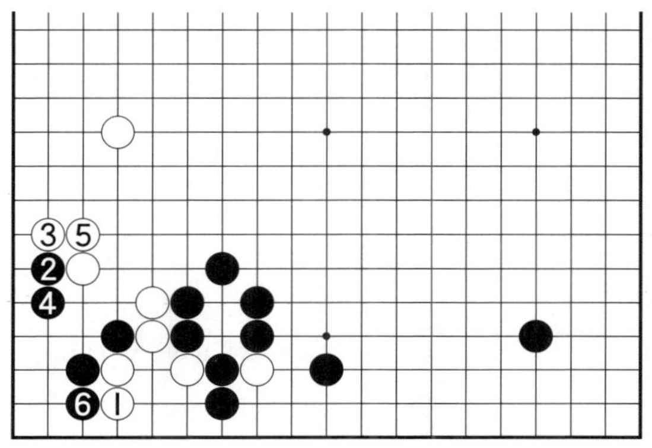

22도

22도 (흑2가 교묘)

또 앞 그림 백2 대신 이 그림 1에 내려서면 흑2로 붙이는 것이 교묘한 맥이다.

백3이라면 흑4의 늘기를 선수해 6까지 훌륭한 삶이다. 따라서 백이 흑을 잡으려면 3으로….

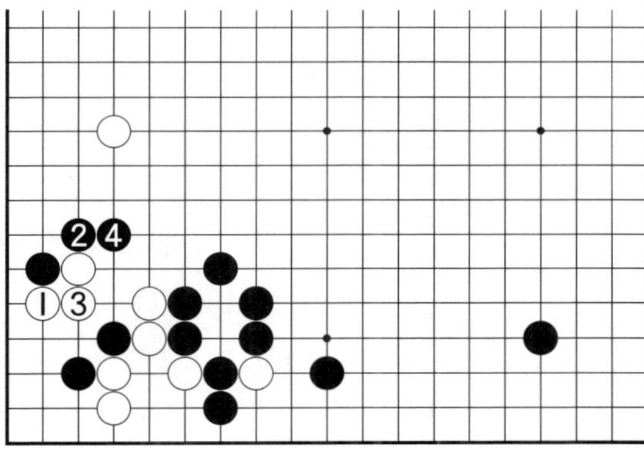

23도

23도 (좌변을 부순다)

백1로 후퇴하고 3으로 잇는 정도이나 흑4로 뻗어 좌변을 부순다.

이것으로 백이 20집 가량의 집을 얻은 모습인데, 그것을 위해 희생한 대가가 너무 크다.

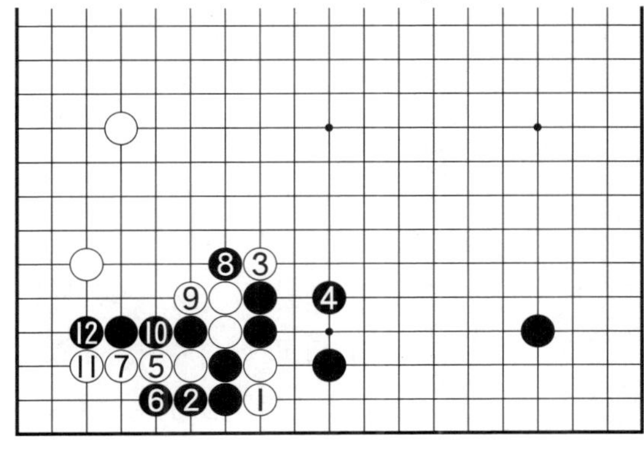

24도

24도 (백의 변환류)

다시 17도의 상황으로 돌아가, 백1로 변쪽을 막는 수는 하수의 힘을 테스트하는 듯한 변환의 한수이다. 흑2에 백3으로 축을 방지해 두고 5 이하 흑12까지는 외길 수순이다.

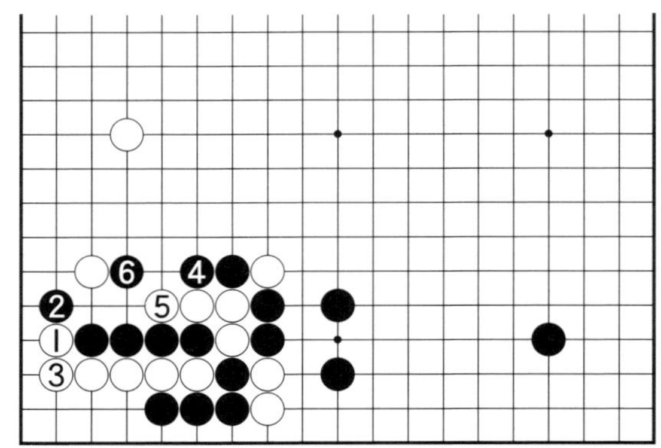

25도

25도 (맞보기)

그러나 흑은 귀와 중앙이 맞보기. 가령 백1, 3으로 젖혀잇는다면 흑4로 몰고 6으로 씌우는 장문이 성립한다.

앞 그림 백1은 한마디로 무리였다.

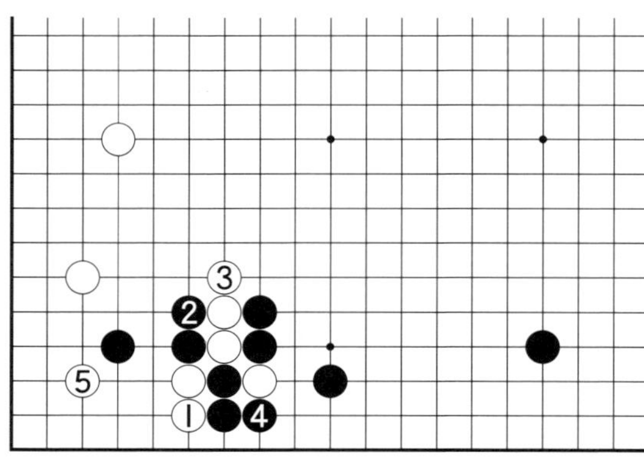

26도

26도 (맛을 없애려면)

그리고 백이 21도~23도와 같은 귀의 맛을 없애려면 백1로 이쪽을 막는 수를 결정하는 게 그나마 좋다. 이것이면 귀는 완전한 백집이다.

27도

27도 (노림 ☞ 흑2는 욕심)

백1에 대해 흑2의 단수를 결정하고 4로 잡는 것은 지나친 욕심이다.

백5로 3·三에 들어가 살게 되면 가운데 흑 석점이 피고 신세이다. 흑으로서는 앞 그림이 간명하다.

미세한 틈새를 찔러라

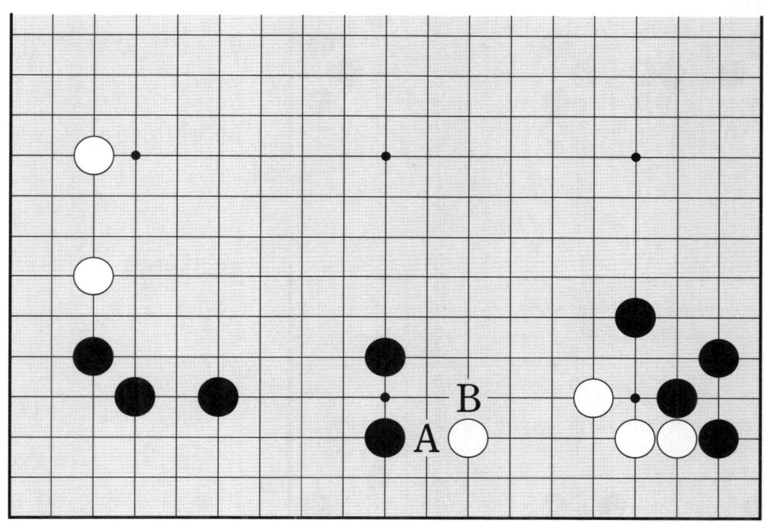

하변 흑의 진영은 이대로 집이라고 할 수 있는지, 침입의 수단을 찾아보자.

돌이 하나 더 있느냐 없느냐에 따라 공방의 결과는 크게 달라진다는 것을 명심하고서….

▨ 변화의 포인트

- 흑A, 백B의 교환이 있다면 침입의 문제는 생기지 않는다.
- 백의 침입수단에 대한 최선의 대응도 함께 생각하도록 한다.

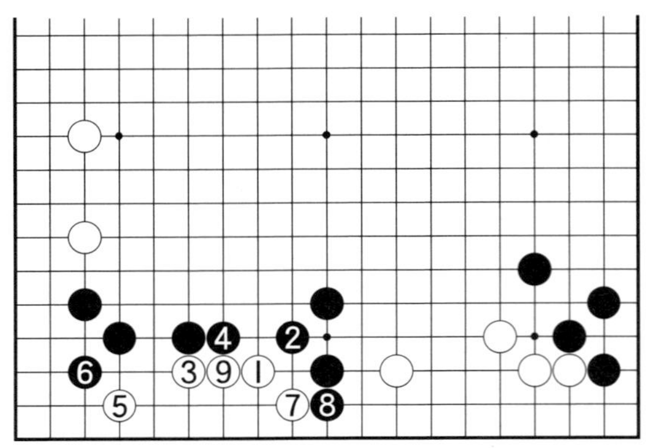

1도

1도 (노림 ☞ 백1, 3이 맥)

백1로 뛰어드는 것이 침입의 급소. 우하쪽과의 연결을 방지해 흑2의 마늘모씌움이라면 백3으로 붙여가는 것이 삶의 맥이다. 흑은 4로 느는 정도이고, 이하 백9까지 살 수 있다.

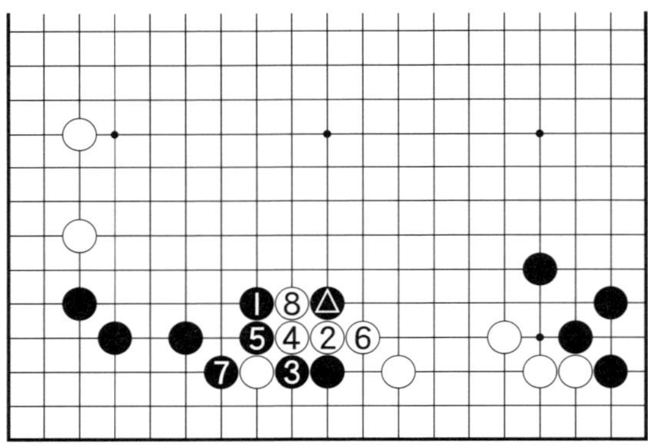

2도

2도 (씌움)

흑1로 씌우는 것은 어떨까?

백은 이제 안에서 사는 수단은 없으므로 2로 끼워 이하 8까지 흑▲ 한점을 도려내는 것으로 만족한다. 쌍방 최선의 그림.

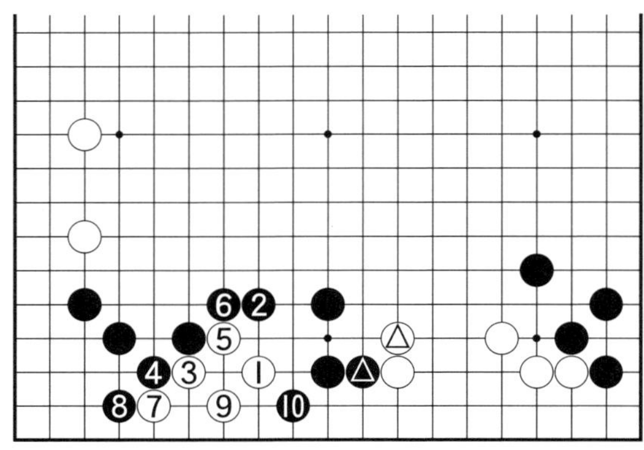

3도

3도 (차이)

흑▲, 백△로 되어 있다면 이 흑진은 완벽한 집이다.

백1로 뛰어드는 것은 흑2로 씌워 백이 안에서 살 수 없는 모양임을 확인하길….

나의 길을 간다

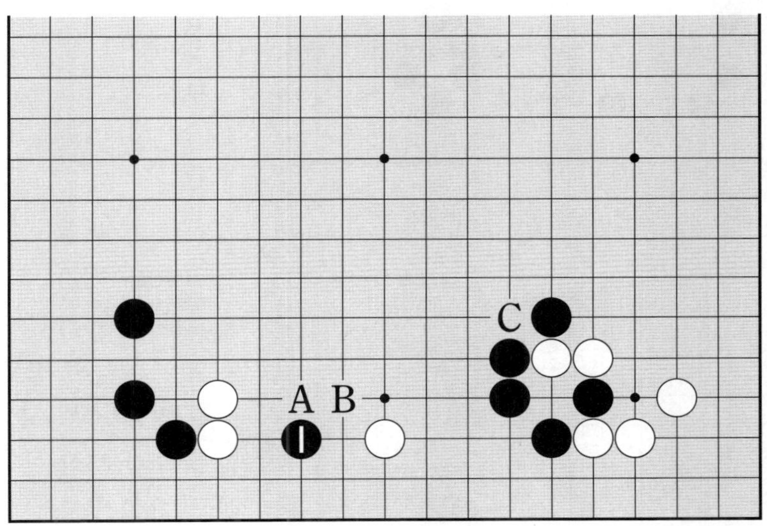

　하변과 같은 상황에서 방금 흑1로 뛰어들었다. 상식적으로는 백은 직접 대응하는 것이지만, 바둑은 항상 주변과 관련해 작전을 짜야 한다.

　백의 다음 한수를 대국적인 안목에서 생각하기 바란다.

▨ 변화의 포인트

- 백A, B는 상식적인 응수. C의 끊음과 비교해 수를 읽어보길.
- 흑1은 오른쪽 세력을 작용시키려는 침입.

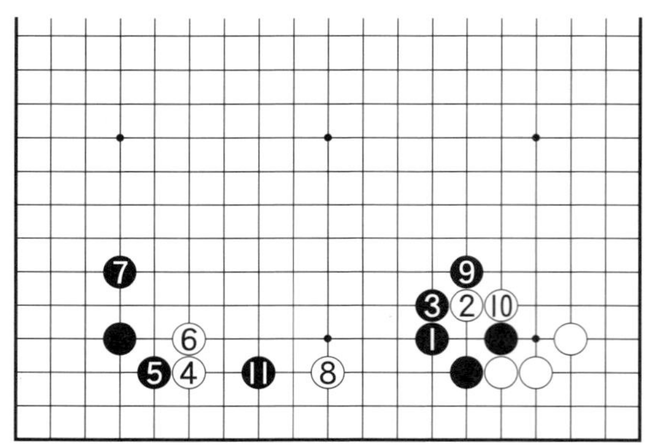

1도

1도 (경과)

우하의 정석진행에서 흑1로 호구치자 백2로 들여다보고 흑3으로 반발함으로써 하변에서 새로운 형태가 출현했다.

세칸 벌림의 약점을 찌른 흑11은 당연한 침입.

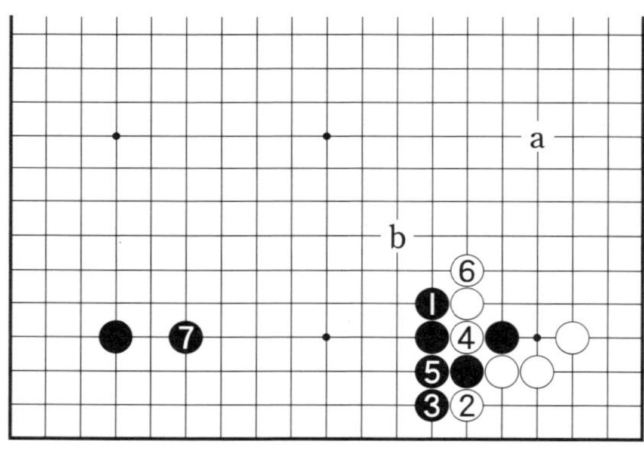

2도

2도 (흑의 주문)

흑1 때 백2에서 6까지 두는 것이 보통의 정석이다.

흑은 7로 굳히고 a와 b를 맞보기로 삼는 진행인데, 백으로서는 아마 이게 싫었으리라.

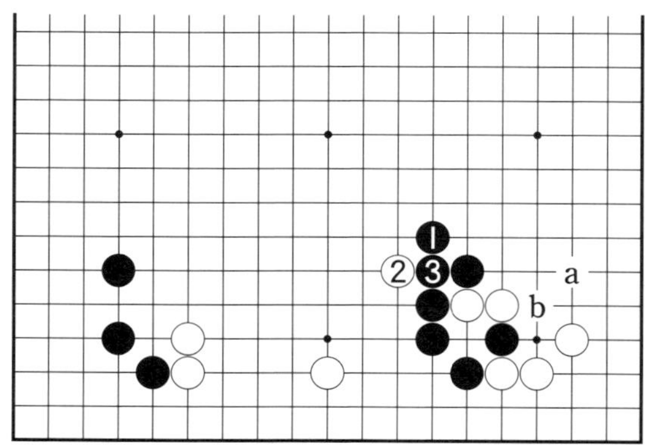

3도

3도 (흑1은 우직)

장면도 흑1로 이 그림 1로 호구치는 것은 백2의 들여다봄 한방을 당하는 게 쓰리다. 다음 흑a에는 백b로 받아 별게 없는 모양이다.

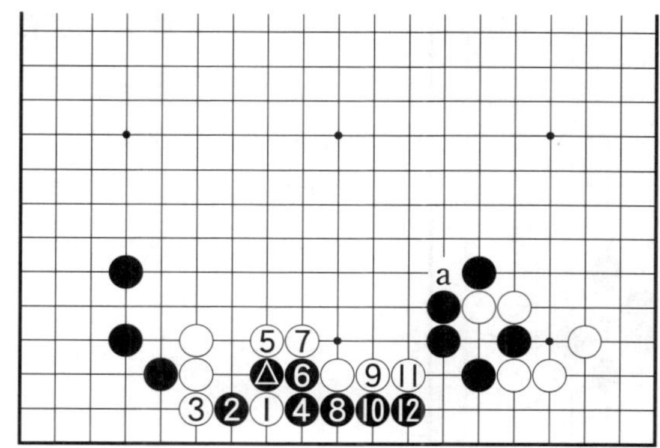

4도

4도 (흑, 좋음)

먼저 흑▲에 대해 백1로 아래에 붙이는 것은 이런 경우 수습의 맥이지만 이하 12까지 되고 나면 백이 근거지를 잃어 좋지 않다.

이제 와서 a의 단점은 크게 완화된 모습이다.

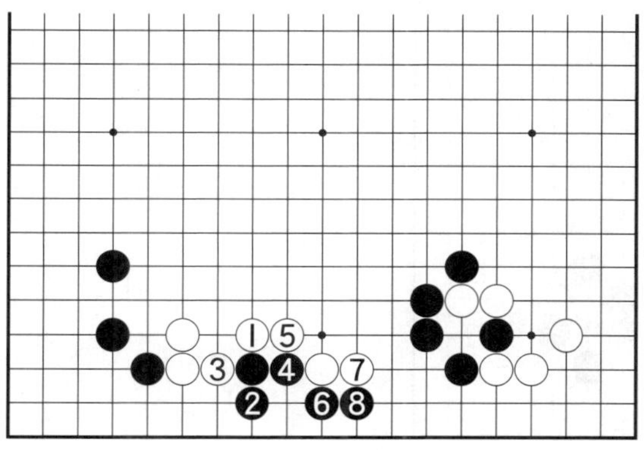

5도

5도 (노림 ☞ 흑2가 맥)

백1로 붙여 위쪽을 봉쇄하는 수. 그러나 흑2로 차렷하는 자세가 좋아 다음 백3이면 흑4 이하 8까지, 이것 역시 앞 그림과 대동소이한 결과이다.

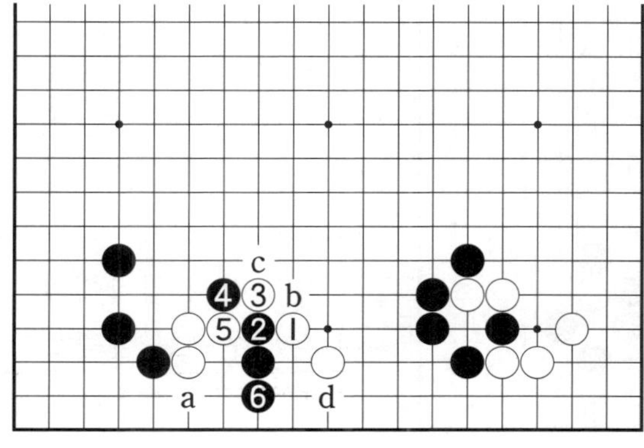

6도

6도 (마찬가지 내려섬)

백1의 마늘모씌움도 흑2, 4의 수순을 거쳐 6으로 내려서는 수가 있다.

다음 흑은 a의 연결과 b, 백c, 흑d로 두는 수가 맞보기이다.

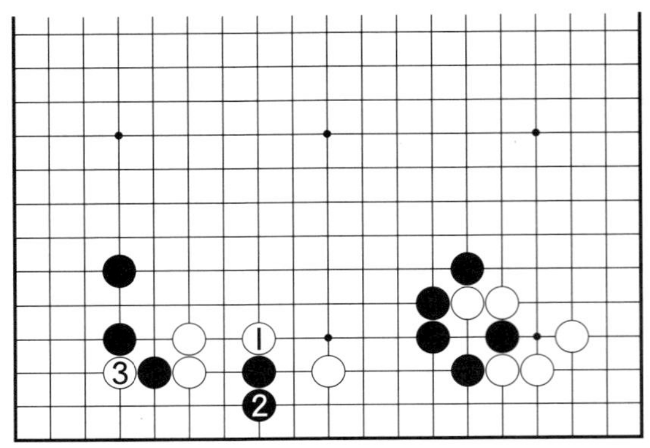

7도

7도 (대책 ☞ 백3이 교묘)

흑2에 대해 백3으로 껴붙이는 수가 교묘하다.

　하변을 결정하지 않고 귀에서 응수를 물어 수습하려는 것으로….

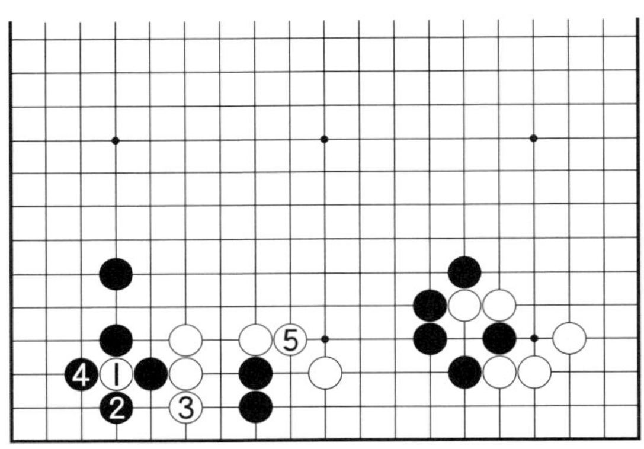

8도

8도 (백, 좋음)

백1에 대해 흑2라면 백3으로 내려서고 흑4로 한점을 따내기를 기다려 백5로 늘어둔다.

　이것이라면 백은 흑 두 점을 크게 잡고 안정했으므로 불만 없을 것이다.

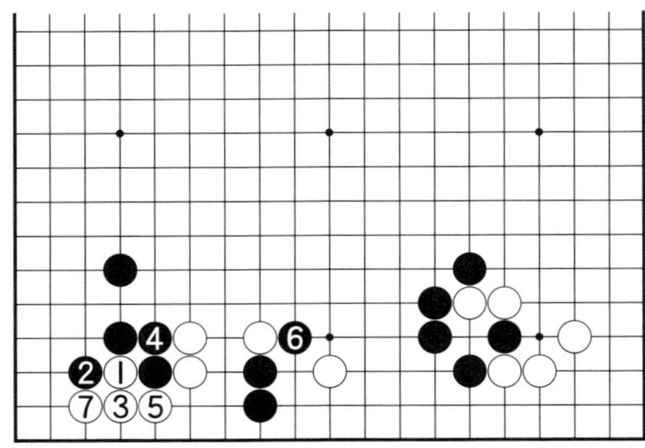

9도

9도 (서로 둘만)

백1에는 흑2로 몰고 4로 잇는 것이 최선이다. 이하 백7까지면 서로 불만 없을 것이다.

　다만 백의 입장에서는 이렇게 무난한 절충보다는….

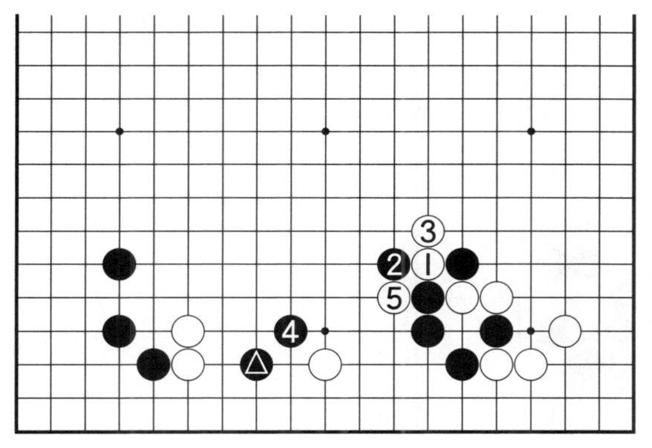

10도

10도 (대책 ☞ 기세의 끊음)

흑▲에 대해 하변을 방치한 채 백1로 끊어가는 것이 긴리한 한수로 돌의 기세를 중시한 수이기도 하다. 흑2로 몰아두고 4로 씌운 것은 당연한데 백5로 끊은 이후의 변화가 난해하다.

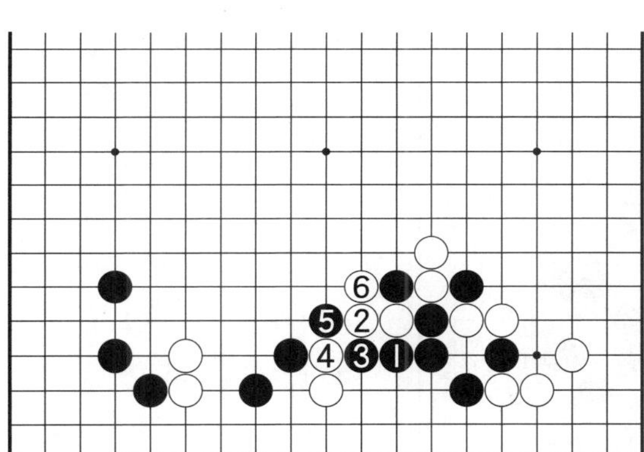

11도

11도 (잡더라도)

흑1에서 3, 5로 나가끊는 것은 너무 우직한 수법이다. 흑이 백 두점을 잡더라도 맛이 많아 백의 주문에 걸려든 모습이다.

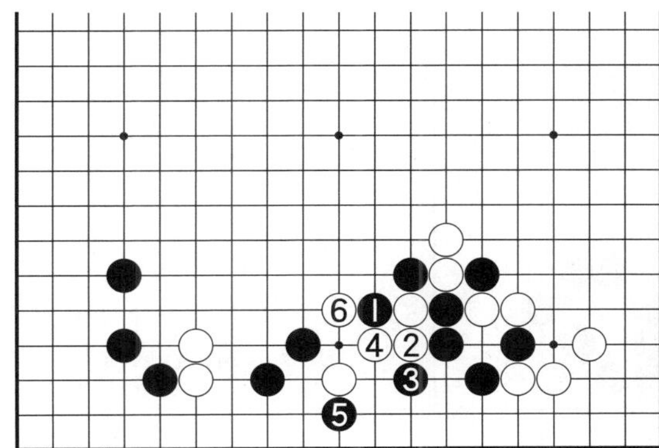

12도

12도 (연결)

흑1, 3으로 연단수하고 5로 붙여가는 것이 맥이다.
　이것이면 흑은 얼추 건너간 모습인데, 백6으로 몬 다음이 문제이다.

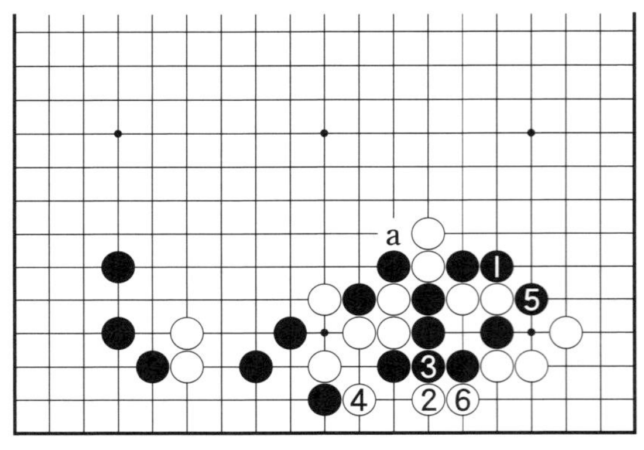

13도

13도 (필연의 절충)

흑은 1로 움직이는 한수. 백2의 치중이 날카롭고 흑 3에 백4, 6까지도 필연의 공방이다.

백은 하변의 연결을 강조하고 흑은 a의 움직임을 보는 낌새이다.

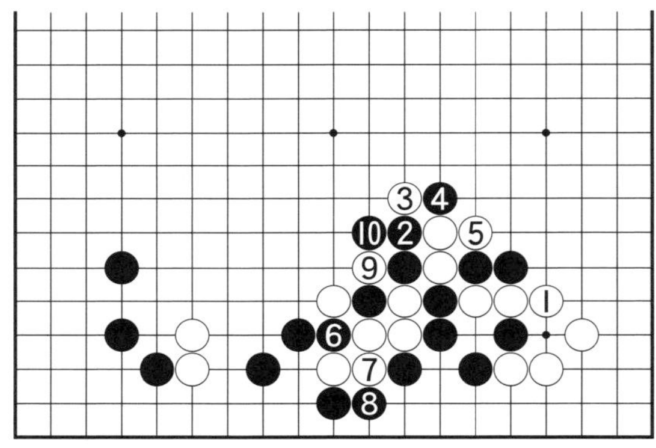

14도

14도 (노림 ☞ 백, 망함)

앞 그림 백2의 수로 이 그림 1로 두면 당장 흑2로 움직이는 수가 있다.

백3으로 축을 방지해야 하는데 흑4로 몰아두고 6 이하, 백은 더 이상 바둑을 두기 힘들 것이다.

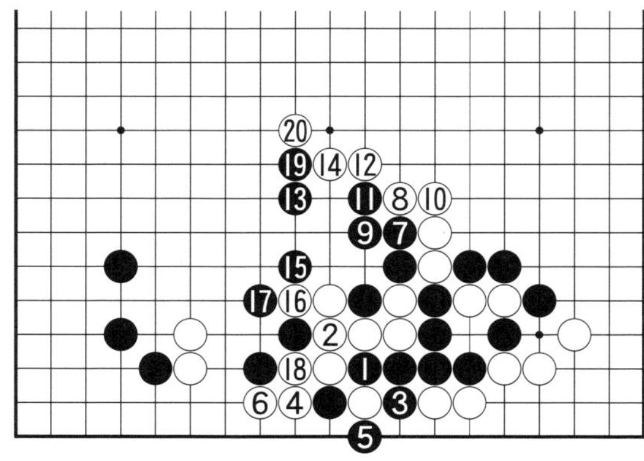

15도

15도 (힘겨루기)

13도 이후 흑은 1, 3으로 끊어잡고 7로 움직여가는 진행이 되는데 서로 중앙에서 힘을 겨루는 바둑이다. 여기까지의 절충은 주변의 형세에 따른다.

정석 이후를 내다보는 눈

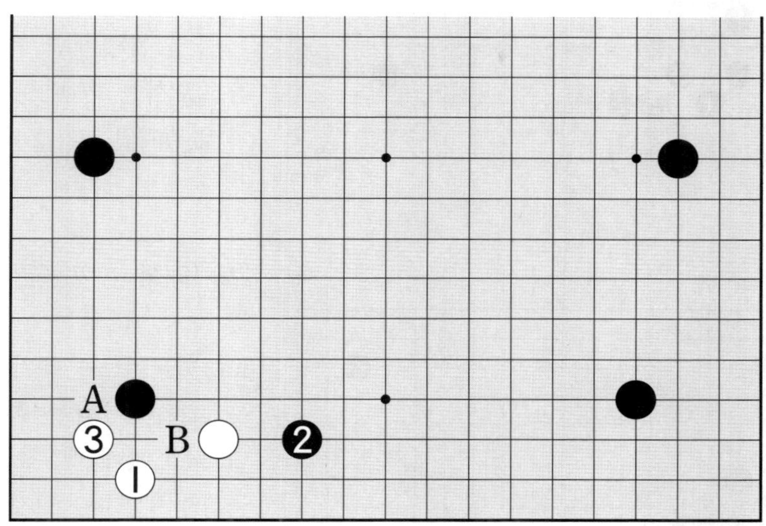

하변의 진행은 흔히 보는 수순인데, 백1에 흑2로 육박하고 백3으로 3·三에 들어간 데까지는 이 자체로 정석이라 할 수 있다.

다만 흑이 이 부근을 더 둘 경우 A인지 B인지는 세심한 주의력을 필요로 한다.

▨ 변화의 포인트

- 흑A는 자체로 큰 수. 평범하지만 선악은 하변 전체의 국면과 관련해 판단할 일이다.
- 흑B부터의 정석은 대략 두 가지. 그것의 변화를 추리하는 것이 선결 과제이다.

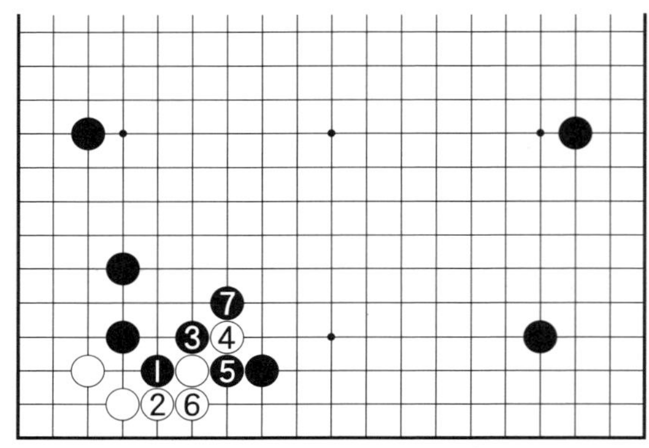

1도

1도 (노림 ☞ 흑의 이상형)

우하쪽의 배치를 생각하면 흑1의 마늘모붙임에서 7까지의 정석이 일감으로 떠오른다.

물론 이렇게만 된다면 흑으로서는 더 바랄 나위가 없겠지만…

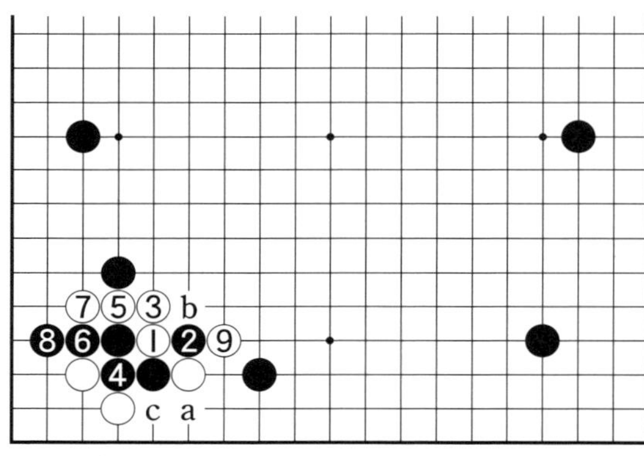

2도

2도 (대책 ☞ 껴붙임)

앞 그림 백2로는 이 그림 1로 껴붙여오는 수가 흑의 주문을 벗어나는 출구이다. 흑2, 4에 백5 이하로 돌파해 9까지가 그것으로, 흑의 당초 구도에 금이 간 모습이다. 다음 흑a, 백b, 흑c.

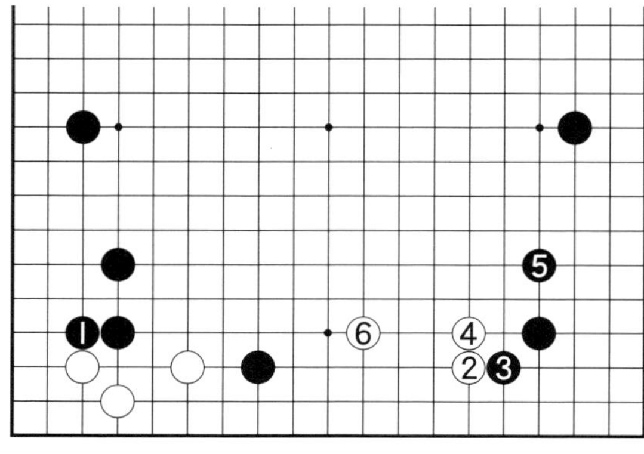

3도

3도 (흑1이 침착)

따라서 이 국면에서는 흑1로 지켜두고 다음을 관망하는 게 옳다.

우하에서 백2에서 6으로 두는 정도인데, 흑은 그런대로 만족할 수 있다. 이후의 진행은 잠시 후에…

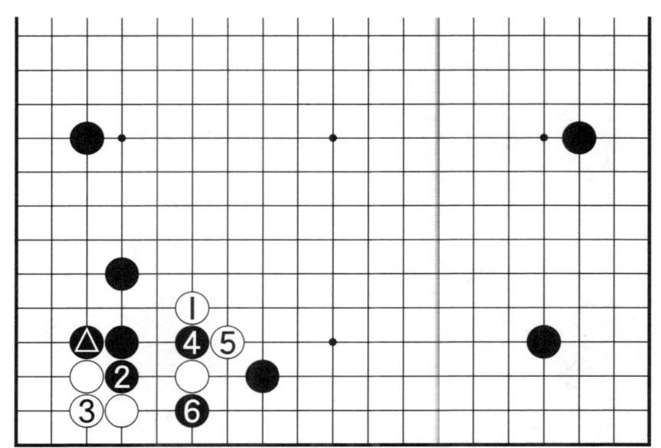

4도

4도 (노림 ☞ 절단)

흑▲에 대해 백1로 뛰는 것은 흑2로 찝는 수순을 거쳐 4로 끼우는 수가 날카로운 수단이다.

백5라면 흑6으로 붙여 백의 한칸뜀이 무참히 절단된다.

5도 (노림 ☞ 침입 후 내려섬)

3도 백6은 사려 깊은 수. 욕심 같아서는 백1로 벌리고 싶지만 그러면 당장 흑2로 뛰어들어 곤란해진다.

백3에는 흑4가 앞서 몇 차례 나왔던 맥이다(흑4로 a, 백b, 흑c는 백의 독단).

5도

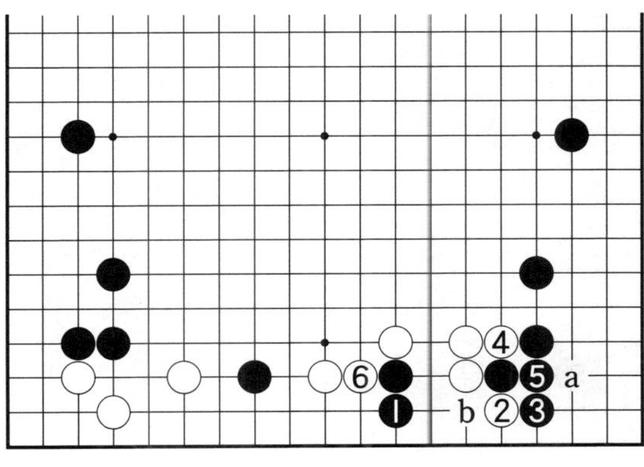

6도

6도 (귀를 굳혀서 만족)

흑1에 대해 백2, 4를 결정하고 6으로 두면 흑은 a의 침입하는 맛을 없애며 귀를 굳혔으므로 만족이다. 그리고 장차 흑b의 연결이 있다.

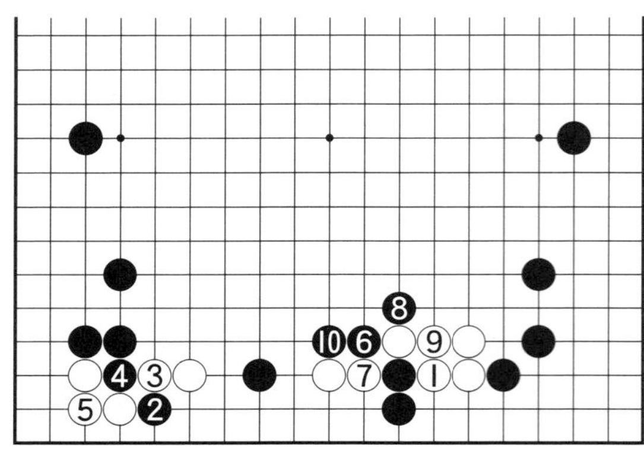

7도

7도 (노림 ☞ 싸바르기)

백1로 귀쪽에서 치받는다
면 좌하에서 흑2, 4로 공
작해 놓고 6으로 젖혀나가
이하 10으로 싸바르기를
시도한다. 그 다음….

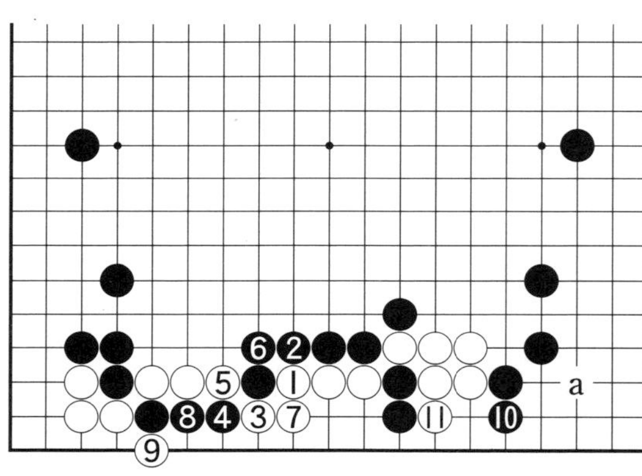

8도

8도 (흑, 우세)

백1, 3에는 흑4의 이단젖
힘이 맥. 이하 8까지 석점
을 사석으로 바깥을 맞좋
게 봉쇄하고 다시 흑10의
내려섬을 선수해 a의 침입
을 없앤다. 흑이 단연 우
세한 그림.

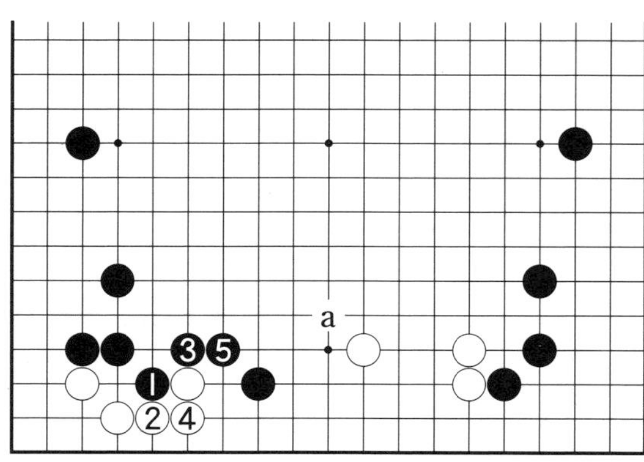

9도

9도 (흑, 두터움)

끝으로 3도 이후 예상되는
진행. 흑은 이제 1에서 3,
5로 연결해 두는 것이 두
텁다. 장차 흑은 a로 씌우
는 것이 노림이다.

잘못된 정석의 뒷맛을 노린다

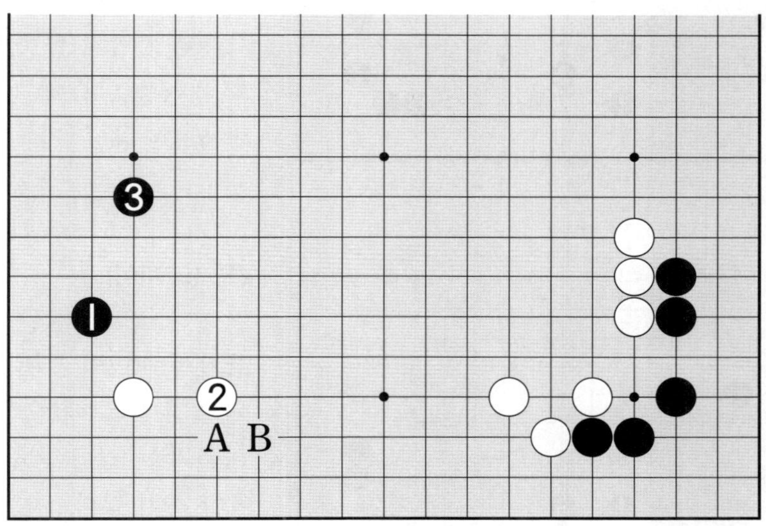

　우하에서 정석이 일단락하고, 흑1로 걸친 후 3으로 전개한 장면이다.

　이후 흑이 하변을 먼저 둔다면 당연히 백 세력을 삭감하는 수단을 떠올리게 되는데 급소는 오직 한 군데이다.

▨ 변화의 포인트

- 백2로는 A의 날일자, B의 눈목자 응수가 온건하다.
- 백2의 한칸받음의 약점은 상식적으로 생각할 곳으로 문제는 그 이후이다.

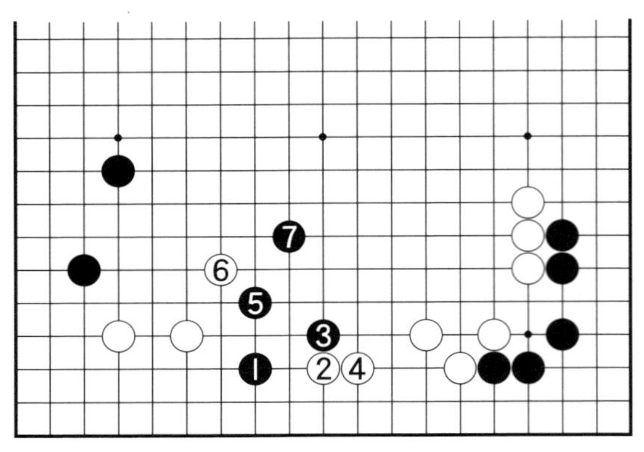

1도

1도 (노림 ☞ 흑1이 급소)

흑1로 걸쳐 들어가는 한 수. 백2의 육박에는 흑3으로 붙여 응수를 묻는 것이 좋은 수로 백4라면 흑5에서 7로 가볍게 탈출해 백의 세력을 단숨에 지우는 데 성공한다.

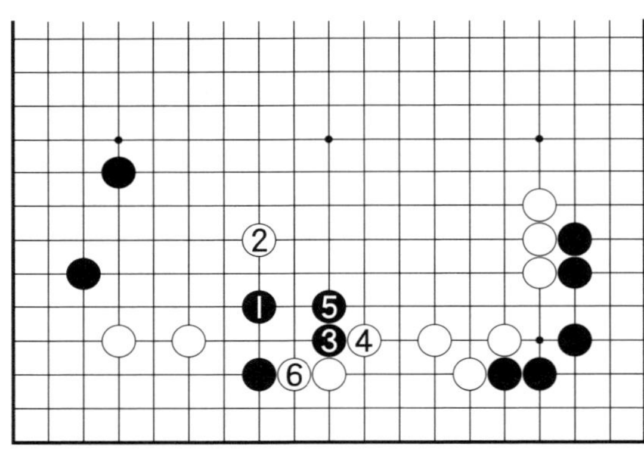

2도

2도 (고지식)

단순히 흑1로 뛰는 것은 고지식. 백2의 모자 한방을 알리고 흑3에는 백4, 6으로 두는 리듬을 허용해 흑이 좋지 않다.

　1도 흑3의 잽이 필요한 이유이다.

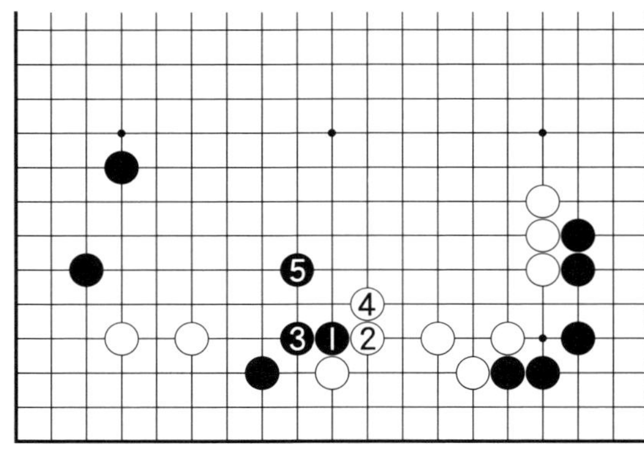

3도

3도 (이것도 수습형)

흑1 때 백2로 젖힌다면 흑3에서 5로 뛰어나가 그럭저럭 수습형이다.

　어쨌든 흑이 중앙으로 원활하게 진출하려면 1의 붙임이 필요하다.

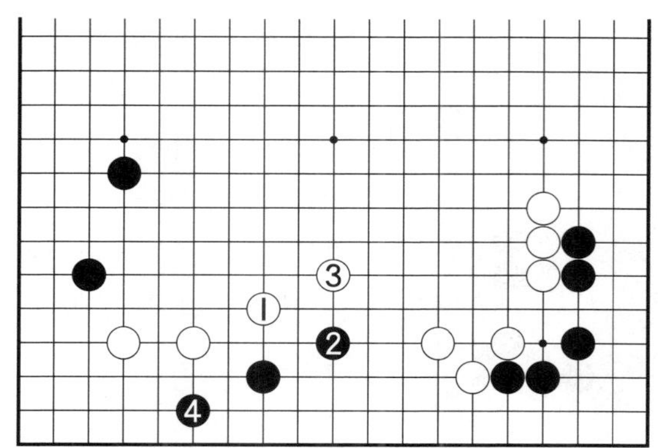

4도

4도 (흑, 기분 좋음)

백1로 씌우는 것은 어떨까?

그러나 흑2에서 4로 달리면 백의 세력은 그야말로 껍데기만 남은 꼴이다. 허황한 공격이 아닐 수 없다.

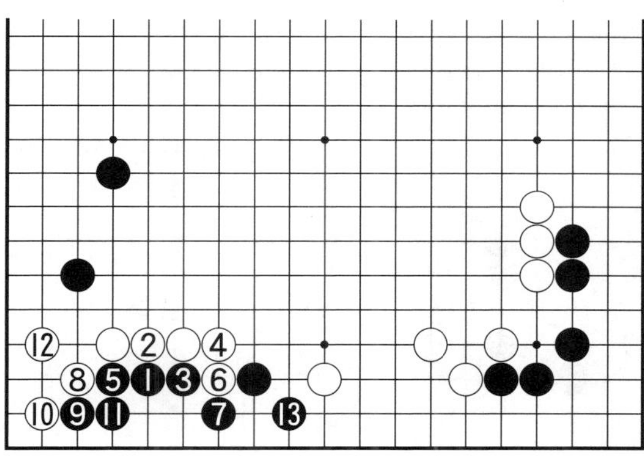

5도

5도 (안정)

흑1로 들여다보는 것도 생각할 수 있다. 백2로 이으면 보통인데, 흑3으로 연결한 후 이하 13까지 안정한다.

물론 좌변의 흑이 엷어졌지만 두칸 높으므로 가볍다.

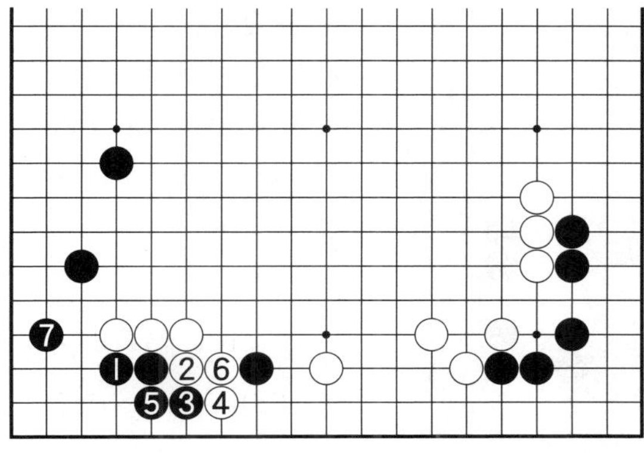

6도

6도 (소탐대실)

앞 그림 흑3을 이 그림 1로 귀에 밀고 들어가는 것은 어떨까?

백2에 흑3, 5의 젖혀이음을 선수하고 7로 연결한 데까지 일단락하는데, 중앙이 백의 무량대가이다. 한마디로 '불가'.

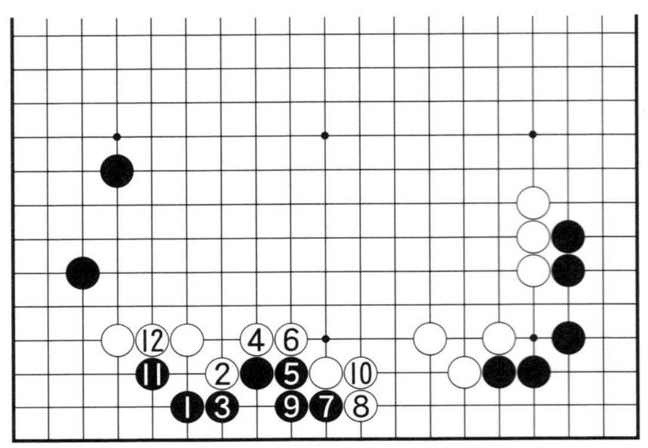

7도

7도 (대책 ☞ 날일자달림)

흑1의 날일자로 달리는 것도 5도에서와 같은 맥락이다. 백2, 4로 호구로 붙여 외곽을 봉쇄하는 정도인데 흑은 선수로 안정했으므로 만족한다.

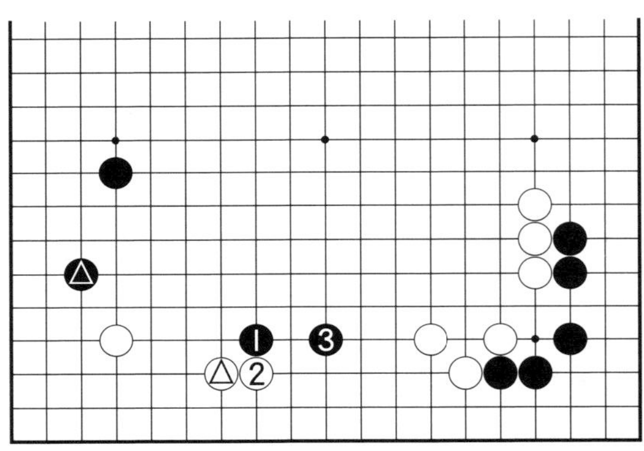

8도

8도 (눈목자받음)

애초 흑▲의 걸침에 백△의 눈목자로 받을 곳이었다. 흑1, 3으로 두어 삭감하는 정도인데, 이것이라면 백은 흑 두점을 크게 공격하는 여지가 많아 괜찮을 것이다.

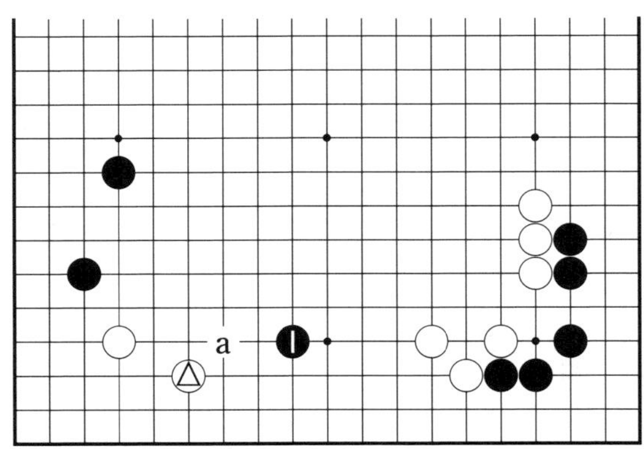

9도

9도 (날일자받음)

백△의 날일자라면 흑1의 삭감이 예상되는데, 다음 a의 어깨짚음이 남아 흑은 충분히 견딜 수 있는 모양이다.

　백의 입장에서는 다소 앞 그림이 나을 것이다.

침입의 단골무대

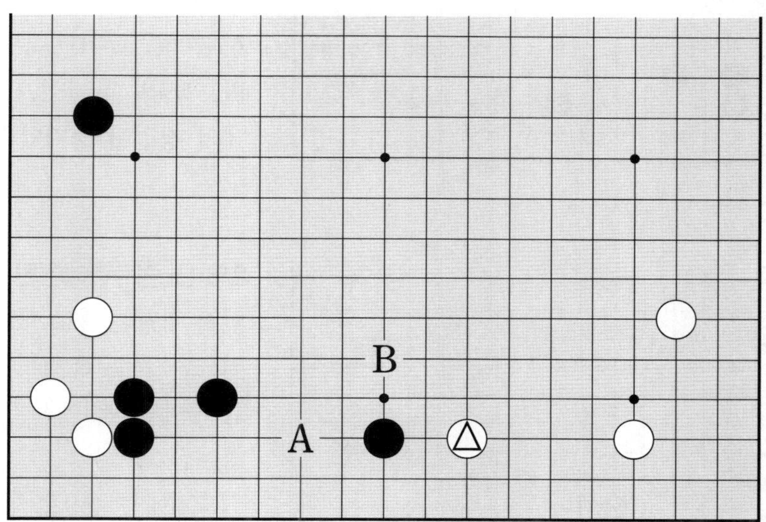

하변과 같은 형태는 실전에서도 많이 나오는 테마로 방금 백△로 다가섰다.

물론 A의 침입을 노린다는 것은 이미 알고 있을 터. 흑이 방치할 경우 그 노림이 어떻게 실현되는지 살펴보자.

▨ 변화의 포인트

- 백A로 세칸 벌림의 한가운데가 급소.
- 흑B의 뜀이 더해진 경우 백은 어떻게 두는 것이 좋은지도 함께 생각하도록.

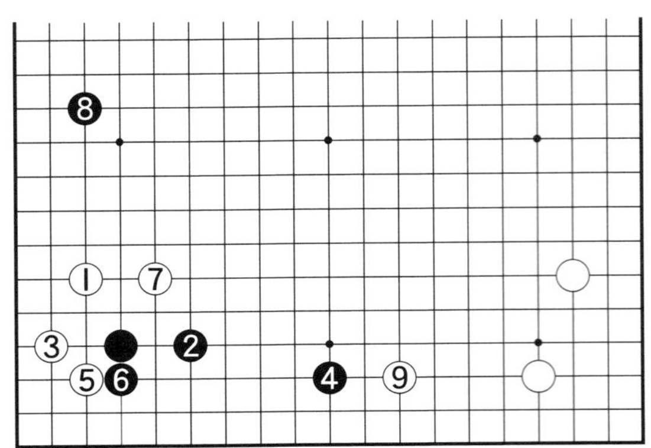

1도

1도 (경과)

백1로 걸치고 3으로 달린 수에 흑이 4로 크게 전개한 모양이다.

거기서 백5, 흑6을 교환한 후 백7로 뛰고 흑8의 벌림, 백9의 다가섬으로 문제의 장면이 생겨났다.

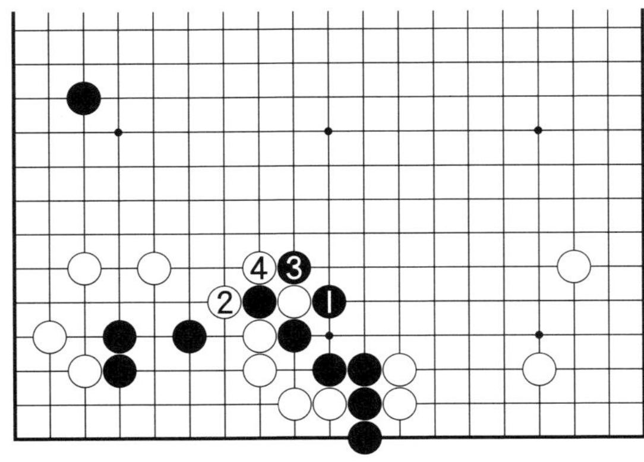

2도

2도 (노림 ☞ 예정된 침입)

앞서 얘기한 대로 백1로 뛰어드는 한수. 흑2로 씌워오는 수에는 백3에서 5, 7로 붙여끈다.

흑8에는 백9로 넘자하고 11로 끊어가는 것이 노림의 하이라이트.

3도 (큰 소득)

오른쪽 약점을 방비해 흑1로 몬다면 백2로 되몰고 4까지 왼쪽의 흑 석점을 크게 수중에 넣을 태세이다.

물론 패싸움이 남았지만 백이 먼저 따내는 패.

3도

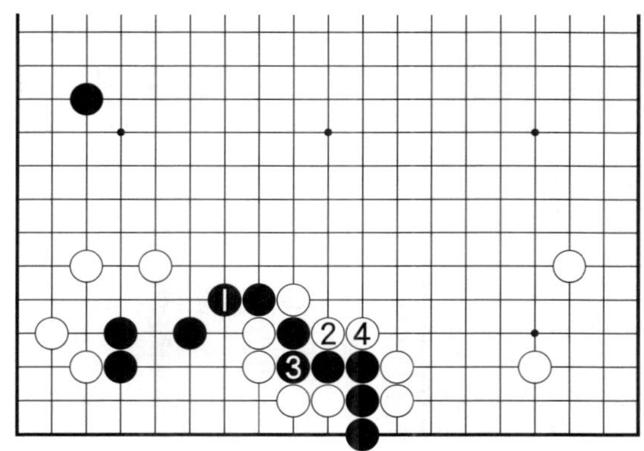

4도

4도 (흑, 여섯점 추락)

흑1로 늘어 이쪽을 방어한다면 백2로 몰고 4로 막아 흑 여섯점이 떨어진다.

이래저래 흑이 곤란한 것이다. 따라서 흑1로는….

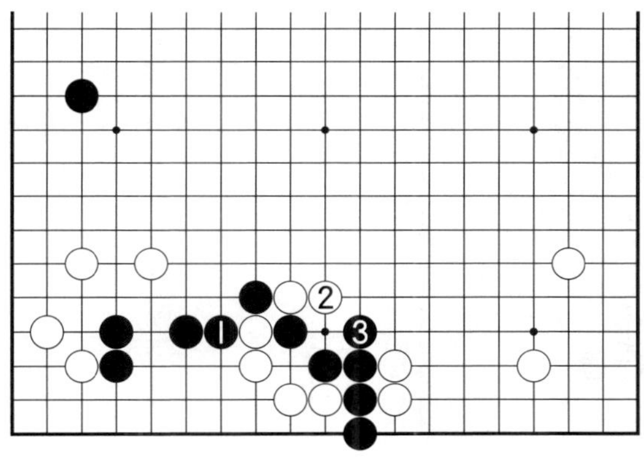

5도

5도 (단점투성이)

흑1로 공배를 메우는 것이 최선. 그러면 백2로 늘어서고 흑은 3의 빈삼각이 유일한 탈출구이다.

이것은 이것대로 흑은 단점이 많아 백이 재미있다고 할 수 있다.

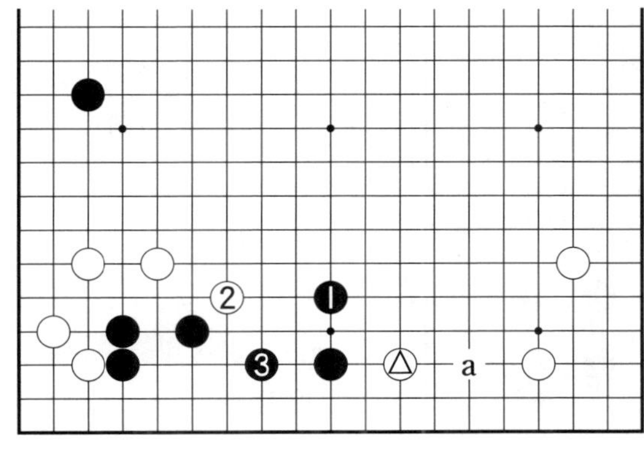

6도

6도 (가볍게 삭감)

끝으로 백△의 다가섬에 흑1로 지킨다면 백은 2로 가볍게 삭감하는 정도의 곳이다.

흑은 차후 a의 뛰어들기를 노리는 바둑이 된다.

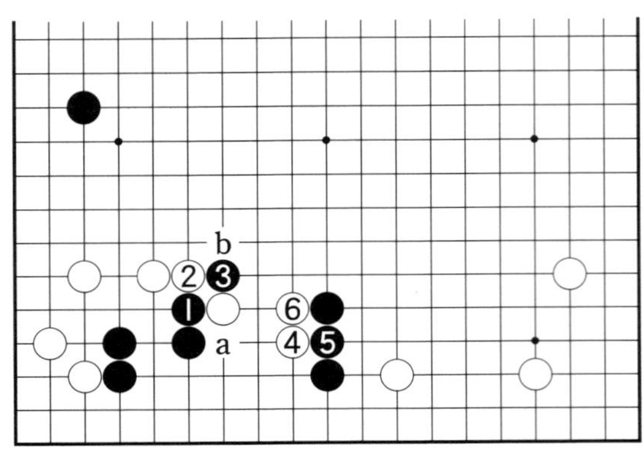

7도

7도 (노림 ☞ 들여다봄)

앞 그림 흑3으로 이 그림 흑1, 3으로 나가끊는 것은 무리이다.

백4로 들여다보는 수가 날카로운 반격. 흑5에는 백6으로 나와 흑이 곤란하다. 다음 흑a라면 백b로 모는 것이 요령이다.

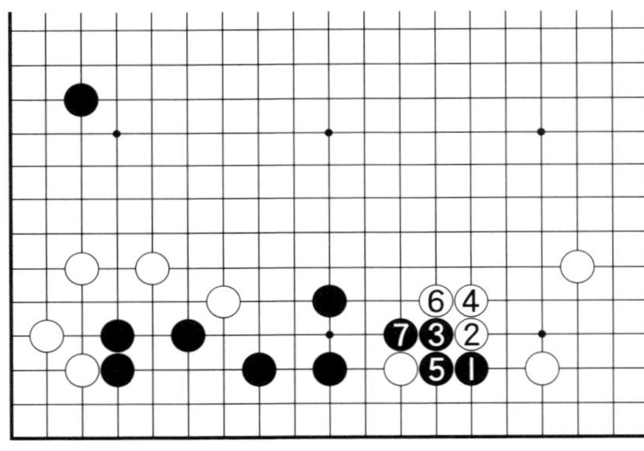

8도

8도 (흑의 역습)

그리고 6도 이후 백이 우하를 방치하면 흑1로 뛰어 들어 이곳이 무사하지 못하다.

백2로 붙여 수습하는 정도인데, 흑7까지 한점을 품에 안는 성과를 이룬다.

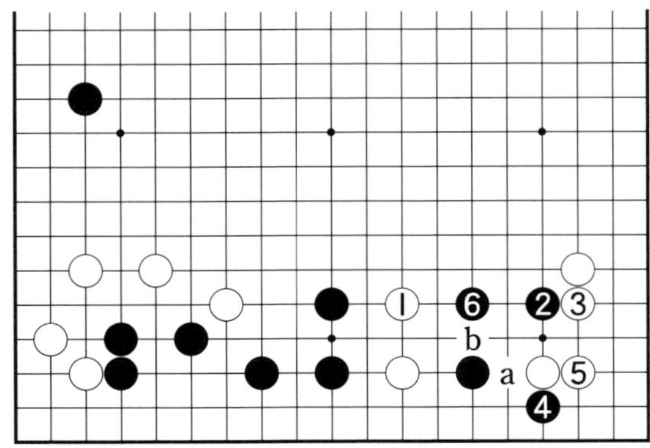

9도

9도 (백, 곤란)

앞 그림 백2로 이 그림 1에 뛰는 것은 흑2에서 4로 붙여 두고 6으로 추격해 백이 곤란하다.

이 흑은 a로 두기만 해도 쉽게 안정하는 자세이다. 백1로는 역시 b에 붙이는 정도였다.

대잠수함 작전

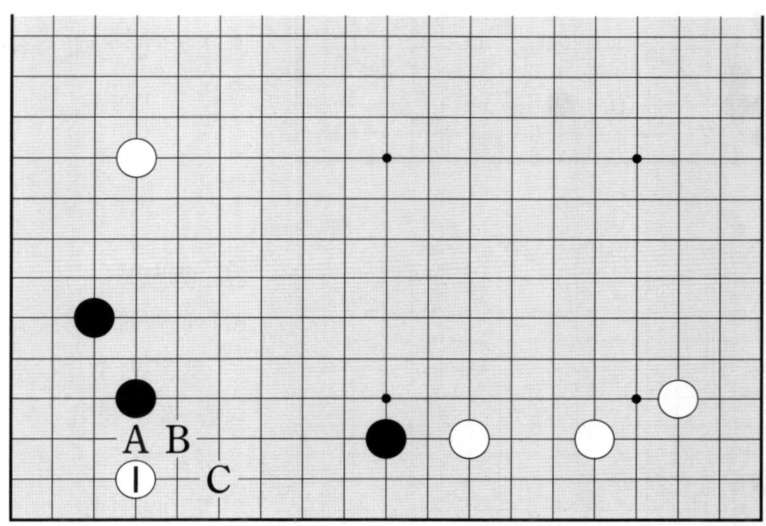

　하변과 같은 포진에서 백1로 잠입하는 수는 상대의 응수를 묻는
고도의 작전이다. 물론 정면으로 걸쳐가는 것으로는 불리하다는 백
의 판단이다.
　흑은 어떻게 응하는 것이 최선인지 A, B, C 중에서 생각해 보자.

▨ 변화의 포인트

- 흑A는 상식적인 수이다.
- 흑B의 마늘모도 복잡한 변화를 포함한다.
- 흑C로 받는 수가 특이한데, 백이 귀를 산 이후가 문제이다.

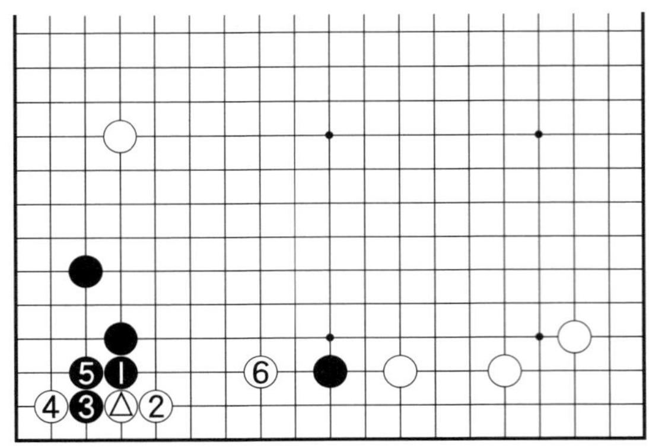

1도

1도 (평범)

백△에 대해 평범하게 둔다면 흑1로 치받는 수. 그러나 백2로 늘고 4에서 6으로 전개하면 흑이 싱거운 느낌이 든다. 흑5의 이음은 정수로….

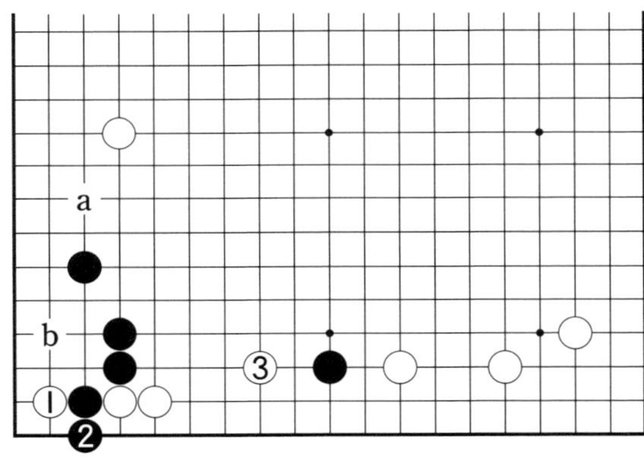

2도

2도 (뒷맛)

백1에 대해 흑2로 내려서는 것은 백3으로 전개한 다음 귀의 맛이 고약하다.

대표적인 것으로는 백a의 다가섬이 b의 뛰어들기를 노리는 선수라는 것.

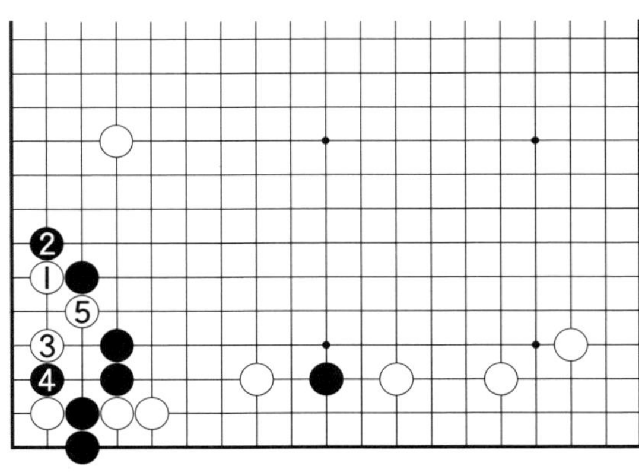

3도

3도 (노림 ☞ 노골적 붙임)

백1로 붙여 노골적으로 수를 내려 가도 흑이 곤란하다. 가령 흑2로 젖힌다면 백3에서 5로 흑집이 무너진다.

4도 (귀살이)

흑1의 마늘모로 받는 것도 모양이지만 백2로 밀고 나가 4에서 8까지 귀살이를 꾀해 흑은 실속이 없을 듯 하다.

백8 다음 흑은 a와 b 중 어느 쪽이 옳을까?

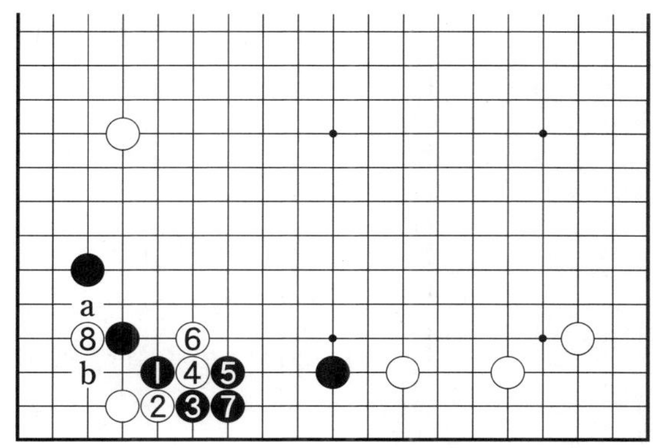

4도

5도 (백, 만족)

흑1로 바깥쪽에서 막는 정도. 백2에서 4로 귀를 살텐데, 이것이라면 백은 두 점을 움직이는 수도 남아 만족이다.

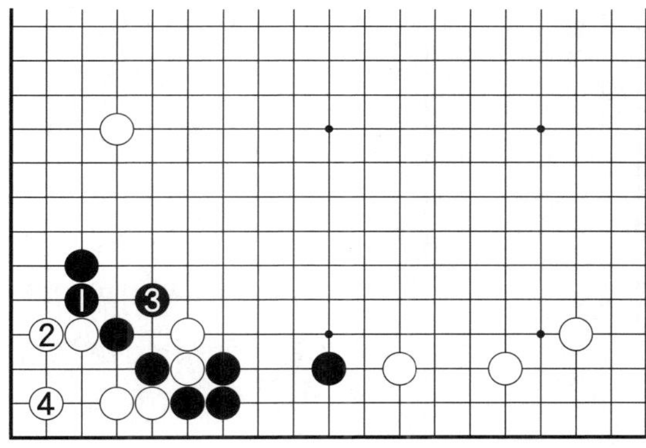

5도

6도 (두터움의 차이)

4도 흑5로는 이 그림 1로 그냥 느는 것이 낫다.

백2, 4로 귀를 살리기를 기다려 흑5로 맞좋게 잡는 모양이 앞 그림보다 두텁다.

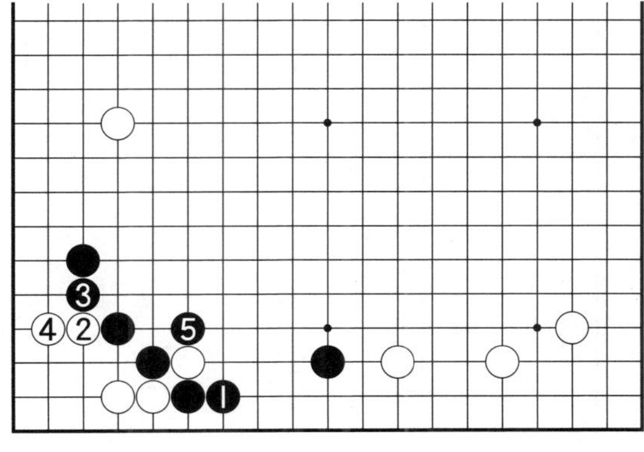

6도

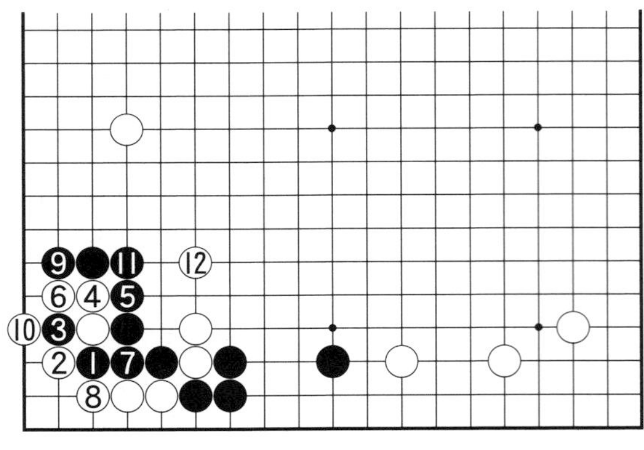

7도

7도 (대책 ☞ 백2가 맥)

5도 흑1로 이 그림 1로 젖히는 것은 수를 깊이 읽지 않은 탓이다.

백2로 되젖혀 받는 수가 있다. 흑3이라면 이하 11까지는 필연인데, 백이 귀를 통통하게 살고 12로 움직여서는…·

8도 (선수이지만)

따라서 앞 그림 흑3으로는 이 그림 흑1로 잇고 3으로 뻗는 정도이다.

물론 흑이 선수를 얻어 앞 그림보다 좋지만 역시 바깥쪽이 엉성한 모양으로 불만은 가시지 않는다.

8도

9도 (백1은 성급)

7도 백2로 이 그림 1에 끊지 않도록 주의한다. 얼핏 백3으로 따내서 좋은 것 같지만 백은 중앙과 연결하고도 여전히 곤마이다.

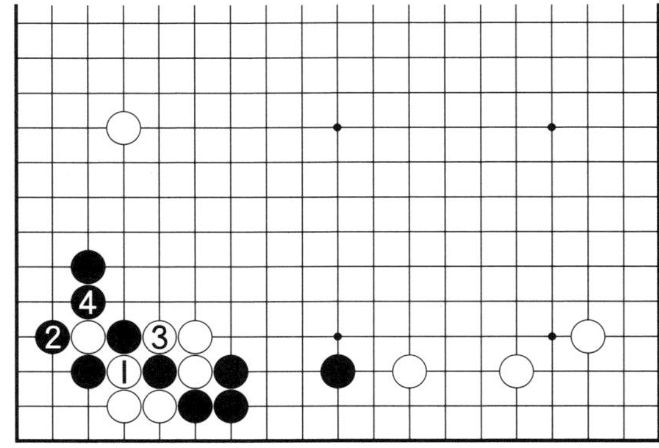

9도

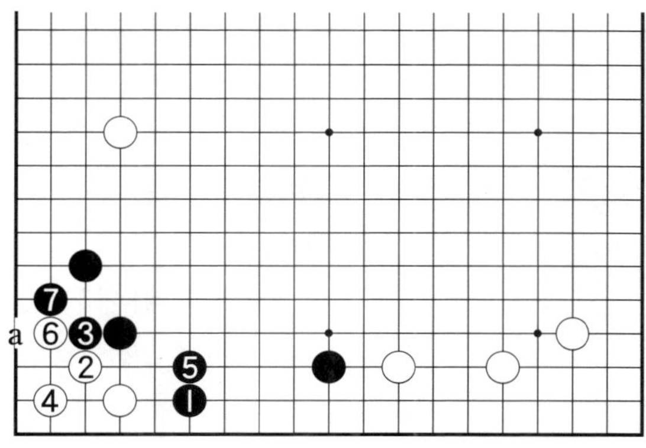

10도

10도 (대책 ☞ 다가섬)

흑1로 측면에서 다가서는 수가 신선한 착상이다. 백 2에서 6까지 귀살이를 하 겠지만 아직 a의 패가 남 았고 바깥 흑의 진용도 깨 끗해 흑은 충분하다. 흑5 는 배워 둘만한 수로….

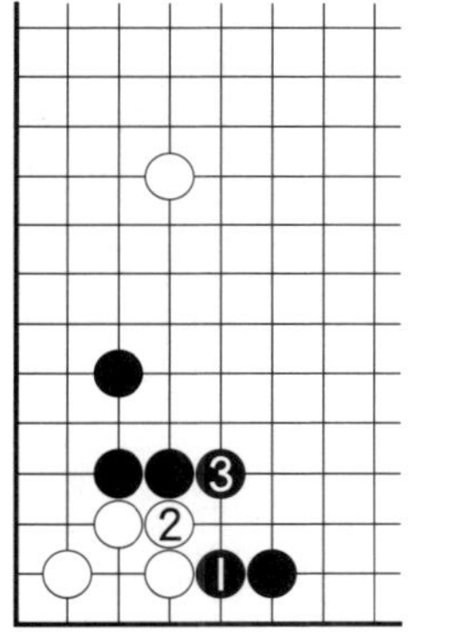

11도

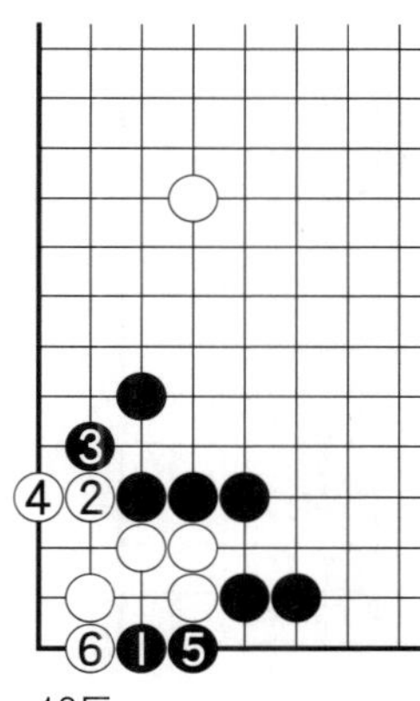

12도

11도 (단점)

흑1로 치받으면 백2로 살 아둔 후 나와끊는 단점이 눈에 거슬린다. 앞 그림과 는 바로 그 차이인 것.

12도 (완생형)

귀의 백은 확실하게 살아 있음을 나타낸 그림이다. 흑1의 치중에는 백2 이하 6까지 완생형이다. 패가 남은 10도와 비교해보라.

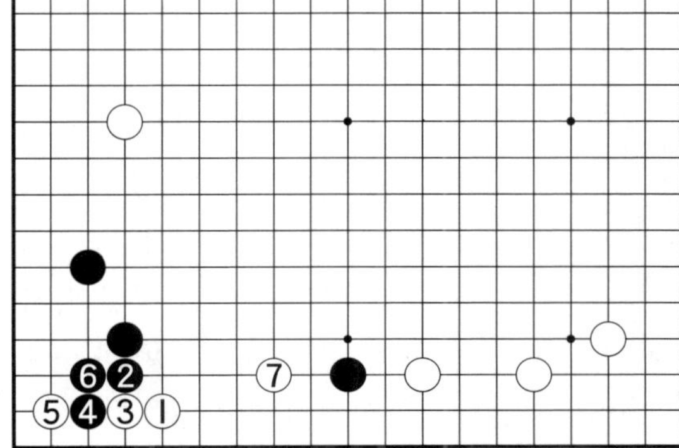

13도

13도 (같은 모양 1)

이런 포진에서는 백1의 날 일자로 들어가는 수도 많 이 두어진다. 흑2로 나란 히 서면 백3에서 7까지 1 도로 환원하는 모양이다.

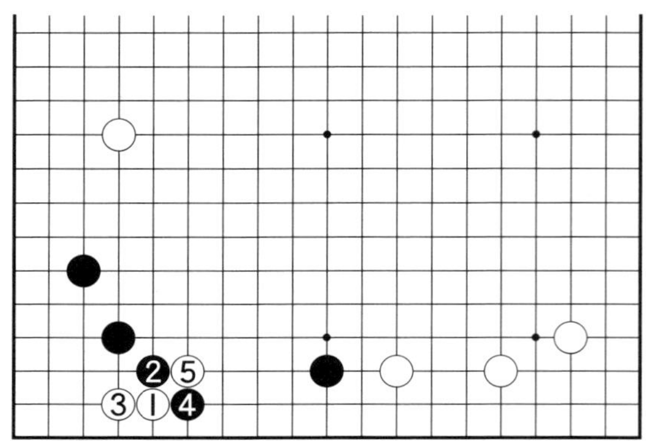

14도

14도 (같은 모양 2)

백1에 대해 흑2로 붙여 누르면 백3으로 끌고들어가 흑4, 백5까지 4도에서 나온 형태와 똑같다.

즉 백3으로 뛰어들고 흑2, 백1, 흑4, 백5의 수순이 된다.

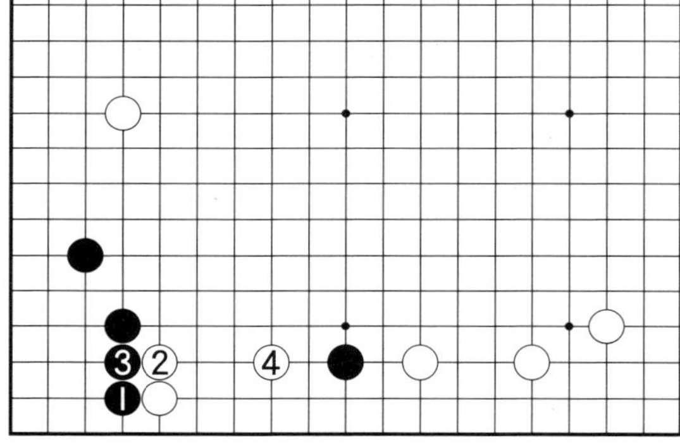

15도

15도 (흑, 좋음)

이번에는 흑1로 막는 수. 백2로 올라서고 4로 벌리면 흑도 귀를 맞좋게 지켜서 괜찮지만….

16도 (흑, 나쁨)

이때는 백1로 끼워오는 것이 맥. 흑은 기세로 2 이하 10까지 귀를 크게 살찌우긴 하지만 백9부터 15로 밀어 올리면 하변의 흑 한점이 외롭다. 백은 다음 a와 b가 맞보기.

16도

기략 넘치는 배붙임

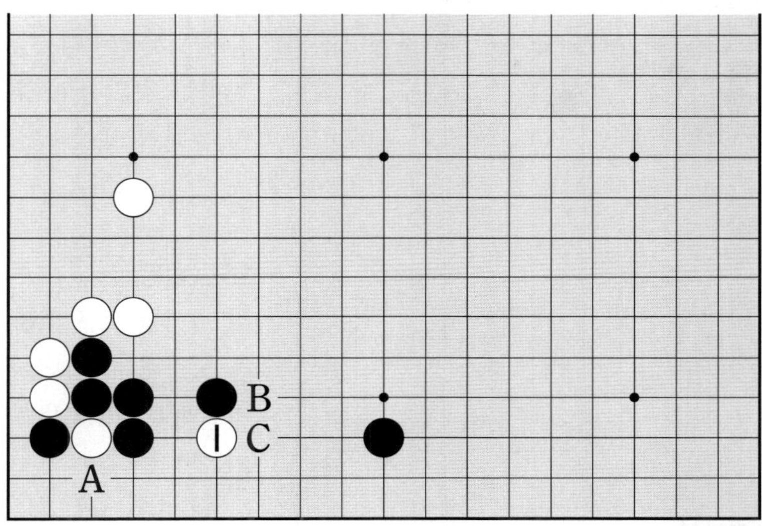

　마지막으로 간단한 맥 하나. 좌하귀와 같은 형태에서 흑의 배 쪽에 붙여간 백1이 재미있다.

　이 수는 실전에서도 쉽게 활용할 수 있는 맥이므로 잘 숙지해 두도록 하자.

▨ 변화의 포인트

- 백1은 A로 빠져나오는 맛과 연계한 노림이다.
- 흑은 B 아니면 C인데 물론 백에게 대책이 서 있다.

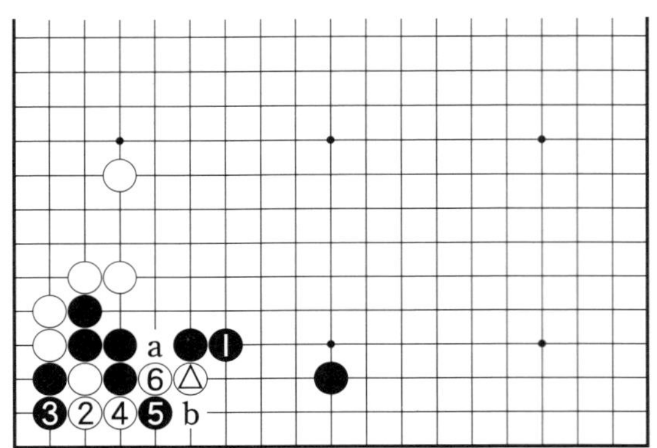

1도

1도 (노림 ☞ 나오는 수)

백△의 붙임에 대해 흑1로 느는다면 백2로 나오는 수가 성립한다.

흑3으로 차단한다면 백4, 6으로 끊어 다음 a로 돌파하는 것과 b로 잡는 것이 맞보기이다.

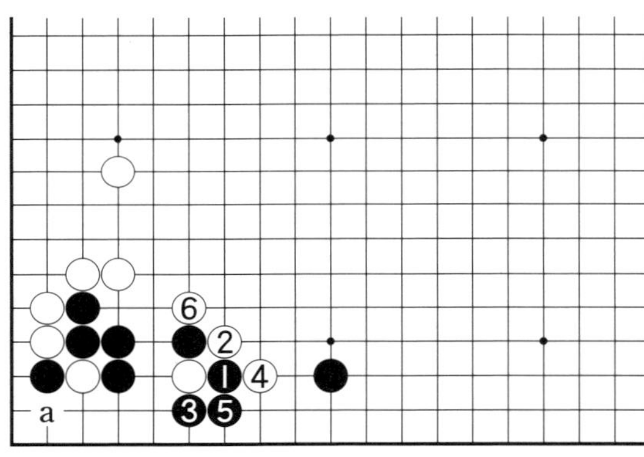

2도

2도 (활용)

앞 그림과 같은 백의 수단을 방지해 흑1로 젖힌다면 이번에는 백2로 맞끊어 처리한다.

흑3으로 잡는 정도인데 백4에서 6으로 활용할 수 있는 것이 자랑이다.

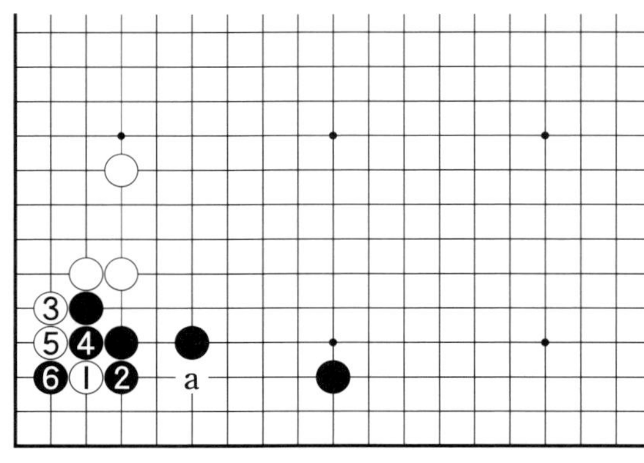

3도

3도 (3·三침입에서)

다시 한번 이 형태를 익히기 위해 경과를 나타냈다.

백1로 3·三에 뛰어든 수에 흑2로 막고 백3에 흑4, 6으로 받은 것이다. 앞서 본대로 이 흑 모양은 a의 붙임이 약점이 된다.

2장

정석 이후의 공방
(소목·기타 편)

　이 파트에서도 화점 편과 다름없는 구성이다. 정석 이후의 공방은 귀에 국한된 부분적인 문제도 더러 있지만 대개는 주변의 배석과 관련되어 있다.

　그리고 포석에서는 화점과 소목이 한데 어울려 쓰이는 경우가 많은데, 가령 좌상에서는 소목 정석, 우하에는 화점 정석이라는 식으로 연계되어 있다. 외목, 고목, 3·三의 정석도 마찬가지 이치이다.

　테마 중에는 깊은 수읽기를 요하는 고전적인 형태도 포함되어 있는데 이번 기회에 잘 섭렵해주기 바란다.

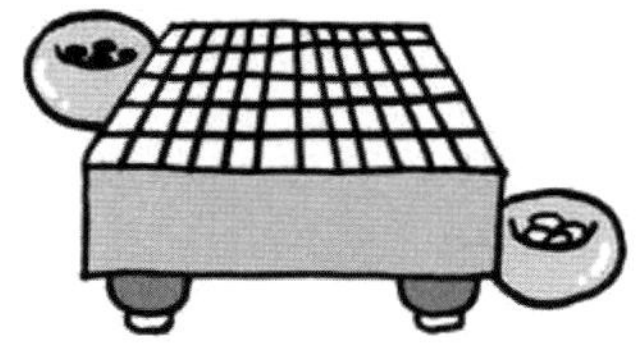

포석의 ABC

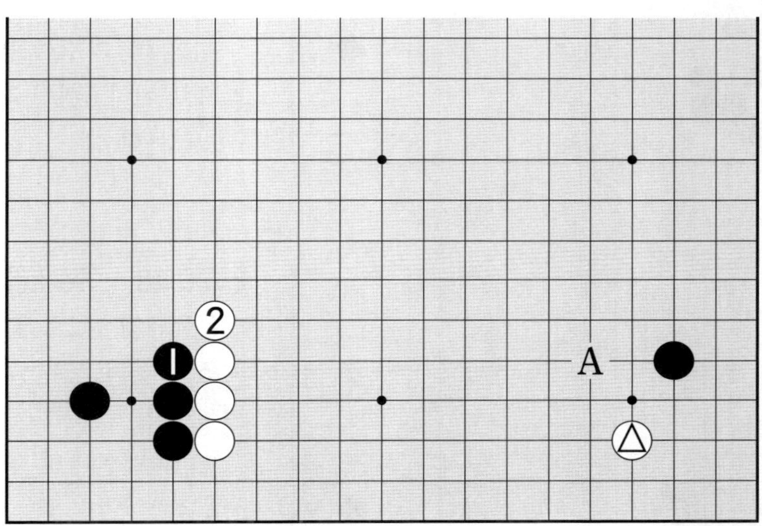

　좌하와 우하의 배치에 주목. 방금 흑1로 밀어올리고 백2로 늘었다. 선수를 얻은 흑의 입장에서는 당연히 하변이나 우하쪽에 눈길이 가는데….

　출발지점은 포석의 ABC라 할 만한 그런 수이다.

▨ 변화의 포인트

- 백△의 위치가 낮은 데 주목. 백이 먼저 둔다면 A의 날일자.
- 우하쪽에서 흑이 두는 수순은 이미 정석화된 것이지만 최상의 그림을 생각하길.

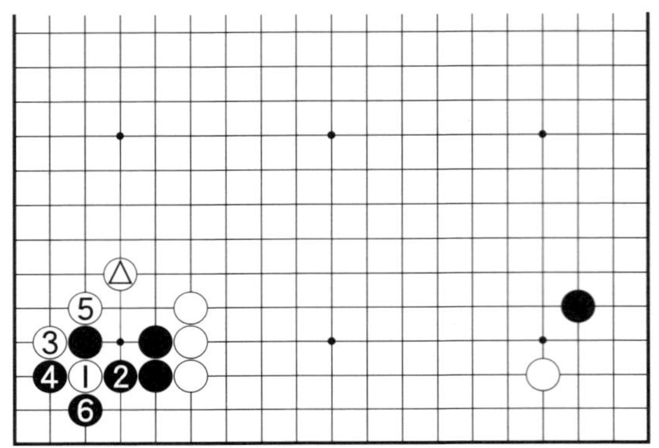

1도

1도 (씌움 한방)

장면도 흑1, 백2를 교환한 이유. 흑이 손을 빼면 백 ⊿의 씌움 한방이 선수로 듣는다.

　다음 백1의 3·三붙임이 맥으로 이하 5까지 흑집이 쭈그러든다.

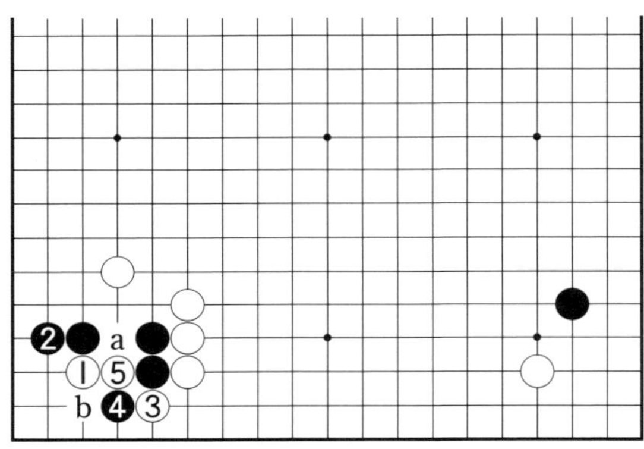

2도

2도 (노림 ☞ 젖혀끊는 맥)

백1에 대해 흑2로 늘면 백 3, 5로 젖혀 끊는 수단이 발생한다.

　다음 백은 a의 나감과 b로 잡는 것이 맞보기.

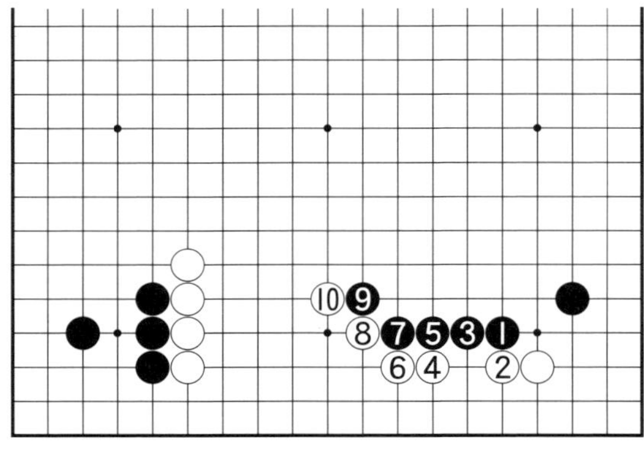

3도

3도 (씌움)

본론에서 흑1로 씌우는 한 수. 이것이 포석에서 거의 절대선수라는 사실은 기초 사항에 속하는데, 그 중요 성을 잊고 두는 사람도 많 은 것 같다. 백2에 흑3으 로 눌러가 이하 백10까지 는 필연이다.

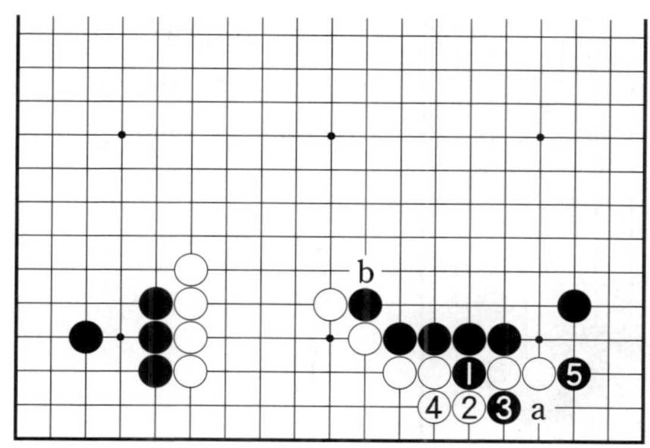

4도

4도 (귀의 단속)

계속해서 흑1로 들어가고 3으로 이쪽을 끊어 백4와 교환한 후 흑5로 붙이는 것이 수순이다.

흑은 먼저 귀를 단속한 다는 뜻인데, 다음 백은 a 와 b의 두 가지 길이 있다.

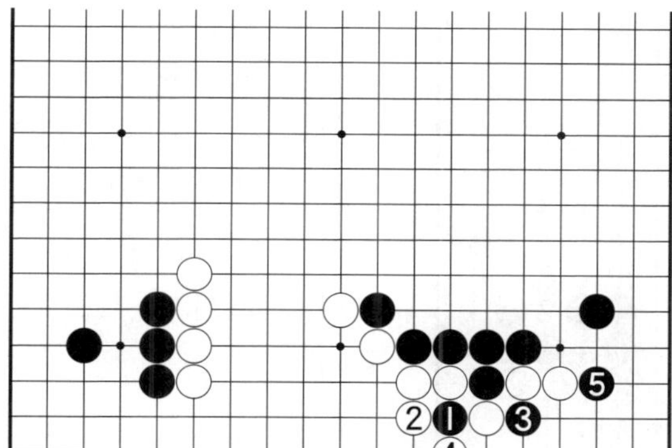

5도

5도 (반대쪽이면)

같은 응수타진이라도 흑1 로 반대쪽을 끊으면 백은 당연히 2, 4로 잡는다.

앞 그림 백4가 단순한 이음인데 이 그림의 4는 빵따냄이라는 차이가 있 다. 물론 흑의 불만이다.

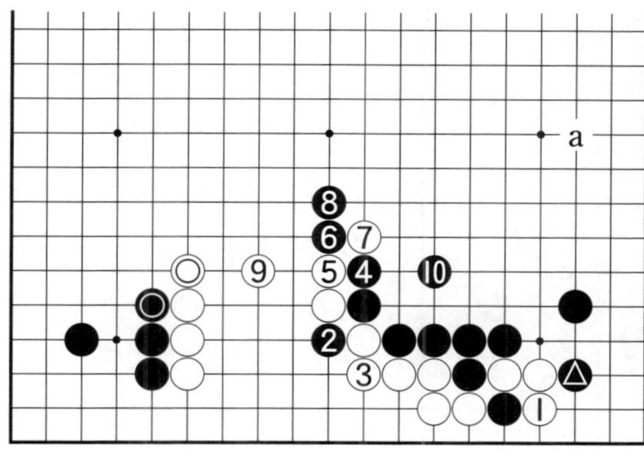

6도

6도 (노림 ☞ 중복형)

흑▲에 백1로 꼬부리면 보 통. 흑은 아낌없이 2로 몰 고 4로 늘어둔다.

이후는 백5에서 흑10까 지인데 흑●, 백○의 교환 이 흑으로서는 기분 좋은 모습으로 백은 중복된 느 낌이다.

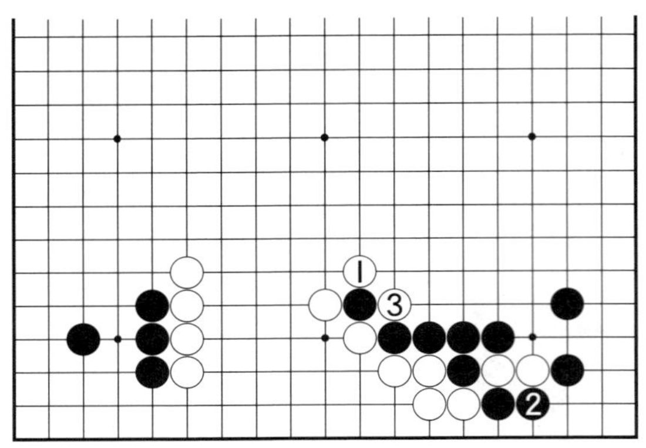

7도

7도 (바꿔치기)

백1로 모는 수도 있다. 흑2로 잡으면 백3으로 빵따냄을 한 데까지 바꿔치기가 이루어지는데, 흑은 귀의 실리가 커서 충분할 것이다.

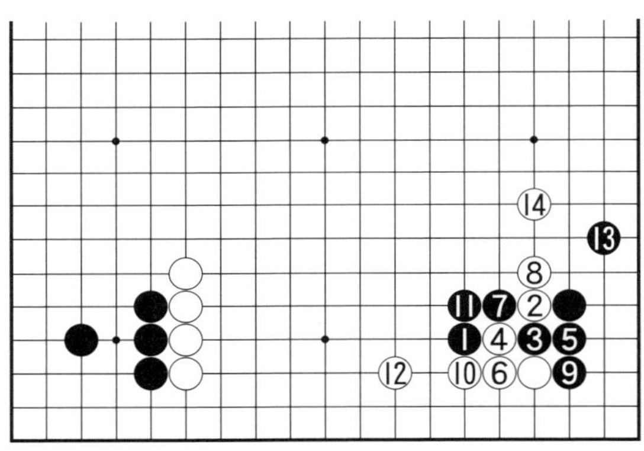

8도

8도 (이상감각)

흑1은 일명 대사정석으로 싸우려는 것이나 왼쪽에 백의 두터움이 있다는 사실을 무시하고 두는 처사이다. 백14까지는 그 기본형이다.

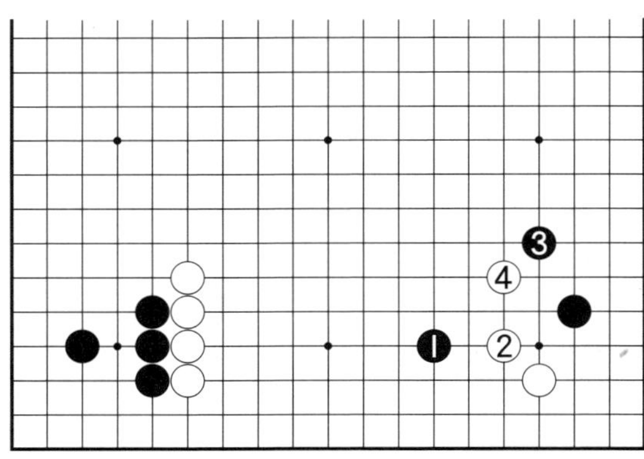

9도

9도 (고난 자초)

흑1로 두는 것도 고난을 자초한 케이스이다. 다음 백2, 4로 되어서는 '눌림을 당한다'는 위기의식을 자동적으로 해소하며 역습으로 나간 모양이다.

역시 흑은 2의 자리에 씌우는 한수이다.

잘못된 행마의 뒷맛을 추궁하라

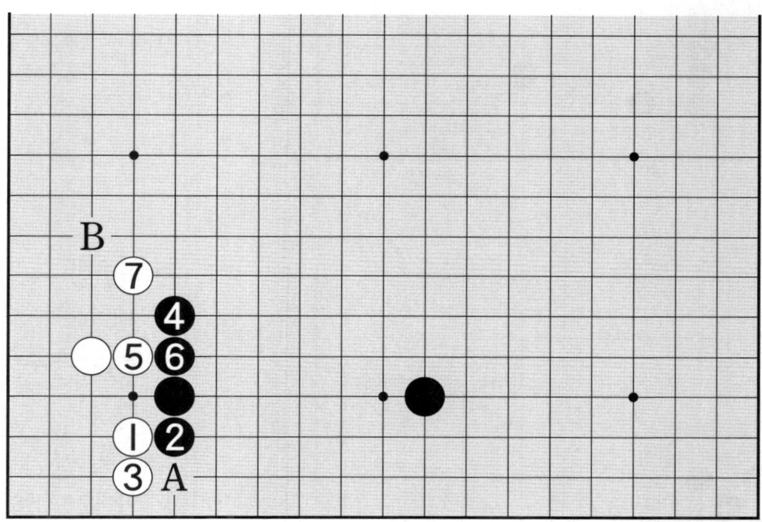

흑이 높게 걸쳐 들어간 수에 대해 백1로 받고 흑2 이하 백7까지 된 장면이다.

얼핏 '백 실리, 흑 세력'이라는 평범한 갈림으로 보이는데, 정석 이후의 문제로서는 백의 행마에 이상이 있어 보인다. 백진 속의 결함이 그것인데….

▨ 변화의 포인트

- 백7로는 먼저 A로 꼬부리고 가는 것이 올바른 수순이다.
- 백7은 두지 않아도 무방. 둔다면 B의 벌림 정도이다.
- 백7의 잘못으로 생긴 뒷맛을 추궁하는 것이 이번 테마의 주제이다.

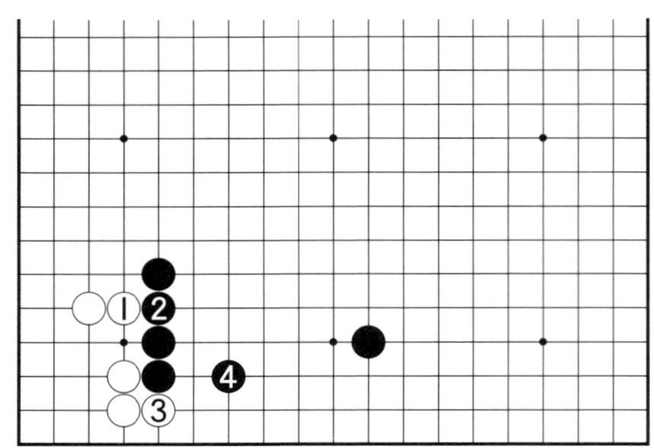

1도

1도 (정석)

진짜 정석은 백1, 흑2의 교환을 반드시 하고 백3으로 꼬부리는 수이다. 흑4로 뛴 데까지 일단락한다.

이것이면 백진은 아무 단점이 없다.

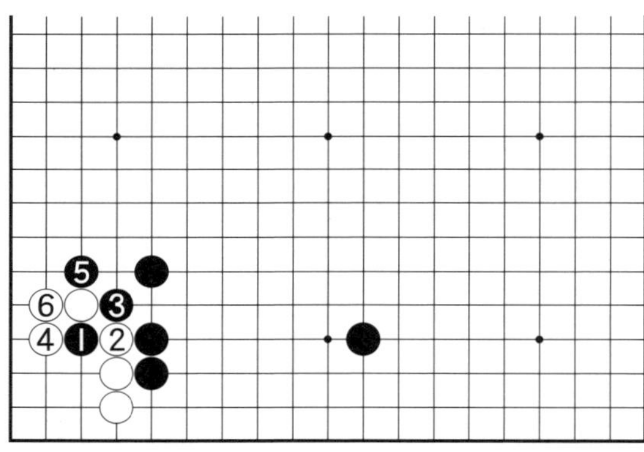

2도

2도 (건너붙임)

앞 그림 백1을 생략하면 이 그림 흑1로 건너붙이는 수가 발생한다.

백2에 흑3이면 백4로 잡아야 하는데 흑5의 단수 한방을 맞아 백 모양이 일그러진다.

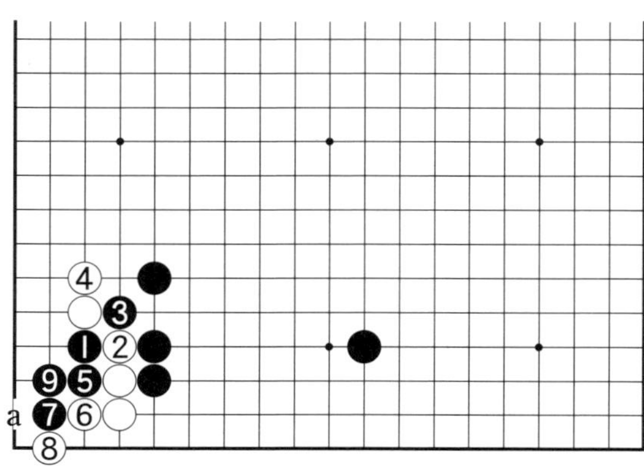

3도

3도 (반발은 무리)

흑3 때 백4로 반발하는 것은 흑5에서 7로 젖혀 귀에서 문제가 생긴다.

백a로 젖히는 수상전인데 보다시피 흑으로서는 꽃놀이패이다.

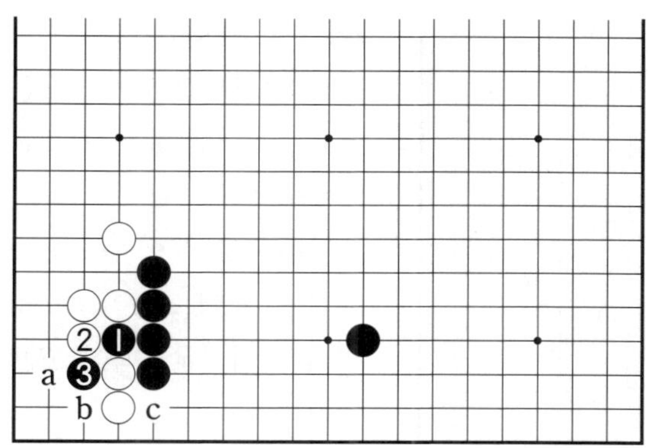

4도

4도 (노림 ☞ 교묘한 끊음)

본론으로 들어가 흑1로 나가 3으로 끊는 것이 교묘하다.

　백은 a로 잡든가 b로 잡든가인데, 백a는 당장이라도 흑c의 막음이 선수이다.

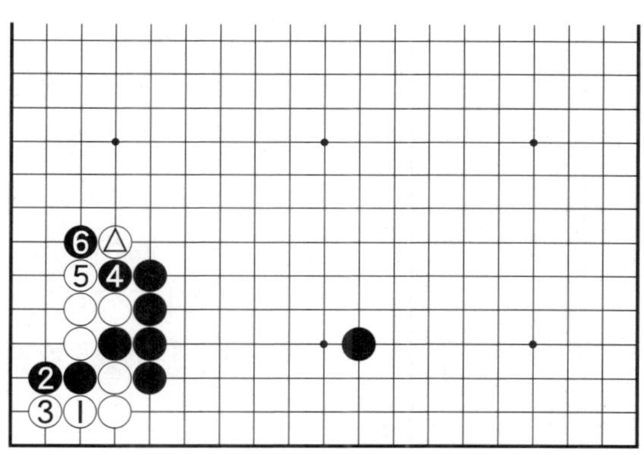

5도

5도 (약점)

백1로 잡는다면 흑2로 빠져두고 다시 위쪽에서 4, 6으로 나가끊는 수가 있다. 백△로 뛴 수의 잘못은 바로 이것을 말하는데….

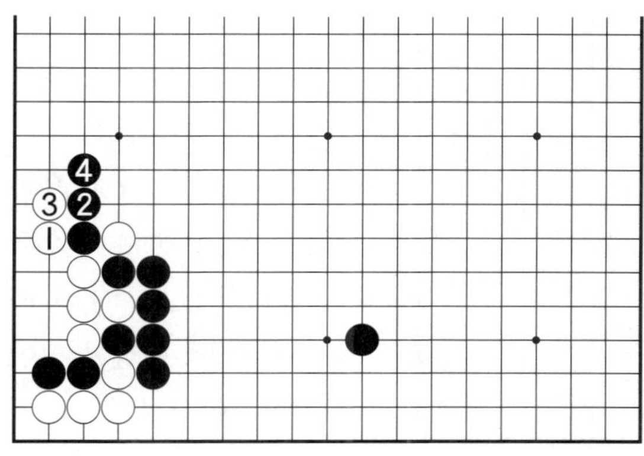

6도

6도 (눌리다)

백은 1로 아래서 몰고 3으로 밀어가는 도리밖에 없는데, 위쪽 한점이 이토록 무참히 잘려나가서는….

　결과적으로 장면도 백7은 완전히 헛수를 두었다는 얘기.

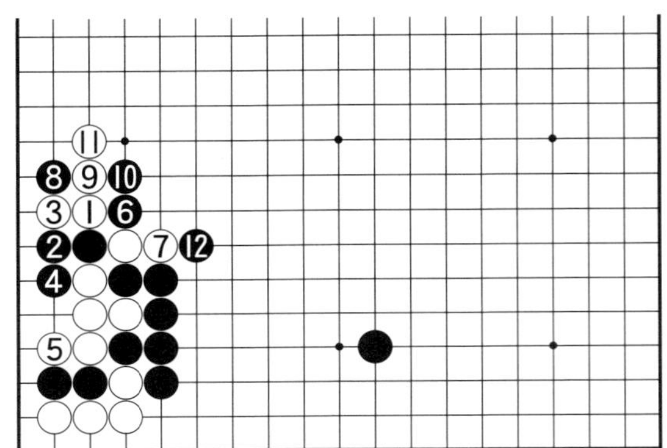

7도

7도 (백, 무리)

백1, 3으로 잡으려는 것은 흑4의 꼬부림이 선수로 들어 무리이다.

흑6으로 끊어두고 8의 배붙임이 맥으로 이하 12까지 축이 되어 백이 크게 망한다.

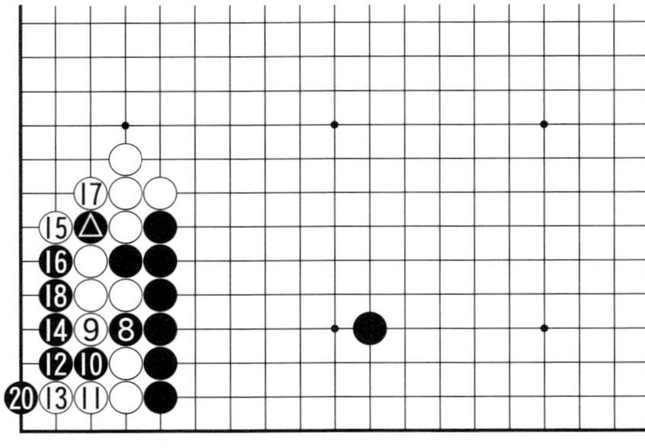

8도

8도 (모양의 허점)

가상의 얘기지만 흑△로 막은 후 백이 좌변을 1로 지킨다면 흑2로 밀어갈 때 백3으로 막기 곤란하다.

그러면 흑4에서 6으로 하나 끊어두는 수가 백의 허점을 노린다.

9도

9도 (수가 난다)

계속해서 흑8에서 10으로 끊는 수가 날카롭다.

만약 백11, 13으로 잡는다면 흑14 이하로 수를 늘린 다음 20으로 젖힌 데까지 귀의 백 넉점이 떨어지는 모양이다.

⑲…△

수습을 위한 붙여끊음

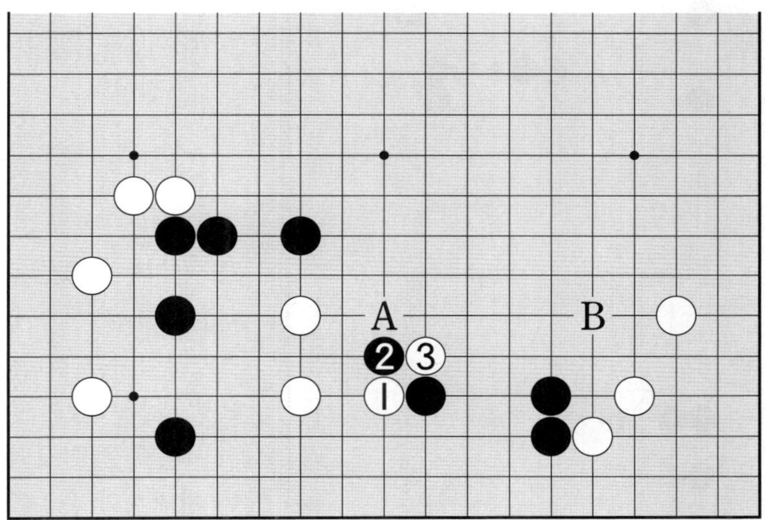

좌하 일대의 모양은 소목 두칸높은협공 정석에서 파생된 것으로, 하변에서 백 두점의 진로를 타개하는 것이 초점이다.

방금 백1, 3으로 붙여끊은 수가 그럴듯한 맥이다. 이후는 어떻게 될지 알아보자.

▨ 변화의 포인트

● 백은 A의 단수부터 죄어붙이는 것이 주된 노림이다.

● 백이 어물쩍거리다가는 흑B의 호점을 당한다.

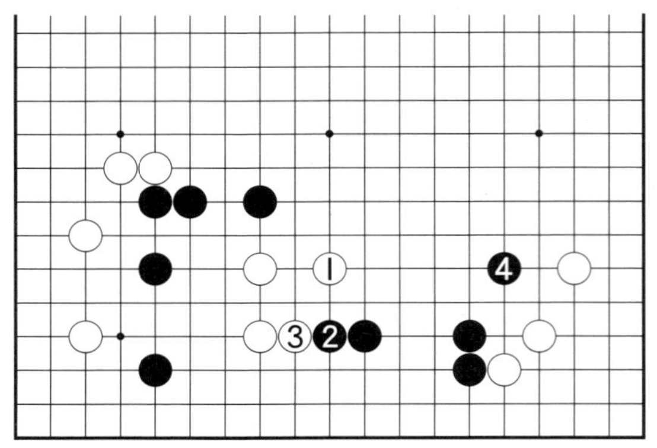

1도

1도 (흑2가 급소)

백이 단순히 1로 뛰는 것은 흑2로 나란히 서는 수가 절단을 위협하는 급소 일격이 된다.

백3의 방비를 기다려 흑4가 호점이다.

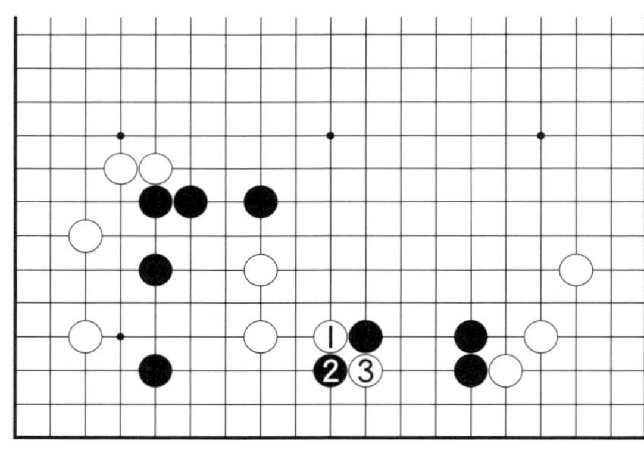

2도

2도 (대책 ☞ 맞끊음)

백1로 붙여간 수에 대해 흑2로 아래를 젖히면 백3으로 맞끊는 것이 맥이다.

이것은 **장면도**와 흡사한 형태로 백은 어떻게든 수습할 것 같다.

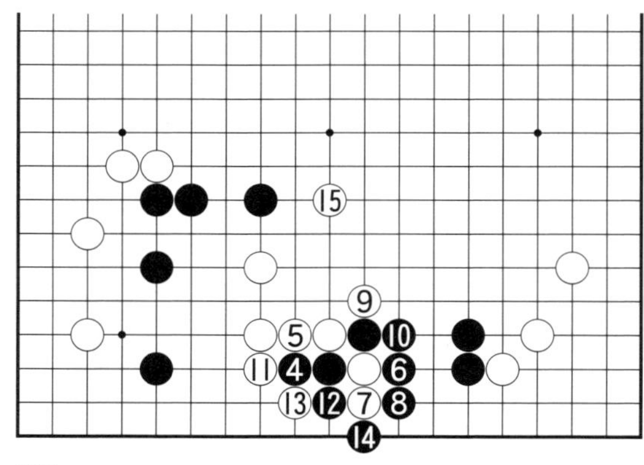

3도

3도 (역전)

계속해서 흑4로 나가면 백5로 잇는 한수. 흑6, 8로 잡을 텐데 백9의 단수에서 13까지 죄어붙이고 15로 뛰어나간다.

이것은 왼쪽의 흑이 거꾸로 수세에 놓인 꼴로 상황 역전이다.

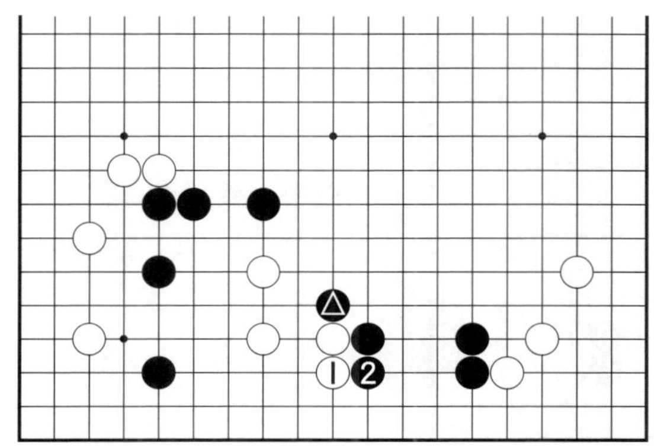

4도

4도 (궁색)

그리고 흑▲에 대해 백1로 내려서는 것은 흑2로 같이 막아 백은 다음 행마가 궁색해진다.

　백 스스로 두점머리를 얻어맞은 꼴이므로 좋을 리 없다.

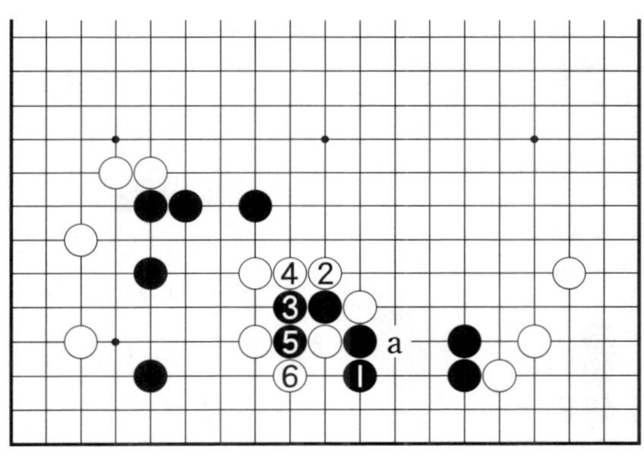

5도

5도 (노림 ☞ 죄어붙임)

장면도에 이어, 흑1로 내려선다면 백2부터 죄어붙이는 것이 준비된 노림이다. 흑은 순식간에 포도송이를 당해 공격은 생각도 할 수 없다. 흑1로 a도 백2로 마찬가지.

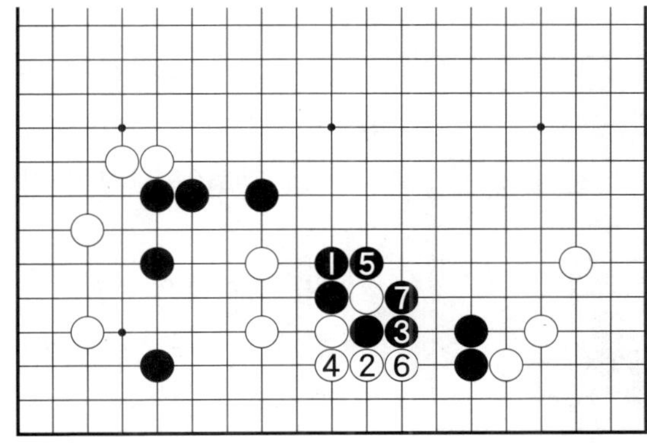

6도

6도 (대책 ☞ 호각)

흑1로 위에 서는 한수. 백2, 4로 몰고 이으면 흑5의 축으로 잡는다.

　백6은 근거의 급소이고 흑7로 따내는 데까지, 이것이면 흑은 백을 안에서 살게 하고 세력을 얻어 만족한 모습이다.

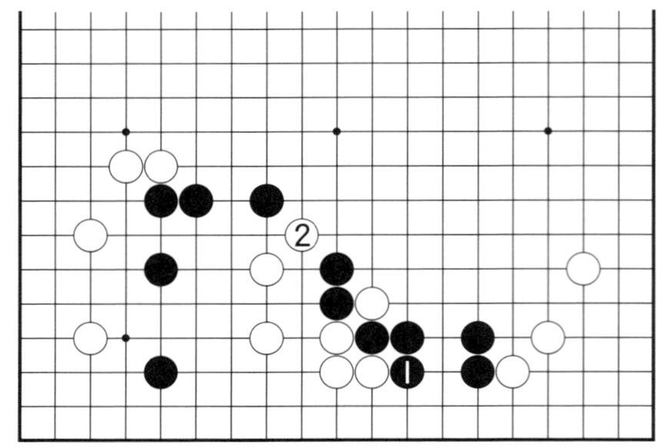

7도

7도 (방향착오)

앞 그림 흑5로 이 그림 1로 막고 싶지만, 그러면 백2로 빠져나가 좋지 않다. 보다시피 왼쪽의 흑도 약하므로 백은 더 이상 공격당할 말이 아니다.

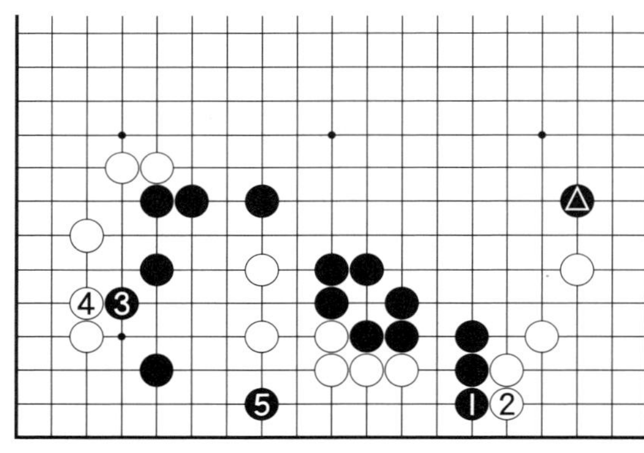

8도

8도 (백, 위험)

6도 이후, 오른쪽 흑△의 다가섬이 오면 백은 하변을 방치하기 힘들다.

　가령 손을 빼면 흑1의 내려섬이 절대 선수. 백2 때 흑3에서 5로 달려들어 백 전체가 위험해진다.

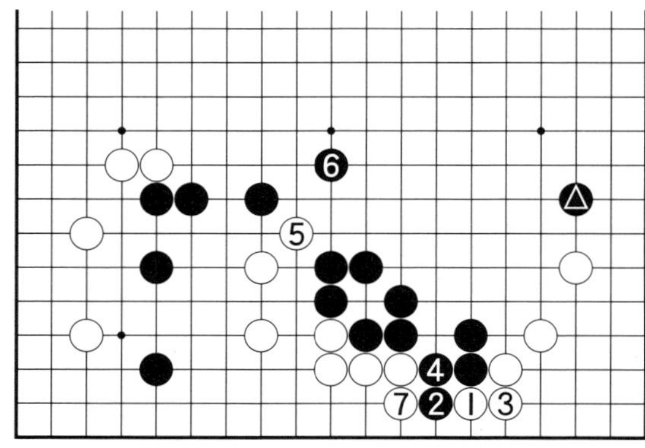

9도

9도 (보강)

다만 백의 입장에서도 흑△가 오면 백은 1, 3으로 귀쪽을 젖혀잇는 것이 기민하다.

　백5, 흑6 다음 백7로 막아 삶을 확인해 두는 것이 요령이다.

세력을 살리는 마음가짐

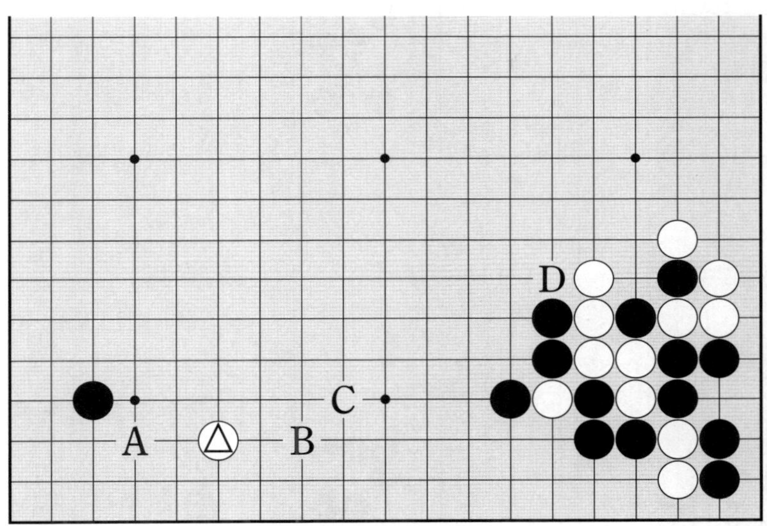

방금 백△로 두칸 낮은 눈목자걸침을 해왔다.

물론 이 수는 오른쪽 흑의 세력을 의식한 것으로 다음 흑의 응수는 A, B, C를 생각할 수 있을 것이다.

▨ 변화의 포인트

- 우선 흑은 A로 지켜야 하는지 B, C로 협공해야 하는지가 정석선택의 문제이다.
- 흑은 D의 자리 급소를 강조하는 궁리가 필요하다.

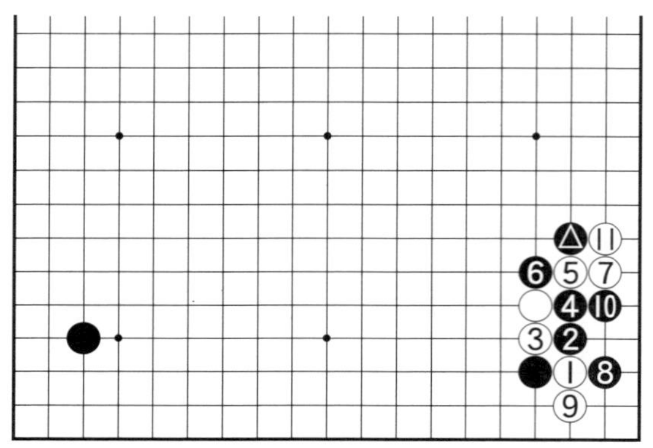

1도

1도 (경과)

우하의 정석은 다소 생소해 보이나 실은 흑▲의 낮은 협공에 백1로 붙이는 평범한 정석으로 출발한 것이다. 흑10에 백11로 꼬부려가 복잡한 형태로 발전했다.

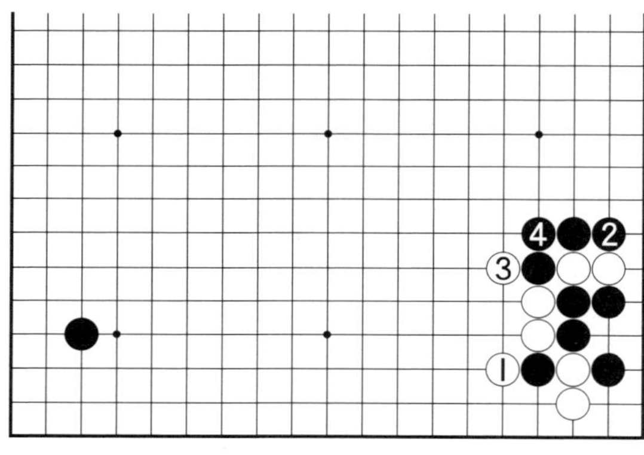

2도

2도 (선수)

앞 그림 백11로는 이 그림 1로 잡고 흑2에 백3으로 몰아 선수를 잡으면 보통이다.

백1의 수로 3의 자리 단수를 먼저 결정하지 않도록 주의한다.

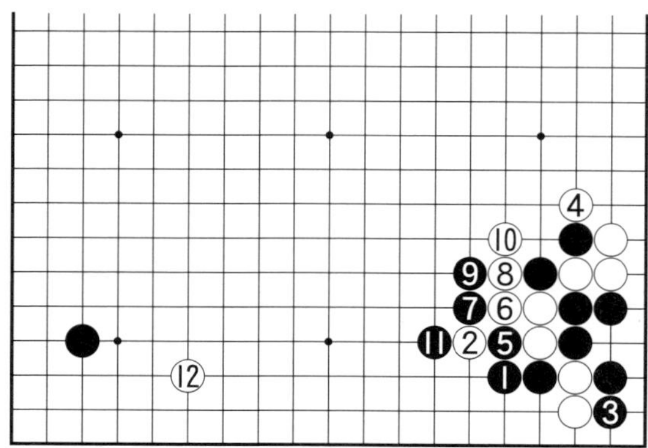

3도

3도 (바꿔치기)

1도에 이어 흑1로 뻗고 백4까지는 좌상의 축이 흑 불리일 때 필연적인 수순이다.

여기서 흑5 이하 11까지 바꿔치기한 이 결과도 호각이라 할 수 있다.

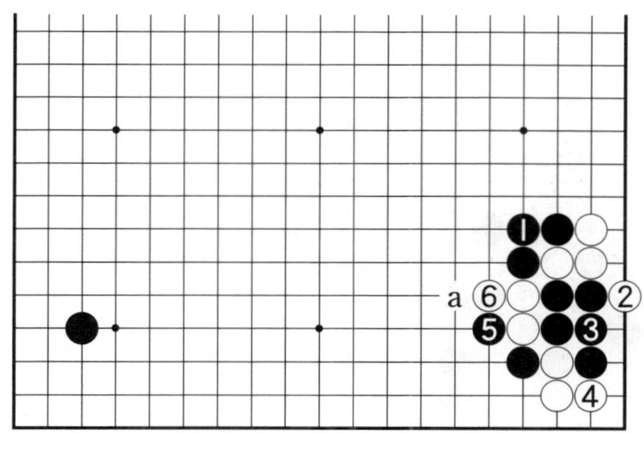

4도

4도 (축 관계)

앞 그림 흑1로 이 그림 1에 이어 버티면 여기서는 백2, 4로 두어와 흑이 망한다.

흑5, 백6 다음 흑a로 모는 축이 나쁜 것. 물론 좌상쪽에 백의 배석이 있다는 전제 아래….

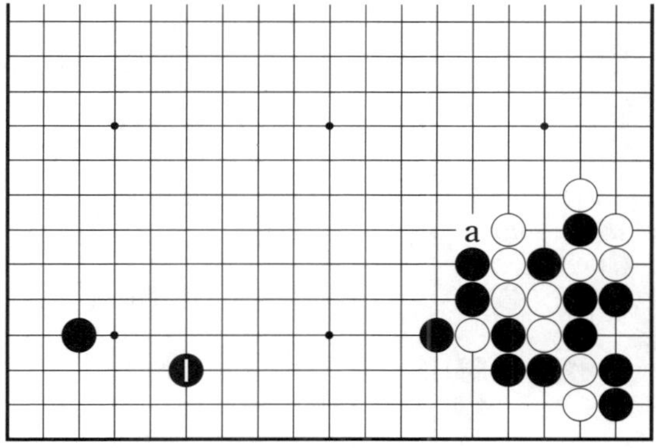

5도

5도 (하변의 세력 확대)

장면도 백△의 걸침은 시급하다. 이를 방치해 흑이 먼저 1로 굳히면 오른쪽 두터움과 한데 어울려 하변 일대의 세력이 크게 부풀어 오른다. 다음 a의 밀기가 호점.

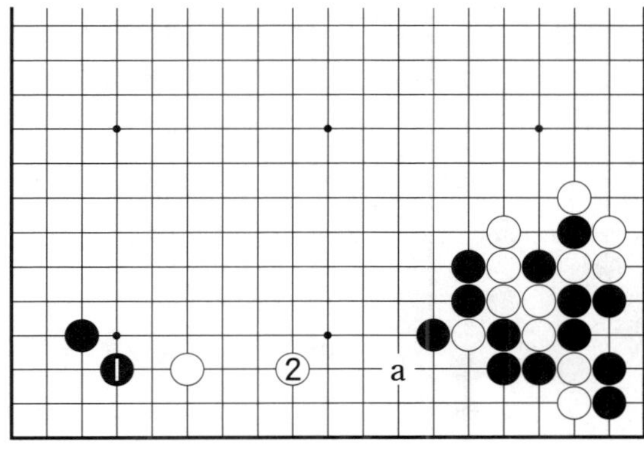

6도

6도 (흑, 방향착오)

흑1의 마늘모로 귀를 지키는 것은 백2로 벌려 안정해 싱거워진다.

다음 백a로 다가서는 것이 절대 선수로 흑 세력이 볼품없이 잦아들고 만다.

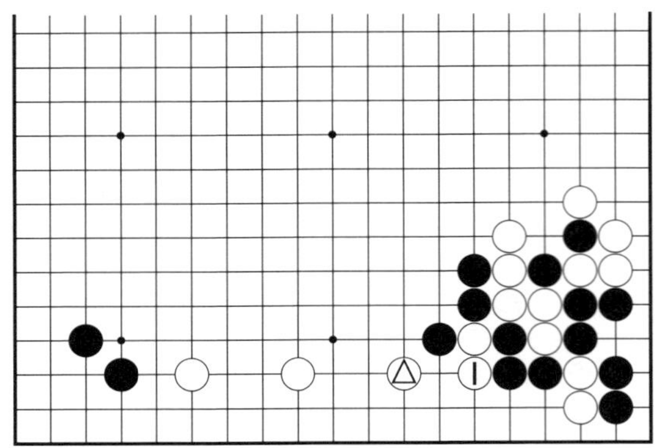

7도

7도 (노림 ☞ 손빼면)

가령 백△에 대해 흑이 손을 빼면 백1로 달아나는 수가 있다. 물론 흑은 미리 1의 수단을 막겠지만, 이 다가섬 한방을 당하는 자체로 흑이 활용 당한다는 의미이다.

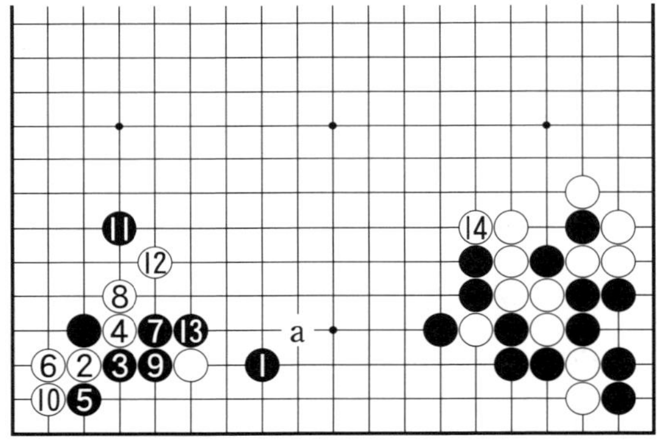

8도

8도 (일방가)

그렇다면 흑1로 협공하는 수가 일감으로 떠오른다.

백2로 붙여 이하 13까지는 익히 알려진 정석인데, 백14로 꼬부리면 a의 삭감도 남아 흑집은 보기보다 크지 않다.

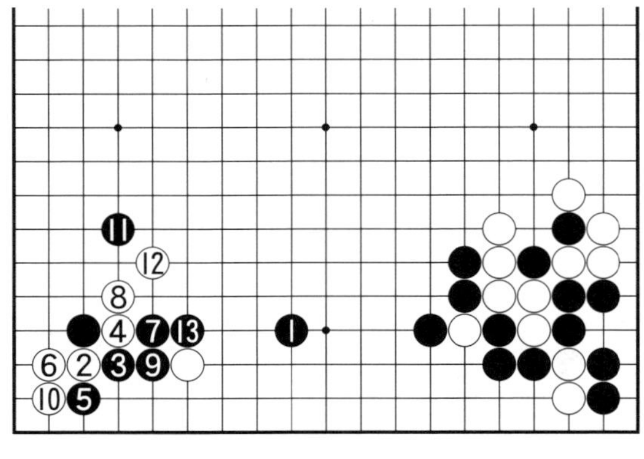

9도

9도 (대책 ☞ 입체적)

흑은 위치를 높게 가는 궁리가 필요하다. 흑1로 협공하고 이하 13까지면 흑 세력은 보다 입체적이므로 만족이다.

따라서 백도 2로는 그냥 5로 달리는 것이 유력하다.

안정을 위한 임기응변

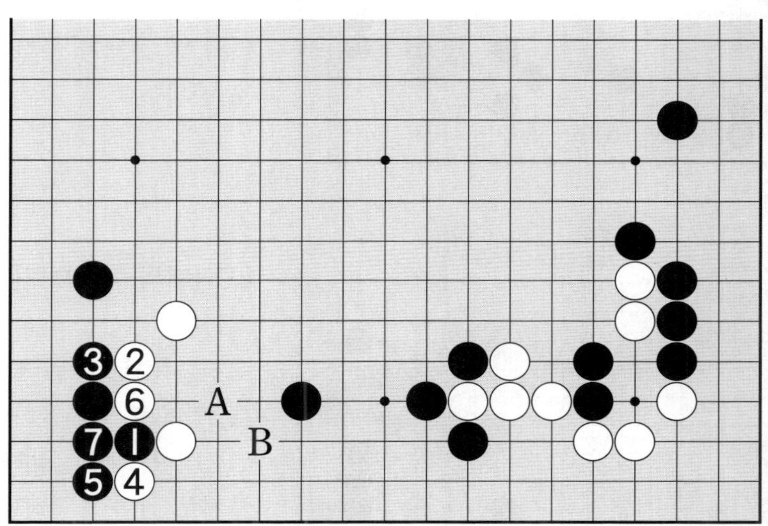

좌하귀의 공방이 초점이다.

흑1로 붙여오자 백2의 마늘모를 선수하고 4 이하 흑7까지는 모양을 정비하는 상용의 수법인데, 백은 다음에 어떻게 둘 것인지…

▨ 변화의 포인트

- 부분적으로 보면 백A의 호구로 보강하는 것이 모양.
- 백B로 다가선 이후의 진행을 몇 수 그려볼 것.

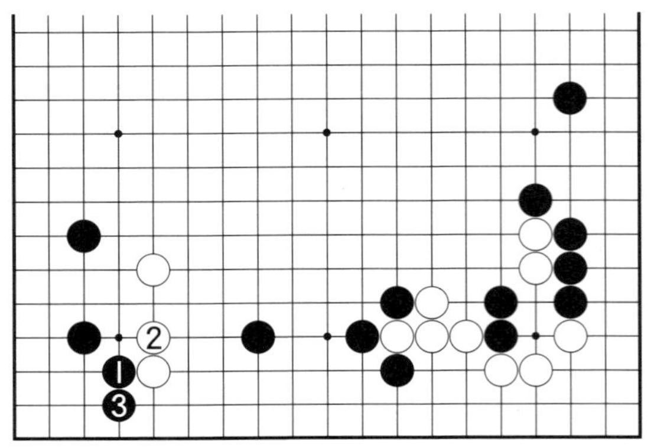

1도

1도 (노림 ☞ 백, 무겁다)

먼저 백이 장면도의 수순처럼 둔 이유를 얘기한다.

흑1에 대해 단순히 백2로 서는 것은 흑3으로 내려서 백 전체가 무거운 말로 변한다.

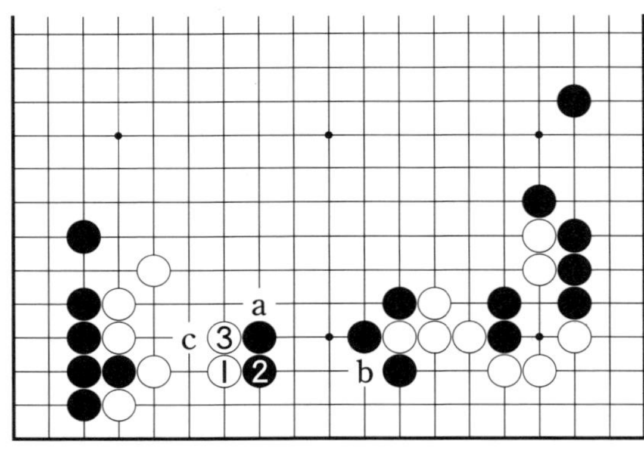

2도

2도 (대책 ☞ 맞보기)

백1로 다가서는 것이 좋은 수단. 흑2로 막는 한수인데 백3으로 밀어올려 다음 a의 젖힘과 b의 끊음을 맞보기로 삼아 충분하다. 또한 흑c로 들여다보는 약점은 자동으로 없어졌다.

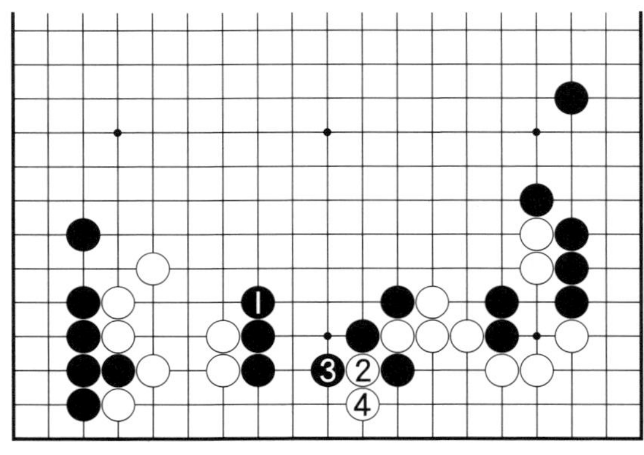

3도

3도 (백, 충분)

가령 흑이 다음 1로 는다면 백2로 끊어 흑의 근거를 위협한다.

흑3에는 백4로 내려서서 오른쪽 한점을 잡은 모양이다.

치명타냐 끝내기냐

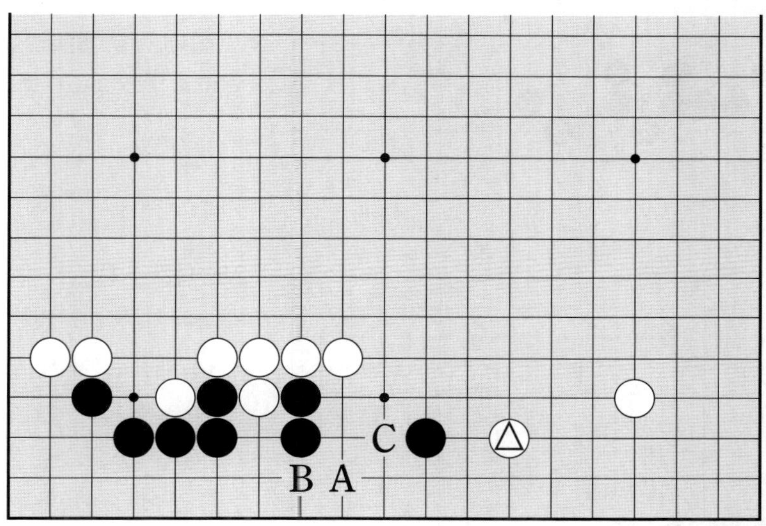

　좌하는 외목 정석의 한 형태로 백△로 다가선 이후의 수단을 생각해 보자.

　물론 끝내기의 맥을 포함하는 문제로 그 후보지는 A, B, C 세 군데 중에서….

▨ 변화의 포인트

- 백A, 흑B, 백C는 그야말로 사소한 끝내기.
- 흑에게 보다 치명적인 손해를 입히는 방법을 궁리하길.

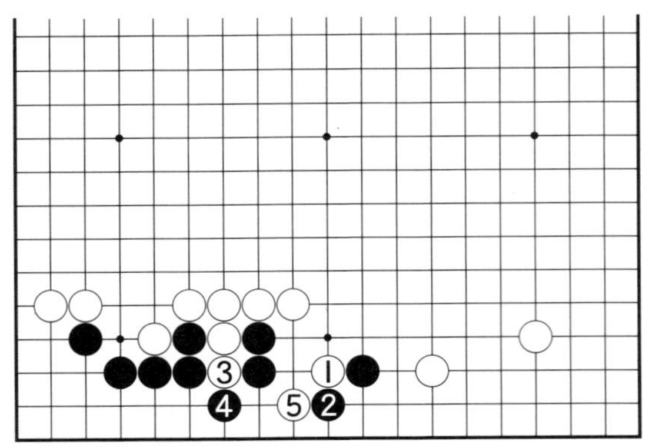

1도

1도 (노림 ☞ 콤비네이션)

백1로 하나 붙여두고 흑2 때 백3으로 나간 후 5로 되젖혀가는 콤비네이션이 통렬한 맥이다.

이것으로 하변 오른쪽 흑집은 무사하지 못하다.

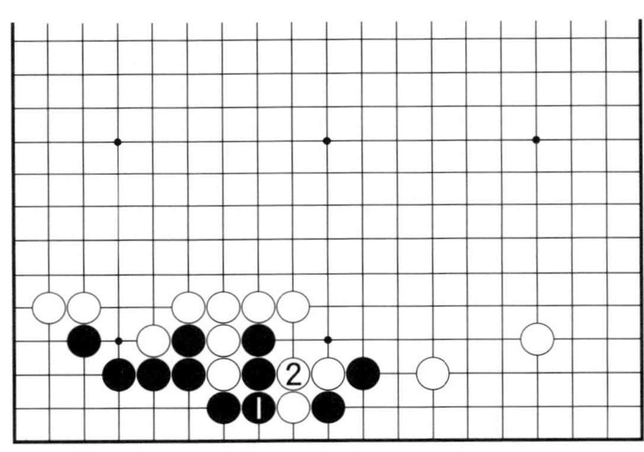

2도

2도 (분단 1)

계속해서 흑1로 잇는 정도 인데 백2로 이어 오른쪽 두점을 잡으면 큰 성과이 다. 수순 중 흑1로 2는 백 1로 끊어 흑이 좌우로 절 단되고 만다.

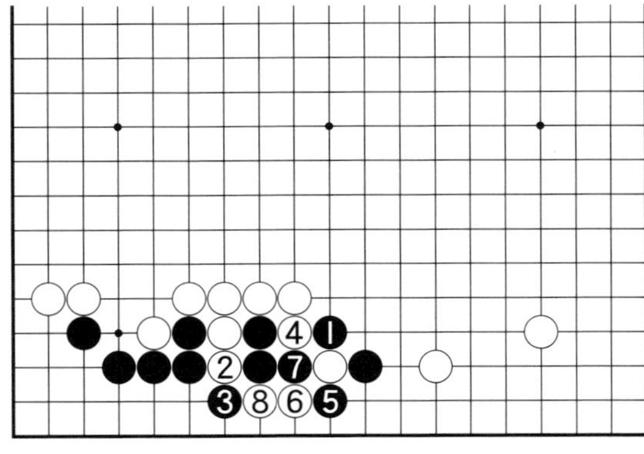

3도

3도 (분단 2)

1도 흑2로 이 그림 1로 받 는다면 백2에서 4로 찔러 들어가 흑의 응수가 고약 하다.

흑5에는 백6으로 젖히 는 것이 급소 일격. 흑7에 백8로 끊어 흑 전체가 분 단된다.

미결로 남은 정석 후의 공방

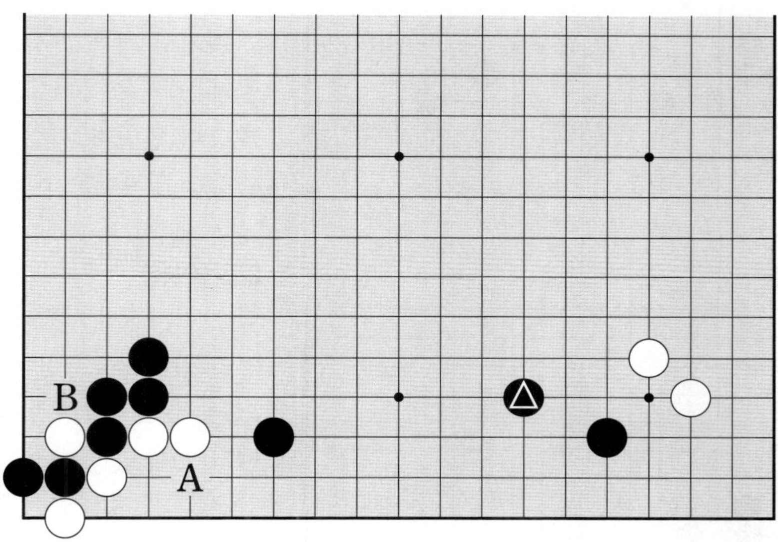

방금 흑▲로 두었다. 초점은 아직 정석이 완결되지 않은 좌하쪽의 처리. 이후 백은 어떻게 두는 것이 좋을지 생각해보자.

직접 움직일 것인지, 아니면 다른 방향에서 전단을 찾을 것인지….

▨ 변화의 포인트

- 백A로 보강하면 흑B로 잡아야 하는 모양.
- 직접 움직이는 것이 무겁다고 판단되면….

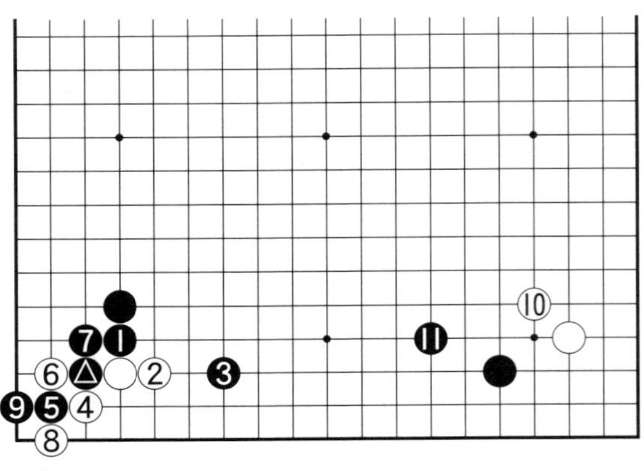

1도 (경과)

먼저 좌하는 흑▲에 대해 백이 손을 빼 1로 치받자 백2로 늘고 이하 흑9까지 된 모양이다.

거기서 백은 다시 손을 돌려 10으로 우하를 두고 흑11의 날일자로 받은 데까지가 경과수순이다.

2도 (이유)

앞 그림 흑5의 이단젖힘은 일리 있다. 이 그림 흑1로 느는 것은 백2로 밀어올 때가 문제.

흑3으로 씌우는 정도인데 백4, 6으로 붙여끌어 안정하면 흑이 싱거운 것이다.

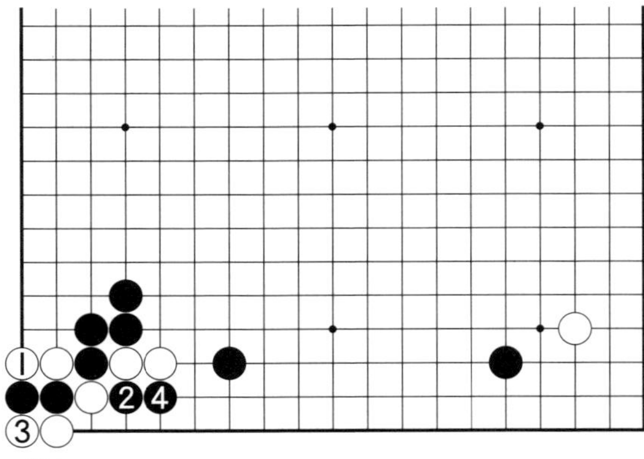

3도 (걸려들다)

1도 흑9에 대해 백1로 잡는 것은 흑2로 몰고 4로 건너가 백이 걸려든다.

귀의 백은 한 눈뿐으로 못 살아 있는 것.

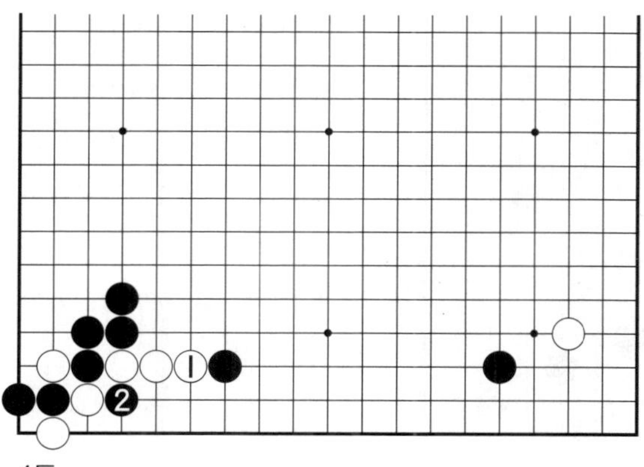

4도 (귀가 잡힘)

또, 앞 그림 흑2, 4의 수단을 방지해 이 그림 백1로 치받던가 하면 흑은 지체없이 2로 끊어 귀를 잡을 것이다. 물론 패맛은 있지만….

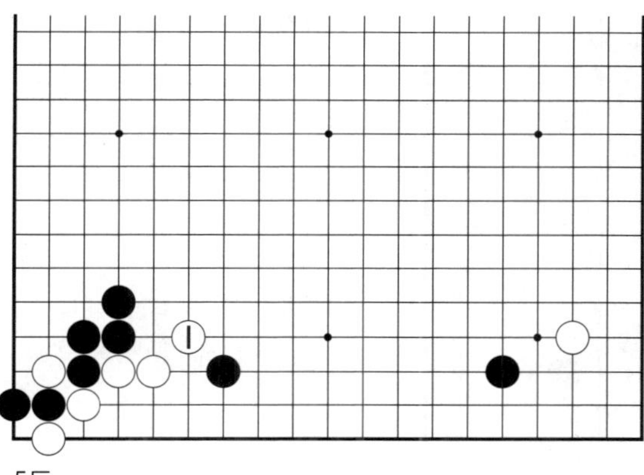

5도 (무겁다)

또, 백1의 마늘모로 움직이는 것도 무거운 인상이다. 오른쪽 흑 한점에 직접 압박을 가하는 것도 아니며 그저 달아나는 수에 지나지 않는다.

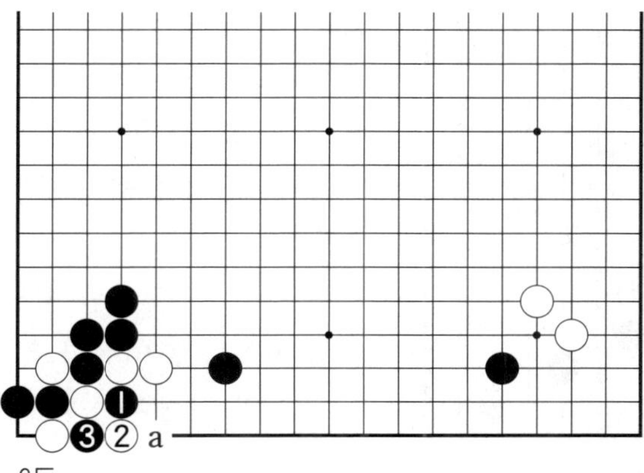

6도 (패의 수단)

좌하귀에서 백이 손을 빼더라도 흑1에는 백2의 패로 받는 수단이 있다.

　이것은 흑이 a로 패를 해소하는 데까지 그만큼 대가를 지불해야 하므로 백은 이를 역이용하려는 발상이 필요하다.

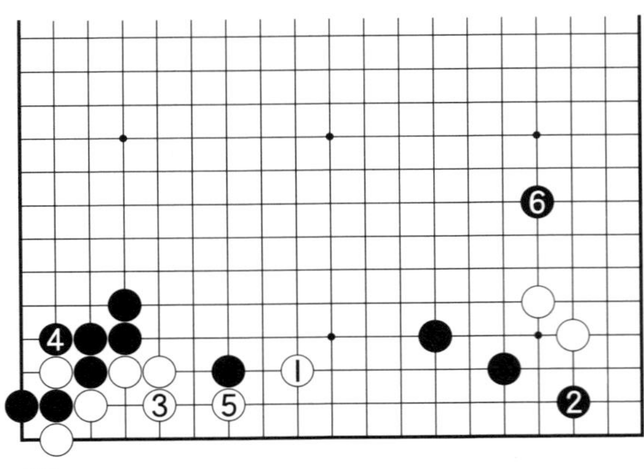

7도

7도 (대책 ☞ 쌍방 최선)

정해는 백1로 다가서는 수.
흑은 2로 달리는 정도이고
백3의 호구를 선수해 5의
건넘까지 좌하의 불안을
해소한다. 물론 흑도 6이
절호점이다.

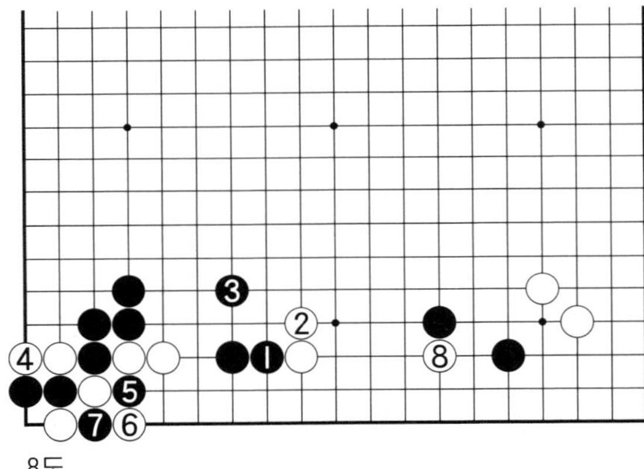

8도

8도 (절호의 패감)

앞 그림 흑2로 이 그림 흑
1, 3으로 차단해 싸우는
것은 생각이 짧다.

　백4에서 흑7까지 패가
나는데 백8로 붙여가는 것
이 절호의 패감이 된다.

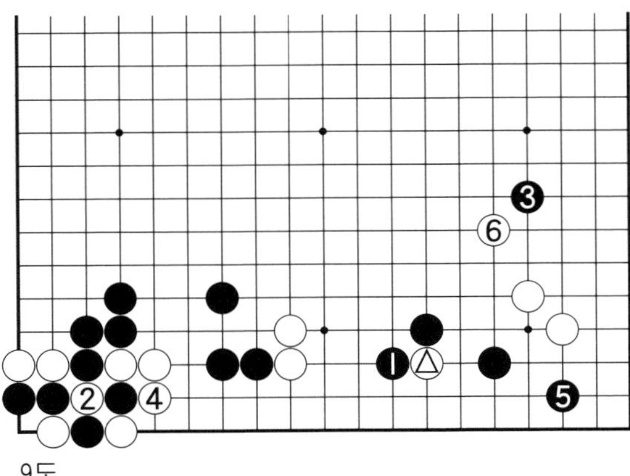

9도

9도 (백, 좋음)

계속해서 백△에 대해 흑1
로 패를 받는다면 백2로
따내고 흑3에는 백4로 해
소한다.

　이제 와서 흑5라면 백6
으로 벗어나는 여유가 있
다. 7도의 진행이 정해인
이유.

누락된 형태의 허점

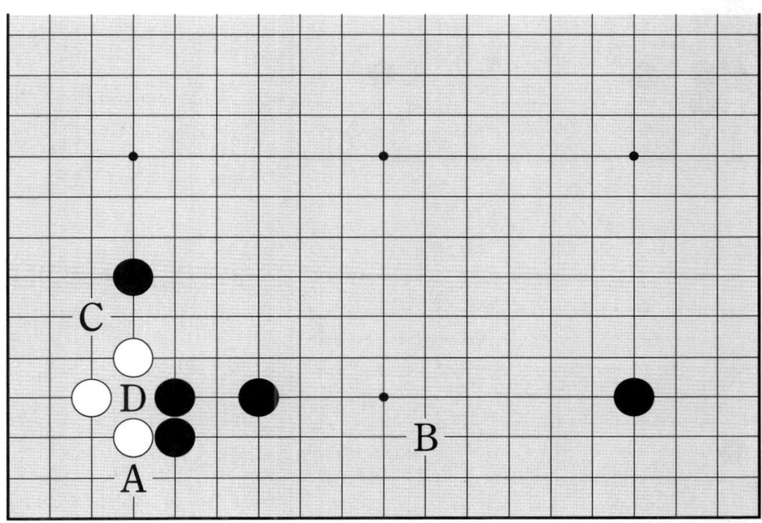

좌하 백의 형태에 주목한다. 이것은 외목 기본정석의 한 가지인데, 마지막 수순이 누락되어 있다.

보통은 백A로 내려서고 흑은 B 방면에 벌리는 것이 상식이다. 그 허점을 어떻게 찌를 것인지….

▨ 변화의 포인트

• 이후의 노림은 흑C로 다가서는 것과 흑D로 찝는 두 가지가 있다.

• 앞의 두 가지 차이를 정확히 알아두면 중반 능력이 크게 향상된다 해도 좋다.

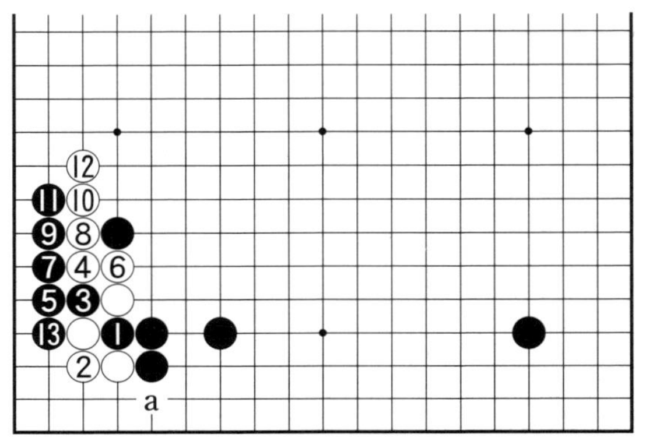

1도

1도 (노림 ☞ 흑, 큰 전과)

보통은 흑1로 찝는 수가 두어진다. 백2에 흑3으로 끊으면 백4, 6으로 몰고 잇고 이하 흑13까지 흑의 실리가 좋다. 단 흑9는 다소 문제로, a의 곳에 뒷맛이 약간 남는다. 그에 대해서는 잠시 후에….

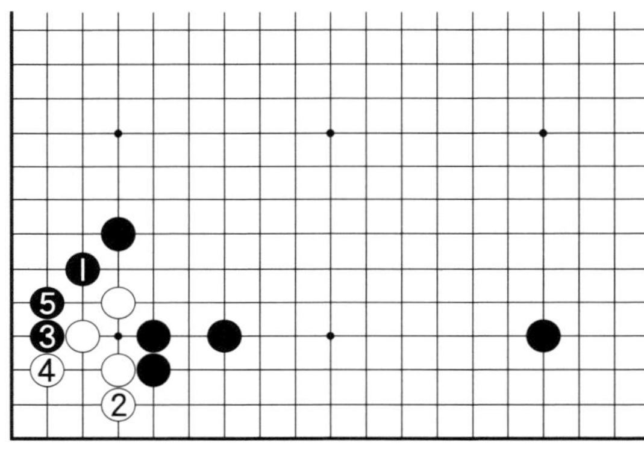

2도

2도 (노림 ☞ 불완전한 삶)

흑1의 마늘모 다가섬도 일책. 백2라면 흑3, 5로 붙여 끌어 백의 근거를 위협한다.

백의 삶이 불완전한 모양이므로 흑이 상당히 한 결과일 것이다.

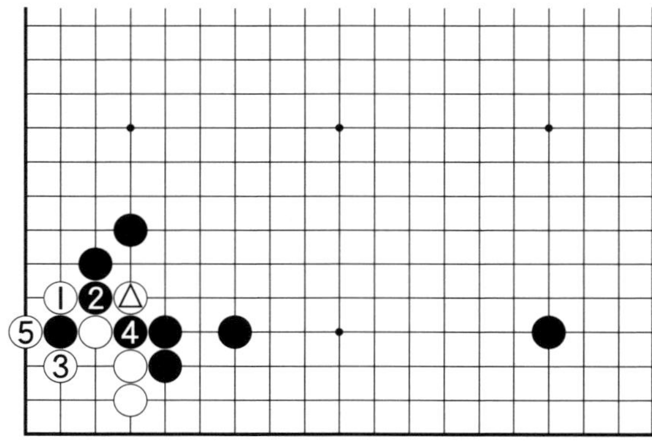

3도

3도 (선수 절단)

백이 앞 그림의 결과가 싫다면 백4로는 이 그림 1로 젖혀 반발하는 수도 있다. 그러나 흑은 2, 4로 두어 백△ 한점을 선수로 절단하므로 역시 큰 소득이다.

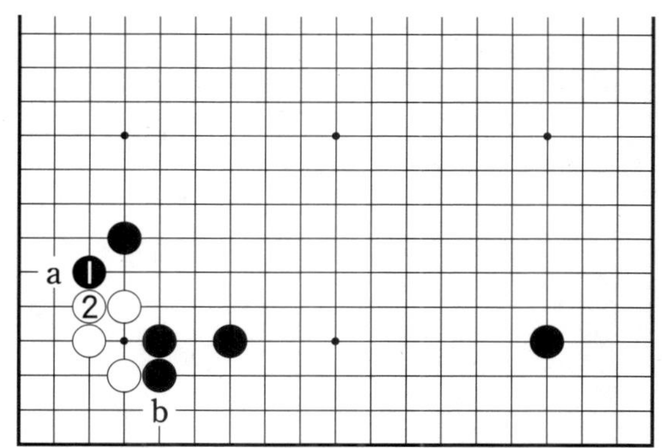

4도

4도 (흑, 만족)

흑1의 마늘모에 백2로 받아 주면 흑은 이 자체로 만족이다.

흑은 a와 b의 내려섬이 귀에 대해 언제든지 선수로 듣는 게 자랑이다.

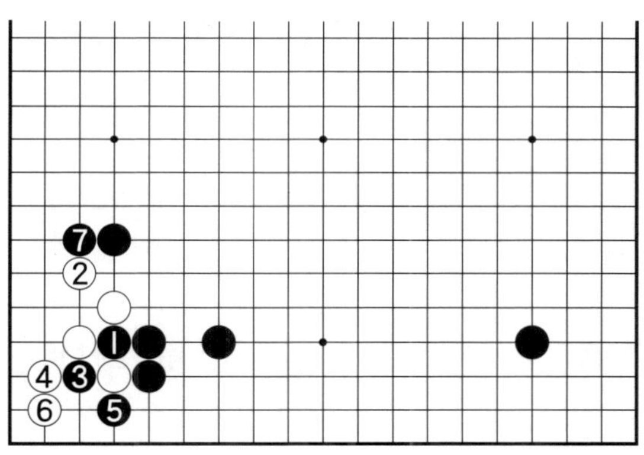

5도

5도 (백이 엷다)

흑1 때 백2로 받아주면 흑3, 5로 한점을 끊어잡는다. 백6으로 뻗기를 기다려 흑7로 막게 되면 백은 아무래도 엷은 자세이다.

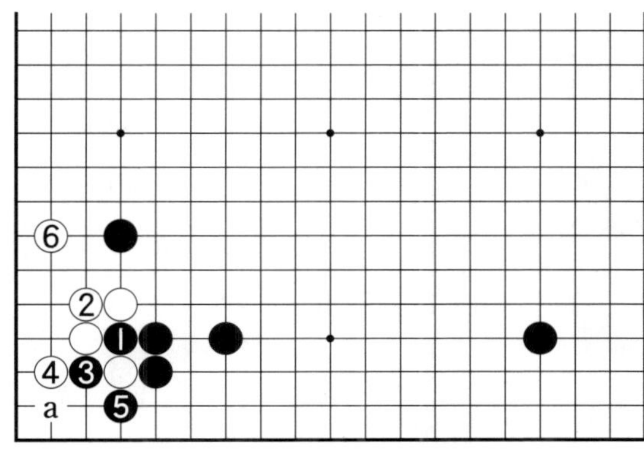

6도

6도 (큰 차이 없다)

백2로 위쪽을 꽉 이어도 흑3, 5로 끊어잡아 앞 그림과 큰 차이가 없다.

백6으로 미끄러져야 하는데, 다음 흑a가 큰 수로 남았다.

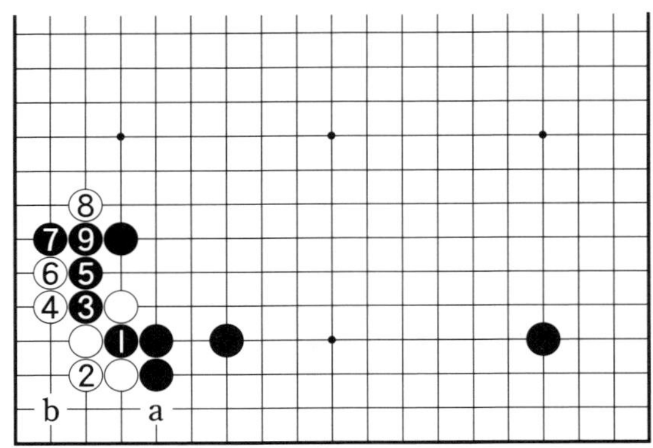

7도

7도 (철벽)

흑1, 3 때 백4로 몰고 6으로 미는 것은 선수로 귀를 살자는 뜻이나 흑은 바깥을 크게 굳혀 나쁠 리 없다. 다음 흑a면 백b의 보강이 필요하다.

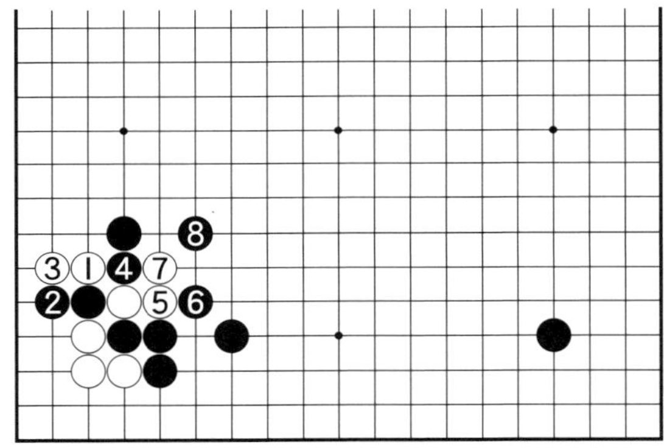

8도

8도 (축 관계)

앞 그림 백4로는 이 그림 백1로 위쪽에서 몰고 3으로 막는 수도 두어진다.

물론 축은 백이 유리하다는 조건 아래서다. 흑은 4로 끊고 6, 8로 씌워 두텁게 처리한다.

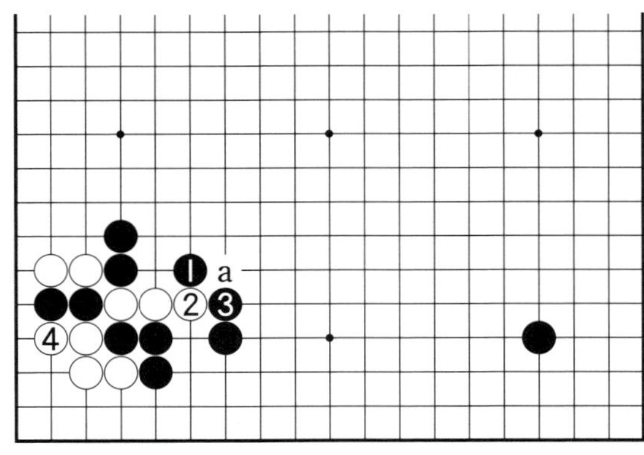

9도

9도 (단점)

앞 그림 흑6으로 이 그림 1로 씌우는 것은 이맥.

같은 장문이라도 백4 다음 a의 단점이 남아 흑이 좋지 않다.

10도 (선수가 아니다)

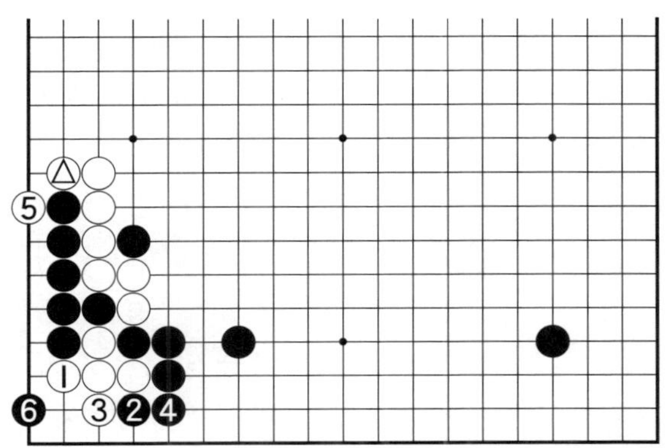

10도

그리고 1도 이후의 얘기로, 백△의 막음이 더해지더라도 선수가 되지 않는다. 백1로 막으면 흑2, 4로 젖혀잇고 백5에는 흑6의 치중으로 귀의 백을 잡고 있다.

11도 (대책 ☞ 완전무결)

11도

그런데 1도의 흑9로는 먼저 이 그림 1쪽을 두는 게 바른 수순이다.

　백2와 교환한 후 흑3, 5로 밀어두고 7로 젖히면 완전무결하다.

12도 (이단젖힘)

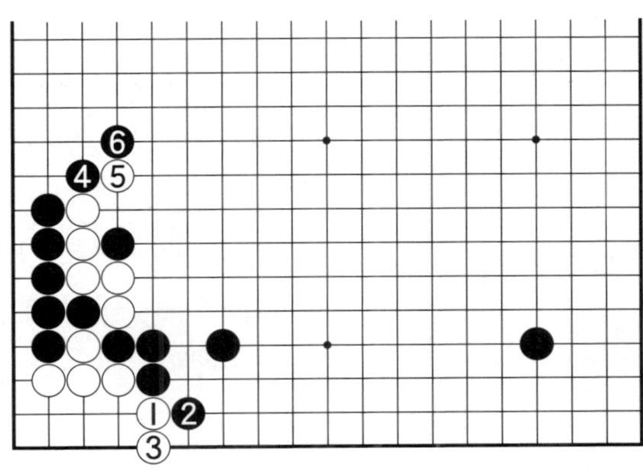

12도

앞 그림 백6으로 먼저 이 그림 백1, 3으로 젖혀뻗어 귀를 산다면 흑4, 6의 이단젖힘이 통렬해 백은 중앙을 돌파하고도 견딜 수 없을 것이다.

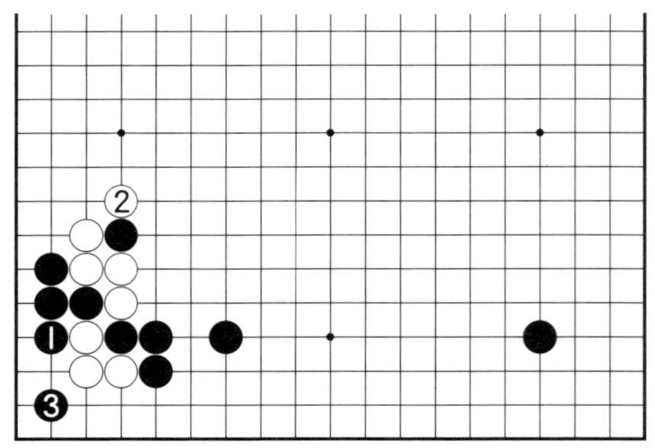

13도

13도 (흑1이 수순)

흑1 때 백2로 중앙을 제압한다면 흑은 3으로 귀쪽을 뛰어 불만 없다.

흑은 1도에서처럼 미리 백의 등을 밀어주며 2선을 길게 아니라 먼저 1로 꼬부려야 한다는 얘기이다.

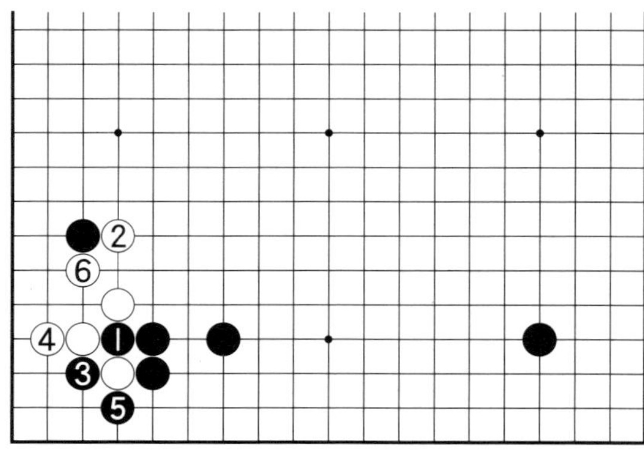

14도

14도 (노림 ☞ 저위인 경우)

좌변에 흑△로 낮게 있다면 흑1에서 3으로 끊는 것이 강렬하다.

백은 4로 아래서 모는 수밖에 없는 모양이다.

15도 (변화)

백이 앞 그림이 싫다면 백2로 붙여가고 흑3, 5에는 백6까지 두는 것도 일책이다. 앞 그림이냐 이 그림이냐는 물론 좌변 쪽의 세력관계에 따른다.

15도

행마법 교훈 한 가지

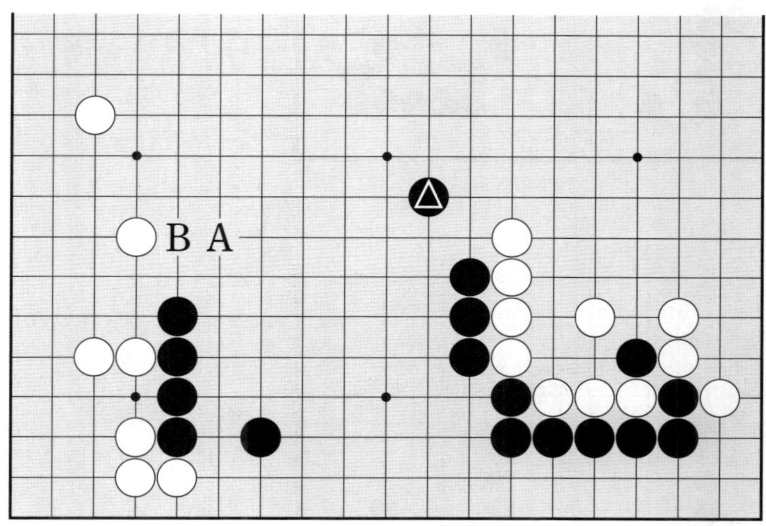

하변에 흑의 거대한 세력이 펼쳐져 있는 가운데 방금 흑△로 다시 확장해 왔다.

백은 당연히 A 방면으로 삭감하는 행마가 필요한데 과연 어느 쪽이 좋을까?

▨ 변화의 포인트

- 제일감으로는 한 줄이라도 멀리 들어가는 A의 뜀.
- 자신의 약점을 살피는 마음가짐이 필요. A와 B의 차이점을 읽지 않으면…

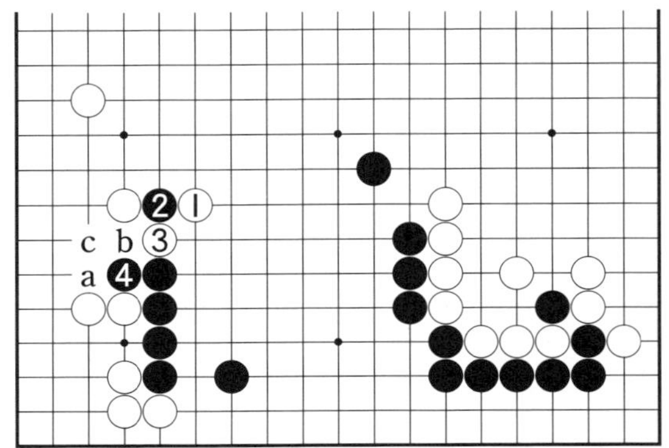

1도

1도 (노림 ☞ 끼움)

백1로 뛰는 수를 직감적으로 떠올릴 법하다. 그러나 흑2로 끼우는 것이 교묘한 수단. 백3에 흑4로 가만히 나가 백이 곤란하다.

다음 백a, 흑b, 백c가 듣는 모양임을 생각하면….

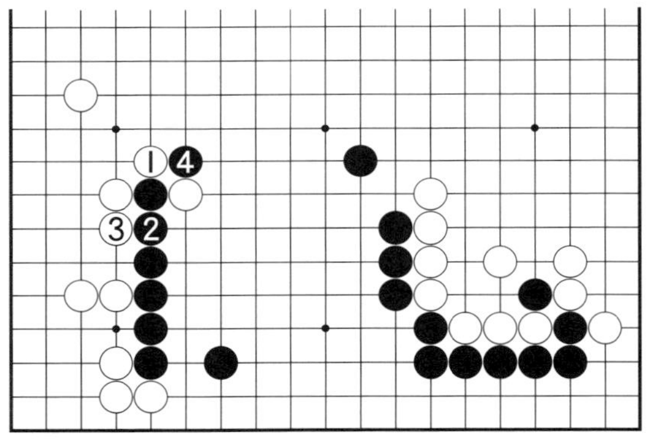

2도

2도 (절단)

앞 그림 백3으로 이 그림 1로 막는다면 흑2로 이어 좌우가 맞보기.

계속해서 백3으로 방비한다면 흑4로 끊어 삭감하러 들어간 돌이 무참히 끊기고 만다.

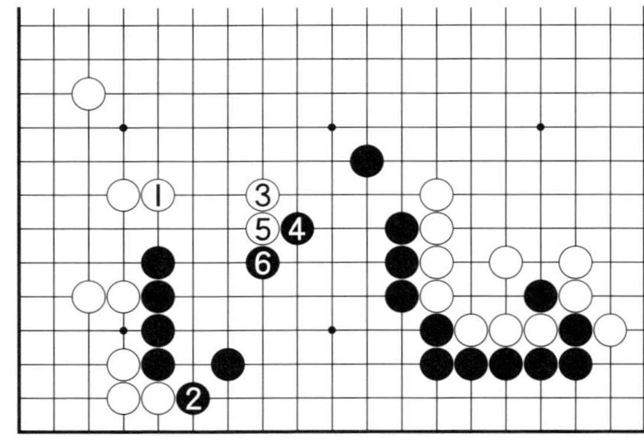

3도

3도 (대책 ☞ 쌍점)

여기서는 백1의 쌍점으로 자중해야 할 곳이다. 흑2로 아래쪽을 막고 백3, 5를 선수하는 것으로 일단락한다.

백1은 발이 느리지만 좌변 쪽의 약점을 살핀 주의력 깊은 수이다.

선수와 후수에 대한 마음가짐

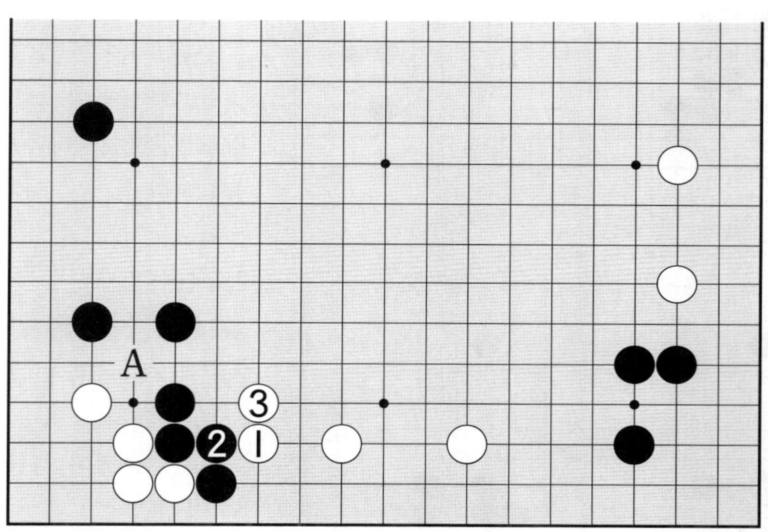

방금 좌하에서 백1, 3으로 두어 왔다.

혹은 A의 단점이 눈에 거슬리는데, 이를 어떻게 방비하는 게 최선인지 생각해 보자.

▨ 변화의 포인트

- 혹은 A의 약점을 선수로 방비하는 게 긴요하지만…
- 자칫 손해를 보지 않도록. 끝내기 문제도 포함하는 맥을 요구한다.

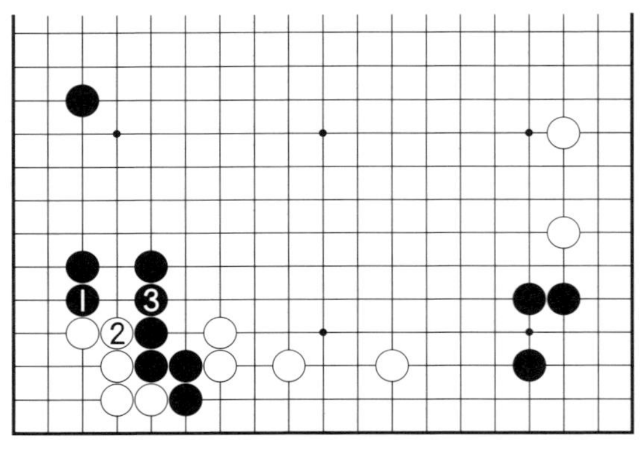

1도

1도 (대책 ☞ 치받음)

흑1로 치받는 게 정수. 백은 2로 올라서서 선수를 잡는 정도인데 흑3까지 바깥 두터움으로 만족한다.

원래 이곳은 백이 먼저 손을 댔던 곳이므로 후수라도 만족하는 마음가짐이 중요하다.

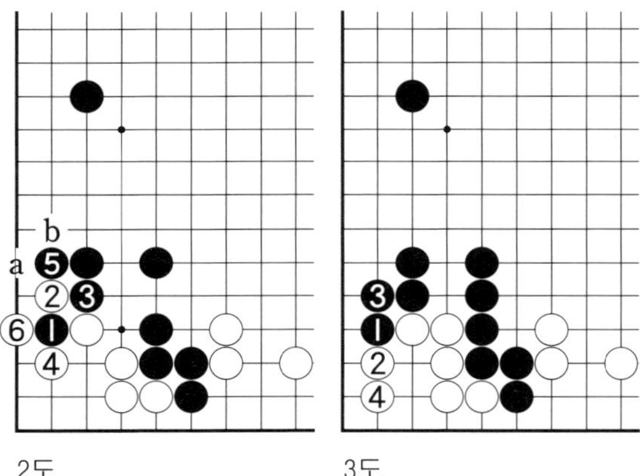

2도   3도

2도 (선수이지만)

흑1은 선수를 잡는 맥. 백2, 4에 흑5까지 바깥을 선수로 봉쇄하나 흑은 10집이 넘는 손해이다(백a, 흑b까지).

3도 (차이)

반대로 1도는 이후 흑1, 3의 끝내기가 보장된다.

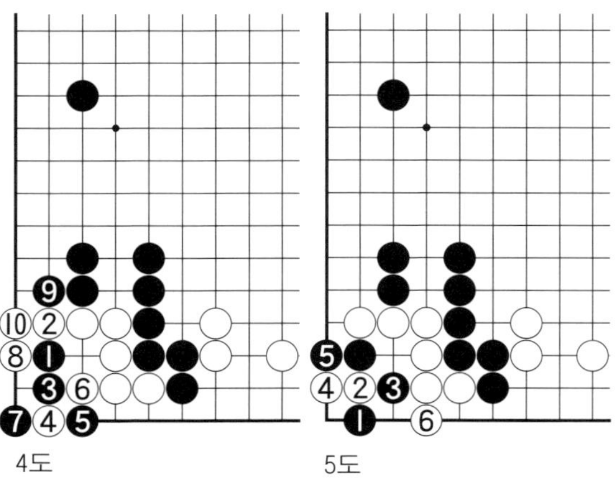

4도   5도

4도·5도 (완생)

초심자를 위해 귀의 백이 완전히 살아 있음을 나타낸 것이다. 흑1로 들어가 3이면 백4, 6으로 붙여끊어 이상 없다. 5도 흑1로 뛰어도 백2로 끼우는 맥으로 마찬가지.

축머리 공방

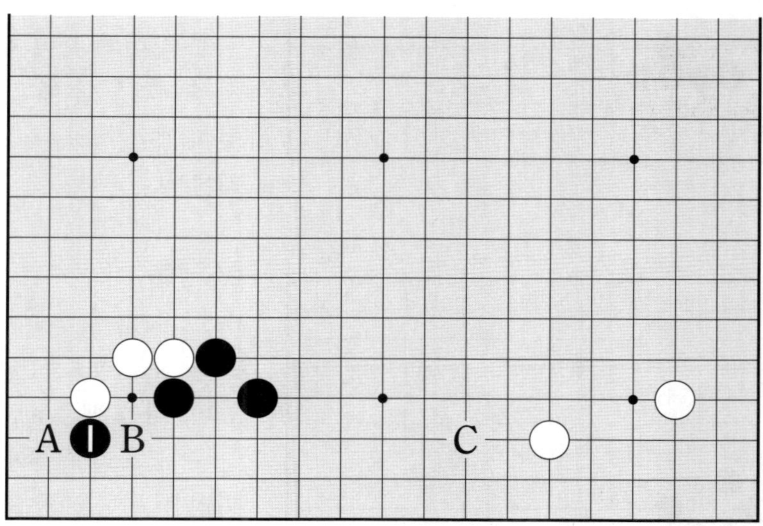

　좌하의 모양은 소목 정석의 한 가지로 이대로 완결형이라고 할 수 있다. 다만 중반 이후 흑1로 붙이는 수가 두어지는데, 다음 백A면 흑B로 늘고 하변의 큰 자리 C로 향하겠다는 뜻이다.
　백B의 반발수단을 위주로 이 부근의 공방을 검토해 보자.

▨ 변화의 포인트

- 백A면 흑B, 앞서 말한 다로 평온한 갈림이 된다.
- 백B는 바꿔치기로 흘러가는데 축 관계가 따른다.

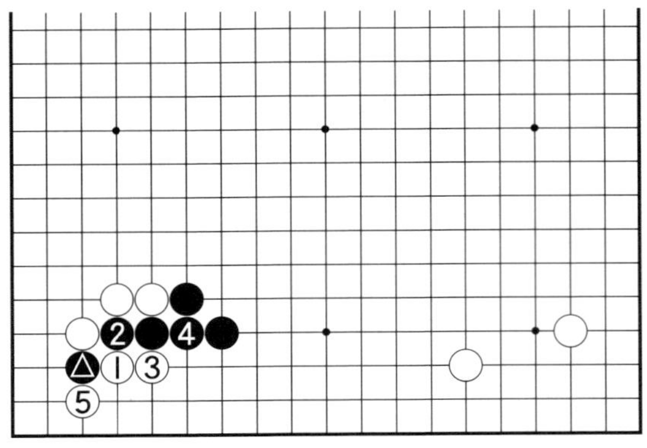

1도

흑▲에 백1로 젖히면 흑2
에 백3의 단수를 듣게 하
고 5로 바꿔치기를 시도하
는 바둑이 된다.

　물론 이후 흑이 우상에
서 축머리를 쓸 때 그에 대
한 대책이 서있는 조건 아
래에서다.

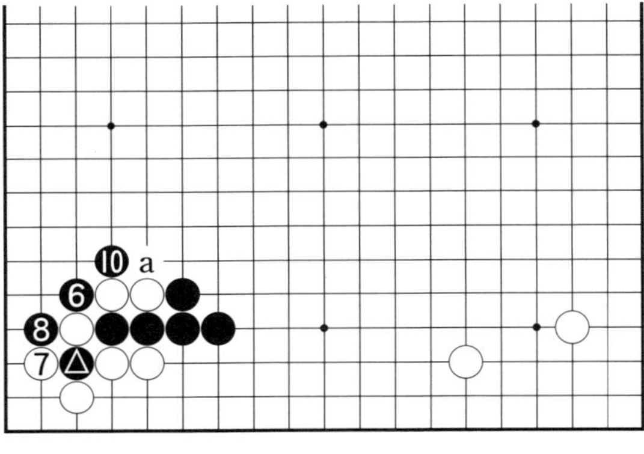

2도　　　　　　　　　　　⑨⋯▲

2도 (축)

흑6으로 몰고 8에서 10으
로 두점을 축으로 잡게 되
는데, 다음 백은 a로 나가
는 수를 노려 우상에서 축
머리를 두는 싸움으로 발
전한다.

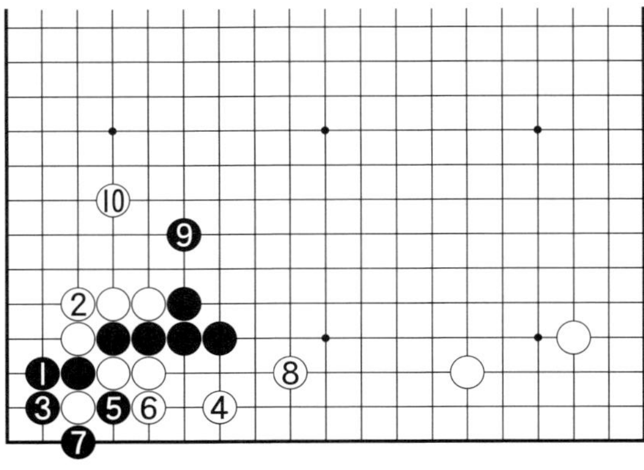

3도

3도 (백, 좋음)

앞 그림 흑6으로 이 그림
1로 나가는 것은 백2로 잇
고 흑은 3 이하로 귀를 살
아야 하는데, 이하 10까지
백은 중앙 흑을 위협하며
양쪽을 두어 만족이다.

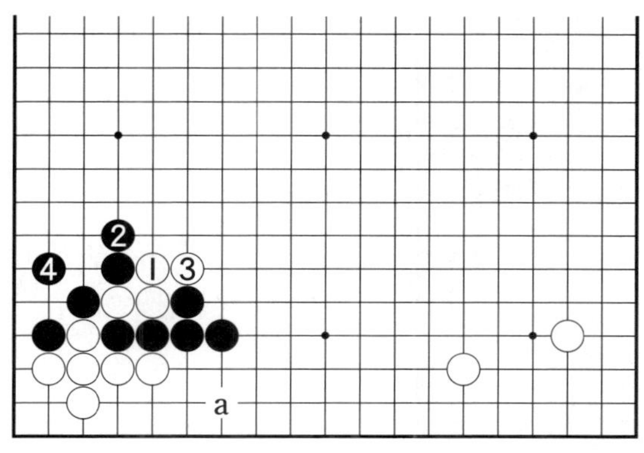

4도

4도 (대책 ☞ 축이 나쁘면)

백은 우상쪽 축이 유리하면 1로 달아나게 되는데, 흑은 2로 뻗는 것이 재미 있는 수단이다.

백3으로 꼬부리면 흑4로 호구쳐 충분히 싸울 수 있는 자세이다. 귀에는 흑 a의 뜀이 선수.

5도 (죄어붙임)

흑1에 대해 백2로 끊으면 흑3으로 키우는 것이 좋은 희생타 전법이다.

백4에 흑5, 7로 죄어붙여서 바깥 두터움으로 만족한다.

5도

6도 (노림 ☞ 축머리 작전)

우상의 축머리 공방에 대해…. 편의상 좌상과 우상이 흑의 화점이라는 가정 아래 그림을 만들었다.

백1로 높게 걸쳐 흑2로 받는다면 백3이 축머리로, 다음 a부터의 나가끊음이 노림이다.

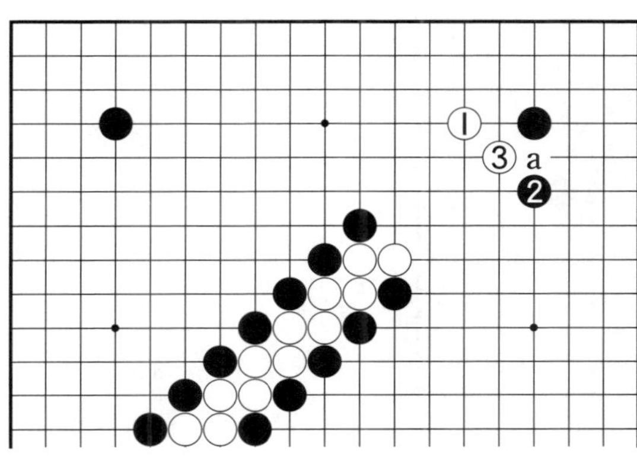

6도

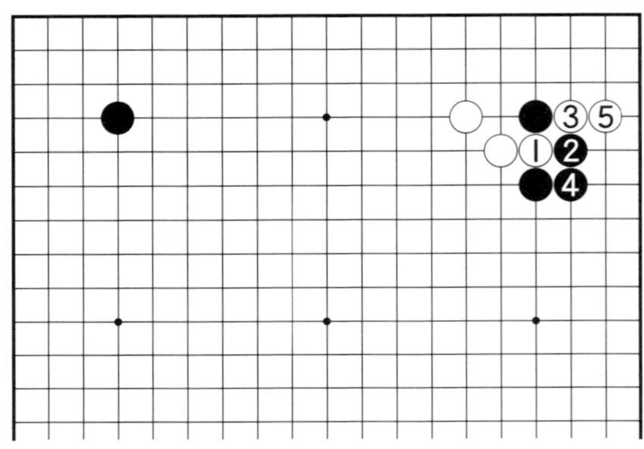

7도

7도 (백1, 3으로 통렬)

흑이 좌하의 축을 해소하면 백1로 나가 3으로 끊는 것이 통렬하다.

흑4에는 백5까지 귀를 크게 취해서 만족이다.

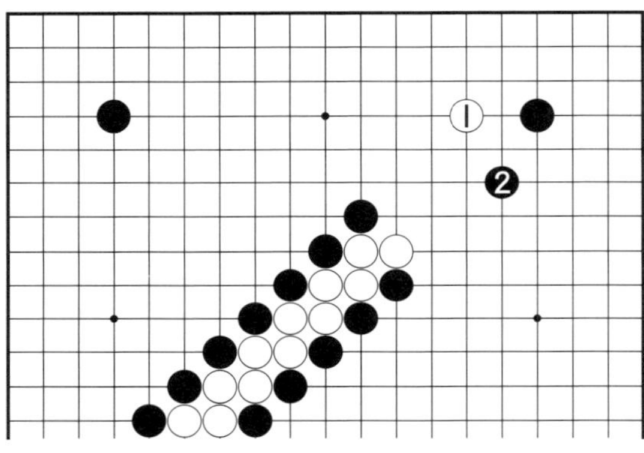

8도

8도 (대책 ☞ 날일자 응수)

백1의 걸침에는 흑2의 날일자로 받는 것이 좋은 수. 이것이면 그림에서 보듯 여전히 축이 성립한다.

흑2는 귀쪽에서의 피해를 최소화하려는 임기응변으로 꼭 기억해둘 것.

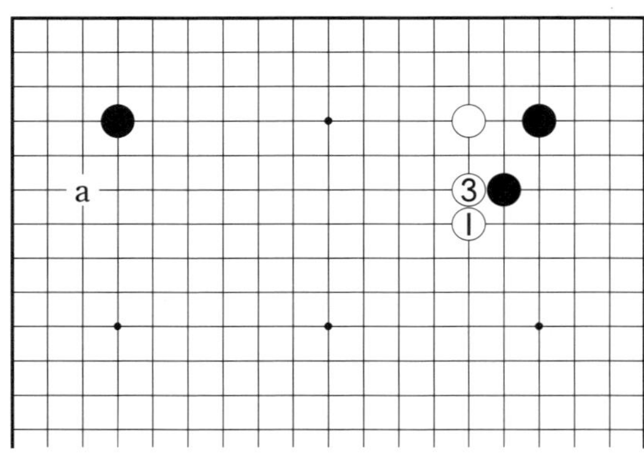

9도

9도 (다시 축머리)

흑의 날일자에는 백1로 다시 한번 축머리를 쓰고 흑이 패를 해소할 때 3으로 두텁게 눌러두는 정도가 보통이다.

흑은 다음 a로 좌상을 굳히는 바둑이 예상된다.

❷··패의 해소

평범은 싫다

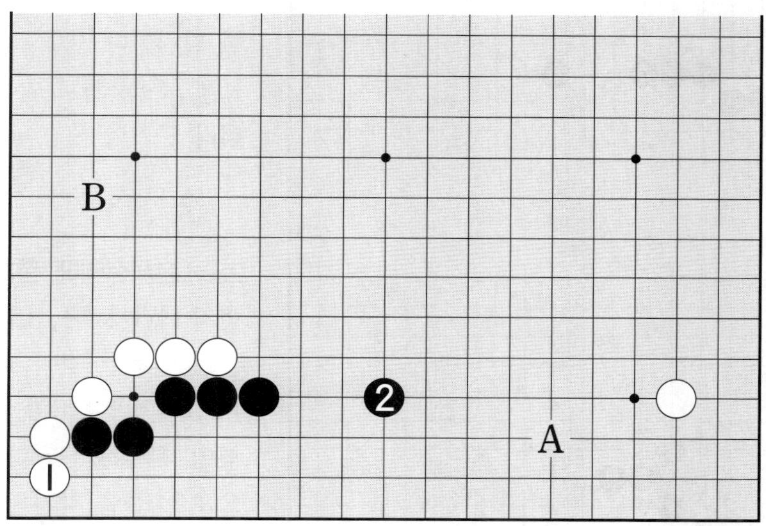

　좌하는 소목 정석의 한가지로 방금 백1로 뻗자 흑2로 전개한 장면이다. 다음 백이 어떻게 둘 것인지가 초점이다.

　백A의 굳힘이면 무난하나 흑이 B 방면으로 벌려와 뭔가 탐탁치 않은 느낌이다. 백은 보다 적극적인 수단을 강구하고 싶은데….

▨ 변화의 포인트

- 백은 우하 방면을 보다 효과적으로 굳히는 연구가 필요.
- 출발점은 고도의 수읽기를 요구하는 맥.

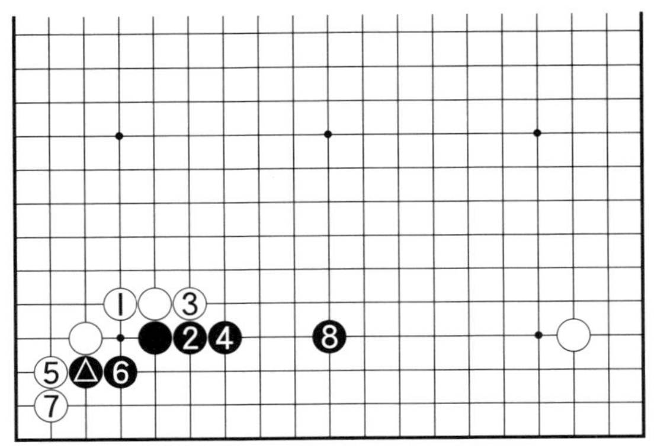

1도

1도 (경과)

문제의 장면은 흑▲의 안쪽 붙임에 대해 백1로 끌고 흑2 이하 8까지 된 것으로 쌍방이 비교적 온건한 갈림이다.

백7은 자체로 클 뿐 아니라 근거의 요점.

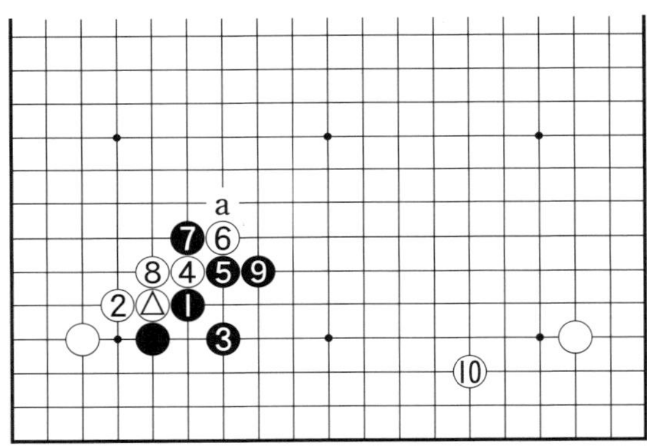

2도

2도 (정석선택에 문제)

먼저 백△에 흑1, 3으로 바깥을 굳히는 것이 보통이나 그러면 백4, 6의 이단젖힘이 좋아지게 된다.백10으로 호점을 차지하고 이후 흑a면 우상의 축머리를 쓰겠다는 생각이다.

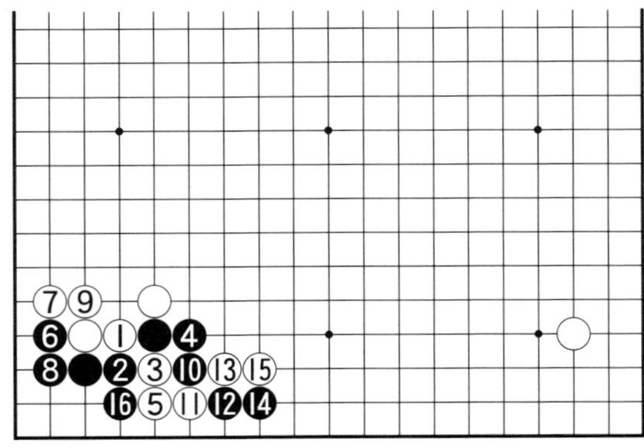

3도

3도 (축 관계)

1도의 백1로 이 그림 1로 치받고 싸우는 것도 있으나 축 관계에 조심해야 한다. 이하 흑16까지는 필연적인 수순인데, 흑 석점을 잡는 축이 안 된다면 백이 망하게 된다.

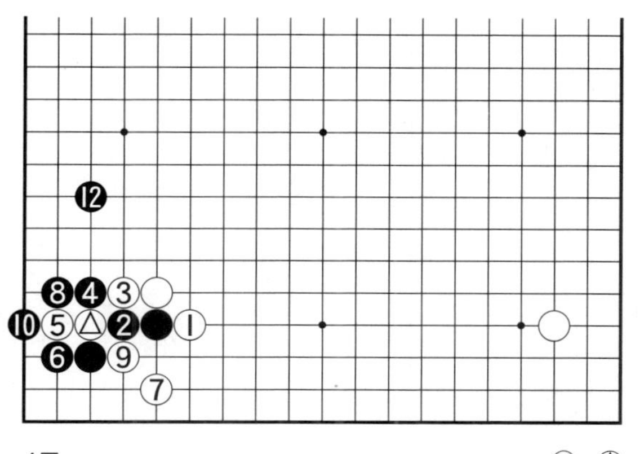

4도

4도 (호각)

백1로 하변에서 젖히는 수도 가능하다. 흑2로 치받고 4로 끊은 다음 6으로 귀쪽을 막는 것이 긴요하며 백7도 맥이다.

이하 흑12까지의 갈림이 예상된다.

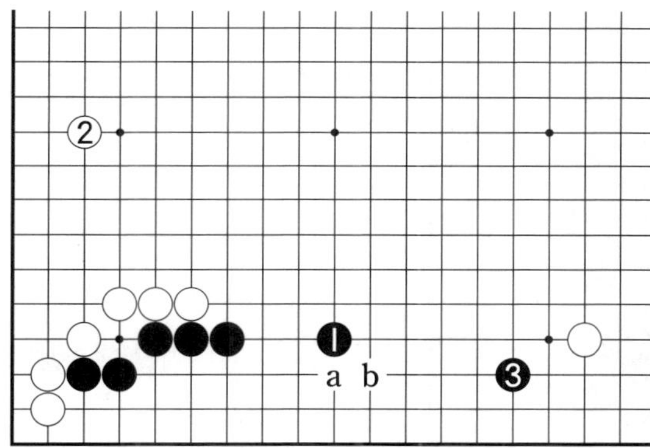

5도

5도 (높이 벌린 뜻)

흑1로 높이 벌린 것은 일리 있는 발상. 보통은 흑a 혹은 b이나 백2로 좌변을 차지할 경우가 문제이다.

흑3으로 걸치는 수가 호점인데, 이때 1의 위치가 a, b보다 효율적이다.

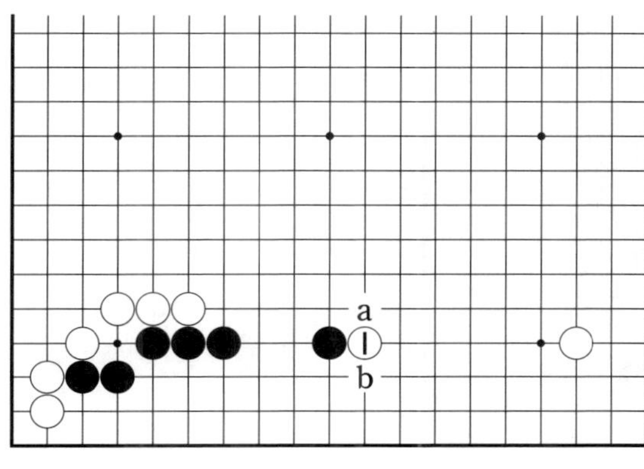

6도

6도 (붙임 일발)

이번 주제로 들어가, 백1로 붙여가는 수가 재미있는 착상으로 우하를 효과적으로 굳히려는 뜻이다. 흑은 다음 a나 b의 두 가지 길이 있는데….

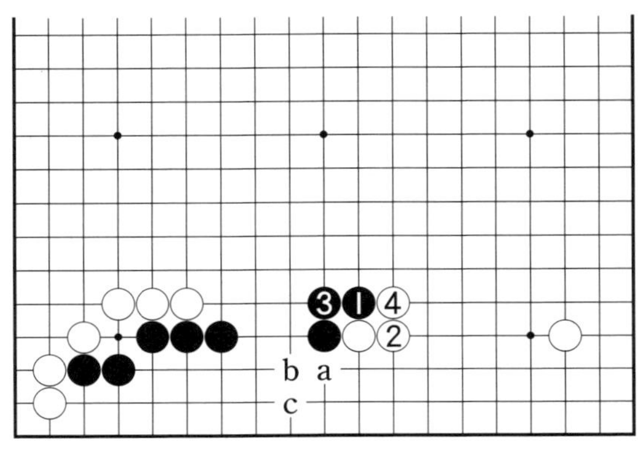

7도

7도 (노림 ☞ 백의 주문)

흑1로 위를 젖히는 것은 백의 주문. 백2로 늘면 흑3으로 잇는 정도인데 백4로 꼬부려 우하를 크게 굳힐 태세이다.

더구나 장차 백a, 흑b, 백c의 이단젖힘이 노림으로 남았다.

8도 (대책 ☞ 호각)

따라서 흑1로 아래를 젖히는 한수. 백2로 늘고 이하 백8의 이음까지는 필연으로 이 결과는 일단 호각으로 보이는데, 백도 물론 소기의 목적을 달성했다 할 수 있다.

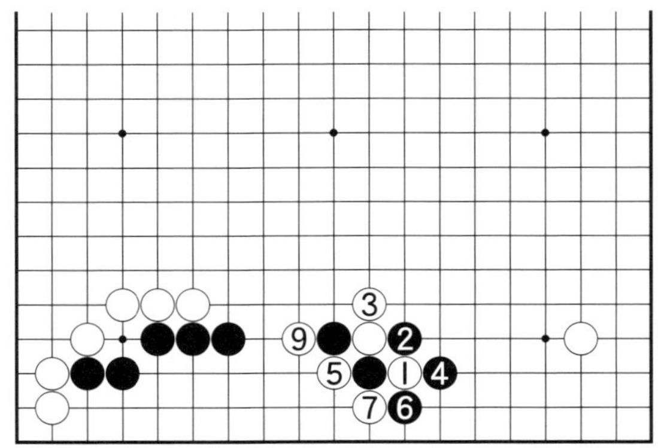

8도

9도 (위험)

앞 그림 백2의 수로 이 그림 1로 되젖히는 것은 위험한 수이다.

흑2에서 4 이하로 반발하면 백9의 축으로 잡아야 하는데 문제는 이후이다.

9도

❽‥①

426 **정석의 운영**

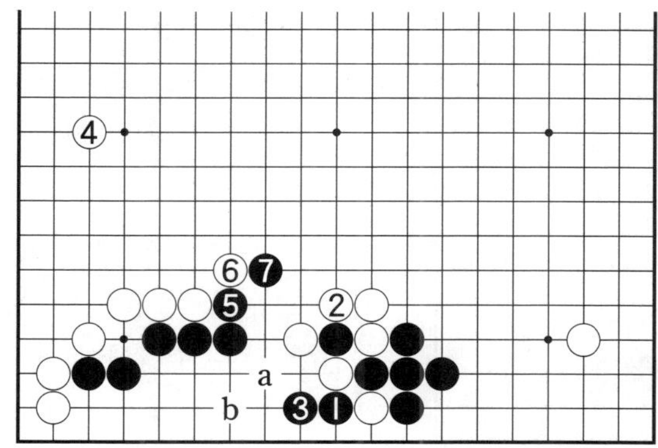

10도

10도 (백, 나쁨)

계속해서 흑1로 끊고 3으로 넘으면(백a에는 흑b) 백은 실속 없이 하변만 부서진 모습이다.

다음 백4라면 흑5, 7로 젖혀 나와 백이 곤란하다.

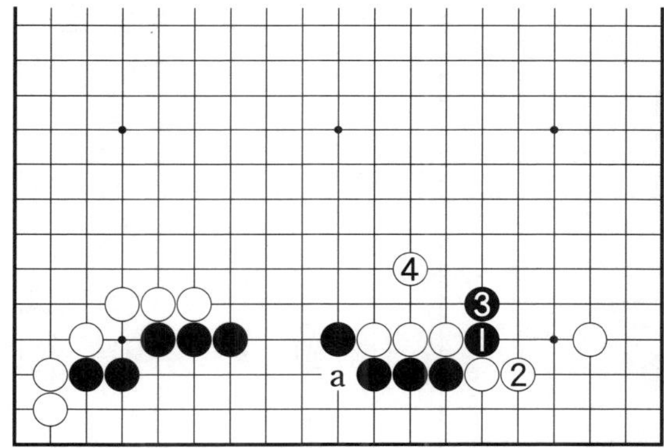

11도

11도 (성급)

8도 흑7은 이것이 정수. 이 그림 흑1에 끊고도 싶지만 백2에서 4까지면 흑 두점이 무거운 자세인데다 a의 단점이 눈에 거슬린다.

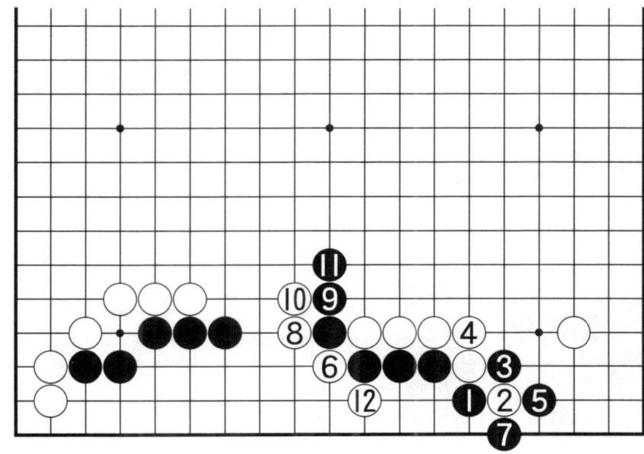

12도

12도 (흑, 무리)

그리고 흑1로 젖혀가는 것도 백2의 이단젖힘을 당해 좋지 않다.

흑3, 5라면 백6 이하로 바꿔치기가 되는데, 좌하의 흑이 크게 떨어질 기미여서는….

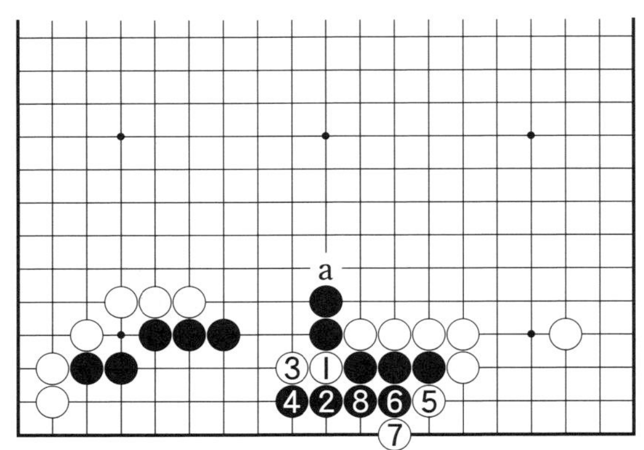

13도

13도 (활용 수단)

8도는 백이 1로 끊더라도 흑2 이하로 처리하면 별 문제는 없다.

다만 백에게는 장차 a 의 코붙임으로 활용하는 수단이 남은 모양이다.

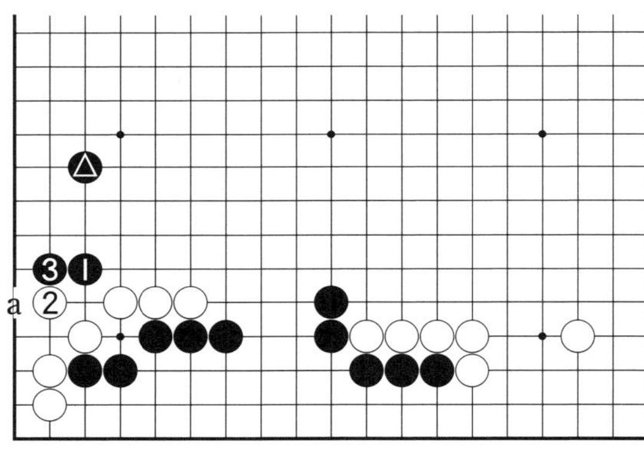

14도

14도 (노림 ☞ 턱밑 급소)

그리고 8도 백10은 좁지 만 근거의 요점. 가령 흑 ▲에 손을 빼면 1로 턱밑 을 다가서는 수가 날카롭 다. 백2로 두는 정도인데, 흑3 다음 a로 젖히는 맛이 고약한 것.

15도 (지나친 진입)

흑1은 욕심. 백2로 씌워 귀와 바꿔치기를 해올 우 려가 있다.

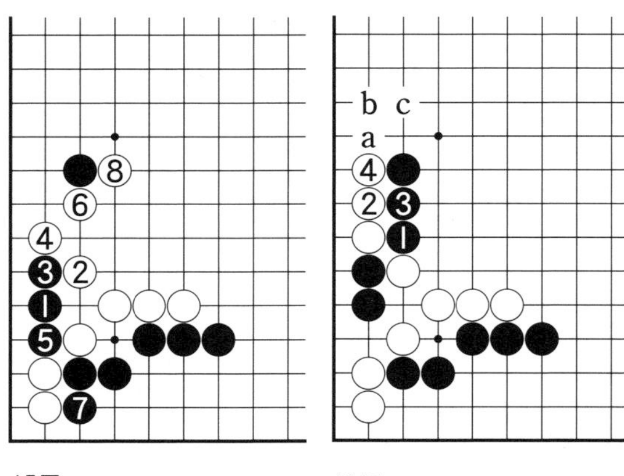

15도   16도

16도 (흑이 안 된다)

앞 그림 흑5로 이 그림 1 에 끊으면 백2, 4로 두어 곤란하다. 흑a에는 백b. c 의 곳에 흑돌이 있는 경우 가 아니면….

눈사태형의 힘겨루기

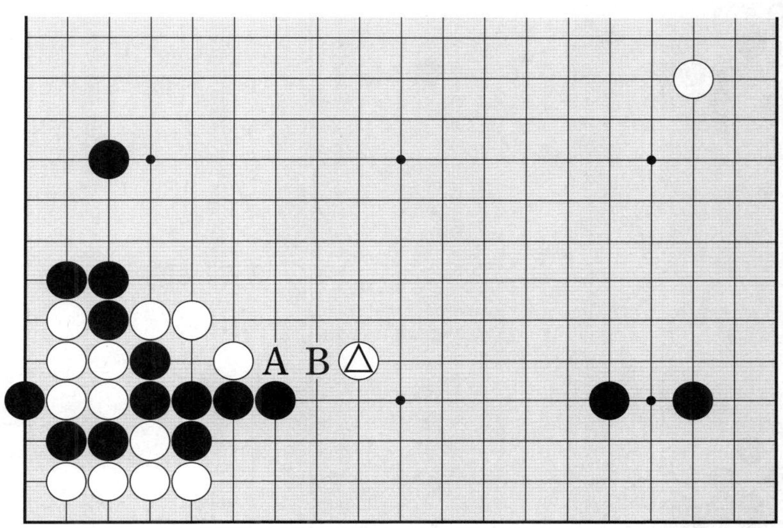

좌하의 모양은 눈사태형에서 파생한 것으로, 귀의 실리를 차지한 백이 다시 △로 씌워 왔다.

이에 대해 흑은 어떻게 진로를 모색해야 할지. 출발지점은 A와 B, 두 수 중에서 생각해보기 바란다.

▨ 변화의 포인트

- 흑이 백의 엉성한 자세를 성급하게 추궁하려다가는 뜻밖의 낭패를 보기 쉽다.
- 백과 타협을 모색해 우변 쪽으로 진줄하는 궁리가 필요하다.
- 단, 우상의 축은 백이 유리하다는 전제 조건 아래에서다.

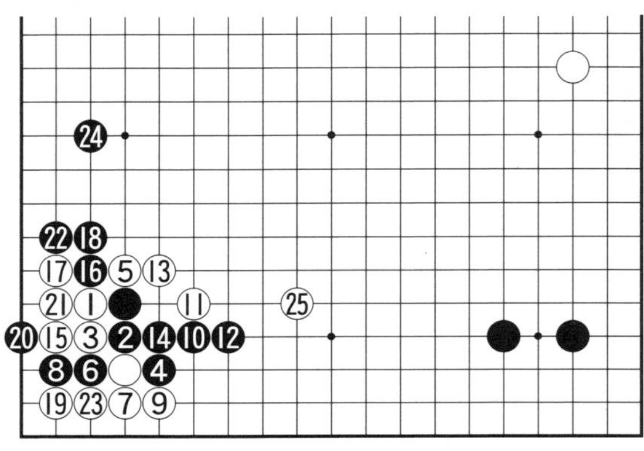

1도

1도 (경과)

흑2, 4의 밀어붙이기에 백5의 젖힘부터는 이른바 '작은 눈사태형' 정석이라 불린다.

백11은 급소로 중앙전을 모색한 수이다. 이하 25까지는 쌍방 필연으로 보인다.

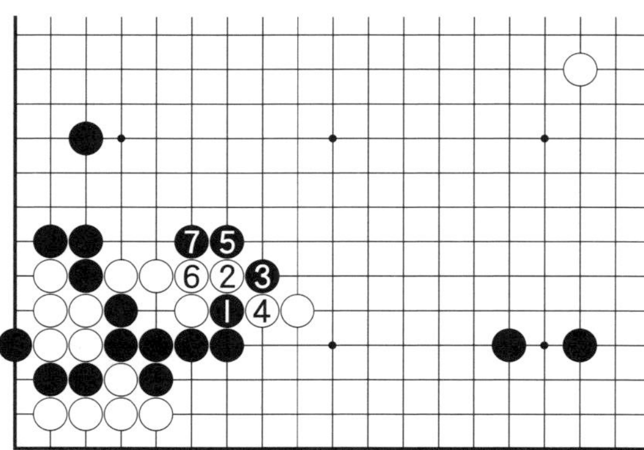

2도

2도 (보통)

앞 그림 백11로는 이 그림 1로 몰고 흑2의 끊음 이하 8까지 바꿔치기를 하는 게 일반적인 정석이다.

백은 이 갈림을 싫어해 문제의 장면이 생겼다고 할 수 있다.

3도 (직접 추궁)

본론으로 들어가, 흑1로 꼬부려 나가 3으로 젖히는 것은 바깥 백의 약점을 직접적으로 노린 것이다.

백4 이하 흑7까지는 필연의 코스인데….

3도

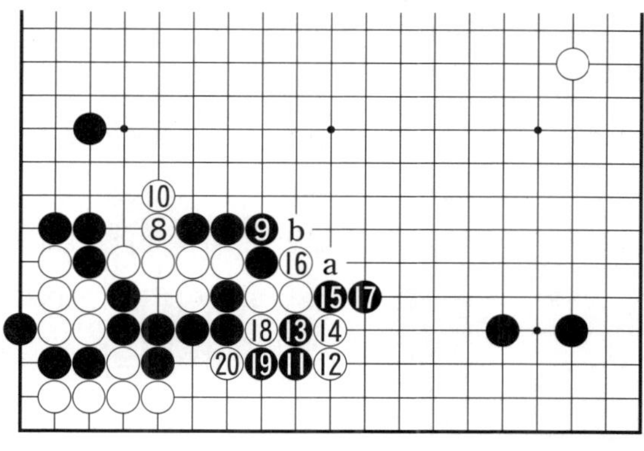

4도

4도 (노림 ☞ 흑, 망함)

백8로 나갈 때 흑9로 보강해야 하고 백10으로 뻗은 이후가 문제이다.

흑11에 백12면 흑은 기세상 13, 15로 나와 끊어야 하는데 이하 백20까지 흑이 망한다. 물론 흑은 a나 b의 축이 불리할 경우다.

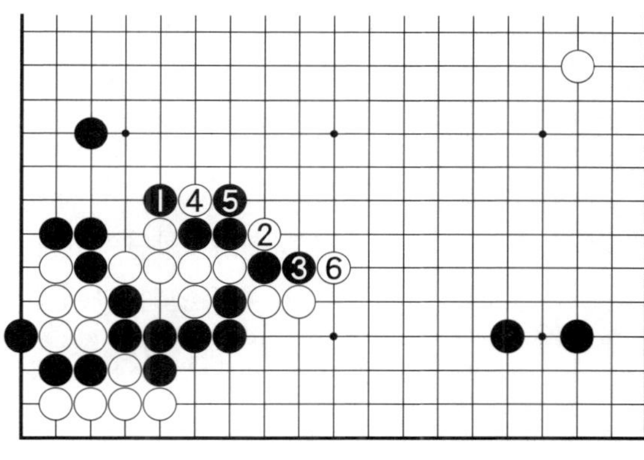

5도

5도 (축)

초심자를 위한 변화 한 가지. 앞 그림 흑9의 수로 이 그림 1에 막는 것은 백2에서 6으로 간단히 축이다.

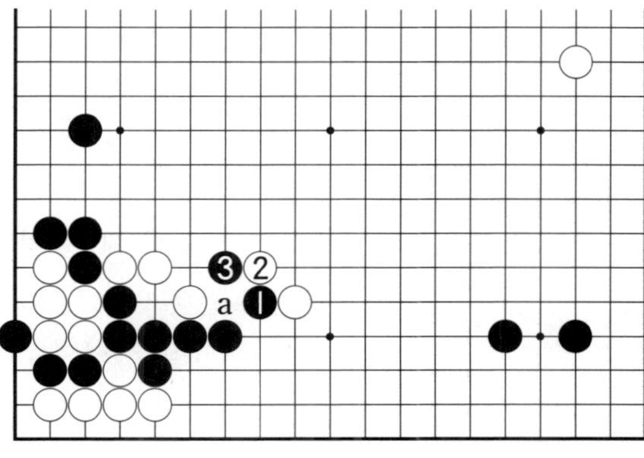

6도

6도 (대책 ☞ 마늘모붙임)

흑1의 마늘모붙임이 최선. 백2로 젖힌다면 흑3으로 되젖혀 타개의 길을 모색한다.

흑1, 3의 수순은 백a의 끊음이 자충이라는 데 착안한 맥이다.

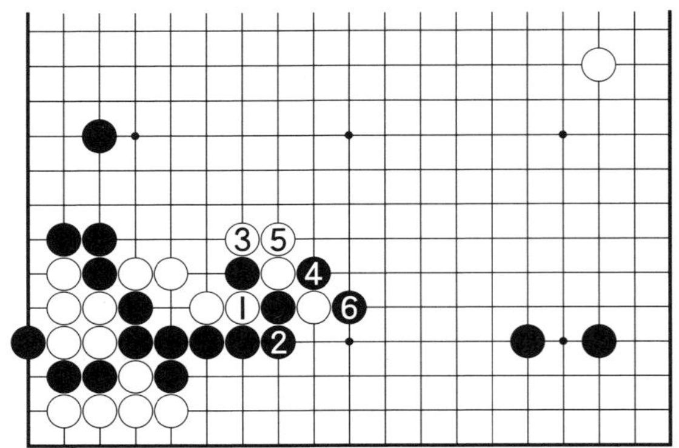

7도

7도 (간단)

백이 1로 끊고 3으로 위쪽 흑 한점을 잡는다면 흑은 4에서 6으로 한점을 축으로 잡아 간단히 타개한다.

이제 하변이 흑의 거대한 세력권이다.

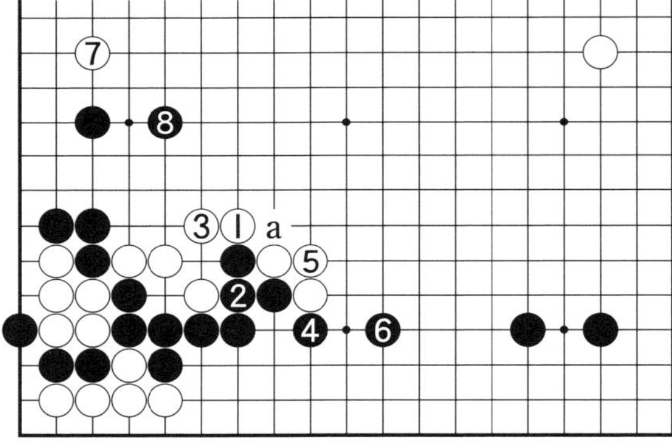

8도

8도 (쌍방 최선)

백1로 한번 더 젖혀오는 수가 교묘. 흑2로 이을 수밖에 없고 백3으로 늘어 5 이하 흑8까지 일단락한다.

이후 흑은 a의 단점을 노리는 바둑이 된다.

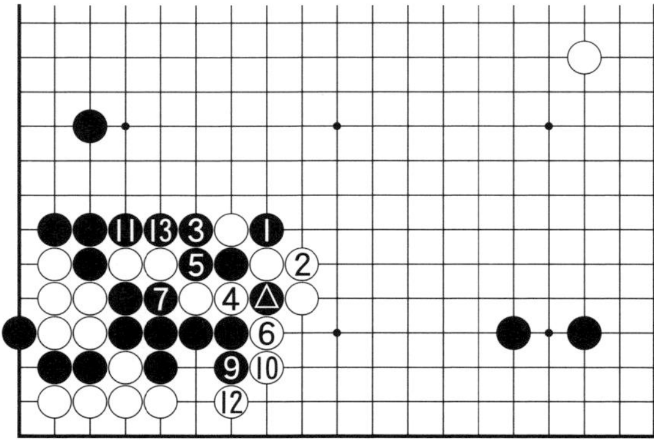

9도

⑧…△

9도 (흑, 실속 없음)

앞 그림 흑2로 이 그림 1부터 치고나가는 것은 속수이다.

백4로 뒤에서 모는 것이 날카로운 역습으로 백이 왼쪽 두점을 사석으로 죄어붙이게 되면 순식간에 형세가 역전된다.

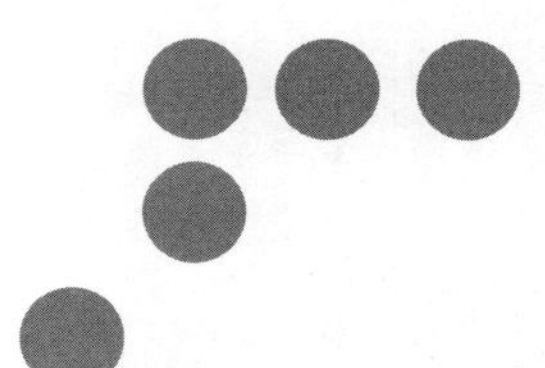

부록

정석 도중 10가지 테마

❋

'정석 도중'의 테마는 말 그대로
정석이 끝나지 않은 상태에서 발생하는 문제이다.
정석 이후가 주변의 배석이나 전체의 형세와 관련되어 있다면,
정석 도중은 귀에서 정형화된 절충 속의 일부분으로서
다루어지기 때문에 많이 연구되고 알려져 있다.
그중 알아두면 도움이 되는 기략이 담긴
10가지 정석 테마를 살펴본다.

기세의 방향전환

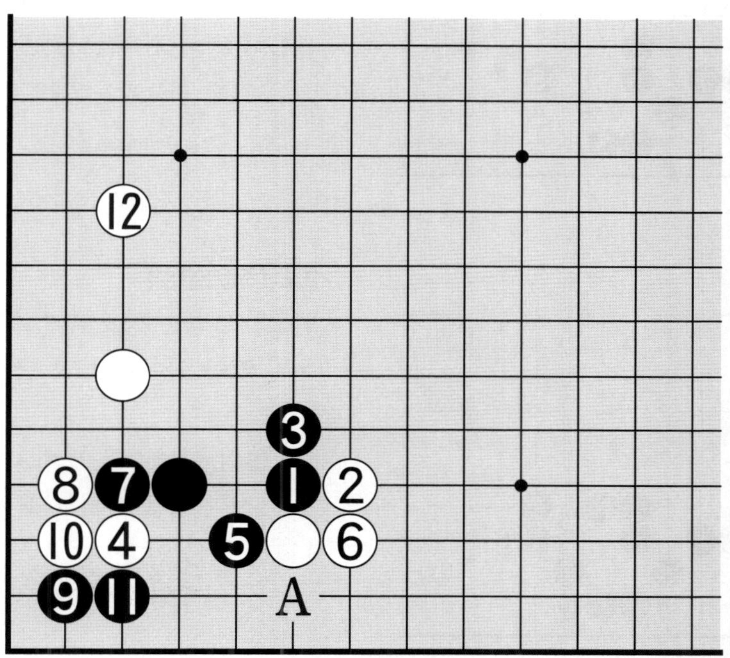

　흑의 화점에서 백의 양걸침으로 생긴 정석의 한가지. 백4의 3·三 침입에 흑5로 막자 백6으로 이어 변화를 모색한다(백6으로 7에 건너고 흑6의 끊음이면 보통).

　백8 때 흑9, 11이 주목할 만한 맥인데, 백12로 좌변을 벌린 데까지 일단락한다. 지금까지는 한수 한수마다 조금이라도 손해를 보지 않으려는 치밀한 공방이 이어졌는데, 도중 흑9로 A에 젖히면?

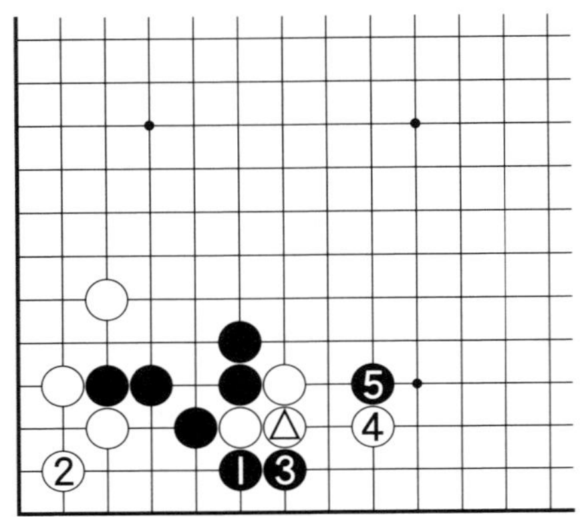

1도

1도(정해 ☞ 방향 전환)

흑은 단순히 1로 반대쪽을 젖혀 건넘을 봉쇄하는 수도 유력하다.

그러면 백2로 호구쳐 귀를 사는 한수이고, 흑3으로 밀어간 후 5의 붙임이 맥이다. 흑은 백△의 이음을 무겁게 만들려는 뜻으로….

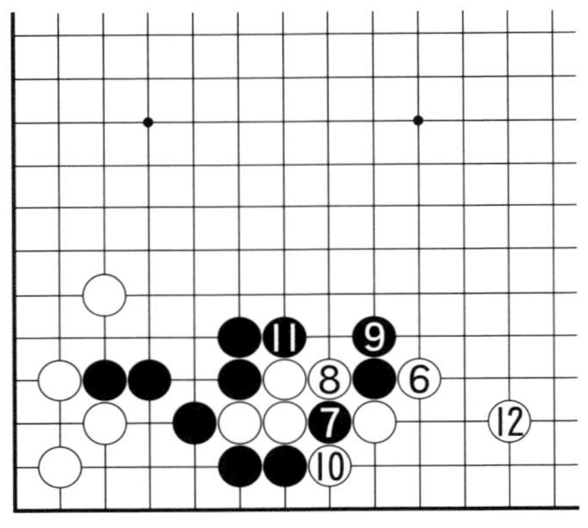

2도

2도 (죄어붙임)

백6으로 받는 정도인데 흑7로 끼우는 것이 알아둬야 할 급소 일격이다.

백8의 양단수를 당하지만 흑9로 요석 한점을 살리고 백10에 흑11로 죄어붙인다.

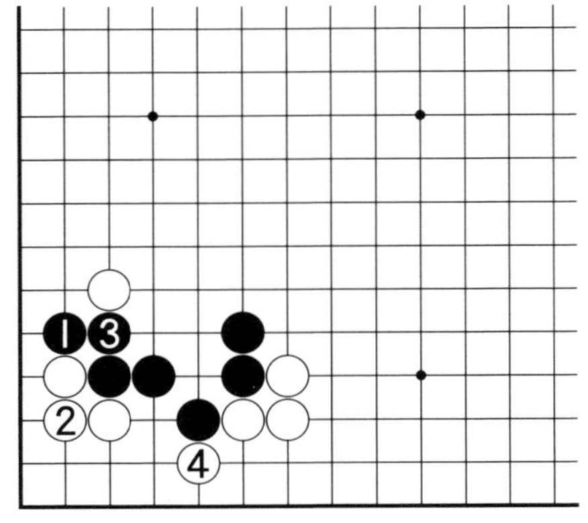

3도

3도 (집으로 손해)

흑1로 막는 것은 손따라 두는 하수의 태도. 백2에서 4로 넘으면 백의 실리가 너무 좋다.

흑은 반드시 장면도 흑9의 치중수나 1도와 같이 두는 변화를 알고 있어야 한다.

주고받은 희생타전법

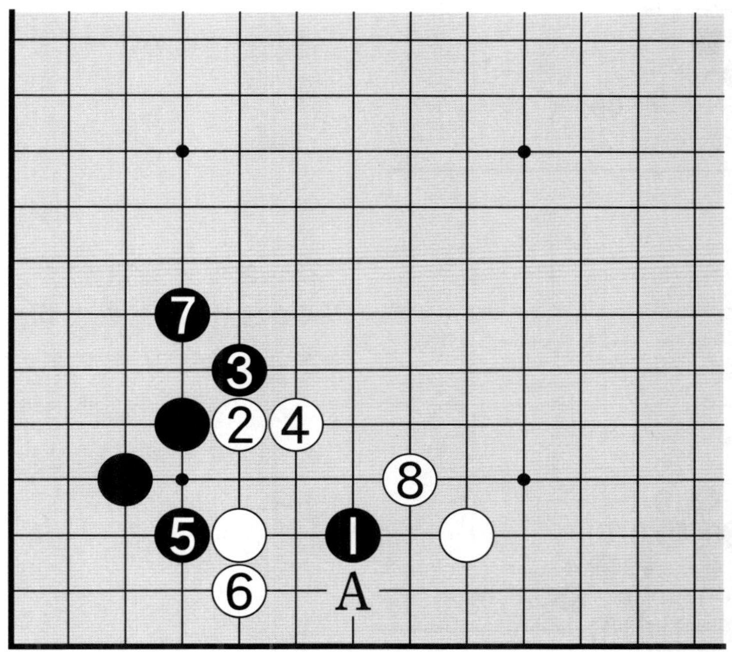

좌하와 같은 배석에서 흑1로 뛰어드는 수는 백을 분단시켜 싸우려는 것이 아니라 백의 태도를 묻는 탐색작전의 일환으로 두어진다.

백2, 4로 붙여늘면 보통인데 흑5, 7로 귀의 모양을 선수로 정비하려는 뜻이다.

그렇다면 백2로 A에 붙이면 어떤 변화가 예상되는지, 그리고 이와 유사한 형태를 몇 가지 더 알아보도록 하자.

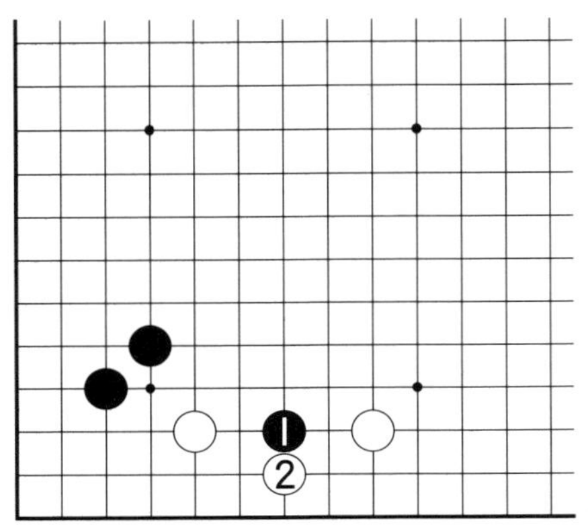

1도

1도 (수습의 맥)

흑1에 백2로 붙이는 수는 흑에게 장면도와 같이 정비하는 리듬을 주지 않으려는 수단이라 할 수 있다. 상대의 주문을 거부하는 수습의 맥이라고 하면 정확한 답이 될지….

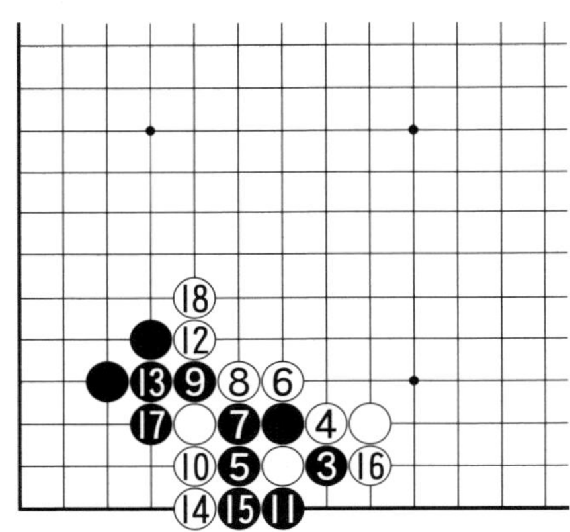

2도

2도 (정해 ☞ 중앙 작전)

계속해서 흑3으로 젖히면 백4로 끊고 6, 8로 봉쇄한 후 흑9의 끊음을 기다려 이하 백18까지 석점을 사석으로 백은 중앙을 두텁게 한다.

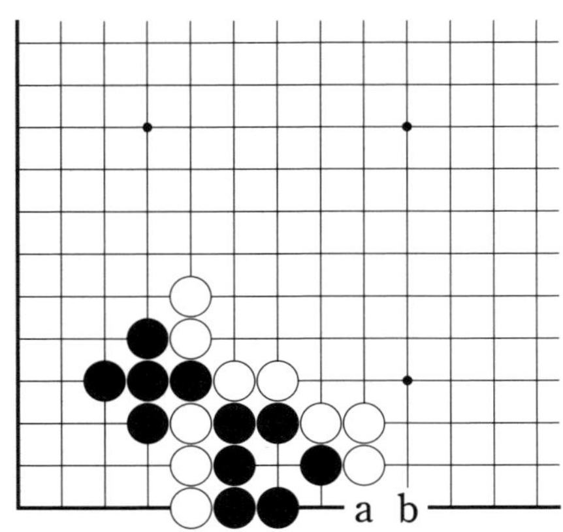

3도

3도 (듣는 맥)

이 형태는 백a의 내려섬이나 b로 두는 것이 절대선수로 듣고 있어 백의 외곽은 보기보다 두텁다.

　물론 장면도와의 선악은 주변의 배석에 따라 판단할 일이다.

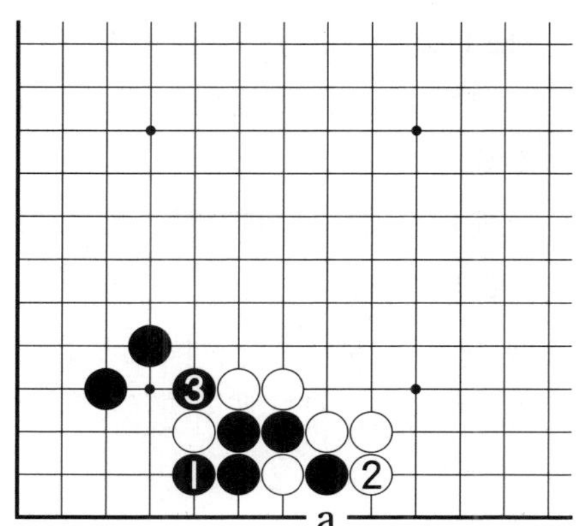

4도 (흑, 나쁨)

흑의 입장에서 앞 그림이 싫어 2
도 흑9의 수로 이 그림 1로 꼬부
리는 것은 생각이 지나치다.

　　백2로 꼬부리면 결국 흑3으로
잡아야 하는데, 백a의 따냄이 남
아 흑이 나쁘다.

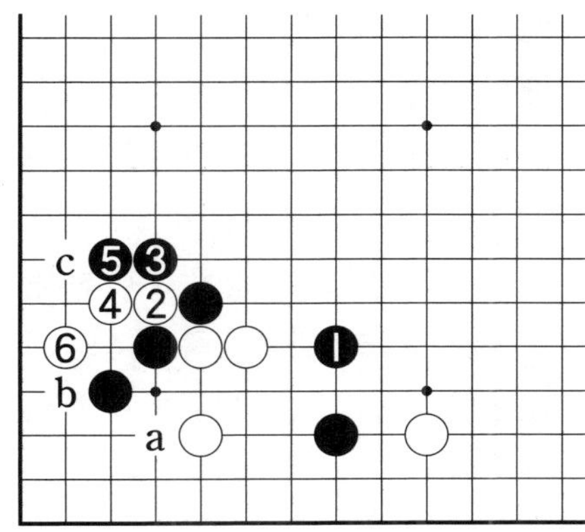

5도 (한 줄의 차이)

백△로 한 줄 더 벌려 있는 형태
에서라면 흑1로 뛰어든 수에 백은
기꺼이 2, 4로 붙여뻗는 것이 리
듬이다.

　　흑5에는 백6의 젖힘이 임기응
변의 호수로, 백8로 잡아 충분할
것이다. 한 줄 넓은 만큼 두는 방
법도 달라지는 것.

6도 (흑, 무리)

앞 그림 흑5로 a에 붙이지 않고
이 그림 1로 뛰어나가는 것은 무
리한 싸움이다.

　　백2로 끊는 수가 성립한다. 흑
3, 5로 잡으려 해보지만 백6의 마
늘모 행마가 호수로 다음 백은 b
와 c가 맞보기가 되어 흑이 위험
하다.

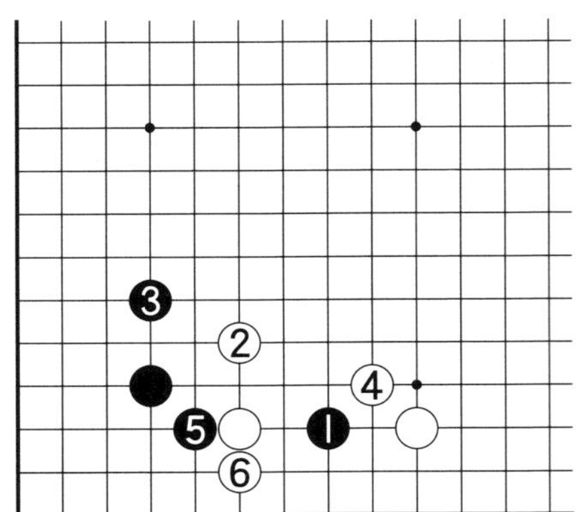

7도

7도 (화점에서도)

화점에서도 장면도와 같은 맥이 통한다.

흑1로 뛰어들어 5까지 귀를 정비하는 모양이 그것으로, 뛰어든 흑 한점을 보태준 것이 결코 손해가 아니라는 사고에 주목한다.

8도

8도 (일맥상통)

백1로 단순히 세칸 벌린 수에 대해 흑2로 뛰어들었을 때 백3으로 아래에 붙이는 것도 앞서 1도에 나왔던 맥이다. 흑4의 젖힘에 백5로 끊어 이하 백17까지 석점을 사석으로 죄어붙이는 수법을 눈여겨보기 바란다.

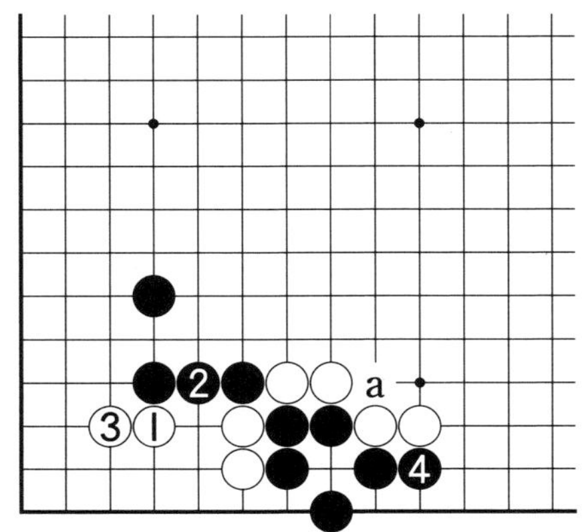

9도

9도 (백의 일책)

백의 바깥 세력이 작용하지 않는 국면이라면, 앞 그림 백13으로는 이 그림 백1로 뛰어붙여 3으로 귀에서 사는 변화도 많이 두어진다.

이것은 축 관계, 즉 흑4의 수로 a의 끊음이 없다는 전제 아래에서다.

공략과 모양 정돈의 테크닉

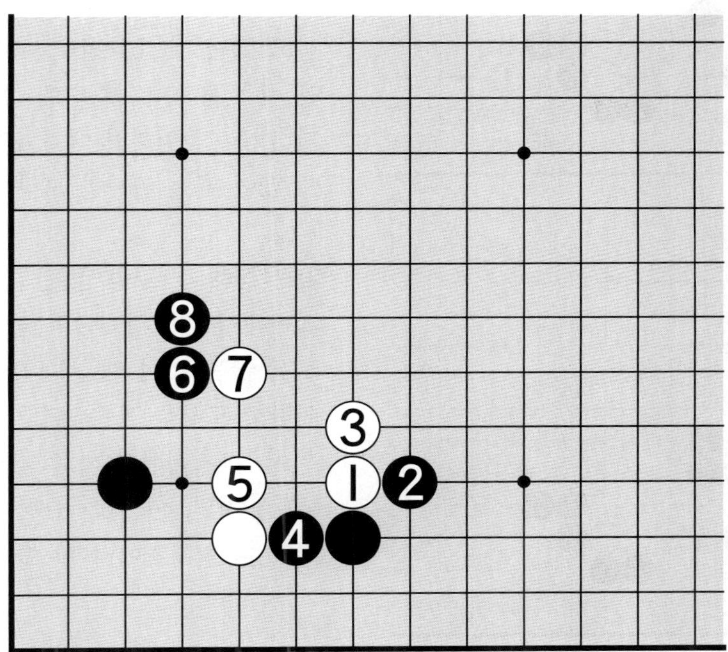

　소목 한칸협공 정석의 한 가지. 백1로 붙여가는 것은 협공한 돌에 기대어 거꾸로 소목의 흑을 공격하려는 수법이다.

　흑은 4로 밀고들어가 백5와 교환한 후 흑6으로 지키는 것이 리듬. 여기서 백은 7로 뛰어붙여 흑의 나와끊음을 방비한 데까지는 좋은데, 그 다음 백의 작전이 문제이다.

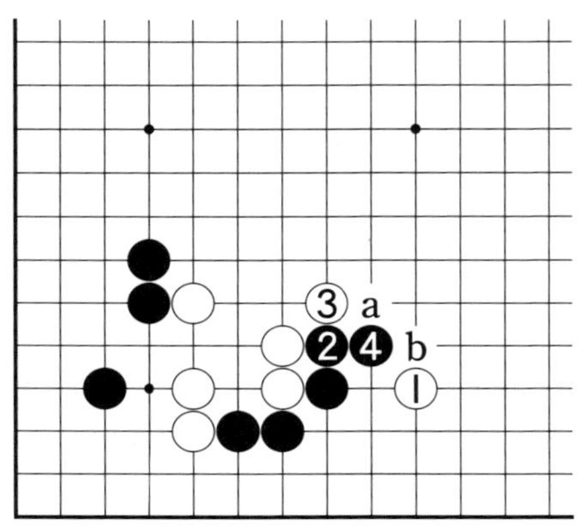

1도

1도 (정해 ☞ 공격의 급소)

하변의 흑을 공격하려면 백1로 정면에 다가서는 것이 감각적으로 떠오르는 급소이다. 흑2로 밀어올린 후 4의 빈삼각의 우형을 강요하고 있는 데 주목한다. 흑4로 참은 것은 불가피. 이 수로 a에 젖히거나 b로 붙인다면 백이 4의 자리에 끊어 흑이 곤란한 모양이다.

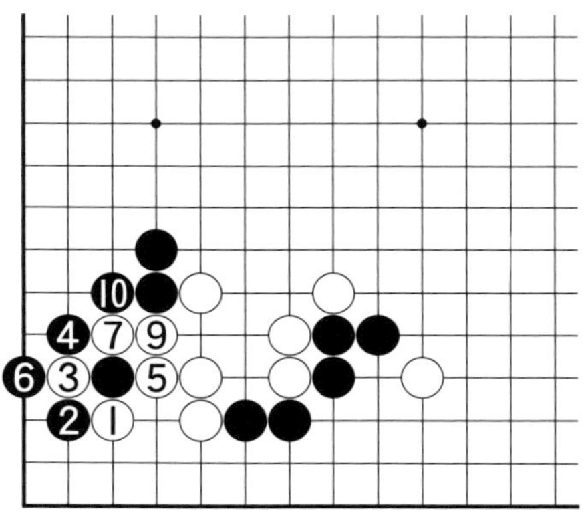

2도   ❽‥③

2도 (정해 ☞ 모양 정돈)

계속해서 귀에서 백1로 붙여 3으로 맞끊는 것이 맥. 흑4라면 백5 이하로 모양을 정돈한다.

이 결과 흑백이 서로 뭉친 꼴이 나타났지만, 이 백은 탄력이 많아 결코 나쁜 모양이라 할 수 없다.

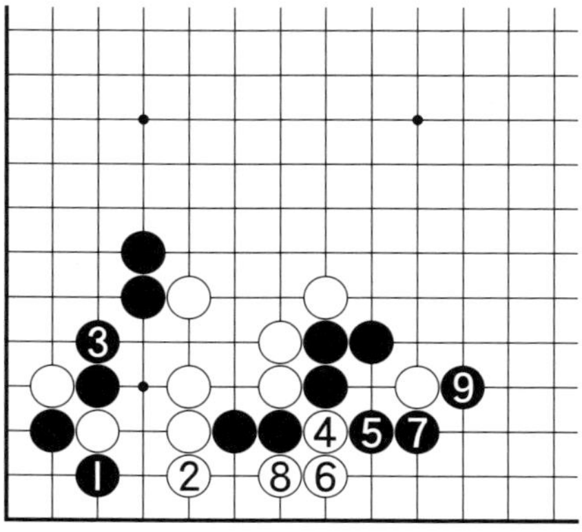

3도

3도 (바꿔치기)

백이 붙여끊은 수에 대해 흑1로 모는 수를 생각할 수 있는데, 백은 2로 내려서서 차단한다. 흑3의 보강은 불가피하고 백4로 끊어 이하 두점을 잡고 안정한다.

왼쪽의 흑집을 굳혔지만 백도 완전한 수습형이므로 불만 없다.

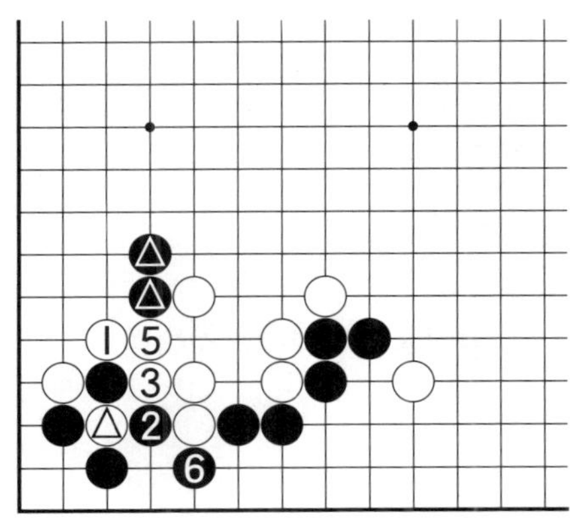

4도

4도 (흑, 좋음)

앞 그림 백2의 수로 이 그림 1로
모는 것은 좌변에서 돌파하지만
이하 흑6까지 넘는 자세가 좋아
백은 당초의 구상이 빗나간 듯한
모양이다.

물론 흑❹ 두점을 폐석화 시킨
백의 모양도 두텁다. 백1은 경우
에 따른 수라 하겠다.

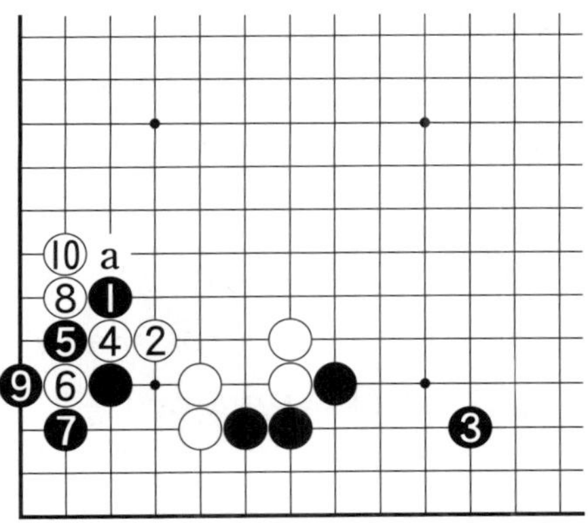

5도

5도 (백2가 요령)

장면도 흑6으로 이 그림 1의 한칸
받음은 우상쪽 축이 좋은 경우에
유력하다.

백2로 들여다보는 수가 아래쪽
흑의 나와끊음을 방비하면서 왼쪽
에서의 수단을 보는 요령이다. a
로 모는 축이 나쁘다면 백은 10으
로 늘어야 하는데….

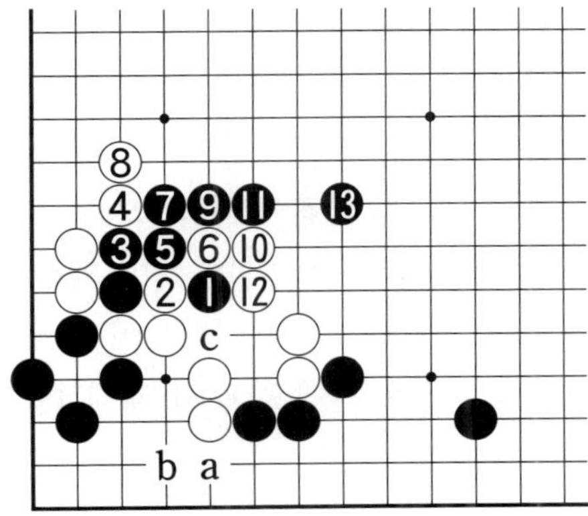

6도

6도 (흑1이 교묘)

흑1로 두는 수가 좋은 맥. 백2로
나가 4에서 6으로 끊어둔 후 12
까지는 필연인데 흑13으로 뛰는
수가 절호점이 된다.

백12로 이렇게 꽉 잡은 것은 정
수로, 위쪽을 늘던가 하면 흑a, 백
b 다음 흑c로 두어 사건이다.

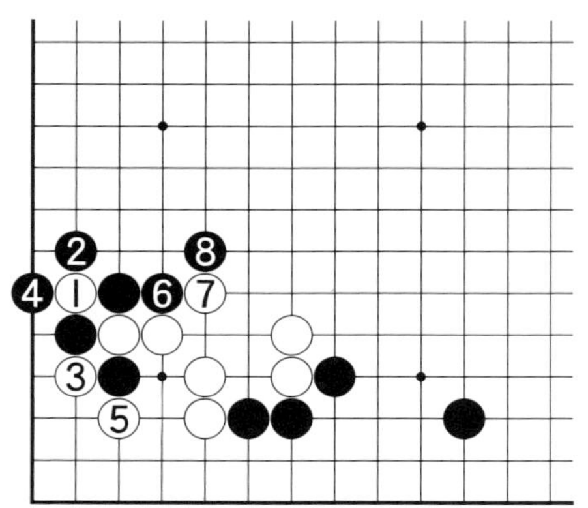

7도

7도 (흑, 충분)

또, 축이 불리한 백이 1로 반대쪽을 끊는다면 흑2는 '끊은 쪽을 잡아라'대로.

흑은 맛좋게 한점을 잡고 6, 8로 밀어올려 충분할 것이다.

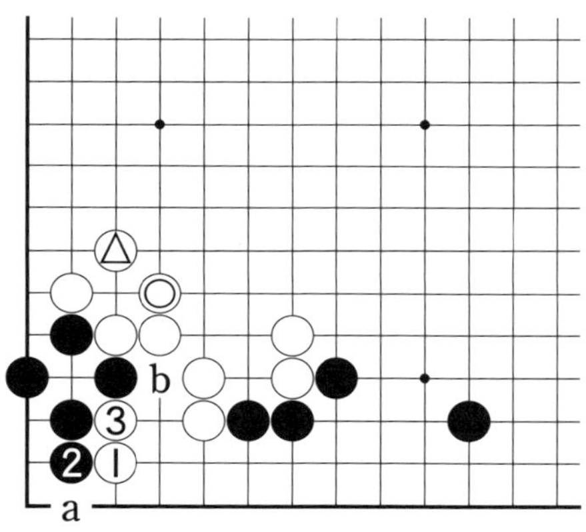

8도

8도 (백1이 호수)

백△의 축으로 잡아 ◎로 따낸 모양이다. 이때는 백1이 기분 좋은 급소이다.

만약 흑2로 받는다면 백3으로 파호, 다음 흑a에 백b로 두어 귀에서 패가 나는 모양이다.

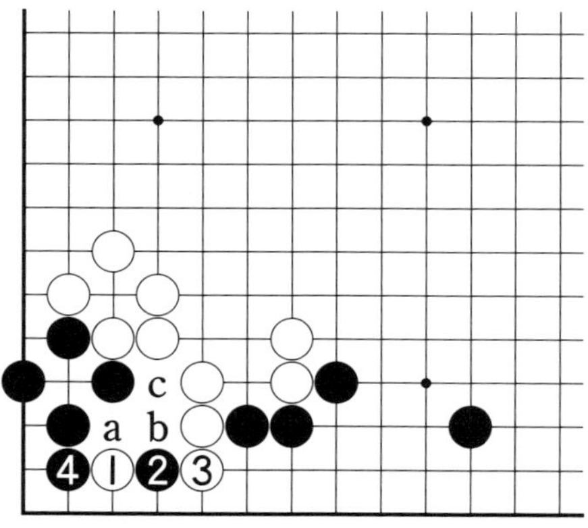

9도

9도 (건너붙임)

백1에는 흑2로 건너붙여 저지하는 맥이 아니면 안 된다. 백3이라면 흑4로 확실하게 사는 모양이다. 또 백3으로 a라면 흑b, 백c, 흑4로 패를 하거나, 흑은 아예 b 다음 3으로 건너고 나서 패를 다투는 수도 있다.

죄어붙임을 방지하는 묘수 일발

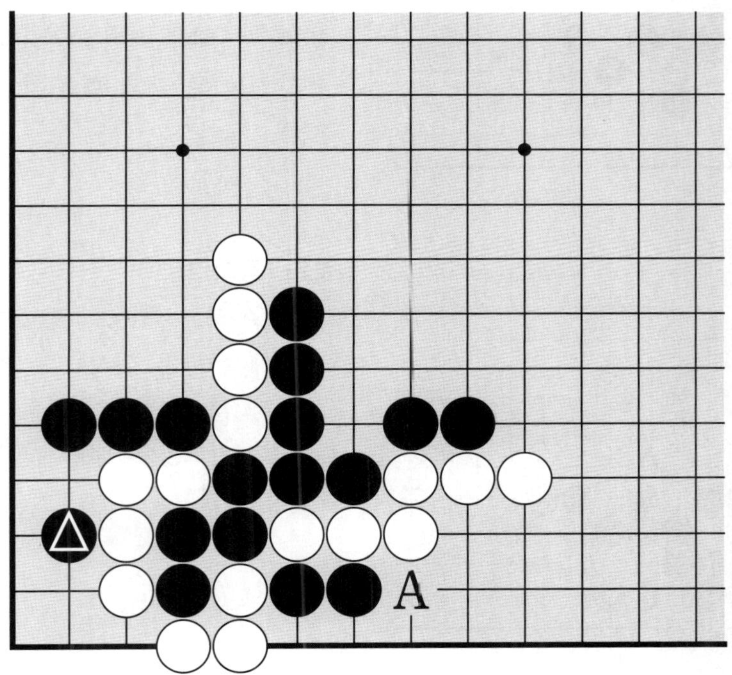

한칸협공 정석에서 변화한 모양으로 방금 흑△로 붙여왔다.

흑의 노림은 물론 귀를 선수로 죄어붙여 좌변의 진출을 용이하게
하려는 뜻이다. 우선 시급하게 백A로 두어야 하는지, 다른 저항수
단이 있는지부터 생각해 보자.

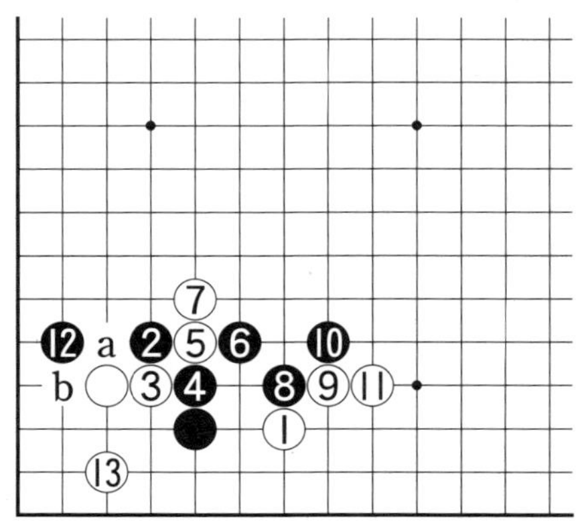

1도

1도 (경과 1)

장면도는 소목에서 대형정석의 하나로 흑2의 씌움에 백3, 5로 나가 끊어 전투에 돌입한다.

　여기서 흑12로 뛴 것이 노림을 감춘 수. 이에 백이 a나 b로 응하면 걸려들게 된다. 백13이 침착한 호수.

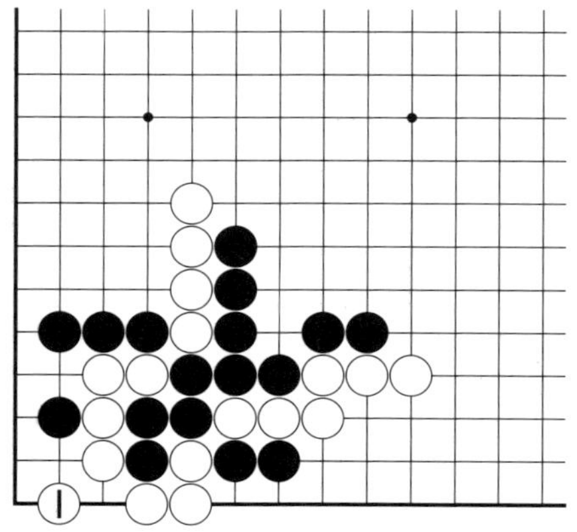

2도

2도 (경과 2)

흑14로 잇고 백15로 붙이는 맥을 구사해 이하 31까지는 필연의 진행이라 할 수 있다.

　거기서 흑32로 붙인 것이 바로 장면도이다.

3도

3도 (정해 ☞ 마늘모 묘수)

백1의 마늘모가 '2의 一' 묘수. 흑의 주문을 피하는 유일한 타개의 맥으로, 이런 수를 한눈에 두는 사람은 이미 상당한 경지에 올라 있다고 해도 좋을 것이다.

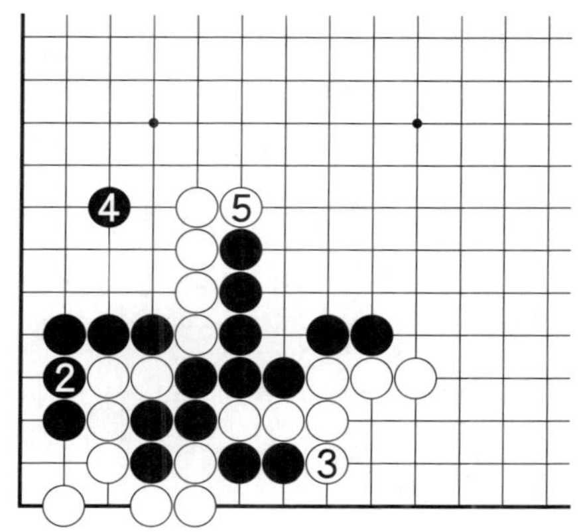

4도

4도 (백5가 절호점)

흑2로 잇는 한수인데 백3으로 막아 아무 이상 없이 흑 두점을 잡고 있다. 흑은 아직 못 살아 있으므로 4의 뜀은 거의 절대이다.

선수를 잡은 백은 유유히 5로 꼬부려 중앙싸움의 주도권을 잡는 데 성공했다.

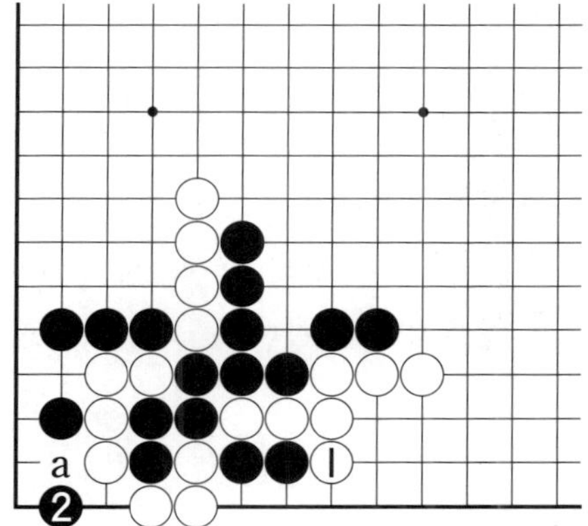

5도

5도 (흑2가 묘수)

단순히 백1로 잡는 것은 흑2로 들여다보는 수가 역으로 1선의 묘수가 된다.

다음 백a로 나오는 것은 자충으로 백은 패의 부담을 안고 싸워야 하므로 그만큼 불리해진다.

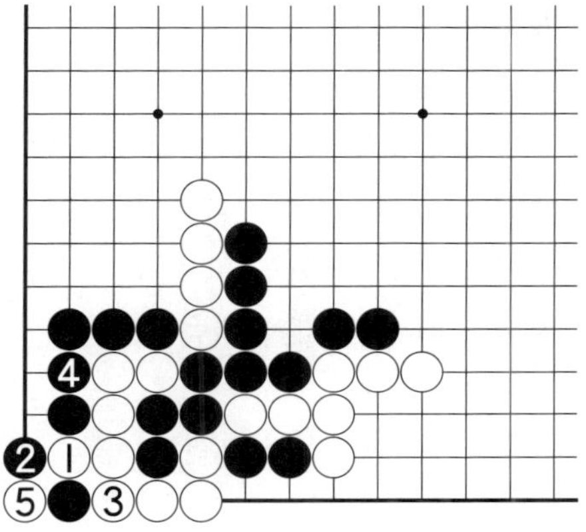

6도

6도 (귀의 패)

가령 백1로 나가는 것은 흑2로 막아 이하 5까지 흑의 꽃놀이패가 난다.

흑은 이곳 패를 이용해 최소 좌변과 중앙 두 군데를 둘 수 있으므로 순식간에 형세가 이상해지고 말 것이다.

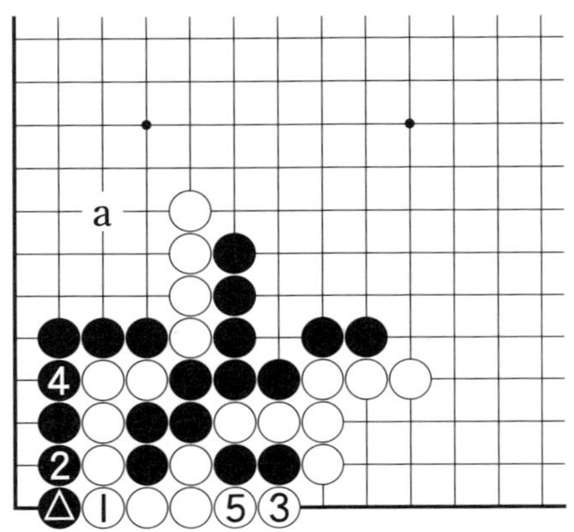

7도

7도 (한 박자 차이)

그렇다고 흑▲에 대해 백1로 잇는
것은 흑2에서 4의 죄어붙임이 들
어 귀의 흑은 선수 삶이 보장된다.
　이제 흑은 a의 뜀을 생략해도
좋은 모양이므로, 4도의 진행과
비교해 백은 한 박자 늦어진 결과
이다.

8도 (정석 1)

정석공부 두 가지. 먼저 흑1로 뛰
는 것이 보통. 백2에 흑3으로 진
로를 막고 백4에 흑5로 기대는 리
듬으로 두는 것이 요령으로 이하
백12까지 일단락한다.

9도 (정석 2)

흑1로 붙이고 3으로 느는 수도 정
석. 이곳에 힘을 비축해 좌우를 맞
보기로 삼는 감각인데, 백4로 오
른쪽을 보강한다면 흑은 좌변 쪽
에서 a나 b로 귀의 백을 공격하는
바둑이 된다.

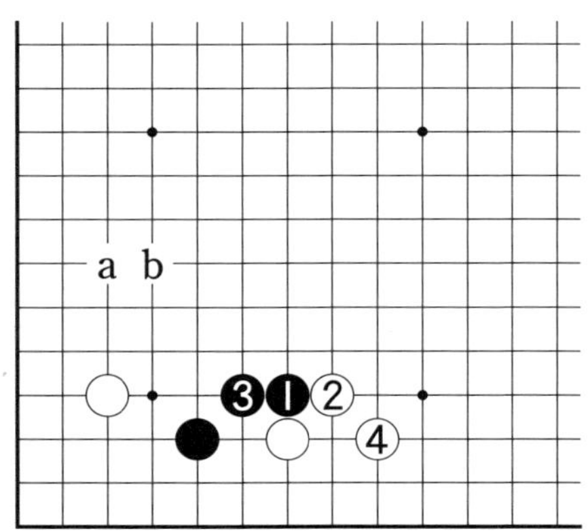

9도

성동격서의 수습책

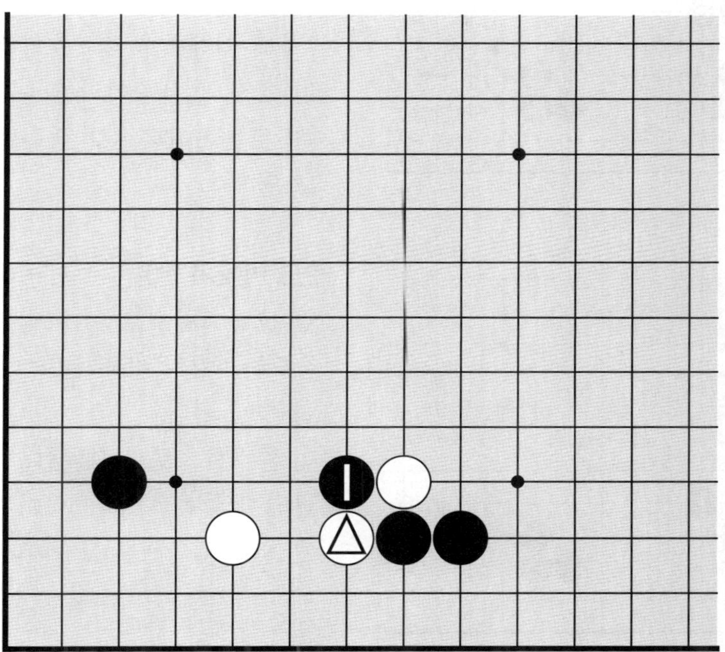

　방금 백△로 젖히자 흑1로 끊었다. 이에 대해 백은 어떻게 두어
야 할까?

　상대가 노골적으로 나오면 직접 대응하는 것보다는 간접적인 맥
의 힘을 빌려 수습하는 것이 좋을 때가 많다. 자칫 함정수에 빠지지
않도록 주의를 요한다.

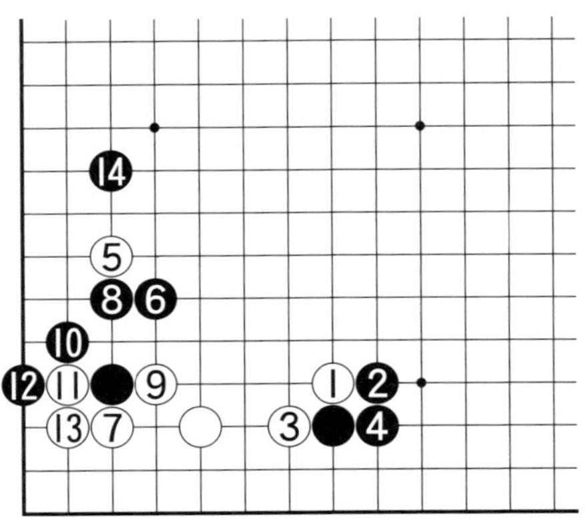

1도

1도 (보통)

소목 두칸협공 정석에서 백1, 3으로 붙여막으면 보통 흑4로 꽉 잇고 백5로 좌변으로 전환한다.

흑6으로 어깨를 짚어나가면 백7부터 아래쪽을 정돈, 이하 14까지 호각의 절충이라 할 수 있다. 백5로는 6이나 8로 협공하는 것도 일책.

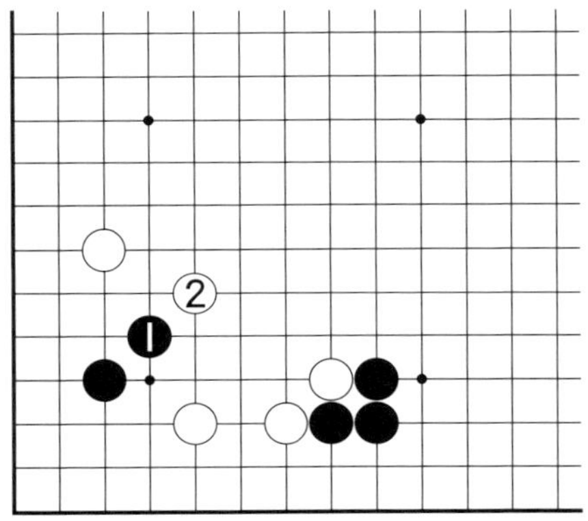

2도

2도 (백2가 맥)

앞 그림 흑6으로 이 그림 1의 마늘모는 백2의 씌움 한방이 그럴듯한 수가 된다.

전체적으로 흑의 행마는 굼뜬 반면 백돌은 가볍게 나아가 대번에 흑이 답답해진 모습이다.

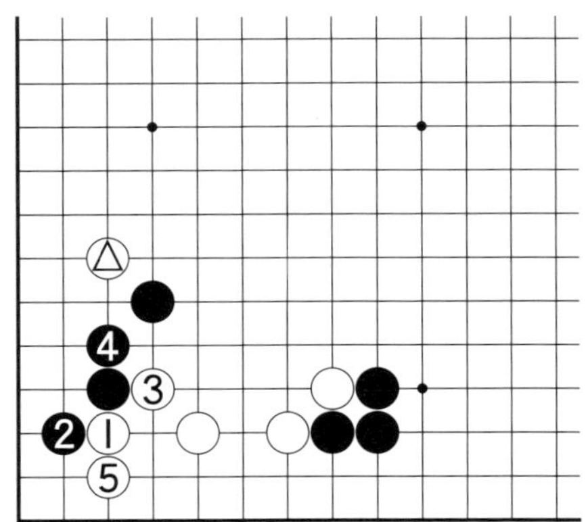

3도

3도 (흑, 불만)

백1 때 흑2로 젖히는 것은 기세상 이 한수 같으나 그게 예외일 때도 있다. 백3에서 5로 안정하고 나면 백△ 한점이 흑의 진로를 가로막는 급소에 놓여 있는 것.

따라서 1도 흑8로 내려서 막은 것은 의미심장한 수였다.

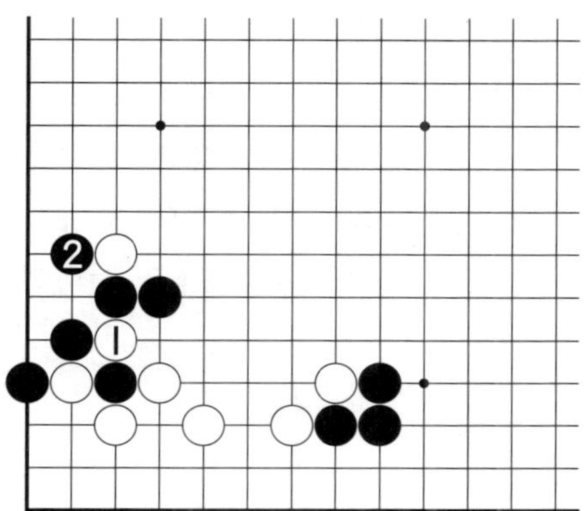

4도

4도 (악수)

1도 백13은 이렇게 잇는 한수. 이 그림처럼 1로 따내는 것은 흑2의 호구이음과 교환되어 오히려 좋지 않게 되므로 주의하기 바란다.

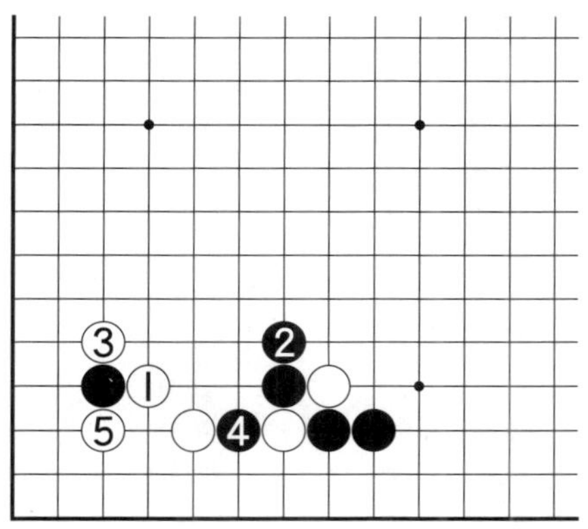

5도

5도 (정해 ☞ 붙임의 맥)

본론으로 들어가, 백1로 귀의 흑에 붙여가는 것이 수습을 위한 맥이다. 흑2로 선다면 백3에서 5까지 바꿔치기가 되는데 이것이면 피차 둘 만하다.

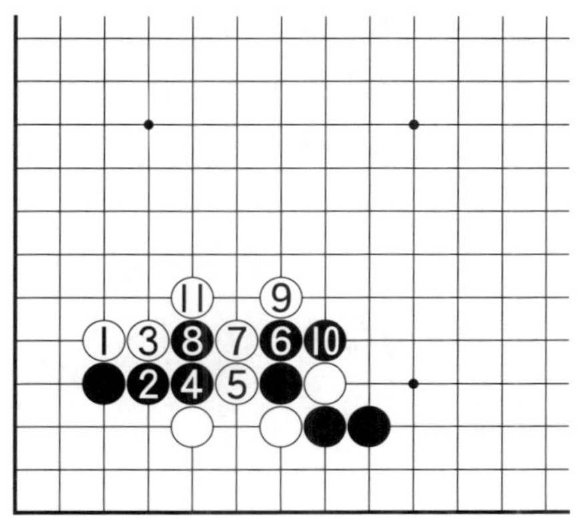

6도

6도 (정해 ☞ 일맥상통)

백1로 이쪽을 붙여가는 것도 앞서와 일맥상통하는 수단이다.

흑2라면 백3으로 밀어 흑4와 교환한 다음 백5의 단수를 결정해 귀를 맞좋게 수중에 넣는 데 성공한다.

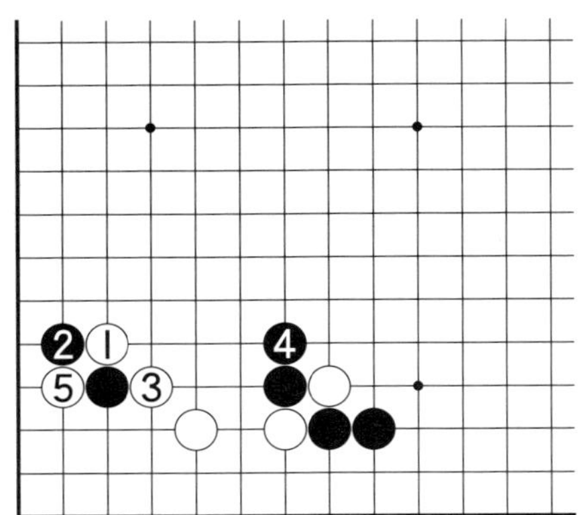

7도

7도 (맞보기)

백1에 대해 흑2로 젖힌다면 백3의 젖힘을 결정해 4의 자리 단수와 5의 끊음이 맞보기인 모양이다. 그림처럼 백3에 흑4로 선다면 백5로 귀를 제압한다.

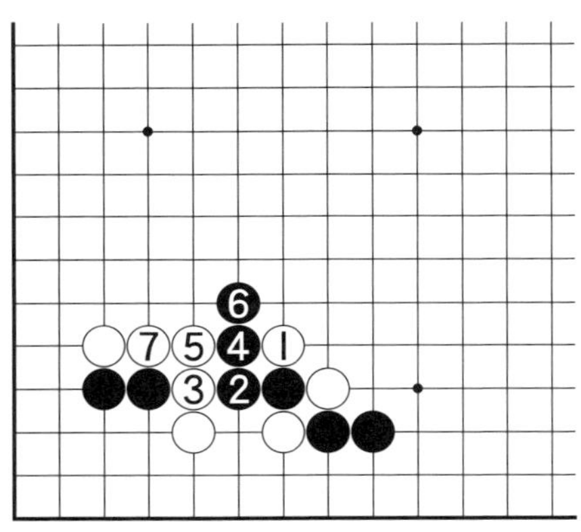

8도

8도 (몰고 나서)

6도 백3으로는 먼저 이 그림 백1로 몰아 3, 5로 뚫고 나가는 것도 상용의 맥이다.

　백7의 이음까지 귀를 제압할 수 있다.

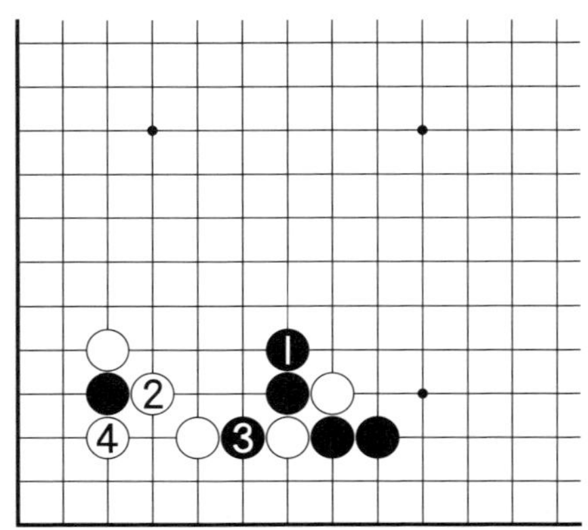

9도

9도 (같은 모양)

백이 옆구리에 붙인 수에 대해 흑1로 선다면 백2에서 4까지 바꿔치기가 이루어진다.

　이것은 수순만 다를 뿐 5도와 똑같은 형태로 환원한다.

험로를 뚫는 수읽기

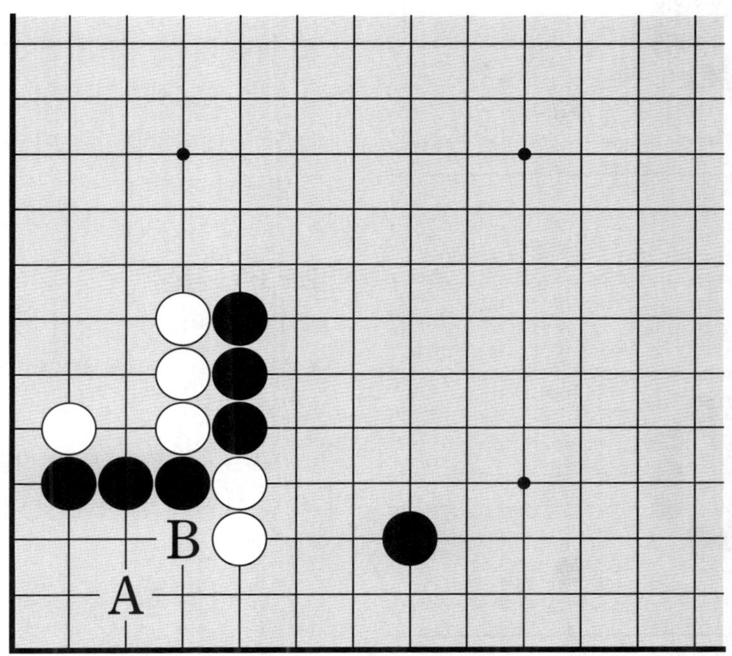

소목 두칸협공 정석에서 변화한 그림이다.

쌍방의 돌이 엉키어 수상전 형태가 되면서 한치 앞을 내다보기 힘든 양상인데, 험로를 뚫는 수읽기의 힘을 요구한다.

백이 둘 차례. 우선 A와 B 중에서 정답을 찾기 바란다.

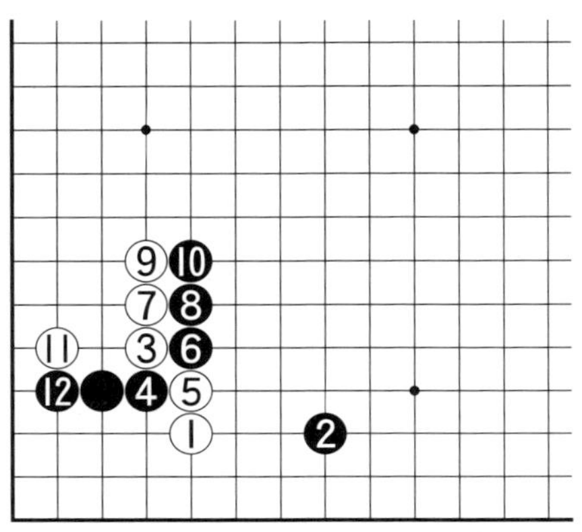

1도

1도 (경과)

백1의 걸침에 흑2로 협공하고 백3으로 씌운 수에 흑4, 6으로 나가 끊어 일전을 불사하겠다는 태도로 나왔다. 백7, 9로 늘고 흑8, 10으로 따라 막은 것도 필연이다.

다음 백11에 대해 흑12로 막은 것도 절대의 한수로, 여기까지가 장면도의 경과이다.

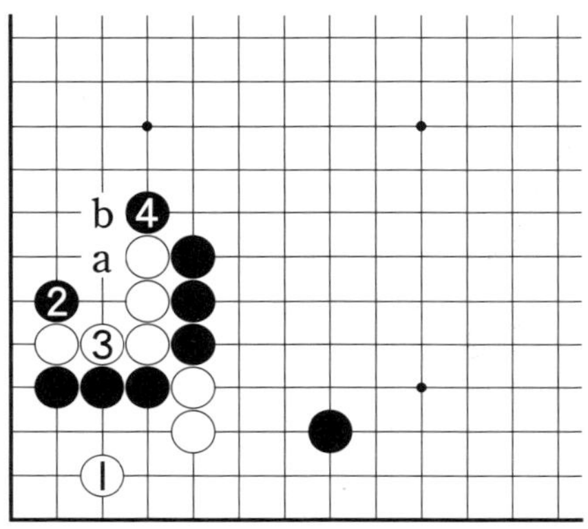

2도

2도 (백, 망함)

백1의 날일자는 '석점 가운데의 급소' 같아 보이나 이 경우는 늘어진 수이다.

흑2로 붙이고 4로 머리를 젖혀 이후 어떻게 두어도 흑이 한 수 빠르다. 다음 백a면 흑b.

그러므로 백은 수를 직접 메우는 궁리가 필요하다.

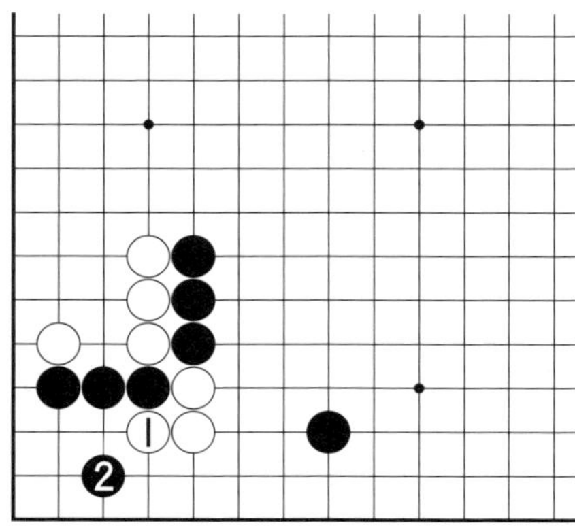

3도

3도 (정해 ☞ 꽉 메움)

백1로 꼬부리는 수가 흑의 수를 직접 메우며 수상전을 노리는 유일한 급소이다.

흑2로 비켜 뛸 때가 문제인데, 맥의 힘을 빌어 백의 타개 수단을 읽어보기 바란다.

4도 (죄어붙임)

계속해서 백1에서 3으로 나가끊는 것이 이른바 귀삼수와 같은 맥이다. 흑4에는 백5로 키우고 이하 흑8까지 귀삼수의 수순 그대로이다. 흑은 얼핏 a의 연결이 보이지만 백이 3의 자리에 먹여치고 b로 메우는 수읽기로….

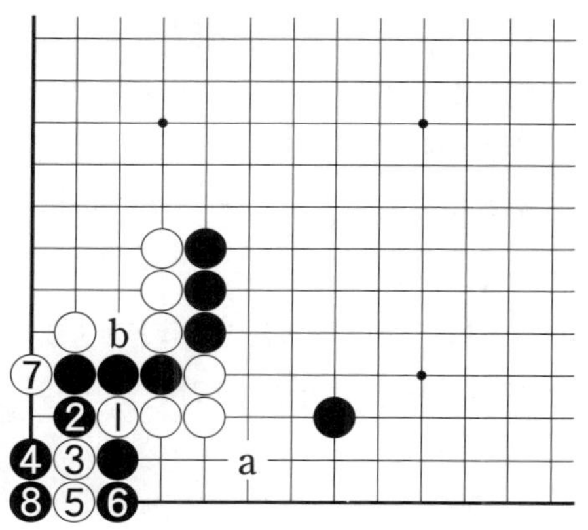

4도

5도 (요석 추락)

계속해서 백1로 먹여치고 3이면 흑은 4로 뛰는 정도인데 백5로 가만히 이어 요석 흑▲ 넉점은 어차피 떨어질 운명이다.

결론적으로 좌변의 흑은 귀삼수에 공배 한 수 늘어난 네 수라는 얘기이다.

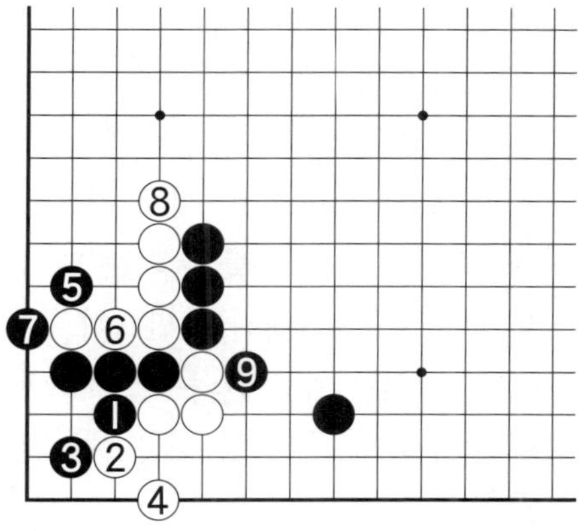

5도

6도 (막는 한수)

따라서 흑은 1로 막는 수밖에 없다. 거기서 백2, 4로 젖혀잇고 흑5 이하 9로 봉쇄한 데까지도 필연의 진행이다.

도중 흑5, 7은 수를 늘리는 맥으로, 잠시 후에 보면 알겠지만 이것이 긴요한 역할을 하게 된다.

6도

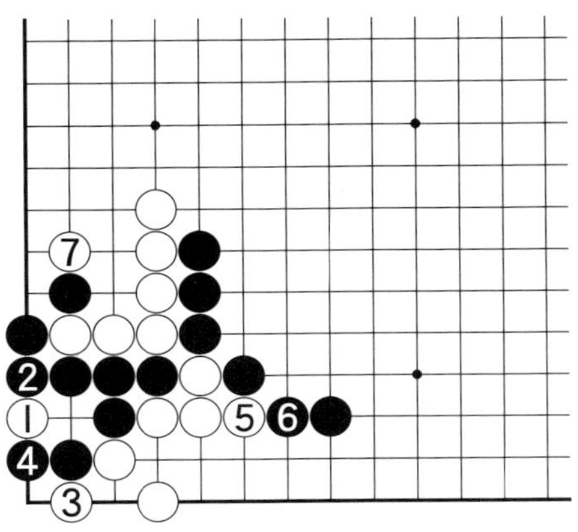

7도

7도 (정해 ☞ 백1, 3이 맥)

백1로 치중해 3으로 젖히는 것이 수를 메우는 교묘한 맥. 백5로 밀어두고 7로 붙인 데까지도 필연의 진행이다.

이쯤에서 수상전의 결과가 어떻게 되리라고 아는 사람은 바둑이 강하다.

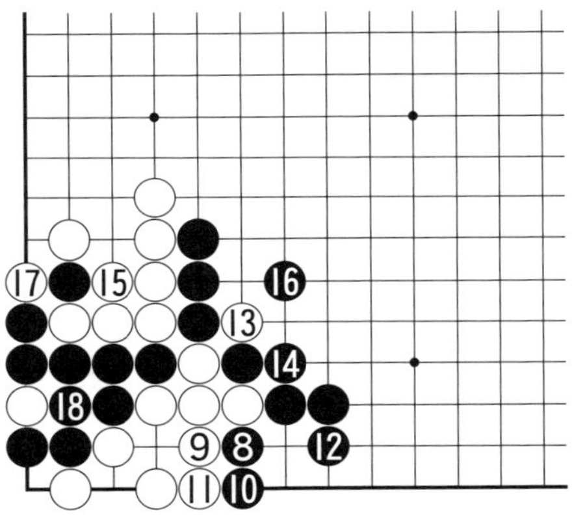

8도

8도 (빅)

흑8, 10으로 눈모양을 위협하며 수를 메우는 것도 요령이다. 여기서 백13으로 끊어두고 이하 흑18까지 빅이 나는 게 쌍방 최선의 공방이라 할 수 있다.

부분적으로는 흑의 하변 세력이 좋지만, 백이 선수를 잡았으므로 불만 없을 것이다.

9도 (재음미)

지금까지의 변화를 다시 음미하면, 백11로 꼬부려 직접 메우고 흑12로 꽉 막는 것이 서로 긴요하다. 흑16, 18은 수를 늘리는 맥이며 백21, 23도 배워둘 만하다.

이 정석은 수상전의 갖가지 맥이 풍부하게 들어 있는 진기한 절충이라 할 만하다.

9도

코붙임의 뜻

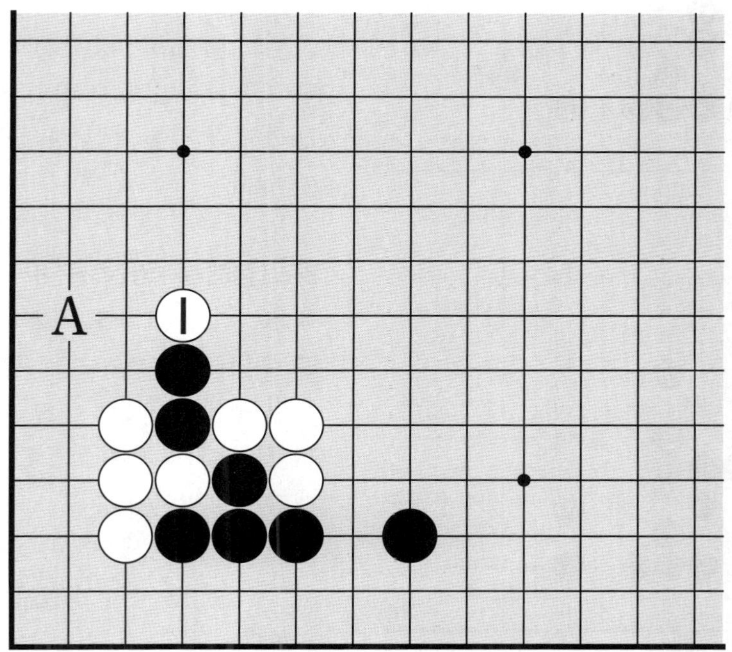

외목 대사정석의 한 형태. 백이 A로 달리던가 하면 보통인데 1 로 두점머리에 코붙임하는 수는 무슨 뜻일까?

이것은 유명한 함정수를 포함하고 있는데 응수를 잘못하면 크게 당하게 된다.

자, 어떻게 두어야 할지 쌍방 최선의 결과를 알아보자.

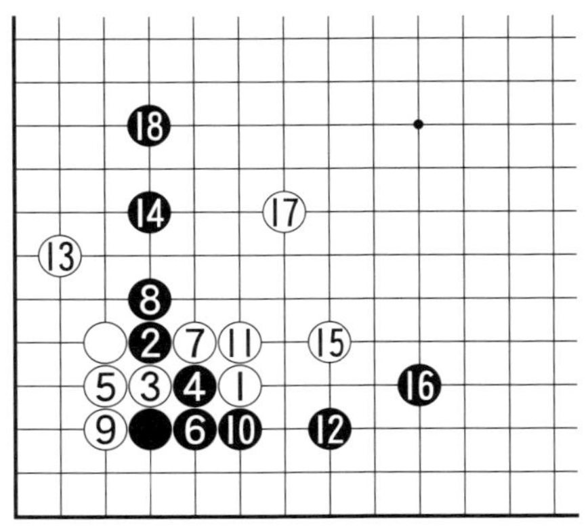

1도

1도 (대사정석)

외목 대사정석에서 흑6으로 아래를 잇고 백7로 끊어 흑8로 늘면서 장면도가 생겨났다. 백9, 흑10은 각기 요점이다.

백11로 잇고 흑12에 백13으로 달리면 보통인데, 그러면 이하 흑18까지가 일반적인 정석으로 되어 있다.

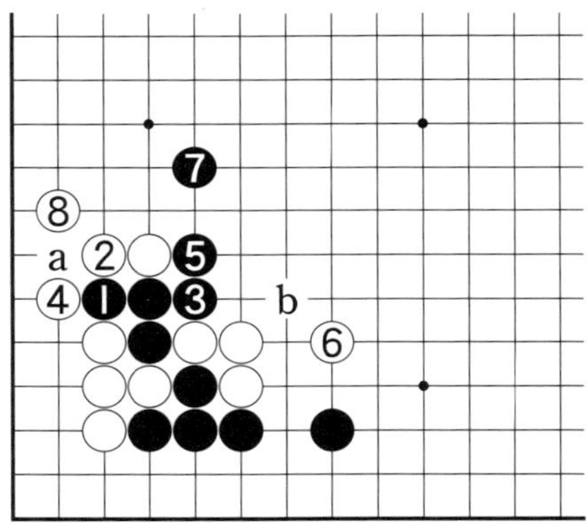

2도

2도 (정해 ☞ 쌍방 최선)

흑1로 한번 나가고 백2에 흑3으로 후퇴하는 것이 중요. 흑5로 꼬부린 수에 백6으로 뛰고 흑7에 a의 끊음을 방지해 백8로 호구친 데까지는 필연이다.

도중 백6을 생략하면 흑b로 씌워 석점은 움직일 수 없는 데 주의한다.

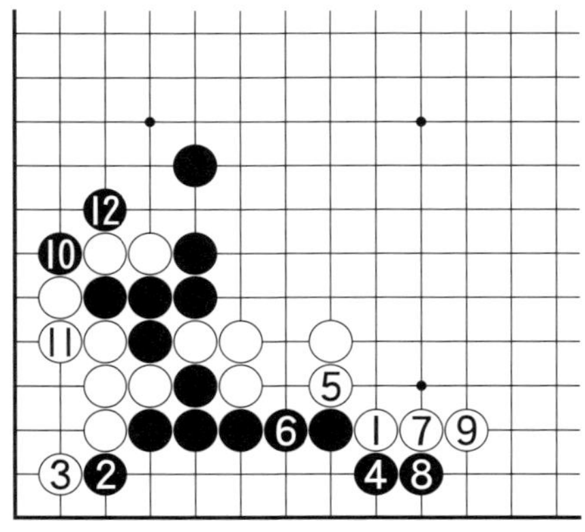

3도

3도 (흑, 좋음)

앞 그림 백8의 수로 이 그림 1부터 붙여가는 것은 흑2로 젖히는 게 타이밍이다. 백3과 교환한 후 흑4에서 8로 밀어두고 10으로 끊어 두점을 잡는다.

또 백7이나 9로 좌변을 보강하면 흑이 이 자리에 젖혀 백이 그림보다 나을 게 없다.

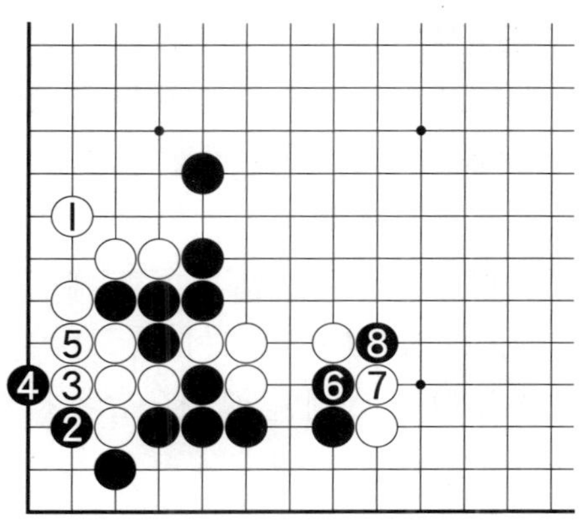

4도

4도 (백, 괴롭다)

앞 그림 백3으로 이 그림 1에 보강하는 것은 흑2, 4를 선수한 다음 6, 8로 나가끊어 백이 곤란하다. 애초 백이 오른쪽 옆구리에 붙여간 체면도 말이 아니게 된다.

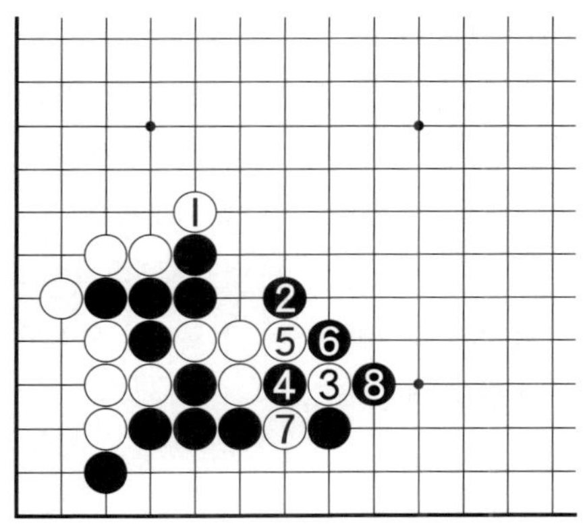

5도

5도 (백, 망함)

2도의 백6으로 이 그림 1로 젖혀가는 것은 흑2로 씌우는 한수로 백이 난처해진다. 백3으로 붙여나가 보지만 흑4에서 8로 끊어 죄면 이것은 천하패이다.

초반에 패감이 없는 백으로서는 요석이 떨어질 운명에 처한다.

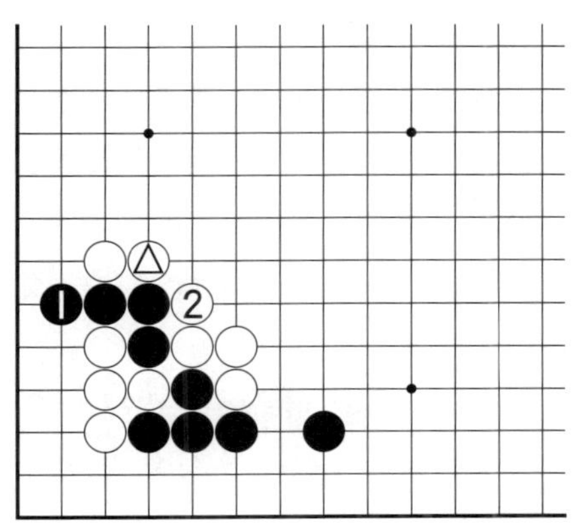

6도

6도 (함정)

2도 흑3으로 이 그림 1에 내려서는 것은 대악수이다.

백2로 막아 수상전인데, 흑은 무심코 둔 실수이거나 수를 끝까지 읽지 않고 둔 무리수에 지나지 않는다. 이건 백△의 함정이다.

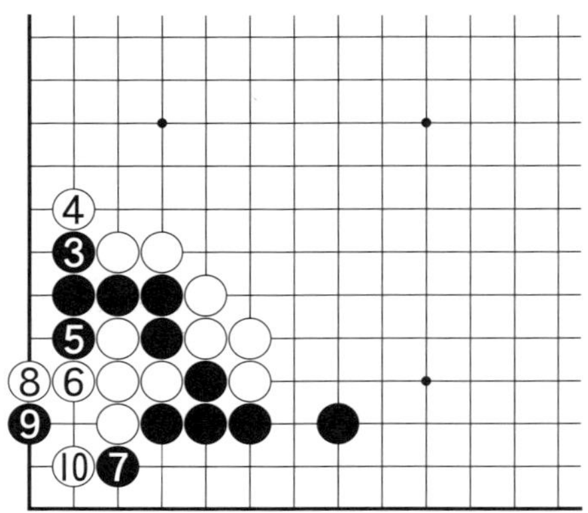

7도

7도 (흑, 죽음)

앞 그림에 이어, 흑은 3에서 5로 들어가는 한수인데, 백6으로 막아 흑의 수부족이다.

다음 흑7로 젖힐 때가 문제인데, 백8로 가만히 내려서는 수가 중요하며 흑9에는 백10으로 젖혀 그만이다.

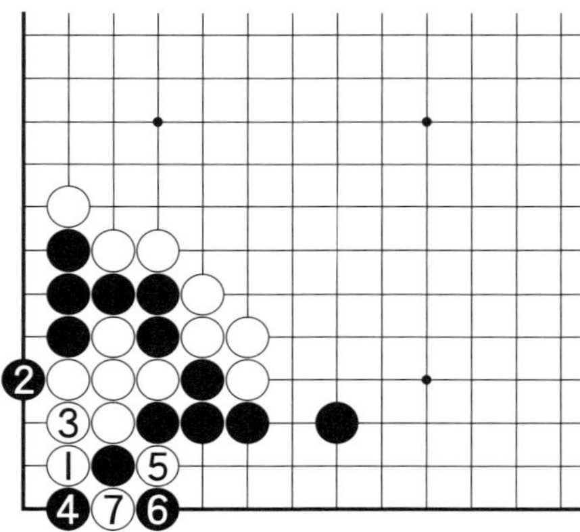

8도

8도 (패)

앞 그림 백8로 이 그림 1에 막는 것은 손따라 둔 악수이다. 흑2의 단수가 들어가고 4로 젖혀간다.

백5에 흑6의 패로 받아만 준다면 이것은 백이 먼저 따낼 차례이므로 괜찮지만….

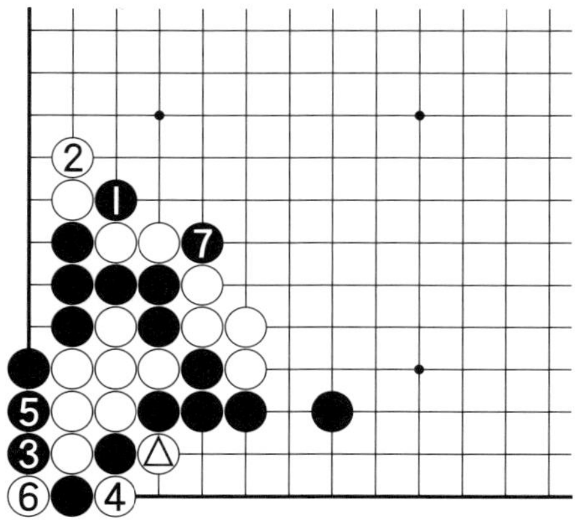

9도

9도 (백, 파탄)

백△로 끊었을 때 좌변에서 흑1로 끊는 수가 절호의 패감 공작. 백2라면 흑3으로 젖혀가고 백4에는 흑5로 본격적인 패에 들어가는 것이 강인한 전법이다.

결국 흑7의 끊음이 통렬해 백은 중앙 쪽이 거덜날 운명에 놓이고 말았다.

자제력 테스트

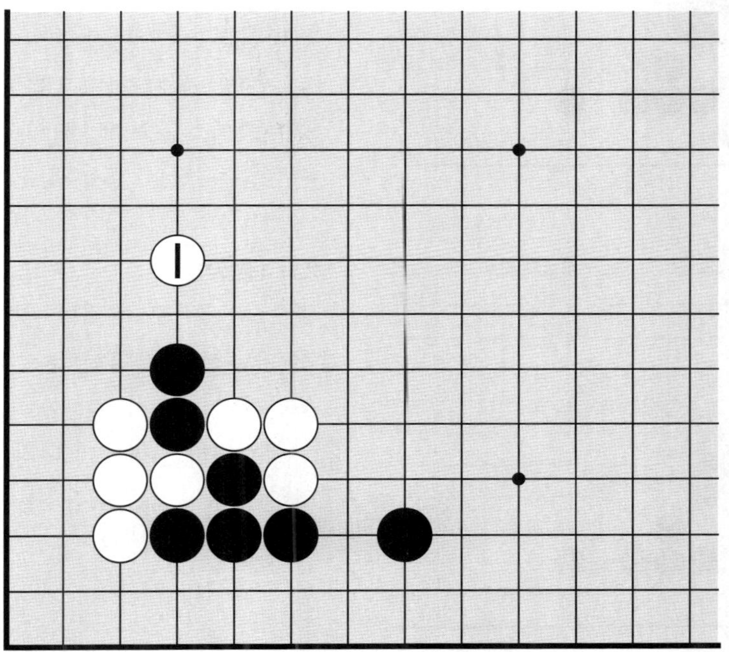

　혹 두점의 진로를 방해하듯 코앞에 백1로 두는 수도 함정을 내포하고 있다. 물론 흑은 지레부터 겁먹을 필요는 없다.

　다만 백의 노림을 간파하고 마지막에 자제하는 시점을 정확히 알고 있어야 한다.

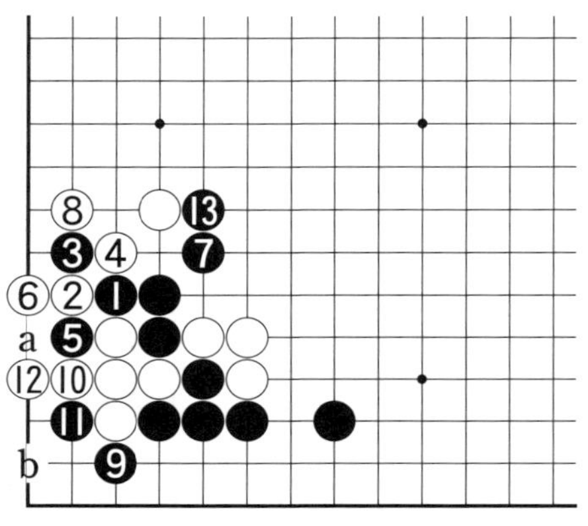

1도

1도 (정해 ☞ 흑7이 긴요)

일단 흑1로 막는 한수. 이때 백2에서 4로 젖혀끊는 것이 백의 노림이다. 흑5에 백6으로 빠졌을 때가 중요한데 흑7로 후퇴하는 것이 현명하다. 백8로 잡으면 흑9, 11로 귀쪽을 듣게 하고 13으로 밀어 충분하다. 도중 백12는 정수. 이 수로 a는 흑b가 듣는다.

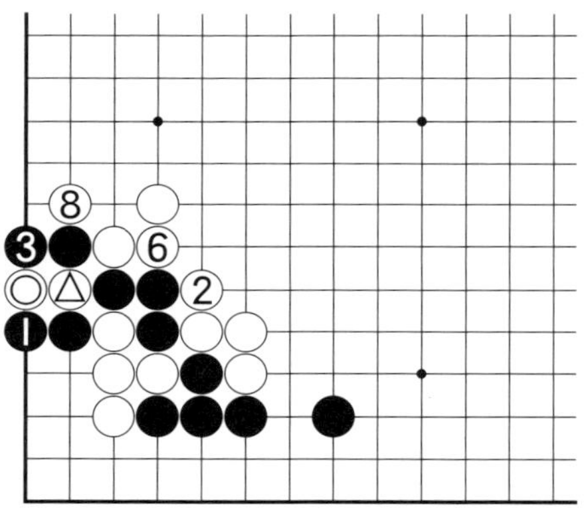

2도

2도 (함정)

앞 그림 흑7로 이 그림 1로 잡는 것은 함정의 마지막 문턱을 넘지 못한다.

백2 이하는 변에서 나타나는 유명한 수줄임 맥으로 3수를 벗어나지 못한다. 백8까지 흑이 잡혀 망한 결과이다.

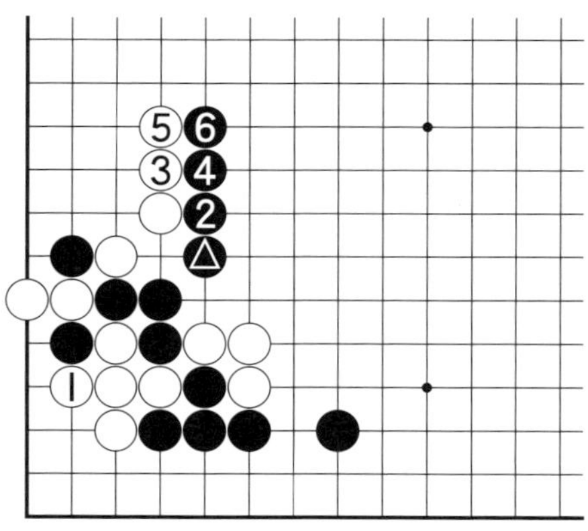

3도

3도 (세력작전)

흑❷로 후퇴했을 때 백1로 이쪽 한점을 잡는 수. 흑으로부터 귀쪽에서 활용 당하는 것을 싫어한 태도이지만, 이번에는 흑2 이하로 밀어붙이는 것이 힘차게 된다.

흑6까지 중앙에 철벽을 쌓는 바둑이다.

원거리 씌움의 노림

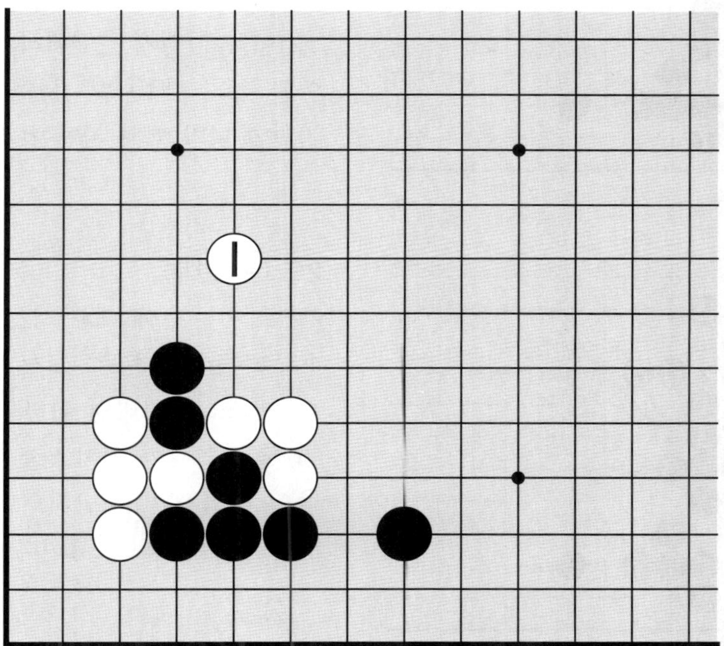

　이쯤 되면 백의 기략이 절정에 이른 느낌이다. 멀리 백1로 씌우는 수는 어떤 의미일까?

　앞의 모양보다 한 줄의 차이가 나므로 흑의 대응수단도 달라질 것은 자명하다. 문제는 정확한 사전 지식, 특히 복잡한 축 관계를 읽고 있어야 한다.

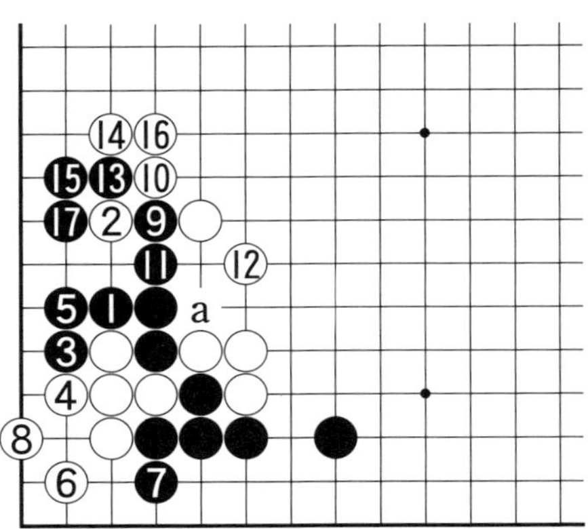

1도

1도 (정해 ☞ 끼움이 요점)

흑1로 막을 때 백2로 덮어오고 흑
3, 5로 젖혀이어 백8까지 귀의 삶
을 강요한 데까지는 필연이다.

이때 흑9로 끼우는 것이 타개의
맥. 이하 17까지 일단락하면 보통
이다. 도중 백10으로 11은 흑a로
가만히 나가 백의 파탄이다.

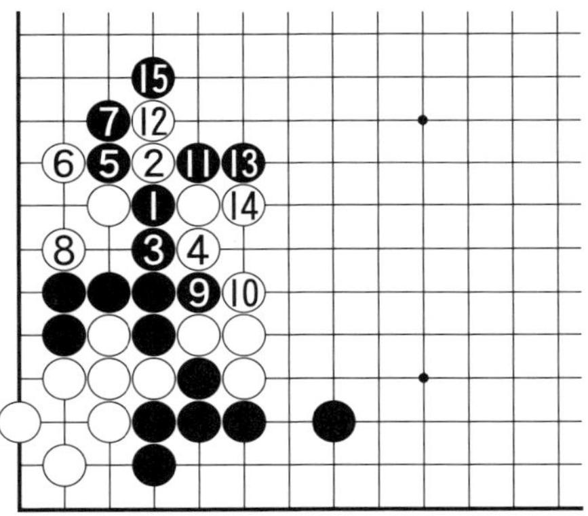

2도

2도 (축 관계)

흑1로 끼운 수에 대해 백2로 몰고
4로 막는다면 흑5로 끊어 문제없
다. 백6으로 버티면 이하 흑15까
지 축으로 잡아 백이 망한다. 단,
축이 나쁘다면 그 반대의 현상이
일어나므로 주의를 요한다.

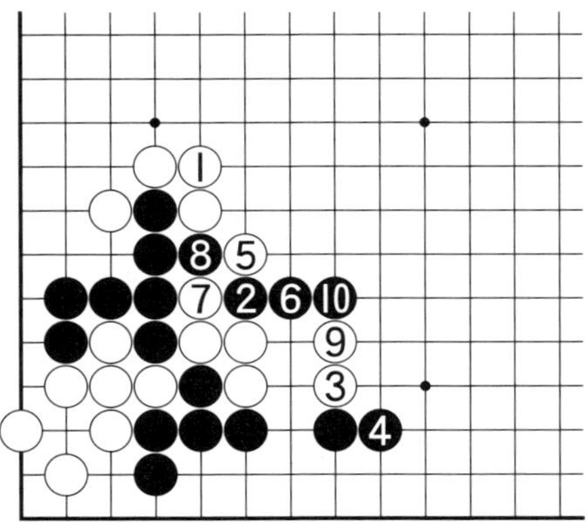

3도

3도 (백이 안 된다)

앞 그림 백4로 이 그림 1로 잇는
다면 흑2로 붙여가는 것이 묘수
일발이다.

이하는 필연적인 응접으로 결국
백은 5의 한점이 떨어지거나 아래
의 백 일단이 잡히거나, 둘 중의
하나이다.

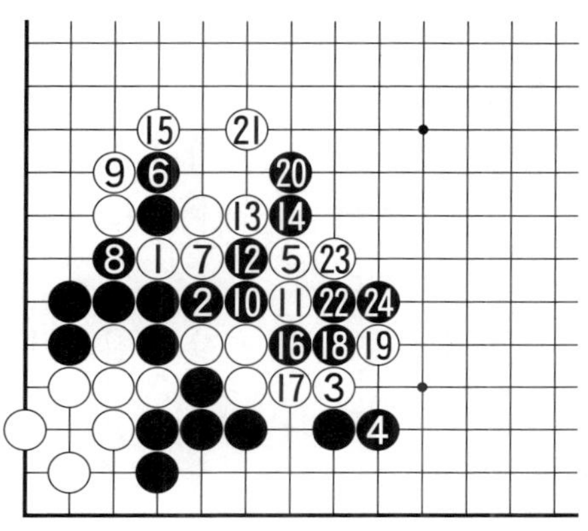

4도

4도 (수습 불능)

흑의 끼움에 대해 백1로 몰면 흑2로 나가고 다음 백3에서 5로 봉쇄를 노려야 하는데 그게 여의치 않다. 흑6으로 나가 8로 끊는 것이 기민한 수순이다.

흑12, 14에 백15도 절대인데 흑16에서 24까지 백은 이미 수습할 수 없는 곤경에 처하고 만다.

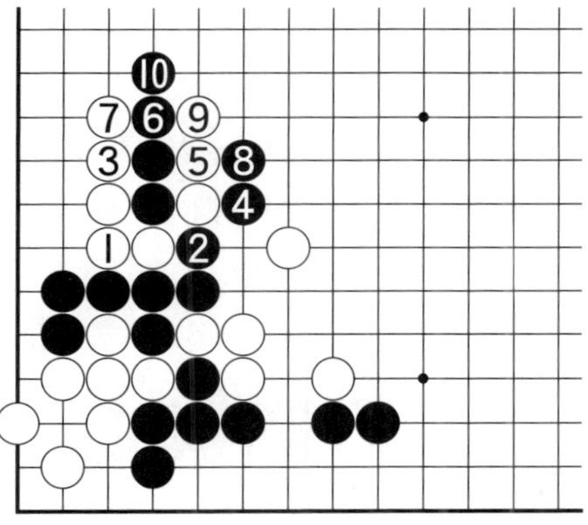

5도

5도 (백, 궤멸)

앞 그림 백7로 이 그림 1로 아래를 잇는 변화이다.

흑2로 끊은 것은 당연한 수이고 백3에는 흑4로 몰고 나가 이하 10까지, 역시 백은 궤멸상태에 빠지고 만다.

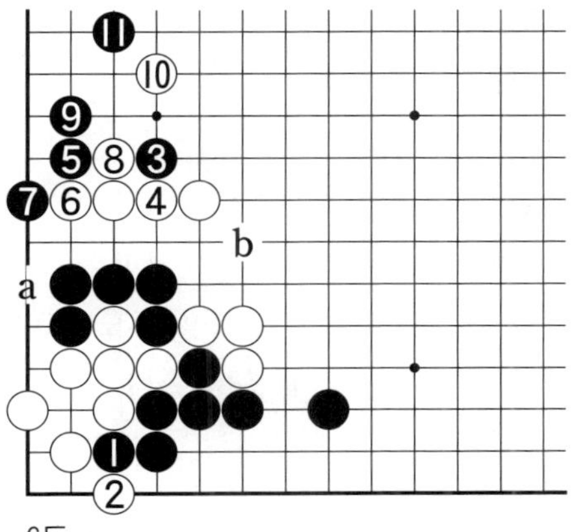

6도

6도 (정해 ☞ 교묘한 연결)

흑이 2도의 축이 불리하다면 흑1로 두는 것이 묘미 있는 수단이다. 이 교환을 거쳐 흑3으로 들여다보고 5, 7. 이 의미는 a의 내려섬이 귀의 백을 패로 잡자는 선수이므로 흑은 넘어간 모양이라 봐도 좋다. 이하 11까지 되고 나서 흑은 b의 갈라침을 노린다.

7도 (정해 ☞ 마늘모붙임)

축이 불리할 경우 흑1로 마늘모붙임을 두는 것도 일책이다. 백2에는 흑3으로 젖히고 백4 이하의 핍박은 감수한다.

이하 흑11까지 호각의 진행이라 할 수 있다.

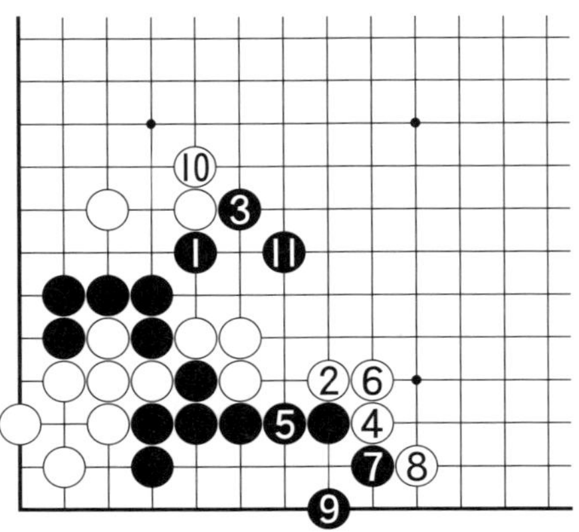

8도 (백, 무리)

흑△에 백1로 젖혀막는 것은 무리. 흑2로 끊은 것은 당연하고 백3에서 5로 막아야 하는데 흑6에서 8이 좋은 수순이다.

백9에는 흑10이 냉정한 수단으로, 흑은 다음 a의 끊음과 b의 조임이 맞보기가 되어 백이 망한다.

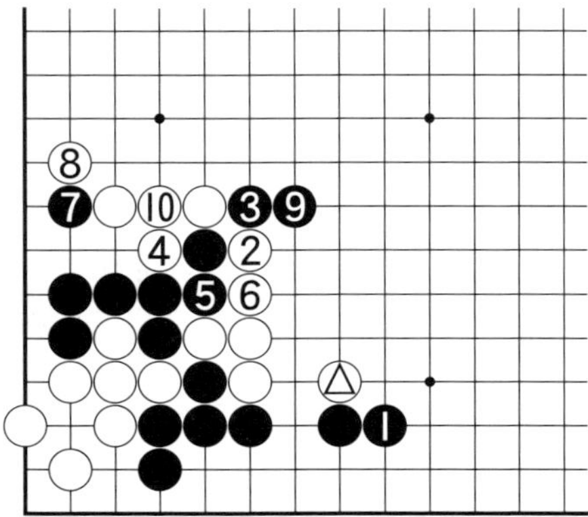

9도 (흑, 망함)

7도 흑3의 변화. 백△에 대해 흑1로 느는 것은 백2 이하 흑9까지는 같은 수순인데 백10으로 꽉 잇는 수에 의해 흑이 거꾸로 망한다.

백△가 적시타로 작용한 모양으로 흑1은 손따라 둔 수이다.

힘싸움 자랑

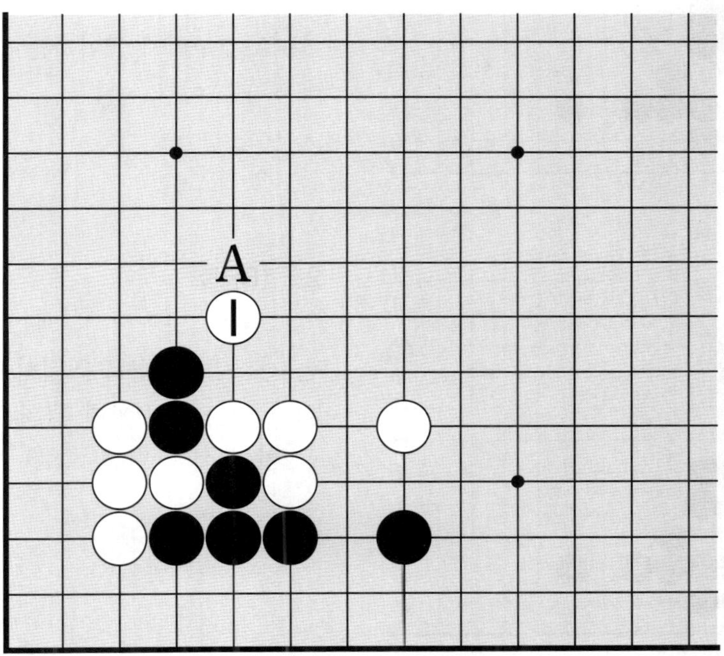

이번에는 백A에서 한 줄 좁혀 1로 가만히 씌우는 수이다.

이 코스도 꽤 난해한 변화를 포함한 함정수인데, 필경은 쌍방이 힘싸움으로 치닫게 되므로 숨은 변화를 확실하게 알아두지 않으면 안 된다.

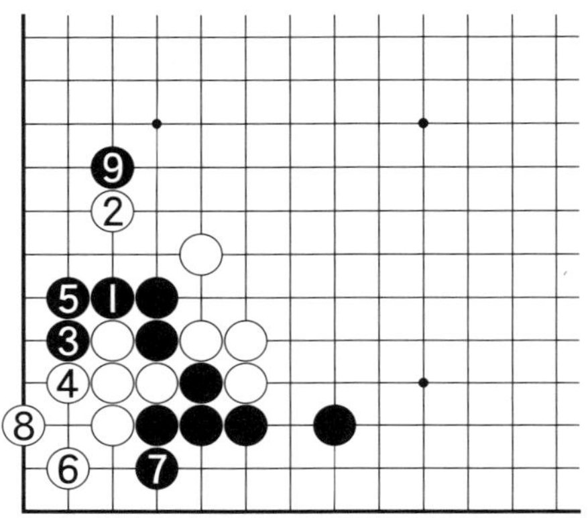

1도

1도 (정해 ☞ 옆구리붙임이 포인트)

흑1로 꼬부려 막고 백2로 재차 씌운 것은 앞 테마에서와 같은 맥락이다.

백8까지도 같은 수순인데, 이때 흑9로 옆구리에 붙여가는 것이 타개의 묘수이다.

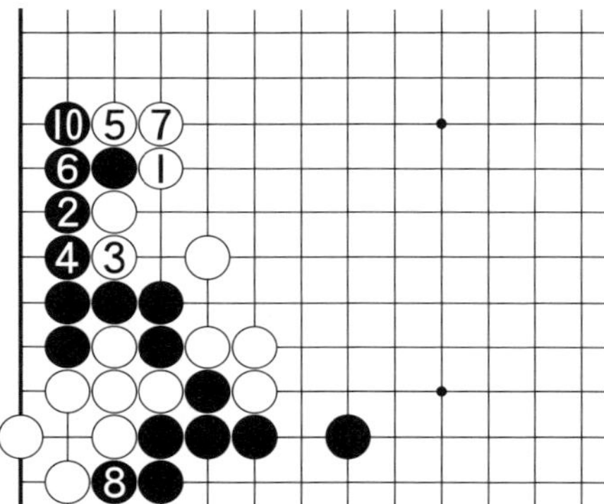

2도

2도 (타개)

앞 그림에 계속해서, 백1로 젖히는 정도이고 흑2로 되젖히는 맥에 의해 이하 흑10까지 백의 포위망을 벗어난다. 도중 흑8은 지나는 길의 활용.

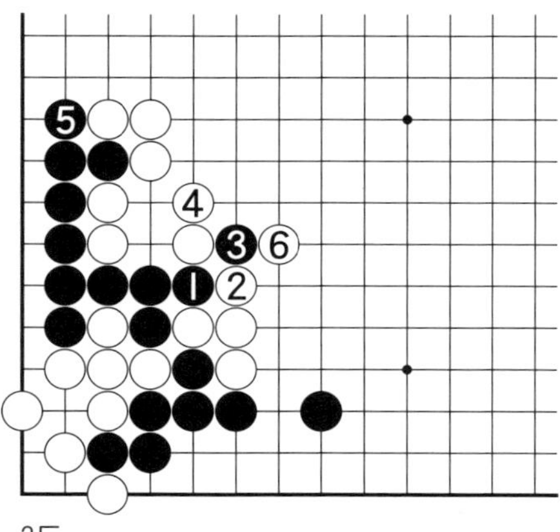

3도

3도 (일책)

앞 그림 흑10으로는 이 그림 흑1, 3으로 나가 끊어두는 수도 있다. 백을 무겁게 만들려는 의미로 흑은 선수를 잡는다. 물론 백은 후수지만 6으로 잡아 두텁다.

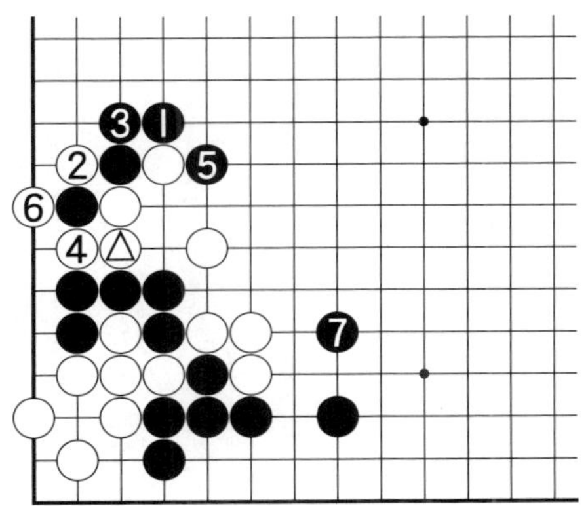

4도

4도 (버리는 작전)

백△에 대해 흑1로 바깥쪽을 젖히고 이하 5까지 아래의 흑을 버리는 방법도 생각된다.

다음 흑7의 뜀이 호점. 물론 잡힌 흑 다섯점에는 약간의 맛이 남아있다.

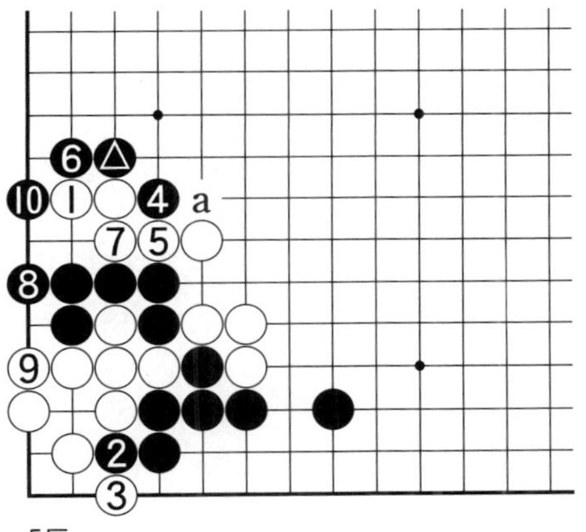

5도

5도 (저항)

흑△의 붙임에 대해 백1로 내려가는 저항수단도 생각된다. 흑2, 백3을 교환한 후 흑4에서 6으로 막고 백7에 흑8에서 10으로 건너게 된다.

백7로는 a로 몰고 가던가 하는 등 변화가 많다.

6도 (정해 ☞ 2선 삶)

흑이 평범하게 둔다면 1로 붙여가 이하 7까지 살아두는 것도 요령이다.

다음 흑a, 백b, 흑c로 나가끊음을 노리는 바둑이 되는데, 소위 패망선이라는 2선에 밀어간 대가를 찾을 자신이 서지 않으면…

6도

파워 실전 바둑

❹ 정석의 이해와 운영

2판 1쇄 | 2024년 2월 5일
감　　수 | 김희중 · 김수장
엮　　음 | 이 수 정
발 행 인 | 김 인 태
발 행 처 | 삼호미디어
등　　록 | 1993년 10월 12일 제21-494호
주　　소 | 서울특별시 서초구 강남대로 545-21 거림빌딩 4층
　　　　　www.samhomedia.com
전　　화 | (02)544-9456
팩　　스 | (02)512-3593

ISBN 978-89-7849-699-5　14690
ISBN 978-89-7849-565-3　14690 (세트)

MEMO

MEMO